李伯森 ◎ 主编

中国殡葬史

第六卷
辽夏金元

张国庆　史金波　宋德金　陈高华　著

社会科学文献出版社
SOCIAL SCIENCES ACADEMIC PRESS (CHINA)

本书出版受中央财政重大专项资助

主编简介

　　李伯森　1965 年生，山东诸城人，中国民主建国会会员，1988 年毕业于上海财经大学财政专业，现任民政部一零一研究所所长、民政部生态安葬重点实验室主任。主要科研成果：2003 年以来，组织完成 91 个国家科研项目（课题）；组织制修订 32 项国家和行业殡葬标准；组织完成"十一五"国家科技支撑计划项目"殡葬领域污染物减排和遗体处理无害化公益技术研究与应用"，其中作为课题第一责任人，主持完成"殡葬园区生态规划与生态建设关键技术研究"课题；主持完成科技部下达的"建立善后保证金制度、完善社会保障体系"国家软科学课题；组织完成国家环保公益"殡葬行业污染控制与环境技术体系研究"重大专项；组织开展"十二五"国家科技支撑计划"殡葬行业节能减排技术与规范"项目、"中国殡葬文化与科技公共服务网络平台建设"（2014～2017）、"殡葬文化建设"等国家财政重大专项等科研工作。在着力加强殡葬自然科学和软科学的并重研究，着力开展殡葬标准化体系建设，着力进一步推动科技成果转化和推广应用，着力搭建多功能、宽领域的科技创新平台建设，着力抓殡仪场所环境监测和产品质检工作，着力开展殡葬文化建设、拓宽殡葬研究新领域等方面，为提升我国殡葬科研的整体水平做出了突出贡献。

本卷作者简介

张国庆　1957 年生，辽宁北票人，辽宁大学历史学院教授，主要从事辽史、古代东北史研究，著有《辽代契丹习俗史》、《辽代社会史研究》、《佛教文化与辽代社会》等，在《历史研究》、《中国史研究》、《民族研究》等刊物发表学术论文 100 多篇。

史金波　1940 年生，河北高碑店人，中国社会科学院学部委员、民族学与人类学研究所研究员，主要从事西夏文史、中国民族古文字文献、中国民族史研究，著有《西夏文化》、《西夏佛教史略》、《中国历代民族古文字文献探幽》、《西夏社会》等著作 40 多部，在《历史研究》、《中国史研究》等刊物发表学术论文 300 余篇。

宋德金　1937 年生，辽宁新民人，编审，曾任中国社会科学杂志社副总编辑、《历史研究》主编。长期从事辽金史、中国社会史研究，著有《金代的社会生活》、《中国风俗通史·辽金卷》及其增订版、《辽金风俗》、《中国历史·金史》、《宋德金集》、《读史杂识》等，在《历史研究》、《中国史研究》、《中国社会科学》等刊物发表学术论文 100 余篇。

陈高华　1938 年生，浙江温岭人，中国社会科学院学部委员、历史研究所研究员，主要从事元史研究，著有《元大都》、《元史研究论稿》、《陈高华文集》等著作十余部，在《历史研究》、《中国史研究》等刊物发表学术论文 100 多篇。

目　录

辽　代

西　夏

金 代

元　代

辽 代

导　论

一　辽代殡葬的时代背景

（一）契丹兴起与壮大

辽（916～1125）是10～12世纪由中国北方草原游牧民族契丹人建立的封建王朝。契丹属东胡族系，源于鲜卑宇文部，北魏时期其族名见诸史籍。如《魏书》卷100《契丹传》即云："契丹国，在库莫奚东，异种同类"，"东部宇文之别种也"。20世纪90年代初，考古工作者在内蒙古阿鲁科尔沁旗发掘了辽人耶律羽之墓，发现了墓志。耶律羽之出身契丹皇族，是辽太祖耶律阿保机的堂弟。辽太宗会同五年（942）的《耶律羽之墓志》即明确表述："其先宗分佶首，派出石槐。"[①]"佶首"即《辽史》中所言之契丹始祖"奇首可汗"；"石槐"即指东汉时鲜卑首领檀石槐。[②]这便更加确凿地证明了契丹源自东胡系的鲜卑族。

契丹早期有八部，《辽史·营卫志》即云："契丹之先，曰奇首可汗，生八子。其后族属渐盛，分为八部，居松漠之间。"[③]"松漠"在今内蒙古赤峰一带，说明兴起后的契丹族分布并游牧于今西辽河上游一带。大约到了北魏中后期，契丹已与中原王朝有了政治及经济方面的联系。到隋朝末年，契丹各部逐渐结束了分散活动的状态，各部之间开始组成松散联盟。到了唐代初期，契丹族发展到了一个新的阶段，契丹社会正式形成了以大贺氏氏族为首的部落联盟。一百多年之后，代替大贺氏部落联盟的是

---

① 向南、张国庆、李宇峰辑注《辽代石刻文续编》，辽宁人民出版社，2010，第3页。
② 盖之庸：《探寻逝去的王朝——辽耶律羽之墓》，内蒙古大学出版社，2004，第13页。
③ 《辽史》卷32《营卫志中》，中华书局，1974，第2册，第378页。

遥辇氏部落联盟。阻午可汗做联盟首领时，对契丹古八部进行了改组，组成了新八部，即迭剌部、乙室部、品部、楮特部、乌隗部、突吕不部、捏剌部、突举部。新八部与古八部相比，各部之间的地缘关系更加密切，而血缘关系则明显削弱了。

从阻午可汗时起，契丹的政治、经济都有了新的发展与变化，尤其是社会生产力已明显提高。契丹早期，人们过的是"草居野次，靡有定所"的、在较大范围内迁徙的游牧生活；到涅里主政时，"始制部族，各有分地"，变成了在较小范围内移动的游牧生活。这种"分地而居，合族而处"①的变化，是契丹社会进步的一种标志。阻午可汗后期，契丹族部落已发生了重大变化，即由原来的八部，变成二十部。唐咸通十三年（872），辽太祖耶律阿保机出生于契丹迭剌部的世里家族。唐天复二年（902），契丹遥辇氏最后一个可汗痕德堇初立，阿保机被任命为迭剌部的夷离堇，担任契丹对外征讨的军事统帅。阿保机利用本部经济上的优越条件和政治上的特殊地位，通过一系列对外掠夺战争，大大发展了自己的政治权力。公元907年，阿保机代痕德堇被推举为可汗，取代遥辇氏，成了契丹族的新首领。此后，又经过数年一系列的迭剌部内部的新旧势力的斗争，到神册元年（916），阿保机建元称帝，正式建立了契丹国家政权。

（二）契丹立国与前期发展

辽太祖统治时期，契丹百业待兴，耶律阿保机采取一系列措施，开拓疆土，巩固政权，发展经济。从神册元年（916）开始，契丹先后出兵征伐北部及西北的突厥、吐浑、党项、小蕃、沙陀、乌古、阻卜诸部，向南攻掠中原地区五代政权诸州县，俘获大量人口，掠夺大量财物。天显元年（926），耶律阿保机又挥师东进，一举灭掉了存在二百余年的海东盛国——渤海国，使辽国的疆域，"东自海，西至于流沙，北绝大漠，信威万里"。②同时，他还建立宫卫骑军（又称"腹心部"或"宿卫军"），作为皇室的警卫部队，以护卫皇帝居守或出行的安全；命汉官主持营建皇都于西楼地，以健全和完善国家的城郭、宫室制度；创制契丹大、小字，方便契丹人内部文化之交流；颁行汉律和契丹习惯法，以利于对境内汉、契丹等不同民族的制约与管理；在草原上建立州县，安置被俘中原汉民，扶持并发展农业生产，等等。

辽太宗耶律德光即位后，继续推行太祖时期的统治方针，"以国制治契丹，以汉

---

① 《辽史》卷32《营卫志中》，第2册，第376～377页。
② 《辽史》卷2《太祖纪下》，第1册，第24页。

制待汉人"，^①"因俗而治"之国策基本形成。这既显示了统治者的远见卓识和雄才大略，也为辽国的发展和壮大，于制度保障方面，奠定了坚实基础，创造了良好条件。而体现"因俗而治"最具代表性的措施就是对从事农耕生产的汉民和渤海遗民实行州县制管理，对从事游牧和渔猎生产的契丹人和其他边疆少数民族实行部族制管理。特别是在职官制度方面，从辽太宗时期开始，至辽世宗时期最终完成，实行了南北面官制，"北面治宫帐、部族、属国之政，南面治汉人州县、租税、军马之事。因俗而治，得其宜矣"。^②太宗时期，辽国继续向外拓展疆域。天显十一年（936），后唐河东节度使石敬瑭欲灭唐而自立，遣使向耶律德光求兵援，并允诺事成之后称子称臣，割燕云十六州之地给契丹。耶律德光非常高兴，亲率契丹大军南下，帮助石敬瑭灭了后唐，建立了石氏后晋。会同元年（938）十一月，石敬瑭如约割幽、蓟、瀛、莫等长城以南十六州之地（约今河北、山西北部，北京、天津所在）给辽国。至此，辽国的南部疆域，已达河北白沟一带。辽太宗"诏以皇都（旧址在今内蒙古赤峰市巴林左旗）为上京，府曰临潢。升幽州（今北京市）为南京，南京（今辽宁省辽阳市）为东京"。^③十年之后，因后晋新主石重贵事辽称孙不称臣，辽太宗又举兵灭掉了后晋，大同元年（947）正月，辽太宗进驻后晋都城汴梁，改国号为"大辽"。三月，将掠夺的大量后晋官吏、嫔妃、宦官、百工、图籍、石经、明堂刻漏、太常乐谱、帝王卤簿等送至上京。至此，辽国的政治制度基本确立。

辽世宗、辽穆宗和辽景宗三朝，围绕皇位的争夺而展开的皇室、宗室内部争斗不断，对辽国社会的发展与进步，均产生了不利影响。先是辽太宗耶律德光于归国途中驾崩，东丹王耶律倍的长子、正在军中的永康王耶律阮即位，是为辽世宗。这遭到了述律太后和太祖三子耶律李胡的强烈反对，一场契丹皇室内部的武力厮杀即将开始。后在大臣耶律屋质的劝说和调停下，这场厮杀才得以避免。^④天禄五年（951），辽世宗在率兵帮助北汉攻打后周的过程中，在归化州（今河北宣化）的祥古山，被发动叛乱的察割等人杀害。太宗长子、寿安王耶律璟平定叛乱后即位，是为辽穆宗。

穆宗统治时期，国内谋反叛乱事件接二连三，如应历三年（953）的李胡之子耶律宛、太宗次子耶律罨撒葛等人的谋反，应历九年（959）的王子敌烈、前宣徽使

① 《辽史》卷45《百官志一》，第 3 册，第 685 页。
② 《辽史》卷45《百官志一》，第 3 册，第 685 页。
③ 《辽史》卷4《太宗纪下》，第 1 册，第 45 页。
④ 《辽史》卷77《耶律屋质传》，第 5 册，第 1255 ~ 1257 页。

海思等人的谋反，应历十年（960）七月的政事令耶律寿远、太保楚阿不等人的谋反，以及同年十月的李胡之子喜稳等人的谋反，等等。同时，辽国的南部边境亦不安宁。应历九年（959）四月至五月，在与五代后周的交战中，辽军失利，连失益津、瓦桥、淤口三关及瀛、莫二州之地。① 辽穆宗耶律璟嗜酒好杀，游猎无度，经常豪饮不朝，动辄滥杀无辜，最终引起侍臣反叛，于应历十九年（969）二月，被近侍小哥、盥人花哥、庖人辛古等人杀害。穆宗死后，皇位由世宗次子耶律贤继承，是为辽景宗。

景宗即位后，辽国内部的宫廷斗争并未停息，多次发生谋反叛乱事件。如保宁二年（970）的南院枢密使高勋、飞龙使女里谋刺北府宰相萧思温事件；乾亨二年（980）的西南面招讨使耶律喜稳谋反事件等。与此同时，中原地区的北宋政权，于乾亨元年（宋太宗太平兴国四年，979）灭掉北汉之后，开始调整进攻方略，兵锋直指辽国，意欲收复石晋割让的燕云之地。于是，辽国南境兵衅再起，战事不断。频繁的平叛和战争，必将耗费大量的人力、物力和财力，所以，世宗、穆宗和景宗三朝，辽国仍处于比较缓慢的发展状态。

（三）辽朝中期的繁荣与鼎盛

辽圣宗耶律隆绪和辽兴宗耶律宗真统治时期，辽国社会经济、文化等发展都达到了巅峰。乾亨四年（982），体弱多病、年仅35岁的辽景宗耶律贤病逝，传位给年仅12岁的儿子、梁王耶律隆绪，是为辽圣宗。圣宗年幼即位，由母亲承天皇太后萧绰摄政。辽圣宗统和二十二年（1004）之前，辽、宋之间战事不断，双方互有胜负。是年十二月，辽与宋在澶渊签署停战协议，② 史称"澶渊之盟"。盟约规定：辽宋互为兄弟之国；以白沟河为双方国界；宋每年向辽输银10万两、绢20万匹；双方于边境设置互市榷场，等等。"澶渊之盟"是在辽、宋双方都无力完成统一的局面下签署的和平协议，由此，双方从互相敌视转为和平友好，辽、宋统治者均得以巩固各自的统治地位，致力于本国境内的治理与发展，两国平民百姓也免于遭受兵燹之灾，有了从事生产的和平环境。此后，辽圣宗在母亲承天皇太后及汉族和契丹族大臣（如韩德让、室昉、马德臣、邢抱朴、王继忠、耶律斜轸、耶律休哥、耶律沙、萧幹、萧挞凛、萧排押等）的帮助、辅佐下，通过了一系列改革措施，比如开科考试，选拔人才，整顿吏

---

① 《辽史》卷6《穆宗纪上》，第1册，第75页。
② 《辽史》卷14《圣宗纪五》，第1册，第160页。

治；调整阶级关系，减轻赋税，发展生产；开拓疆土，加强对西北和东北边疆的控制，等等，推动了辽朝社会的发展，使其国力大大增强，迅速完成了封建化进程。辽圣宗耶律隆绪在位近 50 年，太平十一年（1031）六月去世后，长子、梁王耶律宗真即位，是为辽兴宗。

兴宗统治前期，延续了圣宗朝的繁荣和兴盛，辽朝的鼎盛局面得以维持数年。重熙十一年（1042），在辽、宋边界（关南十县）交涉中，辽国迫使宋每年增加岁币银 10 万两、绢 10 万匹予辽。[1] 辽兴宗耶律宗真文化素养较高，"善骑射，好儒术，通音律"。[2] 在其统治期间，辽不仅在文治方面成就突出，还进一步完善了法律制度，社会经济也有较大程度的发展。但不可否认的是，兴宗的政治建树远不如他的父亲，同时因其好于佛、道，后期又滋长了奢靡享乐风气，陶醉于表面上的富强与繁荣，对潜在的社会危机和各种社会矛盾没有警觉，也没有采取有效的防范措施，这便为辽朝后期社会由盛转衰预设了条件。

（四）辽朝后期的衰落与灭亡

辽道宗和天祚帝统治的近六十年为辽朝后期。这一期间，由于统治集团内部矛盾重重，国内人民反抗斗争接连不断，北方诸族相继兴起，对契丹辽朝的统治造成极大威胁，并最终导致了辽朝的灭亡。重熙二十四年（1055）八月，辽兴宗驾崩，其子、燕赵国王耶律洪（弘）基即位，是为辽道宗。道宗统治初期，亦曾有过一番励精图治的打算，但最终没有实施。因为，从他登基之日起，辽朝统治集团内部为争夺皇位而展开的互相倾轧并导致骨肉相残的博弈就从没有停止过。早在兴宗朝，即因发生过钦哀太后欲废兴宗另立少子重（宗）元的"钦哀之变"而为道宗朝的"滦河之变"埋下了伏笔。道宗登基后，为缓和与重（宗）元父子的矛盾，加封重（宗）元为皇太叔，上朝"免汉拜，不名"。[3] 清宁二年（1056）十一月，又诏命重（宗）元为天下兵马大元帅。清宁四年（1058），再赐重（宗）元金券，尊崇备至。但道宗皇帝的厚待并没有感化重（宗）元父子，相反，他们却加速了兵变夺权的步伐。清宁九年（1063）七月，重（宗）元父子乘道宗皇帝去太子山秋猎的时机，发动兵变叛乱，直逼滦河行宫。南院宣徽使耶律仁先、知北枢密院事耶律乙辛、南府宰相萧唐古、北院宣徽使萧韩家奴等率兵平叛，诛重（宗）元子涅鲁古，迫重（宗）元北走大漠而自杀。[4] 重（宗）

---

[1]　《辽史》卷 19《兴宗纪二》，第 1 册，第 227 页。
[2]　《辽史》卷 18《兴宗纪一》，第 1 册，第 211 页。
[3]　《辽史》卷 21《道宗纪一》，第 1 册，第 252 页。
[4]　《辽史》卷 22《道宗纪二》，第 1 册，第 262 页。

元之乱虽被平息，但统治集团内部的斗争并没有停息，不久又发生了权臣耶律乙辛擅权陷害皇后和太子的悲惨一幕。耶律乙辛因参与平定重（宗）元父子叛乱有功，事后拜北院枢密使，封魏王，加守太师。咸雍元年（1065）正月，道宗册封梁王耶律濬为皇太子。"大康元年，皇太子始预朝政，法度修明。"①这使已有不臣之心的耶律乙辛大为不快，因此，一个加害太子的母亲萧皇后，进而除掉太子的阴谋产生了。然而道宗皇帝不辨真伪，竟然听信了乙辛谗言，致使皇后和太子先后遇害，导致了一场异常惨烈的皇室骨肉相残之悲剧。辽朝到了道宗统治时期，自然灾害不断，洪涝干旱，暴雪冰冻，以及蝗灾、地震等频繁发生。人祸加上天灾，真可谓雪上加霜。与此同时，国内各族民众此起彼伏的反抗斗争，亦极大影响了辽国政局的稳定，严重削弱了其统治力量，辽国的衰势已成定局。寿昌七年（1101）正月，辽道宗病逝于混同江（今松花江）行宫，其孙、燕国王耶律延禧即位，是为天祚皇帝。

天祚帝即位后，拒谏饰非，穷奢极欲，醉心游猎，怠于政事，辽朝的统治已经危机四伏，内外交困。在外，东北地区的生女真已经迅速崛起强大，他们不堪忍受契丹人的凌辱和掠夺，奋起反抗。天庆四年（1114），女真首领完颜阿骨打起兵反辽，破宁江洲，下出河店，②昔日不可战胜的契丹铁骑，如今竟如稻草人一般，不堪一击。次年，阿骨打称帝，建立金朝。天庆十年（1120）五月，辽、金议和不成，金军攻破辽上京。在内，辽朝宫廷发生内讧，为争太子之位，天祚文妃被害，辽军统帅耶律余睹降金。保大二年（1122）正月，金军攻陷辽中京，天祚帝出居庸关，向西逃往夹山。保大五年（1125）二月，天祚帝耶律延禧在应州新城东六十里处，被金军俘获，③统治中国北方二百余年的强大契丹辽国灭亡了。

二 辽代殡葬的基本特征

（一）对契丹殡葬文化的传承

前已述及，契丹属中国古代源于北方东胡系鲜卑族宇文部的草原游牧民族，契丹文化自有其特有的、迥异于农耕文化的游牧民族性和草原地域性，殡葬文化亦不例外。有辽一代，契丹属于统治民族，是辽国民族大家庭中的主要成员之一，因而，辽代殡葬文化中必然带有鲜明的传承于契丹民族殡葬文化的部分。

---

① 《辽史》卷110《奸臣上·耶律乙辛传》，第5册，第1484页。
② 《辽史》卷27《天祚皇帝纪一》，第1册，第328~329页。
③ 《辽史》卷30《天祚皇帝纪四》，第1册，第351页。

　　比如墓葬方位的"东向"。据文献记载，契丹人以"东向"为尊，《辽史·百官志一》即云："辽俗东向而尚左，御帐东向。"[①]故有"东向拜日"之习俗。受其影响，辽代的建筑物，大到京都宫殿，小到穹庐毡帐，亦皆坐西朝东。契丹人事死如生，所以，在殡葬文化方面，辽代大部分契丹人墓葬的方位都是面南偏东，即朝向东南方向。

　　再如仿穹庐式的墓室形状。辽代契丹人大多过着草原游牧生活，他们一年四季逐水草而迁徙，无固定的房屋式住所，只居住在易于拆迁的穹庐式毡帐里。《辽史·营卫志》即云："大漠之间，多寒多风，畜牧畋渔以食，皮毛以衣，转徙随时，车马为家。"[②]北宋苏颂使辽，其使辽诗《契丹帐》即记述了游牧契丹人居住的穹庐式毡帐："行营到处即为家，一卓穹庐数乘车。千里山川无土著，四时畋猎是生涯。"[③]内蒙古赤峰市克什克腾旗二八地辽墓壁画资料显示，辽代契丹人的穹庐式毡帐形似近代草原上蒙古牧民居住的蒙古包。辽代契丹人的墓室有圆形和椭圆形者，即应模仿自墓主人生前居住的圆形穹庐式毡帐，是典型的"阴宅"仿制"阳宅"。此外，李逸友先生认为，一些辽代契丹贵族墓葬中，无论是圆形墓室，还是八角、六角形墓室，大都筑造成木椁室，即紧靠墓室周壁构筑木椁壁，上部收缩搭设穹庐式顶，是典型的仿造他们生活寝居的毡帐形式。[④]

　　又如干尸防腐以及金属网络与面具覆尸。在辽代契丹人的葬俗中，有一种比较奇特的习俗，就是在人死之后，对尸体进行药物或物理处理，制成"干尸"，然后在尸体各部位都穿上金属网络，面部再覆盖金属面具。《说郛》卷8引南宋文惟简《虏廷事实》云："北人丧葬之礼，盖各不同。汉儿则遗体，然后瘗之，丧凶之礼，一如中原。女真则以木槽盛之，葬于山林，无有封树。惟契丹一种特有异焉，其富贵之家，人有亡者，以刃破腹，取其肠胃涤之，实以香药、盐矾，五彩缝之，又以尖苇筒刺于皮肤，沥其膏血且尽，用金银为面具，铜丝络其手足。耶律德光之死，盖用此法，时人目为'帝耙'，信有之也。"这段史料记述已被辽墓考古实物资料所验证。

　　此外，辽墓中用马、羊等家畜殉葬，用成套的马具及鸡冠壶等物品随葬、"烧饭"祭祖，等等，亦都是契丹族特有殡葬文化内容的真实反映，是辽代殡葬文化的重要组成部分，充分体现了辽代殡葬文化的契丹民族性和草原地域性特征。

---

① 《辽史》卷45《百官志一》，第3册，第712页。
② 《辽史》卷32《营卫志中》，第2册，第373页。
③ 赵永春编注《奉使辽金行程录》，吉林文史出版社，1995，第79页。
④ 李逸友：《辽代契丹人墓葬制度概说》，内蒙古文物考古研究所编《内蒙古东部区考古学文化研究文集》，海洋出版社，1991，第98页。

（二）对汉族殡葬内容的吸收

契丹辽朝汉族人数众多，分布较广，也是辽朝主体民族之一。契丹辽地汉人大多来自中原地区，他们将中原地区的汉文化带到了塞北草原，其中也包括殡葬文化。因而，辽代殡葬文化中蕴含着丰富的中原汉族殡葬文化之内容。

比如遴选墓地，注重堪舆风水。中原地区汉族自古即有遴选墓地注重堪舆风水之说。古代中原人死后入葬，对墓地的遴选是非常讲究的，其中最重要的一点就是关注墓地的"风水"问题，俗称"相墓"或"卜宅"。《礼记·杂记上》："大夫卜宅与葬日。"疏引《正义》："宅为葬地。"《释名》："宅，择也，择吉处而营之也。"他们特别讲究所谓"马鬣之封"及"牛眠之地"。《礼记·檀弓上》："子夏曰，昔夫子言之曰吾见封之若堂者矣，见若坊者矣，见若覆夏屋者矣，见若斧者矣，从若斧者焉，马鬣封之谓也。"注云："故俗谓之马鬣封。马鬃鬣之上其肉薄，封形似之也。"这里说的是坟茔的封土形状。《晋书·周光传》亦载："初，陶侃微时，丁艰，将葬，家中忽失牛，而不知所在。遇一老父，谓曰前冈见一牛，眠山污中，其地若葬，位极人臣矣。"后来，人们便称做坟的吉地为"牛眠之地"。中原地区汉人的这一殡葬习俗亦被辽人所吸收，变成了辽代殡葬文化的一个重要内容。检索辽代出土墓志，无论辽地的汉人还是契丹人，他们遴选墓地时，大都非常关注风水等问题。

再如殡葬中严格的等级制度。严格区分人的等级制度，是中原汉儒文化的重要组成部分，君臣有别，父子有别，夫妻有别，生前如此，死后亦不例外。比如葬地面积的大小，坟茔封土的高低，墓室数量的多少，墓穴排列的顺序，等等，不同等级、不同身份的人是有着严格区分的。此俗亦被辽人所吸收。比如墓室数量，仿照中原唐墓制度，辽代契丹皇帝的陵墓有三正室和四侧室，以后室为主室；契丹大贵族墓一般为两正室和两侧室，以后室为主室；一般贵族墓只有一个主室，个别的带有小耳室。又如墓志，契丹皇帝、皇后或极个别皇太叔祖的"墓志"称"哀册"，其他人的只能称作"墓志铭"；志石规格，"哀册"边长 1.5 米，诸王墓志不得超过1.1 米，一般臣僚以下仅为 0.6 米左右。契丹皇帝陵墓墓室可以绘制巨幅反映捺钵地风光的"四季山水"画，而一般官贵臣僚的墓室只能用"花鸟图卷"等内容去点缀。[①] 其他随葬器物、装饰内容等，也无不表现出明显的等级差别。

又如道教文化内容。道教是中原汉族古老教种之一，道教文化也是中原汉人殡葬

---

① 项春松：《辽代历史与考古》，内蒙古人民出版社，1996，第 217 页。

内容之一。辽人殡葬也吸收了较多道教文化内容，表现最为明显的就是在辽墓出土石棺的四壁浮雕青龙、白虎、朱雀和玄武"四神图"。此外，在一些辽墓壁画及随葬器物的外壁上，亦绘有道教神仙骑鹤升天图案等。

　　其他习俗的吸收与沿用。如"属纩"。中原汉人临近去世，其亲人用绵絮置于弥留者口鼻之上，观其是否飘动作为断气与否的根据，史称"属纩"，"属"，置放之意；"纩"，指绵絮。杜佑《通典》即云："疾故，去故衣，加新衣，撤乐，清扫内外，分祷所祀。侍者四人，坐持手足，遗言则书之。属纩以候气。"后来，人们便把"属纩"作为一个人临终之代称。① 辽人亦吸收了此丧俗。辽道宗寿昌五年（1099）的《刘祜墓志》即载：刘祜"属纩之日，怀陵之民无远近少长，奔走吊哭，如失怙恃"。② 再如"饭含"与"握"。中原汉人丧俗，死者口中置米贝为"饭"，置珠玉为"含"（或称"晗"、"琀"等）。《公羊传》"文公五年"条云："含者何？口实也。孝子不忍虚其亲之口，故以米、贝、珠、玉实之，谓之饭含。"何休注："孝子所以实亲口也，缘生以事死，不忍虚其口。"辽人也吸收了此丧俗。辽道宗咸雍六年（1070）的《萧福延墓志》即有墓主萧福延死后，"赙赗含襚，率用如等"③ 字样。中原汉人丧俗，向死者手中放置物品称为"握"。《释名·释丧制》云："握，以物着尸手中，使握之也。"辽人亦沿用此丧俗。如在陈国公主和驸马合葬墓中，考古工作者即发现了二人手中的各式琥珀雕饰"握"。

（三）域外文化因素在殡葬中的显现

　　辽国与西域及中亚、西亚诸国均有通使贸易交往，一支支驼队常年穿梭于草原大漠之间，这就是辽代著名的"草原丝绸之路"。于是，西域及中亚、西亚诸国的精美银器、玻璃器皿等，通过贸易或贡纳，来到了辽地。这些物品被契丹贵族们用过之后，在他们死后便随葬埋入地下，于是，辽代殡葬文化中便增加了些许域外文化之因素。比如一些辽墓出土了随葬的鱼龙形摩羯饰件及摩羯纹器皿，此题材作品源于古印度。再如辽墓出土的胡人训狮浮雕佩饰，题材源于西亚等地。再如辽墓出土的鋬耳壶和折肩银把杯，亦颇具西域器物造型之风格。当然，辽墓随葬品中最具域外文化特色的物品当为各类玻璃器皿，诸如玻璃杯、玻璃瓶等。域外文化因素的渗入，使辽代殡葬文化更加丰富多彩。

---

① 郑承燕：《辽代贵族丧葬制度研究》，文物出版社，2014，第163页。
② 向南、张国庆、李宇峰辑注《辽代石刻文续编》，第236～237页。
③ 向南、张国庆、李宇峰辑注《辽代石刻文续编》，第131页。

（四）诸种殡葬文化的融汇共存

如上所述，辽代的殡葬文化是一种多元文化，融合了契丹的、汉族的、域外的文化，题材多样，风格迥异，丰富多彩。有辽一代，这些不同的殡葬文化因素并非水火不容，独立存在，而是相互融合，同存共处，形成了多元一体的颇具辽代地域特色的殡葬文化。其表现形式就是，在某人的墓葬中，各种殡葬文化因素同时显现。先说辽代早期契丹贵族大少君之子勤德等人的墓葬。该墓位于内蒙古赤峰市阿鲁科尔沁旗东沙布日台乡西南的宝山。通过考古工作者的发掘整理，该墓群1、2号墓出土的文物资料即显示出中原汉族和草原契丹族殡葬文化的有机组合。首先，宝山两座辽墓在形制上均仿效中原河北地区的晚唐葬制，无论是墓道、墓室内的构造及装饰，还是墓室棺床后面墙壁上的花卉图案，均与北京海淀八里庄出土的唐代王公淑墓、河北曲阳五代王处直墓极相似；但宝山两座辽墓墓室内的石室设置却是草原契丹人墓葬的独有特色。其次，宝山两座辽墓墓室四壁的壁画内容均以鞍马人物与侍者形象为主，反映的是草原契丹贵族的日常生活情景；而石室内壁上的壁画人物形象与画风无一不是中原文化的映像。[①] 再以内蒙古通辽市奈曼旗的辽代陈国公主与驸马合葬墓为例，该墓出土的大量随葬物品中，既有契丹文化因素的瓷器鸡冠壶、精致成套的契丹马具和银丝网络、黄金面具等，也有汉族文化因素的木制围棋棋子及各种精美瓷器碗、碟等，还有域外文化因素的玻璃器皿等。再如埋葬圣宗、兴宗和道宗的庆陵三陵，均为穹庐形，内部保持着契丹风格，但墓门、墙壁却仿汉式建筑。宋德金先生即认为，汉契（丹）合璧的陵寝建筑充分体现了两种文化的交流与融合。[②]

（五）由简（俭）入繁（奢）的殡葬发展趋势

应该说，辽代初期的殡葬内容比较简朴，无论是程序还是仪式，都不十分繁缛。但随着社会生产力的提高，物质财富的大量积累，加之受中原汉族殡葬文化影响的加深，至辽代中后期，不仅殡葬礼仪变得非常繁缛复杂，随葬物品也大大增多，特别是一些高官显贵，随葬大量金银材质的奢侈品，契丹贵族更是以马匹随葬，契丹辽地厚葬之风一时盛行。因而，契丹皇帝不得不屡屡下诏禁止。辽朝官僚贵族们将大量物质财富作为随葬品埋入地下，造成了巨大浪费，损伤了国力，败坏了社会风

---

① 巫鸿、李清泉：《宝山辽墓：材料与释读》，上海书画出版社，2013，第 11、25～35、50 页。
② 宋德金、史金波：《中国风俗通史·辽金西夏卷》，上海文艺出版社，2001，第 147 页。

气，加快了辽朝衰亡的脚步。但也不可否认，也正因大量的辽代物品被埋入地下，才有了今天我们能够见到的丰富多彩的辽代历史文物。这在一定程度上弥补了辽代因文献记载缺漏而造成的史料缺憾，为我们研究辽代历史文化，提供了非常珍贵的考古资料。

三　辽代殡葬史研究概述

（一）辽代殡葬文化综合研究

近几十年来，辽史学界对辽代殡葬文化综合研究取得了可喜成果，学者们从不同视角切入，利用文献史料及考古实物资料、石刻文字资料等，对辽代殡葬文化，特别是对特色比较鲜明的辽代契丹人殡葬文化，进行了比较全面的研究。其中，成就最为突出者，当数李逸友先生。他的论文《辽代契丹人墓葬制度概说》是研究辽代契丹人墓葬制度的一篇力作。该文从墓制、葬制、墓葬制度形成三个方面，对辽代契丹人的墓地、墓形、墓向、椁室、壁画、墓志、坟垄、墓园、墓仪、葬尸、葬具和葬式、葬服、殉人和俑、随葬物、葬仪以及契丹人墓葬的民族传统、吸收汉人墓葬制度等问题，进行了简要而全面的论述。[1]彭善国教授的论文《辽代契丹贵族丧葬习俗的考古学观察》，运用考古学资料，对辽代契丹贵族家族墓地选址重视堪舆风水、墓葬注重东南朝向与墓室多仿地面建筑风格、尸骨葬比较普遍、运用金属网络面具覆尸、从人殉到俑殉（随葬）、厚葬现象普遍等，进行了简要论述。[2]张国庆教授的论文《辽代契丹丧葬文化考述》，比较宏观地论述了辽代契丹人丧葬文化及其特色；[3]他的另一篇论文《石刻资料中的辽代丧葬习俗分析》，则利用出土辽代墓志石刻资料，第一次系统而全面地对辽代殡葬习俗中的停柩权厝、遴选墓地、营造墓穴、占卜葬期、依礼下葬、附葬先茔、特殊葬式等进行了深入探讨。[4]郑承燕博士的论文《辽代丧葬礼俗举要——以辽代石刻资料为中心》，利用石刻资料，对辽代殡葬礼俗中聚族而葬与以东为尊、辽代墓葬制度中之堪舆因素、权殡厝葬与卜吉缓葬、皇帝为臣下遣使治丧、辍

①　李逸友:《辽代契丹人墓葬制度概说》，内蒙古文物考古研究所编《内蒙古东部区考古学文化研究文集》，海洋出版社，1991。
②　彭善国:《辽代契丹贵族丧葬习俗的考古学观察》，吉林大学边疆考古研究中心编《边疆考古研究》，科学出版社，2003。
③　张国庆:《辽代契丹丧葬文化考述》，《中央民族大学学报》1994年第5期。
④　张国庆:《石刻资料中的辽代丧葬习俗分析》，《民俗研究》2009年第1期。

朝致哀以示恩宠、结庐守陵与孝文化、赙赠之赐应有常式等，进行了简要论述。①王恩山先生的论文《契丹葬俗面面观》对契丹早中期的树葬加火葬、中后期的火葬加土葬、墓葬形制、葬俑习俗、尸体防腐、"烧饭"等，进行了简要论述。②此外，贾洲杰先生的论文《契丹丧葬制度研究》亦是较早对契丹人丧葬制度做较全面研究的一篇力作。③值得关注的是，郑承燕的《辽代贵族丧葬制度研究》是一部对辽代丧葬制度进行综合研究的专著，作者在书中对辽代帝王陵寝制度、辽代贵族墓葬制度、辽代丧葬礼俗、辽朝对中原唐宋丧葬制度的传承发展等，均做了较全面的探讨。④刘未的《辽代墓葬的考古学研究》是2016年出版的一部总结辽代墓葬特点的专著，作者设立契丹大型墓葬、契丹中小型墓葬和汉人墓葬三个专题，对辽代墓葬等级制度的发展、制度与习俗的互动等问题进行了深入研究。⑤

此间，一些辽史学者还在其研究辽代历史文化的著作中辟有专章或专节，从不同侧面研讨了辽代殡葬文化。如宋德金、史金波先生合著的《中国风俗通史》"上编·辽代卷"第七章即为"丧葬风俗"，分别论述了辽代葬法与墓室、尸体防腐与网络面具、皇帝丧仪与陵寝、殉葬"烧饭"及其他、辽代丧葬习俗的特点演变轨迹及文化等。⑥徐吉军先生的专著《中国丧葬史》第七章第六节为"辽代契丹的丧葬习俗"，从四个方面论述了辽代契丹人的火葬习俗、契丹人葬俗中的面具和网衣、"烧饭"习俗、厚葬习俗等。⑦田广林教授的专著《契丹礼俗考论》第三章"丧葬"，分别论述了辽朝建国前契丹人的丧葬状况、辽代的帝王陵寝、辽代的契丹贵族葬俗、辽代的契丹平民葬俗等。⑧项春松先生的专著《辽代历史与考古》第五章"墓葬"，全面而简要地论述了辽代埋葬礼俗的形成与文化、皇陵、公主驸马陵、皇族耶律氏家族墓地、后族萧氏家族墓地、汉族豪强家族墓地、特殊的宗教"家族"——僧人墓地、五京境内的其他中小型墓葬、辽代墓葬所反映的葬俗、辽代器物（随葬品）的品类与分期等。⑨冯继钦、孟古托力、黄凤岐合著的《契丹族文化史》第七章"契丹族的葬俗"，

① 郑承燕：《辽代丧葬礼俗举要——以辽代石刻资料为中心》，《内蒙古大学学报》（哲学社会科学版）2010年第1期。
② 王恩山：《契丹葬俗面面观》，刘子龙主编《平泉辽文化》，辽宁民族出版社，2008。
③ 贾洲杰：《契丹丧葬制度研究》，《内蒙古大学学报》（哲学社会科学版）1978年第2期。
④ 郑承燕：《辽代贵族丧葬制度研究》，文物出版社，2014。
⑤ 刘未：《辽代墓葬的考古学研究》，科学出版社，2016。
⑥ 宋德金、史金波：《中国风俗通史》（上编·辽代卷），上海文艺出版社，2001。
⑦ 徐吉军：《中国丧葬史》，江西高校出版社，1998。
⑧ 田广林：《契丹礼俗考论》，哈尔滨出版社，1995。
⑨ 项春松：《辽代历史与考古》，内蒙古人民出版社，1996。

分别论述了契丹早期葬俗、契丹皇帝的葬礼与陵墓、契丹贵族与平民墓葬、契丹墓葬形制演变等。[①]张国庆、朴忠国合著的《辽代契丹习俗史》第三章第三节"丧葬习俗"，分别论述了契丹人的葬式种类与墓室结构的变化、丧葬物品与墓室壁画、"干尸"处理与铜丝网络及金属面具、契丹皇帝的丧仪、陵墓造像、宗庙与祭祖等。[②]曹建华、金永田主编的《临潢史迹》第五章"上京辽墓与墓志"，简要论述了辽上京地区发现的辽人墓葬、葬具和墓志等。[③]

（二）辽代墓葬制度综合研究

近几十年来，辽代墓葬的发掘与资料整理取得了可喜成果，除了散见的辽人墓葬之外，辽代契丹族、汉族的贵族家族墓葬的发掘和资料整理，成效更为突出，出版了多部有分量的考古发掘报告，为学者研究辽代殡葬文化，提供了丰富的考古实物资料。辽宁省法库县叶茂台镇从 20 世纪 50 年代开始，陆续发现并发掘了二十余座辽代契丹萧氏后族家族墓葬，出土了大量辽代文物。作为叶茂台辽墓发掘者之一的王秋华教授的专著《惊世叶茂台》，用八章的篇幅，浓墨重笔，详细描述了叶茂台辽墓群诸墓的发掘过程、文物出土与整理状况，并对该墓群的筑墓年代、筑墓习俗、拜日（墓向）习俗、葬具及送终用具习俗、绘画装饰习俗、夫妻合葬习俗、厚葬习俗等，进行了研究。[④]20 世纪 80 年代中期在内蒙古通辽市奈曼旗青龙山镇发掘的辽代陈国公主和驸马合葬墓，是全国"七五"期间十大考古发现之一。内蒙古自治区文物考古研究所和哲里木盟（今通辽市）博物馆合著的考古发掘报告《辽陈国公主墓》有四章，第一章为"地理环境与历史沿革及发掘经过"，第二章为"墓葬形制、葬具及葬式"，第三章为"随葬品的分布情况"，第四章为"随葬品"，结语部分论述了与墓葬形制、丧葬习俗、壁画、随葬器物相关的几个问题，以及陈国公主和驸马的家世等。[⑤]孙建华、杨星宇合著的《大辽公主——陈国公主墓发掘纪实》亦对该墓的发掘及文物整理等进行了回顾，内容分别为：第一章"千年古墓"，第二章"远逝的大辽帝国"，第三章"走进大辽王朝"，第四章"浓缩大辽繁华的墓中瑰宝"。[⑥]20 世纪 70 年代前期，考古工作者对吉林省哲里木盟库伦旗辽墓群进行了发掘。王健群、陈相伟合著的考古

---

①　冯继钦、孟古托力、黄凤岐：《契丹族文化史》，黑龙江人民出版社，1994。
②　张国庆、朴忠国：《辽代契丹习俗史》，辽宁民族出版社，1997。
③　曹建华、金永田：《临潢史迹》，内蒙古人民出版社，1999。
④　王秋华：《惊世叶茂台》，百花文艺出版社，2002。
⑤　内蒙古自治区文物考古研究所、哲里木盟博物馆编著《辽陈国公主墓》，文物出版社，1993。
⑥　孙建华、杨星宇：《大辽公主——陈国公主墓发掘纪实》，内蒙古大学出版社，2008。

发掘报告《库伦旗辽代壁画墓》分别对 1~4 号辽墓的墓葬形制、出土人骨、随葬器物、壁画、祭坛等进行了论述，结语部分对与墓主人身份、壁画相关的问题进行了研究。① 20 世纪 90 年代初，考古工作者对位于内蒙古赤峰市阿鲁科尔沁旗的辽初东丹国左相耶律羽之墓进行了抢救性发掘。盖之庸先生的《探寻逝去的王朝——辽耶律羽之墓》分别论述了"追寻契丹人远去的背影"、"辽耶律羽之墓意外显世"、"气势恢宏的墓葬形制"、"壁画彩绘见唐风"、"人间罕有的金银器及饰物"、"珍贵的黑定瓷器"、"似曾相识的蕃罗"、"天下第一契丹鞍马具"、"驼车实物首次问世"、"让历史告诉现在与未来"等内容。② 20 世纪 70~90 年代发掘的河北省张家口市宣化下八里辽代张氏和韩氏家族墓群，也是辽墓考古的重要发现之一。河北省文物研究所编著的考古发掘报告《宣化辽墓》（上）用九章的篇幅，分别对张匡正墓、张文藻墓、张世本墓、张世卿墓、张世古墓、张恭诱墓、韩师训墓及其他张姓墓的发掘状况、墓室结构、出土文物、壁画等进行了记述，结语部分还对墓葬形制与年代问题、火葬问题、墓志及佛教信奉问题等，进行了探讨。③ 此外，刘海文主编的《宣化下八里Ⅱ区辽壁画墓考古发掘报告》对 20 世纪末考古工作者在宣化下八里Ⅱ区抢救性发掘的两座辽墓发掘过程及墓葬结构、葬具葬式、出土器物、墓室壁画等进行了记述，并对墓葬年代、墓主身份、葬具葬式特点、壁画特点、木俑和髡发习俗等进行了初步研究。④ 20 世纪 90 年代，辽宁省考古工作者对辽宁省朝阳市凌源小喇嘛沟辽墓群进行了抢救性发掘。辽宁省文物考古研究所编著的《凌源小喇嘛沟辽墓》对该墓群的十一座辽墓的墓葬形制及出土遗物等进行了记述，并对墓葬年代、墓主人族属及身份等，进行了初步探讨。⑤

21 世纪初，辽宁省考古工作者对辽宁省阜新市阜新蒙古族自治县大巴镇车新村北部山洼内（原关山种畜场二道沟鹿场）的辽墓群进行了抢救性发掘。辽宁省文物考古研究所编著的考古发掘报告《关山辽墓》分三章，内容为：第一章"墓葬介绍"，分别记录了 1~9 号契丹辽墓的墓葬形制、壁画、墓葬年代与墓主身份、出土遗物等；第二章"墓志铭考释"，分别对墓群出土的萧德恭、梁国太妃等六方汉文、契丹文墓

① 王健群、陈相伟：《库伦旗辽代壁画墓》，文物出版社，1989。
② 盖之庸：《探寻逝去的王朝——辽耶律羽之墓》，内蒙古大学出版社，2004。
③ 河北省文物研究所编著《宣化辽墓》（上），文物出版社，2001。
④ 刘海文主编《宣化下八里Ⅱ区辽壁画墓考古发掘报告》，文物出版社，2008。
⑤ 辽宁省文物考古研究所编著《凌源小喇嘛沟辽墓》，文物出版社，2015。

志进行了研究；第三章为"萧和家族兴衰史"。① 秦大树先生的《宋元明考古》第六章为"辽代的陵墓——不同族属共创的文明"，分别论述了辽代墓葬的发现与研究、辽代的帝陵、辽代墓葬等。②

20世纪80年代初至今的三十多年间，除上述发现并发掘的辽代重要墓葬外，还有很多分散的辽墓被发现和发掘，考古报告散见于各考古学学术期刊，详见本书注释，此不赘述。

（三）辽代殡葬中金属网络与面具研究

金属网络和金属面具是辽代契丹人比较奇特的葬俗之一。文献记载和考古证明，辽代契丹贵族死后，要对尸体进行"药物"或"物理"处理，制成"干尸"，然后在尸体各部位穿上金属网络（以铜丝、银丝网络为多），面部再覆盖用铜或金、银制作的面具。考古学界和辽史学界对辽代契丹人殡葬中的金属网络和金属面具多有研究。如杜承武、陆思贤合作的论文《契丹女尸的网络与面具》，对内蒙古乌兰察布盟察右前旗豪欠营6号辽墓出土的契丹女尸身上的铜丝网络与金属面具进行了深入研究，系统论述了网络的形状与结构、网络的编缀方法、网络各部位的编缀工艺、全身网络的组合方法、鎏金铜面具制作等。③ 杜承武先生的论文《辽代墓葬出土的铜丝网络与面具》，全面、系统地梳理了辽墓出土的网络和面具的考古学资料，考察了网络的结构、编缀与穿着，论述了面具的造型特点和制作方法，钩沉了有关网络与面具的文献记载，考证了网络与面具的主人身份，探讨了网络、面具与宗教的关系以及网络与面具的其他功用等。④ 侯峰先生的论文《辽代契丹族金属面具、网络等葬俗分析》，简要论述了作者对金属面具的看法、佛教对于契丹面具葬俗的影响、金属网络现象、作者对与网络面具有关联的铜靴底的解释等。⑤ 陈永志先生的专著《契丹史若干问题研究》第四篇为"辽墓出土的金属面具、金属网络功能与性质辨析"，系统介绍了目前发现的金属面具、金属网络的实物资料，详细考察了学界关于金属面具、金属网络功能的讨论，阐述了作者本人对金属面具、金属网络功能与性质的看法等。⑥

---

① 辽宁省文物考古研究所编著《关山辽墓》，文物出版社，2011。
② 秦大树：《宋元明考古》，文物出版社，2004。
③ 杜承武、陆思贤：《契丹女尸的网络与面具》，乌盟文物工作站、内蒙古文物工作队编《契丹女尸》，内蒙古人民出版社，1985。
④ 杜承武：《辽代墓葬出土的铜丝网络与面具》，陈述主编《辽金史论集》第1辑，上海古籍出版社，1987。
⑤ 侯峰：《辽代契丹族金属面具、网络等葬俗分析》，李逸友、魏坚主编《内蒙古文物考古文集》，中国大百科全书出版社，1994。
⑥ 陈永志：《契丹史若干问题研究》，文物出版社，2011。

（四）辽墓壁画资料整理与研究

辽墓考古证实，诸多辽代大中型墓葬的墓室四壁及墓道两侧墙壁上，均彩绘（或黑白绘）各种内容的壁画，这也是辽代殡葬文化的一项重要内容。多年来，已有考古学者和辽史研究者对辽墓出土壁画资料进行整理与研究，取得了较大成果。国内较早对辽墓壁画资料进行整理研究的是项春松先生。他的《辽代壁画选》收录了20世纪80年代初期之前出土的包括辽墓壁画在内的辽代壁画70余幅。[①] 罗春政先生的《辽代绘画与壁画》一书收录辽代壁画150余幅，其中亦有大量辽墓壁画，并有文字阐述及研究。[②] 河北省文物研究所编《宣化辽墓》（下）收录宣化下八里辽墓群出土壁画近百幅。[③] 河北省文物研究所编《宣化辽墓壁画》同录宣化下八里辽墓群出土壁画百余幅。[④] 孙建华编著的《内蒙古辽代壁画》收录内蒙古地区辽墓近年来出土的壁画246幅，是当下收录内蒙古地区辽墓壁画最为齐全的专书，内容十分丰富。[⑤]

此间，也有一些学者或从美术史的视角对辽墓壁画进行专题研究，或利用辽墓壁画资料对辽代历史文化的某些方面进行探讨，取得了不小的成果。前者之代表作当为张鹏先生的《辽墓壁画研究》。该书主要论述了辽代画坛的文化背景、辽代皇家审美风范的形成与影响、辽代契丹贵族墓葬壁画的象征意涵与艺术特色、兼收并蓄的辽代蕃界汉人艺术特色、辽墓壁画的艺术特色，等等。[⑥] 李晓峰先生的《契丹族艺术史》第二篇第二章为"契丹墓室壁画"，论述了契丹墓室壁画的种类、墓室壁画的内容以及墓室壁画的代表作品等。[⑦] 后者的代表作应属李清泉先生的《宣化辽墓：墓葬艺术与辽代社会》。该书第一章为"导论"，重点论述了辽代文化特征与辽代壁画墓；第二章为"契丹统治下的汉人墓葬"；第三章和第四章为"宣化辽墓壁画图像内容、功能与意义"；第五章为"真容偶像与多角形墓葬"。[⑧] 姜念思先生的论文《辽墓壁画初探》，论述了辽代壁画墓的分布及壁画的题材与内容、壁画所反映的辽代社会生活、壁画的制作及其艺术特色等。[⑨] 冯恩学先生的论文《河北省宣化辽墓壁画特点》，论

---

① 项春松：《辽代壁画选》，上海人民美术出版社，1984。
② 罗春政：《辽代绘画与壁画》，辽宁画报出版社，2002。
③ 河北省文物研究所编《宣化辽墓》（下），文物出版社，2001。
④ 河北省文物研究所编《宣化辽墓壁画》，文物出版社，2001。
⑤ 孙建华编著《内蒙古辽代壁画》，文物出版社，2009。
⑥ 张鹏：《辽墓壁画研究》，天津人民美术出版社，2008。
⑦ 李晓峰：《契丹族艺术史》，内蒙古人民出版社，2008。
⑧ 李清泉：《宣化辽墓：墓葬艺术与辽代社会》，文物出版社，2008。
⑨ 姜念思：《辽墓壁画初探》，《辽宁省考古博物馆学会成立大会会刊》，1981。

述了宣化下八里辽代张氏家族墓壁画呈现的特点。① 此外，介绍辽代壁画墓和辽墓出土壁画内容的考古发掘报告及利用辽墓壁画资料研究辽人社会生活的文章也比较多，但将其与辽代殡葬文化相联系者却不多见。

（五）辽代殡葬其他问题研究

近些年来，辽史学界对辽代殡葬文化除上述内容之外的其他问题也有不同程度的探讨，构成辽代历史文化研究的一个重要侧面。如关于辽代官员丁忧守制方面的论文已见曲守成先生的《辽代守制考论》②。专论火葬习俗的有杨晶先生的《辽代火葬墓》③。关于佛教对殡葬影响的见霍杰娜的《辽墓中所见佛教因素》④。有关辽代人殉与"烧饭"习俗，见宋德金先生的《"烧饭"琐议》⑤以及刘浦江先生的《契丹人殉制研究——兼论辽金元"烧饭"之俗》⑥。单论阜新地区辽代殡葬文化的有赵振生、于泽民先生的《阜新辽墓丧葬习俗及墓室结构形制的研究》⑦。关于辽代帝王陵墓与宗庙制度的研究，见阎崇东先生的专著《辽夏金元陵》⑧的相关章节，以及朱子方先生的论文《辽朝契丹统治者的宗庙制度》⑨等。关于契丹皇帝为臣下遣使治丧及辽人墓志铭研究者，见张国庆教授的论文《辽代丧葬礼俗补遗：生者为亡者镌志刻幢——以辽代石刻为史料》⑩及《辽代丧葬礼俗补遗：皇帝为臣下遣使治丧——以辽代石刻为史料》⑪等。

①　冯恩学：《河北省宣化辽墓壁画特点》，《北方文物》2001 年第 1 期。
②　曲守成：《辽代守制考论》，《学习与探索》1998 年第 6 期。
③　杨晶：《辽代火葬墓》，陈述主编《辽金史论集》第 3 辑，书目文献出版社，1987。
④　霍杰娜：《辽墓中所见佛教因素》，《文物世界》2002 年第 3 期。
⑤　宋德金：《"烧饭"琐议》，宋德金：《辽金论稿》，湖北教育出版社，2005。
⑥　刘浦江：《契丹人殉制研究——兼论辽金元"烧饭"之俗》，《文史》2012 年第 2 辑。
⑦　赵振生、于泽民：《阜新辽墓丧葬习俗及墓室结构形制的研究》，《阜新高专学报》1997 年第 3 期。
⑧　阎崇东：《辽夏金元陵》中国青年出版社，2004。
⑨　朱子方：《辽朝契丹统治者的宗庙制度》，《中国民族史研究》第 4 辑，改革出版社，1992。
⑩　张国庆：《辽代丧葬礼俗补遗：生者为亡者镌志刻幢——以辽代石刻为史料》，《东北史地》2009 年第 1 期。
⑪　张国庆：《辽代丧葬礼俗补遗：皇帝为臣下遣使治丧——以辽代石刻为史料》，《辽宁大学学报》2008 年第 6 期。

第一章

殡葬观念与规制

第一节　各阶层人士对死丧与殡葬的认识

一　石刻资料反映的辽人生死观

古往今来，人们对失去亲人的情感大致相同：伤悲、哀痛、怀念、追思，等等。但限于社会生产力发展状况及科技水平的高下，以及文明程度的差等，不同时代的人们对生死的认识还是有较大程度的区别的。一千多年前的辽代人对"生"与"死"有何认识？他们的"生死观"又表现出什么样的特点？笔者钩沉出土辽代石刻文字资料，对其进行一番简单梳理，大致呈现以下三种状况。

其一，哀死亡之伤悲，叹人生之短暂。

一个人去世，不管是长寿者的寿终正寝，还是短命者的不幸夭折，他（她）活着的亲人表现出无比的伤悲，是人之情感的正常表露，亘古不变，辽代亦然。辽代石刻资料中，特别是在一些辽人的"墓志铭"中，哀死亡之伤悲，叹人生之短暂，常常见诸石刻。例如，辽穆宗应历八年（958）的《赵德钧妻種氏墓志》即记载了種氏在十年之间连遭五位亲人不幸去世而表现出来的无限哀伤。先是夫君赵德钧去世。"良人奄逝，失道俄叹于李陵；令嗣克兴，托足竟期于周顗。夫人从子是念，贻孙有怀。苟麻但诉于天穷，询礼岂闻于夜哭。"如果说丧夫之痛尚能因长子赵延寿袭父官爵而一跃成为幽州节度使、南京留守及加封燕王而被稍许冲淡，那么，接下来的包括长子赵延寿去世等遭遇一连串亲人不幸离世而受到的打击，对于一位耄耋之年的老人来说，心灵的创伤之重之深，可想而知。年迈的種氏因此而一病不起。"及大丞相（赵延寿）归赏措踪，旋悲封篋。夫人追思堂构，□念庭兰。讵□慈怜，难忘永叹。矧当暮齿，复结沉哀。十载之间，五丧相继。积变襄□之状，长怀孤苦之情。构疾弥留，俄臻大渐。"[1] 天祚帝乾统十年（1110）的《萧德恭妻耶律氏墓志》亦记述了墓主去世后亲人们的深深哀痛："倾逝夫人，年寿至此，痛忽奄终，虽死生有命，奈吉凶无报，刀骨锯肉，不谓之酸；饮鸩茹荼，不谓之苦。"[2]

辽代科技不发达，医疗条件十分有限，人的平均寿命难与今人相比。有时，生死只在一瞬间。于是，时人常常慨叹人生之短暂，生命之易逝。如辽景宗乾亨三年（981）《张正嵩墓志》的作者赵衡在志文之始即慨叹："生之限也，堕飚急景，烁电轻沦；死之约乎，碎珠折玉，晞露风灯。"[3] 对于一些未冠而卒或英年早逝者，人们在慨叹他们生命短暂的同时，往往还多一些对他们难享人生、未展事业的惋惜。如辽圣宗太平三年（1023）的《耶律道清墓志》记载墓主去世时年仅 25 岁，属英年早逝，所以，"墓志铭"的作者即慨叹"风惊而晓露难停，日烁而秋霜易敛"。[4] 统和三年（985）的《韩德昌墓志》记载墓主去世时为 29 岁，亦属英年早逝，所以，"墓志铭"的作者李玄即对墓主难享人生之美好、未展报国之才干而感到无比惋惜："公志性端良，风襟秀朗。抱忠孝之节，惜不迨于君父；蕴通敏之才，惜不厘于公务；偶千龄之景运，惜不崇于爵赏；钟万石之余庆，惜不享于富贵。呜呼！奚斯人而夭斯寿。卿云彩凤，徒为千载之祥；埋玉纳珠，永作九泉之恨。"[5]

其二，生死无常，天命注定。

大多数辽人不了解生死之缘由，所以，他们迷信，相信天命，认为人之生死及寿命长短都是有"定数"的。这在不少石刻文字资料中都有反映。如辽圣宗开泰七年（1018）的《陈国公主墓志》记载墓主陈国公主耶律氏早逝，年仅 18 岁。所以，"墓志铭"的作者马贻谋即言："诏太医以选灵方，服良药而绝神效，无何，身之存殁，大限难移，寿之短长，冥数已定，奄萎颜而早谢，与薤露以俱零。"[6] 辽道宗清宁六年（1060）的《赵匡禹墓志》的作者赵濬也于志文后写道："龙正吟而云忽消，川未济而舟已失，天不与也，人不幸也，非知之矣！"[7] 大康元年（1075）的《萧德温墓志》作者张臣言在记述墓主从生病到去世的过程时亦言："方远奋于壮图，忽间生于□疹，国

---

① 向南：《辽代石刻文编》，河北教育出版社，1995，第 22 页。
② 向南、张国庆、李宇峰辑注《辽代石刻文续编》，第 271 页。
③ 向南：《辽代石刻文编》，第 68 页。
④ 向南、张国庆、李宇峰辑注《辽代石刻文续编》，第 65 页。
⑤ 向南、张国庆、李宇峰辑注《辽代石刻文续编》，第 28 页。
⑥ 向南：《辽代石刻文编》，第 154 页。
⑦ 向南：《辽代石刻文编》，第 301 页。

医就治，有加无瘳，是年冬十有二月，皇太后复诞之辰，诏授公左金吾上将军，欲慰公之怀，望愈公之病，奈何不由人力，岂乏秦医，维应天时，祸已延于丘垗。"①大康七年（1081）的《萧孝恭墓志》的作者亦曾对墓主突然染病而亡慨叹道："奈膏肓有革，纵药饵无征，冥数难移，终期奄至。"②

有些辽人还将人之死亡与某种"星象"联系在一起，演绎出另一种生死"天命观"。如辽道宗清宁八年（1062）的《耶律宗政墓志》作者王寔在志文的开端即依据《易经》所载阐述了一番"生死"与"星象"的关系："易曰：'关乎天文，以察时变。'盖人之生没，系星之吉凶。萧何钟昴宿以佐时，犹书汉牒；张华坼台星而即世，商纪晋编。况望重天孙，爵崇王国。其来也，旌幢玺，授膺树建于藩维。其逝也，羽葆旍，常祔葬藏于陵寝者，见之于魏国王矣！诚以始其孕粹，非止大昴之精，必五纬以集灵；今也收神，非止坼中台之位，乃三辰而致异。"③辽道宗咸雍八年（1072）的《耶律仁先墓志》作者赵孝严也将墓主的死亡与星象的变异联系在一起："清宁九年七月十九日，皇上以北鄙达打、术不姑等部族寇边，命王（耶律仁先）为西北路招讨使往讨之，斩首万余级，俘其酋长图没里同瓦等，驰送阙下。无何，八年四月廿日，以疾薨于位，享年六十。皇上闻讣震悼，辍朝三日。是岁二月二十四日夜，太白犯昴。识者谓太白犯昴，大将死期，惟宋王乎？"④

其三，福祸相伏相倚，正确面对生死。

对于死生，也有一些辽人的认识比较客观，能够正确面对。他们认为，与福、祸对应的人之生、死，往往都是相伏相倚的，所以，要正确面对生与死。如辽景宗乾亨三年（981）的《张正嵩墓志》作者赵衡在志文最后所言即比较客观："府君荣限而终，殁期俄及，既缠竖祸，曷免虿端？堕艳难留，轻沦自返。""阅世阅川，继生继死。石火风灯，浮沤逝水。寿不永而皆伤，荣不长而可毁。……针不煞于二竖，药岂夺于三魂？既失藏舟，难留去箭。死谁不伤？生谁不羡？禄定非改，善求可庽。已达幽关，又何悲恋！"⑤乾亨三年（981）的《刘继文墓志》作者赐紫沙门文秀在志文开端即阐明人无论贵贱高低，面对生与死都是平等的："详夫圣凡异矣，生灭同焉。丘怀逝水之悲，聊起患身之叹，高低贵贱孰免斯欤？察□□于群言，□兴亡于常道者

---

① 向南：《辽代石刻文编》，第 372 页。
② 向南、张国庆、李宇峰辑注《辽代石刻文续编》，第 170 页。
③ 向南：《辽代石刻文编》，第 305 页。
④ 向南：《辽代石刻文编》，第 354 页。
⑤ 向南：《辽代石刻文编》，第 69 页。

也。"在该志的铭文部分，文秀亦比较客观地阐述了他的生死观："天地大兮有成坏，
□□□□□□□。人至灵兮无常定，石至坚兮无恒在。既有身兮既有患，不无伤兮不
无□。路树□□□□，宿鸟暂聚而终散。"①此外，辽圣宗统和四年（986）的《耶律
延宁墓志》铭文亦见"福兮已过，祸兮遄逼"之字眼。②统和九年（991）的《韩瑜墓
志》中也有"乐尽悲来，福盈祸搆"之句。③统和三十年（1012）的《耿延毅妻耶律
氏墓志》作者史克忠在记述墓主人患病致死时亦言："何期祸福相倚，疾□深婴。过隙
难留，莫驻白驹之影；舞镜自顾，忽痛孤鸾之形。"④太平八年（1028）的《李知顺墓
志》作者向载言在志文里也表达了在生死面前人人平等的观念："贤愚贵贱，又不可逃
略限之中；荣辱是非，又不可出升沉之处。"⑤天祚帝天庆十年（1120）的《崇昱大师
坟塔记》记载崇昱大师圆寂之前对弟子所说的一段话，亦表达了类似之观念："天庆
四年秋八月，因还本刹，拜先师塔。至十二月十一日夜，诲门人曰：'日中有昃，月
满有亏，物盛有衰，人生有灭，□宜自省，勿易吾言。'时在寅初，如常睡眠，恬然
而逝。"⑥

　　正因为福祸生死相伏相倚，也正因为在生死面前人人平等，没有贵贱高低之分，
所以，一些辽人主张正确面对生与死，生有生的价值，死要死得其所。如辽兴宗重熙
二十二年（1053）的《王泽墓志》作者王纲即言："其来也，际熙宸，摅伟量，步骤华
途，赞襄丕御，昭然焕然，君善偶而臣功著；其往也，贻懿范，蔼清芬，晔煜良史，
绵联景彝，广矣大矣，勋阀高而庆嗣长。"⑦

二　佛教信徒的悼亡思亲理论与实践

　　受佛教密宗陀罗尼经咒"尘沾"、"影覆"等教义的影响，辽代社会中下层佛教
信徒通过为先人立石幢、刻经咒等宗教实践活动，积极宣扬佛教悼亡思亲理论，颇具
时代与地域特色。⑧如《佛顶尊胜陀罗尼经》即云："若人能须臾读诵此陀罗尼者，此
人所有一切地狱、畜生阎罗王界饿鬼之苦，破坏消灭无有遗余。……若人须臾得闻此

① 向南：《辽代石刻文编》，第 71～73 页。
② 向南：《辽代石刻文编》，第 86 页。
③ 向南：《辽代石刻文编》，第 94 页。
④ 向南：《辽代石刻文编》，第 143 页。
⑤ 向南：《辽代石刻文编》，第 187 页。
⑥ 向南：《辽代石刻文编》，第 682～683 页。
⑦ 向南：《辽代石刻文编》，第 259 页。
⑧ 张国庆：《佛教文化与辽代社会》，辽宁民族出版社，2011，第 102～111 页。

陀罗尼，千劫以来积造恶业重障，应受种种流转生死，地狱饿鬼畜生阎罗王界阿修罗身，夜叉罗刹鬼神布单那羯吒布单那阿波娑摩啰，蚊虻龟狗蟒蛇一切诸鸟，及诸猛兽一切蠢动含灵，乃至蚁子之身，更不重受。"[1]"若人能书写此陀罗尼，安高幢上，或安高山或安楼上，乃至安置窣堵波中。……若有苾刍、苾刍尼、优婆塞、优婆夷、族姓男、族姓女，于幢等上或见或与相近，其影映身；或风吹陀罗尼幢等上尘落在身上，天帝，彼诸众生所有罪业，应堕恶道、地狱、畜生、阎罗王界、饿鬼界、阿修罗身恶道之苦，皆悉不受，亦不为罪垢染污。天帝，此等众生，为一切诸佛之所授记，皆得不退转，于阿耨多罗三藐三菩提。"[2] 这就是辽代佛教信徒于埋葬先人的坟塔之所立幢刻石的主要原因。

钩沉辽代佛教经幢所刻"幢记"文字，笔者归纳辽代佛教信徒的悼亡思亲理论有如下三个方面内容。

一是立幢刻石与"灭罪度亡论"。辽代佛教信徒认为，自己的亲人生前可能积有某种恶业或罪障，若不消除，死后就难免地狱之苦，不能得度去往西方净土。上已述及，《佛顶尊胜陀罗尼经》能够帮助去世的人灭罪和度亡，所以，辽代很多佛教信徒纷纷为亲人、为师长建造"坟幢"或"塔幢"，想利用该经的宗教功能，达此目的。如辽圣宗统和十八年（1000）的《李翊为考妣建陀罗尼经幢记》即云："今于坟所建斯幢者，奉为荐亡考妣之亡灵也。……伏愿惊禽骇兽，依圣影以获安；孝子顺孙，荐幽灵而勿替。"[3] 辽道宗咸雍七年（1071）的《李晟为父母造幢记》亦云：坟幢之建，祈愿"亡过父母先亡等，或在地狱，愿速离三途"[4]。辽道宗咸雍七年（1071）的《王世永为先祖建佛法碑（幢）》亦载：立幢刻石，"亦愿上资七祖，咸证天宫；下荐群生，悉除地狱"[5]。辽道宗大安七年（1091）的《文永等为亡父母造幢记》记载："夫尊胜陀罗尼者，是诸佛之祕要，众生之本源。遇之则七逆重罪咸得消灭，持之则三途恶业尽皆除灭。开生天路，示菩提相，功之最大，不可稍也。文永等奉为亡过先代父母，建造幢子，仍迴余愿，上通有顶，旁亘十方，赖此殊恩，齐登觉道。"[6] 天祚帝乾统元年（1101）的《宝禅寺建幢记》记载，张阿梁为亡夫所建坟幢之目的亦是"所冀灵乘五

---

① 《大正新修大藏经》第 19 卷，转引自刘淑芬《灭罪与度亡——佛顶尊胜陀罗尼经幢之研究》，上海古籍出版社，2008，第 8 页。
② 《大正新修大藏经》第 19 卷，转引自刘淑芬《灭罪与度亡——佛顶尊胜陀罗尼经幢之研究》，第 9 ~ 10 页。
③ 向南：《辽代石刻文编》，第 105 页。
④ 向南：《辽代石刻文编》，第 347 页。
⑤ 向南：《辽代石刻文编》，第 349 页。
⑥ 向南：《辽代石刻文编》，第 436 页。

色云，速登极乐间"。①

二是立幢刻石与"禳灾祈福论"。祛除灾祸、祈求福乐是辽代佛教信徒人生追求的一大目标，欲达此目的，亦唯有立石幢刻经咒。他们认为，只有在幢石经咒的"尘沾"或"影覆"之下，才能百灾蠲灭，万福由生。辽代佛教信徒立幢"祈福"已不仅仅是为生者，更多的时候是为已故亲人"祈冥福"。如辽穆宗应历十六年（966）的《李崇菀为父彦超造陀罗尼经幢记》记载李崇菀立幢目的即为："上祷金仙，福佑慈父，意者保延禄寿，被惠日以长荣。"②天祚帝乾统九年（1109）的《唐梵佛顶尊胜陀罗尼经幢记》亦云："至于今之□（士）大夫家子孙亲戚，欲以荐冥福，祐亡□（灵），必树幢于□□，镌此密咒，使尘霑影覆，获大利益耳。"③天祚帝天庆二年（1112）的《白怀祐造幢记》亦载："若能迴善住七返之殃，能救六道先亡之苦者，唯我佛顶尊胜陀罗尼最为其一也。若有众生，刊在高幢，置于先垄，所荐冥福，讵可思维。"④

三是立幢刻石与"报恩尽孝论"。辽代俗家佛教居士为父母建坟幢，僧尼为师长建塔幢，在很大程度上也是为了表达作为人子、徒孙对父母养育之恩及师长栽培之恩的报答。这也是外来佛教受儒学影响而"中国化"的一种表现。"我教东流，瀍被幽显，则建幢树刹兴焉。其有孝子顺孙，信而乐福者，虽贫贱，殚财募工市石，刻厥密言，表之于祖考之坟垄，冀其尘影之霑庇者，然后追悼之情塞矣"。⑤如辽道宗咸雍七年（1071）的《王世永为先祖建佛法碑（幢）》记载王世永立碑（幢）刻石的原因即是："因念父兮生我，母兮鞠我，劬劳之恩，昊天难报；若非秘藏，何可依凭。"⑥辽道宗大康三年（1077）的《为故坛主传菩萨戒大师特建法幢记》记载了沙门裕经等人为报亡师培养之恩而建"塔幢"刻石经的过程："伏自我故坛主大师，能事既周，化缘忽尽。四生孺慕，号咷如丧于所天；七众心摧，擗踊疑无于厚地。虽宝棺备礼，白毡送终，尚增难舍之哀，莫抑无穷之恋。遂当遗塔前，建胜幢，仰凭佛印之大威，上答慈云之巨荫。……门人传戒大师讲经律论赐紫沙门裕经。"⑦

① 向南、张国庆、李宇峰辑注《辽代石刻文续编》，第240页。
② 向南：《辽代石刻文编》，第38页。
③ 向南、张国庆、李宇峰辑注《辽代石刻文续编》，第264页。
④ 向南：《辽代石刻文编》，第630页。
⑤ 乾统五年（1105）《白怀友为亡考妣造陀罗尼经幢记》，向南：《辽代石刻文编》，第549页。
⑥ 向南：《辽代石刻文编》，第349页。
⑦ 向南：《辽代石刻文编》，第383页。

辽道宗大康七年（1081）的《张景运为亡祖造陀罗尼经幢记》亦记载了张景运为向父母报恩尽孝而建幢刻石："夫人子之奉父母，生则礼而恭，没则享而敬。□礼然□□有过各不利于长往。呜呼类何！盖闻佛顶尊胜陀罗尼，能与众生除一切恶道罪障等。□若非先灵以祐逝者，则是其不孝矣！即有景运等常深不匮之怀，永念无极之报。……遂乃善舍净财，遐求翠琰。"① 天祚帝乾统六年（1106）的《沙门即空造陀罗尼经幢记》记载，沙门即空为舍俗出家的母亲建幢刻石亦是为了报恩尽孝："惟父母慈爱之深，过天地高厚之至，欲养弗逮，何痛之如。其或有力报之，无不尽心为者，况□□祐，曷可已乎？兹遂镌梵本佛顶尊胜陀罗尼，并诸真言。"② 天祚帝乾统十年（1110）的《赵公议为亡考造陀罗尼幢记》记载，赵公议同样是为向父母报恩尽孝而建幢刻石的："夫孝子之养亲也，近而□远□□可□于斯人无不跃而为者。粤有白衣信士赵公议，常念哀哀父母，生我劬劳，欲报之德，善莫大焉，□乃□建佛顶尊胜陀罗尼幢一座，□于先茔先考之墓侧。"③ 天祚帝天庆元年（1111）的《为先内翰侍郎太夫人特建经幢记》记载，马直温、马内温、马处温兄弟为报亡母生前养育之恩而建幢刻石："伏以欲报昊天鞠育鸿恩，惟仗诸佛宣传之密教。刻之贞琰，树于先茔，期覆影以尘霈，愿觉佛而闻法。"④ 为此，辽代佛教信徒中更有直白而言者："苟未能为幢于坟，则是为不孝也。"⑤

三 契丹皇帝对厚葬的诏禁与贵族臣僚的薄葬主张

辽代中期以后厚葬之风盛行，契丹贵族及汉、渤海、奚等族高级官僚大都喜好将大量金银珠宝及生前各种用品随葬墓中，这已为辽墓考古资料所验证。有学者即认为，辽人好厚葬，所以，辽代墓葬便成为后世盗墓者追踪寻盗的重要目标之一，以致造成当下辽墓十墓九空现象的产生。⑥ 其实，辽人对辽朝以前中原地区及本朝殡葬制度、墓葬形式的变化过程是有一个比较清晰的认识的。如辽道宗大安五年（1089）的《六聘山天开寺忏悔上人坟塔记》即云："古之葬者弗封树，虑其伤心，若掩骼埋凿之类，欲人之弗得见也。而后世朴散，转加乎文，遂有贵贱丘圹高厚之制。及佛教来，

---

① 向南：《辽代石刻文编》，第 390 页。
② 向南：《辽代石刻文编》，第 557 页。
③ 向南：《辽代石刻文编》，第 605 页。
④ 向南：《辽代石刻文编》，第 617 页。
⑤ 《张世俊造幢记》，向南：《辽代石刻文编》，第 699 页。
⑥ 李逸友：《辽代契丹人墓葬制度概说》，内蒙古文物考古研究所编《内蒙古东部区考古学文化研究文集》，第 94 页。

又变其饰终归全之道，皆从火化，使中国送往，一类烧羌。至收余烬为浮屠，令人瞻仰，不复顾归土及泉之义，世以为然，自非高道。"①天祚帝乾统十年（1110）的《高为裘墓志》亦云："夫太古之葬，衣之以薪，不封不树，丧期无数。后世圣人，易之以棺椁。降及近代，礼制增新，愈厚其事。抑又惧其陵谷，乃刻志于幽谷。"②实际上，辽代厚葬的出现受到多种因素的影响，除了受中原地区殡葬制度、墓葬形式演变的影响之外，社会经济的发展造成物质财富的增多与积累，也是一个重要的原因。

　　鉴于辽代中后期各世家大族厚葬之风愈刮愈烈，一些契丹皇帝便不得不颁布诏令，对厚葬行为予以禁止。如辽圣宗耶律隆绪于统和十年（992）春正月"丁酉，（诏）禁丧葬杀马，及藏甲胄、金银、器玩"，③辽兴宗耶律宗真于重熙十一年（1042）十二月"丁卯，（诏）禁丧葬杀牛马及藏珍宝"，④重熙十二年（1043）六月"丙午，（兴宗）诏世选宰相、节度使族属及身为节度使之家，许葬用银器；仍禁杀牲以祭"。⑤

　　在契丹皇帝颁布厚葬禁令的同时，一些观念较新且能识大体的高级官僚也转变了想法，认识到了厚葬之风对辽代社会造成的危害，于是，他们现身说法，以身作则，在临终之前留有遗言，叮嘱子女：丧事简办，薄葬入土！如圣宗朝的枢密使兼北府宰相室昉临终前即"遗言戒厚葬。恐人誉过情，自志其墓"。⑥再如兴宗至道宗朝的驸马都尉、北枢密使、魏国王萧惠，"清宁二年薨，年七十四，遗命家人薄葬"。⑦还有道宗朝的晋王、西北路招讨使耶律仁先，咸雍"八年卒，年六十，遗命家人薄葬"。⑧耶律仁先墓于清光绪二十二年（1896）在辽宁北票莲花山被发现，1983年经考古发掘，出土了大量随葬物品，说明仁先的子女并没有遵照他的遗嘱予以薄葬。这也是有辽一代厚葬之风屡禁不止的原因之一。

　　当然，辽代官贵人家厚葬之风屡禁不止的原因还有很多，笔者以为，其中重要一条，当与契丹皇帝经常向一些功臣名相"赐葬"不无关系。契丹皇帝一方面反对臣民浪费钱财的厚葬行为，屡屡下诏予以禁止；另一方面，又不断给钱给物，对已故功臣

---

① 向南：《辽代石刻文编》，第413页。
② 向南：《辽代石刻文编》，第609页。
③ 《辽史》卷13《圣宗纪四》，第1册，第142页。
④ 《辽史》卷19《兴宗纪二》，第1册，第228页。
⑤ 《辽史》卷19《兴宗纪二》，第1册，第229页。
⑥ 《辽史》卷79《室昉传》，第5册，第1272页。
⑦ 《辽史》卷93《萧惠传》，第5册，第1375页。
⑧ 《辽史》卷96《耶律仁先传》，第5册，第1397页。

名相"赐葬"，因而，便在无形中助长了厚葬等不正之风。检索《辽史》"列传"，享受契丹皇帝"赐葬"待遇的官员即有耶律曷鲁、萧孝忠、韩德让、耶律斜轸、耶律海里、杜防、耶律韩八、耶律良等。这其中除个别官阶较低、家境清寒者外，大多数是富甲一方的高官显贵。

第二节　皇帝为臣下遣使治丧

一　"总襄事"总理丧事

检索辽代墓志资料发现，有辽一代，每有高官显贵去世，辽朝的契丹皇帝大都要派遣临时使职官前往，处理丧葬诸事。在皇帝派遣的使职官中，有一两位属于诸使之"领队"，一般称之为"总襄事"或"襄事"，是丧事活动的总协调和总督办。如辽兴宗重熙七年（1038）的《耶律元妻晋国夫人萧氏墓志》即记载，萧氏死后，"皇上（辽兴宗）讣闻殒夺，颇洞眷怀。饬襄事以送终，诏良臣而备礼"。[①]重熙十五年（1046）的《秦晋国大长公主墓志》亦云，大长公主耶律氏去世，兴宗皇帝"特遣枢密使兼侍中、南阳韩公绍雍夙夜襄事，一以如仪"。[②]辽道宗清宁八年（1062）的《耶律宗正墓志》亦载，魏国王耶律宗正死后，道宗皇帝诏命宗正的弟弟、"前判西京留守、鲁王宗允襄事，暨大鸿胪督丧"。[③]天祚帝乾统七年（1107）的《梁国太妃墓志》也记述，梁国太妃耶律氏死后，天祚皇帝即派遣"西南面招讨使兼侍中毛撒宁，同中书门下平章事、判兴中府尹事韩资让总襄事"。[④]"襄"者，帮助也，指"襄办"、"襄理"等。任此职者，大都为办事和协调能力较强的官员，由他们代表皇帝前往，帮助死者家属及其他使职官，办理各项丧葬事宜。

在辽代，任此职者，也有称"都提点"或"提总"的，其职责应与"总襄事"相类。如辽道宗咸雍元年（1065）的《耶律宗允墓志》记载，耶律宗允死后，道宗皇帝"仍命广德军节度使、金紫崇禄大夫、检校太傅、守左监门卫上将军王泽，充敕祭葬发引都提点"。[⑤]大安三年（1087）的《耶律弘世墓志》记述，皇弟、秦魏国王耶律弘世死后，道宗皇帝"特诏同中书门下平章事、判上京留守、临潢尹事邢熙年，诸行

① 向南：《辽代石刻文编》，第212页。
② 向南：《辽代石刻文编》，第249页。
③ 向南：《辽代石刻文编》，第307页。
④ 向南、张国庆、李宇峰辑注《辽代石刻文续编》，第257页。
⑤ 向南：《辽代石刻文编》，第321页。

宫都部署、尚书礼部侍郎王言敷等充都提点"。道宗皇帝为使弟弟的丧事办得更完满，又给邢、王二人配备了两名助手，"仍委殿中都太师、右监门卫上将军萧六英，文班太保、静江军节度使萧先同莅其事"。① 寿昌二年（1096）的《耶律弘世妻秦越国妃墓志》亦云，秦越国妃萧氏死后，道宗皇帝"申命中书门下平章事、望仙、圣神两殿都部署耶律信宁，刑部侍郎、知上京留守、临潢尹事刘霄提总焉"。②

二　护灵使礼送棺椁

有辽一代，不少高官显贵并非死在故里宅寝，而是或在地方官府衙署，或在陪同圣驾的捺钵行宫附近去世。根据辽代传统葬俗，他们的灵柩，先要送回家乡故里"权厝"，其后再择时葬入祖茔。所以，在皇帝派遣的治丧使职官中，有专职的护灵使者，由他们来负责将死者的"灵椁"从其去世之地送归故里。如辽兴宗重熙十四年（1045）的《秦国太妃墓志》即记载，重熙十四年（1045）三月十二日，秦国太妃耶律氏病逝于潢河北好水泊之行帐，兴宗皇帝"特命宣徽院使、义□军节度使窦振，福州观察使、知客省使崔继芳监护灵柩，归于懿州西南之黑山"。③ 重熙十五年（1046）的《秦晋国大长公主墓志》亦载，重熙十四年（1045）十一月十七日，秦晋国大长公主病逝于龙化州西南冬捺钵地之行帐，兴宗皇帝诏令"宗子、中书令、宋王宗政等监护神柩"，④ 归葬马盂山之故里。辽道宗咸雍元年（1065）的《耶律宗允墓志》亦云，耶律宗允于清宁十年（1064）十二月七日"薨于行帐"，道宗皇帝"闻讣"，"旋遣王子班详稳、乾德军节度使、检校太尉耶律宗胤监护灵椁，归于攒所"。⑤ "攒所"，又称"蕝所"，即停柩待葬的场所。大安三年（1087）的《耶律弘世墓志》记载，大安三年（1087）七月二十八日，耶律弘世中暑暴亡于皇帝秋捺钵地黑岭。辽道宗"乃命长宁宫使、同签南面诸行宫都部署事耶律慧，监护神柩归于庆陵"。⑥ 大安十年（1094）的《耶律庆嗣墓志》也记载，大安八年（1092），时任西南路招讨使的耶律庆嗣，奉诏率军征讨于西北边境"窥边"之"贼众"，不幸以身殉职。道宗皇帝闻讣，"遣近侍泊叔弟乙信，典护神椁以归"。⑦

---

① 向南、张国庆、李宇峰辑注《辽代石刻文续编》，第 191 页。
② 向南、张国庆、李宇峰辑注《辽代石刻文续编》，第 230 页。
③ 万雄飞：《辽秦国太妃晋国王妃墓志考》，《文物》2005 年第 1 期。
④ 向南：《辽代石刻文编》，第 249 页。
⑤ 向南：《辽代石刻文编》，第 321 页。
⑥ 向南、张国庆、李宇峰辑注《辽代石刻文续编》，第 191 页。
⑦ 向南：《辽代石刻文编》，第 457 页。

三　敕祭使祭奠赙赗

所谓祭奠，就是举行丧制仪式追悼逝者。辽代高官显贵死后，皇帝要派遣使职官去死者府上吊唁祭奠，他们被称为"敕祭使"。如辽道宗清宁八年（1062）的《耶律宗政墓志》即载，宗政死后，道宗皇帝"申命少府监、辽西路钱帛都提点王滋充敕祭使"。[①]大安三年（1087）的《耶律弘世墓志》亦云，弘世死后，道宗皇帝"以郑州团练使、随驾三军都虞侯蔡志顺奉祭奠"。[②]大安六年（1090）的《萧袍鲁墓志》记载，萧袍鲁死后，道宗皇帝"仍遣东京警巡使、司农少卿张可及充敕祭使"。[③]寿昌二年（1096）的《耶律弘世妻秦越国妃墓志》记述，秦越国妃死后，道宗皇帝"诏奉陵军节度使兼山陵都部署韩君仪致奠发丧"。[④]

辽朝皇帝派遣的"敕祭使"，除代表皇帝祭奠亡者、抚恤生者外，还有另一项重要职责，那就是带去皇帝赐赠给死者的送葬和陪葬物品，史称"赙赗"。如辽圣宗统和十一年（993）的《韩匡嗣妻秦国太夫人墓志》即记载，秦国太夫人萧氏死后，圣宗皇帝"遣东上阁门使李从训伸赙祭之礼，有加于常等"。[⑤]太平七年（1027）的《耶律遂正墓志》亦载，辽兴军节度使耶律遂正死后，"国家遣使赙赠敕祭焉"。[⑥]辽朝皇帝赐赠死者及其遗属的物品，分为两类，一是"赙"，即钱物等助丧品，二是"赗"，即陪葬品，冥（明）器。[⑦]如开泰九年（1020）的《耿延毅墓志》即记载，户部使耿延毅死后，"今上（圣宗皇帝）闻之震悼，有加制赠，特赐白金二十斤，布帛三百段，钱二十万，衣三袭，充赙赗焉"。[⑧]辽兴宗重熙六年（1037）的《韩橁墓志》亦云，宣徽南院使韩橁死后，"天子（兴宗皇帝）缅怀尽瘁，轸悼殱良。赙赗之外，赐钱五十万，俾襄其事，非常例也"。[⑨]辽圣宗开泰四年（1015）的《耶律元宁墓志》亦载，三镇口巡检使耶律元宁死后，圣宗皇帝"赠银两铤，大银盒子一口，银盂子

---

① 向南：《辽代石刻文编》，第 307 页。
② 向南、张国庆、李宇峰辑注《辽代石刻文续编》，第 191 页。
③ 向南：《辽代石刻文编》，第 424 页。
④ 向南、张国庆、李宇峰辑注《辽代石刻文续编》，第 230 页。
⑤ 向南、张国庆、李宇峰辑注《辽代石刻文续编》，第 31 页。
⑥ 向南、张国庆、李宇峰辑注《辽代石刻文续编》，第 68 页。
⑦ 古时，"赙"者，专指以财物助人办丧事；"赗"者，即赠给丧家送葬之物。《公羊传·隐公元年》："赗者何？丧事有赗。赗者盖以马，以乘马束帛。"
⑧ 向南：《辽代石刻文编》，第 160 页。
⑨ 向南：《辽代石刻文编》，第 206 页。

两只，衣两对，马二匹"。[1]辽道宗寿昌二年（1096）的《耶律弘世妻秦越国妃墓志》记述，秦越国妃萧氏死后，道宗皇帝赠"其牲、币、涂蒭……有差"；"秘器之赐，又逾常式"。[2]"秘器"，即棺材。[3]

四　"治攒厝"护棺督殡

不葬而掩其柩谓之"攒"。"厝"与"殡"意同，亦指殓而未葬、停柩待葬，或浅埋择时改葬等，故而又称"权厝"。"权"，姑且、暂时也。归有光《与沈养吾书》中有"山妻在殡，便欲权厝"，说的是明代的事。但在早于明朝300多年的辽代，已有此葬俗，并且，如果去世的是高官显贵，辽朝的皇帝还要派遣使职官，专门负责丧者的"权厝"事宜。如辽圣宗统和十五年（997）的《韩德威墓志》即记载，韩德威死后，圣宗皇帝"命使督葬以安厝之。丁酉岁孟夏十有五日，迁神柩于上京西北渠劣山附大茔"。[4]可见，韩德威的灵柩就是由皇帝派遣的使职官负责先"权厝"后入葬的。辽道宗大安三年（1087）的《耶律弘世墓志》亦云，弘世暴亡后，道宗皇帝"以天成军节度使裴维庆治攒厝"。[5]即由使职官裴维庆负责将耶律弘世的灵柩暂放"攒所"而待葬。寿昌二年（1096）的《耶律弘世妻秦越国妃墓志》亦载，秦越国妃死后，道宗皇帝命"昭文馆直学士、知盐铁使事邓中举，奉厝灵柩，以营葬事"。[6]

五　"督营造"监凿茔穴

为使逝者早日入土为安，辽代高官显贵死后，皇帝派遣的使职官中，有专门负责督促营造死者墓穴事宜的，一般称之为"督营造"。如辽圣宗太平三年（1023）的《冯从顺墓志》即载，上京户部使冯从顺死后，圣宗皇帝即诏遣"中京度支副使李公备幽岁之礼。伎巧之匠，实自京师"。[7]"幽岁"又称"窀岁"，即墓穴也。[8]可见，李

---

[1]　向南、张国庆、李宇峰辑注《辽代石刻文续编》，第58页。
[2]　向南、张国庆、李宇峰辑注《辽代石刻文续编》，第230页。
[3]　称棺材为"秘器"，始于汉晋时期，《汉书·孔光传》即云："及霸（光父）薨，上素服临吊者再，至赐东园秘器、钱帛。"《晋书·王祥传》亦云：祥死，晋帝"诏赐东园秘器，朝服一具，衣一袭，钱三十万，布帛百匹"。东园，汉代专造丧葬器物的场所，魏晋沿袭之。
[4]　向南、张国庆、李宇峰辑注《辽代石刻文续编》，第35页。
[5]　向南、张国庆、李宇峰辑注《辽代石刻文续编》，第191页。
[6]　向南、张国庆、李宇峰辑注《辽代石刻文续编》，第230页。
[7]　向南：《辽代石刻文编》，第170页。
[8]　《左传·襄公十三年》："唯是春秋窀岁之事"。洪吉亮《春秋左传诂》卷12："古字作屯夕，后加穴，以窀岁为墓穴，是也。"

姓使职官为冯从顺督造墓穴，所用之工匠，全部来自京城的专业建墓队伍，目的就是想按时保质完成造墓工程，使死者早日下葬。辽道宗大安三年（1087）的《耶律弘世墓志》亦载，弘世死后，道宗皇帝"以保安军节度使韩惟清督营造"。①

六 发引使执绋引柩

在辽朝皇帝为死去的高官显贵派遣的治理丧葬事务的使职官中，还有一类是专主"掌发引"者，称为"发引使"。所谓"发引"，指死者出殡柩车行驶时，车前的执绋前导者。"绋"，引柩之绳索。②辽代高官显贵死后，为表对死者丧事的重视，皇帝便专门指派某些使职官充当葬礼的执绋发引者。但笔者以为，这些"发引使"不大可能在葬礼上自始至终"执绋"引柩，极有可能是在柩车刚刚启动时象征性地"执"一下，然后便交给死者的亲属来完成，而他的主要职责是"掌发引"，即负责整个发引礼仪之事务。如辽圣宗太平三年（1023）的《冯从顺墓志》即记载，冯从顺死后，圣宗皇帝"命上京副留守邢公定发引之仪"。③辽道宗大安三年（1087）的《耶律弘世墓志》亦载，弘世死后，道宗皇帝"以忠正军节度使、右千牛卫上将军韩贻庆掌发引"。④

有时，辽朝皇帝为精减所遣使职官的人数，往往将"奉祭奠"和"掌发引"之二使合而为一，即只遣一人负责"祭奠"和"发引"两项事务。在辽代石刻资料中，这样的例子不少。如辽兴宗重熙二十三年（1054）的《张俭墓志》即记载，政事令张俭死后，兴宗皇帝"诏遣昭文馆直学士、诸宫制置使李轲充敕祭、发引使"。⑤辽道宗咸雍元年（1065）的《耶律宗允墓志》亦载，宗允死后，道宗皇帝"申命晋州观察使、金紫崇禄大夫、检校太尉、辽西路钱帛都提点韩造充敕祭、发引使"。⑥咸雍八年（1072）的《耶律仁先墓志》亦云，于越耶律仁先死后，道宗皇帝诏命"长宁军节度使、检校太傅杨庶绩充敕祭、发引使"。⑦天祚帝乾统元年（1101）的《梁援墓志》记述，知枢密院事梁援死后，天祚皇帝"遣朝请大夫、守少府少监、前上京留守判

① 向南、张国庆、李宇峰辑注《辽代石刻文续编》第191页。
② 吴荣光《吾学录·丧礼三》："挽车之索谓之引，亦谓之绋，今以整匹白布为之，系于杠之两端，前属于翣，柩行，引布前导。《礼·檀弓》所谓'吊于葬者必执引'，《曲礼》所谓'助丧必执绋'，皆是物也。"
③ 向南：《辽代石刻文编》，第170页。
④ 向南、张国庆、李宇峰辑注《辽代石刻文续编》，第191页。
⑤ 向南：《辽代石刻文编》，第265页。
⑥ 向南：《辽代石刻文编》，第321页。
⑦ 向南：《辽代石刻文编》，第354页。

官、骑都尉、太原县开国男、食邑三百户、赐紫金鱼袋王诰充敕祭、发引使"。①

　　发引使除了执掌执绋引柩工作之外，还有另外一项任务，那就是负责将皇帝赐予丧主的送葬仪仗队和鼓吹乐队带到丧事现场，并具体指挥葬仪上的鼓吹助丧。辽代惯例，高官显贵去世，为使葬礼办得有排场、够规格，皇帝都要诏赠相关葬礼仪仗队和鼓吹乐队。辽代石刻资料中多有记载。如辽太宗会同四年（941）的《耶律羽之墓志》即记载，东丹国左相耶律羽之死后，太宗皇帝即"哀诏爰下，有司备仪，送终之礼既伸"。②所谓"备仪"，即准备送葬仪仗队。辽景宗保宁二年（970）的《耿崇美墓志》亦载，武定军节度使耿崇美死后，景宗皇帝"敕其元子蒇以葬仪"。③辽道宗咸雍元年（1065）的《耶律宗允墓志》亦云，宗允死后，道宗皇帝诏令"备卤簿鼓吹"。④咸雍六年（1070）的《萧福延墓志》记述，宣徽使萧福延死后，道宗皇帝赐"卤簿鼓吹旌旗"。⑤寿昌二年（1096）的《耶律弘世妻秦越国妃墓志》记载，秦越国妃萧氏死后，道宗皇帝赐赠"卤簿、筪箫之数有差"。⑥"卤簿"，送葬时使用的仪仗队。⑦"鼓吹"，送葬时使用的有军乐性质的乐队。⑧

　　辽代石刻资料显示，辽朝皇帝赐赠的送葬仪仗队和鼓吹乐队，确是由发引使带到葬礼现场的。如辽道宗寿昌元年（1095）的《永清公主墓志》即明确地记述，永清公主耶律氏去世后，道宗皇帝"遂遣司农少卿李权为敕祭发引使。万□仪礼，悉皆备焉。仍奉朝旨，取道中京导驾吉仪及差甲兵四十人"。⑨仪仗队、鼓吹乐队到了葬礼现场后，发引使还要负责指挥他们具体排位和演奏，主持整个发引仪式。天祚帝天庆二年（1112）的《萧义墓志》即云，北宰相萧义死后，天祚皇帝派遣使职官前往治丧现场，"具仪祭引，则中大夫、守鸿胪少卿、充史馆修撰韩纲承诏以领之"。⑩

①　向南：《辽代石刻文编》，第519页。
②　向南、张国庆、李宇峰辑注《辽代石刻文续编》，第4页。
③　向南、张国庆、李宇峰辑注《辽代石刻文续编》，第14页。
④　向南：《辽代石刻文编》，第321页。
⑤　张守义：《平泉县马架子发现的辽代墓志》，《文物春秋》2006年第3期。
⑥　向南、张国庆、李宇峰辑注《辽代石刻文续编》，第230页。
⑦　封演《封氏闻见记》卷5："舆驾行幸，羽仪导从谓之卤簿，自秦汉以来始有其名……按，字书：'卤，大楯也'。字亦作'橹'，又作'樐'，音意皆同。卤以甲为之，所以捍敌……甲楯有先后部伍之次，皆著之簿籍，天子出入，则按次导从，故谓之卤簿耳。"汉以后，不仅天子，后妃公主、王公大臣也均有卤簿。至辽，高官显贵死丧，皇帝亦派遣卤簿仪仗助丧。
⑧　"鼓吹"送葬，起源于汉魏，《晋书·礼志中》："汉魏故事，将葬，设吉凶卤簿，皆以鼓吹。"《北堂书钞》卷130引西晋孙毓《东宫鼓吹赋》："鼓吹者，盖古之军声，振旅献捷之乐也。施于时事，不常用。后因以为制，用之道路焉。"辽代亦沿用之，高官显贵的葬礼上，即有皇帝赐遣之鼓吹乐队。
⑨　向南、张国庆、李宇峰辑注《辽代石刻文续编》，第227页。
⑩　向南：《辽代石刻文编》，第624页。

七　敕葬使主持葬仪

在辽朝皇帝为已故臣下派遣的送葬使职官中还有一类，他们专门负责主持死者的下葬仪式，称作"敕葬使"。下葬仪式是埋葬礼仪（不包括此后的服丧礼仪）的最后一道环节。灵柩运到了墓地，从入穴到填土成坟，也有一套比较繁缛的礼仪程序。所以，辽代高官显贵死后，皇帝要派遣专门负责此项仪式的使职官——敕葬使。如辽道宗清宁九年（1063）的《圣宗淑仪赠寂善大师墓志》即记载，淑仪去世后，道宗皇帝"遣使上京留守判官、朝散大夫、尚书吏部郎中、骁骑尉、借紫孙瑛，礼葬（淑仪）于誉州东、赤崖之北"。[①] 大安六年（1090）的《萧袍鲁墓志》亦载，萧袍鲁死后，道宗皇帝派遣"司农少卿、知辽西州军州事杨恂如充敕葬使"。[②] 天祚帝乾统元年（1101）的《梁援墓志》亦云，梁援死后，天祚皇帝"起复朝请大夫、守司农少卿、知迁州军州事、骑都尉、陇西县开国男、食邑三百户、赐紫金鱼袋李君裕充敕葬使"。[③] 天庆二年（1112）的《萧义墓志》记载，萧义死后，天祚皇帝遣使前往，"备礼窀穸，则中大夫、大理少卿张公孝奉命□摠之"。[④]

辽朝皇帝为去世的高官显贵派遣"敕葬使"，亦时常将其与"敕祭使"合而为一，甚至与"护灵使"三使合一，即派遣同一使职官负责护柩、吊唁和主葬三项事务。如辽兴宗重熙十四年（1045）的《秦国太妃墓志》即载，秦国太妃耶律氏死后，兴宗皇帝"特命宣徽院使、义□军节度使窦振，福州观察使、知客省使崔继芳监护灵柩，归于懿州西南之黑山。仍充祭葬使，即以其年秋□月二十七日启先王之茔，合袝焉，礼也"。[⑤] 可见，窦、崔二人即兼护柩、吊祭与主葬三职于一身。重熙十五年（1046）的《秦晋国大长公主墓志》亦记载，大长公主死后，兴宗皇帝"诏保静军节度使王英秀充祭葬使，六宅使高桂预焉"。[⑥] 这就是说，兴宗皇帝既命王英秀吊祭、主葬二职同兼，同时也给他派了个助手协助工作。辽道宗咸雍六年（1070）的《萧福延墓志》亦云，萧福延死后，道宗皇帝命"邢州□□□察使、检校太傅马世英持节以职祭、葬"。[⑦]

《辽史·礼志》云："理自天设，情由人生。以理制情，而礼乐之用行焉。林豺梁

---

① 向南、张国庆、李宇峰辑注《辽代石刻文续编》，第 120 页。

② 向南：《辽代石刻文编》，第 424 页。

③ 向南：《辽代石刻文编》，第 519 页。

④ 向南：《辽代石刻文编》，第 624 页。

⑤ 万雄飞：《辽秦国太妃晋国王妃墓志考》，《文物》2005 年第 1 期。

⑥ 向南：《辽代石刻文编》，第 249 页。

⑦ 张守义：《平泉县马架子发现的辽代墓志》，《文物春秋》2006 年第 3 期。

獭，是生郊禘；窞尊燔黍，是生燕飨；藁秸瓦棺，是生丧葬；俪皮缁布，是生婚冠……自其上世，缘情制宜，隐然有尚质之风……太宗克晋，稍用汉礼。"[1]我们从辽代石刻资料所载高官显贵死后皇帝派出诸多不同称谓、负有不同职责的丧礼使职官来看，辽朝建国后，特别是到辽代中后期的圣宗、兴宗、道宗及天祚四朝，以儒家礼仪文化为重要构件的汉文化，已为包括最高统治者——皇帝在内的辽朝各阶层人士所接受。此外，契丹皇帝为已故臣下遣使治丧送葬，重视丧葬礼仪，不仅表明其"治术水平"（指收买人心）的不断提高，同时，也在冷酷而序严的封建君臣等级之下，稍现一丝暖暖的人情味道。[2]

第三节　官员的丁忧与起复

一　官员的丁忧及其阶段性、民族性特征

"丁忧"亦称"丁艰"、"守制"，是古人遭父母之丧的通称。古时父母死后，子女按礼须持丧三年，其间不得行婚嫁之事，不预吉庆之典，任官者必须离职。《尔雅·释诂》云："丁，当也。"是遭逢、遇到的意思。《尚书·说命上》云："忧，居丧也。"所以，古代的"丁忧"，就是遭逢居丧之意。"遭逢居丧"时，儿女们会忧伤，要居丧，并遵循一定的民俗和礼制"守制"（比如丧服制度）。古人居丧丁忧，是遵循和践行儒家孝道理念的一个重要侧面。儒家家庭伦理要求子女对父母必须尽孝，生则赡养，死则祭祀，即如《孝经》所云"人之行，莫大于孝"，"孝，德之本也"。

文献史料和石刻资料均反映辽代官员遭逢父母之丧时，亦需丁忧去官。但有辽一代二百余年，官员的丁忧守制，并非一以贯之；汉族官员和契丹族官员丁忧守制起始时间和人数，也有较大差别，因而，呈现出了比较鲜明的阶段性和民族性特征。

检索辽代文献史料和石刻文字资料，从辽太祖耶律阿保机建国到辽世宗耶律阮执政的辽代前期，辽人似乎并没有丁忧的概念和实践。有学者认为，此间官员丁父母忧，请几天假，回家治丧，不仅汉族中有，契丹族中也有，但请假长达三年，三年中履行繁缛条文的种种规定，并成为必须遵守的制度，却不见记载，至少在现有的史料中没有见到。[3]前者言官员请数日假回家治丧，有一定道理，但其仅仅是按常理推断

---

① 《辽史》卷49《礼志一》，第3册，第833页。

② 参见张国庆《辽代丧葬礼俗补遗——皇帝为臣下遣使治丧》，《辽宁大学学报》2008年第6期。

③ 曲守成：《辽代守制考论》，《学习与探索》1998年第6期。

和揣测，并没有史料为佐证。笔者检索出土辽代石刻文字资料发现，辽代官员家有丧事，确有一定时日的丧假，当为皇帝特批；如若不够，还可续假。如辽道宗大安九年（1093）的《萧公妻耶律氏墓志》即记载了道宗朝萧公妻子病逝后，道宗皇帝特批萧公丧假，以及萧公奔丧并续假之事："皇辽大安九年，岁在作噩，秋八月十日，夫人始感疾于途次。遍命医祷，术尽无验。越九月一日，奄终于居例山之阳，享年三十有六。时萧公方从□翠华远畋黑岭。适有报德宫爽裕因以闻。颇悯怜之，诏公驰视。至则已不逮矣。公悼亡抚稚，悲不自胜。及殓，遣长子麽撒里躬护灵梓，先往香台山依先茔择便地，殡止。公以职近假满，旋赴行卫，昼侍夜直，不遑宁处。复念人伦之重，莫若伉俪，世路之隔，俯期窀穸，遂奏请往，就视葬所。诏下俞允。"[1] 后者说这一时期官员还没有践行三年丁忧守制，亦是事实，因为从《辽史》中确能找到些蛛丝马迹。比如辽太宗天显十二年（937）夏，已降契丹的原后唐卢龙军节度使、北平王赵德钧卒，其长子赵延寿并没有按礼制为父丁忧三年，而是马上被辽太宗耶律德光任命为幽州节度使赴任了。《辽史·赵延寿传》即云："明年，德钧卒，以延寿为幽州节度使，封燕王，及改幽州为南京，迁留守，总山南事。"[2] 此外，辽穆宗应历八年（958）的《赵德钧妻种氏墓志》中亦见"良人（赵德钧）奄逝"后，"令嗣（赵延寿）克兴"的记述，[3] 的确没有丁忧守制的字样。再如太宗朝的北院大王耶律图鲁窘，其父耶律敌鲁古战死后，图鲁窘亦没有为父丁忧守制，而是马上袭父之官爵走马上任。《辽史·耶律图鲁窘传》即载："太宗立晋之役，其父敌鲁古为五院夷离堇，殁于兵，帝即以其职授图鲁窘。会同元年，改北院大王。"[4] 又如穆宗朝的辽兴军节度使韩德枢，从《辽史·韩延徽传》及《辽史·韩德枢传》中，均未见其父南府宰相韩延徽死后，他为父丁忧守制的记载。这样的例子在辽代前期还有很多，不赘引。这说明在契丹建国初期，辽人还没有接受和实行为已故父母丁忧守制这一制度。曲守成先生认为其原因有二：一是辽朝初年的汉官大部分为俘虏或扣留不遣的中原人，他们大多只身在辽，父母均在中原，天各一方，信息不灵，交通不便，即便父母亡故，也无法回乡丁忧尽孝。二是契丹起于北方草原，制度简朴，虽有孝道，但重实质而轻仪式，况且政权草创，征伐不断，带有多种礼仪的儒家文化深入各领域并非一朝一夕就能完成，丁

---

①　向南、张国庆、李宇峰辑注《辽代石刻文续编》，第 220 页。

②　《辽史》卷 76《赵延寿传》，第 5 册，第 1247 页。

③　向南：《辽代石刻文编》，第 22 页。

④　《辽史》卷 75《耶律图鲁窘传》，第 5 册，第 1242 页。

忧制度亦不例外，需要一个适应和完善的过程。^①曲先生所言的第二条原因无疑是正确的，但第一条便显得有些牵强。因父母不在身边，不方便回乡丁忧的现象应该是存在的，但并不是多数。以上所举三个没有丁忧的事例，均非与父母山水隔断不在一地的原因。此期没有形成丁忧制度的主要原因还是包括丁忧制度在内的儒家文化在辽地的传播与普及是有个过程的，不可能一蹴而就。

根据史料记载，辽代汉族官员的丁忧活动应该始于穆宗时期。自太宗耶律德光援立、平灭石晋，得到燕云十六州之地以后，中原地区汉族文化便大量涌入塞北草原，世宗时期完成南北面官建制，"因俗而治"国策正式完善之后，包括丁忧守制在内的儒家文化也在辽地迅速传播蔓延。特别是在实行"汉制"的汉人聚集圈内，汉官们重新沿袭中原汉唐丧葬礼制，父母去世，便严格执行三年居丧的丁忧制度。^②这已被大量石刻资料及文献史料所证实。

仍以赵德钧家族为例。上述太宗朝赵德钧去世后，作为长子的赵延寿并没有为其丁忧守制，而是马上接受了太宗皇帝授予的官爵，迅速服务于契丹王朝。而到了辽穆宗统治的应历八年（958），赵德钧的妻子種氏去世后，她与赵德钧的次子赵延密，便有了为亡母丁忧的行为，尽管没有坚持到三年。据应历八年（958）的《赵德钧妻種氏墓志》记载，種氏"有子三人，次曰延密，河阳军节度使，起复云麾将军、左金吾卫将军、同正太尉。资宗许国，秉训承家，侍疾尤深，居丧哀毁。念寒泉而增恸，痛幽陇以长扃。"^③因为"起复"与"丁忧"是相对应的。由此可证，身为河阳军节度使的赵延密曾为亡母丁忧，但未及三年即被夺情而"起复"任职（关于"起复"，以下将详述，此不赘言）。穆宗朝为亡父丁忧的汉官还见翰林学士刘景。《辽史·刘景传》即载："景资端厚，好学能文。燕王赵延寿辟为幽都府文学。应历初，迁右拾遗、知制诰，为翰林学士。九年，周人侵燕，留守萧思温上急变，帝欲俟秋出师，景谏曰：'河北三关已陷于敌，今复侵燕，安可坐视！'上不听。会父忧去。未几，起复旧职。"^④

汉族官员为已故父母丁忧的现象，较多出现在景宗朝以后。检索石刻资料和文

---

① 曲守成：《辽代守制考论》，《学习与探索》1998 年第 6 期。
② 辽人为已故亲人守制，亦有孝子、贤妻在父母或夫君坟墓旁搭棚而居者，称为"庐墓"。辽代石刻文字多有记载，如辽道宗大安十年（1094）的《耶律智先墓志》即云："及宰相别胥薨，庐于坟侧三载"。"宰相"指耶律智先的父亲耶律思忠，"别胥"为耶律智先的母亲萧氏。又，辽道宗寿昌二年（1096）的《耶律弘世妻秦越国妃墓志》亦云："大安三年秋七月，王（耶律弘世）薨，归附于庆陵之善地。妃既违偕老，以哀恳闻上，请庐于王之窆所，是其愿也。帝用嘉纳，乃敬事灵卧，专心正色，至丰洁荐馨香，四时裸享如在。"见向南、张国庆、李宇峰辑注《辽代石刻文续编》。
③ 向南：《辽代石刻文编》，第 22 页。
④ 《辽史》卷 86《刘景传》，第 5 册，第 1242 页。

献史料，景宗朝为父母丁忧的汉族官员有三位：耿绍基、韩德威和耶律隆祐（韩德凝）。辽景宗保宁二年（970）的《耿崇美墓志》即载：保宁二年（970），耿崇美夫人耶律氏去世。身为长子、官居太后宫通事的耿绍基，"悲结匪莪，恸兴陟岵。寝苫枕块，无以尽其哀诚；泣血绝浆，殆欲至于灭性。皇太后辍以近臣之假，令终孝子之情"。① "寝苫枕块"，出自《仪礼·既夕礼》："居倚庐，寝苫枕块。"指睡在草荐上，头枕着土块，是古时宗法所规定的居父母丧之礼节。此石刻文字中虽然不见"丁忧"字样，但实际反映的就是耿绍基为母丁忧、最终被皇太后夺情、"起复"为太后宫通事旧职之史实。辽圣宗统和十五年（997）的《韩德威墓志》记载，景宗乾亨四年（982），作为宣徽北院使、彰武军节度使的韩德威，"丁秦王（韩匡嗣）之忧，礼极无容，悲深永诀；绝曾子之浆，泣高柴之血"。② "曾子绝浆"和"高柴泣血"都是古人居丧尽孝的典型事例。曾子是孔子的弟子，性情沉静，举止稳重，为人谨慎，待人谦恭，以孝著称，齐国欲聘之为卿，他因在家孝敬父母，辞而不就。高柴又称子皋，亦在孔子门下受业。《礼记·檀弓上》："高子皋之执亲之丧也，泣血三年，未尝见齿。君子以为难。"郑玄注："泣无声，如出血。"统和二十九年（1011）的《耶律隆祐墓志》记载，韩匡嗣死后，其七子、右神武大将军耶律隆祐（韩德凝）"丁考之忧，孝符曾子，五内绝浆；痛甚高柴，双眸泣血"。③

圣宗、兴宗、道宗和天祚四朝已处于辽代中后期，受汉儒文化普及之影响，丁忧制度进一步健全，所以，汉官中丁忧之人数，也比此前大大增加。如圣宗朝的韩橁，辽兴宗重熙六年（1037）的《韩橁墓志》记载："统和二十三年，运契戢囊，时丁归放。"④ 韩德威，辽圣宗统和十五年（997）的《韩德威墓志》记载，统和"十一年，（韩德威）丁秦国太夫人之忧"。⑤ 秦国太夫人即韩匡嗣之妻，韩德威之母。丁求谨，辽道宗清宁三年（1057）的《丁求谨墓志》记载："先令公赏叹者数四，以五兄在上，难诣公车，故抑而未仕，翌日励志，惟精愈勤坟素。无何，丁先令公忧，觜毁骨立，哀悼不已。比终祥禫，志奉蒸尝，于统和中，以公良家之子，奏授银青崇禄大夫，行秦国王府校尉，兼监察御史、武骑尉。"⑥ 丁求谨是丁忧三年期满"释服"后

---

① 向南、张国庆、李宇峰辑注《辽代石刻文续编》，第14页。
② 向南、张国庆、李宇峰辑注《辽代石刻文续编》，第35页。
③ 向南、张国庆、李宇峰辑注《辽代石刻文续编》，第51页。
④ 向南：《辽代石刻文编》，第204～205页。
⑤ 向南、张国庆、李宇峰辑注《辽代石刻文续编》，第35页。
⑥ 向南、张国庆、李宇峰辑注《辽代石刻文续编》，第110页。

入仕为官的，由此向前推之，他为其父丁忧时间大约是在统和十年（992）前后。王元则，辽圣宗统和二十六年（1008）的《王说墓志》记载，户部使王说病逝于统和二十五年（1007）七月三日。王说"生八子，长（子）元则，新妇常氏，将授□命，俄丁父忧"。① 张俭，辽兴宗重熙二十二年（1053）的《张俭墓志》记载，辽圣宗统和二十七年（1009），张俭之父、太子太傅张雍去世，身为范阳县令的张俭"丁先太傅忧，七日绝浆，三年泣血"。② 邢抱朴，《辽史·圣宗纪》载，辽圣宗统和十三年（995）"夏四月己卯，参知政事邢抱朴以母忧去官"。③ 耶律隆运（韩德让），《辽史·耶律隆运传》记载："耶律隆运，本姓韩，名德让，西南面招讨使匡嗣之子也。（统和）十一年，丁母忧。"④

兴宗朝的王泽，辽兴宗重熙二十二年（1053）的《王泽墓志》记载：重熙中，知详覆院事王泽"方膺朝奖，俄遭家艰。丁母忧。公之先母李氏，盛年蚤逝。继亲仇氏，慕崇觉行，落发为尼。公伏腊给供，既丰且腆。痛其沦谢，哀至乎恸"。⑤ 王泽能为没有血缘关系的继母丁忧，说明这一时期辽朝汉族官员的丁忧守制已经臻于完善。杨佶，《辽史·杨佶传》记载："重熙元年，升翰林学士承旨。丁母忧。"⑥ 刘伸，《辽史·刘伸传》记载：重熙年间，"以父忧"。⑦

道宗朝的贾师训，辽道宗寿昌三年（1097）的《贾师训墓志》记载：道宗朝初年，恩州军事判官贾师训"丁太夫人忧"。⑧ 邓中举，寿昌四年（1098）的《邓中举墓志》记载："洎大安六年，特授宣权盐铁使。未周岁，俄锺荼蓼，丁父忧。"⑨ 梁援，天祚帝乾统元年（1101）的《梁援墓志》记载：辽道宗大安"三年，丁齐国太夫人忧，哀毁去职"。⑩ 姚景行，《辽史·姚景行传》载：辽道宗咸雍年间，姚景行"致仕，不逾月复旧职。丁家艰"。⑪ 耶律俨（李俨），《辽史·耶律俨传》记载："耶律俨，字若思，析津人。本姓李氏。（大安七年）丁父忧"。⑫ 李君裕，天祚帝乾统元年（1101）

① 向南：《辽代石刻文编》，第133页。
② 向南：《辽代石刻文编》，第266页。
③ 《辽史》卷13《圣宗纪四》，第1册，第146页。
④ 《辽史》卷82《耶律隆运传》，第5册，第1290页。
⑤ 向南：《辽代石刻文编》，第261页。
⑥ 《辽史》卷89《杨佶传》，第5册，第1353页。
⑦ 《辽史》卷98《刘伸传》，第5册，第1416页。
⑧ 向南：《辽代石刻文编》，第477页。
⑨ 向南：《辽代石刻文编》，第489页。
⑩ 向南：《辽代石刻文编》，第521页。
⑪ 《辽史》卷96《姚景行传》，第5册，第1403页。
⑫ 《辽史》卷98《耶律俨传》，第5册，第1415页。

的《梁援墓志》记载，乾统元年（1101）八月五日，中书侍郎梁援病逝，天祚帝差遣的敕葬使李君裕职衔即为"起复朝请大夫、守司农少卿、知迁州军州事、骑都尉"。①李君裕"起复"为官，说明其于道宗朝后期曾为已故父（或母）亲丁忧。宁鉴，乾统十年（1110）的《宁鉴墓志》记载：道宗末年，宁鉴"丁太君忧"。②孟初，天祚帝天庆七年（1117）的《孟初墓志》记载：道宗大安末，"丁母忧"。③杜念，天祚帝天庆十年（1120）的《杜念墓志》记载：辽道宗寿昌"三年六月，擢为枢密副都承旨，加太常少卿。是月，丁太夫人忧"。④

天祚帝朝的姚球、姚璠与姚玢三兄弟，天祚帝天庆七年（1117）的《姚璠墓志》记载："公（姚璠）有昆弟二人：兄长讳球，起复西上閤门使、陇州团练使。……弟曰玢，起复登州刺史、知东上閤门副使。……公因服母丧，哀悼日久，灾疾寖至，于天庆七年夏四月二日不厌而卒，享年四十四。"⑤姚球、姚玢"起复"为官，可见，姚氏三兄弟应是同时为亡母丁忧，只是姚璠因哀伤过度，不幸染疾于守制期间病故。

有辽一代，契丹族官员也有为已故父母丁忧守制者，据文献史料反映，应与汉官同时始于穆宗朝，⑥但人数很少，无法与汉官相媲。通过检索相关文献，仅见四人（石刻资料中不见一人）。如穆宗朝的女里，《辽史·女里传》记载："女里，字涅烈衮，逸其氏族，补积庆宫人。应历初，为习马小底，以母忧去。一日，至雅伯山，见一巨人，惶惧走。巨人止之曰：'勿惧，我地祇也。葬尔母于斯，当速诣阙，必贵。'女里从之，累迁马群侍中。"⑦兴宗朝的萧孝友，《辽史·萧孝友传》记载：兴宗重熙年间，萧孝友"丁母忧"。⑧道宗朝的萧乌野，《辽史·萧乌野传》记载："萧乌野，字草隐。……性孝悌，尚礼法，雅为乡党所称。……寻以母老，归养于家。母亡（丁忧），尤极哀毁。"⑨道宗朝的萧余里也，《辽史·萧余里也传》记载："帝出乙辛知南院大王事，坐与乙辛党，以天平军节度使归第。寻拜西北路招讨使。以母忧去官，卒。"⑩

---

① 向南：《辽代石刻文编》，第519页。
② 向南：《辽代石刻文编》，第607页。
③ 向南、张国庆、李宇峰辑注《辽代石刻文续编》，第297页。
④ 向南、张国庆、李宇峰辑注《辽代石刻文续编》，第305页。
⑤ 向南：《辽代石刻文编》，第665页。
⑥ 曲守成先生在《辽代守制考论》（载《学习与探索》1998年第6期）中认为辽代契丹族官员丁忧始于兴宗朝，恐有误。
⑦ 《辽史》卷79《女里传》，第5册，第1273页。
⑧ 《辽史》卷87《萧孝友传》，第5册，第1334页。
⑨ 《辽史》卷92《萧乌野传》，第5册，第1370页。
⑩ 《辽史》卷111《奸臣下·萧余里也传》，第5册，第1492页。

历史文献及石刻资料中少见契丹族官员为亡故父母丁忧守制的记载，表明构成儒家文化核心的孝道文化一直未能完全彻底地融入草原游牧文化之中。儒家丁忧文化在辽地的传播与普及，重点还是在汉人群落，在契丹人中，除了部分契丹皇帝为了统治需要而大力宣扬儒家文化之外，只有部分汉化程度较深、对儒家文化有特殊喜好者，才在一定程度上接纳并践行了居丧丁忧制度。当然，辽代契丹族官员中少见为父母丁忧者，亦不排除史料记载的缺漏等原因。

二　忠孝不能两全：丁忧官员的夺情起复

古制丁忧的时间为三年。也就是说，官员回乡为亡故父母丁忧守制，要离职三年。辽代规制亦应如此。辽代官员三年丁忧期满，称为"终制"或"服阕"。然后就是离乡官复原职或履就新职。但检索文献史料和石刻资料，辽代丁忧官员真正能够丁忧期满者却寥寥无几，史料中仅见数例。如张俭，辽兴宗重熙二十二年（1053）的《张俭墓志》即载：张俭丁母忧，"服阕之翌日，授礼部郎中、知制诰、直枢密院，加赐金紫、柱国，特封开国男，食赋三百室"。[①]"阕"，原指祭祀结束而闭门，后引申为终了、完结，特指丁忧期满。刘伸，《辽史·刘伸传》记载：刘伸"以父忧，终制，为三司副使，加谏议大夫，提点大理寺"。[②]萧乌野，《辽史·萧乌野传》记载：萧乌野丁母忧，"服阕，历官兴圣、延庆二宫使，卒"。[③]

有辽一代，大多数官员都未能守制三年期满，而是半途终止居丧丁忧，被皇帝诏令夺情起复，官复原职，重新服务于朝廷。终止丁忧称为"夺情"，授官履职称为"起复"。所谓"忠孝不能两全"已在这里得到了充分体现。"忠"与"孝"共同构成了儒家文化的核心内容。"忠"与"孝"分别对应的是君主和父母。儒家理论要求为人臣者要忠，为人子者要孝。但有时二者却不能兼顾，而忠君者事大，所以，孝亲就必须让位于忠君。比如王泽，重熙二十二年（1053）的《王泽墓志》记载：王泽丁母忧，"齐缞被体，金革夺情，起复前职"。[④]邓中举，寿昌四年（1098）的《邓中举墓志》记载：邓中举"丁父忧。方卒哭，命起复旧职。服阕，加直学士，知盐铁使，凡出纳供拟必济"。[⑤]梁援，乾统元年（1101）的《梁援墓志》记载：梁援丁母忧，大

①　向南：《辽代石刻文编》，第 266 页。
②　《辽史》卷 98《刘伸传》，第 5 册，第 1416 页。
③　《辽史》卷 92《萧乌野传》，第 5 册，第 1370 页。
④　向南：《辽代石刻文编》，第 261 页。
⑤　向南：《辽代石刻文编》，第 489 页。

安四年（1088），"起复兴中尹。百里内野蚕成茧，驰驿以进，诏充御服绵续及贯念珠以赐诸沙门。五年，起复诸行宫都部署"。① 由此可知，辽代官员丁忧夺情起复，并非都是官复原职，有可能按朝廷需要新授，并且可以多次"起复"。因为梁援两次起复之官职，均非旧职。宁鉴，乾统十年（1110）的《宁鉴墓志》记载：宁鉴丁母忧，"寻起复加尚书户部郎中"。②

再如韩德威，统和十五年（997）的《韩德威墓志》记载：韩德威先丁父忧，"皇家以得人为急，公议以从权为当，节哀顺变，特示夺情，移孝资忠，俾令摄事，授起复云麾将军，依前充职。公以成命载降，固辞不获"。其后又丁母忧，"朝廷闻之，以戎事方殷，阃寄尤重。稽旧史，考彝章，本鲁侯夺礼之规，行晋子墨缞之制，乘传遣使，出绶宣恩，授起复冠军大将军、右金吾卫上将军"。③ 韩德威墓志资料也反映了辽代官员丁忧被夺情起复的一些规制。一是根据朝廷当下军政情势的特别需要而酌定"起复"。韩德威两次夺情起复受职，都是当时辽、宋战事对重要将领的需要所致。二是"忠"、"孝"不能两全时，"忠"肯定重于"孝"，必要时，"孝"必须为"忠"让路。三是夺情起复有典可依。四是有朝廷专使向丁忧官员宣达皇帝夺情起复之诏命。耶律隆祐（韩德凝），统和二十九年（1011）的《耶律隆祐墓志》记载：耶律隆祐（韩德凝）丁父忧，"我国家公行大义，恩示夺情，盖籍崇班，难从远制，寻起复云麾将军，余如故。陟岵之哀既往，自天之命俄临"。④

又如孟初，天庆七年（1117）的《孟初墓志》记载：孟初丁母忧，"差中京银绢库都监。寿昌元年，起复史馆修撰，迁司勋郎中、□□左司郎中"。⑤ 孟初丁忧夺情起复之前，"差中京银绢库都监"，表明辽代官员丁忧期间可能被临时"差遣使职"而又不属于"起复"。杜念，天庆十年（1120）的《杜念墓志》记载：杜念丁母忧，"寻诏起复官职之格，未及品者不听。奏闻，特授异恩，又为荣事"。⑥ 由此亦知，辽代后期官员丁忧后的夺情起复，已经与官员的"品级"挂上了钩。

有时，被夺情起复的官员并不情愿终止丁忧尽孝，可能会提出申请，要求继续守制，但往往最终却得不到皇帝的准许，到头来，还得听从诏命，复职上任。如邢抱

① 向南：《辽代石刻文编》，第521页。
② 向南：《辽代石刻文编》，第607页。
③ 向南、张国庆、李宇峰辑注《辽代石刻文续编》，第35页。
④ 向南、张国庆、李宇峰辑注《辽代石刻文续编》，第51页。
⑤ 向南、张国庆、李宇峰辑注《辽代石刻文续编》，第297页。
⑥ 向南、张国庆、李宇峰辑注《辽代石刻文续编》，第305页。

朴,《辽史·邢抱朴传》记载:邢抱朴丁母忧,"诏起视事。表乞终制,不从;宰相密谕上意,乃视事。人以孝称"。[1]如果丁忧者极不愿意被夺情起复,朝廷只能强迫其接受。如耶律隆运(韩德让)和韩德威,《辽史·耶律隆运传》记载:耶律隆运(韩德让)丁母忧,"诏强起之。明年,室昉致政,以隆运代为北府宰相,仍领枢密使,监修国史,赐兴化功臣"。[2]同书《韩德威传》记载:德威丁父忧,"强起复职,权西南招讨使"。[3]

另据《辽史》"列传"记载,辽代丁忧被夺情起复的官员还有刘景、萧孝友、杨佶、姚景行、耶律俨(李俨)等人,不赘述。

三　外延:辽朝对藩属国王的夺情起复

高丽、西夏等曾为辽朝的藩属,和平年代,高丽及西夏国王的"王位"与"官职"等均要由契丹皇帝"册封",所以,每至两国老国王薨逝,新任国王也要按礼"守制"。但国中不可一日无"王",因而,每至此时,辽国均要差遣"起复使"至高丽或西夏,诏告国王恢复王位与相应官职,继续治理国家。

先说高丽。据《高丽史》卷10《世家·献宗》载,辽道宗大安十年(1094)五月,高丽国王(宣宗)王运薨逝,其子王昱即位,是为献宗。按礼,新国王王昱要为已故国王王运守制三年("苫块三年")。鉴此,契丹辽国政府便及时差遣"起复使"至高丽,诏谕王昱"起复",继续履行国王的职责。于是,大安十年(1094)"十二月,辽……起复使郭人文等来"。"丙戌,起复使传诏于乾德殿。诏曰:王适遭家艰,爰膺世嗣,由苫在制。……今左崇禄卿郭人文往彼赐卿起复。……可起复骠骑大将军、检校太尉、兼中书令、上柱国、高丽国王,食邑七千户,食实封七百户,仍令所司,择日备礼册命主者施行。"

一般来说,辽国差遣使职诏告高丽国王"起复"后,还要再遣一使"落起复"。《高丽史》卷12《世家·睿宗一》载:天祚帝乾统五年(1105)十月,高丽国王王颙(肃宗)薨逝,其子王俣继承王位,是为睿宗。乾统六年(1106)正月丙午,辽"遣刘鼎臣命王起复"。乾统八年(1108)"二月辛丑,辽遣崇禄卿张揿来命王落起复"。

高丽国王不仅仅要为已故父王"守制",其母王太后薨逝,也要依礼守制,因此,

---

[1]　《辽史》卷80《邢抱朴传》,第5册,第1279页。
[2]　《辽史》卷82《耶律隆运传》,第5册,第1290页。
[3]　《辽史》卷82《韩德威传》,第5册,第1291页。

同样涉及"起复"问题。每至此，辽国也要差遣"起复使"至高丽，诏告高丽国王"起复"及"落起复"。《高丽史》卷13《世家·睿宗二》载：天祚帝天庆二年（1112）"七月己巳，（高丽）王太后柳氏薨于信朴寺"。天庆三年（1113）正月"戊寅，辽遣崇禄卿杨举直来命王起复"。天庆四年（1114）十二月"乙巳，辽遣王倣来命王落起复"。

　　再说西夏。《辽史》对辽朝契丹皇帝遣使西夏命在位国王"起复"的记载，缺漏十分严重，仅见到一例两条。如《辽史·圣宗纪》载：辽圣宗统和二十五年（1007）"秋七月壬申，西平王李德昭母薨，遣使吊祭。甲戌，遣使起复"。[①]《辽史·二国外记·西夏》亦载：统和"二十五年，德昭母薨，遣使吊祭，起复"。[②]

---

①　《辽史》卷14《圣宗纪五》，第1册，第163页。

②　《辽史》卷115《二国外记·西夏》，第5册，第1525页。

第二章
殡葬形式及其过程

第一节　殡葬形式

一　祔葬先茔

辽代盛行家族葬，某人不论死在何处，最终都要归葬祖茔。归葬祖茔是家族墓地兴起后的一种葬俗，是辽朝人对中原地区隋唐五代丧葬制度的模仿。并且，夫妻二人即使先后亡故，最终也要合葬一处。这在辽代石刻资料中有大量反映。如统和十八年（1000）的《刘宇杰墓志》即载，易州商税都监刘宇杰于"统和十八年五月十六日薨于奉圣州温汤之右，享年五十有二。掞梓旋离于行阙，灵輀即返于故丘。至其年十月二十七日归葬于霸州归化县积善乡余庆里，祔先太保之坟，礼也"。[①] "先太保"，指刘宇杰的父亲刘承嗣，有墓志出土。刘氏家族墓地在今辽宁省朝阳县西大营子乡西山村。开泰九年（1020）的《耿延毅墓志》记载，户部使耿延毅于"开泰八年冬十二月七日疾作，薨于（中京）正寝"，以"开泰九年二月二十六日，礼葬于彰武军霸城县八角山前原，从祖考之茔，即柳城西北是也"。[②] "祖考"指耿延毅的祖父耿崇美，有墓志出土。耿氏家族墓地在今辽宁省朝阳县边杖子乡姑营子村。

辽代汉人盛行聚族而葬的家族葬，契丹人亦效仿之。近年来，考古工作者在辽宁省阜新市阜新蒙古族自治县大巴镇车新村北部王坟沟和马掌洼（原关山种畜场二道沟鹿场，辽代称"黑山"）发现并发掘了九座辽代契丹萧氏后族萧和家族墓，出土一批萧和族人的墓志铭。根据墓志石刻文字记载，该支萧氏族人不论死于何处，都要归葬

---

① 向南：《辽代石刻文编》，第107页。
② 向南：《辽代石刻文编》，第160页。

黑山祖茔，夫妻合葬。如重熙十四年（1045）的《晋国王妃秦国太妃耶律氏墓志》即载：萧和夫人耶律氏于重熙十四年（1045）"闰五月十二日薨于潢河北好水泊之行帐。……归于懿州西南之黑山。……以其年秋□月二十七日，启先王（萧和）之茔合祔焉，礼也"。咸雍四年（1068）的《萧知行墓志》亦载：萧知行死后，"以咸雍四年岁次戊申八月□□□□□□□□□□□时，葬于黑山，从先之茔，礼也"。咸雍九年（1073）的《萧德恭墓志》记载：萧德恭于"咸雍九年朝觐回遘疾于行路，□月二十九日薨于松山州近郊之行帐。……以冬十一月二十一日葬于奉先军北黑山，从先茔也"。萧德恭妻耶律氏死于乾统十年（1110），与丈夫合葬。乾统十年（1110）的《萧德恭妻耶律氏墓志》记载：耶律氏于"乾统十年五月十八日遘厉疟疾，殂于豪州。……以当年秋闰八月十九日，合葬于黑山旧茔，礼也"。大康元年（1075）的《萧德温墓志》记载：萧德温于"大康元年三月十九日终于辽水西之行帐。……以其年五月二十四日附葬于黑山之先茔，礼也"。[1]

根据出土墓志石刻资料[2]统计，有辽一代，类似的归葬祖茔的家族墓地还有许多，如王裕、王瓒（王裕子）等王氏家族墓地（在今辽宁省喀左县甘招乡羊草沟门村），张匡正、张文藻（张匡正子）、张世卿（张匡正孙）、张世古（张匡正孙、张文藻子）、张世本（张匡正孙）、张恭诱（张文藻孙）等张氏家族墓地（在今河北省张家口市宣化区下八里村），耶律羽之、耶律元宁（耶律羽之孙）、耶律道清（耶律羽之曾孙）等耶律氏家族墓地（在今内蒙古赤峰市阿鲁科尔沁旗罕庙苏木古勒布胡硕嘎查），韩匡嗣、韩德威（韩匡嗣子）、耶律遂忠（韩匡嗣孙、韩德威子）、耶律元佐（韩匡嗣曾孙、韩德威孙）等韩氏家族墓地（在今内蒙古赤峰市巴林左旗白音勿拉苏木的白音罕山），等等。

考古学资料显示，一些世家大族的家族墓园四周还建有茔墙，并派人值守，[3]以确保墓地的维护与安全。1975年，考古工作者在内蒙古赤峰市阿鲁科尔沁旗东沙布日台乡宝山下发现一处外围筑有茔墙、规模较大的辽代契丹贵族墓地，后经考证，此为辽代初期契丹皇族耶律勤德的家族墓园。[4]该墓园平面呈长方形，方向稍偏东，东茔墙

---

①　辽宁省文物考古研究所：《关山辽墓》，第137页。

②　参见向南：《辽代石刻文编》；向南、张国庆、李宇峰辑注《辽代石刻文续编》。

③　如《辽史》卷81《萧孝忠传》即载，兴宗朝北院枢密使、楚王萧孝忠死，"葬日，（兴宗皇帝）赐宫户守冢"。见《辽史》卷81《萧孝忠传》，第5册，第1285页。

④　内蒙古文物考古研究所、阿鲁科尔沁旗文物管理所：《内蒙古赤峰市宝山辽墓发掘简报》，《文物》1998年第1期。

长 197 米，西茔墙长 201 米，南茔墙长 167 米，北茔墙长 172 米，茔墙残高 1 米多。东墙和南墙各设一门，并建有瓮城。其中茔园的主门南门宽 9 米，门东侧有一建筑遗址，应为门房类建筑。

二 夫妻合葬

夫妻合葬是指夫妻死后葬在一处墓地（同茔同穴或同茔不同穴），在辽代亦十分盛行。不论夫妻谁先亡故，后逝者都要在家族墓地与前者祔合。首先，我们看到，当时的人们认为，夫妻二人虽生（指出生）不能同室，而死必求同穴。如太平七年（1027）的《耶律遂正墓志》即载，耶律遂正于"太平七载三月二十四日薨于辽兴军廨宇焉"。其妻"薛国夫人，结发为姻，如宾起敬。当夜台忽奄，而昼哭无休。益叹未亡，旋谋归葬。……又曰：'生则异室，死则同穴；存则与子偕老，没则携手同归'。方从灵輴，渐加美疢"。很快，耶律遂正的妻子便因夫亡哀伤过度而去世。于是，夫妻合葬，实现了她"生则异室，死则同穴；存则与子偕老，没则携手同归"的愿望。[1] 辽代石刻资料中夫妻合葬的例子有很多。如保宁元年（969）的《张建立墓志》即记载，张建立生前曾三娶：嫡夫人药氏、夫人樊氏及娘子杜氏。他死后，其家人先将灵柩"权攒于□□西位。是以命良师以择吉日，辟旧圹以就新茔。礼禀周仪，祔葬同椁，有三人焉：嫡夫人药氏、夫人樊氏、娘子杜氏"。[2] 开泰七年（1018）的《陈国公主墓志》记载，陈国公主的丈夫是检校太师萧绍矩，"先公主而逝"。公主死后，"以当年闰四月五日迁神樒于灰山，启先太师（萧绍矩）之茔祔焉，礼也"。[3] 太平六年（1026）的《宋匡世墓志》记载，宋匡世生前亦曾先后三娶，前两位夫人吴氏、李氏均先他而逝。宋匡世于"太平五年五月十八日遘疾"而逝，"以太平六年三月七日，归窆于榆州南和乡余庆里鹿鸣山先茔之左，举二夫人祔焉，礼也"。[4] 重熙十五年（1046）的《秦晋国大长公主墓志》记载，大长公主的丈夫是北宰相、赠宋王萧继远，先公主病逝。大长公主死后，"以其年二月壬子朔二十一日壬申，启先王（萧继远）之茔合祔焉，礼也"。[5] 重熙二十二年（1053）的《王泽墓志》记载，王泽的夫人先他而逝。王泽死后，"以其年四月二十二日辛卯乙时，启故夫人

---

① 刘凤翥、唐彩兰、高娃：《辽代萧乌卢本等三人的墓志铭考释》，《文史》2004 年第 2 辑。
② 向南：《辽代石刻文编》，第 43 页。
③ 向南：《辽代石刻文编》，第 154 页。
④ 向南：《辽代石刻文编》，第 181 页。
⑤ 向南：《辽代石刻文编》，第 249 页。

之茔域，从合祔焉，礼也"。①夫妇二人合葬于同一墓室内是当时通行的做法，即所谓的"起茔祔葬"。考古发现，辽宁新民巴图营子辽墓的封门经过一次搬动，估计应是二次葬存留的迹象。

在辽代的祔葬先茔之夫妻合葬中，还有一种特殊现象，称为"避伥忌"。天庆四年（1114）的《杜念墓志》即记载，杜念"先娶故逸士孙克规女，故启圣军节度使克构姪也。早承□封邑，遽叹逝川。后妻……赠中书令韩造第三女"。但韩氏亦不幸早亡，"不为偕老"。杜念在天庆二年（1112）"染恍惚之疾"，至天庆九年（1119）病情加重。杜念病危之时，其家人即"以天庆九年八月二十二日巽时，葬孙氏于……先茔，避伥忌也"。三个月后，杜念病逝，"复以天庆十年二月二十五日，与夫人韩氏合祔为礼也"。②为何在杜念病危之际先葬前妻孙氏？何为"避伥忌"？因何杜念死后只与后妻韩氏合葬？原因均不详，祈望方家教之。

有辽一代，也有些人死后先归葬先茔，后来又因种种缘故，弃旧茔而改葬新茔。

原因之一，为避水害而迁新茔。如重熙十三年（1044）的《李继成暨妻马氏墓志》即载，李继成的家族墓地，因"土薄则浸渍毁于棺椁，谓陇远则祭祝阙于蒸尝"，所以，其家人便将李继成和马氏的灵柩，迁至"爽塏之地"筑新茔而葬之。③大康四年（1078）的《秦德昌墓志》亦载："其先丘垅本在池水故里，以桑河之所犯，遂徙于幽燕附郭之南原。今幼子缉以公宅于雷都之久，因于都北不远一舍吴家里创以别墅。大康四年四月十八日，迁枢于里东桃港而茔之。"④乾统元年（1101）的《梁援墓志》⑤亦载，梁氏家族墓地原在定州高阳，亦因水害而迁到医巫间山下景宗所赐之墓地。

原因之二，原茔园过于狭小，不能容纳更多的族人入葬而另辟新茔。如大安九年（1093）的《张文藻墓志》即记载，张文藻死后，"寻具哀礼，权之枢。犹子右班殿直世卿，追念其事，与诸同气议于私第曰：虽室家之事已修，而祖考之茔未遂增广。至大安九年岁次癸酉四月丁巳朔十五日辛酉乙时，改葬于州北之隅，以示孝敬"。⑥当然，也有因其他一些缘故弃旧茔而改葬新茔的，如大康三年（1077）的《李文贞墓志》即载："其有祖母父叔皆已远逝，咸归一茔，以至□□□□□□□。近岁闻复有尊灵辟

① 向南：《辽代石刻文编》，第261页。
② 梅宁华主编《北京辽金史迹图志》（下），北京燕山出版社，2004，第176页。
③ 梅宁华主编《北京辽金史迹图志》（下），第139页。
④ 王晶辰主编《辽宁碑志》，辽宁人民出版社，2002，第336页。
⑤ 向南：《辽代石刻文编》，第520页。
⑥ 河北省文物研究所：《宣化辽墓》（上），第123页。

世，并在外丘，若皆葬于斯茔，虑有乱于□交不惟已葬之灵，渐至褊□□□□灵不宁安处。故公之次侄崇孝，主家众议，别选吉地，遂于南山之谷，特建新茔，虽□术□□□□□奇。今请公员外娘子楼止于天穴，公第四叔婶婶楼止于生穴，公之小弟五叔叔婶婶□□□□悉归楼止于人穴，花严奴祔于生穴。选定通年利月吉日良时迁葬于新茔之吉穴，则□□□□□政已申于豪门，寔公之所至也"。①

第二节　停枢权厝

一　契丹皇帝死后"权殡"之场所

辽代石刻资料反映，辽人去世之后，不管是帝王后妃、贵族官僚，还是一般官员、平民百姓，并非装殓后马上下葬，而是殓毕停枢一段时间，称为"权殡"或"权厝"，然后再卜吉时下葬。"厝"、"殡"意同，均指殓而未葬、停枢待葬（"权殡"、"权厝"时间较短者），或浅埋择时改葬（"权殡"、"权厝"时间较长者）等。一般来说，帝王后妃死后有专门的"权殡"场所，称为"某某殿"。如太平十一年（1031）的《圣宗皇帝哀册》记载，辽圣宗耶律隆绪于太平十一年（1031）六月三日"崩于大福河之行宫。以其年八月甲申，发赴庆州。八月丙子朔二十七日壬寅，殡于攒涂殿之西阶"。②清宁四年（1058）的《圣宗钦哀皇后哀册》记载，辽道宗清宁三年（1057）十二月二十七日，圣宗钦哀皇后萧耨斤"崩于中会川行宫之寿安殿，旋殡于庆州北别殿之西阶"。③大康二年（1076）的《兴宗仁懿皇后哀册》记载，辽道宗大康二年（1076）三月六日，兴宗仁懿皇后萧挞里"崩于韶阳川之行在所，旋殡于庆州北别殿之西阶"。④乾统元年（1101）的《道宗皇帝哀册》记载，辽道宗寿昌七年（1101）正月十三日，辽道宗耶律洪（弘）基"崩于韶阳川行在所，徙殡于仙游殿之西阶"。⑤又，乾统十年（1110）的《义和仁寿皇太叔祖哀册》记载，天祚帝乾统十年（1110）"闰八月丁酉朔，皇太叔祖（耶律和鲁斡）薨于庆州西南之行帐，有诏促于州北崇建丘攒殿以殡焉"。⑥

---

① 　向南、张国庆、李宇峰辑注《辽代石刻文续编》，第 163 页。
② 　向南：《辽代石刻文编》，第 193 页。
③ 　向南：《辽代石刻文编》，第 282 页。
④ 　向南：《辽代石刻文编》，第 375 页。
⑤ 　向南：《辽代石刻文编》，第 513 页。
⑥ 　向南、张国庆、李宇峰辑注《辽代石刻文续编》，第 272 页。

二　一般官员"权厝"的场所、时间及原因

辽代一般官僚贵族死后的"权厝"场所并不固定，大致是在死者的故居或墓地附近。如应历五年（955）的《陈万墓志》即载，涿州刺史陈万"于应历五年六月七日薨，权厝在堂。至当年十月九日大葬于豪州西南，礼也"。① 应历十七年（967）的《王仲福墓志》记载，盖造军绳墨都知王仲福于后唐清泰元年（辽天显九年，934）正月二十八日因"寝疾"而逝，"寻厝于府城东，从其权也"。王仲福的夫人齐氏，"去辽应历九年十二月十三日遇疾，终于蓟州渔阳县界高村之私第也，享年七十有三。寻厝于本贯。……去辽应历十七年三月二日，迁祔于蓟州北渔阳县界高村，礼也"。② 太平六年（1026）的《宋匡世墓志》记载，晋国公主中京提辖使宋匡世于"太平五年五月十八日遘疾，启手足于提辖公署之正寝，春秋四十有八。权厝于京南义井院精舍。以太平六年三月七日，归窆于榆州南和乡余庆里鹿鸣山先茔之左"。③ 重熙六年（1037）的《耶律遂忠墓志》记载，忠顺军节度管内观察处置等使耶律遂忠于"重熙六年十月二日薨于上京之私第，享寿五十有八。寻迁素灵，权厝□□谭之右□□。□□□□□月癸酉朔八日庚子，葬于上京西北渠劣山之阳先茔也"。④

从以上所引石刻资料看到，辽人死后"权厝"的时间长短不一。正常来说"权厝"时间应该是几个月，⑤ 如陈万死后的"权厝"时间是四个月；宋匡世死后的"权厝"时间是九个多月。辽人死后之所以要停枢"权厝"几个月时间，其首要原因应该是筹备葬礼事宜和等待墓穴的营造完成。如清宁八年（1062）的《耶律宗政墓志》即载，判武定军节度使耶律宗政于清宁"八年三月十二日薨于武定军之公署。……是月，扶护灵枢，权厝于州北岭阴之地"。此后的一段时间里，其家人一方面"卜宅之次"，在其家族墓地——乾陵陵园内营造墓穴；另一方面在道宗皇帝派遣的诸位治丧使职官的主持下，准备隆重而繁缛的葬礼仪式。至"其年岁次壬寅十月甲戌朔二十七日，备卤簿之仪，归葬于乾陵，祔祖宗之寝庙，顺也"。⑥

---

① 向南：《辽代石刻文编》，第16页。
② 梅宁华主编《北京辽金史迹图志》（下），第126页。
③ 向南：《辽代石刻文编》，第181页。
④ 向南、张国庆、李宇峰辑注《辽代石刻文续编》，第74页。
⑤ 古代葬礼对于人死后的停殡日期是有严格规定的，《礼记·王制》："天子七日而殡，七月而葬；诸侯五日而殡，五月而葬；大夫、士、庶人三日而殡，三月而葬。"《左传·隐公元年》："天子七月而葬，同轨毕至；诸侯五月，同盟至；大夫三月，同位至；士踰月，外姻至。"但辽人死后"权厝"的时间，并没有严格按此执行，比如皇帝，太祖十三个月，远超《礼记》规定的七个月；兴宗三个月，又不足《礼记》规定的七个月。
⑥ 向南：《辽代石刻文编》，第307~308页。

当然，辽人死后停枢"权厝"，还有另一个原因，那就是有的丧者家庭过于贫困，无力操办合于礼节的葬礼，只好暂时停枢待葬。如天庆七年（1117）的《姚璹墓志》即载，姚璹"因服母丧，哀悼日久，灾疾寝至，于天庆七年夏四月二日不厌而卒，享年四十四。以家贫权窆于柳城东墉下。泊秋九月二十七日，兄特加常制，具以棺椁，为之衣衾，从母君輀车，引葬于先茔"。[①]

有辽一代，一些人死后的"权厝"时间比较长，长达几年、十几年甚至数十年不等，个中原因比较复杂。比如，乾统十年（1110）的《高为裘墓志》即载，顺义军马步军都指挥使高为裘于"清宁二年七月十八日终于任"。"自公奄逝，权厝于侍中里北。泊乾统十年五月二十有八日，孙礼宾副使、检校右散骑常侍、前蔚州常清军指挥使永肩，复奉灵枢归葬于朔州鄯阳县司马里东先茔之次，礼也"。[②]清宁二年为1056年，可见，高为裘的灵枢被"权厝"了五十四年之久，原因不详。天庆四年（1114）的《史洵直墓志》亦载，左谏议大夫史洵直于"乾统四年五月二十四日午时，获疾右胁而逝，……其年九月五日，权窆于县东之别墅。……孤子镒，其未窆岁，若负芒刺，以天庆四年岁次甲午六月甲辰朔二十三日丙寅乙时，迁葬于昌平县仁和乡东道里，以河间郡君邢氏祔焉，礼也"。[③]乾统四年为1104年，史洵直的灵枢也被"权厝"整整10年。古人的传统观念是，人死后应尽早入土为安。辽人亦不例外。棺椁长时间"权厝"浅埋而不能正式入葬，肯定属于非正常现象，史洵直的儿子史镒有"若负芒刺"的心理是必然的。笔者以为，辽人死后较长时间的"权厝"待葬，其中的一个原因应与"卜葬未通"有关。如开泰六年（1017）的《韩相墓志》即载，辽兴军衙内马步军都指挥使韩相"以开泰二年七月十八日终于永安军之私第，享年四十有一。是岁以卜葬未通，权窆于宅。至开泰六年八月二十九日，归于辽城西安喜县砂沟乡福昌里，近太师玄堂，礼也"。[④]

辽人死后先是"权厝"浅埋，经过一段时间后（数月或数年），再迁入祖茔正式安葬，有考古学资料予以佐证。考古工作者在内蒙古通辽市（原哲里木盟）库伦旗西孤家子曾发掘一座未被盗掘的辽墓，墓内没有骨殖，却发现一合已磨光但未刻字的墓志，据推测即"权厝"之墓，尸骨已被迁出至别处深埋安葬。[⑤]

---

①　向南：《辽代石刻文编》，第 665 页。
②　向南：《辽代石刻文编》，第 609～610 页。
③　向南：《辽代石刻文编》，第 651～652 页。
④　向南：《辽代石刻文编》，第 151 页。
⑤　哲里木盟博物馆等：《库伦旗第五、六号辽墓》，《内蒙古文物考古》1982 年第 2 期。

第三节　营造墓穴与依礼下葬

一　营造墓穴

人死以入土为安。所谓"入土"，就是将棺椁埋入墓穴，辽人殡葬过程中的一项重要内容就是对墓穴的营造，这在一些辽人的墓志铭中也有记述。如保宁十一年（979）的《耶律琮神道碑》即载，镇国军节度使耶律琮死后，其妻便组织有关人员为之营造墓穴。"夫人便于二三孝子门生故史部曲人员，亲往……马盂山□□□峰岭□，老松古柏，偃亚麟麀；异草奇花，掩蕴芬馥。潺涞清涧，疑行田洗。□之川黛烟岚，寔□□寻真之地。人心忻乐，生死何别。……是三公所营之墟，苟称人心，谁云不可。保宁十一年春□二月丙寅，夫人爰命植夫驱驰于役，庸赁百工，大营葬事，人蒙恩惠，……日宽趋□□不演期，封域俄就。其圹也东西五仞，南北七寻，大小方圆，于礼无漏"。[1]大安三年（1087）的《萧兴言墓志》亦载，西北路招讨使萧兴言死后，"妻氏郡主夫人等自塞下辇其尸之西楼潢水北三十里，嵩山之阳有巨岗，命之盘龙岗。率工开发，为之茔垒"。[2]

有辽一代，大多数人家营造墓穴，都是自己招募、雇用民夫进行施工。但也有部分显贵之家，营造墓穴是由皇帝派遣的营造使职官负责，并且，工匠也是选自京城的专业造墓"工程队"。如太平三年（1023）的《冯从顺墓志》即载，上京户部使冯从顺死后，圣宗皇帝即派遣"中京度支副使李公备幽窅之礼。伎巧之匠，实自京师"。[3]

古人墓穴占地的大小，坟丘封土的高矮，除有礼制等级的严格规定外，[4]还应与丧家的经济实力有关，官宦富豪之家，财力雄厚，墓穴建得就大些，宏伟些，气派些；平民百姓经济实力有限，墓穴相应就要小一些，简陋一些。辽代亦然。前引保宁十一年（979）的《耶律琮神道碑》显示，契丹贵族耶律琮的墓穴，"东西五仞，南北七寻"，应该是比较大型的墓穴形制。古制每"仞"为7～8尺；每"寻"约8尺。咸雍七年（1071）的《康文成墓志》记载，如京使康文成死后归葬祖茔，其坟茔占地，

---

① 　向南、张国庆、李宇峰辑注《辽代石刻文续编》，第343页。
② 　向南、张国庆、李宇峰辑注《辽代石刻文续编》，第189页。
③ 　向南：《辽代石刻文编》，第170页。
④ 　如《周礼·春官·冢人》："以爵等为丘封之度，与其树数。"《礼记·月令》："伤丧纪，辨衣裳，审棺椁之薄厚，茔丘垄之大小、高卑、厚薄之度，贵贱之等级。"《白虎通德论·崩薨篇》："天子坟高三仞，树以松；诸侯半之，树以柏；大夫八尺，树以栾；士四尺，树以槐；庶人无坟，树以杨柳。"

"南北长三十一步，东西阔一十九步"。① 可见，康文成的墓穴占地并不算大。乾统七年（1107）的《董承德妻郭氏墓志》记载了郭氏死后，其夫为她购买墓地的亩数及所建墓穴大小的一些情况："今为亡妻郭氏于京西南约五里买到云中县孙权堡刘士言地五亩，长三十八步，阔三十二步。其茔方二十九步。其妻葬在甲穴。"② 周长为29步的墓穴，显然比耶律琮的墓穴要小很多。

二　依礼下葬

辽人死后，从装殓入棺、停枢权厝，到将灵枢运至墓地、埋入墓穴、封土成坟的过程中，也有不少依照葬礼规定进行的丧事活动，依辽代石刻资料所记，主要有以下三项。

一是执绋发引。所谓"发引"，是指死者出殡的枢车行驶时，车前有亲属执绋前导。"绋"，引枢之绳索。如保宁十一年（979）的《耶律琮神道碑》即载，耶律琮死后，亲朋好友为其送葬，"人叹美终，莫不白马盈郊，素车满野。六亲执绋，哀声雷动于九天"。③ 天庆七年（1117）的《张世古墓志》亦载，张世古死后，其家人"备棺椁之仪，发引毕，灵榇权置于井亭院"。④

二是挽歌送葬。古人送葬执绋发引时，为使各人用力均匀一致，要讴歌以代喊号，最终，便形成了一种唱挽歌送葬的丧葬仪式。⑤ 辽代亦有此俗。如太平七年（1027）的《耶律遂正墓志》即载，耶律遂正死后，家人为其送葬，"周勃茄箫，临风悽怆；田横薤露，入夜哀吟。以当年十月二十八日备礼葬于上京西北□渠劣山，祔焉，礼也"。⑥ "薤露"，挽歌之名也。⑦ "茄箫"，用于鼓吹助葬之乐器。这就是说，在执绋挽歌的同时，送葬队伍中还要有鼓吹乐队，用茄、箫等管乐乐器吹奏与挽歌相和的哀曲，以烘托葬礼的悲怆气氛。

三是葬物殉牲。相关内容详见第五章，此不赘述。

---

① 北京市文物研究所：《海淀中国工运学院辽墓及其墓志》，北京辽金城垣博物馆编《北京辽金文物研究》，北京燕山出版社，2005，第323页。

② 向南：《辽代石刻文编》，第573页。

③ 向南、张国庆、李宇峰辑注《辽代石刻文续编》，第343页。

④ 河北省文物研究所：《宣化辽墓》（上），第267页。

⑤ 此俗先秦即已有之，《庄子》云："绋讴所生，必于斥苦。"司马彪注："引绋所以有讴歌者，为人有用力不齐，故促急之也。"此俗盛行于魏晋，《晋书·礼志中》载："汉魏故事，大丧及大臣之丧，执绋者挽歌。新礼以为挽歌出于汉武帝役人之劳歌，声哀切，遂以为送终之礼。"应劭《风俗通》云："挽歌，执绋相偶合之音。"

⑥ 向南、张国庆、李宇峰辑注《辽代石刻文续编》第69页。

⑦ 崔豹《古今注·问乐》载："《薤露》、《蒿里》，并丧歌也，出田横门人。横自杀，门人伤之，为作悲歌……至孝武时，李延年乃分二章为二曲，《薤露》送王公贵人，《蒿里》送士大夫庶人。使挽枢者歌之，世亦呼为挽歌。"

　　除此之外，如果死者是品级较高的朝廷官员或封疆大吏，还可得到当朝皇帝一到七天不等的"辍朝"志哀礼待。如道宗朝的耶律宗愿，咸雍八年（1072）的《耶律宗愿墓志》即云："无何，咸雍八年闰七月十七日以疾薨于位，享年六十有四。皇上闻讣，震悼至恸，辍朝七日。"[①]耶律宗愿为圣宗之子，生前官至上京留守，故而道宗皇帝为之"辍朝七日"志哀。再如萧惠，《辽史·萧惠传》即云："清宁二年薨，年七十四，遗命家人薄葬。（道宗）讣闻，辍朝三日。"[②]萧惠生前官至北枢密使，死后，道宗皇帝为其"辍朝三日"志哀。

---

① 　向南、张国庆、李宇峰辑注《辽代石刻文续编》，第 149 页。
② 　《辽史》卷 93《萧惠传》，第 5 册，第 1375 页。

第三章
墓葬形制

第一节　火葬

一　火葬墓形制的变化

所谓火葬，是指将死者之尸体焚烧成灰后，再装入器物中，造墓埋入地下。辽朝人死后焚尸火葬，目前就考古发掘的辽墓资料看，只是一部分人；并且，越到辽代中后期，实行火葬的契丹人越少（前期相对多些），而大部分采用此形式的是辽地的信教汉人及寺院僧尼。

辽代初期的火葬墓一般为土坑竖穴墓，也有一些是用长方形青砖侧立砌成的简陋的砖室墓。墓的规模都比较小，形状多为长方形。墓内无仿木结构和壁画装饰，随葬品一般有陶瓷器及羊、马等家畜。盛骨灰的葬具多为陶罐，有的罐上还留有孔洞。

到辽代中期，辽人的火葬墓出现了一些变化。结构多为砖（石）室墓，规模比前期略大，形状多为圆形，墓内开始流行仿木结构和壁画装饰，随葬品以瓷器为主，一般有墓志，葬具多用制作精美的石棺，石棺的形状与同时期的土葬墓盛尸石棺很相似，仅尺寸略小而已。

至辽代晚期，辽人火葬墓的形制和葬式更加复杂，有砖（石）室墓、土洞墓和石棺墓等，其中以砖（石）室墓为主。墓的形状有圆形、方形（或长方形）、梯形和多角形。砖室墓内盛行仿木结构和壁画装饰；随葬品有瓷器、陶制明器、铜钱等；除墓志外，有的墓还出土了经幢和净法界真言碑等佛教器物。葬具除陶罐、石棺、木棺（匣）外，还出现了砖砌骨灰槽（盒）以及所谓"真容偶像"的木雕拟人形盛骨灰物。[①]

---

① 杨晶：《辽代火葬墓》，陈述主编《辽金史论集》第3辑，书目文献出版杜，1987，第215页。

此外，不用葬具，直接将骨灰置于尸床（砖台）上或散放于墓中的葬法亦比较流行。

相关考古资料反映，辽代早期人死后焚尸火葬，其葬式应有多种，比如单人葬、夫妻合葬、多人丛葬等。而其中最常见的夫妻合葬有两种形式，一是将夫妇二人的两个骨灰罐置于同一个墓室中；二是将一方的骨灰与另一方的尸体置于同一墓室中。多人丛葬一般为家族葬，如内蒙古巴林左旗双井沟辽墓两座长方形竖穴土坑墓内，一个墓坑内埋有 6 个骨灰罐，另一个墓坑内埋有 8 个骨灰罐，罐壁上都有 1～4 个打孔。[1] 20 世纪 80 年代中期，考古工作者在沈阳市康平县海州乡海州屯一处辽墓中即发现了 6 个骨灰罐，分两组埋葬，每组 3 个呈"品"字状。每个罐上均用白釉瓷盘为盖，骨灰置于罐内。[2] 近年来，与之相类的辽人骨灰罐火葬墓在沈阳市内也有发现。

至辽代中期，辽人火葬多用石棺装殓骨灰。如 1977 年发掘于辽宁省朝阳市朝阳县馒头营子乡商家沟村、下葬于辽圣宗统和二十年（1002）的"平州赵府君"墓，圆形砖室墓的中间有一方形木制棺帐，棺帐内横置一石棺，石棺内盛有骨灰。[3] 2003 年 6 月，考古工作者在沈阳市沈河区广宜街一处辽代墓葬中出土一件石棺，骨灰置于石棺内。[4] 此前发掘的沈阳市山东堡辽代石棺墓和柳条湖辽代石棺墓亦均为火化尸体后的骨灰葬。[5]

到辽代后期，一些信奉佛教的汉人死后火葬，其骨灰有盛于木雕"真容偶像"中者。如 1974 年发掘于河北省张家口市宣化城西下八里村、葬于天祚帝天庆六年（1116）的张世卿墓，木棺内有拟人形木雕偶像一个，偶像躯壳内藏有死者的骨灰。[6] 此外，在辽上京地区（今内蒙古赤峰市巴林左旗境内），不少信奉佛教的汉人死后尸体焚化，骨灰均装进木匣内入墓埋葬。有学者统计，[7] 至 21 世纪初，仅在辽上京城遗址周边地区，即发现了约五座辽代后期汉族官员及平民使用木制骨灰匣的火葬墓，骨灰匣的材质多为柏木，从骨灰匣上遗留的墨书文字记载得知，墓主中有男也有女。

① 中国科学院考古研究所内蒙古工作队：《内蒙古昭盟巴林左旗双井沟辽火葬墓》，《考古》1963 年第 10 期。
② 武家昌：《康平海州辽墓清理简报》，《辽海文物学刊》1988 年第 1 期。
③ 邓宝学、孙国平、李宇峰：《辽宁朝阳辽赵氏族墓》，《文物》1983 年第 9 期。
④ 沈阳市文物考古研究所：《沈阳广宜街辽代石棺墓发掘报告》，沈阳市文物考古研究所编《沈阳考古文集》第 2 集，科学出版社，2009，第 170 页。
⑤ 沈阳市文物管理办公室：《沈阳市文物志》，沈阳出版社，1993，第 83 页。
⑥ 河北省文物研究所：《宣化辽墓》（上），第 200 页。
⑦ 王未想：《辽上京城址周围出土的墨书铭文骨灰匣》，《北方文物》2002 年第 1 期。

二　实行火葬的原因

目前发现的辽代契丹人的火葬墓，多为辽代早期的遗存，并且墓主人的身份地位也比较低（同期契丹贵族多为土葬）。尤为值得注意的是，这些火葬墓中流行家族丛葬，并在葬具陶罐上，留有"灵魂"出入孔，具有一定的原始宗教性质，同契丹早期（建国前）的葬俗有某些关联之处。也就是说，辽代初期契丹人的火葬习俗，主要受其原始宗教中灵魂不灭观念的影响，是其原始葬俗的遗留。早期契丹人的葬俗是"树葬"加"焚骨葬"。如《北史》卷94《契丹传》即载："父母死而悲哭者，以为不壮。但以其尸置山树上，经三年后乃收其骨而焚之。因酹酒而祝曰：'冬月时，向阳食，若我射猎时，使我多得猪鹿'。"

到了辽代中后期，火葬能为辽代世俗社会较多的人所接受，主要是受到了佛教终极关怀的涅槃思想的影响。火葬原是古代印度的葬法，在佛教里称为"荼毗"。"荼毗"又称"荼毗"，是梵文的音译，意为"焚烧"、"火葬"。相传释迦牟尼佛灭后，所取葬式即为火葬。如《大般涅槃经后分》卷2即云："尔时如来，以大悲力，从心胸中，火踊棺外，渐渐荼毗。"[1] 佛教认为，释迦牟尼的寂灭并不意味着他生命的终结，相反，他的寂灭是彻底摆脱了生死轮回的涅槃境界。据说，常人之所以不能摆脱生死轮回，其根源在于各种世俗的欲念、烦恼等业障的干扰，涅槃即是对生死诸苦及其根源"烦恼"的彻底断灭。如《大乘起信论》即云："以无明灭故，心无有起；以无起故，境界随灭；以因缘俱灭故，心相皆尽，名得涅槃。"[2] 此亦正如道宗大安五年（1089）《六聘山天开寺忏悔上人坟塔记》所云："古之葬者弗封树，虑其伤心，若掩骼埋凿之类，欲人之弗得见也。而后世朴散，转加乎文，遂有贵贱丘圹高厚之制。及佛教来，又变其饰终归全之道，皆从火化，使中国送往，一类烧羌。至收余烬为浮屠，令人瞻仰，不复顾归土及泉之义。"[3]

辽代中后期辽地汉人尸体火化后将骨灰入墓埋葬，这在辽代石刻资料中有较多的记载，他们中的大多数都是笃信佛教的俗家信徒。如统和二十六年（1008）的《王说墓志》记载，王说死后实行的即是焚尸后的火葬。"统和二十五年七月三日壬□时，（王说）薨于中京，享年五十有七。次迁神枢于建州北私宅，以当年十月七日庚时焚

---

[1]　高楠顺次郎等：《大正新修大藏经》卷12《大般涅槃经后分》，大正一切经刊行会，1924，第377页。
[2]　高楠顺次郎等：《大正新修大藏经》卷32《大乘起信论》，大正一切经刊行会，1925，第1666页。
[3]　向南：《辽代石刻文编》，第413页。

殡之，礼也。既随红焰，芝兰之香满人间；□逐清风，金玉之质归上天"。① 咸雍七年（1071）的《康文成墓志》记载，康文成于"咸雍七年岁次辛亥当四月丙辰朔八日癸亥逝，往中京大定府镇国寺北街，出廓火葬讫，迁神柩来于先祖坟茔，至燕京宛平县矶村名西北乡。至当年六月二十九日壬午辛时，葬如京使（康文成）于祖坟西北，雁翅又起一围"。② 康文成死后于中京城"出廓"火化，说明辽代各地应有专门负责尸体火化的场所。大康四年（1078）的《秦德昌墓志》记载，秦德昌全家信佛，秦德昌于"咸雍十年八月二十五日端坐屈指念佛，捐馆于榆州公署，享寿七十八。垂终之日，于黑雾中有霹雳声西北而去，兜率之兆也。焚殓时，殊无秽气，舌牙与颌，确然不灰，盖平生持莲经不谈他短之致也"。③ 天庆元年（1111）的《韩师训墓志》记载，韩师训生前信奉佛教，"泊乾统十年十一月七日，因染小疾，弥渐于雄武私第。未出殡时，顶上隐隐有五色云气；及发引日，天色晴霁。合郡士女，不期而会，盈途塞陌，咸云聚于坟所。焚殡讫，至人众分散，倏然飞雪，行路涂泥，车马难通"。④ 天庆六年（1116）的《张世卿墓志》记载，张世卿生前笃信佛教，"天庆六年丙申岁闰正月四日遭疾而终，享年七十有四。遵命依西天荼毗礼毕，得头骨与舌，宛然不灰，盖一生积善之感也"。⑤ 总之，辽代中后期，辽地佛教盛行，辽人的社会生活受佛教影响已经至深至远，丧葬习俗亦不例外。特别是广大汉族官僚士族，援儒入佛，认为死后将尸骨"焚殡之，礼也"。⑥

三 僧人火葬葬式

辽代的僧尼圆寂后实行火葬，但其具体的葬式又主要分为两种：坟葬和塔葬。

辽代僧尼圆寂后将骨灰埋坟而葬，应是沿袭唐代的习俗，台湾学者刘淑芬认为其主要原因是死者生前自觉德行道化还不够塔葬的资格。⑦ 检索辽代经幢石刻资料发现，辽代确有僧尼圆寂火化后坟葬者，具体原因是否如刘淑芬研究员所言，其"幢记"并没有明确记载。

---

① 向南：《辽代石刻文编》，第 132 页。
② 北京市文物研究所：《海淀中国工运学院辽墓及其墓志》，北京辽金城垣博物馆编《北京辽金文物研究》，第 323 页。
③ 王晶辰主编《辽宁碑志》，辽宁人民出版社，2002，第 336 页。
④ 河北省文物研究所：《宣化辽墓》（上），第 306 页。
⑤ 向南：《辽代石刻文编》，第 656 页。
⑥ 统和二十六年《王说墓志》，向南：《辽代石刻文编》，第 132 页。
⑦ 刘淑芬：《灭罪与度亡——佛顶尊胜陀罗尼经幢之研究》，第 135 页。

近年来，考古工作者在内蒙古赤峰市巴林左旗辽上京遗址周边发现了一批辽代后期这一地区僧人的火葬墓。^①如辽上京城址北炮楼山西麓辽代宝积寺僧人火葬墓，辽上京南塔山东麓券顶砖室僧人火葬墓，辽上京辽代开悟寺僧人火葬墓，辽上京城址西白音高洛村北山辽代弘法寺僧人火葬墓，辽上京城址北林东北山辽代开龙寺僧人火葬墓，辽上京南塔山辽代僧人火葬墓，辽上京城址北林东砖厂北坡辽代开龙寺僧人火葬墓，等等。

辽代僧尼，尤其是一些高僧大德圆寂火化后的骨灰或舍利多为塔葬，此塔称"坟塔"或"灵塔"。这在辽代石刻文字中多有记述。如辽圣宗开泰九年（1020）的《澄赞上人塔记》记载：澄赞上人圆寂火化后，佛教居士张从信等人"特出玉帛，削成石塔，中安舍利，外镂惣持，冀劫坏以无伤，想佛来而暂涌"。^②辽道宗清宁九年（1063）的《纯慧大师塔幢记》记载："京师奉福寺忏悔主、崇禄大夫、检校太尉纯慧大师之息化也，附灵塔之巽位，树佛顶尊胜陀罗尼幢，广长有尺。……九年四月，示疾，告终于竹林寺。即以其年五月，移窆于昌平县。司空豳国公（耶律合里只）仰师高躅，建立寺塔。"^③辽道宗大康二年（1076）的《可兴等建尊胜悲心陀罗尼塔记》记载："大康二年暮春三月，（某寺高僧）俄临重病，妙药难痊，至当月九日神迁于斯舍矣！有门人可兴，备仪火化，至七□□迁骨归葬于寺东丙隅，建尊胜悲心陀罗尼塔。"^④辽道宗大安五年（1089）的《六聘山天开寺忏悔上人坟塔记》记载：六聘山天开寺忏悔上人"以咸雍六年正月二十一日迁化于上方栖神之所，春秋六十一，夏腊四十二。……以其次月九日，具天竺茶（荼）毗之仪而送之焉。薪尽，甋灰外戒珠如流。……旋以其年三月望日，塔其骨于上方本院之坤隅"。^⑤辽道宗大安七年（1091）的《法均大师遗行碑》记载：大康元年（1075）三月四日，法均大师圆寂于燕京西戒坛，"以其月二十八日，据礼茶毗于北峪，火灭后，竞收灵骨，以当年五月十二日，起坟塔于方丈之右"。^⑥天祚帝乾统四年（1104）的《安次县正觉寺传戒法师法性塔记》记载：法性和尚"沉疴忽染，医药无徵，于乾统三年十月二十九日，本住房室中，安寂如寐，俄然仙逝。……乃命匠卜地于当寺旧茔内，建立石塔一座，中藏灵骨"。^⑦天祚

① 　王未想：《辽上京城址周围出土的墨书铭文骨灰匣》，《北方文物》2002 年第 1 期。
② 　向南：《辽代石刻文编》，第 165 页。
③ 　向南：《辽代石刻文编》，第 317 页。
④ 　向南：《辽代石刻文编》，第 381 页。
⑤ 　向南：《辽代石刻文编》，第 413 ~ 414 页。
⑥ 　向南：《辽代石刻文编》，第 439 页。
⑦ 　向南：《辽代石刻文编》，第 543 页。

帝乾统七年（1107）的《普济寺严慧大德塔记铭》记载："乾统七年春，燕京三学寺殿主严慧大德赐紫沙门等伟，痼疾作。始夏，疾有加，徙居右街福田寺，卧于西庑之一室。……四月旬七日仙逝。……后二日，荼毗于京北原。及收骨，舌根不烬，如青莲色。其徒京西惠济寺僧敬诠等，愿以戬灰分葬，因析少分与之，余尽归于蓟州盘山甘泉普济寺，从其本教，以五月十一日，祔于先师茔所而塔焉。"[1] 天祚帝天庆四年（1114）的《沙门积祥等为先师造经幢记》记载："师讳清睿，世为永清县宣礼乡王惠人，俗姓贾氏。……天庆三年夏，疾作。……（十二月）三十日，奄然而逝。荼毗之际，身无异气，世寿五十五，僧腊二十九。又选日琢石为塔，瘞灵骨焉。"[2]

第二节　土葬

一　辽代初期的土葬墓

受中原汉族丧葬文化的影响，辽建国后，辽地汉人及契丹人主要实行的是尸骨葬，俗称为"土葬"。这从近年来大量的辽代墓葬考古中得以证实。辽人土葬墓的规模，就目前已发现和发掘的看，除皇陵及个别节度使级为大型土葬墓外，其余大都为中、小型土葬墓，尤以小型墓居多。其形制有单室和多室两大类；形状有圆形、方形、长方形、六角形、八角形等；构筑有砖室、石室、石棺、木椁等。

辽代早期的土葬墓形状大多为圆形或方形、长方形小型砖砌或石垒单室墓，构造比较原始简单，以单人葬为多，墓室内没有太多的装饰，反映了辽人早期比较简朴的生活习俗。如内蒙古科右中旗巴扎拉嘎1号辽墓应为早期契丹人墓葬，墓室后半部为长方形尸床，随葬物品有马具及鸡冠壶、长颈瓶等生活用品，还有刀、箭等兵器。[3] 内蒙古赤峰市克什克腾旗二八地1号契丹人墓葬，即为单室、圆形、砖砌、券顶，穹庐形券顶形似文献记载及辽代绘画所见的契丹人居住的穹庐式毡帐，也有些像近代的蒙古包。该墓墓室内南北向置一大型砂岩凿成的石棺，棺内男尸仰身直肢，南北向。随葬器物几乎均为契丹人习用的车马具，石棺上所绘画的内容，亦全部为草原游牧生活图景。这也是契丹人早期游牧生产方式的具体反映。该墓同其他辽代早期墓葬一样，墓室内壁面没有任何装饰和彩绘。低矮的券门外形亦似蒙古包的小门。[4] 但辽代

---

① 向南：《辽代石刻文编》，第571页。
② 向南：《辽代石刻文编》，第643～644页。
③ 苏日泰：《科右中旗巴扎拉嘎辽墓》，《内蒙古文物考古》1982年第2期。
④ 项春松：《克什克腾旗二八地一、二号辽墓》，《内蒙古文物考古》1984年第3期。

早期契丹贵族或汉族高级官僚的土葬形制便显得比较复杂。如 1956 年于北京南郊永定门外马家铺洋桥村养鸭场出土、葬于辽穆宗应历八年（958）的辽代卢龙军节度使、北平王赵德钧及妻種氏合葬墓，虽为单一的穹窿形，结构较简单，但却有九室，分为"居室"、"钱库"、"粮仓"、"膳房"等，反映了辽代燕云地区经济的发达和墓主人生前地位的显赫。[①] 此外，1992 年出土于内蒙古赤峰市阿鲁科尔沁旗罕苏木朝克图山、葬于辽太宗会同五年（942）的契丹皇族、东丹国左相耶律羽之墓，有三个墓室；1954 年出土于内蒙古赤峰市（原昭乌达盟）赤峰县西大营子村盔甲山下、葬于辽穆宗应历九年（959）的驸马、赠卫国王萧沙姑墓，有五个墓室，均比较罕见。

二　辽代中晚期土葬墓形制的变化与特色

至辽代中期，辽人的土葬墓随着社会的发展，已发生了许多变化。首先是形制逐渐统一。这一时期的土葬墓除了少数沿袭早期圆形或方形单室墓外，大多已为多角形墓，结构较前期复杂，并开始兴行石木、砖木的混合结构。墓室内多有棺床或尸台，合葬居多。如内蒙古翁牛特旗解放营子辽代壁画墓即是这一时期较有代表性的墓葬。该墓墓室全用自然大石垒成圆形穹庐状，正顶圆孔上覆盖大石板，室内用昂贵的柏木方扣合八角形木椁，叠涩式券顶内收成穹庐形，小木门由立柱、门槛、门楣组合与椁浑然一体，外形极似现代的蒙古包。地面铺设木板，上覆一层木炭，用以防腐防潮，其形制、结构、布局较之早期均有较大变化。[②] 内蒙古察右前旗豪欠营 6 号契丹女尸墓是这一时期比较典型的石砌墓，平面略呈八角形，结构为石券叠涩钻尖式，由墓室、木门、甬道、墓道四部分组成。墓室后半部有砖砌尸床，呈半圆形，尸床上有一具女尸。[③]

其次，多室墓此时已经大量出现。如辽宁法库叶茂台契丹人 7 号墓葬，即是此期较早的一座多室墓。[④] 此墓砖筑，方形，券顶，多室。前有阶梯式墓道，过墓门为前室。左右为耳室，再进为主室。各室券门两侧皆有彩绘人物壁画。右耳室随葬成套银鞍、马具、铁料工具等；左耳室随葬有鸡冠壶、漆盘等饮食器皿。进入主室，便见一座九脊顶、面阔三间、设有两阶、有似居室的木作小建筑，称为"棺床小帐"，又名"覆尸小帐"，为契丹人墓葬所独有。"小帐"内置一石棺，其棺盖和四壁雕四神、

---

①　项春松:《辽代历史与考古》，第 244 页。
②　项春松:《内蒙古解放营子辽墓发掘简报》，《考古》1979 年第 4 期。
③　乌盟文物工作站:《豪欠营辽墓第一次清理简报》，乌盟文物工作站、内蒙古文物工作队:《契丹女尸》，第 11～14 页。
④　王秋华:《惊世叶茂台》，第 99～123 页。

十二生肖及各种花纹图案。启开棺盖，所葬为一契丹老年妇女，仰身直肢，头向东卧于棺内，身上覆一件刻丝尸衣袭。

辽代中期契丹人土葬墓中还出现了装饰性陈设，内容有二：一是生活用具的装饰，二是仿木结构的装饰。生活用具的装饰，其方法是用砖嵌砌于墓壁上，以直线突起于外，且多涂朱色，没有任何实用价值，纯属几何装饰图案。这是契丹人受汉人生活陈设影响的结果。如喀喇沁旗上烧锅1号辽墓墓室北壁面正中即嵌砌一假桌，桌右砌长方形把镜一面，剪刀一把。镜、剪与出土实物相似。东壁中部砌一假桌，桌右砌一假椅，均与出土的实物形制相同，桌下方加砌一方形假地窗。①辽墓仿木结构的装饰以假柱、门楼、华灯等为习见。假柱一般作歇山式，有瓦、脊、滴水等。有的在假门上用砖嵌成乳钉或门环等。

辽代中期辽人土葬墓形制的这种演变的主要原因，一方面是辽朝政治、文化重心南移，契丹人汉化程度进一步加深，百官宫卫、礼俗典章制度逐步健全、完善；另一方面是辽与北宋休战交好，社会经济得到进一步发展，大、中、小城市在草原上相继出现，燕蓟工匠大量涌入，建筑艺术有了很大提高，因此，反映到墓葬上，即表现出此时墓葬形制基本定型，结构比较复杂，布局更加严谨，所用建筑材料也较丰实。

辽代晚期土葬墓在中期的基础上，又有较大变化，特别是契丹人的土葬变化更为明显。因为辽代晚期汉文化已在较大程度上渗入到契丹文化的多个领域，对契丹民族产生了更加深刻的影响；同时，随着辽国内外矛盾的日益尖锐，统治阶级除了依仗佛教这个精神支柱外，在生活上也更加骄奢豪华，因而，表现在这个时期的土葬形制又有了新的特色。

一是多室墓的出现比中期更为普遍。这些多室墓的构筑一般都由墓道、墓门、甬道、天井、前室、东西耳室及后室等部分组成。主室大多为多面形，以混合结构为主，规模较大；耳室的位置相对固定于前室或甬道的东西两侧，形制大多为六角、八角、圆形或长方形等。有的墓室还开凿了下水道，设置了排水系统，以保障墓葬不遭水浸而保持干燥。如辽宁省法库县叶茂台16号萧义墓在主室与耳室间即筑有排水设施。筑墓人沿墓室内围墙脚下挖出宽16厘米、深15厘米的环形水沟，沟上覆盖石板。水沟在主室外接入主干水沟，主干水沟于隐暗处通到墓外。整个排水系统全长约70米。②设有排水系统的墓葬还有辽宁阜新关山5号辽墓和8号辽墓。考古工作者在

---

① 项春松：《上烧锅辽墓群》，《松州学刊》1987年第4~5期。
② 温丽和：《辽宁法库叶茂台村辽萧义墓》，《考古》1989年第4期。

5 号墓主室发现 4 个排水孔，与地砖下的排水道相通。主室内的排水道由主线与支线构成，支线通向左右耳室。排水道在基岩上凿成，由主室、甬道通向墓道，在墓道底部穿过，顺山势向下延伸，通往墓外。[①]此外，考古工作者在内蒙古赤峰市巴林左旗白音罕山韩匡嗣家族墓群的 1 号和 3 号墓中也发现了相似的排水系统。[②]如 3 号墓的墓室排水沟用砖砌而成，分布在后室东、西、南三面靠墙壁处，然后在木椁下汇合，经后室前甬道及石门门槛下方，进入前室后东折，沿前室北壁、东壁和南壁进入前室前甬道，经天井进入墓道，最终通向墓外。

二是结构复杂。多种材料混合运用，仿木结构盛行，标志着辽代筑墓技术的进步。其中墓门普遍用门楼式建筑，高大壮观。耳室对称严谨，结构讲究，形制别致，多有仿木斗拱建筑。甬道（前室）也较宽阔，对于主室、耳室不仅起加固作用，而且增加了墓葬平面的稳定感和美感，全墓平面大多呈"吉"字形。如内蒙古库伦 1 号辽墓即是辽代晚期较有代表性的墓葬，其中天井形制别致，呈抹角方斗形。墓门筑成四阿形门楼，正面为仿木结构的雕彩斗拱。耳室穹庐顶为六面形，每壁之间筑有三角形倚柱，并有香柏护墙。主室的结构更为复杂，呈八角形，每壁之间筑有倚柱，四周香柏护墙，有方坛，东侧有祭台，西侧为尸床。[③]整个墓葬规模宏大，加上绚丽多彩的壁画，蔚为壮观。再如内蒙古翁牛特旗毛布沟 3 号辽墓，主室为砖砌圆形，内置八角大木椁，呈六角形，耳室有斗拱、彩绘。墓门高达 5 米，全为仿木斗拱建筑，彩绘鲜艳，斑斓绚丽，光彩夺目。还有内蒙古敖汉旗白塔子辽墓，为砖室，用松木枋构筑椁室。墓门用砖砌仿木结构门楼，门楼上有彩绘。墓内出土供桌两张及一些生产、生活用品。

三是装饰陈设逐渐淘汰。除个别墓葬外，中期那种墓壁上的装饰桌、椅等，到晚期已被实用器物所代替。作为装饰图案的门楼、斗拱等，这时期已在砖砌门楼、耳室及主室中以建筑的形式出现，成为整个墓葬形制结构中的有机组成部分。[④]晚期墓葬中出现了形制别致的砖雕图案，镶嵌于墓壁或壁龛之内，内容有文吏、武士、侍吏、四神等。和中期的装饰图案不同，这些砖雕实际是墓葬结构中的雕刻艺术品。尤其是中晚期以后出现在墓壁（或木椁）、券顶上的大量成组、内容丰富、有一定情节结构的彩绘，显然比中期那种纯装饰性的图案要进步得多，这是契丹礼俗和意识形态封建化

① 辽宁省文物考古研究所编著《关山辽墓》，第 37 页。
② 内蒙古文物考古研究所等：《白音罕山辽代韩氏家族墓地发掘报告》，《内蒙古文物考古》2002 年第 2 期。
③ 王健群、陈相伟：《库伦辽代壁画墓》，文物出版社，1989，第 8 页。
④ 项春松：《辽代历史与考古》，第 247。

的标志。

以上是辽代契丹人和汉人的土葬墓葬形制的大致分期状况。当然，这种分期并不是绝对的，每一种形制在不同时期均有不同程度的外延与交集，致使有辽一代二百余年间的墓葬形制呈现出多元化与复杂性的特点。下面，笔者将以辽宁省法库县叶茂台镇出土的二十余座辽代契丹萧氏后族家族墓葬的考古资料为例，对辽代土葬墓葬形制中的筑墓材料、墓室形状和墓室数量等，进行简要归纳和概括。

20 世纪 50 年代初以来，在法库县的叶茂台镇（原为公社、乡）陆续发现了 20 余座辽代契丹萧氏家族墓葬，出土了大量随葬文物。王秋华教授根据这些辽墓出土的考古资料分析，认为这些墓葬的时间跨度为"上至景宗，下至辽末"。[①] 这就是说，法库叶茂台辽墓群的墓葬形制基本代表了辽代中期和晚期的墓葬形制。

法库叶茂台辽墓群诸土葬墓的结构及形制，充分反映了中原农耕民族丧葬文化与草原游牧民族丧葬文化的相互影响与融合。

首先，从筑墓的材料上看，叶茂台辽墓有的用砖砌筑而成，称为"砖砌墓"，如 7 号墓、8 号墓、10 号墓、14 号墓、16 号墓等。这些墓无论是墓门还是墓室，均用砖砌而成。有的则是用石块垒砌而成，称"石砌墓"，如 1 号墓、2 号墓、3 号墓、5 号墓、6 号墓、9 号墓、17 号墓、18 号墓、19 号墓、21 号墓、22 号墓等。有的则是由砖、石混砌而成，如 4 号墓，墓门用石材砌筑，墓室用砖砌筑；20 号墓，墓室用石块砌筑，其他地方用砖砌筑；近年刚刚发掘的 23 号墓，也是砖石混筑墓。

其次，从墓葬的形制上看，叶茂台辽墓墓室形状有方形者，如 1 号墓、3 号墓、7 号墓、14 号墓；有长方形者，如 4 号墓、21 号墓；有圆形者，如 5 号墓、6 号墓、8 号墓；有椭圆形者，如 9 号墓；有八角形者（主室），如 2 号墓、16 号墓、17 号墓、18 号墓、19 号墓、22 号墓、23 号墓。其中圆形墓室的顶部均叠涩为穹庐式顶，中间并不合拢，留出一个孔洞，用石板覆盖。叶茂台辽墓中方形和长方形墓应该是契丹人学习模仿中原汉唐墓葬形制的结果。而圆形和椭圆形墓则是具有契丹民族风格的墓葬形制，即模仿自圆形的草原穹庐毡帐，是典型的"阴宅"仿制"阳宅"，特别是有左右耳室的墓葬，左（东）耳室多随葬生活用品，右（西）耳室多随葬车马具及生产用具，与墓主人生前毡帐生活方式极为相似。而八角形的墓葬则是与墓主人生前的佛教信仰有关，即墓室形状模仿自埋葬僧人骨灰、佛骨舍利的八角形佛塔。此外，叶茂台

---

① 王秋华：《惊世叶茂台》，第 202 页。

辽墓的墓室数量也不一致，有单室墓，即该墓只有一个放置棺椁或尸床的主室，没有前室和耳室，如 1 号墓、2 号墓、4 号墓、5 号墓、6 号墓、9 号墓、17 号墓、18 号墓、19 号墓等。也有多室墓，有双室（一个主室、一个耳室）、三室（一个主室、两个耳室）或四室（一个主室、一个前室、两个耳室）不等。如 3 号墓即为双室墓；7 号墓、8 号墓、10 号墓、14 号墓、16 号墓、20 号墓、21 号墓、22 号墓、23 号墓即为三室或四室墓。[①]

三　"义冢"与"衣冠冢"

在辽代宏观的土葬墓形制中，还有两种特殊葬式需要提及：一种是有尸骨的群葬形式——"义冢"；另一种是没有尸骨的"衣冠冢"。

所谓"义冢"，系古代收埋无主尸骸的墓地。那时，一些人因天灾人祸等原因，穷困潦倒，死后无力下葬，便由族人或民间慈善团体出资以薄木棺材殓尸，埋葬于"义冢"之中。由于古人极为重视身后之事，所以，"义冢掩尸"也就成为当时一种极为重要的善举行为。在辽代，每每大灾之后，这种无主之遗尸数量大增，这时，便有一些佛教信徒积极行动起来，筹资修建"义冢'，掩埋荒野白骨。如刻于辽道宗寿昌五年（1099）的《义冢幢记》即记录了这样一件真实的佛教信徒义冢掩尸之善事："大安甲戌岁，天灾流行，淫雨作阴，野有饿莩，交相枕藉。时有义士收其义骸，仅三千数，于县之东南郊，同瘗于一穴。"由于"厌其卑湿，掘地及泉"，结果"出其掩骼，暴露荒甸，积聚如陵"。西京大华严寺僧人示化等佛教信徒便"虔择福地，时建道场，供佛延僧，洗心盥掌，运有委骨，置在坛内"。待佛教法会结束后，便将这些遗骨"迁葬于粟山之屺，目曰义冢"。[②]当然，灾年"义冢掩尸"者也有崇佛的中央或地方官员。如辽道宗大安三年（1087）的《冢塔记》残碑即记载了辽代后期道宗大安年间上京地区遭受严重水旱灾害，皇帝委派使臣开仓赈灾及动员民众"义冢掩尸"之事。原文如下："□塔记。朝散大夫、尚书金部郎中、知上京警巡使、借紫骑都尉、借……醇风圣化，万灵无所不及，有洪水大旱者，□阴阳之数也。惟霜怒飞，年谷弗登，民食有阙。……分遣使臣巡行天下，检其匮乏者，开帑廪以赈给之。虑其……常骧声，民凋菜色，和风解冻，膏雨润枯。□炱潢都警肃……人中有疾疫者，施药以医救。或

---

① 　王秋华：《惊世叶茂台》，第 239 ~ 240 页；许志国、魏春光：《法库叶茂台第 22 号辽墓清理简报》，《北方文物》2002 年第 1 期；辽宁省文物考古研究所、沈阳市文物考古研究所：《辽宁法库叶茂台 23 号辽墓发掘简报》，《考古》2010 年第 1 期。

② 　向南：《辽代石刻文编》，第 495 ~ 496 页。

有毙亡者，无主以……命，备存礼典，遂乣京师间有善心者，共集缗贿……义冢一所。深阔而坚久，仰辟圆窍，旋葬贫骸……而获丰年，□上建砖塔一座，高广而得中……与幽灵荐福祥，而灭殃罪也。噫！发□廪以……建冢塔以葬骸骨，此四者。救生民之权……其根源也。何哉！夫君尽君之道，臣尽……回邪。崇俭德布，仁风罢……禁毁钱，停贩，国灭虚员……税。省□役，抑兼并……酥悦天□顺从……义，人人识廉耻……哉。时大安三……"[1] 佛教信徒们建立"义冢"，使因天灾而亡故者的遗体不再暴露于荒郊原野，在道义上充分体现了佛家提倡的慈悲为怀之普爱精神。

辽代葬俗中还有一种比较特殊的葬式，那就是死者非正常死亡，没有留下尸骨，只能做"衣冠冢"。辽代石刻中仅见一例。天庆七年（1117）的《孟初墓志》记载，"天庆四年，挹娄渤海秽种（女真），首尾畔换，天子（天祚皇帝）赫怒，方议剿覆，□□□中，可与言兵者，得翰林孟公（孟初）为副帅。师出不数月，捷问络绎不绝，赐御札嘉激。公率部下，乘胜转战，直抵寇所窃邑，邑城飘摇，□在朝夕。会天大雨，河水暴涨，班师驻沈州。贼出近甸，我师玩而无备，公马还泞，殁于贼中。……天庆七年十一月一日作招魂辞，具衣衾，葬于良乡县房仙乡重义里"[2]。

---

[1] 向南、张国庆、李宇峰辑注《辽代石刻文续编》，第195页。
[2] 梅宁华主编《北京辽金史迹图志》（下），第175页。

第四章
殡葬风俗

第一节　墓葬中的风水说

一　考古学者笔下的"风水宝地"

古人选择葬地十分注重"风水"，择地山阳，背山面水。辽代亦然。北宋沈括曾两次出使辽国，对辽人墓地的选址原则深有体会，他在《梦溪笔谈》中即言："契丹墓葬，皆在山之东南麓。"我们从已经出版的一些辽代墓葬考古发掘报告描述中发现，无论是皇家陵园，还是一般官贵的墓地，大都符合北宋王洙《地理新书》卷2《地形吉凶》中记载的古人墓地选址规则："左有流水，谓之青龙；右有长道，谓之白虎；前有污池，谓之朱雀；后有丘陵冈原，谓之玄武，最为贵地。……白虎缘山，青龙入泉，朱雀鼓翼，玄武登天，大吉。"也就是说，辽代上层社会人士的墓地，不管是契丹贵族墓地，还是汉族官僚墓地，基本上都选择在大山的南或东南麓背靠山峰的向阳缓坡或平岗上，左右均有低矮山丘护卫，形同椅座；墓园前面有溪流横向流过，对面远处有山遥对谷口；墓园内外林木繁茂，清幽而肃穆。

辽初耶律羽之家族墓。盖之庸先生在其《探寻逝去的王朝：辽耶律羽之墓》中描述道：耶律羽之家族墓地位于内蒙古赤峰市阿鲁科尔沁旗罕庙苏木东南约30公里的古日板胡硕嘎查附近，有一水环绕此间，水势湍急，飞珠碎玉，称海哈尔河。其东北有绵延峭拔的高山，是为朝克图山。该山西端异峰突起，峰顶往下，天造地设般形成一个大堑，远望如同裂缝，故当地人称"裂缝山"，亦即《耶律羽之墓志》所云之"裂缝"。"裂缝山"与其他诸峰相合，形成了一个东、西、北三面环山的巨大山谷，谷口南面有一小山与此遥遥相望，耶律羽之家族墓就在此山谷中。"我们到达墓地时，正值盛夏，举目望去，皆是如绒的碧草，灌木丛生，其间群虫的竞鸣，反衬出幽谷的寂静。"[1]

陈国公主耶律氏与驸马萧绍矩合葬墓。孙建华、杨星宇先生的《大辽公主——陈国公主墓发掘纪实》即云：景宗孙女、圣宗侄女、皇太弟耶律隆庆之女陈国公主与驸马合葬墓位于内蒙古通辽市奈曼旗斯布格图村西"庙子山"南坡下。"庙子山"从北向东西两侧呈斜坡向南延伸，刚好将墓地环抱，为墓地构成了天然屏障。墓地地形呈现出面南向阳、背北靠山、迎川临泉之势。墓地东南走势整体呈扇面形逐级降低，从而形成广袤的平川，视野相当开阔。"这里层山叠翠，泉水清幽，可以说是一块风水宝地。"[2]

叶茂台契丹萧氏后族家族墓。王秋华教授在她的《惊世叶茂台》一书中，对辽代中后期契丹萧氏后族家族墓地是这样描述的：萧氏后族家族20余座墓葬散布在辽宁省沈阳市法库县叶茂台镇叶茂台村北山的南坡和西山的东坡间。村北的山岗，虽没有突兀的山峰，但连绵起伏，成为北面一道天然屏障。西山北端与北山相接，由北向南，山体渐高，最南端有一处较高山峰。两座相连的山岗又如一条蜿蜒的卧龙，西山南端的山峰恰似龙首，其余低矮的岗丘有如龙身和龙尾，正合古代墓葬堪舆中的"龙脉"之说。据叶茂台16号辽墓出土的《萧义墓志》记载，此山在辽代称"圣迹山"。[3]东北地区的冬季盛行西北风，而这连绵的山体正好抵挡了来自西北的寒流，而东南面的缓坡洼地，恰能"回风护气"，避风向阳。山湾南面早年曾有溪水潺潺流淌，经年不息。墓地东南方向的远处隐隐可见层层叠叠的山峦，连绵不断。"风水先生真是慧眼识珠，为萧氏家族选择了这样一块风水宝地，就是用我们现在的眼光来评价此处的地理环境，也可称之为山明水秀，环境幽雅。"[4]

阜新关山辽墓群。辽宁省文物考古研究所编著的《关山辽墓》对阜新关山辽墓群所在地的环境是这样描述的：关山辽墓群位于阜新蒙古族自治县大巴镇车新村北部的山洼内（原关山种畜场二道沟鹿场），关山是医巫闾山脉最北端一片丘陵区的总称，植被茂密，物产丰富。关山辽墓群共包括九座砖（石）墓葬，分布在两个相邻的山洼内。东南的山洼名"王坟沟"，西北的山洼名"马掌洼"。两个山洼形成两个独立的

---

① 盖之庸：《探寻逝去的王朝：辽耶律羽之墓》，第15页。
② 孙建华、杨星宇：《大辽公主——陈国公主墓发掘纪实》，第3～4页。
③ 天庆二年（1112）的《萧义墓志》记载萧义死后，于天祚帝天庆"二年三月十三日，葬于辽川之右，圣迹山阳，祔先茔也"。"辽川"即今辽河。见向南《辽代石刻文编》，第624页。
④ 王秋华：《惊世叶茂台》，第6页。

墓区，彼此之间仅隔一道低矮山梁。"两墓区的地形相似，均为三面环山，谷口居东或东南，所有的墓葬都埋葬在朝向谷口的山坡上。"①

宣化下八里张氏家族墓。河北省文物研究所编著的《宣化辽墓》（上）对宣化下八里辽代张匡正、张文藻、张世卿等人家族墓地的"风水"状况是这样记载的：张氏家族墓地位于下八里村东北 150 米处，附近地势略高，北面约 300 米处为北山，当地人称"正山"。此处有两个前后错列的山峰，据出土的张世卿等人墓志记载，此二峰在辽代应称"兴福山"和"七宝山"。山岗连绵，到城关西北为柳川河所阻。此山左右岗阜错落，如两翼合环回抱。中一峰高举者应即"兴福山"，山前黄土坡地北高南低缓缓而下，"墓群即坐落在缓坡的斜面上，背靠兴福、七宝二山，南望洋河，符合古人选择墓地的条件"。②

二　墓园必占"牛眠之地"

古人死后入葬，对墓地——"阴宅"的遴选是非常讲究的，其中最关注的一点就是墓地的"风水"问题，俗称"相墓"或"卜宅"。③辽人亦有此俗。"耶律乙不哥，……幼好学，尤长于卜筮，不乐仕进。尝为人择葬地曰：'后三日，有牛乘人逐牛过者，即启土。'至期，果一人负乳犊，引牸牛而过。其人曰：'所谓牛乘人者，此也。'遂启土。既葬，吉凶尽如其言。"④辽代石刻资料中亦常见辽人以"龟卜"的方式选择墓地以及墓穴的位置。如统和十五年（997）的《韩德威墓志》中即有"牛之眠兮地之吉，龟之卜兮葬之毕"之记。⑤咸雍五年（1069）的《董匡信及妻王氏墓志》亦云，右班殿直董匡信和他的妻子王氏先后亡故，其子董庠将父母的灵柩于"咸雍五年八月三日，卜葬于析津府宛平县仁寿乡南刘里之南原，择先人旧游嘱爱之地，作新茔而合祔焉"。⑥除"龟卜"外，辽人遴选墓地还使用"乌占"的方法。统和二十九年（1011）的《耶律隆祐墓志》中即有"白鹤来空，青鸟（乌）告吉，将临远日，挽动灵车"之辞。⑦重熙十四年（1045）的《王泽妻李氏墓志》中亦有

①　辽宁省文物考古研究所：《关山辽墓》，第 1 页。

②　河北省文物研究所：《宣化辽墓》（上），第 3～4 页。

③　此俗早已有之，《仪礼·士丧礼》曰："筮宅，冢人营之。"郑玄注："宅，葬居也。"又，《礼记·杂记上》云："大夫卜宅与葬日。"疏引《正义》曰："宅为葬地。"《释名》曰："宅，择也，择吉处而营之也。""卜"，占卜、卜问也，常用方法是以火灼烤兽骨龟壳，视其裂纹形状，来预测所谓吉凶。

④　《辽史》卷 108《方技·耶律乙不哥传》，第 5 册，第 1477 页。

⑤　向南、张国庆、李宇峰辑注《辽代石刻文续编》，第 35 页。

⑥　向南：《辽代石刻文编》，第 338 页。

⑦　政协巴林左旗委员会编《大辽韩知古家族》，内蒙古人民出版社，2002，第 177 页。

"端灵龟耳爱卜，岁月通告；俾青鸟（乌）以载占，岗原入相"之句。① 清宁六年（1060）的《赵匡禹墓志》中也有"乌占告吉，马鬣将封"之语。②"占"，有观察之意，亦即卜问、预测也。《说文·卜部》曰："占，视兆问也。""青鸟"，亦借指占得的风水宝地。

辽人将"占"得"卜"中的上好墓地称之为"吉地"或"牛眠之地"。如开泰六年（1017）的《韩相墓志》中即有"爰寻吉地，特创玄宫"之句。③"玄宫"，又称"玄堂"，陵墓也。开泰七年（1018）的《陈国公主墓志》中亦有"墓封马鬣，地卜牛眠"之句。④ 太平七年（1027）的《耶律遂正墓志》中也有"地卜牛眠，山占龙耳"之说。⑤ 重熙七年（1038）的《耶律元妻晋国夫人萧氏墓志》亦言，"地求爽垲，欲疏马鬣之封；山择巍峨，果得牛眠之地"。⑥"马鬣"，古人眼中标准的坟墓形状。⑦"牛眠之地"，即有风水之墓地。⑧ 实际上，所谓的"吉地"、"牛眠之地"等，在辽人的眼里，就是墓地既要风水好，又要景致佳，这在辽代石刻中也是有所反映的。如太平七年（1027）的《耿知新墓志》描述耿氏家族墓地的选址和环境时即云："先代坟茔，系于柳城；黄公选穴，高岳峥嵘；狼河一带，澄澈千泓；松椿万丈，狐兔不惊。"⑨"柳城"，今辽宁省朝阳市；"狼河"，今辽西大凌河。太平八年（1028）的《李知顺墓志》在叙说李氏家族墓地之境况时亦云："坟有松兮风声惨惨，陵有山兮烟色苍苍。庶使百代之人，登此冢，过此墓，叹烟水之茫茫。"⑩ 可见，耿氏和李氏家族墓地均依山傍水，林木苍郁，景秀境幽。

当然，与"吉地"相对应的就是"凶地"或不吉之地，若将死者葬于此，其"后果"可想而知。《辽史》记载东丹王耶律倍之子娄国曾于穆宗朝结党谋逆，"及余党尽

---

① 向南：《辽代石刻文编》，第 241 页。
② 向南：《辽代石刻文编》，第 301 页。
③ 向南：《辽代石刻文编》，第 152 页。
④ 向南：《辽代石刻文编》，第 154 页。
⑤ 向南、张国庆、李宇峰辑注《辽代石刻文续编》，第 69 页。
⑥ 向南：《辽代石刻文编》，第 212 页。
⑦ 《礼记·檀弓上》："子夏曰：昔夫子言之曰，吾见封之若堂者矣，见若坊者矣，见若覆夏屋者矣，见若斧者矣，从若斧者焉，马鬣封之谓也。"注云："故俗谓之马鬣封。马鬣鬣之上其肉薄，封形似之也。"李贺《王濬墓下》诗云："耕势鱼鳞起，坟科马鬣封。"《书言故事·坟墓类》："坟曰马鬣封。"
⑧ 以"牛眠之地"喻有风水的墓地，出自《晋书·周光传》："初，陶侃微时，丁艰，将葬，家中忽失牛，而不知所在。遇一老父，谓曰：前冈见一牛，眠山污中，其地若葬，位极人臣矣。"后来，人们便称坟的吉地为"牛眠之地"。辽代亦然。
⑨ 向南：《辽代石刻文编》，第 185 ~ 186 页。
⑩ 向南：《辽代石刻文编》，第 189 页。

服，遂缢于可汗州西谷，诏有司择绝后之地以葬"。[1]"绝后之地"，意即葬此地者将没有后代。

辽人死后之葬地，除丧家用占卜的方式遴选取得外，还有一些高官显贵，他们的墓地，是通过"申请"，由皇帝赐予的。如位于医巫闾山地区的梁援家族墓地，就是在梁援的曾祖梁廷嗣任宁远军节度使时，奏请景宗皇帝恩赐的。乾统元年（1101）的《梁援墓志》即载，景宗朝，梁廷嗣"拜宁远军节度使，恩赉甚厚。奏乞医巫闾山之近地永为别业，上（辽景宗）嘉其内徙，命即赐之。诏奉先军节度使崔匡道为营寿藏，以监周峪为茔所，仍用居民三十户租赋赡给之。且以高阳旧茔时有水害，远奉辒车来葬于新地，其诸近属仍隶故乡"。[2]乾统七年（1107）的《梁援妻张氏墓志》亦载，张氏死后，"以当年四月十七日癸酉，祔葬于闾岳景宗所赐坟地，从中书令故茔也"。[3]

三　墓穴的"东向"习俗

前已述及，辽宁省法库县叶茂台镇地处法库县西部，叶茂台村的北面和西面为连绵起伏的山冈，辽代契丹萧氏家族墓群即主要散布在北山的南坡和西山的东坡上。经过考古工作者对墓葬的勘察与发掘，我们对辽代契丹人的墓葬"东向"习俗有了比较清晰的认识和了解。

据历史文献记载，辽代契丹人以"东向"为尊，《辽史》卷45《百官志一》即云："辽俗东向而尚左，御帐东向。"同书卷116《国语解》亦云："国俗，凡祭皆东向。"故有"东向拜日"之习俗。受其影响，辽代的建筑物，大到京都宫殿，小到穹庐毡帐，亦皆坐西朝东，东向开门。辽代中期，北宋出使辽国的使臣即曾目睹上京城的"昭德、宣政二殿，皆东向。其毡庐亦皆东向"。[4]

以辽宁省法库县叶茂台契丹萧氏后族墓葬群为例，这里发掘的大部分契丹人墓葬的方位都是面南偏东，即朝向东南方向。考古资料显示，1974年发掘的7号契丹老年女子墓，墓门方向为南偏东15°；同年发掘的8号墓墓门方向为南偏东26°；9号墓墓向是南偏东50°；1976年发掘的萧义墓（16号墓），墓门方向为南偏东20°；1978年发掘的19号墓，墓门方向为南偏东45°。当然，在法库县境内

---

① 《辽史》卷112《逆臣上·娄国传》，第5册，第1501页。
② 向南：《辽代石刻文编》，第520页。
③ 向南：《辽代石刻文编》，第566页。
④ 薛映：《薛映记》，赵永春编注《奉使辽金行程录》，第33页。

发现的其他辽墓，墓门亦多朝东，如 1965 年发掘的柏家沟前山萧袍鲁墓，其墓门方向即为南偏东 24°。①

契丹人生前、死后的"阳宅"与"阴宅"门户均"东向"，除了受其原始宗教自然崇拜中"东向拜日"习俗的影响之外，也与辽国地处北方高纬度地区，冬季漫长而寒冷有关。在严寒多雪的冬季，大草原上的契丹人为避开如刀似剑的凛冽西北风，不得不将毡帐等居住场所的"门"开在避风向阳的东南方向。"阳宅"如此，"阴宅"亦必然模仿之。

四 墓穴"吉位"与葬期"吉时"的占卜

辽人造墓，非常讲究墓穴位置的选择，即所谓择"吉位"，此亦为风水相墓术的一项内容。而墓穴位置的选择，又应体现两大原则，一是"避水泉之湿"，②二是"祸福感应"。③于是，与"五音五姓"等有关的各种墓穴之"吉位"，便纷纷出现在辽人的墓志铭文中。如保宁元年（969）的《王守谦墓志》即记载，王守谦死后，于"丙子岁孟冬月二十七日庚申，与故夫人清河张氏合葬祔于先司徒新茔壬地"。④重熙十年（1041）的《北大王墓志》记载，北大王死后，"以其年十月八日葬于旧郡之丁地"。⑤咸雍七年（1071）的《萧阖墓志》记载，萧阖死后，"以次岁夏四月十五日癸时，归葬于白霤香台山网极寺之离位，故燕王秦晋国大长公主先茔，合祔先娘子耶律氏之故穴"。⑥寿昌元年（1095）的《永清公主墓志》记载，公主的丈夫于"大安三年三月十六日不禄，葬于兰陵郡之甲地"。⑦天庆二年（1112）的《白怀祐造幢记》记载，白氏"先茔居于卯位，后于乾统四年八月十九日，迁于壬地。其年九月二日，据礼葬讫"。⑧

① 马洪路、孟庆忠：《法库叶茂台十九号辽墓发掘报告》，《辽宁文物》1982 年第 3 期；温丽和：《法库县叶茂台辽萧义墓》，《考古》1989 年第 4 期；辽宁大学历史系考古教研室：《法库县叶茂台 8、9 号辽墓》，《考古》1996 年第 6 期；冯永谦：《法库前山辽萧袍鲁墓》，《考古》1983 年第 7 期。

② 吕思勉先生在其《中国制度史》中即指出，"风水之始，避风及水而已。吕览节丧篇曰：'葬浅则狐狸担之，深则及于水泉，故凡葬必于高陵之上，以避狐狸之患、水泉之湿。'此风水之说之起原也。"见吕思勉《中国制度史》，上海世纪出版集团，2005，第 182 页。

③ 晋代郭璞《葬书》即认为，"人受体于父母，本骸得气，遗体受荫"。就是说，人的身体受之于父母，父母的骸骨为子孙之本，父母的骸骨若能得到生气，子孙就能得到荫佑。所以，祖坟风水越好，子孙受荫越多。

④ 梅宁华主编《北京辽金史迹图志》下册，第 128 页。

⑤ 向南：《辽代石刻文编》，第 224 页。

⑥ 向南、张国庆、李宇峰辑注《辽代石刻文续编》，第 136 页。

⑦ 向南、张国庆、李宇峰辑注《辽代石刻文续编》，第 227 页。

⑧ 向南：《辽代石刻文编》，第 631 页。

有辽一代，不仅仅凡夫俗子死后入葬的墓穴要选择"吉位"，就连笃信佛教的僧侣们圆寂后埋葬骨灰的塔位，也同样讲究"择吉"，由此亦见佛教在辽代的"世俗化"进程。如天庆六年（1116）的《忏悔正慧大师遗行记》即记载，正慧大师圆寂后火化，其弟子为葬师之骨灰，"特命良工，造成石塔壹座，上下十五层，高伍二十尺，去张坊院内乾位"。[①]天庆十年（1120）的《崇昱大师坟塔记》亦载，崇昱大师圆寂后，"建石塔于先师茔穴之乾位"。[②]

辽代石刻资料显示，辽人死后入葬前，还要请占卜师卜算入葬的吉月、吉日、吉时，然后才能以礼葬之。[③]如太平七年（1027）的《耿知新墓志》即记载，耿知新死后，其家人"寻选良师，推定葬期"。[④]天庆九年（1119）的《刘承遂墓志》亦记载，刘承遂死后，其家人"准价五十贯文，于孙权堡刘士言处买地九亩。择其日，选其时，卜宅兆而乃葬之"。[⑤]

辽人死后入葬卜占吉月、吉日、吉时，可能有两种结果："通"或"不通"。若"不通"，则不能下葬，继续"权厝"。如太平四年（1024）的《张琪墓志》即记载，文德县令张琪死后，即因"龟册未兆，权厝之"。直至十二年后的"太平四年九月十八日"，才"葬于幽都府幽都县礼贤乡北彭里之先茔"。[⑥]前引开泰六年（1017）的《韩相墓志》亦属此类。如果是"通"了，就可以正常下葬。如重熙十四年（1045）的《王泽妻李氏墓志》即记载，李氏死后，"自而将俟吉期，权封平遂。端灵龟而爰卜，岁月告通；俾青鸟以载占，岗原入相。以重熙十四年岁次乙酉十月癸丑朔十二日甲子，葬于燕京宛平县太平乡万合里，袝先茔之壬穴"。[⑦]

辽人卜得的入葬之吉月、吉日、吉时，与"天干"、"地支"、"八卦"等相关联。如统和二十六年（1008）的《王说墓志》记载，王说死后，"取统和二十六年八月

---

① 向南：《辽代石刻文编》，第 659 页。
② 向南：《辽代石刻文编》，第 683 页。
③ 这是中国古时传统葬俗在辽代的一种传承。古人择吉月吉日吉时下葬，盛行于汉代。因为汉代出现了专门用于卜选丧葬吉月吉日吉时的专书《葬历》。该书即云："葬避九空地，及日之刚柔，月之奇耦，日诘无害，刚柔相得，奇耦相应，乃为良吉。不合此历，转为凶恶。"又云："雨不克葬，庚寅日中乃葬。"选择吉月吉日吉时下葬的原因，王充《论衡·辨祟篇》分析得很清楚："世俗信祸祟，以为人之疾病死亡，……丧葬、行作、入官、嫁娶，不择吉日，不避岁月，触鬼逢神，忌时相害。故发病生祸，绳法入罪。至于死亡，殚家灭门，皆不重慎，犯触忌讳之所致也。"
④ 向南：《辽代石刻文编》，第 185 页。
⑤ 向南：《辽代石刻文编》，第 676 页。
⑥ 向南：《辽代石刻文编》，第 173 页。
⑦ 向南：《辽代石刻文编》，第 241 页。

二十日戊申坤时□□，赴良辰，谋大葬，卜窀穸，鉴高岗"。①"坤时"，是与"八卦"有关的下葬之吉时。乾统八年（1108）的《耶律弘益妻萧氏墓志》记载，萧氏死后，"以当年九月十四日癸时，迁其夫家曾主所茔之地"。②"癸时"，是与"天干"有关的下葬吉时。乾统八年（1108）的《蔡志顺墓志》记载，蔡志顺死后，于"乾统八年九月十四日辛时星全入墓"。③"辛时"，是与"天干"有关的下葬吉时。天庆七年（1117）的《张世古墓志》记载，张世古死后，于"天庆七年丁酉岁四月己未朔十五日癸酉甲时，葬于郡西北山之阳"。④"甲时"，是与"天干"有关的下葬吉时。天庆八年（1118）的《郑士安实录铭记》记载，郑士安死后，于"天庆八年岁次戊戌十一月二十二日巽时，与妻孟氏合祔固之"。⑤"巽时"，是与"八卦"有关的下葬吉时。⑥

第二节　殡葬中的佛教因素

一　墓室内或坟墓旁置设墓幢

"墓幢"是经幢中的一类。⑦罗福颐先生在《满洲金石志补遗》中说，辽、金两代是"墓幢"的兴盛期。⑧不仅俗家居士坟墓内外置幢，僧尼坟前、塔侧树幢，就连皇帝的陵墓前亦有建幢者。所以，辽代的"墓幢"又可细分为若干小类。

帝王陵前幢。据刘淑芬研究员考证，唐末五代时期，中原乃至南方某些割据政权的统治者死后，即有于陵墓前置幢者，比如前蜀高祖王建的永陵前即建有"陵幢"。南宋著名诗人陆游至该地游览，即亲见王建陵前有二石幢，并有感而赋诗云："陵阙凄凉俯旧邦，恨流衮衮似长江。穿残已叹金凫尽，缺落空余石马双。攫饭饥鸟占寺鼓，避人飞鼠上经幢。阿和乳臭崇韬耄，堪笑昏童束手降。"⑨辽代契丹皇帝的陵前也建有墓幢。但因辽末女真军兴，在其灭辽过程中，女真人对契丹皇帝陵墓多有摧残，因而，到20世纪初期，仅在内蒙古昭乌达盟（今赤峰市）的巴林右旗白塔子辽庆陵陵域的辽圣宗陵前和辽兴宗陵前尚见"墓幢"遗存。当时有人在白塔子辽庆州城遗址南

---

① 向南：《辽代石刻文编》，第 133 页。
② 向南：《辽代石刻文编》，第 591 页。
③ 向南、张国庆、李宇峰辑注《辽代石刻文续编》，第 261 页。
④ 河北省文物研究所：《宣化辽墓》（上），第 267 页。
⑤ 向南：《辽代石刻文编》，第 674 页。
⑥ 张国庆：《石刻资料中的辽代丧葬习俗分析》，《民俗研究》2009 年第 1 期。
⑦ 张国庆：《佛教文化与辽代社会》，第 81 页。
⑧ 《石刻史料新编》第 1 辑，台北：新文丰出版社，1982，第 23 册，第 4 页。
⑨ 钱仲联：《剑南诗稿校注》卷 8，上海古籍出版社，1985，第 637 页。

门之北、砖塔之南发现了"墓幢"的三段残石，其上有"幢记"残文数百字，大致记述了辽圣宗死后及葬礼上的一些事情。如"皇太后抚枢衔哀，临朝称制"，"□月十八日扶护御椁，权厝于□□□"，"尝因时豫亲卜冈茔"，"十□日移窆于新营庆州之攒途殿"，[1] 以及建"墓幢"的原因、目的等。

俗人坟幢。有辽一代，诸多俗家佛教居士出于为己故亲人（包括先祖、父母、夫妻、兄弟姐妹、子女等）追荐冥福等缘故，多在其坟前或墓中建经幢，俗称"坟幢"。

辽代俗人坟幢以在坟前所建者为多。其中，有子女单为父母建"坟幢"者。如大同军节度管内观察处置使兼云州刺史李翊和其弟李懿等"于坟所"为己故父母建造的坟幢。辽圣宗统和十八年（1000）的《李翊为考妣建陀罗尼经幢记》即云："翊念兹永诀，痛切追思，早年虽备于送终，继日徒嗟于不迨。是以特抽净俸，用拘良缘，市翠琰于灵岩，命奇工于帝里，馨之巧思，运彼殊材，次皓鹤以翔空，列狻猊而绕座，匪图壮丽，悉去繁花，惟仗圣言，以资冥魂。"[2] 又如师哲为亡父建造的坟幢。天祚帝乾统三年（1103）的《师哲为父造幢记》亦云："夫佛固万法之言，唯陀罗尼最尊最胜。……师哲为人之子，罔不敬而信之，遂命□□□高坛以尊之，立于皇考太□坟冢之旁，以为铭荐之祐，又因而实录其事。"[3]

亦有子女（孙）为父母和祖父母等同时建"坟幢"者。如李晟兄妹为己故父母、祖父母同时所造的坟幢。辽道宗咸雍七年（1071）的《李晟为父母造幢记》云："涞水县逎亭乡累子村李晟，并出家女法广等奉为先亡父母耶耶娘娘等，特建尊胜陀罗尼幢子一座于此茔内。……其父五戒，于咸雍五年终于九月，坟之葬，在庄东落北约一里，林台之西，故建此幢。"[4] 又如李谨等人为祖父母、叔祖、父母等同时建造的坟幢。天祚帝乾统十年（1110）的《朔州李谨建幢记》云："大辽朔州陇西郡李公谨为先翁祖母、叔祖、考妣已建高幢一座，刻诸佛蜜语，及小幢四。……诸胜陀罗尼幢冢首安措。"[5]

也有子孙单为祖父母或先祖建"坟幢"者。如刘镂为先祖所建的坟幢。辽道宗咸雍九年（1073）的《刘镂（建）墓幢记》："维咸雍九年岁次庚丑二月乙亥□有四

---

[1]　重熙间:《圣宗陵幢记残文》，向南:《辽代石刻文编》，第 273 页。
[2]　向南:《辽代石刻文编》，第 105 页。
[3]　向南:《辽代石刻文编》，第 538 页。
[4]　向南:《辽代石刻文编》，第 347 页。
[5]　向南:《辽代石刻文编》，第 613 页。

日，前应州金城县，今刘镂于兴西地重修之翁所建陀罗尼幢，惟□□霈影覆我先祖之丘冢。"①

还有妻子为已故夫君建"坟幢"者。如张阿梁为亡夫所建之坟幢。天祚帝乾统元年（1101）的《宝禅寺建幢记》载："奉为亡夫特建梵幢一座。……妻张阿梁、长子张公亮。"②又如李阿牛为亡夫李从善所建之坟幢。天祚帝乾统九年（1109）的《李从善幢记》载："大辽国燕京良乡县刘李村李阿牛奉为亡夫李从善特建石匣并塔（幢）一座。长男驴粪，次男廿一猪。□乾统九年五月□日。"③

辽代俗家佛教居士所建之"坟幢"也有置于墓内者。如张文质为其父、随驾马步军都孔目官张宁于辽道宗清宁二年（1056）所建之坟幢，即立于张宁墓内之石棺上。④契丹萧氏后族族人为驸马都尉、柳城郡王萧德让及其妻魏国公主耶律氏所建的坟幢，也被置于萧德让夫妇的坟墓中。

僧尼坟幢、塔幢与舍利幢。前已述及，辽代僧尼圆寂火化后，其骨灰（舍利）的葬式主要有两种方式：坟葬和塔葬。并且，每一种葬式都要立幢，于是，便出现了与墓幢相关的"僧尼坟幢"和"僧尼塔幢"等。

僧尼坟幢。如僧人运琼等人为亡师所建的"坟幢"。辽道宗咸雍元年（1065）的《运琼等为本师建幢记》载："皇朝纪号咸雍元年乙巳岁四月一日庚寅朔，十四日癸卯乙时，广严寺门徒等为本师摄持大师特于坟所建石幢子一座，三级，记。弟子运琼、运善……"⑤又如沙门可兴等人为亡师所建的"坟幢"。辽道宗大康二年（1076）的《可兴等建尊胜悲心陀罗尼塔记》载："大康二年暮春三月，（师）俄临重病，妙药难瘳，至当月九日神迁于斯舍矣。有门人可兴，备仪火化，至七□□迁骨归葬于寺东丙隅。建尊胜悲心陀罗尼塔（幢）。"⑥再如僧人为崇昱大师建造的"坟幢"。天祚帝天庆十年（1120）的《崇昱大师坟塔记》载：天庆八年（1118）十二月十一日夜，"时在寅初，（崇昱大师）如常睡眠，恬然而逝。穀龄七十有六，僧夏六十。至十二日，荼毗于寺西北隅。……至九年二月，建石塔（幢）于先师茔穴之

---

① 向南、张国庆、李宇峰辑注《辽代石刻文续编》，第 152 页。
② 向南、张国庆、李宇峰辑注《辽代石刻文续编》，第 240 页。
③ 向南、张国庆、李宇峰辑注《辽代石刻文续编》，第 263 页。
④ 清宁二年（1056）《张宁石幢记》，向南：《辽代石刻文编》，第 275 页。
⑤ 向南、张国庆、李宇峰辑注《辽代石刻文续编》，第 122 页。
⑥ 向南：《辽代石刻文编》，第 381 页。

乾位"①。

僧尼塔幢。辽代僧尼，尤其是一些高僧大德圆寂火化后多为塔葬，因而，有辽一代于塔侧立幢者也较多。如契丹人耶律合里只等为纯慧大师建立的"塔幢"。辽道宗清宁九年（1063）的《纯慧大师塔幢记》云："京师奉福寺忏悔主、崇禄大夫、检校太尉纯慧大师之息化也，附灵塔之巽位，树佛顶尊胜陀罗尼幢，广长有尺。……九年四月，示疾，告终于竹林寺。即以其年五月，移窆于昌平县。司空豳国公（耶律合里只）仰师高躅，建立寺塔，并营是幢。"②又如沙门积祥等人为亡师清睿和尚所建的"塔幢"。天祚帝天庆四年（1114）的《沙门积祥等为先师造经幢记》云："师讳清睿，世为永清县宣礼乡王惠人，俗姓贾氏。……天庆三年夏，疾作。……（十二月）三十日，奄然而逝。荼毗之际，身无异气，世寿五十五，僧腊二十九。又选日琢石为塔，瘗灵骨焉。又树之以铭幢。"③

在辽代，也有些佛教信徒为先人建造的不是常规的陀罗尼墓幢，而是"幢"之变形——"陀罗尼碑"，目前被发现者数量虽不多，但其宗教功能与墓幢应该是相同的。如辽兴宗重熙十一年（1042）南京道某地赵遂及妻子吴氏、儿子赵守勃、赵守用、赵守庆等建造陀罗尼碑一方。④辽道宗咸雍七年（1071）王世永为已故父母及七世先祖亦建陀罗尼碑二方："伏闻普薄伽梵，大□利济之心；演陀罗尼，普救轮回之苦。……是以舍清净财，符勇猛愿，建碑二所，刻总持教及诸佛像。成造已毕，既将上来造佛造法功德，回向真如实际，回向无上菩提，回施和尚阇黎。"⑤有人曾于河北新城县（今高碑店市）发现一方刻于天祚帝乾统六年（1106）的陀罗尼碑。民国《新城县志》有载："石室残石（陀罗尼碑）在城北大铺村杨氏某家，为长方形，高约一尺五寸，宽面二尺四寸五分，狭面二尺二寸，上面有长方池深二三寸，字体秀整，惟剥落不可卒读，两宽面可辨如下，其狭面则为梵文之陀罗尼三则，亦皆不可连读。"⑥根据"碑记"文字，可知该"陀罗尼碑"属子女为已故父母所建。

此外，在辽代墓葬中也曾发现于墓侧立幢、墓内随葬陀罗尼经板者。如在

① 向南：《辽代石刻文编》，第682页。
② 向南：《辽代石刻文编》，第317页。
③ 向南：《辽代石刻文编》，第643～644页。
④ 重熙十一年（1042）《大王镇罗汉院八大灵塔记》，向南、张国庆、李宇峰辑注《辽代石刻文续编》，第78页。
⑤ 咸雍七年（1071）《王世永为先祖建佛法碑》，向南：《辽代石刻文编》，第349页。
⑥ 乾统六年（1106）《特创石室记》，向南：《辽代石刻文编》，第559页。

辽宁省朝阳市双塔区孟克乡西上台村一座辽墓中即出土了14块刻有佛教经咒的经板。[1]

二 棺椁上刻画或书写经咒真言

在葬具上书写陀罗尼真言，也反映了佛教对辽人葬俗的影响。隋唐五代时期，一些佛教信徒为了节省建幢之成本，以及强化陀罗尼经咒对亡者的灭罪功能，特将经咒书写或雕印在绢布、纸张上，随葬于墓中。[2]到了辽代，便发展为直接将陀罗尼经咒雕刻或书写于石棺、木棺的棺盖及四壁处。佛教"陀罗尼"可翻译成"总持"、"护持"。佛教密宗认为咒语中的每一个字都有无限的义理，经常诵持就会消除罪孽而获得大利。如"若亡人广造恶业死堕三涂，真言行者，即称亡人名字专心诵咒，亡者应时得离恶趣生于天上。又以真言咒土砂或莲花，散亡者墓上尸上，亡者即得生于诸佛净土。又，亡人衣物或身份骨肉等，得持咒人影映着，亦得生诸佛国。又，书陀罗尼置亡人骨上尸上，亡人即得生于天宫"。[3]因此可以说，辽人棺箱顶部、棺盖四刹的墨书真言恰好表达了死者希望能够逃离地狱之苦，最终托生于佛国的思想。

如1955年出土于辽宁省辽阳县望水台乡大林子村、葬于辽道宗寿昌二年（1096）的东京府内省判官王蔼妻高氏石棺棺盖内侧即刻有汉文、梵文"警觉陀罗尼"及其铭记。[4]出土于北京郊区、葬于天祚帝乾统七年（1107）的尚书职方郎中傅章石棺，除棺之前端刻有汉文铭记外，其余五面均刻佛顶尊胜陀罗尼经。[5]1956年在山西省大同市西南郊发掘的三座辽代吕氏家族墓葬中，亦均有陀罗尼石棺出土。[6]1957年在山西省大同市郊区发掘的五座辽代壁画墓中，卧虎湾1、2号墓亦各出土石棺一具，石棺盝顶棺盖上亦均见梵文经咒墨迹。[7]

考古发掘出土的辽代刻写陀罗尼经咒的木棺主要集中在河北省张家口市宣化区下八里村的张氏家族墓中。如10号张匡正墓、7号张文藻墓、3号张世本墓、1号张世卿墓、5号张世古墓等，均出土了于棺盖及棺壁四周书写汉、梵两种文字的

① 韩国祥：《朝阳西上台辽墓》，《文物》2000年第7期。
② 刘淑芬：《灭罪与度亡——佛顶尊胜陀罗尼经幢之研究》，第181页。
③ 高楠顺次郎等：《大正新修大藏经》卷46《显密圆通成佛心要集》，大正一切经刊行会，1927，第1955页。
④ 寿昌二年（1096）《王蔼妻高氏石棺铭》，向南：《辽代石刻文编》，第473页。
⑤ 乾统七年（1107）《傅章石棺题铭》，向南：《辽代石刻文编》，第574页。
⑥ 山西云冈古物保养所清理组：《山西大同西南郊唐、辽、金墓清理简报》，《考古通讯》1958年第6期。
⑦ 山西省文物管理委员会：《山西大同郊区五座辽壁画墓》，《考古》1960年第10期。

陀罗尼木棺。[1] 如张世本棺盖前杀上即写有"陀罗尼棺，以其影覆之功，冀济魂归之"；棺盖右杀斜面上写有"质不闻地狱永受天身"。[2] 当然，辽代也有既在棺椁上书写陀罗尼经咒，也在墓室墙壁上书写梵文真言的现象。如在内蒙古赤峰市敖汉旗喇嘛沟大哈巴齐拉村一座辽墓中，考古工作者即发现在棺床檐及墓室北、东、西、西北、东北诸壁上，均有墨书的与陀罗尼经咒功能一致的梵文"真言"。[3]

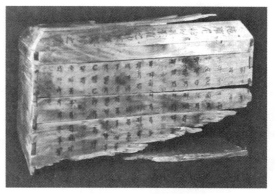

图4-1　宣化10号辽墓木棺前壁墨书梵、汉文经咒

资料来源：本编所有图片均出自河北省文物研究所《宣化辽墓》（下），文物出版社，2001；孙建华、杨星宇著《大辽公主——陈国公主墓发掘纪实》，内蒙古大学出版社，2008。

三　随葬佛教物品及绘制佛教图饰

辽代佛教信徒死后还习惯在墓内放置与佛教有关的随葬品，如上述所言之"坟幢"、"陀罗尼碑"等。墓室壁画上绘有与佛教文化相关的图饰，例如具有佛教含义的"莲花"、"迦陵频伽"、"摩羯"和"飞天"等常常作为一种图饰出现在墓内。

佛以"莲花"喻妙法，各种净土均称"莲花藏世界"，又称"莲花国"；佛寺别称"莲刹"；菩萨的座位是"莲花台"。莲花在佛教中占有十分重要的地位，因而，辽代僧俗佛教信徒的墓葬中常见"莲花"纹饰。如于辽宁朝阳发现的卒于乾统四年（1104）的龚祥墓内石棺床的床脚下部高7厘米处即刻有莲花瓣纹。[4] 北京斋堂辽墓顶部亦绘有彩色莲花图案，中心嵌一个铜镜，镜的周围绘有六瓣莲花，莲花由内至外涂以红、粉、绿三色，外边绘粉、黄色六瓣、十瓣相间小莲花12朵，最外边也绘有黄、粉、紫含苞待放缠枝小莲花20朵。莲花边饰下边绘一圈紫红色的帷幔垂边，上绘有粉、白、绿各色小莲花。[5] "迦陵频伽"为佛教传说中象征吉祥的妙音鸟。在北京辽代赵德钧墓中即发现了一件铜制迦陵频伽，人首鸟身，作飞翔状。[6] 内蒙古库伦旗八号辽

---

① 河北省文物研究所：《宣化辽墓》（上），第24、83、132、199、246页。
② 河北省文物研究所：《宣化辽墓》（上），第134页。
③ 《敖汉旗喇嘛沟辽代壁画墓》，《内蒙古文物考古》1999年第1期。
④ 尚晓波：《辽宁省朝阳市发现辽代龚祥墓》，《北方文物》1989年第4期。
⑤ 北京市文物事业管理局等：《北京市斋堂辽壁画墓发掘简报》，《文物》1980年第7期。
⑥ 北京市文物工作队：《北京南郊辽赵德钧墓》，《考古》1962年第5期。

墓门的拱门立颊和门额内相对各绘有一个拟人化的迦陵频伽，人身鸟爪，并有翅膀，正飞翔于云间。[①]"摩羯"在佛教中被视为吉祥之意，也常用来作装饰。在辽耶律羽之墓中就发现了摩羯形嵌松石金耳坠，其形象为双角龙首，鱼身卷曲。此外，在该墓中还发现了带有摩羯纹的金花瓷碗，内沿錾刻圆圈，莲瓣组合纹，内底为摩羯纹，形象为龙首有须，双爪，鱼身，盘曲状。[②]"飞天"在佛教中是指乾闼婆和紧那罗，原是伺候帝释天的音乐之神，一个奏乐，一个唱歌，她们常以飞行姿态在净土的上方出现。在法库叶茂台辽墓石棺门上即绘有朱雀，旁绘两飞天。[③]

第三节　金属网络与金属面具

一　干尸处理

在辽代契丹人的葬俗中，还有一种比较奇特的习俗，就是在人死之后，对尸体进行"药物"和"物理"处理，制成"干尸"，然后在尸体各部位都穿上金属网络（以铜丝网络为多），面部再覆盖金属面具。《说郛》卷8引南宋文惟简《虏廷事实》云："北人丧葬之礼，盖各不同。汉儿则遗体，然后瘗之，丧凶之礼，一如中原。女真则以木槽盛之，葬于山林，无有封树。惟契丹一种特有异焉。其富贵之家，人有亡者，以刃破腹，取其肠胃涤之，实以香药、盐矾，五彩缝之，又以尖苇筒刺于皮肤，沥其膏血且尽，用金银为面具，铜丝络其手足。耶律德光之死，盖用此法。时人目为'帝羓，'信之也。"《新五代史》卷72《四夷附录第一》亦载："德光至栾城，得疾，卒于杀胡林，契丹破其腹，去其肠胃，实之以盐，载而北，晋人谓之'帝羓'焉。"这两段史料，已被辽墓考古实物资料证实。

辽代契丹人在给尸身穿戴网络和面具之前，要先对尸体进行药物和物理的"干尸"处理。所谓"药物"处理方法，就是"以刃破腹，取其肠胃涤之，实以香药、盐矾，五彩缝之"。而"物理"方法即"以尖苇筒刺于皮肤，沥其膏血且尽"。这种药物与物理"干尸"的方法在一般情况下是同时进行的。据北宋刘跂《暇日记》记载：北宋元祐七年（辽大安八年，1092），"虏使耶律迪卒于滑州，虏人倒悬其尸，出淬秽口鼻中，以笔管刺皮肤出水（血），以白矾涂尸令瘦，但令支骨以归"。张舜

---

①　内蒙古文物考古研究所等：《内蒙古库伦旗七、八号辽墓》，《文物》1987年第7期。

②　内蒙古文物考古研究所等：《辽耶律羽之墓发掘简报》，《文物》1996年第1期。

③　辽宁省博物馆发掘小组：《法库叶茂台辽墓记略》，《文物》1975年第12期。

民《画墁录》亦载："元祐末，宣仁圣烈太后上宾，辽遣使吊祭。虏使回至滑州死，刳其中央，以头内孔中，植其足。又取叶数百，披掐遍体。以疏别造毂车，方能行。次年春，予被差报谢入蕃，见其辙路深尺余，此藩国贵人礼也，贱者燔之以归，耶律之豝尚也。"而据考古工作者考察，在内蒙古乌兰察布盟（市）察哈尔右翼前旗豪欠营辽墓出土的契丹女尸，在穿戴网络面具之前，似乎仅使用了物理"干尸"法。根据对女尸的解剖观察，女尸腹部既未开刀，也未发现任何香药、盐矾等物质，这说明，这具保存完整的契丹女尸入葬前并未进行过剖腹处理。考古工作者发现女尸身体的某些部位有一些血斑。特别是右肩部与大腿下部各有一块，肩部的血斑直径约 5 厘米，腿部的血斑直径约 10 厘米。这两块血斑，把网络外边所穿的多层丝织品葬服均浸透，并与其粘结在一起。[1] 考古工作者在河北宣化下八里 II 区辽代契丹壁画墓一号墓中亦发现了被铜丝网络包裹着的干尸块。[2] 其前胸、后背的一部分和左手及左大腿、小腿的全部，形成"革"的程度相当高，外表光滑，呈土黄色，里外均有铜丝网络所渗透的绿色锈迹。

一般来说，尸体经过"药物"及"物理"处理之后，就会变成一具不易腐烂的"木乃伊"。这种处理尸体的办法，与契丹人以游牧、食肉为主的生活方式有关。他们是把处理干肉的办法用在了处理尸体上，如辽太宗耶律德光驾崩的季节正好是初夏四月，地点又在炎热的河北省滦城一带，若不及时进行"干尸"处理，不待运回契丹故地，尸体就会腐烂掉。

二 金属网络

契丹人在对尸体进行"干尸"处理后，便开始给尸身穿戴金属网络。根据考古资料分析，契丹人死后所穿之金属网络由 6 个部分 11 件组合而成。一是头网络，分上、下两个部分，上半部为半圆形球体状，下半部由脑后下垂，呈帘弧形，整个头网络略呈头盔状。二是身网络，由前胸与后背两片组合而成。前胸与后背基本相同，上部留有半月形领口，下部为齐边。三是臂网络，臂网络展开，与现代西式衣袖相似，其缝合口类似通肩式衣袖。四是手网络，左右手各一只，为五指全分式。五是腿网络，由左右腿两片组合而成，连接处在臀部，两片的开头与中式裤片相似。六是足网络，左

---

① 杜承武:《辽代墓葬出土的铜丝网络与面具》，陈述主编《辽金史论集》第 1 辑，上海古籍出版社，1987，第 285 页。
② 刘海文主编《宣化下八里 II 区辽壁画墓考古发掘报告》，第 41 页。

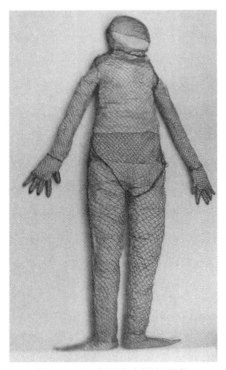

图4-2　辽陈国公主银丝网络

右各一只，呈短靴状，开衩处在足背上，与现代的高腰皮鞋开衩相似，靴腰两边各有一三角形突起，左右对称。

金属网络的6部分11件是根据死者的身长体宽分片编织的，编好后开始穿戴。在穿戴之前，还要先将裸尸进行一番包裹。紧贴尸体皮肉，先铺贴一层薄薄的丝绵，然后用深棕色丝织品由上而下，分别把全身加以紧紧地包裹，连每个手指都用很窄的丝带分别缠裹好。把尸体完全包好之后，便开始分步穿着金属网络。

第一步先穿胸背网络。胸背网络是由前胸与后背两片组合而成，先用金属丝把腰部两侧的硬边缝合，然后再把左右肩头的接口连缀。第二步穿着左右臂网络。左右臂网络叠压在左右肩网络之上，互相叠压5厘米。臂网络的缝合口在臂的外侧。第三步戴左右手网络。手网络是套在臂网络之上的，互相压入约5厘米。手网络的缝合口在拇指上边。第四步穿左右足网络。足网络的缝合口在脚背之上，也用金属丝加以连缀。第五步穿着左右腿网络。腿网络叠压于足网络之上。左右腿网络的缝合口在两腿的内侧，用金属丝缝合至裆部，再用金属丝如编缀网络一样，将裤裆上部编成一个整体。然后再将腿网络的硬边与胸背网络的硬边连缀缝合在一起。第六步戴头网络。头网络的后部与背网络的领口互相衔接，也用铜丝把二者的硬边缝合起来。全身网络穿好之后，再在网络外穿上丝织的葬服。

三　金属面具

往尸体脸部戴金属面具是在全身金属网络及丝织葬服穿完之后。根据契丹辽墓出土的实物资料，契丹人死后所戴的金属面具质地有银、铜和铜鎏金等几类。考古学家经过对出土面具考察后认定，这些金属面具的制作程序是：首先要按照戴面具者的脸形特征，用木头雕刻一个面具模型。然后把薄银、铜板覆盖于面具模型上，用槌在模型上慢慢打制，把脸形打制成一种浮雕的样子。

根据已出土的面具看，其覆盖面部的深浅不同，大体可以分为三种样式：扁平浮雕式、半浮雕式和高浮雕式。[1]面具略有弧度者为扁平浮雕式；弧度较大，可覆盖面部少半者，为半浮雕式；弧度很大，可完全覆盖面部者，为高浮雕式。这三种不同形式，可能也反映着墓葬时代的早晚或地域的不同。扁平式可能较早，半浮雕式和高浮雕式可能较晚。有的面具在头顶与两鬓刻有发丝，下部还有一截脖颈。考古实物资料表明，契丹人覆面的金属面具与之配套的还有一件半弧形的金属后托。后托置于脑后，两侧上下端各有一对小孔，与面具用铜丝相连接，以便固定面具。

契丹人的金属面具的造型大致有三类，即成年男性面具、成年女性面具和儿童面具。

成年男性面具。面型特征清楚的契丹男性面具，脸形胖、瘦、方、圆各不同，五官各有特点，有的还刻画有胡须。多数为闭目状，也有睁眼的。面部表情多作忧郁悲苦状。造型手法多为写实，表现技巧有工有拙。如内蒙古宁城小刘杖子1号、3号辽墓出土的两件男性面具，从外形到五官都有男性的特点，高颧骨，大下颚，宽鼻头，粗犷的面型显露着北方草原民族的风貌。[2]辽宁建平辽墓出土的两件男性面具，不光刻画着丛密的胡须，也刻画着睫毛与眉毛。特别是其中一件面具，那一双微睁的小眼，加上肥胖的面颊，一望而知是个老年的契丹贵族。另外一件男性面具，粗眉倒竖，双目圆睁，颇像佛殿里的怒目金刚。

成年女性面具。契丹女性面具的脸形有长、有圆、有方，五官也各不相同。然而，那弯弯的双眉，低垂的眼帘，安详而平静的表情，含有深意的嘴角，却大体相似。如豪欠营6号辽墓出土的契丹女尸所戴的面具，就是一件高浮雕式的颀长脸形面具，是已出土面具里较长的一件，而该面具下覆盖着的也的确是一副契丹女子颀长的脸。可见，辽代契丹人的面具是根据死者的面型特点制作的。该面具的形象是：双目闭合，眼缝微开，鼻梁瘦长，两翼略宽，颧部微隆，面颊丰满，双唇抿合，留有口缝，表情为安详入睡状态。整个面具之形象，既与山西沁县北魏石刻造像相似，又和大同华严寺里辽代的菩萨形象相仿。这绝非偶合，而应是有意的模仿，是契丹人深受佛教影响的具体表现。特别是有一辽墓出土的契丹女性面具，更是一副慈眉善目的菩萨模样。她们那圆圆的脸庞，突出的重下颚，笑弯的眉，月牙似的眼，充满笑意的嘴，因笑而向上高陇的鼻子，表现得非常自然和谐。

儿童面具。辽代契丹儿童面具具有童颜特点，扁平的圆脸上，眼帘下垂，双唇紧

①　刘冰、赵国栋：《赤峰市阿鲁科尔沁旗温多尔敖瑞山辽墓清理简报》，《文物》1993年第3期。

②　李逸友：《宁城县小刘杖子辽墓》，《文物》1961年第9期。

闭而嘴角向下，大都流露着一种令人怜悯的悲戚表情。[1]

　　近几十年来，辽墓考古已经发现了大量辽代契丹人死后使用过的金属网络和金属面具，诸如阿鲁科尔沁旗宝山 1 号辽墓、阿鲁科尔沁旗耶律羽之墓（1 号墓）、陈国公主驸马墓、兴和县尖山辽墓、查干坝 5 号辽墓、皮匠沟 1 号辽墓、萧德温墓、范杖子 101 号辽墓、古都河 1 号辽墓、上烧锅 5 号辽墓、望道石辽墓、巴图营子辽墓、豪欠营 6 号辽墓、大西沟 1 号辽墓、曲家沟 2 号辽墓、清河门 2 号辽墓、萧孝忠墓、大窝铺辽墓、叶茂台 18 号辽墓、库伦 5 号辽墓、耶律琮墓、北岭 1 号辽墓、新地辽墓、十间房辽墓、白塔子辽墓、山嘴子辽墓、温家屯辽墓、小刘杖子辽墓、解放营子辽墓、温多尔敖瑞山辽墓、英凤沟辽墓。有学者作过统计，[2] 到目前为止，发现金属面具和网络的辽墓已达 60 余座。

　　考古资料表明，辽代契丹人死后，并不是都进行"干尸"处理，也不是都穿戴铜丝网络和金属面具，有此"殊荣"的只是一部分人。那么，这是为什么呢？穿戴了网络和面具的那些人又是什么身份呢？目前学者对此意见也不一致，他们对辽代契丹人的网络和面具的使用范围和对象，主要有以下几种猜测。一种观点认为，契丹人死后使用铜丝网络和金属面具，是由契丹族古老丧葬习俗演化而来的。契丹旧俗，父母死后将尸体置于山树上，三年后收骨焚之，为保证尸骨不散落，当时肯定要采取一定的措施，比如以绳结网或用渔网等置于尸上，给尸体戴上面具等，后来便演变成金属网络这一特殊的殡葬服饰。[3] 另一种观点认为，死者用面具与网络可能与辽代萨满巫师的信仰或神职有关，而网络中尤以手足网络最为重要，恐怕生者也使用，如河北宣化辽墓的《散乐图》上的侍乐人（巫师）就戴有臂网。因而，死后穿戴网络、面具者，生前可能是契丹专业巫者。[4] 再一种观点则认为，用铜丝网络覆盖的性别明确的遗体均为女性，且大都出自契丹萧氏墓地，所以，网络可能主要是嫁到萧氏家族的皇室女子覆尸所用的，《辽史·礼志·公主下嫁仪》中所载的"覆尸仪物"有可能就是一套铜丝网衣及其衣服饰物。[5] 还有一种观点认为，契丹人的面具与网络在结构形式上与中原地区发现的汉墓"金缕玉衣"有着"惊人的相似之处"，因此，契丹人的金属面

①　杜承武：《辽代墓葬出土的铜丝网络与面具》，陈述主编《辽金史论集》第 1 辑，上海古籍出版社，1987，第 283 页。

②　陈永志：《契丹史若干问题研究》，第 89～95 页。

③　刘冰、赵国栋：《赤峰市阿鲁科尔沁旗温多尔敖瑞山辽墓清理简报》，《文物》1993 年第 3 期。

④　杜承武、陆思贤：《契丹女尸的网络与面具》，乌盟文物工作站、内蒙古文物工作队编《契丹女尸》，第 108 页。

⑤　马洪路：《契丹葬仪中的铜丝网衣及其有关问题》，《考古》1983 年第 3 期。

具和网络，或许受汉族人"玉衣"的影响，结合辽代契丹人入葬时在手、口、鼻中塞物等情况，"可见汉族的葬俗对契丹族的影响之深"。[①] 当然，也有学者认为契丹人的金属面具与死者生前崇尚佛教有关;[②] 或是源于东胡系的覆面葬俗，是鬼魂崇拜的一种体现。[③]

　　与契丹人铜丝网络、金属面具葬俗相关的另一种现象亦值得提及。辽墓考古学者发现，在内蒙古等地的上烧锅 5 号辽墓、温家屯 2 号辽墓、小刘杖子 1 号辽墓、柴达木辽墓、解放营子辽墓等墓葬中，与金属面具及铜丝网络同时，还出现了铜靴底，由薄铜片制成，周缘有规律地排列着几对小孔，供穿绳束缚用。铜靴底出土情况分两种，少数与网络、面具同时出土，多数仅与面具同时出土而不见网络。由此，有学者即认为，铜靴底的存在和使用应在出现金属面具之后、未使用金属网络或者只使用面具而不使用网络的墓葬。[④] 金属面具和铜靴底上有规律地排列着供穿绳束缚的小孔，说明在没有铜丝网络的前提下，铜靴底存在着与面具同样的束缚方式。它的联结对象，应该就是缠裹尸体的东西，也就是铜丝网络的前身或替代物，或是契丹人殓葬方式变化过程中的一个必然环节。

① 木易:《辽墓出土的金属面具、网络及相关问题》,《北方文物》1993 年第 1 期。
② 李逸友:《辽代契丹人墓葬制度概况》,《内蒙古东部区考古学文化研究文集》,第 93 页。
③ 安路:《东胡系的覆面葬俗及相关问题》,《北方文物》1985 年第 1 期。
④ 侯峰:《辽代契丹族金属面具、网络等葬俗的分析》,李逸友、魏坚主编《内蒙古文物考古文集》,中国大百科全书出版社,1994,第 508 页。

第五章
葬具和随葬品

第一节 葬具

一 木棺

据文献史料记载，早期辽人中似乎有直接将尸骨或骨灰放在墓内尸床上入葬者。据宋人李涛《续资治通鉴长编》卷 113 及沈括《梦溪笔谈》等记载，北宋天圣至明道年间（约辽圣宗末年），北宋出使契丹辽国的使者章频猝死于中京北的紫濛馆，由于"房中无棺椁，以锦车驾驼载至中京，殓以银棺"。自此以后，辽人"常造漆棺，以银饰之，每有使人入境，则载以随行"。当然，辽墓考古实物资料也证明，有辽一代无论是契丹人墓葬，还是汉人墓葬，使用棺椁为葬具者还是多数，而木棺即是其中之一类。但木棺容易朽烂，千年之后能完整保存至今的已经不多。

契丹人墓葬中的木棺。考古工作者在辽宁阜新关山 2 号辽墓主室发现了部分木质棺板，棺板外包裹着一层薄铜皮，用铜铆钉固定。但因盗墓者的扰乱，木棺已经散乱不成形状。根据散乱的人骨分析，葬者应为两人。[①] 另据同墓出土的《萧德恭墓志》及《萧德恭妻耶律氏墓志》分析，此二人应为萧德恭夫妇。在同一墓区的 6 号辽墓主室内，有一砖筑的棺床，根据其上一长方形不施彩绘之区域分析，其上原应置有木棺。在法库县叶茂台契丹萧氏家族 9 号夫妻合葬墓中，考古工作者根据主室残存的木质遗物判断，该墓下葬时，墓主人被装殓在木棺内，棺外还有木构椁室。[②] 1986 年 6 月，考古工作者在天津市蓟县官庄乡营房村北山坡一座辽代契丹中年女子墓葬墓室中

---

① 辽宁省文物考古研究所：《关山辽墓》，第 13 页。
② 王秋华：《惊世叶茂台》，第 141 页。

的尸骨周边发现朽木和铁钉，推测该墓为木棺葬，木棺直接放在地砖上。[①]1968 年 5 月，考古工作者在辽宁省北票县常皋公社白相屯大队季杖子东北太子山洼一座辽代契丹老年男子壁画墓主室的棺台上，发现一具已经腐朽散落的木棺。[②]1987 年 5 月 11 日，考古工作者在辽宁省阜新蒙古族自治县旧庙乡海力板村一座辽代契丹人夫妻合葬墓墓室的棺床上，发现一具木棺，棺木外表原涂有彩绘，但大多已经剥落。[③]另据内蒙古赤峰市敖汉旗博物馆邵国田先生撰文介绍，2000 年 4 月，敖汉旗博物馆征集到三件辽代木器，其中就有一具雕花独木棺。[④]该棺棺底局部已经朽烂，其余部分保存较好。该棺由上下两扇扣合而成，由一天然的圆木段顺长从中间劈成两半，中间凿成空腔为棺室。木棺上扇的正面做成高浮雕的木雕画面，分三组，两端各雕刻一名道士，两头相对，盘坐在由树叶构成的圆垫之上。二人均头戴尖状花冠，面含微笑，双手合十，身边有三角形背光，中间是一只口含灵芝的飞凤。保存最为完好的应是 2003 年在内蒙古通辽市吐尔基山一座辽代早期契丹人墓葬中出土的彩绘木棺。[⑤]该棺为柏木质，棺体长 2.31 米，宽 1.30 米，最高处高 1.05 米，通体彩绘，颜色以红、黑为主，棺体刻饰仙鹤、凤鸟、缠枝牡丹、祥云等图案。彩绘木棺里还有一具柏木质内棺，棺内有一年轻契丹女子遗骸。

　　汉人墓葬中的木棺。辽代汉人墓葬中出土木棺较为集中、保存较为完好的是河北宣化下八里张氏家族墓和韩师训墓。如 10 号张匡正墓后室出土的一具书写陀罗尼经咒的木棺，箱式，棺盖盝顶式，与棺壁之间用木钉钉合。棺口附加里口一周，使棺的盖、身稳固扣合，不致错位。7 号张文藻墓后室也出土木棺一具，棺底已经腐朽，但棺盖和棺身均保存完好，形制与张匡正墓出土木棺基本一致。3 号张世本墓后室也发现木棺一具，但已散乱。1 号张世卿墓后室出土木棺一具，已朽烂。5 号张世古墓后室出土盝顶式木棺一具，也已散乱。在距离张世卿墓一百余米的 4 号韩师训墓也出土了一具木棺。[⑥]

　　1981 年 4 月，考古工作者在清理发掘辽宁省朝阳县沟门子乡东山村一座辽墓（族属不详）时，在墓室内发现木棺一具。[⑦]该棺前大后小，横面为六边形，棺板厚两厘

①　赵文刚：《天津市蓟县营房村辽墓》，《北方文物》1992 年第 3 期。
②　韩宝兴：《北票季杖子辽代壁画墓》，《辽海文物学刊》1995 年第 1 期。
③　辽宁省文物考古研究所等：《阜新海力板辽墓》，《辽海文物学刊》1991 年第 1 期。
④　邵国田：《辽代木器小考》，《内蒙古文物考古》2001 年第 2 期。
⑤　塔拉、张亚强：《内蒙古通辽市吐尔基山辽代墓葬》，《考古》2004 年第 7 期。
⑥　河北省文物研究所：《宣化辽墓》（上），第 22、81、130、198、244、291 页。
⑦　李大钧：《朝阳沟门子辽墓清理简报》，《辽海文物学刊》1997 年第 1 期。

图5-1　辽彩绘木棺

米，用铁钉与棺体钉合。棺下有木制棺座。木棺顶部棺盖由三块木板构成，中间一块未施彩，两侧斜板各绘四朵火焰花纹和五朵宝相花纹。木棺四壁用黑色和红色画出朱雀、玄武、青龙和白虎四神像，并配有祥云图案。

二　石棺

辽人死后入葬葬具为石棺者，大都为火葬。一般来说，贵族墓葬的石棺制作比较精美，棺盖和棺身都有各种浮雕图案或纹饰；其他阶层人士所用的石棺，制作便比较简陋或粗糙。

辽宁法库叶茂台契丹萧氏后族墓群中，6号墓、7号墓、16号墓、18号墓和19号墓均发现了石棺。其中，最有特色的是7号墓和16号墓出土的石棺。如7号辽墓的石棺，四壁是用四块砂岩石板合成，插在一块厚大的长方形石棺底座上，上面再扣一石棺盖。该石棺除棺底外，通体平雕花纹，并填色彩绘。棺盖为盝顶式，顶心花纹为两层，中间为一大株枝叶茂盛并互相缠绕的龙牙蕙草，草根生于近棺后和的一角。龙牙蕙草的四周为线雕的缠枝牡丹花，花朵盛开，花叶肥硕。四刹浮雕"人化"十二生肖图，均表现为兽首人身。棺盖四角雕四只伏狮，近前和两角的狮子横卧在盖角之上，近后和两角的狮子则斜卧在两个盖角上。石棺四壁分雕青龙、白虎、朱雀、玄武四神像。其形象为：青龙张口吐舌，露出上下利齿，龙目圆睁，双角向后自然弯曲，龙身雕有清晰的鳞片，前肢伸展，龙头向前，穿行于朵朵祥云之间；白虎的头似蛇头，双唇紧闭，颌下有须，颈有鬣毛，身上雕有长毛状纹，呈躬身奔驰在祥云之上状；朱雀则是长羽、圆眼、尖喙，双翅展开，前胸雕弦纹，站立在莲台之上；玄武由一卧姿大龟与一昂颈长蛇组成，龟首上仰，与俯视的蛇首相呼应，动静相宜，构思巧妙。在石棺的前和内侧也有雕绘图案，上部为《朱雀展翅图》，云纹之上立一朱雀，两翅舒展，其旁墨绘两飞天；下部为《妇人启门图》，图中雕有一门，门微开露出一妇人的半侧身，门两侧各雕一立侍，立侍外为用墨线勾勒的执笛、拍板、排箫和琵琶四乐工及两个儿童。[①] 该石棺的浮雕纹饰中均填绘朱、赭、紫、黑等颜色，使浮雕图案的色泽看上去更加艳丽，无形中增加了诸多美感。

叶茂台 16 号墓出土的石棺与其他石棺的制作方法不同，并非用六块石板拼插而成，而是用四块大方石凿去内部，留出下面做底，相邻接角，两面做壁，然后将四块方石拼接起来，形成一个棺槽，上面用两块石板做棺盖。[②] 该石棺非常稳固，不易倒塌。与之相类者是 2007 年考古工作者在沈阳市法库县五台子乡孤家子村发掘的一座辽墓中出土的一件石棺。该石棺棺体与棺盖为分体式，用两块淡绿色砂岩雕刻而成，整体呈殿堂式。棺盖为庑殿顶，四面坡，正背面有纵向瓦垄，左右两侧有横向瓦垄，檐下雕半圆形滴水，四垂脊尽头各雕一吻兽。棺体左、右、后三面为板壁，前面雕门窗，为面阔三间、进深一间的式样。正中开门，有板门两扇，四角雕三叶状花纹，门正中雕出门环及铁锁的形状。门楣上方浮雕朱雀图案，门左右两侧雕长方形破子棂窗。棺体后面浮雕玄武图案，棺体左面浮雕青龙图案，棺体右面浮雕白虎图案。[③]

此外，其他一些契丹贵族墓葬中也有雕制精美的石棺，如位于河北省平泉县蒙和乌苏乡头道营子村西北八王沟的辽代中期契丹秦晋国大长公主（辽景宗之女）墓。[④] 该石棺由六块石板构成，壁板外雕青龙、白虎、朱雀、玄武四神兽；棺盖阴文雕刻牡丹花饰，中间雕一团凤。

辽代汉人贵族墓葬中也有精美石棺出土，如位于内蒙古赤峰市巴林左旗白音勿拉苏木白音罕山韩匡嗣家族墓群 1 号和 3 号墓。1 号墓的石棺发掘之前已被盗

①　冯永谦、温丽和：《法库县文物志》，辽宁民族出版社，1996，第 278 页。

②　王秋华：《惊世叶茂台》，第 141 页。

③　沈阳市文物考古研究所：《法库县孤家子辽墓发掘报告》，沈阳市文物考古研究所编《沈阳考古文集》第 2 集，第 135～136 页。

④　刘子龙主编《平泉辽文化》，第 58 页。

墓者砸坏，但从残存的部分还是能够看出原来雕刻的精美。如棺盖正面刻一菱形带饰，将盖面分为几个部分。菱形正中刻有相对的两组折枝牡丹；菱形外的棺盖四角也刻有牡丹花饰；棺盖四立面周沿刻有蔓草纹饰；棺盖四角还浮雕出兽首。石棺棺壁雕有青龙、白虎、朱雀和玄武四神。3 号墓石棺亦被盗毁，但残存部分遗留的精美雕刻纹饰仍能反映出墓主当年的辉煌。如石棺棺盖为盝顶式，正面刻有两飞凤，四周刻有缠枝牡丹，边沿浮雕拟人化的十二生肖像，均呈双手持笏板盘膝而坐状。[①] 2004 年 6 月，考古工作者在山西大同机车厂一座辽代早期壁画墓墓室中，发现一具石棺，砂岩质，由棺盖和棺体两部分组成。[②] 棺盖顶部做成弧面，前宽后窄，前高后低，盖沿为圆弧形，棺盖前沿下雕凿一只鹰；棺体为长方形，亦是前宽后窄，前高后低，棺体两侧阴刻龙纹。

　　当然，也有一些辽人死后下葬所用之石棺制作比较简单粗糙，少见精美的雕刻图案。1984 年 10 月，考古工作者在山西省大同市南郊新添堡村南发掘辽代大同军节度使许从赟夫妇合葬墓，在墓室中发现一具石棺，白砂岩质，头大尾小，子母口，有棺盖，制作比较粗糙。石棺放在一个长方形土坑内，土坑四周用沟纹砖错缝平砌数层，石棺上覆盖一块大石板，棺内盛有骨灰。[③] 1989 年 3 月，在文物普查过程中，文物考古工作者在内蒙古赤峰市阿鲁科尔沁旗扎嘎斯台苏木的温多尔敖瑞山发现一座辽墓，在墓室正中偏北放置一具石棺，绿色砂岩质，整体由十四块凿制平整的石板组成，南、北棺壁和盖、底均由三块石板构成，东、西两侧各为一块石板。石板交错连接处凿以子母口，在缝口处抹有黏灰。棺体外部亦不见雕刻纹饰，只是在石棺正面（南面）棺壁正中位置用紫红色颜料绘出两扇大门，两门之间留有两厘米宽的门缝。[④] 1987 年 11 月，考古工作者在清理辽宁省朝阳县木头城子一座辽代壁画墓时，在墓室后部棺床上发现一具石棺，由砂岩凿成棺体，表面十分粗糙。棺盖为两坡瓦脊式。[⑤] 2003 年 6 月，考古工作者在沈阳市沈河区广宜街一处辽代墓葬中出土一件石棺，用青白色石灰岩雕凿而成，棺盖与棺体分体，棺盖为庑殿顶，棺体为槽式，与棺盖之间有子母口，骨灰置于石棺内。[⑥] 据分析，墓主应是辽代沈州崇佛的低级官吏或一般民众。

① 内蒙古文物考古研究所等：《白音罕山辽代韩氏家族墓地发掘报告》，《内蒙古文物考古》2002 年第 2 期。
② 大同市考古研究所：《山西大同机车厂辽代壁画墓》，《文物》2006 年第 10 期。
③ 王银田、解廷琦、周雪松：《山西大同市辽代军节度使许从赟夫妇壁画墓》，《考古》2005 年第 8 期。
④ 刘冰、赵国栋：《赤峰市阿鲁科尔沁旗温多尔敖瑞山辽墓清理简报》，《文物》1993 年第 3 期。
⑤ 辽宁省文物考古研究所等：《辽宁朝阳木头城子辽代壁画墓》，《北方文物》1995 年第 2 期。
⑥ 沈阳市文物考古研究所：《沈阳广宜街辽代石棺墓发掘报告》，沈阳市文物考古研究所编《沈阳考古文集》第 2 集，第 170 页。

三　尸（棺）床与木制棺帐

辽代墓葬中常见放置尸体、骨灰或木棺、石棺的尸（棺）床，或用砖石砌筑，或用木料制成。李逸友先生认为，用砖石砌筑者应称"尸床"，用木料构筑者可谓"棺床"。辽代早期，一些契丹人的尸体入葬不用棺，直接将尸体或骨灰放在尸（棺）床上。当然，也有些契丹人使用木棺或石棺入葬，将尸体或骨灰放在棺内，再将棺置于尸（棺）床上。有些高级贵族还用木制棺帐罩在棺上。

考古资料显示，辽墓内的尸（棺）床均位于主室的北半部，在筑墓的同时或用砖石砌筑，或用木料构筑。[①] 墓室空间大者则尸（棺）床砌筑成横长方形，位于墓室北部中央，与墓室北壁间隔一定距离；墓室规模小的，则利用墓室北壁为一面，将尸（棺）床南面砌筑成一条直线，直接连接东西墓壁，于是，尸（棺）床平面便呈半圆形、横长方形或梯形。

砖石砌筑的尸床。辽代用砖石砌筑尸床者，既有契丹人，也有汉人。如辽代早期契丹贵族耶律羽之夫妇合葬墓后室北部和东部砌筑两座琉璃尸床。北尸床位置居中，且较大，尸床下垫长方形红砖，是建墓时专为尸床铺设。此尸床当为耶律羽之所用。东尸床位于侧旁，建于墓室铺设的方砖之上，应是为晚于耶律羽之病故的夫人所增建。[②] 发现于内蒙古通辽市奈曼旗的辽代中期陈国公主与驸马合葬墓的后室也有一座砖砌尸床。该尸床用条砖横平错缝垒砌五层，两侧各砌有三个桃形小龛，正面左右两侧各砌一个小龛，内绘彩色花卉。小龛边廓内施淡赭，外加墨线边。小龛中绘墨心淡赭晕五出绛花，花瓣为圆形，围绕花朵有淡赭色密叶数重。下有底座，雕饰栏杆或施彩绘，精巧而别致。尸床上应有帷幔覆盖。[③] 1982 年春，考古工作者在清理内蒙古通辽市通辽县余粮堡镇西北一座辽代契丹人墓葬中，发现在墓室北侧有两层砖砌筑的尸床，尸床上还有一具男性尸骨。[④] 1980 年 6 月，考古工作者在清理辽宁朝阳辽代龚祥墓时，在六角形墓室后部正中，发现一长方形石质尸床，形制比较特殊。该尸床床面下置立五个圆柱状床脚，作前三后二两排分置。床面东、南、西三侧边缘均刻有带状卷云纹图案，南侧面刻有左右相对的龙、虎及卷云纹图案。床

---

① 李逸友：《辽代契丹人墓葬制度概说》，《内蒙古东部区考古学文化研究文集》，第 91 页。
② 盖之庸：《探寻逝去的王朝：辽耶律羽之墓》，第 31 页。
③ 孙建华、杨星宇：《大辽公主——陈国公主墓发掘纪实》，第 52 页。
④ 哲里木盟博物馆：《内蒙古通辽县余粮堡辽墓》，《北方文物》1988 年第 1 期。

脚下部刻有莲花瓣纹。[1] 2004 年 6 月，考古工作者在发掘山西省大同市大同机车厂一座辽代壁画墓过程中，在墓室后部发现一座砖砌尸床。尸床上部错缝平铺磨光墓砖，尸床立壁作束腰状，正中雕刻六个壶形小龛，龛间均用黄色条形隔开，龛边以赭色勾绘。[2] 此外，在河北宣化下八里辽代张氏家族墓群的不少墓葬中，也发现了砖砌的尸床。[3] 如在 10 号张匡正墓的后室中部即发现一处砖砌长方形尸床。整个尸床被涂成朱色，正面分上中下三层。上层画三个壶门，壶门中画莲花和牡丹；中层绘六个小壶门；下层为四个影作云头花图案腿。在 7 号张文藻墓的后室中部，也有一处砖砌长方形尸床。尸床作束腰状，白灰抹平，涂朱，四角作叶状云朵花图案包角，黑色包边；束腰上绘出三个壶门，两边壶门绘有荷叶莲花，中间壶门内绘有牡丹。

木料构建的棺床。辽代墓葬中使用木料制作的棺床亦较常见。1976 年 5 月，考古工作者在清理内蒙古赤峰市郊岗子乡新地村一座辽墓时，发现在主室内有一木制棺床，制作精巧，样式别致。棺床为长方形，四角有圆形宝珠状角柱，东、西、北三角柱之间有横梁相连，横梁以下每格楞间镶嵌薄木板；东西两面角柱之间各有一根间柱，北面角柱之间有三根间柱。棺床床面用薄木板铺设，板下用三根横木加固。正面床沿镶板作桃形，间楞作葫芦形。[4] 法库叶茂台 7 号辽墓主室也有一木制棺床，为长方形须弥座式。床面用木板铺设，木板下东西并列七层六趟砖墩垫起床板。须弥座上下枭各有三层叠涩，束腰周围雕出壶门。床面板上四周有斗子蜀柱单钩阑，南面有两处踏道，各三级。[5]

比较奇特的是，在河北宣化辽代张氏家族墓群的 3 号张世本墓的墓室中，考古工作者发现砖砌尸床上竟叠放着木制棺床，棺床上再放置木棺。[6] 砖砌尸床为影作仿木结构，台面涂朱，四框为赭色，分出深浅层次，正面影作三个壶门，门内绘单枝花卉，红花绿叶，配置得当。壶门下为格子，左右为蹄足。木制棺床在砖砌尸床之上，用纵行木板做成棺床底部，加上柱框成为完整底部，然后在长板的后部和两端用木板做成椅圈形的短墙，后面靠背上下用长板，中间用短板为心，四周抱框两端用半蜀

① 尚晓波：《辽宁省朝阳市发现辽代龚祥墓》，《北方文物》1989 年第 4 期。
② 大同市考古研究所：《山西大同机车厂辽代壁画墓》，《文物》2006 年第 10 期。
③ 河北省文物研究所：《宣化辽墓》（上），第 21～22、80 页。
④ 项春松：《内蒙古赤峰郊区新地辽墓》，《北方文物》1990 年第 4 期。
⑤ 辽宁省博物馆、辽宁铁岭地区文物组：《法库叶茂台辽墓记略》，《文物》1975 年第 12 期。
⑥ 河北省文物研究所：《宣化辽墓》（上），第 130～131 页。

柱，左右堵头用木作方框。每堵上有四个蜀柱，中间镶心，蜀柱顶部雕束腰，两端为半蜀柱和靠背半蜀柱台。这应是当时木制棺床的一种常规做法。

辽墓考古发现，一般在墓室尸（棺）床之上，还放有木制棺帐，按宋代《营造法式》所记之形制，可称之为"小帐"，又因其置于棺床或尸床之上，故可俗称"棺床（尸床）小帐"。小帐之内再放置木棺或石棺。如法库叶茂台7号辽墓即出土一座精美的"棺床小帐"。[①]置于木制须弥座式棺床上的"小帐"为九脊顶，鸱吻是两个木雕龙首，饰有两角，龙口外向。"小帐"面阔三间，进深两间，周围是壁板，前有门窗；门居中，为平板式，以铁合页钉连在门柱上，两侧为破子棂窗。须弥座为上中下三层叠涩，束腰周围雕出壸门，其内彩绘牡丹花、行狮、虎头等图案；围栏有寻杖、栏板等结构，其上亦有精美的彩绘。

类似的九脊小帐在内蒙古赤峰市巴林右旗巴彦尔灯苏木和布特哈达嘎查图木胡柱山4号辽墓也有发现。该小帐呈九脊单檐歇山式，面阔三间。帐门为双扇外开，转枢用木槛固定。帐头的檐下有光素的拱眼壁板，并与戗脊和月梁卯榫固定。饰斗拱11朵，全设在前檐下。帐面板下端为帐檐，上端与正脊、戗脊等镶接。帐板上钉有木条。饰为瓦垄。正脊平直，脊北为漫圆。脊上两端饰有木板做的内曲鸱尾及素面火珠。四条戗脊直达四角。横向装饰歇山，两端用竹栓固定在帐板上。山尖的正脊下，饰有悬鱼。[②]整个小帐的颜色为茶褐色，未见彩绘痕迹。木料为柏木，质地坚硬，纹理清晰，木香浓郁。

考古学资料反映，唐代章怀太子墓、懿德太子墓、永泰公主墓等棺外均有仿木石雕小帐，形制与叶茂台7号墓出土的木制小帐非常相似。可见，辽代契丹人的丧葬文化与唐代中原汉族丧葬文化具有非常紧密的承接关系。因为辽代早期的契丹贵族耶律羽之墓中也发现了用柏木制作的小帐。[③]耶律羽之出身皇族，

图5-2　辽墓木椁室与棺床小帐

①　王秋华：《惊世叶茂台》，第99页。
②　韩仁信：《巴林右旗图木胡柱辽墓出土九脊小帐》，《辽海文物学刊》1989年第2期。
③　盖之庸：《探寻逝去的王朝：辽耶律羽之墓》，第32页。

官高爵显，所以，他墓中的小帐，制作精美，装饰华丽，非常人所能比。比如小帐的构件，或施古桐漆，或加彩绘。彩绘为成组的人物、动物形象，并附之以精工细作的斗拱、门窗、镂空板装饰及精美的木雕涂金狮等饰件。用于连接各构件之间的饰片及泡钉等，也都是铜质鎏金，并饰以宝相花图案。在小帐的门部还装饰鎏金铜门神。门神用薄铜片裁成，身披铠甲，手持利剑，威风凛凛。当时的工匠采用精美的錾刻技艺来表现门神细部。小帐上还有一件海东青片饰，勾勒的是猎鹰捕猎瞬间的形象，双翼展开，利爪抓地，线条流畅，极富美感。

有趣的是，辽代墓室出土的小帐亦非同一形制和模式，有些小帐的造型比较特殊，与众不同。比如，1988年5月，考古工作者在辽宁省北票市泉巨涌乡张石兰沟村西北一座辽墓的发掘中，在该墓墓室中发现一座柏木制作的小帐，其形制即为仿小木作样式，有门无窗，是一座硬山式民宅建筑模式，与叶茂台辽墓出土的九脊小帐差别很大。①此类型小帐在辽宁省朝阳县西四家子乡柏树沟村西柏木山出土、辽圣宗统和四年（986）下葬的耶律延宁墓中也发现过。

此外，辽墓考古发现，辽人死后入葬，与木制棺帐相配套的，还有悬挂其上的丝织彩绘"帷幔"。考古工作者根据陈国公主与驸马合葬墓、叶茂台7号墓、赤峰大营子驸马赠卫国王墓、耶律羽之墓等出土遗物推断，这些辽墓棺帐上都可能悬挂过"帷幔"。

四　其他葬具

辽人死后入葬，其葬具除木棺与石棺之外，见诸考古资料者还有骨灰罐、骨灰匣和木质真容偶像等。

1. 骨灰罐

一般来说，发现骨灰罐者既有辽代早期墓葬，也有中晚期墓葬。比如，考古工作者在内蒙古赤峰市（原昭乌达盟）巴林左旗双井沟发现的辽代早期土坑竖穴墓，其中一座墓中即出土6个骨灰罐，另一座墓中出土8个骨灰罐，并且大多数罐体上都有1~4个打孔。②1987年8月，考古工作者在辽宁省朝阳县木头城子乡十家村一座辽代晚期墓葬中，发现一具石棺和一具木棺，同时发现6个骨灰罐。经专家考证后认为其属于一个家庭的合葬墓，石棺和木棺中葬的分别是丈夫和妻子，骨灰罐中葬的应是其子女。③1995年秋，

---

①　张洪波、李智：《北票泉巨涌辽墓发掘简报》，《辽海文物学刊》1990年第2期。

②　中国科学院考古研究所内蒙古工作队：《内蒙古昭乌达盟巴林左旗双井沟辽火葬墓》，《考古》1963年第10期。

③　辽宁省文物考古研究所等：《辽宁朝阳木头城子辽代壁画墓》，《北方文物》1995年第2期。

考古工作者在内蒙古兴安盟科尔沁右翼中旗代钦塔拉苏木双龙岗村辽代墓葬 7 号墓中发现一件夹砂灰陶骨灰罐，轮制，鼓腹，凹底，腹饰压印箆点纹。[1]20 世纪 80 年代中期，考古工作者在沈阳市康平县海州乡海州屯一处辽墓中发现了 6 个骨灰罐，分两组埋葬，每组 3 个呈"品"字状排列，每个罐上均用白釉瓷盘为盖，骨灰置于罐内。[2]近年来，与之相类的辽代辽沈地区平民骨灰罐墓在沈阳市区内也有发现。

有学者根据辽上京地区（今内蒙古赤峰市巴林左旗）出土的骨灰罐实物，总结辽代骨灰罐的形状大致有两种：一是穹庐式，二是仓廪式。如 1987 年 6 月，考古工作者在发掘辽上京南塔山西坡一座小型砖室火葬墓时即发现一件刻有人、鱼纹的穹庐式骨灰罐。该骨灰罐由盖和罐体两部分组成，有子母口相合。盖为穹顶式，顶端有攒尖式小钮，中间有两道凹弦纹，下部出小平沿，沿的唇边饰 3 匝凸弦纹。罐体为短颈、广肩、直腹式。罐腹刻画"田"字形假门，门的四角和中间贴塑乳钉 6 个。假门左侧刻画直棂假窗一扇。其他部分满饰交叉斜线，形成大小不等的菱形纹。罐体的肩部刻画出一条硕大的游鱼和一个欢呼雀跃的渔人形象。穹庐式骨灰罐的发现，既印证了穹庐毡帐是辽代契丹人的主要居室，也反映了契丹人游牧生活对穹庐的依赖程度。而罐体上游鱼和渔夫形象的出现，则说明渔猎也是辽代契丹人的生产活动与生活内容之一。类似形状的骨灰罐在巴林左旗哈达英格乡哈达图村西的一座辽代火葬墓中也有出土。与前者不同的是纹饰。该骨灰罐为泥质灰陶，夹有小颗粒粗沙，轮制。罐体外壁有刮削、堆塑及刻画装饰，穹顶圆壁。圆形外壁中间开带轴单扇门，门两侧各有一对称的窗，窗与门中间及穹顶刻画有母子鹿纹，体现了浓郁的草原生活气息。圆壁上刻画 5 只牝鹿，大耳直立，昂首前视，颈与四肢细长，肥臀，有两鹿将头分别探在不同窗口上，似表现对穹庐的依恋。穹顶则重点刻画了母子鹿的亲昵之态。

1972 年，在辽上京南塔山东坡

图5-3 辽穹庐形陶质骨灰罐

① 内蒙古文物考古研究所：《科右中旗双龙岗辽墓》，《内蒙古文物考古》1997 年第 1 期。
② 武家昌：《康平海州辽墓清理简报》，《辽海文物学刊》1988 年第 1 期。

发现一座葬于辽代后期道宗大安元年（1085）的火葬墓，出土一件瓷质茶绿釉仓廪式骨灰罐。该罐小口卷沿，腹微收，平底。肩部以下自口沿斜下有 19 条"瓦垄"均匀分布。外沿饰以"瓦当"，"瓦当"下饰一凸棱，腹上有 10 条立柱，接近底部的立柱下又饰一周凸棱。盖顶为宝顶式，顶表面有 72 个乳钉，盖顶端为一大乳钉。罐体外施茶绿釉，釉色光泽莹润。该骨灰罐造型别致、美观，整体似一仓廪。[1] 据出土文字，知墓主为辽代上京开悟寺僧人。

2. 骨灰匣

辽代的骨灰匣亦分两种：一种为木制骨灰匣；一种为石质骨灰匣，又称石函。

木制骨灰匣多出土于辽上京地区的僧人火葬墓中。近年来，文物考古工作者在内蒙古赤峰市巴林左旗辽上京遗址周边发现了一批辽代后期这一地区僧人的火葬墓，墓内均出土了带有墨书铭文的骨灰匣。如 1967 年在辽上京城址北炮楼山西麓辽代宝积寺僧人墓中出土了一件骨灰匣，匣板墨书"大康八年十月廿日三更宝积寺首座沙门善稔灰衬匣子"等字。1972 年在辽上京南塔山东麓发现一座券顶砖室僧人墓，墓室内有 1 件茶末绿釉仓廪式骨灰罐，4 件木质骨灰匣。其中 1 件为盝顶式匣盖，柏木质料，内板墨书"天庆元年四月二十八日开悟寺前开龙别贮沙门积行灰衬"。墓室内还有 1 方大安元年（1085）所刻之经幢。有学者认为，从一座墓内出土 5 件火葬葬具，且有两个年号的铭文推断，其应该是辽代上京开悟寺五位僧人于辽道宗朝至天祚朝不同时间下葬的火葬合葬墓。[2]1972 年 5 月 14 日，文物部门在辽上京城址南塔子沟村征集到一件辽代开悟寺僧人骨灰匣，匣板略呈长方形，墨书"开悟寺僧守教"六字。1975年 11 月 19 日，考古工作者在辽上京城址西五公里白音高洛村北山发掘辽代弘法寺僧人墓，亦出土一件骨灰匣，匣板墨书"弘法寺前管内都僧录弘觉大师赐紫沙门释"、"大康二年三月三十日乙时掩闭记"。此外，考古工作者还在附近的石棺墓中发现描绘弘法寺僧人日常佛事活动的壁画。1987 年 6 月 20 日，考古工作者在辽上京城址北林东北山发掘辽代开龙寺僧人墓时，也发现一件骨灰匣，匣板上有墨书"开龙寺堆灯"5字。据推测，"堆灯"当为开龙寺的僧人，该火葬墓的墓主。1980 年，在辽上京南塔山发现一件辽代僧人骨灰匣，匣板上见墨书"乾统二年润六廿七日□□□后晌惠琛□□大烧院□□房子堂上道□"等字。匣板北面隐约可见"南陀佛"等字样。从"惠琛"二字分析，墓主当是僧人无疑。1990 年 6 月 9 日，在辽上京城址北林东砖厂北坡

---

① 曹建华、金永田主编《临潢史迹》，第 96～100 页。
② 王未想：《辽上京城址周围出土的墨书铭文骨灰匣》，《北方文物》2002 年第 1 期。

一座辽代开龙寺僧人墓葬中出土两块骨灰匣残存匣板，分见墨书"乾统元年"和"法融记"等字样。"法融"应为开龙寺的一位僧人。

石质骨灰匣（石函）。1993 年 5 月，内蒙古赤峰市巴林左旗哈达英格乡西白音高洛村北辽代晚期上京弘法寺僧人志柔火葬壁画墓中出土 1 件石质骨灰匣。[①] 该石质骨灰匣位于墓室北部，为绿色砂岩质，由盖和槽两部分组成。匣盖侧边长 92 厘米，前端宽 72 厘米，后端宽 66 厘米。匣盖的下部为 11 厘米厚的平台，上部雕成五脊四阿屋顶式。正脊居中，4 条斜脊分别从正脊两端分出，伸向匣盖四角。斜脊前端均雕有螭首。石槽侧边长 92 厘米，前端宽 66 厘米，高 46 厘米，后端宽 60 厘米，高 44 厘米，壁厚 8 厘米，底厚 10 厘米。整个石质骨灰匣（石函）前宽后窄，前高后低，盖与槽的前后两端垂直平齐，而盖比槽宽，故而两侧各出 3 厘米的檐。

3. 木质真容偶像

辽人死后焚尸火葬用的葬具有一种比较奇特，就是用木料雕凿成丧主的真容偶像，头部、躯干及四肢皆备。一般是在偶像躯干的胸腹部凿出方槽，将死者的骨灰置入其中而下葬。所谓"真容"，意为肖像，即一个人的形象或容貌的复制。从目前辽墓考古发掘的真容偶像实物看，每一具真容偶像的"容貌"的确都不相同，也就是说，不同墓葬出土的不同真容偶像，应该是工匠按死者生前容貌雕刻的，是丧主生前形象的再现。

辽代葬具真容偶像的使用者，既有汉人，也有契丹人；既有在俗的佛教居士，也有出家的僧人。

辽代葬具真容偶像的较早发现应该是在 1974 年 11 月考古工作者发掘的河北宣化下八里Ⅰ区辽代张氏家族墓的 1 号张世卿墓中。张世卿墓出土的真容偶像原置于后室木棺内。偶像用柏木雕成，包括头部、躯干、四肢和手足，模拟丧主生前形象。从残存的真容偶像的面部可以看出，死者是一位男性老者，眼窝凹陷，颧骨隆起，颌下蓄须并剃发，加上经过彩绘的瞳孔、髭须和朱唇，形象更加逼真。真容偶像的足部，是用两段柏木分别雕成的足与足腕，两部分以榫卯结构插在一起。[②] 据《张世卿墓志》记载，张世卿去世时享年 74 岁，偶像之形象与年龄相符。1979 年 10 月，考古工作者在北京大兴发掘辽代后期汉族官员马直温和其妻子张馆合葬墓时，亦于墓室内发现两具

①　金永田:《辽弘法寺僧志柔壁画墓》,《北方文物》2008 年第 4 期。
②　河北省文物管理处等:《河北宣化辽壁画墓发掘简报》,《文物》1975 年第 8 期。

用柏木雕刻的真容偶像。[①] 男偶应为马直温，高约 1.4 米，全身由 17 个部件组成，分别采取合槽、暗榫、转轴套接等连接方式。该偶像头部不见发髻，只在头顶及两鬓刻出发丝，颌下刻胡须，面轮方中带圆，五官平正端严而富于个性。偶像胸腹部分以圆木凿成匣状，内盛骨灰。女偶较男偶略小，应系张馆之真容。但因其朽坏严重，仅余腿脚和手臂等部件，具体形象已难复原。

1998 年秋，考古工作者在河北宣化下八里Ⅱ区辽代契丹人壁画墓 1 号墓中，发现两具女性真容偶像，当为墓主契丹男子的两位夫人之真容。其中一具为年轻女性，由 12 块（已缺 5 块）柏木雕凿组合而成。面部雕凿出五官各部位，双眼皮，黑色眼珠，微微凝视前方，显得格外明亮有神。高鼻梁，红嘴唇；双耳宽大，耳垂穿孔。从前额到后脑雕凿出两条线槽，将生长头发的部分呈现出来，并染成黑色。整个偶像面部丰满，端庄秀丽，雕刻细腻，栩栩如生。另一具为老年女性，由 17 块柏木雕凿组合而成。面部雕凿出五官各部位，额头、眼角、鼻翼均刻出皱纹，使其面部显得苍老凝重。眼珠用黑色料器镶嵌，闭口，耳垂有圆形小孔。头顶部用阴线刻出软巾纹饰，并染成黑色。上身与头为一块整木，腹部凿空，内盛骨灰。腹下凸出一周带状装饰，再下雕出大腿根槽。胸前和腹部微微隆起，显示了女性特征。四肢各由 4 块木构件连接组成，肩、肘、髋、膝、踝各关节插榫连接并以铁销为轴，可以弯曲摆动；上臂、手腕和大腿部位以转轴套接，然后用铁销卡住，能够灵活转动。[②] 2008 年，考古工作者在辽宁省朝阳市双塔区桃花吐镇林四家子村西营子屯王坟山辽代刘宇一家族墓 1 号墓石棺内发现一具真容偶像残件，包括两只手和部分手臂，细节如实雕刻，关节处活动自如。[③]

辽代僧人圆寂火化后也有用真容偶像为葬具下葬者。1990 年，考古工作者在内蒙古赤峰市巴林左旗一座辽墓中，发现一具完整的真容偶像，高 1.45 米，秃头，身着僧衣，足穿鞋袜，

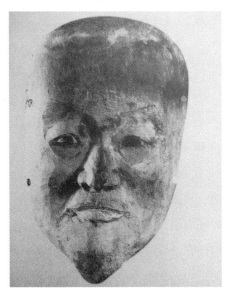

图5-4　宣化1号辽墓真容偶像面部

---

① 张先得：《北京市大兴县辽代马直温夫妻合葬墓》，《文物》1980 年第 12 期。
② 刘海文主编《宣化下八里Ⅱ区辽壁画墓考古发掘报告》，第 14～18 页。
③ 辽宁省文物考古研究所：《朝阳市林四家子辽墓发掘简报》，《北方文物》2013 年第 2 期。

胸部与脑腔内装有骨灰，四肢均有活动关节。[1] 偶像为僧人形象。

辽人死后作为骨灰葬具的真容偶像除了木制者之外，还有用草做成的。如河北宣化辽代张氏家族墓群 7 号张文藻夫妻合葬墓木棺中即发现两具用稻草扎制而成的偶像。[2] 草偶躯体内腹部填充有死者火化后的骨灰；草偶外表穿戴衣帽鞋袜，佩有饰物，盖有锦被。两具草偶其中一具身长 90 厘米，当为男性墓主张文藻真容，头部用布帛包扎缝合制成，下葬时应具备五官模样；另一具草偶身长 80 厘米，应是张文藻的夫人真容。

有学者指出，辽人死后用真容偶像盛骨灰下葬，应是受唐代僧人葬俗的影响。[3] 如敦煌藏经洞内发现的晚唐僧人禅坐塑像，即是一躯真容，其腹腔中就置有一个骨灰袋，内装其火化后的灵骨。[4] 此外，唐代晚期曾在中国求法的日本名僧智证大师临终前也对弟子说："我灭后，造我像，藏骨其中，安置唐房，盖为护佛法、翊王法也。"[5] 辽承唐制，无论僧俗，不分民族，崇佛信教者，亦多有此葬俗。因而，有人认为辽人用真容偶像存放骨灰，既遵守了佛教仪轨，又不违背保存躯体、全尸而葬的观念；既实现了对本民族（指辽地汉人）特色的坚守，又迎合了特殊时期社会的需求。[6]

第二节　随葬品

一　各类陶瓷器

辽人死后入葬，均要随葬一些器物，一般分为实用器和冥器两大类，数量富者多、贫者寡。尤其是到辽代中后期，厚葬之风于贵族阶层盛行一时，迫使契丹统治者一度诏禁。考古资料表明，辽人墓葬中的实用随葬物，从生产工具到生活用品，应有尽有，非常丰富，而冥器则呈现出器形变小的趋势。

辽代契丹人墓葬随葬的陶器多印纹灰陶和黑陶。器型有罐、钵、碗、瓶及瓜棱形壶等。早期陶器多为实用器，其中有仿皮囊式鸡冠壶，器腹有穿耳，保留了契丹人马上生活的特点。中晚期出现了成组的"明（冥）器"锅、牡、铛、箕、鼎、壶等。辽

---

① 项春松：《辽代历史与考古》，第 258 页。
② 河北省文物研究所：《宣化辽墓》（上），第 89 页。
③ 李清泉：《真容偶像与多角形墓葬——从宣化辽墓看中古丧葬礼仪的一次转变》，辽上京契丹·辽文化研究学会编《首届辽上京契丹·辽文化学术研讨会论文集》，内蒙古文化出版社，2009，第 162 页。
④ 马世长：《关于敦煌藏经洞的几个问题》，《文物》1978 年第 12 期。
⑤ 白化文、李鼎霞：《行历抄校注》，华山文艺出版社，2004，第 245 页。
⑥ 郑承燕：《辽代贵族丧葬制度研究》，第 119 页。

图5-5 辽墓随葬花口青瓷碗

墓出土的瓷器最富民族特色，如著名的长颈瓶，有黄、绿、白三色釉，一般形制为敞口、细颈、长腹、小底，早期有凤首装饰，故又称凤首瓶，中晚期以素面居多。再如"辽三彩"器，器形有长瓶、长盘、方碟、圆碟及暖盘等，色彩由黄、绿、白三色，多印有牡丹花卉等，色彩浓艳。

如法库县叶茂台镇契丹萧氏后族家族墓中即出土了大量陶瓷器物。其中3号墓出土一件白瓷雕画花饰大碗，敞口，外折沿，斜腹，圈足，胎淡红色，外挂陶衣，施白釉，釉面光亮。在碗的内壁采用雕、画结合的技法，装饰了三朵盛开的牡丹花及肥硕的花叶。在花朵、花叶的外轮廓处剔去一层胎骨，使花、叶更加凸起；在花、叶的内侧用较细的工具进行刻画，用以表示花瓣和叶脉，其总体表现是线条流畅，纹饰生动逼真。该墓还出土一件瓷器精品——白瓷花式口小碟，敞口，斜腹，圈足，碟口仿金属器呈十九瓣花式，胎白质细，通体施象牙白釉，釉层温润有光泽，制作精细，给人一种端庄秀丽、素雅洁净之感。[①] 1973年10月，考古工作者在法库叶茂台2号辽墓发掘出土一件白瓷雕牡丹花纹长颈瓶，喇叭口，外展唇，束颈，溜肩，斜直腹，平底。该瓶为白瓷胎，胎质细腻，火候较高，外挂白粉衣，通体施五色透明玻璃釉，釉色微黄，光洁明亮。瓶身密布西开片纹，颈、肩部各有一道凸弦纹，肩腹部雕画一周六叶三花折枝牡丹，花纹外郭雕刀较宽，剔去粉衣，致花纹凸起，花朵、叶脉均为划出，线条流畅。该墓同时还出土一件白瓷蕉叶纹注壶，管状口，折肩，直腹，圈足，壶身刻蕉叶纹饰，肩部有两道细弦纹，执柄为扁状，柄外雕卷云纹。壶前部有短曲流，圈足稍微外侈，足内底微凸。该壶为白色胎质，质地十分细腻，瓷化较高，表面施白釉，呈象牙白色，釉质莹润。[②] 1973年10月，考古工作者在法库叶茂台5号辽墓发掘出土1件白瓷鸡冠壶，壶身上扁下圆，上部一侧有管状口，口有向外翻卷的圆唇；另一侧是一绳状环形提梁。口和提梁下部有一圈"皮条"状装饰，"皮条"上有9个圆形"皮扣"，两侧各4枚，管口下面1枚。管口下两侧和前面有3道凸棱，为仿皮条接缝纹饰。壶底有圈足，微外侈，足底心微外凸。该壶胎质较细，微含砂，胎呈粟米红色，火候较低；壶身外挂白色陶衣，施白釉，有

---

① 王秋华:《惊世叶茂台》，第34页。
② 冯永谦、温丽和:《法库县文物志》，第189～191页。

细碎开片，釉不及底，垂有蜡泪痕。[①]1956 年，考古工作者在新民巴图营子辽墓发掘出土一件绿釉鸡冠壶，圆身环梁，上有管口，梁上留有工匠的指捏纹。该壶为高圈足，米黄色胎，质地粗松，壶身施绿釉，有泪痕。[②]

图5-6 辽墓随葬黄釉刻花鸡冠壶

辽代汉人墓葬中也有大量陶器和瓷器随葬。如河北宣化辽代张氏家族墓群 10 号张匡正墓即出土随葬的陶器 33 件，主要为冥器，计有陶执壶、陶鼎、陶釜、陶承、陶鏊、陶甋、陶盆、陶碗、陶仓、陶灯碗、陶熨斗、陶币、陶剪刀等。如陶执壶，侈口，长颈，圆肩，长圆腹，大平底，柄下刻有"十"字编号，通体刻弦纹。陶釜，直口，厚唇，中沿外出，圜腹，平底，下有三扁方足，口外饰凸弦纹。陶仓，分盖、底两部分，平口，唇外侈，长腹，肩部凸出，平底，周身用朱、黑彩绘；盖钮四周墨绘六角连弧纹；器身绘叠瓣莲花；仓内下部为黄土，上部为粟种。该墓随葬瓷器中有三彩器、黄釉器和绿釉器 7 件，白瓷器 14 件，器形有洗、壶、碗、唾壶、盏托、碟和鸡腿瓶等。[③]山西大同辽代大同军节度使许从赟夫妇合葬墓出土的随葬陶器很有特色。考古工作者在该墓墓室西侧发现 3 件（套）陶器，一是彩绘堆花喇叭口形器，由顶部莲花盆、中部器身和底座三部分组成，器物巨大，造型奇特，纹饰繁缛。莲花盆的外壁等距离粘贴九个莲瓣状附加堆纹，莲瓣为模制，图案均为一作舞蹈姿态的童子，身边有飘带。莲瓣周围的白色陶衣上有黑色绘制的莲瓣纹。中部器身上小下大，形似喇叭，可分为两部分，上半部分上端口沿下呈鼓状外凸，分内外两层，外层四面镂孔，露出内侧的 4 个粘贴上去的模制兽面，兽面瞪目露齿。下端 4 周有 4 个大的镂孔，并以 4 条竖条状连珠纹带隔开。下半部分周壁上下有 4 周凸弦纹，间隔有 3 层图案，上层粘贴 8 个模制力士，等距离分布一周，力士间彩绘花草纹。中层等距离粘贴 4 个模制菱形纹饰片，也以 4 个元宝形镂孔相隔。下层模制的 4 个圆形兽面均匀地分布于四周，其间各以一个元宝形镂孔相间隔，周围彩绘卷云、花朵等图案。底座呈圆形覆盆状，座壁用 4 周凸弦纹间隔成 3 层，上层均匀对称

① 冯永谦、温丽和：《法库县文物志》，第 194 页。
② 沈阳市文物管理办公室：《沈阳市文物志》，第 253 页。
③ 河北省文物研究所：《宣化辽墓》（上），第 42 ~ 46 页。

图5-7 辽墓随葬刻花三彩枕

粘贴8个力士，四周彩绘卷云、花瓣等纹饰；中层粘贴4个模制兽面纹圆形饰片，四周彩绘卷云、花瓣等纹饰；下层粘贴4个力士，四周彩绘卷云、花瓣等纹饰。二是彩绘将军罐，罐盖上端为两周外敞的莲瓣，下端4组纹饰从上至下分别为团花、兽面、菱形纹和火焰纹。周围有繁缛的莲瓣与花草彩绘，分黑、白、橙3色。罐身为圆唇，鼓腹，平底。罐的肩部至下腹部均匀排列四周纹饰，等距离粘贴，图案内容分别为团花、小兽面、大兽面和火焰。周围彩绘有莲瓣及团花。三是长颈枭首壶，卷唇，细长颈，鼓腹，小平底。壶置于喇叭形器座上。[1]河北宣化辽代姜承义墓出土大量随葬陶器，计有陶锅1件，陶簸箕1件，陶制盆形鼎1件，陶仓16件，陶盏托3件，陶杯3件，陶提斗1件，陶镰斗2件，陶碗9件，陶罐5件，陶研磨钵1件，陶盆1件，陶制塔形器1件，陶鏊子1件，陶壶5件。[2]其中最有特色的当数陶制塔形器，该器为塔形盖，喇叭形器身，出檐3层。檐间设跪式侏儒，侏儒之间有圆形或方形孔。檐上设莲叶、飞天和跪立式人像。人像头梳髻，宽衣，着裙，作拱手状。器身中空，无底。

二 铁器、木器和骨器

辽墓随葬铁器种类较多，其中生产工具有铁锄、铁犁、铁锹、铁镐等，生活用具有铁壶、铁鼎、铁筒、铁剪、铁铲、铁斧、铁钳、铁熨斗、铁锅、铁炉、铁鏊子、铁马具等。早期随葬的铁器多为农具，中晚期则多为生活用具。兵器有铁刀、铁矛、铁镞、铁骨朵、铁甲片等。1974年，考古工作者在法库县叶茂台镇叶茂台村7号辽墓出土一件铁锹，用薄铁板锻造，长柄，有銎，锹身为方形。此外，该墓还出土铁斧一件。1999年，考古工作者在法库县大孤家子镇李贝堡村辽墓出土掘土用的铁铲3件，其中有两件为箕形铲头，刃略呈弧形，卷筒式柄；另一件为长圆身，弧刃。该墓还出土铁舌一件，长方体，直刃圆角，中空，纵剖面呈"V"字形，长方形銎，銎中部有

① 王银田、解廷琦、周雪松：《山西大同市辽代军节度使许从赟夫妇壁画墓》，《考古》2005年第8期。
② 张家口市文管所等：《河北宣化辽姜承义墓》，《北方文物》1991年第4期。

铆钉与两壁相连，以固定�柄。[①]1974 年 5 月，考古工作者在法库县叶茂台镇 7 号辽墓出土一件铁镳斗，椭圆形，深腹，直壁略侈，平底四足，一侧有扁方长柄，足为尖状外折，用熟铁片做成，斗身亦用铁片捶打并焊接而成。该墓同时还出土一件铁熨斗，用铁水浇模铸造而成，浅身，圆平底，盘口，扁圆柄，方銎。此外，考古工作者还在法库叶茂台 14 号辽墓出土一件嵌银花提梁铁壶，为熟铁锻制而成，深直腹，平底内凹，扁提梁，中有圆环相套。壶腹部嵌银片花鸟纹，制作颇为精细。该墓还出土铁凿、铁鸭嘴钳、铁扁铲、铁鱼钩、铁鱼叉、铁冰穿等铁制工具。[②]考古工作者在河北宣化辽代张氏家族墓区 7 号张文藻墓出土一件铁制雁足灯，灯足为三角支钉式，形似雁足，故名。[③]中有一梃，上托圆形灯盘，灯盘中心有一圆筒形灯盏。

辽墓随葬木器主要有桌、椅、枕、衣架和少量的盆、钵木雕，多为"明（冥）器"。如桌多为小型长方形矮足，与近代北方习用炕桌相类，椅为小而矮的供椅。床即"胡床"，又称榻，低矮长方形，周有围栏雕饰，拦板间有间柱，四角有角柱，上有垂幔，围柱与底座分别组合，可以自由挪动，形制颇别致。河北宣化辽代张氏家族墓中随葬木器较为集中，其中以木制家具为多。如 10 号张匡正墓即出土 9 件木器，包括大桌、小桌、木椅、盆架、镜架、竹木小匣和鱼形饰件等。其中，大小桌形制相同，皆为实用家具。木椅为方座靠背式，长方形，四足用方木制成，足间置横撑，正面横撑的挡板上雕出 3 朵花瓣纹，后足间横撑上木雕云彩勾牙子。靠背呈弓形，背柱、横带木皆抹角，四足压出直线文。盆架用圆木雕成，架座为 4 块弧形扁木结成圆形，扁木之间以卯榫相合。架中空，以承洗子。架座下按四角方位做 4 个圆形木柱足，四面做出弧形木撑。镜架为长方框形，用抹角长条木结合而成。架中部为空当，架顶为一两端翘起之横木，横木的中间加一生花形饰物，为悬挂铜镜所用。横木之下两主柱的下端做出斜榫并置二斜柱，以使架身向后倾斜。斜柱之下设一横木为足。[④]宣化辽墓随葬木器还有张文藻墓出土的木梳、木素珠等。辽宁朝阳木头城子辽代壁画墓墓室出土了一件随葬圭形"木（墓）表"，其上书写墓主生平，依稀可见"……检校国子祭酒兼监察御史武骑尉"[⑤]等字样，其功能应与石刻墓志铭一致。内蒙古商都县前海子村辽墓墓室出土随葬的木盆两件和木钵一

①　林茂雨、佔峻岩：《法库李贝堡辽墓》，《北方文物》2001 年第 3 期。
②　冯永谦、温丽和：《法库县文物志》，第 230～232 页。
③　河北省文物研究所：《宣化辽墓》（上），第 115 页。
④　河北省文物研究所：《宣化辽墓》（上），第 59～61 页。
⑤　辽宁省文物考古研究所等：《辽宁朝阳木头城子辽代壁画墓》，《北方文物》1995 年第 2 期。

件。^①木盆敞口，尖圆唇，弧腹内收，圈足，盆腹中部有一周凸棱。木钵敞口，直口近底内收，圈足。

内蒙古赤峰市敖汉旗博物馆收藏两件该地区辽墓出土的随葬木雕器物，十分珍贵。^②一件是雕花木筝。该筝方头斜抹，近端两侧出沿，头端穿七孔，各插一个琴轴，每轴上横穿一细弦孔。尾部侧面呈鱼尾形，面与凸起的接界处斜穿七孔至尾槽处以纳琴弦，上面凸起面正中又高出一圭形块饰。两侧边的头端雕出半浮雕式双重卷草纹，尾端雕出卷云纹。筝体涂黑漆。另一件为雕花木弓囊。这件雕花木弓囊用柏木制作，是将柏木做成如半张弓的两扇，各凿出空腔，相合后即成扁盒形，上口以纳弓，下底端平。合口处为子母口。直边的两扇合口处上下各以一小皮条联结，成为弓囊关、启的折页。弓囊内壁裱糊丝织物，外壁两面刻出半浮雕式如意形云朵。

辽墓随葬骨器除一些小型玩具、饰件外，常见的为骨刷、骨梳、骨簪等。骨刷，圆柱状长柄，正面扁平，穿孔有明穿、暗穿两种，与近代牙刷穿孔法相似。穿眼多两纵排，少者12眼，多者20眼。^③河北宣化下八里Ⅱ区辽代契丹人1号墓出土的一件骨刷，前端扁平，有四列八行32个毛孔，棕毛已朽。刷柄为圆柱形。同区2号墓出土骨质念珠两粒，白色，中心穿孔。^④河北宣化下八里张匡正墓出土3件骨梳，其中一件为半月形，梳背较厚，沿梳背刻一道阴文；弦部做梳齿40根。梳左右两端各有一小孔。张世本墓出土2件骨梳，其中一件亦为半月形，梳背雕出叶形孔；梳齿细密。此外，在同一墓区的韩师训墓出土一件骨簪，簪首较粗，而针部尖细，长约11厘米。^⑤辽宁阜新关山8号辽墓亦出土随葬骨簪一枚，簪体细长，扁平，锥形，顶端尖圆，表面打磨光滑。辽宁法库叶茂台7号辽墓出土随葬骨刷1件，骨刷柄磨制光滑，圆柱体，刷头较宽，置毛孔12个。同墓出土骨簪一件，圆锥状，顶端稍扁如刀形。内蒙古赤峰市巴林右旗沙巴尔台苏木虎吐路嘎查辽墓出土随葬骨串珠11件，骨珠呈乳白色，圆柱状，中有圆形穿孔。牙珠饰2件，系采用动物臼齿磨去牙根而成。齿冠呈墨绿色，乳白色釉质膜局部脱落，齿冠中心钻一圆孔。^⑥

①　富占军：《内蒙古商都县前海子村辽墓》，《北方文物》1990年第2期。
②　邵国田：《辽代木器小考》，《内蒙古文物考古》2001年第2期。
③　张国庆、朴忠国：《辽代契丹习俗史》，第153页。
④　刘海文主编《宣化下八里Ⅱ区辽壁画墓考古发掘报告》，第22、35页。
⑤　河北省文物研究所：《宣化辽墓》（上），第62～63、157、304页。
⑥　巴林右旗博物馆：《内蒙古巴林右旗虎吐路辽墓》，《北方文物》1988年第3期。

三 丝织品与车马具

辽墓随葬丝织品有绢、纱、罗、绫、锦、缂丝（也作刻丝）等，多为桑蚕丝织成，有的用"夹缬"和"腊缬"法印染各种花纹。还有不少丝织成品，如袍衫、幔帐等。

如辽代早期的耶律羽之墓即出土大量随葬丝织衣物，印证了契丹辽地"蕃罗"的精美。耶律羽之墓出土的随葬丝织物大致有三类：一是悬挂在墓葬主室的帷幔；二是成匹的织料；三是墓主人的衣饰。[①] 其中有一件中窠杂花对凤妆金银锦袍，左衽盘领，窄袖，前身斜襟，左胸处钉有两扣绊。此袍所用面料为中窠杂花对凤妆金银锦，以五色的缎纹纬二重作底，并织出团窠环，再用拈金线和拈银线在团窠内以挖花的方式织出对凤的图案，是一种妆花织物，极为罕见。

辽代中后期的法库县叶茂台镇 7 号辽墓也出土了大量随葬丝质衣饰，计有"棕黄色绣罗锦袍"、"平金银水龙纹碧罗袍"、"索绣黄罗袍"、"绣对鸟纹黄罗袍"、"提卐字花纹罗绮"、"贴金罗衣"、"黄色素纱袜裤"、"刻丝金线云水纹黄罗长勒绵袜"、"提花绫"、"绵褥"、"索绣罗带"、"丝绣高翅帽"、"瓜皮罗帽"、"刻丝金线绮云纹佩巾"、"酱黄色罗勒子"、"绣花手套"、"荷叶形绣花黄罗针筵"、"盘金银绣鸟叶纹黄罗香囊"、"平金银绣火珠纹香囊"、"绣童戏纹海棠黄罗荷包"、"绣罗锦粉扑"、"黄罗幂面"、"缠尸稠条"、"画罗"、"盘金银绣盘龙纹檐帷"、"盘金银绣仙鹿纹罗鞯"，等等。[②] 尤其是"刻丝金线山龙海水火珠纹尸衾"，丝质，赭黄色地，用片金作纬线，织出龙、水图案，每幅织物上都有一条"龙"，形态各异，并衬以火珠、山水、海怪等，十分珍贵。

内蒙古兴安盟科右中旗代钦塔拉辽墓出土了随葬的 20 余件辽代丝织品，质地各异，款式多样，其中有一件缂金绵（原文书"棉"似误）帽，精致华贵，颇有特色。该帽顶端呈圆形，由 4 片缂织物缝合而成，两侧有护耳，帽子钉附两对带，一对钉在护耳下端，另一对钉在帽里侧双耳的位置上。前一对带面料为黄色四经绞罗，后一对带面料为棕色绫。两对带均系成蝴蝶结状。帽用黄色绢做里，中间纳绵。[③] 文献记载该形制帽称"檐帽"或"胡帽"。绵帽外部使用缂金面料，不同颜色的丝线和金线织缂出蓝色水面、金色波浪和盛开的荷花，并有 4 条跃出水面的鱼龙。鱼龙又称摩羯，源

---

① 盖之庸：《探寻逝去的王朝：辽耶律羽之墓》，第 105 页。

② 冯永谦、温丽和：《法库县文物志》，第 250～255 页。

③ 其木格：《辽代缂丝荷花摩羯纹棉帽》，《内蒙古文物考古》2001 年第 2 期。

于古印度神话。该帽是一件精美的艺术品，图文如雕似镂，表现了辽代织工的精湛手工技艺和辽人先进的织造技术。

　　与游牧生活相关联，不少契丹人死后，往往用成套车马具随葬。早期随葬车马具多为成组的鞍具铜铃、马镫等。中期以后，开始用银质鎏金来装饰鞍辔，并錾刻华丽复杂的花饰图案。"辔"，又称"辔头"，由辔、络头、衔（马嚼子）、镳等组成，辽墓均有实物出土。如辔头。法库叶茂台 7 号辽墓主室西耳室即出土了大量契丹人所用之马具，其中有一副辔头，辔带与鞍桥两翼联系，辔带两侧还有 10 根革条，用厚绢缠裹，上缀铜泡，并镶嵌 69 枚圆形或六角形水晶珠。该墓还出土铁马衔一件，由两节相连的金属条组成，两端各有圆环与镳相连；鎏金铜马铃 5 件，黄铜铸造，两半球合成，有腰，上有穿鼻，内悬铁胆，其中 4 件还残存拴系用的革带。在同一地点的 14 号、15 号辽墓中，也有辔头、铁衔等马具出土。[①] 法库柏家沟乡东头台子辽墓出土了契丹人用的铜马胸钟 3 件，铜马铃 5 件，铁马衔一件，制作都十分精巧。"鞍"，即"鞍具"，大致由鞍桥、鞯（障泥）等组成。法库叶茂台 7 号辽墓出土辽代鎏金银鞍桥两件，一大一小，其形状为前后翘起，中间下凹。鞍桥桥心为木制，表面用包钉鎏金银片作装饰。该墓同时出土有与鞍桥配套的异常精美的盘金银绣仙鹿灵芝纹罗鞯（障泥）。类似的辽代鞍具在叶茂台 14 号和 15 号辽墓也有出土。"镫"，即马镫及其配件。法库叶茂台 7 号辽墓出土铁质马镫一副，为熟铁锻制而成，圆体环梁，上为长身扁方系柄，柄上有穿孔；下为半圆形踏板，板面带月牙形和三角形透孔。叶茂台 14 号、15 号辽墓还有辽代铁马镫出土。此外，法库东头台子辽墓、丁家屯辽墓、张家洼子辽墓等亦均有辽代马镫等实物出土。

　　内蒙古通辽市奈曼旗辽代陈国公主与驸马合葬墓出土的两套随葬的完整马具，属于冥器。每套马具都有银马络、银马缰、银胸带、镶金铁马镫、鎏金铜马镫、包银木马鞍、彩绘银鞯、银蹀躞带、银鞦带等。[②] 比如，银马络用薄银片制成，包括项带、额带等几个部分，带上钉缀马形圆雕、狻猊形圆雕玉饰等，其中马形玉饰由白玉雕成，马呈蹲踞状，昂首，立耳，线刻眼、鼻、嘴、鬃毛等。马衔和镳为铁制，鎏金，一为龙首，一为凤首。马鞍为柏木制作，前后桥外侧和鞍板前后均镶包贴金银鞍饰和鎏金银鞍饰，制作精致美观。彩绘银鞯（障泥）用包银片打制而成，两侧各绘一只朱雀，呈昂首相对而飞状。马镫为铜鎏金，鼻与镫体分别制作，高鼻连接镫体后可以

---

　　① 冯永谦、温丽和：《法库县文物志》，第 99 页。
　　② 孙建华、杨星宇：《大辽公主——陈国公主墓发掘纪实》，第 189～192 页。

左右旋转，便于马上活动。

契丹贵族耶律羽之墓亦出土了大量辽代早期马具饰件，制作精细，小到带口，大如杏叶形牌饰等，都一丝不苟。特别是大量镂空饰件，工艺要求颇高，反映了契丹早期鞍马具的高超制作技艺，契丹人不仅要求其有实用性，还特别追求装饰的华丽效果。最为奇特和珍贵的是，在耶律羽之墓附近，考古工作者还发现了一座殉车马坑，出土了一辆辽代早期的驼车实物。该车长辕，车轮后置，用丝织品包裹车楼，并在车楼上装饰流苏。残存车框均以彩色花卉图案装饰，随车物件还有置于车首的一对圆形鎏金铜铃和一件大型錾花鎏金铜铎。车身两边框内外分布着 20 多件精美的小型铎形鎏金铜铃，以及数件方形錾花鎏金铜牌饰。车尾置一三角形彩色木墩。随车还有一些铁制工具，如斧、锛、凿、锄等。[1] 该车与历史文献记载的辽代契丹贵族乘坐的驼车及辽墓壁画绘制的契丹贵族出行用的驼车式样相符。有学者认为该车应即运送辽代东京左相耶律羽之灵柩从东京辽阳府至上京墓地的灵车。[2]

四 兵器与刑具

辽人死后随葬的兵器大致有刀、矛、剑等。还有骨朵，铁制短柄，上端球状或蒜瓣形，下端有穿孔，可穿皮绳以便携带，为契丹人轻便防卫武器，或用于骑猎，后来用作仪卫，短柄变成了长柄。此外还有弓、箭及箭壶等。

辽代契丹骑兵及猎人随身佩挂的是杀敌和射猎时必备的弓与箭。契丹人擅制弓箭，且质地优良。《燕北杂记》称契丹人所用"燕北胶弓，坚劲不易折"。《契丹国志》卷 27《岁时杂记》记载契丹人常用以一种生长在契丹腹地特殊的蒲茎做的箭杆。其云："西楼有蒲"，濒水丛生，其中一杆叶如柳，"长不盈寻丈"，用以作箭杆，"不矫揉而坚"。契丹人所用的弓与箭杆因属藤木与皮革制成，不耐腐蚀，千年之后的今天于辽墓中已少见其实物踪迹，但箭镞为较耐腐蚀的铁或铜制成，所以，不少辽墓中都有契丹人随葬用的箭镞实物出土。如康平县后刘屯 2 号辽墓、法库县叶茂台 14 号辽墓中，都有或呈柳叶形，或呈平头状，或为双翼式的铁镞出土。[3]

内蒙古通辽市奈曼旗辽代陈国公主和驸马合葬墓出土了随葬用的木弓囊、箭镞、鸣镝以及佩挂弓箭的银质和铜质蹀躞带、银刀、铁刀、刺鹅银锥和架鹰用的玉臂鞲

————————————

① 齐晓光：《辽耶律羽之家族墓地发现殉车葬》，《内蒙古文物考古》1996 年第 1～2 期。

② 盖之庸：《探寻逝去的王朝：辽耶律羽之墓》，第 128、138 页。

③ 冯永谦、温丽和：《法库县文物志》，第 101 页。

等。辽宁阜新关山 4 号辽墓出土随葬铁刀两件，其中一件环首直柄，刀身呈三角形，一侧开刃。另一件形似短剑，刀身直长，一侧开刃，锐尖。同一墓区的 7 号辽墓亦出土数件随葬的铜制或铁制兵器。[①] 如铜短剑一件，剑柄与剑身为一体，剑柄呈"凸"字形，剑身两侧无刃，应为冥器。铲形铁箭镞 11 件，镞体扁平，平面近三角形，曲边，壶刃，尾部有銎，内插木质圆铤。此即文献记载契丹贵族"射柳"比赛时用的平刃箭镞。矛形铁箭镞 30 余件，镞体平面呈柳叶形，两侧直刃，中部起脊，截面为菱形，尾部有銎，内插木质圆铤。骨鸣镝 5 件，前端为锋刃，呈锥形，后端呈球形，球内中空，球体上有 3 个椭圆形哨孔，尾部有圆銎接铤。铁甲片若干，为多种形状。

辽宁北票泉巨涌辽墓亦出土一批随葬兵器，计有铁制箭镞 36 件，分为三类，一是柳叶形箭镞，二是双翼形箭镞，三是平锋铲状箭镞。此外，还有铁矛一件，铁甲数十片。[②] 黑龙江齐齐哈尔梅里斯长岗辽墓也出土一批随葬兵器，种类和数量都比较多。如铁刀一件，单刃，长窄身，刃部较锋利，背略平，护手为菱形盘状。铁箭镞 16 件，有 6 种形制：第一种为镞锋扁平式，铲状，刃弧形较宽，无脊，圆锥铤；第二种为镞身分叉式，镞锋为双刃鱼尾状，铤呈扁方锥体；第三种亦为镞身分叉式，但锋部较宽，分叉凹处较浅，双刃向外略翻，器身稍短，铤呈扁方锥体；第四种前刃部呈方尾式，铤为方锥体；第五种镞身呈矛状，两侧有刃，中间两面有脊；第六种镞身为扁凿状，四面有刃。铁制鹤嘴啄一件，形似鹤嘴，顶部呈长方形，锋部锐利，呈扁方锥体，器身一端有长方孔，可安柄或系绳。鎏金铁权杖一件，锻制，器形与斧相似，长方形平顶，刃弧状稍宽，向腹部延伸，器身中部三面隆起呈球状。腹部一侧有柄，柄内带孔。铜盔顶一件，盔顶座下部呈覆莲状，上部为圆柱体，中间有对称隆起的 4 个乳钉装饰。[③] 内蒙古霍林郭勒一座辽墓出土了数件随葬兵器，有铁刀、铁剑等，特别是有一套弓箭，别具一格。[④] 木质弓一件，弓褙骨一条，粘在弓一端弯曲处，以增强弓的强度和弹力。箭 38 支，铁镞木杆。铁镞为四棱尖状，尾部有一圆銎，用以安装箭杆。箭杆长 70 厘米，为硬质有弹性的木条，细端缠绕薄桦树皮，插进铁镞圆銎里，从而使箭杆安装得更加牢固。箭杆尾端刻一凹槽，以便固定弦线。箭囊一件，用桦树皮缝制，为半圆形长筒，木板为囊底，箭倒装于内。

---

①　辽宁省文物考古研究所：《关山辽墓》，第 33、53 页。
②　张洪波、李智：《北票泉巨涌辽墓发掘简报》，《辽海文物学刊》1990 年第 2 期。
③　崔福来、辛建：《齐齐哈尔梅里斯长岗墓清理简报》，《北方文物》1993 年第 1 期。
④　哲里木盟博物馆：《内蒙霍林郭勒市辽墓清理简报》，《北方文物》1988 年第 2 期。

辽墓出土的随葬刑具极少，所见者仅有脚镣、手铐，铁制环套式，与近代刑具相似。

五　钱币、玩具、文具与宗教用品

辽人有以本国钱币随葬者，但不多。辽宋交好后，宋币大量输入契丹，因而辽代中晚期辽墓中随葬的多为宋币。如河北宣化辽代后期张氏家族墓群 10 号张匡正墓即出土随葬的数十枚唐宋铜钱，计有唐代"开元通宝"一种 25 枚，北宋"宋元通宝"、"淳化元宝"、"至道元宝"、"咸平元宝"、"景德元宝"、"祥符元宝"、"天禧通宝"、"天圣元宝"、"景祐元宝"、"皇宋通宝"、"嘉祐通宝"、"熙宁元宝"、"元丰通宝"共 13 种 44 枚。[1] 2007 年，考古工作者在法库县大孤家子镇李贝堡 1 号辽墓中发现了唐代"开元通宝"和北宋"至道元宝"、"天圣元宝"、"祥符元宝"、"天禧通宝"、"景德元宝"、"咸平元宝"等。[2] 1992 年，考古工作者在沈阳新乐 2 号辽墓中也发现了辽人使用的唐代"开元通宝"等铜钱。[3]

辽墓出土的玩具主要是围棋，白色棋子多为石料所制，黑色棋子为煤精所制。如法库叶茂台辽墓出土的玩具主要是双陆和围棋。其中 7 号墓出土漆木制的双陆棋盘一个，角质骰子 2 粒，棋子 30 粒；10 号墓出土石质围棋棋子 25 粒，白棋子用白玛瑙磨制，黑棋子用黑曜石磨制。14 号墓、15 号墓、20 号墓也有双陆和围棋出土。但内蒙古通辽市奈曼旗辽代陈国公主与驸马合葬墓出土的随葬围棋棋子是木制的。[4] 内蒙古通辽市（原哲里木盟）库伦旗 3 号辽墓出土随葬黑色石质双陆 9 枚，下部呈圆柱形，上端有细长的握柄，[5] 与南宋洪遵《谱双》所绘双陆棋子形制完全相同，墨色素面，细腻晶莹，坚实厚重。

辽代墓葬出土随葬文具以内蒙古敖汉旗英凤沟 7 号契丹人墓葬较为丰富。该墓一次出土一套 4 件银质文具。[6] 其中有银盘一件，呈束腰形扁长体，似海棠花口。浅腹宽沿，加焊矮足。盘外底有刻画符号及数个契丹文字和汉字。该盘为墓主生前写画时的辅助性文具，在野外没有书案的情况下，可起到由仆人托盘洗笔或放墨砚之类的"书

① 河北省文物研究所：《宣化辽墓》（上），第 50 页。
② 沈阳市文物考古研究所：《法库县李贝堡辽墓群 2007 年度抢救性发掘报告》，沈阳市文物考古研究所编《沈阳考古文集》第 2 集，第 146 页。
③ 刘翠红：《沈阳新乐遗址辽墓发掘简报》，沈阳市文物考古研究所编《沈阳考古文集》第 2 集，第 163 页。
④ 孙建华、杨星宇：《大辽公主——陈国公主墓发掘纪实》，第 182 页。
⑤ 王健群、陈相伟：《库伦辽代壁画墓》，第 52 页。
⑥ 邵国田：《敖汉旗英凤沟 7 号辽墓出土银质文具考》，《内蒙古文物考古》2003 年第 2 期。

案"的作用。银笔洗一件，碗形，弧壁深腹，口沿外卷，内壁腹中部存有墨迹，墨色由上至底渐变深厚。圈足另焊接，略向外撇。圈足内侧刻一行契丹字。双连体银笔管一件，用银片锤打出两个八棱形管，每管接缝处一边直，另一边有不等距缺口交错插入直边后焊合。两管合缝的棱面相对，两端用环状银条将两管箍合，一端焊银片封堵，另一端开口。近口端用扭索的银丝焊一环，环连银链与银砚台相连。笔管一侧尚染有墨迹。出土时管内毛笔已朽烂不存。"凤"字形银砚一件，砚身呈"凤"字形，锤击而成，上出宽沿，底部焊"∩"字形支足，足中部穿三孔，中间一孔较大，有银链连于笔管。砚池内有较厚积墨。顶部焊接一七棱形柄。其他辽墓也有随葬文具出土，如陈国公主与驸马合葬墓即出土两件簸箕形玉砚和一件玉笔洗，敖汉旗沙子沟和大横沟辽墓出土随葬"凤"字形陶砚，白塔子辽墓出土马蹄形陶砚，扎鲁特旗辽墓出土方形陶砚，等等，大多属非实用性冥器。

辽人崇佛信道，宗教迷信用品入墓随葬的较多，常见的有经幢、佛牌、占卜用具等。如内蒙古赤峰市敖汉旗一座辽墓出土了一件卜具，陶质，八角形宝珠状，每面刻五言吉词。

六　金银铜器、漆器及其他材质装饰品

辽代早期墓葬中的随葬金银器多为实用器物；中期以后，辽朝严禁金银品入葬，所以随葬金银器数量稍有减少，但制作更为精致，且多以冥器为主。

耶律羽之墓是辽代早期契丹贵族墓葬的代表，该墓出土的30余件随葬金银器多为实用器皿。[①] 如两只金碗，其中一只口呈五曲，俯视如绽放的花朵。碗底中心部位隐起互嬉的双鱼，辅以荷叶图案。腹壁有葫芦形开光，錾刻鸿雁，姿态各异，形象生动。该墓出土的其他金器以首饰为主，计有金镯、金戒指、金耳坠、金璎珞等。金戒指多为盾形，中为宝相花纹，外接莲花宝珠。有的戒指镶嵌绿松石。耳坠为摩羯形，呈龙首鱼身状。耶律羽之墓出土的银器种类较多，有金花银器、鎏金錾花银器和素面银器等。如"万岁台"砚盒即是金花银器的代表。该砚盒平面略呈梯形，盒底有花式足，周边錾刻忍冬卷草纹。盒盖正面錾刻波浪腾龙图案，水中有莲花纹饰，莲花花蕊上竖刻"万岁台"三字。远处为高山浮云，一轮红日冉冉升起。盒盖四周为牡丹花等纹饰。盒内有箕形石砚和毛笔等物。其他银器还有鎏金錾花银罐、鎏金狮纹花口

---

① 盖之庸：《探寻逝去的王朝：辽耶律羽之墓》，第55～78页。

银盒、鎏金錾花七棱把杯、金花银摩羯纹碗、鎏金双凤纹银盘、鎏金银匙、"左相公"款银盆、金花银对雁纹渣斗、金花银鸳鸯纹渣斗、鎏金牡鹿银饰、鎏金雄狮银饰、鎏金对虎银饰、鎏金鸿雁银饰，等等。考古工作者1974年5月在法库县叶茂台镇7号辽墓发掘出土了一件银鎏金镂花捍腰，捶制而成，通体布满花纹，并嵌有小蓝色琉璃珠。其表面镂水鸟为地，又捶五塔纹，塔下为莲座，嵌五座琥珀塔身。[①]

　　辽墓出土的不少随葬金银器皿上都錾刻有各种栩栩如生的动物纹饰，真实地反映了中原汉族农耕文化与北方草原游牧民族文化相融合的特色。据统计，其上錾刻的动物纹饰种类繁多，主要有龙、凤、摩羯、猞猁、狮、羊、兔、鹤、雁、鸟、鱼、鸳鸯、海东青、三足鸟、乌龟、鹦鹉、兽面、朱雀等。如1973年10月，考古工作者在法库叶茂台2号辽墓发掘出土一副錾花金手镯，镯展长17厘米。该手镯为赤金捶制，两端略窄，中间稍宽。镯面錾刻花纹，花纹背面凹入，于镯面凸起，可知花纹是从背面向前捶击，前面由花纹模具顶硌而成。镯面上下两边饰素边棱，棱内花纹分区组合；中心一组动物花纹为一上一下同向游动的双鱼，鱼身錾刻细小鳞片；双鱼纹饰两侧是一组植物纹饰，呈现出层层互生的叶片，宽大而肥厚，叶上为花朵，两组植物纹饰呈对称状。植物纹饰两侧各为鸳鸯纹饰，两只鸳鸯亦呈对称状，似在嬉戏游玩。在鸳鸯纹饰的两侧又是一组植物纹饰，植物的叶脉清晰可见。在金镯的最外端，工匠们又錾刻了一组变形兽面纹饰。该金镯除两端的变形兽面纹饰外，其余动物、植物纹饰都有边框相隔，纹饰四周为錾刻的珍珠地。[②]

　　内蒙古通辽市奈曼旗陈国公主和驸马合葬墓出土的随葬金银器显见辽代中后期之特色，[③]如錾花银靴。公主和驸马的两双银靴均用包银片仿照实物做成，属冥器。两双银靴形制基本相同，只是所饰纹样不同。以公主的银靴为例，该靴由靴鞑、靴面和靴底组成，各部分打制成型后用细银丝缀合。靴鞑前高后低，靴口卷边，椭圆形。靴鞑下口套入靴面上口，周边用银丝连缀。靴底细长，前宽后窄，周缘上折，呈凹形，与靴面下口套合，周边用银丝连缀。靴鞑两侧各錾刻两只飞凤，凤首有"翠毛"，展翅向上飞翔，长尾下垂，周边饰有变形云纹。靴面左右两侧各錾刻一只长尾凤，昂首展翅，周围饰卷云纹，纹样上鎏金。除银靴外，该墓还出土了随葬的公主高翘鎏金银冠和驸马的鎏金银冠，亦属冥器。公主的银冠为高筒式，圆顶，冠箍口略有收束，两侧

① 冯永谦、温丽和：《法库县文物志》，第243页。
② 王秋华：《惊世叶茂台》，第29页。
③ 孙建华、杨星宇：《大辽公主——陈国公主墓发掘纪实》，第98~101页。

有对称的立翅。立翅边缘和冠箍外侧周边錾刻卷草纹。冠之正面镂空并錾刻花纹，正中为一火焰宝珠，左右两面为展翅欲飞的双凤，双凤周围是变形云纹。立翅外侧中心錾刻凤鸟，长尾下垂。冠顶上部缀鎏金"原始天尊"银像，长髯，高髻，头顶花冠，身着宽袖长袍，双手捧物拱于胸前，盘膝而坐。像有背光，边缘錾刻九朵灵芝。驸马的鎏金银冠由 16 块大小形状不等的鎏金银薄片重叠组合后再用银丝连缀而成。冠正面饰有对凤，饰件上錾刻凤、鹦鹉、鸿雁、火焰、花卉等纹样。冠之正中錾刻道教真武造像，长髯，戴莲花冠，着交襟宽袖长袍，左手拄杖，右手横于胸前，面向左侧立。神像下方刻一昂首乌龟，上方似刻一螣蛇。神像右上方刻一昂首展翅飞翔的仙鹤。陈国公主和驸马鎏金银冠中出现道教神像，表明道教文化对辽代丧葬习俗的深刻影响。

此外，内蒙古通辽市（原哲里木盟）科左后旗白音塔拉辽代契丹人墓葬亦出土一批随葬银器，如银钵、鎏金錾花银罐、海棠形錾花银盘、鱼龙纹银盘、银壶、银耳勺、鎏金银镊子等。[①]其中最有特色的当数海棠形錾花银盘和鱼龙纹银盘。前者为椭圆形盘体，圆唇，平折沿，浅腹，圆底。银盘通体錾刻鱼子纹为地。盘心在鱼子纹的地上阴刻卷草纹，在卷草纹中间是两只向同一方向奋蹄扬尾飞奔的瑞兽，前一只瑞兽在奔跑中回首张望，后一只则紧紧相随。两只瑞兽嘴部似鹰喙。瑞兽的上下左右四边錾刻四位坐式人物形象，姿态各异。折边外一周饰连点纹，盘边捶出一周凸起的连枝海棠花纹，花纹中间等距分布四只展翅飞翔的小鸟。后者为椭圆八曲葵形，圆唇，平折沿，浅腹，圆底。盘内用阴线錾刻两只腾跃的鱼龙。鱼龙为龙首鱼身龙腹，鱼尾向上方翻翘，腹部生两鳍。折边外凸起一周八曲旋棱。

辽墓出土的随葬铜器以铜镜为多，既有悬挂在穹庐顶正中或墓门内侧上方者，也有置于供桌上的。辽代早期多为小素面镜，中期以后的铜镜多饰以花纹，有的还铸有契丹文吉语。如河北宣化下八里辽代张氏家族墓群 10 号张匡正墓即随葬两面铜镜，一面为线刻龙凤流云纹铜镜，圆形，北面中部有一半球形穿带钮，钮中坠一铁环。镜背周起一层廓带，钮、廓之间的地子上用坚硬的针形器阴刻出极细的花纹。围绕镜钮之左右，刻画一龙一凤。凤张口，腾空展翅飞翔；凤首前有云气宝珠，再前为龙尾。凤的身体和尾部成弧形向内展开，作追逐腾龙之状，龙扬首张口，紧逐凤尾，龙首前和凤尾之间为云气宝珠。龙前爪左右扬起，一前一后，龙体扭曲成"S"形。龙身阴刻鳞片纹。龙凤之间的空隙处阴刻如意形流云，龙体前后刻水波纹，体现其在云水之间。

---

①　贲鹤龄：《科左后旗白音塔拉契丹墓葬》，《内蒙古文物考古》2002 年第 2 期。

另一面为双凤牡丹纹铜镜。同一墓区 7 号张文藻墓出土的随葬铜耳坠两件，用薄铜片锤打而成，形如梅花，花蕊和花瓣凸起，背后有一曲形钩。1 号张世卿墓出土的随葬铜钵一件，用黄铜捶胎制成，大口，直唇，腹部圆弧而浅；薄胎，大平底，无纹饰；铜碗一件，直口，厚唇，广深腹，平底；铜剑一把，脊微起，断面成菱形，茎扁，刃、茎间置一护手。①

当然，除此之外，辽代墓葬出土的随葬铜器还有其他物品。如辽宁阜新关山 4 号辽墓即出土鎏金铜佛像饰片一件，一尊坐佛被錾刻在鎏金铜片上，画面为佛盘腿坐于莲台上，左手置于左腿上，右手举于胸前，头和背部有光环。同墓还出土鎏金铜门钉 26 枚，铜凿一件，鎏金铜钥匙一件。②法库叶茂台 7 号辽墓出土铜钵一件，黄铜质，敞口，有唇，小平底，薄胎，通体无纹饰，较光亮；铜壶一件，黄铜质，盘式口，细颈，削肩，圈足略外侈，颈部有三道凹弦纹，腹部亦有凹弦纹，金黄色，做工精致，造型美观。叶茂台 6 号辽墓出土铜洗一件，黄铜质，外展斜沿，直腹，平底。叶茂台 19 号辽墓出土铜灯一件，黄铜质，底座为卷云状三支足，上承九节竹竿式檠杆，杆顶端有一方榫卯，嵌入一菊花式盏盘，盏盘中央是一环筒状纳蜡烛的插座，插座周围尚遗留燃余的蜡脂。叶茂台 9 号辽墓出土鎏金铜狮子一件，作蹲踞状，后腿蹲坐在地，前腿立支，头昂起，转向右方，作观望状。双耳竖立，口大张，露巨齿，舌前伸微卷，高鼻，长眉，大眼。前颈下垂鬃毛，呈缨状，颈后鬃毛披拂，散落背间，长尾粗壮，从右侧后腿翻出，搭于背上，姿态凶猛，威武雄壮。③1989 年 6 月，考古工作者在辽宁省建平县二十家子镇大地村炮手营子辽墓中发现一件双凤鎏金铜冠饰，由大小两片如意云纹复合而成，整个冠面图案以镂空水波纹为地，中心饰一大火焰珠，下有卷云纹，底部为一朵莲花，火焰珠与莲花之间刻画梵文，两侧的凤凰相向展翅，花式边錾刻牡丹串枝纹，冠两端及莲花底部两端有小系孔，冠的背面残存丝织物。④盖冠饰图案内容丰富，疏密有致，线条流畅，形象生动，制作精致。

辽代墓葬常见随葬各种漆器。如河北宣化下八里辽代张氏家族墓区 7 号张文藻墓即发现随葬的漆盘、漆匕及漆筷等。其中漆盘有两件，均为木胎，朱漆，直口，浅腹。其中一件漆盘中有残存的食物，应为实用品。漆筷一双，筷体细长，上体圆柱

① 河北省文物研究所：《宣化辽墓》（上），第 48、221～222 页。
② 辽宁省文物考古研究所：《关山辽墓》，第 32～33 页。
③ 冯永谦、温丽和：《法库县文物志》，第 223～225 页。
④ 辽宁省文物考古研究所：《辽宁建平县两处辽墓清理简报》，《北方文物》1991 年第 3 期。

形，下体尖细，朱漆，色彩鲜艳。① 出土随葬漆器最多者当数辽宁法库叶茂台 7 号辽墓。该墓出土漆木椅一件。椅为木制，通身髹黑漆。椅面方形，下有四足，后起靠背，背上三道横木向后弯出。酱红漆小碗五件。碗为整木镟制，髹酱红色漆，敞口，圆唇，直壁，弧收，圈足或假圈足，有的碗底烙印反书"孝"字和"官"字。银扣黑漆钵一件，木胎夹纻，矮身，大口，腹壁略收，平底，扣有银扣，涂黑漆，底及外壁有朱漆草书"杨家自造上牢"六字。鎏金银扣花式口红漆大盘一件，木胎夹纻，内髹朱红漆，外壁施酱红色漆，口加鎏金银扣，盘口作五花式，斜壁，平底。黑漆盆一件，木胎夹纻，涂灰泥，着黑漆，矮身，大口，直壁，平底，盆口原有金属扣，外底用朱漆书"庚午岁李上牢"六字。龙首木漆勺一件，木胎，整木制成，俯视其状如桃，圆底，圆柄，柄端为龙首，耳目口鼻毕具，整体涂酱黑色漆。② 此外，该墓出土的随葬漆器还有长提柄木漆勺、包银竹节式漆箸、漆器盖、漆梳、荷托式黑漆枕等。

辽墓墓葬随葬的佩饰以琥珀、水晶、玉石玛瑙制品为多。琥珀多为扁圆体，外表刻牡丹花等。玉石多雕成人物、飞天等。如内蒙古通辽市奈曼旗的辽代陈国公主与驸马合葬墓即随葬大量玉质配饰，多用白玉雕成，细腻光洁，晶莹滋润，种类繁多，制作精美，堪称一绝。③ 如龙凤形盒玉佩，由白玉制成。盒扁圆形，子母口相合，盖面上刻细线行龙，昂首，口含宝珠；盒底刻飞凤，凤足屈于腹下，口衔宝珠。双鱼玉佩，白玉圆雕，鱼体宽扁，用细线刻画出鱼的眼、鳃、脊、腹鳍、背鳍、尾等细部，表面抛光。双鱼嘴部横穿一孔，穿金链一条，然后将金链系于一个小金环上。交颈鸳鸯玉佩，用白玉圆雕而成，鸳鸯嘴宽扁，圆眼，体形肥硕，双翅并拢，短毛下垂。两只鸳鸯颈部各斜穿一孔，可以系链。与动物形象有关用于悬挂的玉佩还有交颈鸿雁玉佩、龙凤鱼形玉佩、蛇形玉佩、猴形玉佩、蝎形玉佩、蟾蜍形玉佩、蜥蜴形玉佩等。此外，还有工具形玉佩，如剪刀、觿、锉、刀、锥、勺等。除玉质配饰外，该墓还出土了随葬的三件玛瑙器和四件水晶器，均为生活用具，有碗、盅、杯等。如玛瑙碗，红色，半透明，敞口，弧腹，圈足。水晶耳杯，无色，透明，口四曲椭圆形，蝎弧腹，圈足，器表光亮透明，外壁刻有四组云纹。该墓还出土了四组多件莹润艳丽的琥珀佩饰，十分罕见。琥珀佩饰有橘红、黄红、褐红等颜色，主要有头饰、耳坠、璎珞、串珠和琥珀握手等，均色泽莹润鲜亮，造型美观。其造型主要有鱼形、鸿雁形、鸳鸯

---

① 河北省文物研究所：《宣化辽墓》（上），第 119 页。
② 冯永谦、温丽和《法库县文物志》，第 237～241 页。
③ 孙建华、杨星宇：《大辽公主——陈国公主墓发掘纪实》，第 148～174 页。

形、双鸟形、蚕蛹形、龙形、莲花形、胡
人训狮形及瓶形等。纹样雕琢细腻，多采
用写实手法，分圆雕和浮雕两种，形象生
动逼真，构思巧妙。比如胡人训狮浮雕佩
饰，在略呈正方形的琥珀面上，左边刻一
西域胡人形象，头缠巾，袒胸露背，腰系
长带，身着短裙，牵一雄狮，作训狮姿
态。雄狮被刻画成很温顺的样子。

图5-8　辽墓随葬琥珀珍珠头饰

考古工作者在河北宣化下八里Ⅱ区辽代契丹人2号墓出土水晶挂饰三件，上端
打孔，下端做花饰，均高2.2厘米，最宽1.2厘米。[①]内蒙古通辽市库伦旗4号辽墓出
土数件琥珀饰件。[②]如琥珀雕熊一件，熊呈弓身蹲踞状，脊背隆起，近似圆球，头伏
于前肢，目光低凝，鬃毛微耸。雕工精细，造型生动，饶有生趣。琥珀雕兔一件，兔
作蹲踞状，脊背凸起，尾拽臀下，凝目前视，双耳斜伸向后，刀工简洁，形象生动。
琥珀雕猪一件，呈半圆形，寥寥几刀便刻画出猪头、猪腿等部位，轮廓清晰，颇为
形象。琥珀花叶雕饰一件，整体呈长方形，正中为一含苞蓓蕾，周围衬以芜蔓枝叶。

辽朝与西域一些国家有通商贸易往来，通过草原丝绸之路，大量西域国家的物品
被带到了辽地，其中一些精美的玻璃器皿也成了契丹贵族随葬之物。如内蒙古通辽市
奈曼旗的辽代陈国公主与驸马合葬墓即出土七件西域玻璃制品，非常罕见。[③]其中有两
件带把玻璃杯，形制大小基本相同，只是口沿略有不同。玻璃杯呈深棕色，透明，含
有气泡，口微敛，颈为圆筒状，器壁作直筒状，肩部外鼓，腹部陡收，假圈足，在口
和肩部连接着扁圆柱形把手，把手上端有圆饼状物的扳手，便于握持。专家考证后认
定其为伊朗9～10世纪的产品（此类玻璃杯在辽宁朝阳辽代耿延毅墓也出土过一件）。
一件典型的伊斯兰刻花高颈玻璃瓶，无色，透明，方唇，宽折沿，细长颈，折肩，桶
形腹，平底微内凹。玻璃瓶表面有磨花和刻花装饰。一件属于埃及和叙利亚8～10世
纪的乳钉纹高颈玻璃杯，无色，透明，双唇，侈口，漏斗形细高颈，宽扁把手，鼓
腹，喇叭状高圈足。其中宽扁把手是用十层玻璃条堆成的，呈花式镂空状；腹壁饰五
周小乳钉纹，口沿上涂一周淡蓝色颜料。两件具有中亚风情的高颈玻璃瓶，形制大小

①　刘海文主编《宣化下八里Ⅱ区辽壁画墓考古发掘报告》，第35页。
②　王健群、陈相伟：《库伦辽代壁画墓》，第61页。
③　孙建华、杨星宇：《大辽公主——陈国公主墓发掘纪实》，第140～145页。

基本相同，均为淡黄绿色，透明，圆唇，侈口，口沿处压印了五个椭圆同心圆为装饰；细长颈，颈部鼓起两道凸弦纹；鼓腹，底部内凹。一件乳钉纹玻璃盘，无色，透明，圆唇，敞口，弧腹，圈足，腹壁饰有一周28个小四棱锥形乳钉纹装饰。

七　墓志、经幢及其他石器

辽墓随葬石刻墓志较多，志文既有汉字，也有契丹大字和小字。墓志内容多记述墓主人的家世及本人经历。与佛教文化相关的还有随葬的小型石经幢。详见相关章节内容，此不赘述。

其他随葬石器，还有石雕狮子等。河北宣化下八里辽代张氏家族墓群1号张世卿墓后室即出土七件石雕狮子和狮座。[①]其中石雕狮子三件，均用清灰石精雕而成。一件为圆座石狮，昂首前视，狮毛密如梳齿，项下系一铜铃，作蹲踞状，气魄雄伟。另一件为方座石狮，扬首左视，张口露齿，面目狰狞，作吼状，双耳上竖，狮毛呈波状下垂，前二足直立，后体作蹲踞状，尾上卷，四足中间透孔，项下系铜铃。第三件为方座石狮，昂首闭口，面目狰狞，狮毛披散作波浪式，前足伫立，作蹲踞状，项下有带，系铜铃。石雕狮座四件，形制相同，均用青色石灰岩精雕而成，狮子面部表情各异，造型精美。如其中一件为圆雕，狮身作卷曲状，四肢伏于方形石座之上。

法库叶茂台7号辽墓出土石桌一件，长方形，为矮体小供桌，桌面起栏水线，支足为两块规整石板，分雕出四个矮方足。法库柏家沟前山村辽代萧袍鲁墓出土石雕人头像一件，戴幞头，两侧雕出袢带系于脑后。人像雕刻较为工整，长眉大眼，高鼻，口微张，神态自然。[②]辽宁建平三家乡五十家子村辽代秦德昌墓出土石雕莲花豆形灯一件，灯盘为花式平口，莲花瓣突出口沿，沿上刻一"王"字，灯腹部为仰莲环抱，腰部为四面四组四蝠纹，足为五个弧形支柱与环形底相连。[③]该石雕为青砂岩质，做工精细，造型美观。

八　植物类食材、食物及其他

辽人死后有随葬各种植物类食物的习俗，特别是汉人的墓葬更为突出。如河北宣化下八里辽代张氏家族墓区7号张文藻墓，在墓室中即出土多种植物类食材及食物。[④]

---

① 　河北省文物研究所：《宣化辽墓》（上），第232页。
② 　冯永谦、温丽和：《法库县文物志》，第280页。
③ 　李波：《建平三家乡秦德昌墓清理简报》，《辽海文物学刊》1995年第2期。
④ 　河北省文物研究所：《宣化辽墓》（上），第122～123页。

如粟，保存在陶仓中，虽然籽实已经干
瘪，但尚未炭化，保存完好。板栗35
枚，保存基本完好，橙红色，皮壳和栗
仁均未腐烂，盛于黄釉碗中，放在长方
形供桌上。肉豆蔻6枚，盛于长方形供
桌的白瓷碗内，皮壳保存完好，每枚
直径近3厘米。秋子梨6枚，放在碗
内，多数已腐烂。葡萄残枝一段，放于
盘内，见黑色干枯葡萄果粒。枣20余
枚，盛于彩绘陶仓内。长方条块状豆或
面类制成食品一件，盛于碗内。内蒙

图5-9　宣化7号辽墓后室随葬物品

古商都县前海子村辽墓出土了粮谷种子，装在牛腿瓶中，经鉴定，其为高粱（稷）和
谷子（粟）。[1] 天津蓟县营房村辽墓出土葫芦盒一件。[2] 该盒利用葫芦的自然形状，在顶
部钻一小圆孔，用软木刻成塔式塞，外包以织物，塞上有小孔，用以系绳。草编盒一
件，以长颈草编织而成，底部衬有较薄的木板，两侧有铁提梁，长方形，内装铜镜、
剪刀、铜镯、漏勺等。

第三节　墓室、墓道、棺椁壁画与随葬画像石

一　反映"出行"与"归来"内容的壁画

　　辽代墓葬中的墓室、墓道及棺椁壁画装饰，是辽代葬俗的一大特色。在已发现的
墓葬中，除石室结构以外，在白灰壁面或木椁棺板或石椁上都有不同程度的彩绘，内
容丰富多彩。画作一般均为单线平涂，个别墓葬出现在人物面部晕染的手法，以墨线
为骨，着以红、黄、蓝、绿等色矿物颜料，历经约千年而色彩犹新。

　　辽代契丹贵族及契丹化了的汉人"出行"与"归来"是辽墓壁画中的重要内容
之一，不少辽墓都有发现。如内蒙古赤峰市巴林左旗白音勿拉苏木白音罕山辽代韩
氏家族墓地2号墓的天井西壁有一幅《出行图》，[3] 画面中有四人一马，形象生动而有

① 富占军:《内蒙古商都县前海子村辽墓》,《北方文物》1990 年第 2 期。
② 赵文刚:《天津市蓟县营房村辽墓》,《北方文物》1992 年第 3 期。
③ 孙建华编著《内蒙古辽代壁画》,第 96 页。

趣。四人皆为汉族侍从，其中一人站立于马前，小髭须，头戴黑色交脚幞头，身穿圆领窄袖袍，脚穿靴，右手执策，回首与牵马者交谈。中间牵马者头戴黑色交脚幞头，身穿圆领窄袖袍，右手牵着马缰，左手执鞭。所牵之马头戴白色笼头，颈下拴一大红缨穗，红色辔带，扬首举蹄作嘶鸣状。马后并立两名侍从，其中一人手拿长竿，荷于右肩。

辽宁阜新关山契丹萧氏后族墓葬 5 号墓墓道北壁绘有《驼车出行图》，[①]画面有四人和一辆驼车。最前面一人着红袍、黑靴。身后一人着对襟长袍，红色中单，黑色长靴，拢袖而立。身后远山连绵，白云缭绕，表明出行者已在野外。第三人为一年轻的牵驼者，髡发，着圆领紧袖中长袍，红腰带，黑色长靴，双手握缰绳，面朝前方，分腿而立。他的身后有一辆驼车，驾辕骆驼为一白色双峰驼，体形硕大，四腿粗壮，头部套辔头，昂首引颈，迈步引车前行。车为长辕高轮大车，车轮、车辕和车厢均为朱红色，辕头为黑色，前辕上伸出支撑凉棚的斜杆。车后一人，髡发，着圆领紧袖中长袍，黑色长靴，肩上扛一个黑色用于停车支撑用的三脚架，左手扶住支架，右手置于胸前。该墓墓道南壁绘一幅《鞍马出行图》，画面中见八人一马。从上至下，最上方有四人，前两人穿草鞋，后两人穿靴，第五人着中长袍，穿草鞋。第六人牵马，着中长袍，红色长靴。此人身后有一匹红色马，鞍辔齐全，披弧边云纹障泥，马尾中部结扎。另二人立于马后。

当然，墓葬中更多的是在辽墓墓道两壁上分别绘制《出行图》和《归来图》，表示墓主人一天游猎生活的全部。如关山 2 号辽墓墓道南壁绘有《出行图》，画面可见三人两马一驼，朝墓道口方向行进。北壁绘有《归来图》，画面可见两人一车，面朝墓门方向停歇。车用红色三脚架支撑，辕头朝向墓室方向。车的前后左右均有黄色或暗红色针叶状的杂草，表明时间已近深秋。

二　表现游牧、渔猎、马球活动内容的壁画

草原游牧是契丹人的主要生产与生活方式，早期壁画大多出在辽河上游的辽墓中，数量不多，规模较小，装饰性极强。内容以辽地自然风光为题材，直接描绘契丹人的游牧生活，生动再现了契丹族早期逐水草牧牛羊的经济特点，具有浓郁的草原气息。如内蒙古赤峰市克什克腾旗二八地辽墓石棺棺壁上即绘有一幅《契丹住地生活小

---

① 辽宁省文物考古研究所:《关山辽墓》，第 37～38 页。

景图》，^①非常形象地再现了辽代早期契丹牧民在大草原上游牧生活的情景：画面右侧有一株高大的花树，枝繁叶茂，花朵盛开，四只天鹅展翅飞翔，从四方扑向花树；花树旁横排三座穹庐式毡房，中间一座为白色，两侧者为黑色，形制大体相同，均为半圆形屋顶，用皮绳拴缚，开设半圆形券顶状小门，外观颇似近代草原牧民居住的蒙古包。画面左侧停歇三辆并列毡车，长辕，高轮，车上有毡篷，花饰门帘，车后箱铺以荆条；车辕用三脚架支撑，车旁趴一小狗。车的一侧有两个契丹人，髡发，短衣，黑毡靴，各背一小口细颈直腹状水皮囊，一前一后作行走状。契丹人前方有一猎犬，随主人作奔跑状。

　　契丹人亦擅长渔猎，墓葬壁画中有不少辽代契丹人渔猎活动的内容。鹰是契丹人助猎的重要工具，辽墓壁画中常见猎鹰的形象。如内蒙古赤峰市巴林左旗白音勿拉苏木白音罕山辽代韩氏家族墓地 2 号墓的前室西壁有一幅《擎鹰图》，画面中有两名契丹侍从，均着圆领紧袖袍，腰系布带，于腹前绾结，右臂各架一只猎鹰"海东青"。内蒙古通辽市库伦旗奈林稿苏木前勿力布格村 6 号辽墓墓道北壁出行图局部《侍从图》中，两名髡发契丹侍从，左侧一人身穿淡红色袍，右臂架一只猎鹰"海东青"；右侧一人身穿蓝色袍，腰佩一把小刀，二人似在说着什么。该壁画中还绘有一只颈套项圈，长腿细腰，长尾上翘的猎犬。

　　内蒙古赤峰市敖汉旗玛尼罕乡七家村 1 号辽墓墓室顶部有一幅《射猎图》，画面中有一虎五骑，其中一位骑士身着浅蓝色紧袖长袍，头戴黑帽，腰带上挂着弓囊，正弯弓搭箭，准备射杀猎物。另一名身着红色圆领紧袖长袍、头戴黑帽的骑士正骑一匹红色马，扬鞭催马，追赶猎物。一只斑斓猛虎，匍匐在草丛中。

　　敖汉旗贝子府镇大哈巴齐拉村喇嘛沟辽墓墓室西壁有一幅《备猎图》，画面中有五名契丹侍从，分前后两排站立。前排三人，左侧一人，髡发，身着红色圆领紧袖长袍，腰束革带，抱着一双高筒靴。中间一人，髡发，身着黄色圆领紧袖长袍，腰束革带，擎一只"海东青"。右侧一人，身着蓝色圆领紧袖长袍，腰束革带，右侧挂一扁鼓。后排两人，左侧一人头戴黑帽，身着蓝色圆领紧袖长袍，腰束革带，手拿弓箭。右侧一人，髡发，身着蓝色圆领紧袖长袍，腰束革带，双手拿琴。画面所表现的应是契丹人春季出猎前的场景。

　　辽宁省法库县叶茂台 7 号辽墓棺床小帐的直棂窗内板上有一幅《狩猎图》，^②画面

① 　项春松：《克什克腾旗二八地辽石棺画墓》，《松州学刊》1987 年第 3 ~ 4 期。
② 　辽宁省博物馆、辽宁铁岭地区文物组：《法库叶茂台辽墓记略》，《文物》1975 年第 12 期。

上有二人三马，其中一人右臂驾鹰，左手执一面小旗，正在策马奔驰；另一人亦骑马，左腋下佩挂箭囊，左手持弓，右手搭箭，射向前面一只头似马、蹄似猪的小短尾野兽，野兽已身中两箭，正惊慌逃命。从命中的两箭看，均带鸣镝哨管，其中一箭还是契丹人特制的三角形平头镞。

辽代契丹人喜好体育运动，特别是与射猎相近的打马球活动，这在辽墓壁画中也有反映。如内蒙古赤峰市敖汉旗宝国吐乡丰水山村皮匠沟 1 号辽墓墓室西南角至墓门西内侧壁有一幅《打马球图》，画面中有五名契丹人，均髡发，有的身穿红袍，有的身穿白袍，骑在马上，手持月杖，其中二人正挥动月杖抢击一个红色球，进行马球比赛。

三 反映佛教活动内容的壁画

辽墓壁画所蕴含的佛教文化内涵十分丰富，每幅壁画都十分形象而真实地反映了辽代佛教文化的相关内容。

比如对备经、备茶及诵经、念佛活动场景的描绘。辽代居家佛教信徒每日念佛与诵经，包括诵经前的备经、备茶活动，在出土的不少辽墓壁画中都有逼真且形象的描绘。如河北宣化辽代张氏家族墓 1 号墓（张世卿墓）的后室东壁即有一幅《备经备茶图》，[①]描绘的就是两个侍吏为墓主人诵经准备经书和茶饮的场面：南面一人头戴黑色幞头，着白色中单，绿色圆领长袍，蹬白色筒靴，双手将一黄色盘口汤瓶放在桌上，似在为墓主人备茶。北面一人装束与前者相似，仅袍、靴颜色不同，正躬身面左而顾盼，似在与人相语，右手扬起并内指，左手则捧在胸前。朱色方桌上有一黄色盝顶函盒，桌的外侧左面放一摞四本《常清净经》，右面放一摞四本《金刚般若经》，中间放一黄色三足带纽盖的薰香炉和一个果盒。函盒和汤瓶中间放一黑色盏托。方桌下有一黑色三足炭盆。在张氏家族墓 2 号墓（张恭诱墓）墓室的东南壁，也有一幅《备经图》，[②]描绘的也是为墓主人诵经做准备的场面：左面为一启门而入的侍女，衣饰华丽，头束高髻，绿巾团冠，着紫色短襦，黄色长裙，双手托一黄色盘，盘内有两个小盏。中间为一男侍，黑花幞头，白面髭须，着蓝色圆领窄袖袍，腰系朱色革带，左手托白色唾盂，右手抚摸着唾盂口沿，正侧身与人私语。右面也是一位男侍，双手拱于胸前，执一条白地红花长巾。二男侍之前有一朱色方桌，桌上放一盝顶盛经黄色函盒，一件插花净瓶，一件荷叶座黄色莲花行灯。在宣化辽代张氏家族墓的 3 号墓（张世本

---

① 河北省文物研究所:《宣化辽墓》(上)，第 207～208 页。
② 河北省文物研究所:《宣化辽墓》(上)，第 273～274 页。

墓）、5号墓（张世古墓）、6号墓（张姓墓）、7号墓（张文藻墓）、10号墓（张匡正墓）等墓葬的墓室壁画中，亦均有备经、备茶的场面出现。

宣化辽墓4号墓的墓主为韩师训，在该墓的后室墙壁上，亦有描绘为墓主人备经、备茶场面的壁画。如在东南墙壁上是一幅《备茶图》，[①] 图上有三位侍女，中间有一朱色方桌，桌面四周围以四柱朱栏，柱间有栏板，栏板中间的桌面上放一把白色执壶，一个盏托，五件大小茶碗。桌右一侍女头束高髻，裹黄色头巾，着绿色窄袖短襦，白地黑条百褶裙，双手托盘，盘中放一瓷碗。桌后一侍女眉清目秀，衣着华丽，头束双髻，着黄色斜领短襦，黄色红条纹长裙，双手捧一白盘，盘中亦放一瓷碗。桌左侧侍女则扬首躬身，左手持盏托，右手前指，似在与另两位侍女低声细语。南面还有一燃灯妇人，躬身向内，右手抬起，似在准备拨弄雁足灯上的灯花。灯前有一条小花狗，好像在觅食。与该壁画相对的东北壁则是一幅《备经图》，图中有四位女性，北起一人似为女主人，另三人应为备经的侍女。三位侍女围在一黄地红花方桌旁，桌上放一长方形小几，几上放有四卷成卷的佛经，一个圆盘，盘内有蓝色佛珠。几前桌面上放一四足香炉，香炉左右各有一个圆形深腹托盏。桌后一侍女双手捧一长方形盝顶盛经函盒，若有所语，两股云气正从函盒左右飘出。桌右一女子侧身扬首，目视捧经函之侍女，双手合十作祷告状。桌左一侍女则袖手躬身而立。为何在辽墓壁画中"备经"与"备茶"场面总是一起出现？饮茶与诵经有何关系？冯恩学先生在考察宣化辽墓"备经"、"备茶"壁画后认为，吟诵经文时需饮茶润喉，所以，备茶是主人诵经时必不可少的服侍内容；侍者为主人准备好擦汗的手巾、承接唾痰的唾壶、润喉的香茶，暗示出主人不辞辛苦，将要长时间诵经。[②] 其说甚是。

除宣化辽墓外，内蒙古赤峰市阿鲁科尔沁旗东沙布日台宝山2号辽墓的石室北壁也绘有一幅《颂经图》，[③] 画面围绕诵经之贵妇展开。贵妇云鬟抱面，发髻上插发梳，佩金钗，细目弯眉，面如满月，着红色抹胸，红袍蓝裙，端坐于高背椅上，面前有一条案，案上有展开的经卷；案左有一高足盏托，案右立一鹦鹉，红嘴钩喙，白色羽毛。贵妇左手持拂尘，右手抚经卷，正俯首诵读，一副虔诚之神态。两名男侍头戴黑色展角幞头，分着红及褐色长袍，神情谦和；两名女侍分着红及浅色袍，面向主人，拱手而立。画面右上角有汉文墨书题诗一首："雪衣丹嘴陇山禽，每受宫闱指教深。不

①　河北省文物研究所：《宣化辽墓》（上），第296～297页。
②　冯恩学：《辽墓启门图之探讨》，《北方文物》2005年第4期。
③　项春松：《赤峰古代艺术》，内蒙古大学出版社，1999，第57页。

向人前出凡语，声声皆（是）念经音。"吴玉贵先生根据该壁画的题诗认为，壁画反映的内容是唐代杨贵妃教授宠禽"雪衣娘"诵经的故事。[①] 该故事见于《明皇杂录》："开元中，岭南献白鹦鹉，养之宫中。岁久，颇聪慧，洞晓言词。上及贵妃皆呼为雪衣女（娘）。……上令以近代词臣诗篇授之，数遍便可讽诵。……忽一日，飞上贵妃镜台，语曰：'雪衣娘昨夜梦为鸷鸟所搏，将尽于此乎？'上使贵妃授以《多心经》，记诵颇精熟，日夜不息，若惧祸难，有所禳者。"[②] 辽人借此故事题材作画，反映了中原佛教文化对契丹辽地佛教文化影响之深。

对佛教"供养"行为的描绘。

在辽代佛教信徒的佛教活动中，有一项重要的内容，就是对佛教"三宝"（佛、法、僧）的供养行为。他们期望通过对佛教"三宝"的供养功德活动，祈得佛祖的佑助，达到禳除灾祸、获得幸福的最终目的。辽代佛教信徒的"供养"活动内容，在一些辽墓壁画中有形象的描绘。比如佛教被"供养"的"三宝"之一"法"，指的是"佛经"。辽代居家的佛教信徒们在男女侍者"备经"完毕后便捧经诵读，开始了一天的"功课"。但是，佛教信徒们经室桌案上的佛经并不都是供其诵读的，有些是被"供养"的。据分析，宣化辽韩师训墓室的《备经图》中置于小几上的四卷成卷的佛经，即属被"供养"者。因为小几上的圆盘及蓝色佛珠，小几前的四足香炉等，均为"供具"。霍杰娜亦认为，在供桌上放置佛经，"即是对佛法的供养和对佛的礼拜"[③]。

"供养"佛教"三宝"需要饮食、香药、鲜花、灯烛等各种"供物"。这些"供物"在一些辽墓壁画中也有形象的描绘。我们仍以宣化辽墓为例。比如在张恭诱墓的《备经图》[④]中，桌案上即放有长柄香炉，是为"供养"焚香之用；有花瓶，是为"供养"插鲜花之用。在张世卿墓的墓室立壁上部绘有花瓶十八个，瓶内均插有莲花、牡丹花、菊花等花束。这些花瓶与花束，亦并非单一的壁画装饰图案，而应与墓主人张世卿生前常以鲜花"供佛"有关。

对佛教人物形象的描绘。

僧人是辽代现实社会从事佛教活动的主要群体，特别是一些著名的大德高僧，他们云游四方，时常设坛讲经，弘扬佛法，为辽代佛教文化的发展与佛教学术的繁荣，做出了很大贡献。所以，僧人之形象，也成为辽墓壁画中的重要角色之一。如内蒙古

①　吴玉贵：《内蒙古赤峰宝山辽壁画墓"颂经图"略考》，《文物》1999年第2期。
②　《明皇杂录》，田廷柱点校，中华书局，1994，第58页。
③　霍杰娜：《辽墓中所见佛教因素》，《文物世界》2002年第3期。
④　冯恩学：《河北省宣化辽墓壁画特点》，《北方文物》2001年第1期。

赤峰市阿鲁科尔沁旗东沙布日台宝山 1 号辽墓的石室西壁绘一幅《高逸图》。[①] 该图醒目位置上共有七人，其中五人围坐在一起，两名随从侍立于旁。僧人位于画的中上部，端坐于黑色靠椅上，秃顶，浓眉，着灰色长袍，脚蹬软鞋。画面左上角有墨书题记："天赞二年癸未岁，大少君次子勤德年十四，五月廿日亡，当年八月十一日于此殡，故记。"

宣化辽代张氏家族墓中的张文藻墓的后室墓门上部绘有一幅《三教（老）会棋图》，[②] 画中也有一位僧人。该图画面由六人组成，以居中围坐在棋盘旁的三个对弈老者为主，左侧绘三个侍童。右面老者梳高髻，似为道人；中间老者戴展角幞头，似为儒者；左面老者即为僧人，光头，络腮胡子，袒胸，着圆领宽袖长袈裟，左手持钵，右手抬起，用食指指向棋盘。三位侍童中有一人为小和尚，光头，着交领灰色上衣，白裤，圆口麻鞋，肩后背一似斗笠或雨具的圆形物，应为老僧的弟子兼侍者。在辽宁阜新关山萧德温墓的墓门过洞墙壁上亦绘有一幅《对弈图》，[③] 画面中绘有三人，其中二人对弈，一僧面带微笑，居中观棋。此壁画题材与张文藻墓壁画内容相类，"三老（教）会棋"，应蕴含"三教（儒、释、道）会齐"之意。

内蒙古赤峰市巴林左旗辽弘法寺僧志柔墓的墓室发现三幅佛教题材壁画，分别为《老僧差遣图》、《山寺行童图》和《弟子僧众图》，[④] 描绘的均是该寺僧人日常佛事活动的场景。其中，《老僧差遣图》北段中间绘一老僧，坐在饰有红色如意把头、铺着红色垫子的竹椅上，身着宽大的泥皂色僧袍，袍长曳地。老僧前面有一红色云板腿高桌，桌上放有包裹着的经卷、笔架、砚台、茶盏等法器以及文具和生活用品。从老僧身旁题记可知其法号为"志柔"。桌前站一年轻和尚，着窄袖泥皂色开衩袍，系红绦带，足蹬便鞋。年轻和尚表情虔诚，身背行囊，双手捧托盏，似在向老僧献茶、辞行。年轻和尚旁边题记为："沙弥吴十。"此吴十当为志柔的弟子兼办事的"行童"。老僧身后还有一位童僧，着泥皂色窄袖僧衫，腰系带，面对吴十，作抱拳施礼状，似有所求。此童僧当为年轻和尚吴十的师弟，老僧志柔的童仆。童僧身后的墙上挂有僧衣、笠帽、净瓶及用布兜裹着的钵盂等物。此壁画内容表现的应是老僧志柔差遣弟子外出办事，临行前做叮嘱的场面。《山寺行童图》有两幅，两幅图画面内容相同，方位相反。图上绘有四座高山，山间云雾缭绕，山前有一座古刹，有两位僧人正在路

①　项春松：《赤峰古代艺术》，第 58～59 页。
②　河北省文物研究所：《宣化辽墓》（上），第 96～97 页。
③　华玉冰、万雄飞：《阜新辽代萧和家族墓地发掘出精美壁画及墓志》，《中国文物报》2002 年 5 月 3 日。
④　金永田：《辽弘法寺僧志柔壁画墓》，《北方文物》2008 年第 4 期。

上行走。据分析，这两幅图表现的应是老僧志柔差遣弟子吴十等人出门办事以及事毕返回寺庙的过程。《弟子僧众图》也有两幅，每幅图上绘三位僧人。西侧栏框内所绘三位僧人，有的手结印契，有的双手合十，有的手捧盝顶木匣。画面题记为："法忍□□"、"弟子法智"、"弟子法灯"。东侧栏框内也绘有三位僧人，均着交领宽身广袖泥皂色僧袍，白色中单，足蹬布鞋。画面题记为："弟子法□"、"弟子□喜"、"弟子仟悲"。他们应为弘法寺的僧众，老僧志柔的徒子徒孙。

在内蒙古赤峰市巴林左旗炮楼山（辽开龙寺遗址附近）辽代僧人墓中，亦发现了反映辽代僧人形象的壁画。其中一墓墓室的右侧墓壁上分为三个方框，第一方框内绘三个僧人，下部画面脱落，仅剩人物的上半身。三人中一僧双手合十，另二僧左手握着右手拇指，其手势均为佛教密宗的"手印"。三个僧人均着宽松的僧衣，面部清瘦，棱角分明。[①] 此外，该墓壁画中还出现了僧人游方时所戴的"帷帽"。因为地处草原的契丹腹地夏秋季节水草丰茂，蚊虫很多，光头僧人游走期间，只有戴上"帷帽"才能抵挡蚊虫的叮咬。

对佛教文化其他内容的描绘。

如对"莲花"的描绘。辽代佛教信徒希望自己死后灵魂能回归佛国净土，因而，僧俗佛教信徒的墓室墙壁及葬具和随葬品上常见各种"莲花"纹饰。如在北京斋堂辽墓墓室穹顶即有彩绘莲花图案。[②] 辽墓壁画中莲花彩绘最多者当属河北宣化张氏、韩氏家族墓的壁画。在已经发掘的数十座墓葬中，多数墓室的穹顶中心部位都绘制一朵正视的重瓣大莲花（有的用铜镜做花芯）。围绕莲花四周的是二十八宿、太阳、月亮以及黄道十二宫、十二时神、北斗七星等图案。以张世卿墓为例，该墓墓室穹顶正中即嵌一铜镜，周围用墨线绘出圆形内部轮廓，再用朱、白二色绘出叠瓣莲花。莲花分九瓣两重，用墨线勾勒。从莲瓣中心到周边，又用红、白、黑等九种颜色相间描绘，使叠瓣层次分明，井然有序。[③] 古人于墓室穹顶中央绘制莲花，最初应源于木构建筑的藻井装饰，所以，又有"莲花藻井"之称。莲花藻井初置之目的是为防火，佛教传入后，便又有了宗教上的意义，此后，便在佛窟、塔寺建筑及墓葬中大量流行。[④]

又如对"黄道十二宫"的描绘。宣化辽墓不少墓室的穹顶都绘有黄道十二宫图。比如在1号墓（张世卿墓）、2号墓（张恭诱墓）和5号墓（张世古墓）中，均发现

---

①　曹建华、金永田主编《临潢史迹》，第172页。
②　北京市文物事业管理局发掘小组：《北京市斋堂辽壁画墓发掘简报》，《文物》1980年第7期。
③　河北省文物研究所：《宣化辽墓》（上），第211～212页。
④　冯恩学：《河北省宣化辽墓壁画特点》，《北方文物》2001年第1期。

了与二十八宿图像对应的黄道十二宫图。[①]中国黄道十二宫是受古印度佛教的影响而出现的，其绘画底本即取自佛教经典。宣化辽墓墓室穹顶的彩绘黄道十二宫图与佛教的天文占星术关系十分密切，基本是按照古巴比伦十二宫排列的，每三十度为一"宫"，十二宫正合360度，表示一年的周期。每"宫"绘一图形，代表一个星座。[②]如1号墓（张世卿墓）的黄道十二宫图位于穹顶图案的第三层。从西北方的白羊宫开始，依次排列。白羊宫，图案为立羊形，白色，间有蓝色绒毛花。金牛宫，早年被盗墓者毁坏，图像已不清。双子宫，为双立人（夫妇）形，右者戴软巾，紫色短襦、长袍，系一男子；左者束高髻，红襦，蓝裙，系一女子，二人皆拱手于胸前。巨蟹宫，蟹为青色，有二螯八足。狮子宫，为一奔跑状的黄色狮子。室女宫，为双立女子形，左者红襦蓝裙，右者蓝襦红裙，均束高髻，白色袖口，双手拱于胸前。天秤宫，秤为红色，砝码与量物黑色。天蝎宫，蝎为青色，作翘尾爬行状。人马宫，为一人持鞭牵马状，马橙黄色，人戴黑色帽，红襦，蓝裤。摩羯宫，为带翅龙首鱼身兽形，翅蓝色，腹红色。宝瓶宫，为一绶带漏水盘口宝瓶，瓶蓝地白花，绶带朱红色。双鱼宫，为游动的双鱼形，鱼体蓝灰，腹部紫红。

再如对"伽陵频迦"、"菩提树"、"火焰宝珠"和"狮子"形象的描绘。"伽陵频迦"为佛教经典中"好音鸟"的梵语音译，意为众鸟之上的仙禽。如库伦旗前勿力格8号辽墓壁画中的伽陵频迦形象即为美女头身和鸟翅爪。美女头束高髻，插簪及鲜花，颈戴项圈，胳臂戴钏，手腕戴镯，双手捧一支盛开的牡丹花，腰系彩带，下身着长裙。背生双翅，裙下露出双爪，正飞翔于祥云之间。[③]"菩提树"是佛教的圣树。内蒙古赤峰市巴林右旗辽庆陵永兴陵区的辽太叔祖墓的木椁壁画中即发现有菩提树彩绘。该壁画之画面以12棵菩提树图案为主题，每棵树的根部均作半裸露状，根系盘缠绞绕，粗壮稳健地扎入大地；树干挺拔直立，枝繁叶茂，生机盎然。每棵菩提树的树冠均呈正三角形，其上有如花似果的火焰宝珠13朵。[④]"火焰宝珠"也是与佛教文化密切相关的纹饰之一，因而，火焰宝珠便成为佛教装饰彩绘的一个重要组成部分。如宝山辽墓1号墓甬道拱门顶部即绘有对称的火焰宝珠纹，顶层绘卷云火焰宝珠纹。2号墓石室门额上有白描莲花纹，花蕊即托一火焰宝珠。[⑤]"狮子"

---

① 河北省文物研究所：《宣化辽墓》（上），第213～214页。
② 郑绍宗：《宣化辽壁画墓彩绘星图之研究》，《辽海文物学刊》1996年第2期。
③ 李逸友：《论辽墓壁画的题材和内容》，《内蒙古文物考古》1993年第1～2期。
④ 计连成：《辽太叔祖墓主室木椁壁画及其相关问题》，《内蒙古文物考古》2001年第2期。
⑤ 内蒙古文物考古研究所等：《内蒙古赤峰宝山辽壁画墓发掘简报》，《文物》1998年第1期。

是佛教中的神兽、仁兽和灵兽，佛经中以狮子代表法力，具有辟邪护法之作用，所以，佛陀以狮子之勇猛精进为文殊菩萨坐骑。辽代壁画中亦常见狮子形象。如耶律羽之墓的棺床小帐壁画中即出现了狮子。[①]该小帐有一对开的门扇，其下部各绘一只蹲踞的狮子。保存完好的是一只呈坐姿的雄狮，头部昂起，张嘴吐舌，二目圆睁，尾部竖起，肢体极富力感。

四　反映辽人日常饮食生活内容的壁画

辽代中后期墓葬壁画中反映辽人日常饮食生活的内容也较丰富，墓葬壁画中有大量备食、饮食的画面。如内蒙古赤峰市巴林左旗查干哈达苏木阿鲁召嘎查滴水壶辽墓墓室的西北壁有一幅《调羹图》，画面中有三名契丹族髡发男子，其中左侧的男子小髭须，身穿白色团窠松鹿纹圆领窄袖长袍，腰系黑色革带，带左侧悬挂红色鱼袋，脚穿靴，左手端钵，右手拿勺正在调羹。右侧男子，小髭须，亦身穿白色团窠松鹿纹圆领窄袖长袍，腰系黑色革带，脚穿靴，左手拿一长柄勺，右手拎一提梁鼎。后面男子穿白色圆领窄袖长袍，脚穿黑色靴，双手端一漆盘，盘内放着碗、碟、筷、勺等饮食用具。该墓墓室南壁有一幅《备饮图》，画面中有三名男子，右侧男子头裹黑巾，身穿褐色圆领窄袖长袍，有团窠花纹，腰系革带，带上悬佩一把短刀，刀柄上饰菱形纹，腰后还披着一条白色手巾，双手端着一黑色盏托，托上有白色茶碗，面向中间男子躬身接茶。中间男子也扎黑色头巾，身穿黄色圆领窄袖长袍，袍上有团窠花纹，褐色中单，腰系帛带，双手拿一执壶，呈倒茶状。左侧有红色帷帐用绿带绾扎，帷帐后立一男子，只露出半个身子，头扎黑巾，脚穿黑靴。同墓墓室西南壁有一幅《敬食图》，画面中有三名男子，其中二人抬着一个大漆盘，盘内放着各种面制食物，有馒头、包子、馓子等。左侧男子髡发，身穿红色长袍，右侧男子亦髡发，左耳戴一耳环，身穿白色团窠花纹紧袖长袍，衣袖挽起，系革带，于后背处掖一把短刀。后面站立一名汉族男子，髭须，头戴黑巾，身穿褐色长袍，手拿抹巾。

赤峰市巴林左旗福山地乡前进村辽墓墓室的西壁有一幅《备宴图》，画面中有六名执事，四名为汉人，均头戴黑巾，两名为契丹人，髡发。六人手捧食物、餐具等，分两排站立，似在恭候主人用餐。其中前排左起第一人头戴黑巾，身穿蓝色左衽窄袖

---

①　盖之庸:《探寻逝去的王朝——辽耶律羽之墓》，第44页。

长袍，团窠纹饰，腰扎布带，蓝色长靴，双手端着盘子，盘内盛着肉食。第二人为一契丹侍从，髡发，侍从着褐色左衽窄袖长袍，团窠纹饰，腰扎革带，黑色靴，双手捧着一扎口的袋子。第三人头裹黑巾，红色左衽窄袖袍服，腰扎黑色革带，黑蓝色靴，双手端着垫有抹布的茶壶。后排第一人，头裹黑巾，红色左衽窄袖袍服，腰扎革带，黑色靴，双手端一托盘，盘内有碗、匙等餐具。第二人头戴黑巾，穿蓝色左衽窄袖长袍，腰扎布带，蓝色靴，双手托一白色布巾。第三人为契丹侍从，髡发，穿蓝色左衽窄袖长袍，腰扎革带，褐色靴，左手拿着抹布。

赤峰市敖汉旗南塔子乡城兴太村下湾子 1 号辽墓墓室的东壁有一幅《宴饮图》，画面表现的是墓主人宴饮的场景。主人居中，头戴黑色软脚幞头，身穿紫色圆领窄袖长袍，白色中单，足蹬白色靴，袖手端坐于红色蓝靠背木椅上，脚踏矮木凳。墓主人面前摆放一高桌，红边蓝面，桌下围长短两层布帷，短帷打褶，长帷着地，并有从短帷里侧垂下的红色花带。桌上摆放着托盏、长盘和筷子，盘内盛有食物。墓主人身后站立一名侍女，身穿黑色袍服。桌前站立一名侍女，身穿红色袍服，双手捧一温碗，碗内放有执壶，呈恭候侍奉状。

敖汉旗南塔子乡城兴太村下湾子 5 号辽墓墓室的西南壁有一幅《煮茶进饮图》，画面中有四名仆佣，其中一名契丹男仆，三名汉装仆人。左起第一人为契丹男子，髡发，身穿白色圆领窄袖长袍，红色中单，腰系蓝色带，袖手而立。其余三人均着汉人

图5-10   宣化10号辽墓墓室壁画《备茶图》

装束，头戴黑色交脚幞头，腰系红色蹀躞带，侧身站立。左侧侍者身穿浅蓝色圆领窄袖长袍，右手托一黄色大碗；中间侍者身穿浅蓝色圆领窄袖长袍，手捧一盘，内放黄色碗；右边侍者身穿白色圆领窄袖长袍，手捧一洗。四人前左侧放一摞四层食盒，右侧放一三足曲口火盆，盆内燃着炭火，火盆上放着两个黄色执壶，其中高者为鹰首壶。

敖汉旗四家子镇闫杖子村北羊山1号辽墓的天井西壁有一幅《烹饪宴饮图》，画面中有七人，既有契丹侍仆，也有汉族侍仆。其中后面两名契丹侍仆抬着桌子，上面放有食盒，盒内盛有馒头、包子等食物。桌上还有碗、筷等餐具。前面右边一人，头戴黑色折脚幞头，身穿白色圆领窄袖长袍，足蹬黑靴，端坐在方凳上，左手端一黑色盘，右手拿筷，正从盘中夹食物；中间一名汉族侍仆，蹲在一小方凳前切肉。他身后一名契丹侍仆端着食物，躬身向坐者进食。左侧有一三足鼎，内煮肉食，鼎旁一契丹侍仆正在翻搅肉食。该墓墓室东南壁有一幅《备饮图》，画面中有七人，其中有五名仆人围在桌旁准备食物。桌后是三名汉族侍仆，两侧各有一名契丹侍仆。桌前有一名契丹男童伏在竹箱上酣睡；旁边有一女童，头扎双髻，蹲坐在三足火盆之后，正在拨火温酒，火盆上放着瓜棱执壶。该墓墓室东壁有一幅《敬茶图》，画面中有四人，墓主人侧身坐在砖砌仿木半浮雕黑色椅子上，身穿红色圆领窄袖长袍，腰系蹀躞带，面前放一砖砌仿木半浮雕黑色小桌，桌上摆放着西瓜、石榴、桃和枣等果品。墓主人身后站立两名契丹仆人，髡发，身穿白色圆领窄袖长袍，手捧唾盂和罐，侍奉主人。小桌后一名汉族仆人，头戴黑色折脚幞头，身穿白色圆领窄袖长袍，双手端着一托盘，上有茶盏，躬身向主人敬茶。他身后站立一名契丹侍仆，手捧盖罐，长袍下角掖于腰间。

敖汉旗四家子镇闫杖子村北羊山3号辽墓的天井西壁有一幅《烹饪图》，画面中有四人在凉亭下，为一主三仆。左侧第一人为墓主人，袖手坐于石墩上，身穿黑色圆领长袍，头戴黑色帽，腰束带，足蹬黑靴。三名契丹仆人，髡发，左侧靠近主人的侍仆口中衔着一把小刀，撸挽衣袖准备切肉；右侧侍仆蹲着备柴烧火煮肉。旁立一侍仆，右手指向拿刀的侍仆。地上有一大三小四口黑色铁锅，大锅内煮着肉，锅底有燃烧的火苗。

五　反映辽人日常梳妆、侍寝生活内容的壁画

辽代中后期墓葬壁画中反映辽人日常梳妆、侍寝生活的内容也较丰富，墓葬壁画中有大量侍仆侍奉主人日常生活或为主人梳妆、侍寝的画面。如内蒙古通辽市奈曼旗青龙山镇契丹陈国公主与驸马合葬墓的前室东壁有一幅《男仆女婢图》，女婢面容悲

戚，身穿大领宽袖淡黄色长袍，白色圆领中单，腰束淡赭色长带，脚穿淡绿色鞋，双手捧浣巾。男仆立于女婢之后，短发，长鬓，长须，表情肃穆，身穿淡蓝色紧袖长袍，白色中单，腰扎黄色短带，脚穿黑鞋，手捧唾盂。

内蒙古赤峰市巴林左旗查干哈达苏木阿鲁召嘎查滴水壶辽墓墓室北壁有一幅《梳妆侍奉图》，画面中有三名中年契丹女仆，其中一人左肩斜背一红色包裹，另一个在整理梳妆用品，还有一个手拿浣巾。地上一小方桌上有一大漆盘，内放梳妆用品，有粉盒、胭脂盒、梳子、骨刷等。右侧为扎起的帷幔。

图5-11 辽墓室壁画《男仆女婢图》

赤峰市巴林左旗福山地乡前进村辽墓墓室北壁有一幅《侍寝图》，画面中两名侍女，拱手侍立于寝床的帷幔前，侍女前面摆放着面盆和靴、帽等。左边侍女头梳包髻，身穿蓝色短衫，蓝色长裙，腰扎长帛带，双手拢于袖内。右边侍女头梳包髻，身穿蓝色短衫，红色长裙，腰扎长帛带，双手拢于袖内。侍女身后是遮挡寝床的帷幔，上面挂着主人脱下的服饰，有革带、帛带、袍服、团衫、短襦、蹬脚裤等。地下摆放着一双黑色靴子，一只面盆和一个漆盘，盘内摆放着木梳、展脚幞头和巾帻，生活气息十分浓郁。

六 反映自然风光及花草、动物内容的壁画

辽代墓葬中还有不少反映野外草原、山林自然风光及各种家养花草、动物的壁画，颇具特色。描绘辽地自然风光的墓室壁画以内蒙古赤峰市巴林右旗索布日嘎苏木辽庆陵东陵（辽圣宗永庆陵）的中室四壁所绘的春、夏、秋、冬四季山水图最为突出。如《春图》绘于中室东南壁，画面表现的是春天里山林中优美的景色。春季满山杏花盛开，山谷间溪水潺潺，溪旁柳树丛生，蒲公英怒放；溪中有天鹅、鸳鸯和野鸭游弋，天空中有北飞的大雁。此图描绘了辽代庆陵周边地区春天的山川景色。《夏图》绘于中室西南壁，画面题材是牡丹和鹿，描绘的是夏季山花烂漫之景色。天空中有朵朵白云，溪水边有茂密的树林，山丘上有三株盛开的牡丹花，山野间有绚烂的芍药、山菊、百合，山中有鹿群分布，有的在觅食，有的伫立、坐卧、奔跑或哺乳，形态各

异，其间还有行走的野猪。《秋图》绘于中室西北壁，画面题材是山林和鹿。山野间的树木有翠绿、暗绿、橙红、紫红、杏黄、枯黄等各种色彩，落叶松已落叶，樟子松还依然翠绿；山野间和溪水旁有成双结对的鹿在追逐，野猪行走在山林中，天空中有南飞的大雁。《冬图》绘于中室东北壁，画面的题材是落叶的树木和鹿。山野间的树木已大部分落叶，只有苍松还是绿色；山谷中溪水已经结冰，岸边草木已经枯黄；鹿或集结觅食或仁立山坡；溪畔有野猪伏藏在草木丛中。

辽墓壁画中对各种花草和动物也多有描绘。如内蒙古赤峰市敖汉旗南塔子乡城兴太村下湾子5号辽墓墓室东北壁有一幅《荷花图》，画面中有荷花和芦苇，荷叶肥大，荷花盛开，水草交错分布，水波粼粼，芦苇随风摇摆。该墓墓室北壁绘有一幅《牡丹图》，画面是一簇盛开的牡丹，绿叶红花，枝繁叶茂，花间还有蝴蝶在飞舞；地上有散落的花叶，老枝赭色，弯曲枯折；新枝绿色，挺拔舒展；花朵有的盛开，有的含苞待放，交错分布，疏密有致。内蒙古通辽市库伦旗奈林稿苏木前勿力布格村1号辽墓的天井南壁上部有一幅《湖石牡丹图》，图中两簇湖石牡丹，牡丹傍石而生，花枝茂密；花簇间有彩蝶飞舞，红花绿叶，色调和谐；牡丹花上部有彩云飘浮。内蒙古赤峰市巴林右旗岗根苏木床金沟5号辽墓的前室甬道东壁上方有一幅《飞鹤图》，鹤长喙、红顶，双腿后伸，展翅向墓室内飞翔。该墓前室甬道西壁上方也有一幅《飞鹤图》，鹤丹顶，长喙，双腿直立，面向墓室，作展翅向上飞翔状。赤峰市敖汉旗南塔子乡城兴太村下湾子1号辽墓墓室西北壁有一幅《八哥屏风图》，画面中是一屏风，红色覆莲式屏风座，黄色宽边框，框内是一幅水墨八哥图，两只八哥栖息在梅花树上，一只张嘴向上鸣叫，一只回首下望。该墓甬道东壁有一幅《双鸡图》，画面中两只雄鸡一前一后健步行走，后面一只雄鸡正引颈高歌，前者回首静听。西壁有一幅《双犬图》，两犬均蹲坐，前一犬为白色，目前视，尾翘起，颈系红带，带上有一圆铃；后一犬为黑花色，扬颈张口，尾翘起，颈系白带，带上有一圆铃。通辽市库伦旗奈林稿苏木前勿力布格村7号辽墓的天井西壁有一幅《野猪图》，画面中一头褐色野猪，正穿行于山林中。

七　反映辽人乐舞行为的壁画

辽墓壁画中有大量反映辽人各种音乐、舞蹈行为的内容，亦颇有特色。如内蒙古赤峰市敖汉旗四家子镇闫杖子村北羊山1号辽墓的天井东壁有一幅《鼓乐图》，画面中有六名汉族乐师，均头戴黑色交脚幞头，身着白色圆领窄袖长袍，腰系带，足穿黑靴。前排一人手打拍板；中排三人，一人击鼓，两人吹笛；后排两人吹箫。该墓墓室西壁有一幅《奏乐图》，画面中有两个契丹人盘腿而坐，髡发，脑后和两鬓各垂一绺长发，身着白色圆领窄袖长袍，腰束红色带，左侧一人手拿拍板，右侧一人在敲击着方响。该墓区 3 号辽墓的天井南壁东侧有一幅《击鼓图》，画面中有两名汉族乐师，左侧一人头戴黑色展脚幞头，身着蓝色圆领窄袖长袍，绿色中单，袍襟掖于腰间，露出绛红色内衫和白色带，下穿白色紧腿裤，足穿白布鞋，腰间挂一腰鼓，双袖挽起，左手拿一细木杆，在敲击着腰鼓。右侧一人头戴折脚幞头，身着白色圆领窄袖长袍，绿色中单，双手拿鼓槌，敲击一面大鼓。该墓天井南壁有一幅《吹奏图》，画面中有两名汉族乐师，左侧乐师头戴交脚幞头，身着白色圆领窄袖长袍，绿色中单，腰束红色大带，足穿黑靴，吹着横笛；右侧乐师，头戴红色交脚幞头，身着绿色圆领窄袖长袍，白色中单，腰束红色大带，足穿黑靴，吹着箫。

内蒙古通辽市库伦旗奈林稿苏木前勿力布格村 6 号辽墓的墓门门额有一幅《伎乐图》，画面中有五名女子，均梳蝶形双鬟髻，双鬓抱面，钗饰描金。内着交领宽袖衣，外罩长衫，广袖低垂，有人吹笛，有人起舞，还有吹箫及拨月琴者。[①]

除以上内容外，契丹腹地的辽代墓葬壁画中还有其他一些内容，如汉族与契丹族官吏图、仪卫图、侍卫图、门吏图、门神图、仕女图、引马图，等等。

八　画像石石刻图像

在一些辽代墓葬中，考古工作者还发现，随葬的阴刻或浮雕在长方形石板上的图像亦颇具特色。比如在辽宁省喀左县于杖子村一座辽墓墓室中发现了 12 块画像石，石板为灰砂岩质，规格为高 110 厘米，宽 60～95 厘米，厚约 10 厘米。画像为阴刻，内容多为儒家孝悌故事。[②]第一块画面刻画三人，左为一髡发少年，身着窄袖长袍，头向左仰，身作推拥状，脚下为水。中为妇女，头包髻，上身穿窄袖短服，下身着多褶长裙，身向前倾，双手作推拥状。右为一老者，头戴软脚幞头，身着宽袖长袍，腰束带，直立，脚下有一坛。第二块为驼车出行，画面刻驼车和车夫。车夫髡发，身着圆领窄袖短袍，系腰带，右手持鞭，左手握缰绳，面向驼车，作行走状；驼驾车，仰首作行走状；车高轮，上有帐幔，后为车篷，前篷高，后篷低。第三块画面刻王祥"卧冰求鲤"故事。画面刻四人二鱼。左为一男子，头戴软脚幞头，身着圆领窄袖长袍，系腰带，作右弓步，

① 以上辽墓壁画资料除已注释者外，均引自孙建华编著《内蒙古辽代壁画》。
② 宋晓珂：《朝阳辽代画像石刻》，学苑出版社，2008，第 37～38 页。

双手置于腰前。右上刻一髡发裸身男子，仰面而卧，身下有两尾鱼。下为二妇女，老者卧床，裸上身，双手后撑，下身盖被，当为王祥后母。其身后一年轻妇女，高云髻，双手托扶老者头部。第四块刻郭巨"为母埋儿"的故事。第五块画面刻三人一鱼。第六块刻董永"卖身葬父"的故事。第七块画面刻五人一马。第八块刻杨香"救父打虎"的故事。第九块刻黄家瑞"割股医母"的故事。第十块刻姜诗"涌泉跃鲤"的故事。第十一块刻二人一马。第十二块刻帐幔。此外，在内蒙古赤峰市巴林左旗杨家营子镇石匠沟村一座辽墓墓室中，也发现了两块画像石，长方形，青砂岩石质，四周留有边框。[①] 第一块为"伎乐画像石"。画面中 12 人不同装束，不同姿势，演奏着不同乐器。第二块为"近侍画像石"。画面中 12 人不同性别，不同装束，不同身姿，不同神态，手持不同物品，作服侍状。

第四节　人殉、随葬木石俑与牲殉

一　人殉

辽代契丹皇帝或其他贵族有在人死后用臣下、近侍、妻妾或奴仆、战俘等殉葬的习俗，有学者将其区分为"人殉"和"人牲"两种类型，前者可保全尸首，有的甚至会拥有单独的葬具或随葬品；后者是杀祭。

文献记载的最早人殉的例子是辽太祖耶律阿保机死后，其妻述律皇后为其治丧，杀戮太祖旧臣为其殉葬的故事。《辽史·太祖淳钦皇后传》即载："太祖崩，后称制，摄军国事。及葬，欲以身殉，亲戚百官力谏，因断右腕纳于柩。"《契丹国志》亦云："太祖之崩也，后屡欲以身为殉，诸子泣告，惟截其右腕，置太祖柩中，朝野因号为'断腕太后'，上京置义节寺，立断腕楼，树碑焉。"[②] 刘浦江先生将其定性为"人殉之变种——割体葬仪"。[③] 关于述律后诛杀大臣为阿保机殉葬，《新五代史》卷73《四夷附录二》记载较详："述律为人多智而忍。阿保机死，悉召从行大将等妻，谓曰：'我今为寡妇矣，汝等岂宜有夫？'乃杀其大将百余人，曰：'可往从先帝。'左右有过者，多送木叶山，杀于阿保机墓隧中，曰：'为我见先帝于地下。'大将赵思温，本中国人也，以才勇为阿保机所宠，述律后以事怒之，使送木叶山，思温辞不肯行。述律

---

① 金永田：《大契丹国夫人萧氏墓志及画像石初探》，王玉亭主编《辽上京研究论文选》，政协巴林左旗委员会2006年（内部资料），第 299～302 页。
② 叶隆礼：《契丹国志》卷 13《太祖述律皇后传》，贾敬颜、林荣贵点校，上海古籍出版社，1985，第 139 页。
③ 刘浦江：《契丹人殉制研究——兼论辽金元"烧饭"之俗》，《文史》2012 年第 2 辑。

曰：'尔，先帝亲信，安得不往见之？'思温对曰：'亲莫如后，后何不行？'述律曰：'我本欲从先帝于地下，以子幼，国中多故，未能也。然可断吾一臂以送之。'左右切谏之，乃断其一腕，而释思温不杀。"此事在元代王恽《卢龙赵氏家传》中亦有相类之记载。

辽穆宗初年，世宗旧臣耶律颓昱欲为世宗殉葬，但遭到穆宗皇帝的反对。《辽史·耶律颓昱传》云："耶律颓昱，字团宁，孟父楚国王之后，父末掇，尝为夷离堇。颓昱性端直。会同中，领九石烈部，政济宽猛。世宗即位，为惕稳。天禄三年，兼政事令，封漆水郡王。及穆宗立，以匡赞功，尝许以本部大王。后将葬世宗，颓昱恳言于帝曰：'臣蒙先帝厚恩，未能报；幸及大葬，臣请陪位。'帝由是不悦，寝其议。薨。"[1]

辽景宗耶律贤驾崩后，渤海人挞马解里亦欲为其殉葬，同样未被圣宗所允许，但最终却以侍者朗及挞鲁代之以殉。《辽史·圣宗纪》即载：统和元年（983）正月丙子，"渤海挞马解里以受先帝厚恩，乞殉葬，诏不许，赐物以旌之"；二月甲午，"葬景宗皇帝于乾陵，以近幸朗、掌饮伶人挞鲁为殉，上与皇太后因为书附上大行"。[2]

景宗死后，还有一位契丹族大臣耶律延宁也曾主动提出为景宗皇帝殉葬，圣宗亦未同意。辽圣宗统和四年（986）的《耶律延宁墓志》记载："公讳延宁，其先祖已来是皇亲。……景宗皇帝念是忠臣之子，致于近侍。始授保义功臣、崇禄大夫、检校太保、行左金吾大将军、兼御史大夫、上柱国、漆水县开国子，食邑五百户。公尽忠尽节，竭力竭身。景宗皇帝卧朝之日，愿随从死。今上皇帝念此忠赤，特宠章临，超授保义奉节功臣、羽厥里节度使、特进、检校太尉、同政事门下平章事、上柱国、漆水县开国伯，食邑七百户。"[3]

由上可知，辽代前中期，皇帝近臣、宠臣为先帝殉葬的意愿虽然受到道德支持和朝廷褒奖，但大多并没有真正付诸实施，而最终为已故皇帝殉葬者，均是地位比较低下的皇帝生前近侍等。

辽代契丹贵族死后亦有为之殉葬者。如圣宗朝驸马都尉萧恒德（契丹名肯头）即被承天太后赐死为已故公主延寿女殉葬。《辽史·萧恒德传》即载："恒德，字逊宁。……统和元年，尚越国公主，拜驸马都尉，迁南面林牙。……十四年，为行军都部署，伐蒲卢毛朵部。还，公主疾，太后遣宫人贤释侍之，恒德私焉。公主恚而薨，

---

① 《辽史》卷77《耶律颓昱传》，第5册，第1262页。
② 《辽史》卷10《圣宗纪一》，第1册，第108～109页。
③ 向南：《辽代石刻文编》，第85页。

太后怒，赐死。"①这是萧恒德为公主殉葬的一个版本。而另一个版本则见于宋人李焘《续资治通鉴长编》卷55真宗咸平六年（1003）七月己酉的一段记载："契丹供奉官李信来归。信言其国中事云：'戎主之父明记，号景宗，后萧氏，挟力宰相之女。……女三人，长曰燕哥，年三十四，适萧氏弟北宰相留住哥，伪署驸马都尉；次曰长寿奴，年二十九，适萧氏侄东京留守悖野；次曰延寿奴，年二十七，适悖野母弟肯头。延寿奴出猎，为鹿所触死，萧氏即缢杀肯头以殉葬。'"

　　到辽代后期，尽管朝廷已严令禁止人殉或牲殉，但殉葬之风仍禁而未止。《辽史·列女传》即记载了两则辽末契丹女子殉夫的事例。第一例："耶律术者妻萧氏，小字讹里本，国舅字菫之女。性端悫，有容色，自幼与他女异。年十八，归术者。谨裕贞婉，娣姒推尊之。及居术者丧，极哀毁。既葬，谓所亲曰：'夫妇之道，如阴阳表里。无阳则阴不能立，无表则里无所附。妾今不幸失所天，且生必有死，理之自然。术者早岁登朝，有才不寿。天祸妾身，罹此酷罚，复何依恃。倘死者可见，则从；不可见，则当与俱。'侍婢慰勉，竟无回意，自刃而卒。"第二例："耶律中妻萧氏，小字挼兰，韩国王惠之四世孙。聪慧谨愿。年二十归于中，事夫敬顺，亲戚咸誉其德。中尝谓曰：'汝可粗知书，以前贞淑为鉴。'遂发心诵习，多涉古今。天庆中，为贼所执，潜置刃于履，誓曰：'人欲污我者，即死之。'至夜，贼遁而免。久之，帝召中为五院都监，中谓妻曰：'吾本无宦情，今不能免。我当以死报国，汝能从我乎？'挼兰对曰：'谨奉教。'及金兵循地岭西，尽徙其民，中守节死。挼兰悲戚不形于外，人怪之。俄跃马突出，至中死所自杀。"②

　　除文献记载之外，近年来大量辽墓考古资料也证明了辽代葬俗中的人殉之实。1972年，考古工作者在吉林省哲里木盟（今内蒙古通辽市）库伦旗1号辽墓中，发现除墓主人夫妻之外，还有十个头盖骨及人体其他部位骨骼。③经过对尸骨上下颚骨的观察研究，这些人大多数为青壮年。此外，在出土的人骨中还发现了小孩的大腿骨。由此便可推断，这些人很可能是殉葬的奴仆。

　　1981年，考古工作者在内蒙古兴安盟科尔沁右翼中旗巴扎拉嘎公社清理了两座辽墓。其中2号辽墓墓室内有一具20多岁女性骨架，仰身直肢，有少量随葬品；墓底石板下有一腰坑，葬一男性青年，俯身直肢，腰坑内无任何随葬品。发掘者推断此人

---

①　《辽史》卷88《萧恒德传》，第5册，第1342～1343页。
②　《辽史》卷107《列女·耶律术者妻萧氏、耶律中妻萧氏传》，第5册，第1473～1474页。
③　吉林省博物馆等：《吉林哲里木盟库伦旗一号辽墓发掘简报》，《文物》1973年第8期；王健群、陈相伟：《库伦辽代壁画墓》，第79～80页。

可能是殉葬者。[1]

此外，刘浦江先生根据 1932 年 8 月出版的《艺林月刊》第 32 期刊载的刘振鹭《辽圣宗永庆陵被掘纪略》的描述，1914 年永庆陵被盗掘，"其中遗骸，男女都有。男骸衣甲及袍服，殆皆殉葬者欤？此诸骸骨，有委于地面者，有陈于石床者，更有用铜丝罩护其全体者。石床上，每一骸骨头上，石壁间，各悬一古铜镜"，认为圣宗陵未经科学的考古发掘，且盗毁严重，仅凭上述描述，恐怕只能算是疑似人殉遗存。[2]

二　随葬木石俑

大约在圣宗朝之后，辽朝人殉被禁止，虽有余续存在，但已大大减少。为不使殉葬习俗泯灭，辽人采用木俑或石俑随葬的方式，以代替人殉。比如圣宗朝之后有明确纪年的随葬木石俑辽墓即有：统和四年（986）的耶律延宁墓，出土了随葬的半身石俑；统和十一年（993）的韩匡嗣墓，出土了随葬的男、女石雕俑；开泰七年（1018）的陈国公主与驸马合葬墓，出土了随葬的两件木俑；开泰八年（1019）的耿延毅墓，出土了随葬的六件木俑；重熙十五年（1046）的秦晋国大长公主墓，出土了随葬的木俑残片；大安六年（1090）的萧袍鲁墓，出土了随葬的石俑头；天庆六年（1116）的张世卿墓，出土了随葬的木俑；等等。

图5-12　辽墓随葬石雕女俑

比较典型的，如内蒙古通辽市奈曼旗斯布格图村辽代陈国公主与驸马合葬墓出土了随葬木俑两件。[3]木俑用柏木雕刻，外表彩绘。出土时一件置于尸床上，上半部基本完整，下半部已残朽。该木俑身着右衽长袍，戴冠，汉式装束，双手拱于胸前，脸庞丰润，颧骨微凸，浓眉大眼，鼻梁狭长，八字胡，短须，表情严肃。另一件木俑在后室门内右侧，下半身残朽。

内蒙古赤峰市巴林左旗白音勿拉苏木白音罕山辽代韩匡嗣家族墓群 2 号墓出土随

---

[1]　苏日泰：《科右中旗巴扎拉嘎辽墓》，《内蒙古文物考古》1982 年第 2 期。

[2]　刘浦江：《契丹人殉制研究——兼论辽金元"烧饭"之俗》，《文史》2012 年第 2 辑。

[3]　孙建华、杨星宇：《大辽公主——陈国公主墓发掘纪实》，第 176 页。

葬木俑一件，立姿，右臂残存，但服饰及其他状况已不清楚。3号墓出土随葬男、女石俑各一件。[1]其中男俑用绿砂岩雕刻而成，造型简约概括，刀法细腻。男俑方脸大耳，垂目下视，鼻头略残，髡发，额前留有整齐的刘海，两鬓各留一绺长发垂于耳前，其余头发剪去；双耳戴环。着圆领窄袖袍服，左肩靠颈部有疙瘩襻扣，在臀后开裰；腰系布帛带，结双环同心抽扣。左髋腰带处垂一刺鹅锥。足穿尖头皮靴，叉手而立，表情谦恭温顺。女俑雕法与男俑同，形象为方面丰颐，浓眉大眼，直鼻小口，大耳垂肩，双耳戴环，发梳双辫，左侧发辫从颅后经右耳上方绕至额前上方，右侧发辫自颅后经左耳上方绕至前额与左侧发辫相搭，用一宽帛带结扣于额正中，发带下所露额发梳经头顶至颅后于发辫之中。着交领窄袖团衫，长及脚面；系帛带高至乳下，结双环同心抽扣；足穿尖头皮靴，双臂曲于胸腹之前，双手捧一浣巾，目光下视，表情温和。

北京昌平陈庄辽墓出土随葬男女陶俑各一件。[2]其中男俑置于骨灰龛前左侧，灰陶模制，呈站立姿势，昂首，髡发，面目丰满，阔鼻，身穿左衽圆领长袍，左肩上有一个花头纽扣，腰系带，两手相揣，垂于腹前；脚穿尖头靴。女俑置于骨灰龛前右侧，与男俑相向而立；髡发，眼略垂视，阔鼻，面目丰满，两手相揣，垂于腹前；上身内着圆领衫，外套对襟短袄，下身着褶裙，腰系带，脚穿圆头鞋。

河北省张家口市宣化城西下八里村辽代张氏家族墓群10号张匡正墓出土随葬木俑九件，已残，应为人身兽首之生肖像俑，大多已腐朽，散落在墓壁周围的莲花砖托之下，当是按周天12个方位配置的，因而原物应为12件。生肖俑用柏木细雕，身着长袍，白粉涂地，用朱、绿等颜色涂肌肤和衣着。其中一式为上身着黄色短襦，内罩朱色长袍，腰系绿带，前后飘带作同心结；足蹬朱靴；双手拱于胸前，持笏。

而出土随葬木俑数量及形制最多者，当属宣化辽代张氏家族墓群中1号张世卿墓。[3]该墓除作为盛放骨灰的葬具木雕真容偶像外，还出土了23件木雕人俑。这些木俑原置于后室四壁的莲花龛中，均由柏木按纹理精雕细刻而成。据考证，制作方法应是以一段完整的柏木作坯，先雕出身躯各部，头部包括发式、面部，五官有眼、鼻、耳、口，还有四肢衣着等。然后在木坯上刷一层白粉作为底色，再在底色上按不同部位敷以不同的颜色，如头发、眉、眼、口、髭部都用墨线勾出轮廓或用颜料涂

①　内蒙古文物考古研究所等：《白音罕山辽代韩氏家族墓地发掘报告》，《内蒙古文物考古》2002年第2期。
②　昌平县文物管理所：《北京昌平陈庄辽墓清理简报》，《文物》1993年第3期。
③　河北省文物研究所：《宣化辽墓》（上），第56、222～228页。

实，面部和肌肤涂粉红色，衣服则因人而异。最后涂
一层透明胶质物，以使木俑表面光亮，并起到保色和
防腐的效果。考古工作者和历史学者根据形制、衣着
的不同，将23件木俑分为六式，即高髻短髭俑、高
髻俑、幞头俑、伏虎武俑、武士俑和双首蛇身俑。如
高髻短髭俑，为文官侍吏装束，但不戴冠，黑发上束
成高髻，面部修长，小髭须；上身着紫色中单，紫色
交领左衽宽袖长袍，足穿白靴，腰系带。再如伏虎武
俑，为武士装束，双足踏卧虎一只；头顶紫盔，二目
圆睁，小髭须，短面，垂耳，身披铠甲战裙，腰系蹀
蹼带，左手拳于胸，右臂下垂，双足叉开，踏于虎背
之上，作用力姿态；虎回首，卧身扬尾。又如双首蛇
身俑，用一整木雕成，双头，蛇身；头作人面形，黑
发，小髭须。

图5-13　宣化1号辽墓随葬木俑

在宣化下巴里Ⅱ区辽代壁画墓1号墓中，亦出土
随葬彩绘木俑两件。[①]一为男童俑，立式，头向右侧，
面部丰满，黑色眼珠，红色嘴唇，目视前方；双耳宽大，戴有圆形耳环；头上将两侧
鬓发雕凿出来并染成黑色，顺耳后垂下，发尖与耳环相连；头顶雕出小髻，蘑菇丁
状，染成红色，鬓角处用黑色画出一撮头发；身穿杏黄色中衣，外罩绿色圆领窄袖长
袍，腰系带；足穿高筒靴；双手曲于胸部，左手持钵而立。另一为女童俑，头部已经朽
坏，左耳尚存，耳垂上戴有红色花瓣形耳饰；依稀可见黑色鬓发，于头两侧扎高髻；身
着杏黄色交领外衣，蓝色内衣，下身穿蓝色百褶长裙；双手置于胸部，怀抱铜镜而立。

辽代中后期以葬俑代"人殉"，是辽人殡葬制度与丧葬文明进步的一种表现。

三　牲殉

辽人有用动物殉葬的习俗，史称"牲殉"。历史文献及考古资料均证明，辽人的
牲殉亦主要发生在辽代前期，至中后期，在契丹皇帝的多次诏禁下，辽人杀牲（特别
是马、牛、驼等大牲畜）殉葬的现象已明显减少，但却没有根绝。

---

① 刘海文主编《宣化下巴里Ⅱ区辽壁画墓考古发掘报告》，第22～24页。

契丹属古代北方草原游牧民族，羊是他们畜养最多的家畜之一，因而，羊在契丹人的生活中，占有重要地位，契丹建国前后，常有契丹人死后用羊殉葬的实例。并且，这种牲殉，或用整羊，或仅用羊身体的某一部分。如在内蒙古科尔沁左翼后旗呼斯淖尔契丹建国前的一处契丹人墓葬中，即出土了殉葬用的羊骨架。[①] 契丹建国后，用羊殉葬的现象更为普遍。在辽宁省建平县北二十家子镇一处辽墓墓道中即发现一具殉葬用的羊骨架。[②] 在天津蓟县营房村辽墓中，在人骨架西侧墓室后壁处有一砖砌的祭台，上面置放一具羊头和四蹄骨。[③] 在内蒙古新巴尔虎左旗甘珠尔花辽代石棺 1 号墓中，在墓室墓主人头骨右侧，置有一具羊的肩胛骨；在 3 号墓墓主人右肩上方亦置有一具羊的肩胛骨。[④] 羊在辽代契丹人的葬俗中除作为殉葬动物之外，还有祭祀方面的用途。《辽史·礼志·嘉仪上》"公主下嫁仪"即云：公主出嫁，皇帝、皇后"赐公主青幰车二，辀头、盖部皆饰以银，驾驼；送终车一，车楼纯锦，银辀，悬铎，后垂大毡，驾牛，载羊一，谓之祭羊，拟送终之具，至覆尸仪物咸在"。[⑤]

除羊外，考古资料显示，辽人殉葬用的动物还有马、狗等。如辽宁省阜新蒙古族自治县旧庙镇海力板村辽墓墓室木棺前即出土殉葬用的狗头骨两个。[⑥] 在辽宁省彰武县一处辽墓墓室中，出土殉葬马骨一具。[⑦]

辽人殡葬牲殉习俗在辽代石刻文字资料里也有记载。辽代高官显贵死后，当朝皇帝一般都要赐赠随葬的物品和殉葬的家畜（或家禽）。如保宁十一年（979）的《耶律琮神道碑》即载，耶律琮死后，景宗皇帝"使宗子来会，赗赠唅螫以表后亲之恩，牛羊犬鸡不废表纪之数"。[⑧] 开泰四年（1015）的《耶律元宁墓志》亦载，三镇口巡检使耶律元宁死后，圣宗皇帝"赠银两铤，大银盒子一口，银盂子两只，衣两对，马二匹"。[⑨] 诚然，这些动物不一定都被埋入坟墓，但也不排除用动物躯体的一部分来为墓主人殉葬。

圣宗朝之后，契丹皇帝对臣民杀牲殉葬与祭祀等行为多次诏令禁止。如辽圣宗耶

---

①　冯永谦：《辽代陶瓷的成就与特点》，《辽海文物学刊》1992 年第 2 期。

②　辽宁省文物考古研究所：《辽宁建平县两处辽墓清理简报》，《北方文物》1991 年第 3 期。

③　赵文刚：《天津市蓟县营房村辽墓》，《北方文物》1992 年第 3 期。

④　王成、陈凤山：《新巴尔虎左旗甘珠尔花石棺墓群清理简报》，《内蒙古文物考古》1992 年第 1～2 期。

⑤　《辽史》卷 52《礼志五》，第 3 册，第 864 页。

⑥　辽宁省文物考古研究所等：《阜新海力板辽墓》，《辽海文物学刊》1991 年第 1 期。

⑦　赵振生、于泽民：《阜新辽墓丧葬习俗及墓室结构形制的研究》，《阜新高专学报》1997 年第 3 期。

⑧　向南、张国庆、李宇峰辑注《辽代石刻文续编》，第 343 页。

⑨　向南、张国庆、李宇峰辑注《辽代石刻文续编》，第 58 页。

律隆绪于统和十年（992）正月诏令"禁丧葬礼杀马"。[①] 辽兴宗耶律宗真于重熙十一年（1042）十二月诏令："禁丧葬杀牛马及藏珍宝。"次年六月，兴宗皇帝再次下诏重申："世选宰相、节度使族属及身为节度使之家，许葬用银器，仍禁杀牲以殉。"[②] 但"牲殉"现象依然存在。如辽宁凌源小喇嘛沟辽墓群属于辽代中晚期契丹人墓葬，[③] 11座墓葬中，有多座发现"牲殉"现象。如2号墓墓道内殉葬一个牛头、一串牛尾和多具牛小腿及牛蹄；3号墓墓道内殉葬一个马头；5号墓墓道内殉葬两条动物后肢；6号墓墓道内殉葬一个马头、两副动物腿；7号墓墓道内殉葬一匹整马，墓室顶部之上殉葬一只整狗；9号墓墓道内殉葬一个马头、一副牛小腿和一副马小腿；11号墓墓道内殉葬一个马头；8号墓和10号墓附近各有一个殉葬坑，坑内各葬一匹整马。[④] 这反映了诏禁与葬俗之间的矛盾。

---

① 《辽史》卷13《圣宗纪四》，第1册，第142页。
② 《辽史》卷19《兴宗纪二》，第1册，第229页。
③ 辽宁省文物考古研究所编著《凌源小喇嘛沟辽墓》，第126页。
④ 辽宁省文物考古研究所编著《凌源小喇嘛沟辽墓》，第130页。

第六章
墓志铭

第一节　墓志铭的各种称谓

一　埋入墓穴的"墓志铭"

在中国古代，生者为死者镌石刻志埋入墓穴起源于何时，学术界说法不一，大致有西汉说、东汉说、魏晋说和南北朝说等四种。[①] 赵超先生经过综合分析后认为，中国古代的墓志铭滥觞于西汉，转化于魏晋，定型于南北朝。[②] 这种活着的人为亡故者镌刻墓志铭的丧葬礼俗后来也被辽人因袭和沿用，成为辽代殡葬礼俗的一个重要组成部分。

1. 墓志铭

"墓"，指坟墓、墓葬，是埋葬死者的场所。"志"，有两方面内容：一是对死者姓名、籍贯、生卒年月、官职履历、谱系等的追叙；二是对死者生平事迹、才能品行的叙述和颂赞。"铭"，是以韵文的形式，表达对死者的哀悼和称颂。"志"和"铭"均镌刻在埋入墓穴的方形石头上，故称"墓志铭"。墓志铭上覆有"盝顶式"石盖，称"志盖"。辽墓中出土最多的一类随葬石刻就是"墓志铭"，并且均在志文首题中标注。如，1956 年于北京市永定门外马家铺洋桥村养鸭场内出土的应历八年（958）《赵德钧妻种氏墓志》，其志文首题即为"辽故卢龙军节度使、太师、中书令、北平王、赠齐王、天水赵公夫人、故魏国太夫人、赠秦国夫人种氏合祔墓志铭并序"。[③]

---

① 徐吉军：《中国丧葬史》，第 318 页。
② 赵超：《墓志溯源》，《文史》第 21 辑，1983。
③ 向南：《辽代石刻文编》，第 21 页。

从这段文字的记载，我们不仅了解了墓主的姓氏、性别、封号及其丈夫的姓氏、籍贯、官职、爵位等信息，也清楚地界定了这就是一方辽代早期的"墓志铭"。出土的辽代其他"墓志铭"亦与此相类。

当然，辽代的"墓志铭"也有个别特殊者，不称"墓志铭"而称"实录铭"。如新中国成立前出土的天庆八年（1118）《郑士安实录铭记》，其志文首题即为"大辽国燕京涿州前左都押衙郑公实录铭记"。[①] 但从该石刻所记之内容、形式看，其与"墓志铭"并无多大区别。

2. 哀册

辽朝帝、后去世，于遣葬日举行"遣奠"时所读的最后一篇祭文刻于册（石）上，埋入陵中，称为"哀册"。辽陵出土的帝、后哀册，均作墓志状，镌刻有契丹、汉两种文字。如新中国成立前出土于内蒙古昭乌达盟（今赤峰市）巴林右旗白塔子村王坟沟辽庆陵的太平十一年（1031）《圣宗皇帝哀册》，册文首题即为"文武大孝宣皇帝哀册"。[②] 同时出土的清宁四年（1058）《圣宗钦哀皇后哀册》，册文首题为"圣宗钦哀皇后哀册"。[③] 后来出土的道宗皇帝和宣懿皇后的哀册，其形制亦与前者基本相同。

在辽代，除契丹帝、后死后使用"哀册"随葬外，个别享有特权的近亲皇族，死后亦使用"哀册"随葬，但到目前为止，仅发现一例，即1997年于内蒙古赤峰市巴林右旗辽庆陵陪葬墓中出土的乾统十年（1110）《义和仁寿皇太叔祖哀册》，册文首题为"义和仁寿皇太叔祖哀册文"。[④] 义和仁寿皇太叔祖契丹名和鲁斡，是兴宗皇帝的次子、道宗皇帝的胞弟。按传统的丧葬礼俗，"哀册"唯有帝、后死后才能使用，其他人是不允许使用的，但在辽代末期出现了这样的"特例"，有学者认为，辽末政事松弛，和鲁斡家族势力过于强大，因而才影响了传统的丧葬制度，[⑤] 似乎有一定道理。

3. 石棺铭

辽人有用石棺入葬的习俗，这些石棺大多盛殓的是死者火化后的骨灰，故而，死者生前大多应为崇佛信教之人。在出土的辽人石棺的侧壁或棺盖部位，多刻有记述死者姓名、职位、卒年的文字，一般称之为"石棺铭"或"石棺记"。"石棺铭"一般字

---

① 向南:《辽代石刻文编》，第 674 页。
① 向南:《辽代石刻文编》，第 674 页。
② 向南:《辽代石刻文编》，第 193 页。
③ 向南:《辽代石刻文编》，第 282 页。
④ 向南、张国庆、李宇峰辑注《辽代石刻文续编》，第 272 页。
⑤ 盖之庸:《内蒙古辽代石刻文研究》，内蒙古大学出版社，2002，第 343 页。

图6-1 辽陈国公主墓志铭

数不多，仅数十字，远远少于墓志铭的字数。如，1949 年出土于沈阳市小西边门的开泰四年（1015）《李进石棺记》，记文仅 26 字，竖刻于石棺的前壁上。[1]1955 年出土于辽宁省辽阳县望水台乡大林子村的寿昌二年（1096）《王翦妻高氏石棺铭》，用汉、梵两种文字刻于棺盖内侧，记述了死者高氏的籍贯、家世、年寿、死因及亡后下葬时间等。[2]

① 向南：《辽代石刻文编》，第 148 页。
② 向南：《辽代石刻文编》，第 473 页。

二　竖于坟前的"墓碑"

1. 神道碑

所谓"神道碑",是古人立在墓道前记载死者生平事迹的石碑。辽人死后立"神道碑"者较鲜见,目前仅发现一例,即原立于内蒙古赤峰市喀喇沁旗西桥乡铁匠营子村的保宁十一年(979)《耶律琮神道碑》。此碑呈长方形,碑首前额阴刻篆书"故太师令公神道之碑"九字。但碑文格式及内容与墓志铭却相似,如碑文首题即为"大契丹国推忠奉国佐运功臣、镇国军节度、华商等州观察处置等使、特进、检校太师、赠兼政事令、使持节华州诸军事、行华州刺史、上柱国、漆水郡开国公,食邑三千户、食实封三百户耶律公□□铭并序"。[①]

2. 墓碑

辽人亦有于坟前竖碑的习俗,[②]但仅见于信教的僧尼,有些即被后人称之为"墓碑"。如1986年于内蒙古赤峰市巴林左旗林东镇北山发现的天庆八年(1118)《鲜演大师墓碑》,[③]碑身上圆下(长)方,碑座呈方形,碑身两面刻字,主要记述了佛教大师鲜演一生之佛学业绩。

除此之外,辽代更多的高僧墓碑被称作"遗行碑"、"形状碑"或"实录碑"等。

称"遗行碑"的,如原立于天津蓟县盘山感化寺的大安六年(1090)《上方感化寺故监寺澄方遗行碑》,碑文首题"上方感化寺故监寺遗行铭并序"。[④]碑文记述了僧人澄方的身世、出家过程及僧行业绩、圆寂时间、俗寿僧腊等。称"形状碑"的,如刻于乾统八年(1108)的《妙行大师形状碑》,碑文首题为"大昊天寺建寺功德主传菩萨戒妙行大师形状碑"。[⑤]碑文详细记述了妙行大师的族属(契丹族)、出家过程、修行内容、佛事功德及圆寂时间、年寿僧腊等。称"实录碑"的,如原立于北京房山大安乡西苑村的天庆五年(1115)《大安山莲花峪延福寺观音堂记碑》,碑圭形首,身首连雕,方趺,方额,碑阳首题"大辽燕京西大安山延福寺莲花峪更改通圆通理旧庵

---

① 向南、张国庆、李宇峰辑注《辽代石刻文续编》,第338页。
② 在中国古代,于坟前竖碑要远远早于埋墓志铭随葬。据考证,墓碑起源于下葬时用来牵引放下棺椁的丰碑。《释名·释典艺》:"碑,被也。此本葬时所设也,施鹿卢(辘轳),以绳被其上,引以下棺也。臣子追述君父之功美以书其上,后人因焉。无故建于道之头,显见之外,名其文,就谓之碑也。"此俗盛行于东汉,衰落于魏晋,隋唐以后更少。
③ 向南:《辽代石刻文编》,第667页。
④ 向南:《辽代石刻文编》,第421~422页。
⑤ 向南:《辽代石刻文编》,第584~588页。

为观音堂记并诸师实行录"。① 碑文主要记述了通圆、通理、通悟等佛学大师的生平事迹。

三　立于地表的"墓幢记"

前已述及，辽代佛教盛行，对殡葬文化产生了深远影响，出家僧尼、在俗居士等佛教徒死后，他们的弟子或子女，大多要在其塔侧坟旁立"墓幢"，其上除镌刻陀罗尼等经文咒语外，还简要刻记死者的生平等，与墓志铭的功能相类似。

辽代"墓幢记"类石刻也有较多不同称谓，有的称"坟塔记"。如原立于北京房山上方山兜率寺塔院内的大安六年（1090）《六聘山天开寺忏悔上人坟塔记》，记文首题即为"六聘山天开寺忏悔上人坟塔记"，② 简要记述了忏悔上人的生平及佛学业绩。有的称"塔铭"。如原立于北京房山云居寺水头村的大安九年（1093）《琬公大师塔铭》，铭文首题"琬公大师塔铭并序"，③ 铭文追记了隋代静琬法师创建云居寺及刻造石径的过程。有的称"遗行塔记"。如原立于北京房山张坊镇的天庆六年（1116）《忏悔正慧大师遗行塔记》，记文首题为"大辽国燕京永泰寺崇禄大夫检校太尉传菩萨戒忏悔正慧大师遗行灵塔记"，④ 记文主述正慧大师的佛学功业等。有的称"实行录"。如发现于北京房山某地的天庆十年（1120）《大安山延福寺李山主实行录幢》，⑤ 主要记述了山主李供臻出家礼佛的过程等。有的称"法幢记"。如原立于辽宁义县城东北的天庆十年（1120）《松寿等为亡父特建法幢记》，记文首题即为"维天庆十年岁次庚子四月辛未朔十五乙丑日，长男松寿今为亡父特建法幢一座"。⑥

第二节　撰写志文者之身份

一　皇帝诏令指定的文臣

帝、后及皇亲国戚、朝廷重臣等，他们死后的册文、志文等，大多由当朝皇帝指定某位文臣史官来撰写。如保宁二年（970）的《耿崇美墓志》即是由"守太子詹

---

①　梅宁华主编《北京辽金史迹图志》（下），第 20～21 页。
②　梅宁华主编《北京辽金史迹图志》（下），第 81 页。
③　梅宁华主编《北京辽金史迹图志》（下），第 83 页。
④　梅宁华主编《北京辽金史迹图志》（下），第 85 页。
⑤　梅宁华主编《北京辽金史迹图志》（下），第 86 页。
⑥　向南：《辽代石刻文编》，第 681 页。

事王晓撰"。在志文中，撰者王晓即自谓："既承旨命，焉敢让辞，遂整芜音，乃为铭。"[①]太平十一年（1031）的《圣宗皇帝哀册》是由"推忠翊圣保义守节同德功臣、枢密使、开府仪同三司、左丞相、守太傅、兼政事令、兼修国史、上柱国、鲁国公、食邑一万户、食实封一千户、臣张俭奉敕撰"。[②]皇帝的哀册，非同一般，由即位的新皇帝（辽兴宗）敕命重臣撰写是无疑的。清宁九年（1063）的《圣宗淑仪赠寂善大师墓志》是由"中散大夫、右谏议大夫、知制诰、充史馆修撰、上轻车都尉、太原县开国伯、食邑七伯（佰）户、赐紫金鱼袋王观奉敕撰"。在志文中，王观亦自言：寂善大师死后，道宗皇帝"爰命史臣，直书石志，故无虚美，良乏愧辞，庶广余芳，以求终古"。[③]咸雍五年（1069）的《秦晋国妃墓志》是由"翰林学士、中散大夫、行中书舍人、签诸行宫都部署司事、轻车都尉、赐紫金鱼袋陈觉奉敕撰"。[④]秦晋国妃萧氏非同常人，生前曾三嫁，首任夫君是圣宗皇帝的亲弟弟耶律隆庆，二任丈夫是耶律隆庆的儿子、圣宗皇帝的亲侄子、萧氏的庶子耶律宗政，三任"老公"是朝廷重臣刘慎行的次子、兼中书令、鲁国公刘二玄。所以，她死后的墓志铭也是由道宗皇帝敕命大臣撰写的。寿昌二年（1096）的《耶律弘世妻秦越国妃墓志》是由"朝请大夫、行起居舍人、知制诰、充史馆修撰、兼枢密都丞旨、骑都尉、彭城县开国子、食邑五百户、赐紫金鱼袋刘嗣昌奉敕撰"。刘嗣昌奉旨撰志，诚惶诚恐，在志文中还自谦了一番："嗣昌才翰非工，职居纶掖，猥承温命，牢让靡遑，谨摭遗芬，以为铭。"[⑤]乾统元年（1101）的《梁援墓志》是由"朝请大夫、中书舍人、充史馆修撰、轻车都尉、平昌县开国伯、食邑七百户、赐紫金鱼袋臣孟初撰"。梁援是道宗朝的重臣，任职地方，颇有政绩，所以，在他死后，天祚皇帝"仍诏掌文之臣，按世系功行以铭其墓，而示追饰也"。[⑥]

二　与死者有各种关系的熟人

撰写志文、碑文和幢文者是与死者或其亲属有各种关系的"熟人"，他们为死者撰写志文、碑文和幢文，属于"见讬"而为。正因为他们是"熟人"，其对死者生平

---

①　向南、张国庆、李宇峰辑注《辽代石刻文续编》第 13 页。
②　向南：《辽代石刻文编》，第 193 页。
③　向南、张国庆、李宇峰辑注《辽代石刻文续编》，第 119 页。
④　向南：《辽代石刻文编》，第 340 页。
⑤　向南、张国庆、李宇峰辑注《辽代石刻文续编》，第 229～230 页。
⑥　向南：《辽代石刻文编》，第 519 页。

事迹比较了解，所以，写起来也比较容易些。诚然，也不排除死者家属向他们提供相关"事迹"资料的可能。而这类"熟人"撰志者，他们的具体身份又各不相同，与死者的关系当然也是亲疏有别。

其一，撰志者与死者为亲属关系，详例如下。

子为父撰写志文。

太平二年（1022）的《程延超墓志》，撰志人即为死者的幼子、度支押衙程思耆。志文见"幼男思耆为父母太平二年九月二十三日武吕（昌）郡程公墓志炼时"。[①] 重熙十五年（1046）的《刘日泳墓志》，署名为"男内供奉班祗侯湘撰"。[②] 刘湘是刘日泳的三子。重熙二十二年（1053）的《王泽墓志》，署名为"嗣子正议大夫、尚书兵部侍郎、知制诰、兼秘书监、上柱国、琅琊开国侯、食邑一千六百户、食实封壹佰陆拾户赐紫金鱼袋纲撰"。[③] 王纲是王泽的次子。

孙为祖撰写志文。

重熙十三年（1044）的《李继成暨妻马氏墓志》，署名为"孙登仕郎、守秘书省校书郎、武骑尉舜卿撰"。李舜卿为死者李继成和马氏的次孙。李继成先死，马氏后亡，李舜卿是在祖母马氏死后与其祖父合葬时撰写此志文的。李舜卿在志文中写道："俄临运日，将启玄扃。孝子哀摧，诸孙号恸。式扬懿德，爰命锁材。舜卿唱第，御帘引名，秘府盖率由祖训，致忝绍于家声。渐乏好辞，用纪青鸟（乌）之兆，辄敢直述，仅为白日之铭。"[④] 清宁六年（1060）《赵匡禹墓志》的撰志人赵潘是死者赵匡禹的重孙。志文云："重孙将仕郎、守秘书省校书郎潘撰。……潘早承庇荫，未预云玄。奉先愧乏于孝恭，颂德惭刘于才藻。怀恩洒涕，且倍于常情；闻命属词，但徵于实录。"[⑤]

弟为兄（或姊）撰写志文。

重熙五年（1036）的《张嗣甫墓志》，署名为"弟朝议郎、守左补阙、骑都尉、赐绯鱼袋嗣宗撰"。张嗣甫死于太平九年（1029），年仅十四岁。直至"权厝"七年后的重熙五年（1036）才归葬祖茔，并由其弟张嗣宗撰写志文。胞兄夭亡早逝，亲弟无比哀伤。"嗣宗忝预天伦，痛伤棣萼。仰承台命，辄敢直书，扶泪抽毫，谨为铭"。[⑥]

---

① 向南：《辽代石刻文编》，第167页。
② 向南：《辽代石刻文编》，第243～245页。
③ 向南：《辽代石刻文编》，第259～261页。
④ 梅宁华主编《北京辽金史迹图志》（下），第139页。
⑤ 向南：《辽代石刻文编》，第299～301页。
⑥ 向南：《辽代石刻文编》，第201～202页。

大安元年（1085）的《郑颉墓志》，署名为"弟右拾遗、充史馆修撰、应奉阁下文字□撰"。据志文内容分析，撰志人为死者的幼弟郑硕。"硕在怀桔之岁，已丧考妣，及之后得依于……兄之指诲，此所谓生我者父母，长我者兄嫂也"。[①] 感念之情，溢于言表。天庆三年（1113）的《马直温妻张馆墓志》，署名为"弟朝议大夫、守司农少卿、前知忠顺军节度副使、上骑都尉、清河县开国子、食邑五百户、赐紫金鱼袋张峤撰"。张峤是张馆的三弟。姐姐去世，姐夫马直温发来讣告，除通报丧讯外，亦请求妻弟为之撰写志文。"去冬见子于燕，获请子之辞以志其夫妇。知生死之分，预营窀穸，以从先内翰侍郎夫人之兆也，幸愧其可。今夫人将以日月葬，必求子之铭，是其死而不为辱也"。[②]

夫为妻撰写志文。

辽代石刻中目前仅见一例，即大安六年（1090）的《陈顗妻曹氏墓志（乙）》，署名为"夫奉国功臣、前三司使、崇禄大夫、守太子太保、上柱国、颖（颍）川郡开国公、食邑四千五百户、食实封四百五十户陈顗撰"。[③]

女婿为岳父（母）撰写志文。

咸雍六年（1070）的《陈顗妻曹氏墓志（甲）》，署名为"朝散郎、守右拾遗、直史馆、京兆县开国男、食邑三百户、上骑都尉、赐绯鱼袋杜公谓撰"。志文在介绍死者曹氏的子女时云："女三人，谓即长女之婿也。……以公谓熟夫人之行，俾志其实而铭。"[④] 可见撰志人杜公谓是死者曹氏的女婿无疑。天庆三年（1113）的《丁文道墓志》，署名为"子婿承奉郎、守右拾遗、权史馆修撰、应奉阁下文字、赐绯鱼袋、骁骑尉韩昉撰"。志文云：死者丁文道有"女一人，即昉之妻也。"[⑤] 这说明韩昉确为死者的女婿。

外甥为舅父撰写志文。

辽代石刻中仅见一例，即太平六年（1026）的《宋匡世墓志》，署名为"外甥中京留守判官、朝议郎、尚书吏部郎中、赐绯鱼袋王景运撰"。王景运在志文中自述："以景运西掖司旨，早曾弄翰，南曹应宿，近又为邱。俾修泉壤之文，用备陵谷之变。

---

① 梅宁华主编《北京辽金史迹图志》（下），第156页。
② 向南：《辽代石刻文编》，第633页。
③ 向南、张国庆、李宇峰辑注《辽代石刻文续编》，第200页。
④ 向南、张国庆、李宇峰辑注《辽代石刻文续编》，第129～130页。
⑤ 向南：《辽代石刻文编》，第639～640页。

矧叨外戚，□孰芳猷。承嘉命以不遑，效直书而无□，谨为铭。"①

姻亲为亲家撰写志文。

辽代石刻中仅见一例，即天庆六年（1116）的《张世卿墓志》，署名为"前燕京□□□□、中散大夫、守鸿胪少卿、开国子郑皓撰"。从志文中的撰者自述，即知郑皓是死者张世卿的姻亲。"公（张世卿）曾托后事，亲为书撰。皓忝预华姻，诚难牢让，强为铭"。②

其二，撰志者与死者为师生（徒）或朋友关系，详例如下。

门生弟子为上司、师长撰写墓志幢记。

应历八年（958）的《赵德钧妻種氏墓志》，署名为"门吏翰林学士、朝散大夫、守尚书兵部员外郎、知制诰、柱国、赐紫金鱼袋刘京撰"。在志文的最后，刘京自述道："京，门吏也。孝子太尉，虑泯芳猷，俾扬实录。"据向南先生考证，此刘京即《辽史·刘景传》中的刘景。③传云："刘景，字可大，燕王赵延寿辟为幽都府文学。"这与墓志文中刘京自称"门吏"正相符。开泰九年（1020）的《耿延毅墓志》虽未署撰志人姓名，但在志文最后有一段撰志人的自述："将赴葬期，乃徵铭于陇西氏。万元非史才，久废文笔，承郡王之教，难以固辞，乃考世系，刊勒墓石。"④陇西，李氏郡望，由此即知撰志人姓李名万。郡王，指墓主耿延毅。"承郡王之教"，若非自谦，此李万与死者耿延毅当有僚属类师生关系。乾统八年（1108）的《僧奉航塔记》撰文者是圆寂僧人奉航的弟子善坚。"门弟子善坚葬之祖师茔侧，刻石为窣堵波，述师实行焉"。⑤"窣堵波"，梵文"塔"之音译，又称"浮图"。天庆四年（1114）的《王师儒墓志》，署名撰志者为"朝议大夫、守少府少监、前知秘书少监、上骑都尉、赐紫金鱼袋南抃"。南抃缘何为王师儒撰志？志文有云："以母夫人（王师儒之妻）徂逝，未卒哭，卜得四月二十五日，将祔葬于公（王师儒）墓，以书走仆，持公行状来，且言先侍中（王师儒）旧志缺追崇之事，是因启圹思得新文易之。幸矜此怀，无以牢让。以抃尝在公史席之末，故有是托。既属勤请，可不志而铭诸？"⑥所谓"史席"，是指王师儒生前曾于道宗大康四年（1078）"充史馆修撰"。南抃亦在史馆任职，与王

① 向南：《辽代石刻文编》，第180～182页。
② 向南：《辽代石刻文编》，第655～656页。
③ 向南：《辽代石刻文编》，第21～24页。
④ 向南：《辽代石刻文编》，第160页。
⑤ 向南：《辽代石刻文编》，第583页。
⑥ 向南：《辽代石刻文编》，第647～648页。

师儒既是僚属也是师生关系。

各类朋友、故交"见托"而为之撰写墓志幢文。

乾统七年（1107）的《实胜寺僧玄照坟塔记》，署名撰文者为"沙门志恒"。"以师俗父于愚忝乡党之交，故以相托，辞避实难，强搜鄙才，直而不文，聊纪美德者也"。① 乾统七年（1107）的《梁援妻张氏墓志》，署名撰志人为"乾文阁直学士、赐紫金鱼袋杨丘文"。杨丘文与梁援的长子梁庆先同为道宗寿昌六年（1100）及第进士。"丘文自与令胄庆先同登仙馆，以道义为挚友，每谈议间，常闻赵国夫人（张氏）淑美之事，笔录无际。今则义弟庆先涕泗并交，嘱为志文。所知德业，聊纪述于墓石"。② 乾统九年（1109）的《萧孝资墓志》，署名撰志人亦为杨丘文。从该志文中得知，杨丘文与墓主萧孝资亦是同乡。"仆与公乡人也，素辱公厚，又与其诸弟善，故托之文，以为铭"。③ 乾统十年（1110）的《宁鉴墓志》，署名撰文者为"中大夫、太常少卿、前史馆修撰虞仲文"。虞仲文与死者宁鉴生前交情甚厚。"仲文浃日病卧，汤液镵石莫入。家奴云，故忠顺军副使（宁鉴）仲子福惠至。出其兄手书，且言先君葬有日，来请铭。读未尽纸，忽不觉疾已。仲文始识君于马城，一见固已相奇。及同年登科，又俱宦江北，定生死交。后十余年，先我物故，儿女细弱，使孤骨客他土，不得归葬。每一思之，涕与血下。书来，喜可知也，能不铭？"④

第三节　志主人数与志文风格

一　志主人数

按常规惯例，某人死了，行将入葬，请人为之撰写并镌刻一方志石，随葬入土了事。也就是说，古人之墓志铭，大多是一人一志（石），以墓主为核心而叙事，主要记述墓主名讳、职爵、郡望、籍贯、世系、生平事迹、妻妾子孙等。辽代亦然。在辽代墓志石刻中，此类墓志最多。如会同五年（942）的《耶律羽之墓志》、保宁二年（970）的《刘承嗣墓志》、开泰九年（1020）的《耿延毅墓志》、重熙六年（1037）的《韩橁墓志》、重熙二十二年（1053）的《张俭墓志》、咸雍八年（1072）的《耶律仁先墓志》、寿昌三年（1097）的《贾师训墓志》、乾统元年（1101）的《梁援墓

① 向南：《辽代石刻文编》，第561页。
② 向南：《辽代石刻文编》，第566~568页。
③ 贾鸿恩、李俊义：《辽萧孝恭萧孝资墓志铭考释》，《北方文物》2006年第1期。
④ 向南：《辽代石刻文编》，第606页。

志》，等等，均属此类。

但在辽代的墓志铭中，也有一些比较特殊者，表现为"一志二主"，即夫妻二人"一石同志"，俗称"鸳鸯墓志"。如乾亨四年（982）的《许从赟及妻康氏墓志》，就是许、康夫妻二人"一石同志"。该志的首题即是"（大）契丹国故大同军节度使（管内）观察处置等使、特进、检校太保、右领军卫上将军、兼御史大夫、上柱国、高阳县开国男、食邑三百户、赠太傅许公泊夫人康氏墓志铭并序"。[①]志文先后记述了许从赟和他的夫人康氏的生平事迹。重熙十三年（1044）的《李继成暨妻马氏墓志》，也是夫妻二人"一石同志"。该志首题为"大契丹国故朝议郎、尚书水部郎中、守幽都府蓟北县令、赐绯鱼袋、陇西李公，扶风县太君马氏墓志铭并序"。[②]咸雍五年（1069）的《董匡信及妻王氏墓志》，亦属夫妻二人"一石同志"。该志首题为"大辽故右班殿直、银青崇禄大夫、检校国子祭酒、兼监察御史、云骑尉、济阴董府君，夫人太原王氏墓志铭并序"。[③]

辽代丧葬习俗中之所以出现夫妻二人"一石同志"之现象，其主要原因，一是夫妻有一人先逝，先逝者被"权厝"，没有正式入葬，当然就不可能刻石书志。待另一人死后，为归葬祖茔，将先逝者的尸骨从"权厝"处取来，夫妻合葬一穴，此时撰写的墓志铭当然也就是二人"一石同志"了。如《许从赟及妻康氏墓志》即属此类。许从赟于应历八年（958）九月六日病逝于"燕京肃慎坊之私第"。此后，灵枢便"权厝"于燕京某处。至保宁八年（976）三月五日，夫人康氏病逝于"云州丰稔坊之私第。以乾亨四年十月二十七日，取公（许从赟）之神枢于燕，与夫人灵枢合葬于云中县权宝里并二子祔于坟，成公之先志也"。[④]二是夫妻先后去世，合葬一茔。后来因某种缘故，弃旧墓卜新茔迁葬，此时才撰志刻石，当然也会夫妻二人"一石同志"了。如《李继成暨妻马氏墓志》即属此类。李继成"于统和二十三年正月六日寝疾薨于燕京西时和坊之私第……当年二月二十五日于幽都县广老乡真宰里祔先茔而权厝焉"。其夫人马氏于重熙十二年（1043）九月六日去世，重熙"十三年，奉护灵榇，归葬故乡。谓土薄则浸渍毁于棺椁，谓陇远则祭祝阙于蒸尝。于当年岁次甲申八月庚寅朔二十五日甲寅，迁先郎中（李继成）神枢，就爽垲之地，于元辅乡贺代里卜新茔

---

① 王银田、解廷琦、周雪松：《山西大同市辽代军节度使许从赟夫妇壁画墓》，《考古》2005年第8期。

② 梅宁华主编《北京辽金史迹图志》（下），第139页。

③ 向南：《辽代石刻文编》，第337页。

④ 王银田、解廷琦、周雪松：《山西大同市辽代军节度使许从赟夫妇壁画墓》，《考古》2005年第8期。

合祔焉"。① 三是夫妻先后去世，灵柩因故均在某处"权厝"较长时间，后来才卜葬新茔，并撰写墓志，致夫妻二人"一石同志"。如《董匡信及妻王氏墓志》即属此类。董匡信之妻王氏于重熙二十年（1051）正月初八病逝，棺椁"权厝"而未葬。又过了两年多，即重熙二十二年（1053）六月十五日，董匡信也因病去世，其灵柩仍"权厝"于大同府长清县某处。"属以岁月屡移，窀穸未坟。幼子守匠作监、侍御使知杂（董）庠，起风树之悲，伫拱木之望，列状上闻，以归葬得请。遂以咸雍五年八月三日卜葬于析津府宛平县仁寿乡南刘里之南原，择先人旧游嘱爱之地，作新茔而合祔焉"。②

辽代墓志文中"志主"人数的特殊现象，除以上所列之夫妻二人"一石同志"外，更有甚者，有的墓志文通篇记述墓主家族成员之情况，志主本人之"事迹"在志文中所占比重则大打折扣。如乾亨三年（981）的《张正嵩墓志》即属典型一例。该志全文（包括铭文）大约九百字，志文前半部分几乎全部介绍志主张正嵩的父亲张谏的"事迹"；随后依次介绍张谏的四子一女——张正岌、张正峦、张正嵩（志主）、张正峰、张女。其中涉及志主之"事迹"仅一句："次子正嵩，为朔州顺义军节院使，即府君也。"③ 志文的后半部，介绍的均是张正嵩子女的情况。最后是一小段铭文。若不是文前首题标注，该志很像是张正嵩父亲张谏的墓志。与之相类的还有统和二十四年（1006）的《王邻墓志》。该志首题"岩州刺史、太原公墓志铭并序"。④ 据此，我们并不清楚志主的名字。但从墓主以太原为郡望分析，此人姓王无疑。志文开始，依次介绍了志主的父亲、叔父的简况；然后介绍了志主和他的四位兄弟。我们考察这五人的任职状况，才知道志主应为五人中行二的王邻；再后则介绍的是五兄弟的妻、子之状况。最后一小段才简要介绍了志主王邻的"事迹"，其所占整篇志文的比例已非常小。

二　志文风格

到目前为止，已经出土的辽代墓志石刻已达数百方。阅读这些墓志文后发现，它们不仅文字长短不一，书法优劣有差，就其叙事风格而言，由于撰文者文学素养、文字水平的差异，加之其他因素的影响，也是各有千秋，大不相同。

比如，有的墓志文内容全面而丰富，叙事详赡且具体，虚夸溢美之词较少，志主

---

① 梅宁华主编《北京辽金史迹图志》（下），第139页。
② 向南：《辽代石刻文编》，第337～338页。
③ 向南：《辽代石刻文编》，第68～69页。
④ 向南：《辽代石刻文编》，第121～122页。

生平，有血有肉。比较典型的，如寿昌三年（1097）的《贾师训墓志》即属此类。该志从贾师训幼年记起，直到他65岁去世为止，撰志人选取了他一生中的数则为人、从政之真实故事，有人物，有情节，生动有趣，娓娓道来，使人读后，一个颇懂情理、是非分明，胆大心细、处事果断，大公无私、聪明能干的辽代清官能吏之形象，跃然石上。比如，童年的贾师训，曾建议父亲妥善处理家庭财产之纠纷，即显示出其非同一般的思想境界。"十岁，皇考侍中以兄泳逼异籍，又欲夺其善分，愤不得已，将诉之官。公（贾师训）侍侧曰：'富贵皆丈夫所力为，岂必系先业之有无也。愿大人亟与之'。侍中奇其言，恣兄所取"。

贾师训后来做了地方官，不畏强权，果断惩治贪官污吏，保一方之平安。起初，他被朝廷任命为东京（今辽宁省辽阳市）曲院使，到任后，"营督公课，绰有余羡。时秤吏董猪儿得幸北枢密使乙信（即道宗朝权臣耶律乙辛），怙势日索官钱二千，人莫敢御。公（贾师训）至即不与，猪儿憾公，累以恶言挑之。公不较，乃自以锤折齿诬公。公禁益切，遂止"。不久，改任锦州永乐县令。"先是，州帅以其家牛羊驼马，配县民畜牧，日恣隶仆视肥瘠，动撼人取钱物，甚为奸扰。公至县，潜讽民使诉之。其始至者一二人，公叱左右逐出之。其次至者十数人，公又叱之不顾。其后得人三百告（于）公，公遽署其状白州，州白其帅，帅惧，促收所俵家畜以还。仓卒之际，至有遗漏为贫民获者亦众，其帅竟不敢言"。

贾师训为官，尚敢于质疑朝廷教令，为民请命，与民争利。一次，"朝廷下教，俾撤沿海罟。公承教曰：'天生之物，所以资民食之不给也。民得渔取，所以济农力也。何害之有？'因缓其禁，而民既便之"。

贾师训为人处事，能坚持正直无私的原则，对上司从不阿谀奉承和拍马巴结。墓志中记述了相关的三个故事。一是讲他不趋炎附势，能秉公办事。贾师训先在侍中刘云府中任幕僚，"后属乙信，代为居守。乙信自以前在枢极，权震天下，每行事专恣，一不顾利害。诸幕吏素惮，皆随所倡而曲和之。公独不从，乙信怒胁公曰：'吾秉朝政，迨二十年，凡一奏议，虽天子为之逊接，汝安敢吾拒耶？'公起应之曰：'公绾符籥，某在幕席，皆上命也。安得奉公之势而挠上之法耶？义固不可。'乙信知不能屈，辄从。乙信又以嬖人善骑射，署为境内巡检。公争之，不从。未已，乙信被召再入为枢密使。将行，僚属饯之都外，酒再行，公前跪，力白巡检事不便。乙信叹服，遽为之罢"。二是说他能依法办事，不落井下石。"故宣政殿学士陈公觉素与执政不相能，平方被微谴，执政缘法将夺陈公翰林之官。乃潜召公属之。公不许，竟论如法"。三是言其对权贵不卑不亢，以礼相待。一次，贾师训"奉诏充高丽人使接伴，道出乾陵。故中书令李公仲禧，以当路权宠，构谪是镇。时其家亲旧，过门皆缩颈不敢视。公往复候谒献遗，一无所顾忌。李公默器之"。[①] 类似的故事，在贾师训的墓志里还有不少。

也有些辽人的墓志铭，志文文辞质朴，情意深切。叙亲情，字字珠玑，撼人心魄；述离别，声声泣血，催人泪下。此类墓志以天庆三年（1113）的《马直温妻张馆墓志》最具代表性。上已述及，此墓志志文的撰写者张峤与志主张馆是姐弟关系。"峤乃夫人（张馆）次三弟也，昔在未冠，击拂蒙困，皆自马君（马直温）与夫人惠爱之德"。张峤在志文中叙写胞姐的行为举止时如此描述："夫人……讳馆，字文国。性度英敏，风仪幽闲。玉绫相衮之华，发为秀色；露菊霜兰之馥，散作清声。蘋蘩可以荐宗庙，读书可以教子孙。宜其室家，睦于亲姻。内辅君子，更践清显。自归马君，终始一节"。

在记述姐夫马直温"致仕"（退休）后姐姐轻松喜悦之心态时云："天庆二年冬，（马直温）表乞归，允之。拜右散骑常侍，致仕。夫人（张馆）相贺曰：'自归于君，迨五十年，玄首皆已成华，幼子童孙而满眼前。家事虽理，田园将芜。今引年获请，携手东归。渔阳山水，自古清秀。乐时娱谦，期于偕老，岂不美欤？'马君深然之，遂相携东归"。

然好景不长，次年三月，张馆突然染疾病逝。张峤闻讣，念记手足之情，不觉悲上心头。"峤生也不辰，九岁而母逝，十六而父薨。姐妹弟兄六人，婚姻仕宦，振翼飞散，迨今四十余年。期间或川陌阻修，音书断绝。每烟花融丽，星月清妍，未尝不送目天涯，涕泪交洒。而相与会聚者，其不满十数。一日，夫人谓峤曰：'先丞相国夫人捐馆，我与诸弟妹，年齿并已迟暮。勿言名仕淹达，资产厚薄，所喜俱获佳健。时一相见，浮生难事。'不意去秋九月，得侄德兴哀讣曰：'父团练者，以八月十二日病卒。'实峤之长兄也，何痛如之。去冬十一月，方与夫人南游故乡，获拜觐于堂上。抑哀默哭，不忍以兄丧吊告知。自秋涉夏，隔此九月，岂期前哭我兄，后铭我姐。呜呼！天哉！霜鸿断序而分飞，棠华凋辉而失彩。姐去泉之下，弟在天之涯。……所恨阻远千里，吊送不及。殓而不得抚其棺，瘗而不得绕其坟。生死永诀，独报无穷之悲"。[②]

---

① 向南：《辽代石刻文编》，第 476～480 页。
② 向南：《辽代石刻文编》，第 633～636 页。

还有的墓志文，对仗工整，词句秀美，散文色彩十分浓郁。如寿昌元年（1095）的《永清公主墓志》，其志文在描述公主女儿之美貌时即言其"颜腻红玉，艳浮春葩"。"动止轻俊，状垂杨之舞风；言语清零，讶碎琼之飘屑"。在遐想公主逝后去往另一个世界之情景时写道："豪郡之仙魂，一去怅望春风；兰陵之影帐，空存凄凉夜月。祠山旧色，原草长烟。朝则奠琼醪，□卢楮；暮则寂疎林，栖玄壤"。①

但也有些辽代的墓志铭写得实在糟糕透顶。志文多错字、病句不说，内容亦东抄西拼，舛误百出，卒不忍读。如统和三年（985）的《王瓒墓志》就是其中的"代表作"。首先，该志首题"积庆宫汉儿副部署、金紫崇禄大夫、检校尚书右仆射、兼御史大夫、上柱国、琅琊王公奉诸铭并序"。"王公奉诸"，很容易使人误以为该志的志主名"王奉诸"。②经向南先生考证，此"奉诸"当为"墓志"二字之误。③该志的志主，根据乾亨三年（981）《王裕墓志》考证出其为王裕的长子王瓒。撰志不书墓主之名，可见粗略至极。其次，该志不少内容明显抄自《王裕墓志》，不仅文字拙劣，而且人物世系十分混乱。如志文称墓主王瓒的曾祖为王裕，即属大错。王裕实际是王瓒的父亲。王瓒的曾祖名王郁，志文中已经做了介绍。还有，该志将王瓒的父亲王裕的官职"太保"误写为"太傅"，④等等。又如统和二十七年（1009）的《萧氏夫人墓志》，从志文的首题看，该志应是萧氏一人的墓志，但通读全文即知，实际上是萧氏与其丈夫污斡里的"一石同志"。⑤此外，该志还有多处内容重复，层次混乱。如关于萧氏去世的时间、地点以及下葬的时间等，即前后重复两次。

生者为死者镌志刻幢，用石头加文字怀念已故亲人，这一现象不仅是丰富多彩的辽代殡葬习俗的重要组成部分，使辽代的殡葬文化内容更加深沉厚重，同时，这些出于与死者同时代人之手的石刻文字，摒除其中的某些溢美不实之词，其所记内容的史料价值是显而易见的，是研究辽代历史的第一手珍贵资料。⑥

---

① 袁海波、李宇峰：《辽代汉文〈永清公主墓志〉考释》，《中国历史文物》2004 年第 5 期。
② 如陈述先生的《全辽文》卷 13 收录此志文时即拟名为《王奉诸墓志铭》。见陈述辑校《全辽文》，中华书局，1982，第 368 页。
③ 向南：《辽代石刻文编》，第 82 页。
④ 向南：《辽代石刻文编》，第 81～84 页。
⑤ 向南、张国庆、李宇峰辑注《辽代石刻文续编》，第 47～49 页。
⑥ 张国庆、于航：《辽代丧葬礼俗：生者为亡者镌志刻幢——以辽代石刻为史料》，《东北史地》2009 年第 1 期。

第七章
契丹皇帝的葬仪与陵墓

第一节　契丹皇帝的葬仪

辽朝皇帝驾崩后大都要停殡在陵墓旁的菆涂殿内，权殡停枢的时间，除了古礼之规定，大约还与陵墓建造的时间相关，短者数月，长者可达一年以上。有学者考证，契丹皇帝殡尸菆涂殿的做法是仿自中原古老之葬俗。《礼记·檀弓》云："菆涂龙輴。"疏："菆，丛也，谓木丛棺而四面涂之，故云菆涂也。"《韵会》："菆，徂凡切，音攒，积木以殡也。"不过，已故契丹皇帝的菆涂殿，又自有其鲜明的特色。据太平十一年（1031）的《圣宗皇帝哀册》载，圣宗崩，"殡于攒涂殿之西阶"。[①] 乾统元年（1101）的《道宗皇帝哀册》亦云：道宗"崩于韶阳川行在所，徙殡于仙游殿之西阶"。[②] 而《辽史·礼志》却载："道宗崩，菆涂于游仙殿，有司奉丧服。"[③] 其实，攒涂殿就是菆涂殿，游仙殿则为仙游殿之误。册文记载圣宗和道宗都殡于菆涂殿之西阶，这里的"阶"应理解为"台"，具体构造应该类似于祖州石室内的石床，其直接来源是中国古代北方民居中普遍设置的火炕。因为契丹民俗尚东，宫殿庐舍皆东向，而殡尸的"阶"也要靠后墙，故称"西阶"。[④]

辽代契丹皇帝入葬陵墓，要举行一定规模的入葬仪式。综合《辽史·礼志》所载，归纳其主要"仪项"如下。

尸体入殓装棺。入殓前一天，在位皇帝着丧服，至菆涂殿死者（已故皇帝）尸

---

① 　向南：《辽代石刻文编》，第 193 页。
② 　向南：《辽代石刻文编》，第 513 页。
③ 　《辽史》卷 50《礼志二》，第 3 册，第 839 页。
④ 　田广林：《契丹礼俗考论》，第 102 页。

图7-1　辽祖州石室

前"上香、奠酒、哭临"。当夜，由北院枢密使、契丹行宫都部署等官员进入菆涂殿，将已故皇帝之尸体装棺入殓。先是"小殓"。在殓床上为已故皇帝穿戴殓衣，即衣衾裹尸。乾统元年（1101）的《道宗宣懿皇后哀册》中有"六衣卷兮授黼帐"，[①]说的就是小殓结束时的情形。然后是"大殓"，即将已故皇帝尸体放进棺内，并将随葬衣物等一同放入。然后撤掉殓床，设置灵座，摆放供桌与供品，行祭奠之礼后，大殓仪式结束。"三献终兮撤祭篚"，[②]记载的就是大殓礼仪结束的情景。[③]

　　大行出殡。出殡之日凌晨，在位皇帝"衰服"，[④]率群臣至菆涂殿于死者棺柩前"三致奠"，并派遣北院枢密副使、林牙等官员将"所赗器服"（陪葬品）先送至葬所幽宫内放置。然后将死者棺柩从菆涂殿西北门抬出，装入辒车（灵车）中，"藉以素茵。"契丹巫师作法，驱鬼避邪。日出后，由契丹亲王等人将辒车向葬地方向拉动，又称执绋发引。按《礼记》规定，天子六绋，执绋者千人。辽朝皇帝出殡时到底几绋几人，文献史料不见记载，仅太平十一年（1031）的《圣宗皇帝哀册》中有

---

①　向南：《辽代石刻文编》，第516页。

②　向南：《辽代石刻文编》，第516页。

③　郑承燕：《辽代贵族丧葬制度研究》，第139～140页。

④　辽代契丹人逐渐接受了中原汉人的丧服之制，特别是在上层社会。如《辽史》卷3《太宗纪上》即云：天显九年（934）二月"戊寅，葬太皇太后于德陵。前二日，发丧于菆涂殿，上具衰服以送"。又同书卷50《礼志二·凶仪·丧葬仪》亦云："道宗崩，菆涂于游仙殿，有司奉丧服。天祚皇帝问礼于总知翰林院事耶律固，始服斩衰；皇族、外戚、使相、矮墩官及郎君皆如之；余官及承应人皆白枲衣巾以入，哭临。"见《辽史》卷3《太宗纪上》，第1册，第35页；《辽史》卷50《礼志二·凶仪·丧葬仪》，第3册，第839页。

圣宗皇帝死后群臣执绋发引的场景描述："殿幕开兮星已稀，灵驾动兮天欲曙。马踏地以悲鸣，人执绋而号诉。丹旐翻风，金钱买路。百僚哭兮不闻，万乘泣兮何怙。呜呼哀哉！入松阡兮驻金辂，藏玉匣兮掩泉门。"[①] 出殡途中，要以契丹旧俗杀羊祭奠，并且诸皇族、外戚及京州各级官员均"衣丧服哭临，以次致祭"。"以衣、弓矢、鞍勒、图画、马驼、仪卫等物皆燔之。"灵车行至陵墓以近，将棺柩从车上抬下，换辇，抬入寝宫内安放。郑承燕根据辽代石刻文字考证辽代帝后及其他贵族人士死后出殡送葬，还要打出标识死者姓名的旗幡。如乾统元年（1101）的《道宗宣懿皇后哀册》中"望望而哀仗森郁，摇摇而素旌披靡"，[②] 即指此。

上哀册、赠遗物及葬后祭奠。灵枢安放后，由在位皇帝上已故皇帝哀册，然后放入幽宫。随后，在位皇帝将已故皇帝之"御幄"用火点燃，"面火致奠"，祭拜三次。次后再向东拜祭天地。拜毕，皇帝乘马率送葬众人从陵前神门横木下走过，向东再拜天地一次。当日晚，在位皇帝入陵寝，将已故皇帝遗物分赠于皇族、外戚及诸大臣。次日，在位皇帝率众皇族、外戚及臣僚至陵前再次奠拜。至第三日，"再拜如初"。第四日，在位皇帝率众人辞陵回宫，葬礼仪式结束。

第二节　祖陵与祖州

一　辽太祖耶律阿保机的陵墓——祖陵

据《辽史·太祖纪》记载，天显元年（926）七月辛巳，辽太祖耶律阿保机病逝于平灭渤海国的班师途中（扶余府），其妻述律"皇后称制，权决军国事"。八月甲午，"奉梓宫西还"。九月丁卯，"梓宫至皇都，权殡于子城西北"。天显二年（927）八月丁酉"葬太祖皇帝于祖陵，置祖州天城军节度使以奉陵寝"。[③]

关于祖陵状况，《辽史·地理志》有一段记载："有祖山，山有太祖天皇帝庙，御靴尚存。又有龙门、黎谷、液山、液泉、白马、独石、天梯之山。水则南沙河、西液泉。太祖陵凿山为殿，曰明殿。殿南岭有膳堂，以备时祭。门曰黑龙。东偏有圣迹殿，立碑述太祖游猎之事。殿东有楼，立碑以纪太祖创业之功。"[④] 历史文献对祖陵之描述，已被今日祖陵考古踏查资料所证实。

① 向南：《辽代石刻文编》，第195页。
② 向南：《辽代石刻文编》，第516页。
③ 《辽史》卷2《太祖纪下》，第1册，第23~24页。
④ 《辽史》卷37《地理志一》，第2册，第442~443页。

祖陵陵园建在一个梨形的巨大山谷中，三面环山，唯于东南有一谷口，两侧绝壁耸立，形成天然门户，这便是《辽史》所谓之"黑龙门"的陵门。从现存大量砖石残瓦的堆积状况看，当年陵门应有楼阙建筑。陵园四周山顶筑有高约一米的石墙，环堵三面山隘，连接陵门两侧山崖，形成一个完整的封闭的陵园体系。陵园内丛林茂密，泉水潺流，应即《辽史》所谓之沙河、液泉是也。在陵门的对面东南方，矗立着高大的曼其格山，形同陵园巨大的屏风，与祖山南北呼应，昭显祖陵的不凡气势。在陵园东侧山峦上，有两处殿堂基址，尚存巨大的花岗岩石雕碑趺，附近曾多次出土契丹大字碑石残块，此处当为《辽史》所记"立碑述太祖游猎之事"的"圣迹殿"和"立碑以纪太祖创业之功"的"殿东"楼阁遗址。自陵门入山谷北行二里许，一个巨大的殿堂遗址修筑在一片开阔地上，地面上琉璃瓦残片俯拾即是。地面遗存数方大型柱础，雕有精美牡丹花纹饰，推测此即太祖陵寝内的天皇帝庙或相当于"寝"的膳堂遗址。

山谷深处有类似陵墓宝顶的土丘两处，一处在峡谷东北隅，土丘右前方有两处殿址；另一处在西北石人沟东侧，乡人传称此丘为"大券坟"。土丘西侧有佚首断臂石人一躯，用花岗岩雕制而成，体态丰盈匀称，衣着简瘦缚身，近似裸体，两手作交握状置于腹前，脑后留有长辫。石人概为陵前的翁仲。[1]疑似宝顶的土丘迤北，有三峰突兀拔起之巨岩，中缺而空如门，呈阶梯状次第上升，直达北巅之峰顶，乡人呼此为天门山，概为《辽史》所谓"天梯山"。

据史料记载，太祖陵前曾置有石羊、狻猊、麒麟等石刻，可知当年陵前曾辟有神道，并分列石像生。[2]2003年，在祖陵陵园神道内出土一件石雕卧犬。石犬为灰白砂岩质料，通体磨光，带有基座。此犬原为黑白花色，嘴部和耳部有残损，前腿并拢前伸，头部依伏于双腿之上，后身右侧卧。长尾依于后腿，尾尖向后卷曲。石犬细腰，胸部粗壮，腿长爪利，双眼圆睁，目视前方，透出契丹犬的机警与威猛。此犬出土于陵前缓坡上，随石犬出土的还有一尊石翁仲。据此推断，其均为太祖陵前的石像生。

二　祖陵的奉陵邑——祖州

对于祖州，《辽史·地理志》中有一段描述："祖州，天城军，上，节度。本辽右八部世没里地。太祖秋猎多于此，始置西楼。后因建城，号祖州。……城高二丈，无敌棚，幅员九里。门，东曰望京，南曰大夏，西曰液山，北曰兴国。西北隅有内城。

---

[1]　曹建华、金永田主编《临潢史迹》，第51页。
[2]　田广林：《契丹礼俗考论》，第97页。

殿曰两明，奉安祖考御容；曰二仪，以白金铸太祖像；曰黑龙，曰清秘，各有太祖微时兵仗器物及服御皮罴之类，存之以示后嗣，使勿忘本。内南门曰兴圣，凡三门，上有楼阁，东西有角楼。东为州廨及诸官廨舍，绫锦院，班院祗候蕃、汉、渤海三百人，供给内府取索。东南横街，四隅有楼对峙，下连市肆。东长霸县，西咸宁县。……天显中太宗建，隶弘义宫，统县二、城一。"①

考古调查发现，辽代祖陵奉陵邑祖州城旧址在今内蒙古赤峰市巴林左旗林东镇西南20 公里哈达英格乡赛勒木格山前石房子林场内，当地俗称"石房子"古城。城址坐落在林场东北面的缓坡上，面向东南，略呈长方形。全城周长约为 1785 米，残墙高约 3 米，底基宽约 10 米，顶部宽约 2 米。墙为夯土板筑，无敌楼马面痕迹，背面残墙两端有土堆及残砖瓦砾，疑为角楼遗迹。残墙四面各有一门址。城中西北部筑有内城，前墙有三门，左右各有角楼，与文献记载大致相同。祖州内城前段地势较低，两侧各有一个建筑遗址。后段地势较高，其上有两进大殿遗址，曾出土石经幢等遗物，现存各色琉璃瓦及滴水、瓦当等。据推断当为"奉安祖考御容"的两明殿遗址。其后则是"以白金铸太祖像"的二仪殿遗址。前侧配殿推测为陈列"太祖微时兵仗器物及服御皮罴之类"的黑龙、清秘二殿。内城外东侧，有两排南北向的房屋遗址，间以短墙相隔，地面遗有青砖灰瓦，当为"州廨及诸官廨舍"和为内府役使的"绫锦院"、"班院"之处所。②内城外西侧，距西北残墙 50 米处的高台上，有一矩形院落遗址，院内居中后方有一座用七块巨型花岗岩板构筑的平顶石屋。石屋坐西朝东，符合契丹人的拜日习俗。据说，石屋内的石床上曾有一尊白石神像，由此推断，石屋当为皇室祭祖场所。③据地貌观察，祖州城内由一丁字形大街连接内外两城，下接市肆，四隅有楼对峙。由内城兴圣门至外城大夏门有一条纵向大街，把外城划分为东西二区。东为长霸县，西为咸宁县。由大夏门南行，是一段市肆街道，两侧屋址密布，街巷如织，地面遗有大量砖瓦残片，当为一般州民宅舍。

第三节　怀陵与怀州

一　辽太宗耶律德光与辽穆宗耶律璟的陵墓——怀陵

据《辽史·太宗纪》记载，大同元年（947）四月丙辰，辽太宗耶律德光率百官

---

① 《辽史》卷 37《地理志一》，第 2 册，第 442~443 页。
② 曹建华、金永田主编《临潢史迹》，第 46~48 页。
③ 目前学界对此亦有不同看法，有人认为石屋是当年临时停放阿保机尸体的权殡场所。

从原后晋都城汴州出发，返回上京。"戊辰，次高邑，不豫。丁丑，崩于栾城。"当年九月壬子，"葬于凤山，陵曰怀陵"。[①]另据《辽史·穆宗纪》记载，应历十九年（969）二月己巳，辽穆宗耶律璟"如怀州，猎获熊，欢饮方醉，驰还行宫。是夜，近侍小哥、盥人花哥、庖人辛古等六人反，帝遇弑。……后附葬怀陵"。[②]

怀陵旧址位于内蒙古赤峰市巴林右旗岗根苏木床金沟。[③]怀陵陵区坐东朝西，处在一个高山幽谷中，三面环山，山脊上用石块垒成石墙，围住陵园。陵门设在沟口处。在陵区中部筑有一道石墙，将陵园划分为内、外两区。外陵区有两处大型建筑基址，期间为宽九米的门道。辽太宗、辽穆宗等人的陵寝即在内陵区。两侧的山峰高耸秀逸，应即《辽史》所谓之凤山。山脚下有一片顺山势延伸的平缓台地，辽太宗、辽穆宗的陵墓和祭殿等都建在这里。两座陵墓都背靠西山，祭殿分别建在东南300米处，朝向东南方向。

二 怀陵的奉陵邑——怀州

《辽史·地理志》对怀州的记载是："怀州，奉陵军，上，节度。本唐归诚州。太宗行帐放牧于此。天赞中（应为天显元年），从太祖破扶余城，下龙泉府，俘其人，筑寨居之。会同中，掠燕、蓟所俘亦置此。太宗崩，葬西山，曰怀陵。大同元年，世宗置州以奉焉。是年，有骑十余，猎于祖州西五十里大山中，见太宗乘白马，独追白狐，射之，一发而毙，忽不见，但获狐与矢。是日，太宗崩于栾城。后于其地建庙，又于州之凤凰门绘太宗驰骑贯狐之像。穆宗被害，葬怀陵侧，建凤凰殿以奉焉。有清凉殿，为行幸避暑之所，皆在州西二十里。隶永兴宫。统县二。"[④]

怀州遗址在今内蒙古赤峰市巴林右旗幸福之路苏木所在地以北40里的岗岗庙村，夹在南北走向的两条山脉之间。[⑤]乌苏伊肯河和床金河在此汇流后自山谷流出，名为敖尔盖河。东南有古道可直达辽上京临潢府。怀州城内大型宫殿遗址主要集中在城西部，辽帝来祭奠太宗时，经常于此歇脚。考古调查发现，怀州城址平面呈方形，周长2000米，北墙、南墙正中各开一门。四角建有角楼。城北有大面积居住遗址，北山上有寺院建筑遗址，岩石上还留有佛教内容的岩画。

---

① 《辽史》卷4《太宗纪下》，第1册，第60页。
② 《辽史》卷7《穆宗纪下》，第1册，第87页。
③ 阎崇东：《辽夏金元陵》，第55页。
④ 《辽史》卷37《地理志一》，第2册，第442～443页。
⑤ 曹建华、金永田主编《临潢史迹》，第52页。

第四节　显陵、乾陵与显州、乾州

一　东丹王耶律倍与辽世宗耶律阮的陵墓——显陵

据《辽史·宗室传》记载，东丹王耶律倍因其弟太宗耶律德光"见疑"，便偕高美人"浮海"投奔中原之后唐。后来，耶律倍被后唐李从珂杀害。"有一僧收瘗之。敬瑭入洛，丧服临哭，以王礼权厝。后太宗改葬于医巫闾山。……世宗即位，谥让国皇帝，陵曰显陵。"① 另据《辽史·世宗纪》记载，天禄五年（951）九月庚申，辽世宗耶律阮"自将南伐。壬戌，次归化州祥古山。癸亥，祭让国皇帝于行宫。群臣皆醉，察割反，帝遇弑。……应历元年，葬于显州西山，陵曰显陵"。②

显陵旧址约在今辽宁北镇医巫闾山的董家坟、龙岗村一带的山谷中。因为辽代显陵在辽末金初遭到严重损毁，后世文献也没有记载，所以，其地址至今仍不能确指。但据《医巫闾山风景名胜资源调查报告》记述，医巫闾山最高峰为望海山，望海山北侧谷地有辽代琉璃寺，显陵应在附近。民国年间，在荒草乱石中尚见刻有"大辽东丹王耶律倍之墓"的断碣。③ 但此说是否属实，还有待新的考古资料佐证。

二　显陵的奉陵邑——显州

关于显州的文献资料仅见于《辽史·地理志》："显州，奉先军，上，节度。……世宗置，以奉显陵。显陵者，东丹人皇王墓也。人皇王性好读书，不喜射猎，购书数万卷，置医巫闾山绝顶，筑堂曰望海。……大同元年，世宗亲护人皇王灵驾归自汴京。以人皇王爱医巫闾山水奇秀，因葬焉。山形掩抱六重，于其中作影殿，制度宏丽。州在山东南，迁东京三百余户以实之。应历元年，穆宗葬世宗于显陵西山，仍禁樵采。有十三山，有沙河。隶长宁、积庆二宫，兵事属东京都部署司。统州三、县三。"④ 葬东丹王、让国皇帝耶律倍于医巫闾山显陵者，是立石晋后的辽太宗耶律德光，还是灭石晋后的辽世宗耶律阮，《辽史》"宗室传"与"地理志"记载不一，待考。

---

① 《辽史》卷72《宗室传》，第5册，第1211页。
② 《辽史》卷5《世宗纪》，第1册，第66页。
③ 阎崇东:《辽夏金元陵》，第53页。
④ 《辽史》卷38《地理志二》，第2册，第463页。

三　辽景宗耶律贤的陵墓——乾陵

据《辽史》载，乾亨四年（982）九月庚子，辽景宗耶律贤"幸云州。甲子，猎于祥古山，帝不豫。壬子，次焦山，崩于行在"。[1] 统和元年（983）二月甲午，"葬景宗皇帝于乾陵"。[2]

乾陵在显陵附近，今辽宁北镇医巫闾山地区，是由圣宗皇帝及承天皇太后以及公主胡骨典、奚王筹宁、宰相安宁、北大王普奴宁、惕隐屈烈、吴王耶律稍、宁王只没与横帐、国舅、契丹及汉官等进助的山陵费修筑的。[3] 辽末，女真灭辽，乾陵亦遭受严重破坏，以致其遗址今日亦已不能确指其所在。据《医巫闾山风景名胜资源调查报告》描述，乾陵大致在今医巫闾山龙岗风景区内。龙岗一带诸峰环列，山灵竞秀。峭壁危岩形如插架者，名笔架山，双峰对峙，中留一线者，称石门山。陵墓就坐落在山坡谷地负阴抱阳某处。此地除埋葬景宗的乾陵外，还有景宗皇后萧燕燕墓、大丞相韩德让墓、景宗次子秦晋国王耶律隆庆墓、隆庆之子耶律宗政和耶律宗允及耶律宗德墓、辽朝末帝天祚帝耶律延禧墓等。其中，考古工作者已经发掘两座乾陵陪葬墓，分别是耶律宗允墓和耶律宗政墓。

四　乾陵的奉陵邑——乾州

《辽史·地理志》对乾州的记载是："乾州，广德军，上，节度。本汉无虑县地。圣宗统和三年（985）置（《辽史·圣宗纪一》记为乾亨四年十一月置乾州），以奉景宗乾陵。有凝神殿。隶崇德宫，兵事属东京都部署司。统州一、县四。"[4] 乾州城旧址约在今北镇城西南七里处。

第五节　庆陵与庆州

一　辽圣宗耶律隆绪、辽兴宗耶律宗真与辽道宗耶律洪（弘）基的陵墓——庆陵

辽圣宗耶律隆绪死后葬庆陵。《辽史·圣宗纪》载：太平十一年（1031）六月丁

---

①　《辽史》卷9《景宗纪下》，第1册，第105页。
②　《辽史》卷10《圣宗纪一》，第1册，第109页。
③　项春松：《辽代历史与考古》，第223页。
④　《辽史》卷38《地理志二》，第2册，第465页。

·162·

丑，圣宗"驻跸大福河之北。己卯，帝崩于行宫"。[①]《辽史·兴宗纪》云：太平十一年（1031）"十一月壬辰，上率百僚奠于菆涂殿。出大行皇帝服御、玩好焚之，纵五坊鹰鹘。甲午，葬文武大孝宣皇帝于庆陵。……丙申，谒庆陵，以遗物赐群臣，名其山曰庆云，殿曰望仙"。[②]此后，圣宗之子兴宗耶律宗真、兴宗之子道宗耶律洪基死后，亦分别葬于庆陵。所以，"庆陵"非一帝之墓称，而是圣宗、兴宗、道宗祖孙三人陵墓的总称。

庆陵遗址在今内蒙古赤峰市巴林右旗白塔子镇西北的黑岭东南麓，今名王坟沟。据《金史·地理志》记载，庆州"北山有辽圣宗、兴宗、道宗庆陵，城中有辽行宫，比他州为富庶，辽时刺此郡者，非耶律、萧氏不与，辽国宝多聚于此。"20世纪20年代初，有人在白塔子镇附近，发现了辽圣宗、兴宗、道宗的"庆陵"墓群遗址，证实了史书的记载。圣、兴、道三帝的陵墓相距不远，各有其名。圣宗陵墓曰"永庆陵"；兴宗陵墓曰"永景陵"；道宗陵墓曰"永福陵"。这一带属大兴安岭南行正干余脉，背靠奇耸险峻的山峰，前临经年激淌的幽溪，林峦秀逸，风景清丽，三座陵墓一字排开，掩映在丛林茂树之中。

三陵之中，正中最大者即圣宗与仁德、钦哀二位皇后的合葬墓。庆陵是契丹辽朝鼎盛时期的建筑，陵区方圆十数里，规模宏伟，工程浩大。据考古调查，这三座帝陵的墓葬结构为砖砌穹庐式多室建筑，包括前、中、后三个正室，前东、西两侧室，中东、西两侧室，共七个墓室。墓室内壁和墓道两侧都用白灰抹平，绘有大型精美彩色壁画。主室内置石质尸床，葬具为木质棺椁。陵园的陵门、神道、祭殿和膳堂的基址尚存。[③]从兴宗到天祚帝的数十年间，庆陵又有多次修葺、扩充。但辽末金初时，庆陵亦遭遇金兵的焚烧和盗掘，损毁十分严重。

二　庆陵的奉陵邑——庆州

《辽史·地理志》云："庆州，玄宁军，上，节度。本太保山黑河之地，岩谷险峻。穆宗建城，号黑河州，每岁来幸，射虎障鹰，军国之事多委于大臣，后遇弑于此。以地苦寒，统和八年，州废。圣宗秋畋，爱其奇秀，建号庆州。……庆云山，本黑岭也。圣宗驻跸，爱羡曰：'吾万岁后，当葬此。'兴宗遵遗命，建永庆陵。有望仙

---

① 《辽史》卷17《圣宗纪八》，第1册，第206页。
② 《辽史》卷18《兴宗纪一》，第1册，第213页。
③ 田广林：《契丹礼俗考论》，第101页。

殿、御容殿。置蕃、汉守陵户三千，并隶大内都总管司。在州西二十里。有黑山、赤山、太保山、老翁岭、馒头山、兴国湖、辖失泺、黑河。景福元年复置，更隶兴圣宫。统县三。"①

庆州城旧址在庆陵东南约二十五里处。考古调查发现，庆州由内、外二城构成，平面呈"回"字形。外城东西宽1440米，南北长1880米，周长6640米，在辽代州城中规模最大，仅次于京城。庆州城墙全系夯土板筑，现存高3~5米，宽10~12米。内城城墙外侧每隔100米筑有马面。四面城墙居中对辟城门，门宽20米。门外有方形瓮城；门两侧有高大敌楼。城内建筑遗迹比较密集。如内城中部环绕着建筑群，有人工池塘遗迹，地面尚存人造玲珑石三处，应是庆州城内的园林建筑。城内偏北正中为前殿、东西配殿、主殿建筑群。许多附属建筑均分布在中轴线——中央大街两旁。中央大街宽17米，直通南门。内城西北角为寺院建筑群。城南为居民和手工作坊区。宋人沈括使辽途经庆州，他在使辽语录《熙宁使虏图抄》中即云："复逾沙陀十余叠，乃转趋东北，道西一里许庆州，塔庙廛庐，略似燕中。"② 可见当时作为奉陵邑的庆州还是相当的繁华。

第六节　奉陵州城建制之特色

据考古勘查，辽代五座奉陵州邑中，显州城和乾州城遗址遭破坏最甚，如今已面目全非，很难再做详细考察。唯祖州、怀州和庆州三座奉陵邑的遗址保存较为完好，经过考古工作者努力勘查和发掘，再参照史籍之载记，这三座奉陵邑的建制，包括城邑方位、建筑格局及陵户分布等，已大致清楚。③

一是城邑方位。"辽俗东向而尚左"，所以，辽代之建筑无不依此俗而坐西朝东，奉陵州邑亦不例外。如祖州城，其正面东门即遥对着皇都上京城，从祖州城东门可远眺上京城垣。城内建筑亦以东西大道为中轴，呈南北分布。

二是建筑格局。辽代奉陵州城的建筑格局，从考古发掘中证实了史籍的记述，即，一般城垣均为长方形或方形，分内、外两城。外城有四墙四门，墙角建楼。城中有纵横交错的街道。城内的第一类建筑物是奉陵州官的署宅及杂役宿舍、各类作坊

---

① 《辽史》卷37《地理志一》，第2册，第444页。
② 赵永春编注《奉使辽金行程录》，第90页。
③ 张国庆、朴忠国：《辽代契丹习俗史》，第166~167页。

等，此均建在外城。辽朝于各奉陵州设有不少奉陵州官，并安排了大量杂役工匠。州官中主吏为节度使。如，统和六年（988）九月，"以唐元德为奉陵军节度使"[①]。奉陵军，怀州军号。考古工作者已在祖州外城中央大道南北两侧发现了几座大的院落遗址，并确定其为上述诸官衙署、宅舍及绫锦作坊等。在怀州及庆州城内，亦有相类的建筑遗址发现。奉陵州城内的第二类建筑，就是为安放已故皇帝"御容"像和供在位皇帝及臣僚祭祀用的庙（殿）堂。此类建筑一般建在内城。考古工作者已在祖州内城找到一处古房子遗址，确定其即为祀祖的一座庙堂。此类庙堂，在庆州城内有"望仙殿"、"御容殿"等。此外，考古人员在庆州城内还发现一座供临时停放已故皇帝棺柩的"蕞涂殿"遗址。奉陵州城内的第三类建筑，是一些佛教寺院及佛塔。如在庆州城即发现了一座寺院遗址。该寺院由墙围着，内有大型佛殿台基三处，并耸立一座八角七层楼阁式砖塔，塔铭上有"释迦如来舍利塔"，并记其建于辽兴宗重熙十八年（1049）。

三是陵户分布。辽朝为维持奉陵州官及其家属、杂役及工匠的正常生活开销，在筑陵建州的同时，即迁户入陵邑，并令其进行各种生产。考古证明，辽代奉陵州邑的陵户与其他州县的民户不同，他们不是居于城内，而是居于城郊。这大概与奉陵州邑的特殊地位与功用有关。因为契丹皇帝的祭祖告庙活动是肃穆而神秘的，一般外人是不许介入的。五代时中原人胡峤在其《陷虏记》中即有记载，他曾于契丹辽地遇辽世宗率族人祭太宗耶律德光，"礼毕，问其礼，皆秘不肯言"。[②] 可见，当谒庙祭祖时，外族人及身份低下的守陵户民肯定要避而远之，退居城外了。考古发现，祖州的陵户居于城外东南郊，考古工作者已在那里发掘了守陵户居住的建筑遗址。怀州的守陵户居于城外北郊。庆州有守陵户三千，这些陵户分居于庆州城外东郊、南郊和西郊三个地区。

①　《辽史》卷12《圣宗纪三》，第1册，第131页。
②　赵永春编注《奉使辽金行程录》，第9页。

第八章
皇家的宗庙与祭祀

第一节　御容造像

辽代在位契丹皇帝为了祭祀已故先帝，受佛教造像的影响，亦大量雕塑、绘制先帝及后妃们的"御容"像。关于已故皇帝及后妃"造像"始于何年何月，史书并无明确记载，但经考察，概始于辽太祖耶律阿保机死后。《辽史·太宗纪》载：天显五年（930）六月丁已，"拜太祖御容于明殿"。这说明此前于太祖祖陵陵庙内已经供奉着阿保机的"御容"像，那么"造像"必在此前。从此以后，这种"造像"活动便延续开来，每有契丹皇帝"驾崩"，均要制作"御容"像。李涛《续资治通鉴长编》卷110即云：契丹皇帝"既死，则设大穹庐，铸金为像，朔望、节辰、忌日辄致祭"。可见，这在辽代已成一种惯例。

辽代契丹皇帝及后妃死后所"造"之"御容"像，质地不同，式样各异。大致分来有以下几类。

一是金属类"造像"。金属类"造像"又可分为四种。金像。《辽史·礼志》载："及帝崩……帝及后妃皆铸金像纳焉。"[1] 银像。《辽史·地理志》载：仪坤州"建启圣院，中为仪宁殿，太祖天皇帝、应天地皇后银像在焉"。[2] 铜像。《辽史·地理志》云：西京华严寺有诸帝"铜像"。[3] 白金像，概铁质像。《辽史·地理志》载：在祖州城"二仪殿"内，有"白金铸太祖像"。[4]

---

① 《辽史》卷49《礼志一》，第3册，第838页。
② 《辽史》卷37《地理志一》，第2册，第446页。
③ 《辽史》卷41《地理志五》，第2册，第506页。
④ 《辽史》卷37《地理志一》，第2册，第442页。

二是石雕类"造像"。《辽史·圣宗纪》载：统和十二年（994）四月戊戌，"以景宗石像成，幸延寿寺饭僧"。[1] 统和十四年（996）十一月乙酉，"奉安景宗及太后石像于乾州"。[2] 考古工作者曾在上京城一处寺庙遗址内，发现一躯残高约 6 米的无头石雕像，有人即认为其应是原辽上京天雄寺内的辽太祖石像（也有人认为是佛像）。

三是木雕类"造像"。《辽史拾遗》引王易《燕北录》记载，木叶山世祖庙内的祖考、祖妣即是"木雕彩装"，"俱是木人，著红锦衣"。

四是彩绘泥塑类"造像"。《辽史·地理志》载："有木叶山，上建契丹始祖庙，奇首可汗在南庙，可敦在北庙，绘塑二圣并八子神像。"[3]

五是平面绘像。契丹皇帝的平面绘像，一般均绘于墙壁、绢帛或木板上。《契丹国志》即载：后晋出帝石重贵国破降辽后，被遣流于黄龙府。当其行至辽地锦州时，契丹"卫兵迫（石重贵）拜太祖画像"。[4]《辽史·地理志》载："太宗崩于栾城，后于其地建庙，又于（怀）州之凤凰门绘太宗驰骑贯狐之像。"[5]《辽史·兴宗纪》载：太平十一年（1031）六月，圣宗病逝。七月丙午，"皇太后率皇族大临于太平殿……癸丑，诏写（绘）大行皇帝御容"。[6]

辽代契丹帝、后死后的"造像"，因辽末战乱及近千年的盗掘破坏，大多已不复存在，现只有几尊残存的辽代石雕人像，据有关学者考证，其中有的就是契丹皇帝和皇后们的"造像"。如 20 世纪初叶，日本学者鸟居龙藏曾在辽中京遗址内发现两个石雕人像，一为立像，一为坐像。鸟居氏在其所撰《辽中京城遗存之二石像考》中介绍说：立像为大理石雕刻，身高 1.6 米多；全身破损甚巨，尤其面部几磨灭殆尽，不得辨其原貌；像姿直立，双手叠于胸前，其组叠方式已不可辨；发形锥髻，上戴似由细皮条饰以玉珠之帽；身着胡服，上被以半臂；结腰带，上有云纹金属饰片；腰带右前方挂剑，左后方带韘，右后方挂有袋状物。鸟居氏根据《辽史》相关记载，考定此立像当为辽太祖耶律阿保机造像。还有一尊坐姿石像，发现于辽中京城内东南隅大塔之南，大理石雕刻，头部至左肩缺损。该坐像高 1.2 米，为常人身高。着右衽汉服，腰系带，肩上披一类似薄纱之物，垂至下方，是否垂至足边，因磨灭不清，不敢断定。由背面可见此薄衣在襟部裂开，下端各垂于左右边，前方仅披于肩头，类似背面开裂之一小斗篷。

① 《辽史》卷 13《圣宗纪四》，第 1 册，第 144 页。
② 《辽史》卷 13《圣宗纪四》，第 1 册，第 148 页。
③ 《辽史》卷 37《地理志一》，第 2 册，第 445 页。
④ 叶隆礼：《契丹国志》卷三《太宗嗣圣皇帝下》，贾敬颜、林荣贵点校，第 37 页。
⑤ 《辽史》卷 37《地理志一》，第 2 册，第 443 页。
⑥ 《辽史》卷 18《兴宗纪一》，第 1 册，第 212 页。

鸟居氏根据《辽史·地理志》中京"皇城有祖庙，景宗、承天皇后御容殿"的记载断定"此坐像必然为景宗"。鸟居氏于考定中京直立像为辽太祖、坐像为辽景宗之后，还认为中京应有皇太后之御容像，但因"于城内未尝发掘，故终不得而知也"。新中国成立后，经考古工作者调查与发掘，其中第三个石人已经被发现，今保存在中京城内大塔之南一石刻文物库中。[①] 此石像为立像，石质较粗，周身有麻点。这是一个女像，身材不高，失去头部。上身着肥袖上衣，下身着褶裙，双手按剑而立，右手在下，左手在上，足部情况不明。此即鸟居氏所寻找的契丹承天太后（圣宗母亲）石像。

第二节　帝王宗庙

一　陵园宗庙

为安放已故皇帝的"御容"造像及方便在位皇帝祭祖，有辽一代，辽地建造了大量契丹皇帝的宗庙，其中一部分即建在了已故皇帝的陵园内。

辽代契丹皇帝死葬陵寝后，在位皇帝便在墓前起屋造殿，这就是陵前之宗庙。诚如《续通考》所云："辽初诸帝各有庙。又有原庙，如凝神殿之类。"这里所说的"原庙"，指的是契丹皇帝陵前再建之宗庙。[②]

辽代契丹皇帝的陵前宗庙，在史料中一般被称为"某殿"或"某某殿"。陈述先生认为这"某殿"即契丹皇帝陵寝的专名。笔者以为，辽代契丹皇帝的陵寝均有名称，如"祖陵"、"永庆陵"等。而其陵前之"某殿"、"某某殿"似不应是陵名而是庙称。北镇龙岗子出土的清宁八年（1062）《耶律宗政墓志》上即有："以其年（清宁八年）岁次壬寅十月甲戌朔二十七日，备卤簿之仪，归葬于乾陵，祔祖宗之寝庙。"《礼记·月令》郑玄注："凡庙，前曰庙，后曰寝。"可见耶律宗政墓志所言之"寝庙"，应是乾陵之寝宫及陵前之宗庙（殿）的统称。因为，这些陵前宗庙与寝宫是在同一茔域内的。所以"庙"亦可视之为"陵"的组成部分。如《辽史·地理志》即载："祖州有太祖陵，凿山为殿曰明殿。殿南岭有膳堂，以备时祭。"[③]《新五代史》亦载："明殿若中国陵寝下宫之制。其国君死葬，则于其墓侧起屋谓之明殿。"[④] 此"明殿"应是祖陵之陵前宗庙，建在阿保机墓（地宫）之前，依山开凿而建之。

---

① 朱子方：《辽朝契丹统治者的宗庙制度》，《中国民族史研究》第 4 辑，第 212 页。
② 关于"原庙"，《史记·高祖本纪》"集解"云："原者，再也。先既已立庙，今又再立，故谓之原庙。"
③ 《辽史》卷 37《地理志一》，第 2 册，第 442 页。
④ 《新五代史》卷 72《四夷附录一》，《二十五史》第 6 册，上海古籍出版社、上海书店，1986 年影印本，第 98 页。

　　耶律阿保机陵前"明殿"之凿建，开创陵前宗庙之先河。所以阿保机之后的大多数契丹皇帝，均建有陵前之宗庙。如太宗耶律德光葬怀陵。《契丹国志》引《胡峤陷北记》载："会诸部人葬太宗……有屋室碑石，曰陵所也。"[①] 此"屋室"即辽太宗怀陵之宗庙，庙名曰"崇元殿"。辽世宗耶律阮葬显陵，辽景宗耶律贤葬乾陵，二陵陵寝前庙名均为"凝神殿"，又称"玉殿"。辽穆宗祔葬怀陵，陵庙称"凤凰殿"。辽圣宗耶律隆绪、辽兴宗耶律宗真、辽道宗耶律洪基葬庆陵陵园内，陵庙分别称为"望仙殿"、"望圣殿"和"神仪殿"。

　　此外，在辽代契丹皇帝的各陵庙附近，一般还建有后妃、子弟及功臣的"影堂"，是为放置已故皇帝的后妃、子弟及功臣"影像"之场所。如圣宗朝的佐命大臣耶律隆运（韩德让）死后，"葬乾陵侧，诏影堂制度一同乾陵。又诏诸处应有景宗御容殿，皆以隆运真容置之殿内"。[②] 天祚帝天庆九年（1119）夏，金兵攻陷辽上京，契丹皇帝诸陵庙，"祖州则太祖之天膳堂，怀州则太宗德光之崇元殿，庆州则望仙、望圣、神仪三殿，并先破乾、显等州如凝神殿、安元圣母殿（或名安元安圣殿），木叶山之世祖殿、诸陵并皇妃子弟影堂，焚烧略尽，发掘金银珠玉"。[③]

　　契丹皇帝陵前建宗庙，其主要功能有二。其一，放置已故皇帝的"御容"——各类"造像"，并于此处进行谒陵拜容。所以，有不少契丹皇帝的陵前宗庙又名"御容殿"。有关告庙祭祖拜容之内容，后面将详叙，此处不赘。其二，或可供奉陵官员（非奉陵州邑官）办公暂用。如圣宗朝人王悦的祖父王郁，即曾任太祖陵庙之"明殿左相"。[④] 这些奉陵官员在祖庙内，一方面要向已故皇帝"岁时奉表"，汇报在位皇帝的德政及朝廷大事，以便先帝们随时"掌握国情"；另一方面，遇"国有大庆吊"，要代先帝发布"诏命"，以坚持国策及匡正在位皇帝的言行。如契丹灭后晋，"其（辽太宗耶律德光）母述律遣人赍书及阿保机明殿书赐德光。明殿……置官属职司，岁时奉表起居如事生。置明殿学士一人，掌答书诏，每国有大庆吊，学士以先君之命为书以赐国君，其书常曰'报儿皇帝'云"。[⑤] 当然，这实质上是活着的人（述律太后）借死者（耶律阿保机）之"口"诏告那位灭后晋的契丹皇帝（辽太宗耶律德光）应尽快功成北归，勿因贪恋中原而忘了草原。

---

① 叶隆礼：《契丹国志》卷25《胡峤陷北记》，贾敬颜、林荣贵点校，第238页。
② 叶隆礼：《契丹国志》卷18《耶律隆运传》，贾敬颜、林荣贵点校，第176页。
③ 叶隆礼：《契丹国志》卷11《天祚皇帝中》，贾敬颜、林荣贵点校，第117页。
④ 统和二十三年（1005）《王悦墓志》，向南：《辽代石刻文编》，第112页。
⑤ 《新五代史》卷72《四夷附录一》，《二十五史》第6册，第98页。

二　其他宗庙

辽代已故契丹皇帝的另外一些宗庙则散建在五京州县内的不同地方，包括佛教寺院及"捺钵"行在之所。木叶山是传说中契丹始祖的发祥地，辽代契丹皇帝便在木叶山上建有始祖庙，安放始祖考妣的"造像"。据《辽史·地理志》记载："永州……有木叶山，上建契丹始祖庙，奇首可汗在南庙，可敦在北庙，绘塑二圣并八子神像。"[①]另据《燕北录》记载，辽代后期契丹还在木叶山上建有太祖、太宗、世宗、穆宗、景宗、圣宗、兴宗七祖庙，庙内供奉七祖并后妃们的"造像"。

契丹皇帝于五座奉陵州邑内亦建有祖庙，安放已故君主的"造像"。如祖州城内有祖庙，名曰"两明殿"、"二仪殿"、"黑龙殿"及"清秘殿"等，"奉安祖考御容"，"以白金铸太祖像"。怀州亦建有已故太宗皇帝祖庙，绘有耶律德光画像。庆州、显州及乾州亦有宗庙，庙内供放已故皇帝"造像"。

辽代前中期始，契丹皇帝还于各京城及所属一些州县大量建造类祖庙式建筑，以安放更多的皇祖"御容"。如，上京城，"起三大殿，曰开皇、安德、五鸾，中有历代帝王御容，每月朔望、节辰、忌日，在京文武百官并赴致祭"。[②]圣宗开泰元年（1012）十二月，迁"景宗及宣献皇后（石像）于上京五鸾殿"。[③]东京城内建有让国皇帝、东丹王耶律倍的御容殿。中京"皇城中有祖庙，景宗、承天皇后御容殿"。圣宗开泰元年（1012）十二月丙寅，"奉迁南京诸帝石像于中京观德殿"。[④]开泰八年（1019）正月，"建景宗庙于中京"。[⑤]开泰九年（1020）十二月戊子，"诏中京建太祖庙，制度、祭器皆从古制"。[⑥]南京"皇城内有景宗、圣宗御容殿二，东曰宣和，南曰大内"。[⑦]

辽代契丹皇帝还在京外一些州县建有类宗庙式建筑，以供奉"御容"。如被俘的晋出帝石重贵曾于锦州拜过辽太祖像。再如，圣宗统和十三年（995）九月丁卯，"奉安景宗及皇太后石像于延芳淀"，[⑧]说明在延芳淀亦建有景宗庙。延芳淀是契丹皇帝的春"捺钵"地之一。《读史方舆纪要》载：延芳淀"在通州潞县西，广数百亩，辽时

---

① 《辽史》卷37《地理志一》，第2册，第445页。
② 《辽史》卷37《地理志一》，第2册，第440页。
③ 《辽史》卷35《圣宗纪六》，第1册，第172页。
④ 《辽史》卷15《圣宗纪六》，第1册，第172页。
⑤ 《辽史》卷16《圣宗纪七》，第1册，第185页。
⑥ 《辽史》卷16《圣宗纪七》，第1册，第188页。
⑦ 《辽史》卷40《地理志四》，第2册，第494页。
⑧ 《辽史》卷13《圣宗纪四》，第1册，第147页。

每春季则戈猎于此"。

辽代契丹皇帝的"造像"，除放置于各陵庙和京城州县宗庙外，有些还安放在佛教寺院内。如《辽史·地理志》即载：上京"又于内城东南隅建天雄寺，奉安烈考宣简皇帝遗像"。[1]《契丹国志》亦载：天雄寺"内有契丹太祖遗像"。西京，清宁八年（1062）"建华严寺，奉安诸帝石像、铜像"。[2] 清《四库全书》文渊阁本《山西通志·寺观一》载："华严寺二，一在（大同）西门内，辽建。内有南北阁，东西廊。北阁下，铜、石像数尊。中石像五，男三女二；铜像六，男四女二。内一铜人，衮冕，帝王之像，垂足而坐。余皆巾幞常服，危坐。相传辽帝后像。"由此可见，因契丹皇帝崇佛，故而不少寺院也变相成了契丹皇家的"宗庙"。

此外，为适应游牧渔猎生活，便于皇帝及时祀祖，辽人还特别创立了随四时捺钵移徙的"行在宗庙"。《辽史·礼志》记载："及帝崩……穹庐中置小毡殿，帝及后妃皆铸金像纳焉。节辰、忌日、朔望，皆致祭于穹庐之前。"[3] 这是契丹统治者为适应游牧民族的生活方式，贯彻祖先崇拜的宗庙制度而创建的移动宗庙，或可称之为"行在庙"或"捺钵庙"。此类宗庙在各"斡鲁朵"（皇帝宫卫）应该都有。具体实例，如《辽史·圣宗纪》即载：统和四年（986）六月，"乙卯，皇太妃、诸王、公主迎上岭表，设御幄道旁，置景宗御容，率从臣进酒，陈俘获于前，遂大宴"。[4] 这是由于挫败宋军进攻燕京，故皇太妃、诸王、公主等亲莅前线致贺，并向景宗御容"进酒"致祭。又，统和七年（989）春正月"戊申，次涞水，谒景宗皇帝庙"。秋七月，"丁酉，劳南征将士。是日，帝（辽圣宗）与皇太后谒景宗皇帝庙"。[5] 按，涞水县未见景宗庙，这两次所谒之景宗庙，概应为穹庐中的"行在宗庙"。

第三节　祭祖活动

一　祭祖时间与场合

兴建了庙堂，安放了"御容"造像，就该进行祭祖了。祭祖，也称享庙、谒庙或告庙，"皆曰拜容"。《礼记·祭法》"旧解"云："庙，貌也。言祭宗庙，见先祖之尊

① 《辽史》卷37《地理志一》，第2册，第440页。
② 《辽史》卷41《地理志五》，第2册，第506页。
③ 《辽史》卷49《礼志一》，第3册，第838页。
④ 《辽史》卷11《圣宗纪二》，第1册，第123页。
⑤ 《辽史》卷12《圣宗纪三》，第1册，第133、135页。

貌也。"那么，辽代契丹皇帝又是在什么时间、哪些场合进行祭祖活动的呢？《辽史·礼志》"谒庙仪"有这样一段记载："以先帝、先后生辰及忌辰行礼，自太宗始也。其后正旦、皇帝生辰、诸节辰皆行之。若忌辰及车驾行幸，亦尝遣使行礼。凡瑟瑟、柴册、再生、纳后则亲行之。凡柴册、亲征则告；幸诸京则谒。四时有荐新。"[①] 据此，辽代契丹皇族的祭祖可分为定时祭、特殊场合祭与不明原因祭三大类。

其一，固定时日下的祭祖。

所谓定时祭，即指每一年的这一天或这个时节都要进行祭祖活动。

如正旦日祭祖。《辽史·礼志》见之。但查同书"正旦朝贺仪"、"岁时杂仪·正旦"及"本纪"等，均未见正旦日祭祖的实例，待考。

立春日祭祖。见于《辽史·礼志》"立春仪"：立春日，"皇帝出就内殿，拜先帝御容，北南臣僚丹墀内合班，再拜……帝进御容酒，陪位并侍立皆再拜"。[②]

寒食节祭祖。《辽史·道宗纪》载：大康七年（1081）六月甲子，"诏月祭观德殿，岁寒食，诸帝在时生辰及忌日，诣景宗御容殿致奠"。[③]

孟冬朔日祭祖。《辽史·礼志》"孟冬朔拜陵仪"载：孟冬朔日，"有司设酒馔于山陵。皇帝、皇后驾至，敌烈麻都奏'仪办'，阁门使赞皇帝、皇后诣位四拜讫，巫赞祝燔胙及时服，酹酒荐牲。大臣、命妇以次燔胙，四拜。皇帝、皇后率群臣、命妇，循诸陵各三匝，还宫。翼日，群臣入谢"。[④]

冬至日祭祖。《辽史·礼志》"冬至朝贺仪"载：冬至日，"皇太后于御容殿，与皇帝、皇后率臣僚再拜。皇太后上香，皆再拜。赞各祗候。可矮墩以上上殿。皇太后三上御容酒，陪位皆拜"。[⑤]

出兵时祭祖。木叶山有祖庙，契丹皇帝"每行军及春秋时祭"。[⑥]

每月朔（初一）、望（十五）日祭祖。上京城内宗庙，"每月朔望、节辰、忌日，在京文武百官并赴致祭"。[⑦] 圣宗统和元年（983）十二月壬午朔，"谒凝神殿，遣使分祭诸陵，赐守殿官属酒"。[⑧] 统和十六年（998）六月戊子朔，"致奠于祖、怀二陵"。[⑨]

①　《辽史》卷49《礼志一》，第3册，第837页。
②　《辽史》卷53《礼志六》，第3册，第876页。
③　《辽史》卷24《道宗纪四》，第1册，第286页。
④　《辽史》卷49《礼志一》，第3册，第837页。
⑤　《辽史》卷53《礼志六》，第3册，第876页。
⑥　《辽史》卷37《地理志一》，第2册，第446页。
⑦　《辽史》卷37《地理志一》，第2册，第440页。
⑧　《辽史》卷10《圣宗纪一》，第1册，第112页。
⑨　《辽史》卷14《圣宗纪五》，第1册，第153页。

　　春夏秋冬"四时"向祖庙"荐新"并致祭。太宗天显五年（930）七月（秋）戊子，"荐时果于太祖庙"。①天显七年（932）七月（秋）丁未，"荐新于太祖庙"。②圣宗统和元年（983）八月（秋）己亥，"猎赤山，遣使荐熊肪、鹿脯于乾陵之凝神殿"。③兴宗重熙七年（1038）十二月（冬）甲申，"命日进酒于大安宫，致荐庆陵"。④

　　皇帝生辰日祭祖。见于《辽史·礼志》"谒庙仪"："其后……皇帝生辰、诸节辰皆行之（祭祖）。"⑤

　　已故皇帝忌辰日祭祖。《辽史·礼志》"忌辰仪"载："先一日，奏忌辰榜子，预写名纸。大纸一幅，用阴面后第三行书'文武百僚宰臣某以下谨诣西上阁门进名奉慰'。至日，应拜大小臣僚并皂衣、皂鞓带，四鼓至时，于幕次前，在京于僧寺，班齐，依位望阙叙立。直日舍人跪右，执名纸在前，班首以下皆再拜。引退。"⑥

　　其二，特定场合下的祭祖。

　　如"瑟瑟仪"中祭祖。"瑟瑟仪"是契丹人为天旱祈雨而举行的一种礼仪活动。在举行这种仪式过程中，有祭拜祖宗的内容。《辽史·礼志》"瑟瑟仪"载："及期，皇帝致奠于先帝御容，乃射柳。"⑦

　　"柴册仪"中祭祖。"柴册仪"是契丹皇帝承嗣登基后举行的一种礼仪活动。在"柴册仪"仪式中，亦有祭祖之内容。《辽史·礼志》"柴册仪"载："……拜先帝御容，宴飨群臣。翼日，皇帝出册殿，护卫太保扶翼升坛，奉七庙神主置龙文方茵。"⑧

　　"再生仪"中祭祖。"再生仪"是契丹皇帝、太后等为纪念始生而举行的一种礼仪活动，在此仪式中，亦要祭拜祖先。《辽史·礼志》"再生仪"载："皇帝拜先帝御容，遂宴群臣。"⑨

　　"皇帝纳后仪"中祭祖。《辽史·礼志》"皇帝纳后之仪"载："……又诣诸帝御容拜，奠酒……翼日，皇帝晨兴，诣先帝御容拜。"⑩

　　契丹皇帝率军出征前祭祖。《辽史·礼志》"皇帝亲征仪"载："……将出师，必先

---

① 《辽史》卷3《太宗纪上》，第1册，第32页。
② 《辽史》卷3《太宗纪上》，第1册，第34页。
③ 《辽史》卷10《圣宗纪一》，第1册，第111页。
④ 《辽史》卷18《兴宗纪一》，第1册，第221页。
⑤ 《辽史》卷49《礼志一》，第3册，第837页。
⑥ 《辽史》卷50《礼志二》，第3册，第841页。
⑦ 《辽史》卷49《礼志一》，第3册，第835页。
⑧ 《辽史》卷49《礼志一》，第3册，第836页。
⑨ 《辽史》卷53《礼志六》，第3册，第880页。
⑩ 《辽史》卷52《礼志五》，第3册，第864页。

告庙。乃立三神主祭之：曰先帝，曰道路，曰军旅。……或皇帝服介胄，祭诸先帝宫庙，乃阅兵。"[①] 圣宗统和四年（986），辽圣宗准备率军攻打北宋。三月乙亥，"以亲征告陵庙、山川"。[②] 统和二十八年（1010）八月，备征高丽。丙寅，"谒显、乾二陵"。[③]

征伐、平叛取胜后告庙祭祖。《辽史·礼志》"贺平难仪"载："……臣僚从皇帝、命妇从皇后，诣皇太后殿，见先帝御容，陪位，皆再拜。"[④] 穆宗应历九年（959）十二月庚辰，"王子敌烈、前宣徽使海思及萧达干等谋反，事觉，鞫之。辛巳，祀天地、祖考，告逆党事败"。[⑤] 圣宗统和二十年（1002）九月癸巳朔，"谒显陵，告南伐（宋）捷"。[⑥]

巡幸、狩猎过程中顺便谒陵拜祖。圣宗统和三年（985）八月庚辰，"至显州，谒凝神殿。辛巳，幸乾州，观新宫。癸未，谒乾陵"。[⑦] 兴宗重熙十六年（1047）十月辛亥，"幸中京谒祖庙"。[⑧] 重熙十九年（1050）六月庚午，"幸庆州，谒大安殿"。[⑨]

为除却疾灾而祭祖。有时，契丹皇帝为祷告"祖灵"帮助他除灾却病，也会进行祭祖活动。如辽太宗会同五年（942）六月，耶律德光母亲述律太后得疾。"丁丑，闻皇太后不豫，上（辽太宗耶律德光）驰入侍，汤药必亲尝。仍告太祖庙，幸菩萨堂，饭僧五万人。七月乃愈。"[⑩]

受尊号时祭祖。如天祚帝乾统三年（1103）十一月丙申，"文武百官加上尊号曰惠文智武圣孝天祚皇帝，大赦。……戊戌，以受尊号，告庙"。[⑪]

其三，一些原因不明的祭祖。

除上述各种场合的祭祖活动外，《辽史》中还记载了不少原因不明的契丹皇帝的告庙祭祖活动。此些活动大概事关皇帝或有关人员的隐私或机密，不便公开，后人不详其内情，史家也只好以"有事"而代之了。如太宗天显三年（928）七月庚午，

---

① 《辽史》卷 50《礼志三》，第 3 册，第 845 页。
② 《辽史》卷 11《圣宗纪二》，第 1 册，第 120 页。
③ 《辽史》卷 15《圣宗纪六》，第 1 册，第 168 页。
④ 《辽史》卷 53《礼志六》，第 3 册，第 873 页。
⑤ 《辽史》卷 6《穆宗纪上》，第 1 册，第 76 页。
⑥ 《辽史》卷 14《圣宗纪五》，第 1 册，第 158 页。
⑦ 《辽史》卷 10《圣宗纪一》，第 1 册，第 115 页。
⑧ 《辽史》卷 20《兴宗纪三》，第 1 册，第 237 页。
⑨ 《辽史》卷 20《兴宗纪三》，第 1 册，第 241 页。
⑩ 《辽史》卷 4《太宗纪下》，第 1 册，第 52 页。
⑪ 《辽史》卷 27《天祚皇帝纪一》，第 1 册，第 320 页。

"有事于太祖庙"。① 圣宗开泰六年（1017）三月，"有事于显、乾二陵"。② 兴宗重熙二十三年（1054）十月辛丑，"有事于祖庙"。③ 道宗清宁元年（1055）十一月壬申，"次怀州，有事于太宗、穆宗庙"。④

二 祭祖仪式——"谒庙"与"告庙"

契丹皇帝祭祀祖宗是有一定的仪式的。这祭祖之仪式又具体分为"谒庙"仪式和"告庙"仪式两种。尽管二者均属祭祖拜容的同一内容，但在某些程序及仪项上还是有一些差别的。

《辽史·礼志》所见"谒庙"仪式的主要仪项有以下几项。首先，臣僚先行至庙做祭前准备。谒庙这天天将亮时，在朝北、南契丹和汉族大臣"具朝服"先行至祖庙，做祭前准备，并等待皇帝的到来，向在位皇帝祝福。在位皇帝乘车至祖庙门前，先至之众臣僚"依次序立"庙外，"望驾鞠躬"。班首之大臣不出班，在原位向皇帝奏"圣躬万福"。其次，君臣入庙。舍人"赞各祗候毕，"皇帝下车，分引南、北诸大臣从门左右同时进入庙内。行至丹墀褥位前，众人合班，站立，皇帝登露台坐于褥位。再次，向祖宗上香礼拜。"宣徽赞皇帝再拜"，众臣僚陪亦拜之。随后，向已故先帝"御容"像前上香。上香完毕，后退复原位，再拜一次。最后，进"御容"酒，礼毕。皇帝"分引臣僚左右上殿位立，进御容酒依常礼。"进酒毕，再拜一次，舍人赞"好去"。"引退"。谒庙祭祖结束。

"告庙"仪式的主要"仪项"是：告庙当日凌晨，契丹君臣均穿朝服至宗庙；契丹皇帝率众臣僚见先帝"御容"，然后礼拜；为先帝"御容"上香，再拜一次；由二人左右持告庙祝版于"御容"前跪捧，中书舍人"俛跪"，"再拜"；皇帝分引众臣僚上殿，次第进酒三次；礼毕，出庙。⑤

三 特殊的祭祀方式——"烧饭"与"抛盏"

辽代契丹皇帝死后还有一种比较特殊的祭祀方式——烧饭。《辽史·礼志》"蒸节仪"载："及帝崩，所置人户、府库、钱粟，穹庐中置小毡殿，帝及后妃皆铸金像纳

---

① 《辽史》卷3《太宗纪上》，第1册，第29页。
② 《辽史》卷15《圣宗纪六》，第1册，第179页。
③ 《辽史》卷20《兴宗纪三》，第1册，第247页。
④ 《辽史》卷21《道宗纪一》，第1册，第252页。
⑤ 《辽史》卷49《礼志一》，第3册，第837页。

焉。节辰、忌日、朔望，皆致祭于穹庐之前。又筑土为台，高丈余，置大盘于上，祭酒食撒于其中，焚之，国俗谓之燕节。"① 李涛《续资治通鉴长编》卷110亦云：契丹皇帝"既死，则设大穹庐，铸金为像。朔望、节辰、忌日辄致祭。筑台高逾丈，以盆焚酒食，谓之'烧饭'"。这种"烧饭"祭祖方式，金、元时期女真、蒙古贵族亦沿用。元人叶子奇《草木子》卷3《杂制篇》曾云："元朝人死致祭曰'烧饭'，其大祭则烧马。"近代著名学者王国维先生认为辽、金、元时期的"烧饭"既包括祭祀之礼，也涵盖殉葬之俗，并且这种丧葬习俗可以上溯至乌桓，下延至清初。他在《蒙古札记·烧饭》中即云："'烧饭'本契丹、女真旧俗，亦辽金时通语。……《三朝北盟会编》卷3：'女真死者，埋之而无棺椁。贵者生焚所宠奴婢、所乘鞍马以殉之。所有祭祀饮食等物尽焚之，谓之烧饭。'此俗亦不自辽金始。王沈《魏书》言乌桓'葬则歌舞相送，肥养一犬，以彩绳婴（牵），并取死者所乘马、衣服，皆烧而送之'。然'烧饭'之名，则自辽金始。……满洲初入关时，犹有此俗。吴梅村《读史偶述》诗云：'大将祁连起北邙，黄肠不虑发邱郎。平生赐物都燔尽，千里名驹衣火光。'后乃以纸制车马代之，今日送三之俗，即辽金烧饭之遗也。"②

辽人与"烧饭"相关联的祭祀还有"抛盏"活动。所谓"抛盏"，就是参与祭祀的人将皇帝陵墓内外某些随葬品毁坏。中原人胡峤在其《陷虏记》中记载了其目睹辽世宗等人祭祀辽太宗的"抛盏"行为："兀欲（辽世宗）时卓帐于此，会诸部大人葬德光。自此而南行，日六十里，行七日，至大山门，两高山相去一里，而长松丰草，珍禽野卉，有屋室碑石，曰'陵所也'。兀欲入祭，诸部大人惟执祭器者得入。入而门阖。明日开门，曰'抛盏'，礼毕。问其礼，皆秘不肯言。"③

---

① 《辽史》卷49《礼志一》，第3册，第838页。
② 王国维：《观堂集林》卷16《蒙古札记·烧饭》，中华书局，1984，第812～813页。
③ 赵永春编注《奉使辽金行程录》，第9页。

西　夏

导　论

西夏的殡葬与该王朝形成和发展的历史、与西夏的民族构成及文化风俗有极大的关系。在叙述西夏殡葬之前，概括地了解西夏的民族构成和历史，对理解西夏殡葬习俗会有很大帮助。

一　西夏历史概况

西夏（1038～1227）是 11 世纪初期建立在中国西北部地区的一个有重要影响的封建王朝，自称大夏，因其位于宋朝的西部，史称西夏。西夏前后共历十个皇帝，享国 190 年。前期与北宋、辽朝对峙，后期与南宋、金朝鼎足，在中国中古时期形成新"三国"局面。近邻还有西部的回鹘、西南部的吐蕃政权，使各王朝间的关系更加复杂、微妙。西夏几乎处于中国正中间的位置。其首都在兴庆府（后改名中兴府，即今宁夏银川市），主体民族是党项羌。

（一）党项族的内迁和发展

党项羌是中国历史上一个有久远历史的民族，为汉朝西羌之别种，"魏、晋之后，西羌微弱，或臣中国，或窜山野。自周氏灭宕昌、邓至之后，党项始强。其界东至松州，西接叶护，南杂春桑、迷桑等羌，北连吐谷浑，处山谷间，亘三千余里"。[①] 早期的党项族主要分布在今青海省东南部、四川省西北部的广袤草原上。当时党项族已经有很多部落，每一部落为一姓，其中以拓跋部为最强。那时，党项族还处于原始社会晚期。唐初，拓跋部首领拓跋赤辞归唐，被赐皇室李姓。

---

① 《旧唐书》卷 198《党项羌传》，中华书局，1975。参见《北史》卷 96《党项传》，中华书局，1984；《隋书》卷 83《党项传》，中华书局，1973。

7世纪中期，吐蕃势力不断壮大。受到吐蕃强大势力的挤迫，散居在今四川北部、甘肃南部与青海境内的党项部落，于7世纪后期不得不陆续内迁。唐朝把原设在陇西地区的静边州都督府移置庆州（今甘肃庆阳），以党项族大首领拓跋思泰为都督，领12州。8世纪中叶，安史之乱爆发后，河陇空虚，吐蕃进而夺取河西、陇右之地，这些地区的党项部落再一次东迁到银州（今陕西米脂县）以北、夏州（今陕西靖边县）以东地区；静边州都督府也移置银州，绥州（今陕西绥德县）、延州（今陕西延安市）一带也陆续迁来大批党项部落。一些党项部落曾助吐蕃攻唐，致使长安（今陕西西安市）陷落。党项族二次迁徙后入居庆州一带的称东山部，入居夏州一带的称平夏部。平夏地区南界横山一线，唐朝人称之为南山，居住在这一区域的党项族，被称作南山部。迁入内地的党项部落，仍然从事游牧，人口迅速增殖，部落内部阶级分化也渐趋明显。

唐乾符五年（878）爆发了以黄巢为首的农民起义，广明元年（880）起义军攻入唐都城长安。中和元年（881）党项族首领宥州刺史拓跋思恭与其他节度使响应唐僖宗的号召，参与镇压黄巢义军。中和三年（883）长安收复，其因功被封为定难军节度使，再次被赐李姓，管领五州，治所在夏州（今属陕西靖边县），此地原是东晋十六国时赫连勃勃所建大夏国的都城统万城。其余四州是银州、绥州、宥州（今属陕西靖边县）、静州（今属陕西米脂县），开始了事实上的地方割据。五代时期，夏州党项政权先后依附于中原的梁、唐、晋、汉、周各朝，并在与邻近藩镇纵横捭阖的斗争中，势力不断壮大。[①]

北宋初年，党项族首领臣属宋朝。李继捧弟继兄位，引发内部矛盾，索性向宋献五州地。宋太平兴国七年（982），宋授李继捧为彰德军节度使，留居宋都开封，发兵前往夏州接收统治权力，发遣党项族所有李氏亲族齐赴汴京。后李继捧族弟、定难军管内都知蕃落使李继迁，反对宋朝直接接管五州之地和以党项族首领亲属为变相人质，率众逃往地斤泽（今属内蒙古鄂尔多斯市），公开抗宋自立。李继迁生于银州无定河侧（今属陕西米脂县），据传生而有齿，至今当地尚有李继迁寨。

宋朝开始也用招抚的办法劝降李继迁。继迁不听，仍行攻掠。雍熙元年（984）继迁辗转于夏州一带，宋知夏州尹宪与都巡检使曹光实以精骑数千奔袭继迁根据地地斤泽，宋军大胜，继迁等人逃走，母、妻被俘，继迁军损失殆尽，只能转徙待机。翌年继迁使人诈降曹光实，将曹光实及其随从斩杀，袭取了银州，势力转盛。继迁权知定难节度留后，封官设职。宋太宗派四路大军围剿继迁，使之损失巨大，但宋军前线

---

① 《旧五代史》卷138《党项传》，中华书局，1976。

图0-1 夏州统万城遗址

图0-2 陕西米脂县李继迁寨

无统一指挥，未能伤继迁根本。

李继迁有自立之志，但自知羽翼未丰，便做出战略决定，依附辽朝，对抗宋朝。他被辽朝封为夏国王，辽以宗室女下嫁。在辽、宋对立的状态下，宋朝管辖下的党项族崛起，对辽朝有益无害。于是辽朝又是封王，又是嫁女，积极主动。宋朝自居中原王朝正统，党项族领地为宋原有领土。党项独立，对宋朝无异割股剜肉。若党项再与辽朝联手，则宋朝两面受敌。因此，宋朝对党项族的坐大和独立坚决反对。继迁充分利用宋、辽矛盾，以图在西部发展。宋朝则利用李继捧挟制继迁，端拱元年（988）复封继捧为定难军节度使，赐名赵保忠，使之讨伐继迁。继捧阳奉阴违。辽则加封继迁为夏国王，促其攻宋。

宋朝军力孱弱，加之指挥不当，进退失据，战争中经常失利。宋至道三年（997）

李继迁迫使宋朝承认其实际地位，封其为定难军节度使，仍管领五州之地。

此后李继迁把战略重点转向西部的灵州（今宁夏吴忠市境内），多次劫掠宋朝向灵州输送的粮草，使灵州几乎成为孤城。经过多年拉锯式的角逐，党项政权屡蹶屡奋，继迁时降时叛，终成宋朝大患。宋朝又遣五路大军进讨，亦未成功。

宋咸平三年（1000）李继迁再夺宋朝粮饷，翌年以五万骑兵包围灵州，并占据城外险要，还命士兵垦种附近膏腴耕地，以为长期围困之策。继迁又先后攻占了几处重镇，完全断绝了宋朝对灵州的接济。此时灵州已成继迁的囊中之物，五年（1002）春，继迁大集军旅，急攻灵州，宋知灵州裴济求救不得，城破被杀。李继迁得灵州后，立即向辽告捷。

自此党项政权统治境内有了一个较大的中心城池。次年继迁改灵州为西平府，这里便成了党项族政权新的统治中心，后继迁又攻占河西走廊的凉州（今甘肃武威市），向西部有了更大的延伸。李继迁两年连得宋朝两大城池，势力蒸蒸日上。正当其踌躇满志之时，于宋咸平六年（1003）春归顺宋朝的吐蕃首领潘罗支向其诈降，击败李继迁，使之因伤致死。宋朝西北边患大为减轻。同年9月辽大举攻宋，遭到宋军的顽强抵抗，双方媾和，订立"澶渊之盟"。宋朝在中西部、北部都得到相对的安定，赢得此后一段时间的和平发展。

李继迁死后，其子李德明袭承王位，调整了战略布局，在宋、辽关系缓和的形势下，他继续与辽通好，同时改善与宋朝的关系，使双方大体上保持着友好往来。宋朝封德明为定难军节度使、西平王，每年赐给他大量银、绢、茶，其中颁赐银、帛、缗钱各四万，茶二万斤。宋朝还在保安军（今属陕西志丹县）等地开设榷场，发展贸易。宋朝给了西夏不少经济上的好处，换得了西部边境的安宁。德明政权也因此而得到稳定、巩固和发展。

李德明为巩固和发展自己的统治，于宋天禧四年（1020）将其统治中心移往贺兰山麓的怀远镇，改称兴州（今宁夏银川市），并逐渐将其发展成西北地区的一大都会，其势力更加壮大。宋天圣六年（1028）李德明派其子元昊率兵攻占甘州（今甘肃张掖）。不久，瓜州（今甘肃瓜州县）、沙州（今甘肃敦煌）也来降服。宋明道元年（1032）元昊再次夺取凉州。这样，李德明占领了整个河西走廊，大体上奠定了西夏王朝的版图基础。

（二） 西夏的建国和前期壮大

元昊具有雄才大略，他承袭王位后，更加注重扩充实力，建立大夏国的条件日趋成熟。他很早就提出"英雄之生当王霸"的主张，并不断图强创新，采取一系列政治、军事、文化措施，进行正式建国的准备活动。

元昊首先在名号方面标新立异，取消了唐、宋赐给的李、赵姓氏，改姓嵬名氏，嵬名意为党项的近亲。[①]元昊又改变称谓，自称"兀卒"，西夏语为"皇帝"之意。在文治方面，他命大臣野利仁荣创制记录党项族语言的文字，即后世所谓的西夏文；特建番汉二学院，掌管往来文字。西夏皇室崇信佛教，为满足党项人学习佛典的要求，他便命人开设译场，翻译西夏文佛经。

元昊注重建立和完善政治制度，仿中原制度并结合民族特点，建立官制，其官分文武班，自中书令、宰相、枢使、大夫、侍中、太尉以下，皆分命蕃汉人为之。建立首府，升兴州为兴庆府。

元昊突出民族风习特点，在风习方面进行改革和规范，下秃发令，使党项族皆髡发；规定文武官员服饰，区分官服、便服，而使民庶穿青绿，以别贵贱。

在军事方面，他大力整顿军旅，划分军区，在境内设多个监军司。他还接连对北宋、吐蕃、回鹘用兵，进一步扩大了版图。其境辖今宁夏、甘肃大部，陕西北部，内蒙古西部和青海东部的广大地区，成为当时能与宋、辽周旋、抗衡的第三大势力。西夏所辖地区，与宋辽比虽地域偏窄，自然环境不如中原地区，但也有不少可耕可牧之地。

元昊于宋宝元元年（1038）十月十一日筑坛受册，登基加冕，正式立国为帝，建立大夏国，并公开上表于宋。[②]元昊建国，开创了西夏近两个世纪的基业。西夏已经进入封建领主制社会，皇室、贵族、上层僧侣为居于统治地位的封建领主三大台柱，同时也保留着奴隶制遗留。[③]

元昊的称帝使脆弱的宋夏关系雪上加霜，宋朝反应激烈，下诏削夺元昊官爵，停止双方互市，并揭榜于边境，募人擒元昊，若斩首献者，即为定难军节度使。[④]双方关系降至冰点，宋朝首先从经济上以绝互市、废榷场来制约西夏。[⑤]

宋朝立刻出兵，讨伐元昊不臣之举；元昊驱兵拒敌，有继续向宋朝腹地进攻之意。双方接连在三川口（今陕西延安西北）、好水川（今宁夏隆德县北，一说西吉县

①　史金波：《西夏名号杂考》，《中央民族学院学报》1986 年 4 期。

②　《续资治通鉴长编》卷 122，仁宗宝元元年（1038）十月甲戌条，中华书局，1979。

③　吴天墀：《西夏史稿》，四川人民出版社，1983，第 151～159 页。史金波：《西夏社会》，上海人民出版社，2007，第 211～243 页。

④　《宋史》卷 485《夏国传》（上），中华书局，1985。

⑤　《宋史》卷 186《食货志八·互市舶法》。

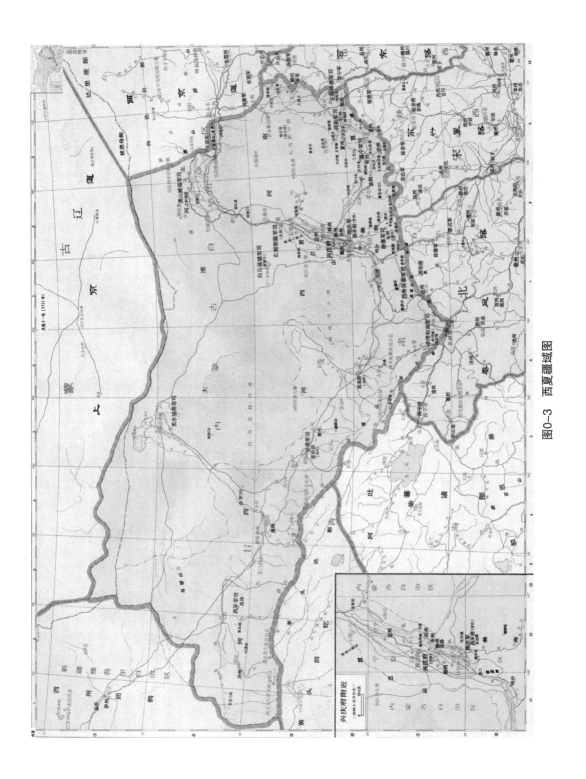

图0-3　西夏疆域图

图0-4　宁夏三川口古战场遗址

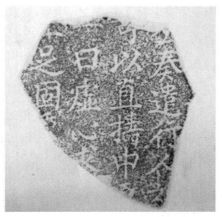

图0-5　西夏陵园出土"可以直捣中原"
残碑拓片

兴隆镇一带）、定川寨（今宁夏固原西北）进行三次大战。西夏天授礼法延祚三年
（1040）的三川口之战，宋多员大将被俘，延州几乎不保。翌年的好水川之战，宋行
营总管任福等大将多人及士兵万余人战死，宋朝关右震动，仁宗为之旰食。再过一年
的定川寨之战中，宋泾源路副总管葛怀敏及将校四十余人战死，士兵近万人被俘。元
昊乘胜至渭州（今甘肃平凉）大掠，致使关辅居民震恐，纷纷逃往山间。

　　连续三年的三次大战都以宋朝惨败告终。元昊更加骄横，在张贴的露布中曾有
"朕欲亲临渭水，直据长安"[1]的豪言，西夏陵园出土的残碑中也出现了"可以直捣中
原"[2]的语句。

　　此后，宋、夏军事上的攻防和政治上的谈判交叉进行。经过反复较量，宋朝战线
过长，疲于奔命，指挥失当，多次败北，无力征服西夏。宋、夏之间的几次大战，不
仅使宋朝军事弱点暴露无遗，也给宋朝的经济造成重大损失，使"贫弱之民，困于赋
敛"，国家府库日虚，捉襟见肘，引发大规模农民起义，动摇着宋朝的统治。西夏也
未在战争中得到好处，国土田园荒芜，农牧经济遭到破坏，牛羊悉卖契丹，百姓苦于
军兵点集，财困民穷，民不聊生，无茶可饮，怨声载道，民间流行"十不如"歌谣，
以发泄怨气。[3]元昊锐气渐消，也不得不走到谈判桌前。[4]最后于宋庆历四年（1044）

①　王巩《闻见近录》，《古逸丛书三编》第8种，中华书局，1983。
②　宁夏博物馆发掘整理、李范文编释《西夏陵墓出土残碑粹编》图版98，M108H:145，文物出版社，1984。
③　《宋史》卷485《夏国传》（上），第13997~13998页。
④　《续资治通鉴长编》卷163，仁宗庆历八年（1048）二月辛亥条；《宋史》卷330《任颛传》。

宋夏双方达成妥协。"元昊始称臣，自号国主"。[①]宋朝承认西夏的实际地位，每年赐给西夏银 7 万两、绢 15 万匹、茶 3 万斤。这是宋辽订立"澶渊之盟"40 年后，宋朝与西夏订立的重要和盟，称为"庆历和盟"。此次和盟稳定了双方边界地区的局势，在一段时期内使双方得到和平发展，两年后宋夏重新设立榷场。[②]

西夏一直是辽朝的属国，但元昊一方面依靠辽国抗宋，另外也与辽有深刻矛盾。他招纳辽境内的党项部落，并支援他们抗拒辽军。就在元昊刚刚与宋议和不久，辽兴宗耶律宗真于重熙十三年（1044）十月初，亲领骑兵 10 万分兵三路攻夏。元昊以示弱诱敌、坚壁清野、夜兵突袭之策，使辽军大溃，死伤惨重，辽兴宗仓皇逃遁。元昊在反败为胜后，乘势遣使同辽讲和。因为此战决战地点在河曲（今内蒙古鄂尔多斯市境内），也称"河曲之战"。

一生征战的元昊，功成名就，后来贪图享乐，夺子之妇，在宫廷内乱中被儿子行刺身亡。他做了 11 年皇帝，是为景宗。

元昊死后，行刺之长子被杀，其幼子谅祚在襁褓中即位。母后没藏氏和母舅没藏讹庞当政，皇帝幼弱、外戚专权。没藏氏重视国家治理和军事征战。她常派人抚谕党项诸部，在境内点集人马，进行训练。这期间西夏与辽大战多次，互有胜负；与宋争夺边界土地，时战时和。[③]

西夏延嗣宁国元年（1049），即元昊去世的第二年，辽兴宗乘元昊新丧之机，发兵三路攻夏。南路、中路无功而返，北路军进至贺兰山，击败西夏国相没藏讹庞率领的 3000 骑兵，追至凉州、贺兰山，俘元昊妻及官僚家属多人，获大量牲畜而还。

没藏讹庞不断侵耕宋地，与宋朝进行争夺交界屈野河耕地的战事，目的是为增加自己的收入。土地纠纷使宋、夏之间关系顿趋紧张。[④]宋朝则采取禁互市的方法钳制西夏。[⑤]后双方由战转和，划定疆界，复榷场，通互市。同时西夏与吐蕃争夺青唐城（今青海西宁市），并降伏西使城（甘肃定西县）、青唐一带，使西夏势力延伸到河州（今甘肃临夏市）。

谅祚不满外戚专权，14 岁时在朝臣的支持下擒杀企图篡权的没藏讹庞，亲政后采取了一系列吸收中原文化的措施。拱化四年（1066）谅祚攻宋庆州受伤，翌年病死，

---

① 《续资治通鉴长编》卷 149，仁宗庆历四年（1044）五月甲申条。

② 《宋史》卷 186《食货志八·互市舶法》。

③ 《续资治通鉴长编》卷 162，仁宗庆历八年（戊子，1048）春正月辛未条。

④ 《续资治通鉴长编》卷 185，仁宗嘉祐二年（1057）二月壬戌条。

⑤ 《续资治通鉴长编》卷 185，仁宗嘉祐二年（1057）二月壬戌条；参见《宋史》卷 186《食货志八互市舶法》。

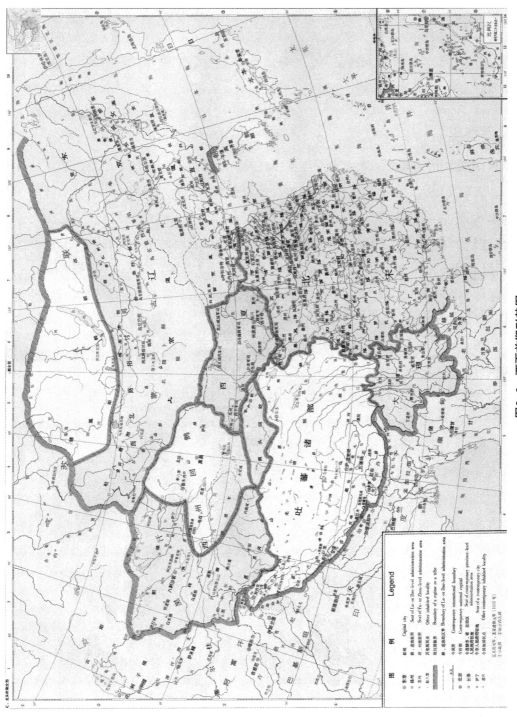

图0-6　西夏前期形势图

在位 19 年，是为毅宗。

毅宗死后，其子秉常也是在孩提时即位。母后梁氏和母舅梁乙埋执掌朝政，继续与辽和好，与宋争夺绥州、啰兀城（今陕西米脂县西），后划界立封堠。当时吐蕃青唐政权分裂，梁氏调整了对外战略，结联吐蕃。天赐礼盛国庆三年（1071）以自己的女儿向吐蕃首领董毡之子蔺比通请婚，协调了与吐蕃政权的关系。同年谋夺吐蕃另一支占据的武胜城（今甘肃临洮），不果，复失河州。秉常 16 岁亲政，因想向宋请和，与太后政见相左，被囚禁于兴庆府。宋朝起五路大军攻夏，最终因指挥失当而溃败，西夏也因战争元气大伤。夏大安八年（1081）宋、夏发生永乐城（今陕西米脂县西）之战，宋军又损失惨重。秉常在位 18 年，是为惠宗。

秉常子乾顺 3 岁即位，母后梁氏（秉常母梁氏侄女）和母舅梁乞逋（梁乙埋之子）专权，仍与辽结好。国相梁乞逋又向吐蕃首领阿里骨为自己的儿子请婚。后来吐蕃首领拢拶又与西夏宗室结为婚姻。西夏中、后期双方关系大为改善，交往比早期显著增多。

梁氏有军事才能，能运筹帷幄，统率大军，甚至亲临前线，不惧锋镝。天祐民安三年（1092）十月，梁氏亲率兵 10 万攻宋环州，围七日不克，后攻洪德寨，宋将党项人折可适拼死抗击，大败梁氏，使之狼狈而逃。[1] 后梁氏与兄梁乞逋产生矛盾，天祐民安五年（1094）令皇族大臣杀乞逋，自揽军政大权。天祐民安七年（1096），乾顺与母梁氏率兵号称 50 万，进逼延州，攻破金明寨，得城中粮 5 万石，草千万束。永安元年（1098）率 40 万军，与宋争夺平夏，造"对垒"高车进攻，遇大风而溃败。[2] 永安二年（1099）梁太后死，乾顺亲政。

西夏建国后的 60 多年，强军固土，发展经济，历经多次战争以及三朝的母党专权，使西夏皇族和后族的矛盾高潮迭起，并伴随着统治阶级内部的权力之争，多次发生"蕃礼"和"汉礼"的严重斗争。此时西夏经济又有新的发展，与周边王朝关系复杂、微妙。宋、夏之间互通有无，贸易往来频繁。每当宋、夏交战之际，宋朝多以停岁币、罢和市、断榷场相要挟，这往往会影响到西夏的社会生活，同时也反映出西夏的经济发展尚不完善，对宋朝有相当程度的依赖。

（三） 西夏中期的繁荣

乾顺于母后梁氏死后主政，时年 15 岁。辽遣使至宋为夏人议和。夏遣使至宋告哀，并上表谢过，还委派大臣嵬名济进誓表，对两梁氏专权和宋夏边界纠纷，做出检

---

① 《续资治通鉴长编》卷 478，哲宗元祐七年（壬申，1092）冬十月辛酉条。

② 《续资治通鉴长编》卷 503，哲宗元符元年（戊寅，1098）冬十月乙亥条。

讨。①宋朝也做出和解姿态，岁赐仍旧。

西夏注重与辽发展关系，与宋冲突时多依靠辽朝回护。乾顺请婚于辽，夏贞观三年（1103）辽以成安公主嫁乾顺，辽夏关系更加密切。

后宋朝蔡京秉政，招诱西夏大将卓罗右厢监军仁多保忠。宋河东节度使童贯多次兴军伐夏，致使边境紧张。西夏元德元年（1119）童贯复逼熙河经略刘法取西夏朔方。刘法引兵至统安城（今甘肃永登），遇夏国崇宗弟察哥率步骑奋力抵挡。宋军大败，死者10万。

12世纪初，女真建立金朝，进攻辽国。辽金交战时，西夏援辽抗金。辽朝在垂危之际为取得西夏的支持，匆忙册封乾顺为夏国皇帝。元德六年（1124）见辽国将亡，西夏崇宗便改事金朝。崇宗在金朝灭辽攻宋时，趁机夺取了部分土地。在新的政治格局中形成西夏与金、宋并立的三国关系。初南宋屡谋北伐，川、陕宣抚副使吴玠多次遣人与夏国联络，共攻金朝。

乾顺时使庶弟察哥任都统军，封晋国王，使掌兵政。察哥建议选蕃、汉壮勇，教以强弩，兼以摽牌，加强武备，得到乾顺的首肯。②

乾顺重视、发展文教，贞观元年（1101），始建国学，其主旨也是弘扬汉学。从此西夏建学崇儒，储备人才，使教育走上蕃、汉并重的道路。乾顺也重视佛教，于甘州建卧佛寺。

因西夏此时东部、南部被金包裹，基本与宋隔绝，在经济上只能依赖金国。西夏向金朝请求开设権场，得到金朝的允许。③同时金朝还向西夏开放了铁禁。

乾顺在位长达54年，是为崇宗。崇宗前期母后当政，后期亲政近40年，虽有战事，但并不频繁，其重视文教，弘扬国学，为其子仁孝时期大力发展儒学奠定了基础。

仁孝即位后，其在位前期西夏接连发生严重政治事件。首先境内发生原投诚的契丹人萧合达的叛乱。其次内战导致经济遭到破坏，国内发生严重饥荒，米价每升高至百钱，人民生活困苦。又由于首都兴庆府发生大地震，人畜死亡者以万计。虽经政府赈济，仍不足以解决饥民的糊口问题。民众无食，终于在当年爆发了以哆讹为首的大规模人民起义。靠献女升官的外戚任得敬在平定叛乱和镇压人民起义的过程中，渐握朝柄，升为国相。

西夏在仁孝统治时期社会生产力迅速提升，经济发展，农牧业都有长足的进步，

① 《宋史》卷485《夏国传》（上），第14018页。
② 吴广成《西夏书事》卷31，清道光五年（1835）刊本，第17～18页。
③ 《金史》卷4《熙宗纪》，中华书局，1975。

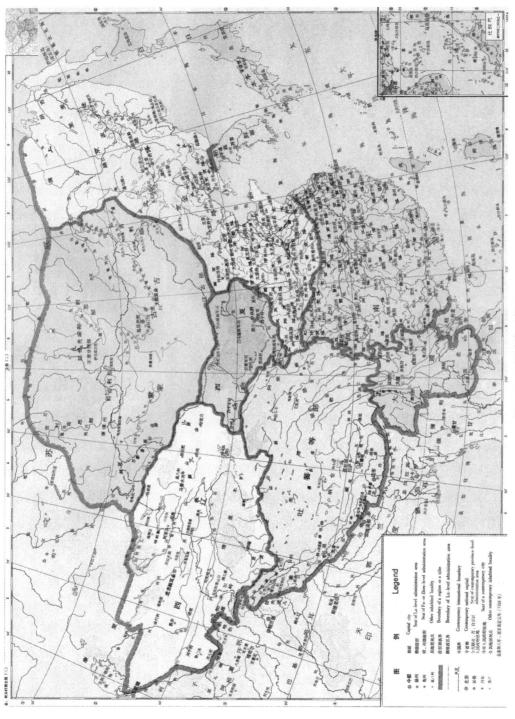

图0-7　西夏晚期形势图

封建制度越趋完善。仁孝大力提倡文教，国家实行科举，朝臣修订律令，寺庙校印佛经，文人著书立说，文化事业高度繁荣，西夏达到鼎盛时代。

在社会迅速发展的同时，社会矛盾也进一步扩大。而仁孝缺乏忧患意识，文治可圈可点，但武功乏善可陈，对权臣的图谋不轨未能及时抑制。任得敬进位楚王、秦晋国王，最后愈加专横，欲分国自立。仁孝在金朝的支持下诛杀了任得敬并剪灭任得敬党羽，渡过分国危机，同时任命学者斡道冲为国相，使局面平稳。这一时期西夏基本依附金朝自保，但也非一心一意。西夏虽称藩于金，聘使如织，但当宋朝联络西夏攻金时，仁孝上表于宋，骂金朝"鼠窃一隅之地，狼贪万乘之畿，天地所不容，神明为咸愤"，并表示要"恭行天讨"。但墨迹未干，即出兵扰宋；两月后，金主新立，仁孝又趁机出兵袭金。后又与金成为兄弟之国。这种朝秦暮楚的做法，是为时利所驱使，为时局所左右。仁孝末期虽有名相斡道冲的辅佐，但疏于武备，西夏开始由盛转衰。仁孝在位54年，是为仁宗。

（四）　西夏晚期的衰退和消亡

仁宗死后，西夏步入晚期，内忧外患加剧，国势开始下滑。这时蒙古已崛起于漠北，并不断侵掠西夏。在西夏晚期的30多年中，皇权不固，帝位先后五易：桓宗纯祐，在位13年；襄宗安全，在位4年；神宗遵顼，在位13年；献宗德旺，在位3年，末帝睍，在位1年。这一时期西夏外患不已，烽烟不断，蒙古六次入侵。

蒙古在入侵西夏的同时，也攻侵金国。而金、夏仍在互相争斗，力量消耗殆尽。西夏应天四年（1209）中兴府被围，襄宗不得不向蒙古纳女请和。

在皇帝频繁更替、战乱不断的局面下，西夏社会动荡，经济颓废。西夏末期已经达到"财用并乏"的严重程度。一件光定四年（1214）泥金字西夏文《金光明最胜王经》末有西夏神宗御制发愿文，其中有"如临深渊，如履薄冰"之语，又祈求"国泰民安"。时离西夏灭亡仅13年，或许反映了当时西夏内外交困的局势。

在金、夏两朝皆岌岌可危之时，夏乾定元年（1224）金、夏双方和议，约为兄弟之国，以图共同抗蒙，可惜为时已晚。

蒙古最后一次进攻西夏是在1226年，成吉思汗挥军南下。当时蒙古对西夏主要城池采取武力攻打和诱降争取的双重策略，连下诸城。蒙古大军很快攻占了西夏的黑水城、沙州、肃州、甘州和西凉府，河西走廊已被蒙古军控制，西夏大部河山已沦为敌手。

接着蒙古军队进围中兴府。末帝睍回天乏力，力屈请降，束手被擒。成吉思汗病死，据其遗嘱，睍旋即被杀。雄踞西北地区的西夏朝廷终告灭亡。[①]

---

①　《宋史》卷485、486《夏国传》(上、下)；《辽史》卷115《西夏外记》，中华书局，1974；《金史》卷134《西夏传》。

二 西夏殡葬研究概况

西夏殡葬是西夏社会风习的重要组成部分。西夏殡葬研究随着西夏历史和社会研究的不断深入而相应开展并逐步深入。

1979 年蔡美彪等著的《中国通史》第六册，内容为辽夏金元时期，其中第三章为"西夏的兴亡"。这是第一次在系统的中国历史著作中，将西夏作为与辽、金同等地位的王朝来叙述，其中除西夏的兴亡历史外，还涉及西夏的经济和文化内容，但尚未能将西夏葬俗在内的风俗纳入其中。同年钟凯等出版的专门西夏史著作《西夏简史》中也未涉及西夏丧葬内容。

稍后 1980 年吴天墀出版了西夏史专著《西夏史稿》，其中第四章第五节"西夏的社会风俗"，利用历史文献和当时的考古新发现，对西夏的丧葬做了论述。[①] 这是西夏史著作首次对西夏殡葬进行介绍，虽仅有 2 页的篇幅，却有开创意义。此后史金波在 1986 年出版的《西夏文化》一书中，在第六章中专辟一节"婚姻和丧葬"对西夏的丧葬做了进一步的论述。[②]

20 世纪 80 年代以后，随着西夏考古的新发现和西夏文献资料的陆续刊布，有关西夏丧葬的资料不断增加，西夏丧葬的研究进入一个新的时期。特别是宁夏西夏帝陵的发掘和清理，以及宁夏、甘肃、内蒙古西夏墓葬的发现，为西夏殡葬的研究提供了大量实物资料。更值得一提的是，苏联西夏学专家克恰诺夫将内容丰富的西夏法典《天盛改旧新定律令》（以下简称《天盛律令》）进行整理、翻译，并刊布了全部西夏文原文，使学术界了解到这部西夏重要法典的内容，其内容包括了西夏丧葬的有关规定，并提供了原始文献图版。[③] 此后史金波、聂鸿音、白滨依据克恰诺夫提供的图版将《天盛律令》由西夏文译为汉文出版，使学界便于利用新的西夏文献资料，推动了西夏历史和社会的研究。[④]《天盛律令》共 20 卷，其中不少卷涉及西夏的丧葬，为西夏丧葬研究增添了大量新资料。自 20 世纪 90 年代中期后，中俄合作整理出版《俄藏黑水城文献》，将出土于黑水城遗址、藏于俄罗斯的大量西夏文献刊布，为西夏研究提供了更多的文献。这些文献无论是世俗文献还是佛教

① 吴天墀：《西夏史稿》，第 257 ~ 159 页。
② 史金波：《西夏文化》，吉林教育出版社，1986，第 191 ~ 196 页。
③ Кычанов. Е.И., Измененный и заново утвержденный кодекс девиза царствования небесное (1149-1169) (1-4), (Москва: Издательство Наука, Москва，1987-1989).〔俄〕克恰诺夫：《天盛改旧新定律令》卷 1 ~ 4，莫斯科：苏联科学出版社，1987 ~ 1989。
④ 史金波、聂鸿音、白滨译注《西夏天盛律令》，科学出版社，1994；史金波、聂鸿音、白滨译注《天盛改旧新定律令》，《中国传世法典》之一，法律出版社，1999。

文献，其中都有关于西夏丧葬的新资料，为西夏丧葬的研究增添了新的内容。^①

在新资料不断增加的形势下，有的专家撰写了有关丧葬的论著。在著作中如许成、杜玉冰的《西夏陵》，韩小忙的《西夏王陵》，宁夏文物考古研究所、银川西夏陵区管理处编著的《西夏三号陵》、《西夏六号陵》等，就关系到西夏丧葬重要部分的西夏陵做了深入、细致的介绍和研究，取得了令人瞩目的进展。^②在论文中有宁夏博物馆、牛达生、许成、汪一鸣、杜玉冰、韩小忙、孙昌盛、余军、崔红芬、聂鸿音、彭向前等多位专家对西夏丧葬做过专题研究，也取得了多方面的进展。^③

在西夏故地陆续发现了一些新的西夏墓葬，特别是在甘肃省武威市多次发现西夏墓葬，是除西夏王陵以外出土文物最多的西夏墓葬。这为西夏殡葬研究提供了丰富的实物资料，引起了专家们的重视，一些专家如钟长发、陈炳应、宁笃学、孙寿岭、朱安、钟雅萍、姚永春、刘斌等先后发表论著，取得了不少成绩。^④

2007 年史金波在其所著的《西夏社会》中，专辟一章论述西夏的"丧葬"，内容包括了丧葬观念和礼仪，丧葬形式，皇室、贵族的葬法，僧人和平民的墓葬，葬具、随葬品和葬事等 5 节，达到了 22 页共两万多字的规模。其在论述和探讨时，除在传统史料中搜集有关西夏丧葬资料外，特别注重利用新见的西夏文文献资料，如《天盛

---

① 俄罗斯科学院东方研究所圣彼得堡分所、中国社会科学院民族研究所、上海古籍出版社编，史金波、魏同贤、〔俄〕克恰诺夫主编《俄藏黑水城文献》第 1~24 册，上海古籍出版社，1996~2015。

② 许成、杜玉冰：《西夏陵》，东方出版社，1995；韩小忙：《西夏王陵》，甘肃文化出版社，1995；宁夏文物考古研究所、银川西夏陵区管理处编著《西夏三号陵》，科学出版社，2007；宁夏文物考古研究所、银川西夏陵区管理处编著《西夏六号陵》，科学出版社，2013。

③ 宁夏博物馆：《西夏八号陵发掘简报》，《文物》1978 年第 8 期；宁夏博物馆：《西夏陵区一〇八号墓发掘简报》，《文物》1978 年第 8 期；上海纺织科学研究院：《西夏陵区一〇八号墓出土的丝织品》，《文物》1978 年第 8 期；牛达生：《西夏陵园》，《考古与文物》1982 年第 6 期；汪一鸣、许成：《论西夏京畿的皇家陵园》，《宁夏社会科学》1987 年第 2 期；宁夏文物考古研究所：《西夏陵园北端建筑遗址发掘简报》，《文物》1988 年第 9 期；许成、杜玉冰：《西夏陵园制度初探》，《宁夏考古史地研究论集》，宁夏人民出版社，1989；韩小忙：《西夏陵在中国古代陵寝制度发展史上的地位》，《宁夏社会科学》1993 年第 6 期；张邦伟：《辽、宋、西夏、金时期少数民族的丧葬习俗》，《四川大学学报》1997 年第 4 期；韩小忙：《〈天盛律令〉与西夏丧葬习俗》，《青海民族学院学报》1998 年第 2 期；韩小忙：《西夏陵陪葬墓述略》，《首届西夏学国际学术研讨会论文集》，宁夏人民出版社，1998；余军：《关于西夏陵区 3 号陵园西碑亭遗址的几个问题》，《宁夏社会科学》2000 年第 5 期；朱存世、李芳：《西夏六号陵园平面结构及其文化意义》，《固原师专学报》2001 年第 1 期；王旭东、张鲁、李最雄、王昌丰、郦伟堂：《银川西夏 3 号陵的现状及保护加固研究》，《敦煌研究》2002 年第 4 期；何继英、于存海：《一百零八塔》，《历史文物》2002 年第 9 期；崔红芬：《多元文化对西夏丧葬的影响》，《西南民族大学学报》2007 年第 6 期；聂鸿音：《迦陵频伽在西夏王陵的象征意义》，《宁夏师范学院学报》2007 年第 1 期；彭向前《再论西夏陵区北端建筑遗址的性质》，《宁夏师范学院学报》2007 年第 1 期；岳键：《161 号陪葬墓应为西夏"10"号帝陵》，《宁夏师范学院学报》2007 年第 1 期；孙昌盛：《西夏六号陵陵园遗迹》，《2008 中国重要考古发现》，文物出版社，2009。

④ 钟长发：《甘肃武威西郊林场西夏墓清理简报》，《考古与文物》1980 年第 3 期；陈炳应：《甘肃武威西郊林场西夏墓题记、葬俗略说》，《考古与文物》1980 年第 3 期；宁笃学：《武威西郊发现西夏墓》，《考古与文物》1984 年第 4 期；孙寿岭：《西夏的葬俗》，《陇右文博》1996 年第 1 期；朱安、钟雅萍：《武威西关西夏墓清理简报》，《陇右文博》2001 年第 2 期；姚永春：《武威西郊西夏墓清理简报》，《陇右文博》2000 年第 2 期；刘斌：《武威发现西夏砖室火葬墓》，《丝绸之路》2000 年第 1 期。

律令》中有关丧葬的资料，西夏佛教发愿文中有关西夏丧葬佛教法事活动的资料。此外，从西夏考古资料中，特别是自西夏墓葬遗址中吸收了很多西夏丧葬的资料，如葬法、葬具、陪葬品等方面都大大丰富了西夏丧葬的内容。除"丧葬"一章外，在其他一些章节中也涉及了西夏殡葬的内容，如在西夏服饰一章中就有丧服的论述。其书初步构建了西夏丧葬的基本结构，涵括了西夏丧葬的主要内容，奠定了西夏丧葬的研究基础。[①]

近年来，张雯对西夏陵和西夏陪葬墓进行了深入的调查研究，写出了具有新观点的论文。[②]任怀晟、杨浣根据黑水城出土、藏于俄罗斯的西夏唐卡中的天葬图画，探讨了西夏天葬，提出了新的研究课题。[③]

随着西夏新资料的发现和开掘，原来模糊不清的西夏丧葬逐步清晰。近几年有关西夏殡葬的资料进一步增加。

近十来年关于西夏殡葬的资料又有新的增加。自 2011 年国家社会科学基金特别委托项目"西夏文献文物研究"立项以来，国家加大了对西夏文献和文物的研究力度，特别是其中的重大项目《西夏文物》的调查、整理和出版，使西夏的丧葬资料的整理和刊布更加系统、完备。目前《西夏文物·内蒙古编》、《西夏文物·甘肃编》已于 2014 年出版，其中图文并茂地刊布了蒙古墓 11 座墓葬或墓群遗址、甘肃省 7 座甘肃省墓葬或墓群遗址，有的是近期文物普查得到的新成果，展示出很多新的资料。[④]对墓葬中出土和发现的各种有关殡葬的文物则分别在金属器卷、陶瓷器卷、石刻石器卷、木漆器卷、造像绘画卷、织物卷、建筑构件卷中介绍和展示。

《西夏文物·宁夏编》已基本编辑完成，即将出版，其中西夏陵介绍和展示是该编的重点，篇幅上占很大比重，对 9 座帝陵的每一座都加以详细的描述和多图版、多角度的展示，对 252 座陪葬墓也分别用文字和图版进行介绍，对陵园中出土和发现的各种文物则分别在卷中予以介绍。

近年新发现的丧葬资料为进一步研究和撰著西夏殡葬史补充了新的内容，使西夏殡葬内容更加丰富、多彩，更加深入、全面。

---

① 史金波：《西夏社会》下册，第 21 章 "丧葬"，第 787～809 页。

② 张雯：《西夏陵其制度不 "仿巩县宋陵而作"》，《西夏学》第 7 辑，2012；《略论党项民族葬俗在西夏建国后的延续与演化——闽宁村西夏墓地与西夏陵比较研究》，《西夏学》第 10 辑，2014。

③ 任怀晟、杨浣：《西夏天葬初探——以俄藏黑水城唐卡 X-2368 为中心》，《西夏学》第 11 辑，上海古籍出版社，2015。

④ 史金波总主编，塔拉、李丽雅主编《西夏文物·内蒙古编》第 2 册，中华书局、天津古籍出版社，2014，第 653～708 页；史金波、俄军主编《西夏文物·甘肃编》第 2 册，中华书局、天津古籍出版社，2014，第 521～553 页。

第一章
党项族先民的殡葬

自 8 世纪初，党项族的大部分因吐蕃的挤压，由西南地区青藏高原的东麓，被迫翻山越岭北迁，被唐朝安置在西北一带，以党项族的大首领拓跋思泰为都督，领十二州地。此后党项族即在以陕北夏州为中心的一带生息、发展，他们的墓葬也就留在了这块土地上。

党项族在北迁前的早期葬俗，史载不详，《隋书》有简略记载："人年八十以上死者，以为令终，亲戚不哭，少而死者则云夭枉。"① 其中未提及葬式。《旧唐书》记载：党项人"死则焚尸，名为火葬"②。这一重要记载指出党项族传统的葬俗为火葬。这种习俗和羌系一些民族的火葬习俗相同，至今西南地区的羌族、彝族等羌系民族，仍保留着火葬的习俗。如彝族"人死后停尸三两天，供亲友悼念，然后抬到火葬场火化"。火化后，"骨灰一般就地掩埋，有的则将骨灰撒在田野里或森林中"。③

随着近些年文物考古工作的进展，在陕西北部和内蒙古交界处发现了一批唐、五代、宋初的拓跋氏贵族的墓志刻石。专家们整理了这批重要墓志铭，并以此研究北迁党项族早期的历史，取得了令人瞩目的成绩。④ 因这些墓志石多为搜集而来，墓葬形制不明，本章依据这些墓志铭的内容，探讨那一时期党项族上层的殡葬情况。

---

① "大枉"在《北史·党项传》中作"夭枉"。参见《隋书》卷 83《党项传》。
② 《旧唐书》卷 198《党项羌传》。
③ 武精忠：《凉山彝族风俗》，四川民族出版社，1993，第 185～189 页。
④ 唐兰英、张钟权、宋英编著《榆林碑石》，三秦出版社，2003，第 51～52、247～265 页；郭辉、白庆元：《内蒙古乌审旗发现的五代至北宋夏州拓跋部李氏家族墓志铭考释》，《唐研究》第 8 卷，北京大学出版社，2002；王富春：《唐党项族首领拓跋守寂墓志考释》，《考古与文物》2004 年第 3 期；周伟洲：《陕北出土三方唐五代党项拓跋氏墓志考释》，《民族研究》2004 年第 6 期；杜建录、白庆元、杨满忠、贺吉德：《宋代党项拓跋部大首领李光睿墓志铭考释》，《西夏学》第 1 辑，宁夏人民出版社，2006；宁夏大学西夏研究中心、国家图书馆、甘肃五凉古籍整理研究中心编，史金波、陈育宁总主编《中国藏西夏文献》第 18 册，甘肃人民出版社、敦煌文艺出版社，2007（此书有墓志铭更为清晰的图版，参见第 19～84 页）。

第一节　唐代党项族上层的殡葬

墓志铭一般由志和铭两部分组成。志多用散文撰写，铭则用韵文概括，将死者姓名、籍贯、生平事略刻在石上，赞扬死者的功业成就，表示悼念和安慰。埋葬死者的同时将墓志石埋于坟墓中。后来方形墓志成为定制，即两块等大之正方形石板，上下重叠，刻铭文者在下为底，刻碑额者在上为盖。墓志铭于唐代最为繁盛，宋元以后减少。

目前发现北迁党项族最早的一方墓志铭是唐靖边州都督拓跋守寂的墓志及盖，1965 年出土于陕西省横山县韩岔乡元岔洼村，后入藏榆林市文物管理委员会办公室。该墓志、盖均青石质，志石正方形，边长各 90 厘米，厚 10 厘米，志文 39 行，足行 36 字，四侧刻十二生肖间宝相花纹。盖盝形，正方形，边长各 90 厘米，厚 10 厘米，盖面篆书"唐故拓跋府君墓志铭"。盖阴刻文 13 行，行 13 字，尾记"志石刻了，加赠鸿胪，故镌之于盖"。表明在墓志刻成以后，即在开元二十五年（737）八月入葬前，墓主又得到朝廷的加赠鸿胪衔，故追刻于墓志盖上。[①]

墓志记载拓跋守寂的官衔为"门下故特进、兼右监门卫大将军员外置同正员、持节淳、恤等十八州诸军事、兼静边州都督、防御部落使、赠使持节都督灵州诸军事、灵州刺史、上柱国、西平郡开国公"，显然他是党项族的贵族。此墓志铭反映出当时党项族上层丧葬的一些重要情况，同时也透露出党项族历史上的一些重要问题的线索。

第一，可以认定唐代党项族的殡葬受到唐代丧葬习俗的影响，采用了当时通行的土葬形式，并以那时贵族流行的习俗刻制墓志铭，埋于墓中。墓志铭有"抚柩长号"之语，可知当时用棺材下葬。

第二，墓志记拓跋守寂"开元廿四年十二月廿一日寝疾，薨于银州敕赐之第……粤明年八月十八日，护葬于银州儒林县新兴乡招贤里欢乐平之原"。从拓跋守寂死亡至安葬历时近八个月，这也许是古代一种将死者遗体停灵待葬（权厝）的现象，也可能是与党项族火葬有关的殡葬方式。考虑到停灵时间很长，其间经过炎热的夏天，遗体不大容易保存，而可能是先将死者火化，保存骨灰，几个月后再行安葬，并镌刻墓志铭同时埋葬。这样也符合党项族死后火葬的传统。若如此，则此墓葬应是土葬和火

---

① 唐兰英、张钟权、宋英编著《榆林碑石》，第 51～52 页；史金波、陈育宁总主编《中国藏西夏文献》第 18 册，第 19～25 页。

图1-1　唐靖边州都督拓跋守寂墓志盖正面

图1-2　唐靖边州都督拓跋守寂墓志盖背面

图1-3　唐靖边州都督拓跋守寂墓志铭

葬的结合。

　　第三，殡葬所用墓志铭往往详记族源、家世，此墓志记"公讳寂，字守寂。出自三苗，盖姜姓之别，以字为氏"。铭文中又再次称颂"三苗之胤，惟姜有光"。古时羌人又被称为"姜"。此墓志铭明确指出拓跋守寂为羌族之后。这一记载与后来《资治通鉴》所记的"宥州刺史拓跋思恭，本党项羌也"相合。①鉴于此墓志刻于唐开元二十五年（737），在拓跋氏的历史记载中，时代很早，对澄清党项族究竟是羌系还是鲜卑系起到了关键作用。唐代北迁的党项族，史书记载世系并不完整，通过出土的墓志铭的记载可以补充、完善党项族首领的世代传承。墓志记载拓跋守寂"迫仪凤年，公之高祖立伽府君，委质为臣，率众内附"，党项族内附始于拓跋赤辞，可知其高祖

────────────

　　① 《资治通鉴》卷254，僖宗中和元年辛丑（公元881）二月辛酉条，中华书局，1963。

应是拓跋赤辞。墓志铭又记其曾祖罗胃府君，祖后那府君，考思泰府君。从唐仪凤年间（676～678）至刻墓志铭的开元二十五年（737），60多年时间传承至第四代，这样就理清了西夏统治部族拓跋氏先祖的历代承袭关系，殡葬墓志铭起到了追绍先祖、阐述历史的作用。①

第四，据文献记载，党项族首领拓跋赤辞归附唐朝后，便被赐予李姓，但60多年后，在死者的墓志铭上仍然刻写拓跋氏姓氏，未记李姓。可能党项族拓跋氏姓氏的改变经过了一个长期的过程，在早期的墓葬中仍坚持着原来的拓跋姓氏。

第五，墓志铭记载守寂死后，"赙物一百五十段，米粟一百五十石，应缘丧葬所在官供，遵朝典也"。证明其丧葬是遵从唐朝的典仪，按其职官由当地官府给予赙赠。

第六，此墓志铭出土于陕西省横山县韩岔乡元岔洼村。墓志铭记载，"护葬于银州儒林县新兴乡招贤里欢乐平之原"。唐、宋时期银州城在今米脂县，米脂县和出土此墓志石的横山县相邻，由于古今县建制的变化，出土墓志石之地和当时墓地所在地名称不同，但实际应是同一地点，即拓跋守寂的茔地。

第二节　五代时期党项族上层的殡葬

在拓跋守寂去世一个多世纪后，黄巢农民起义军于中和元年（881）攻入唐都城长安，时任宥州刺史的党项族首领拓跋思恭，响应唐僖宗的号召，率本部军队参与镇压黄巢义军，势力有了很大发展，其因功被封为定难军节度使，再次被赐李姓，管领五州，治所在夏州（今属陕西靖边县）。五代时期，党项族政权先后依附于梁、唐、晋、汉、周各朝，实力继续发展壮大。李氏各代持续掌管所属各州政权，先后有思恭弟思谏、思恭孙彝昌、彝昌叔仁福、仁福子彝超、仁福子彝殷、彝殷子光睿、光睿子继筠等袭节度使位。②

近年在内蒙古乌审旗纳林河乡排子湾出土了后晋虢王李仁福妻浍氏的墓志。该墓志长81.5厘米，宽82厘米，志文楷书33行，足行33字。李仁福为节度一方的党项族首领，后晋时被封虢王。其妻浍氏于后晋天福六年（941）三月五日终于府城私第，享年60岁。③ 他生活在晚唐和五代后梁、后唐和后晋的战乱时代。这是拓跋守寂

---

① 周伟洲：《陕北出土三方唐五代党项拓跋氏墓志考释》，《民族研究》2004年第6期。
② 《旧五代史》卷138《党项传》。
③ 《中国藏西夏文献》第18册，第32～33页。

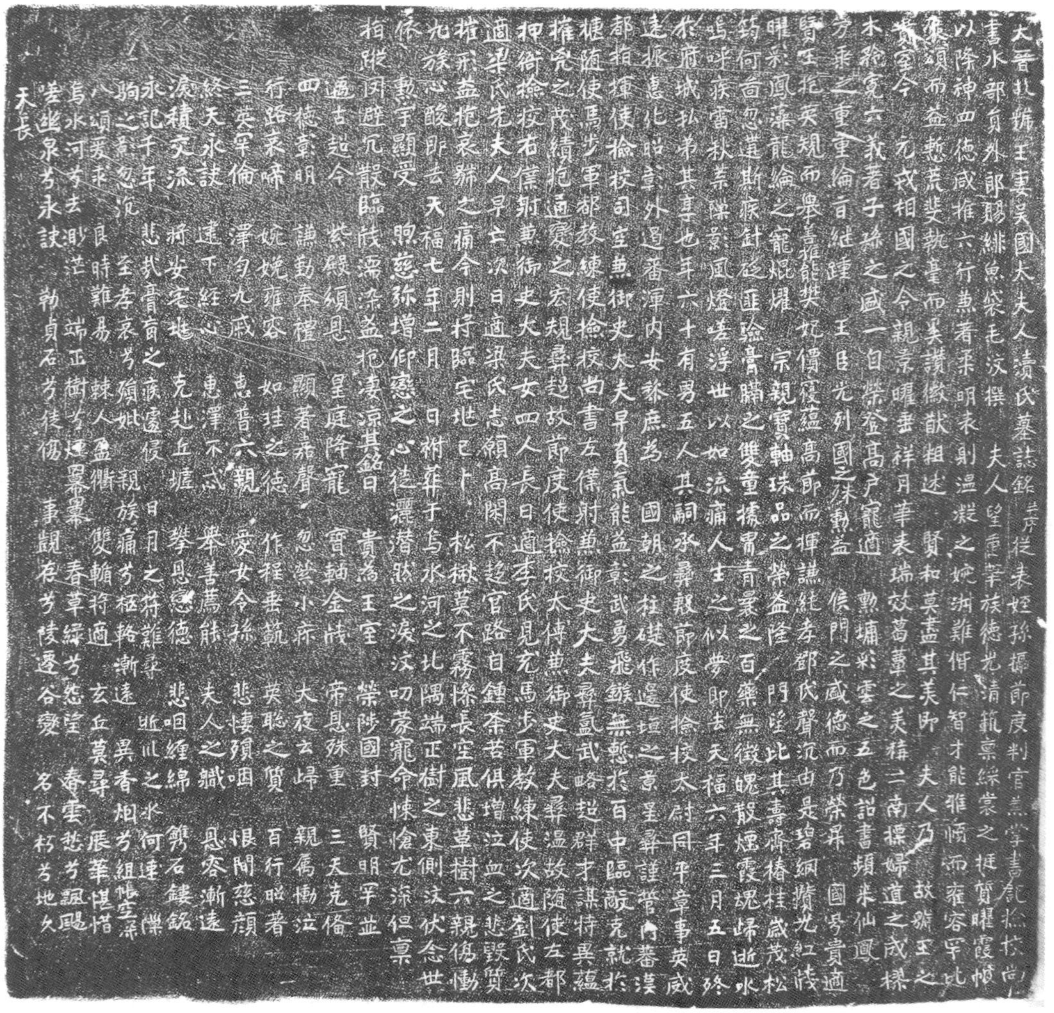

图1-4 后晋虢王李仁福妻渎氏铭

去世两个世纪后党项族首领的夫人去世后的墓志铭，也提供了一些当时党项人殡葬的习俗。

第一，党项族重要历史人物李仁福夫人的墓志，记载了他们的儿子，"有男五人：其承嗣彝殷……，彝谨……，彝氲……，彝超……，彝温……"。史书载党项首领"彝"字辈与思恭、仁福关系互有出入。《旧五代史》和《资治通鉴》都认为彝昌是思恭之子，而《宋史·夏国传》则记彝昌是思恭之孙，相差一辈。[①] 据此墓志铭

① 《旧五代史》卷132；《资治通鉴》卷267，梁开平二年（908）十一月条；《宋史》卷485《夏国传》（上），第13982页。

可确知彝昌为思恭之孙，并印证仁福第四子彝超先袭位，彝超死后仁福第一子、彝超长兄彝殷才袭位。该铭文纠正了史载之误，起到了墓志铭传承家世，补正历史的作用。

第二，墓志记载渎氏于天福六年（941）三月五日去世，天福七年（941）二月五日"祔葬于乌水河之北隅"，中间差不多经过一年的时间。同前述分析其可能是停灵待葬，也可能是先将死者火化，保存骨灰，一年后再行安葬。

第三，墓志记载渎氏"葬于乌水河之北隅"，此墓志出土于蒙古乌审旗纳林河乡排子湾。纳林河即无定河在乌审旗的一段，当时的乌水河应即现在的纳林河，排子湾出土墓志石之处应是李仁福家族墓地。

近年在榆林市发现了李仁福族弟李仁宝及其夫人破丑氏的墓志。李仁宝墓志系榆林市榆阳区红石桥乡拱盖梁村出土，后入藏榆林榆阳区城墙文管所。该墓志、盖均砂石质，志石正方形，边长各64厘米，厚11厘米，志文楷书30行，足行36字。盖盝形，正方形，边长各64厘米，厚13厘米，盖面楷书"故陇西李公墓志之铭"，杀面阴刻八卦图。志文记仁宝死于后晋开运二年（945），享年72岁，他生活在晚唐和五代后梁、后唐和后晋的战乱时代。

据墓志铭记载，李仁宝的曾祖父名拓跋副叶、祖父李重遂、父李思澄。其父与率众参与镇压黄巢起义的党项族首领拓跋思恭、拓跋思谏同辈，他本人则与党项族首领、定难军节度使、虢王李仁福同辈。他本人官衔为后晋绥州故刺史、金紫光禄大夫、检校太保、兼御史大夫、上柱国。

李仁宝夫人破丑氏比李仁宝去世早，其墓志也是榆林市榆阳区红石桥乡拱盖梁村出土的，后入藏榆林市榆阳区城墙文管所。该墓志、盖均砂石质，志石正方形，边长各53厘米。志文楷书19行，行19字至22字不等。盖盝形，正方形，边长各54厘米，厚16厘米，盖面无文字，杀面阴刻八卦图。志文记长兴元年拾月拾玖日己酉，即后唐长兴元年（930）。其子七人：彝瑨、彝震、彝嗣、彝雍、彝玉、彝慜、彝璘。[1]

从两墓志可以看到当时党项族殡葬的一些情况：

第一，破丑氏是党项族内的大族，与作为首领的拓跋氏（赐姓李氏）通婚。墓志记其去世后"选择异地，修饰灵宫"，证明其墓葬承续党项族来到西北地区后，采取土葬和刻制墓志铭的殡葬习俗。

---

[1]　《中国藏西夏文献》第18册，第29～31、44～46页。

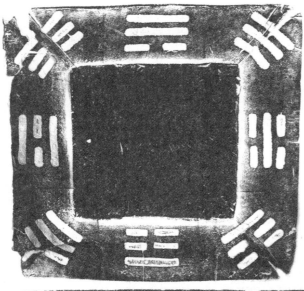

图1-5　后唐永定破丑夫人墓志盖

图1-6　后唐永定破丑夫人墓志铭

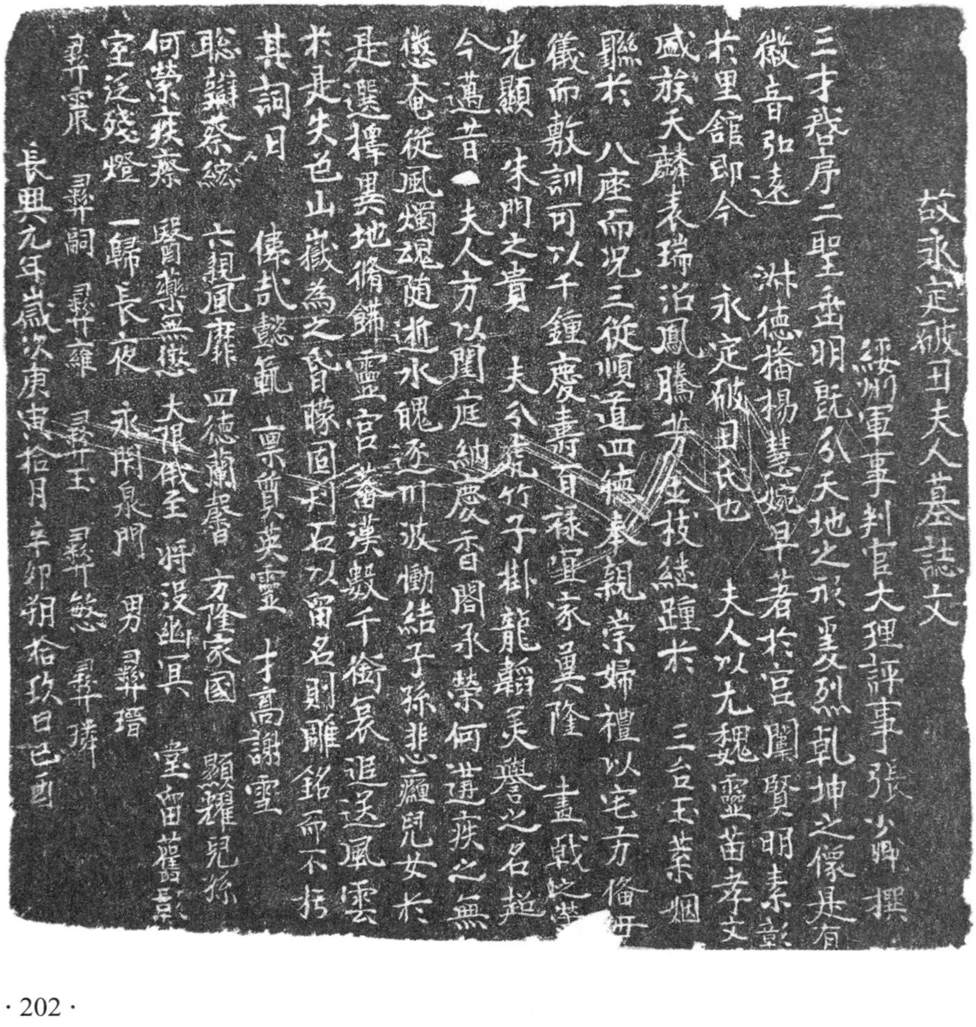

图1-7　后晋绥州刺史李仁宝墓志盖

图1-8　后晋绥州刺史李仁宝墓志铭

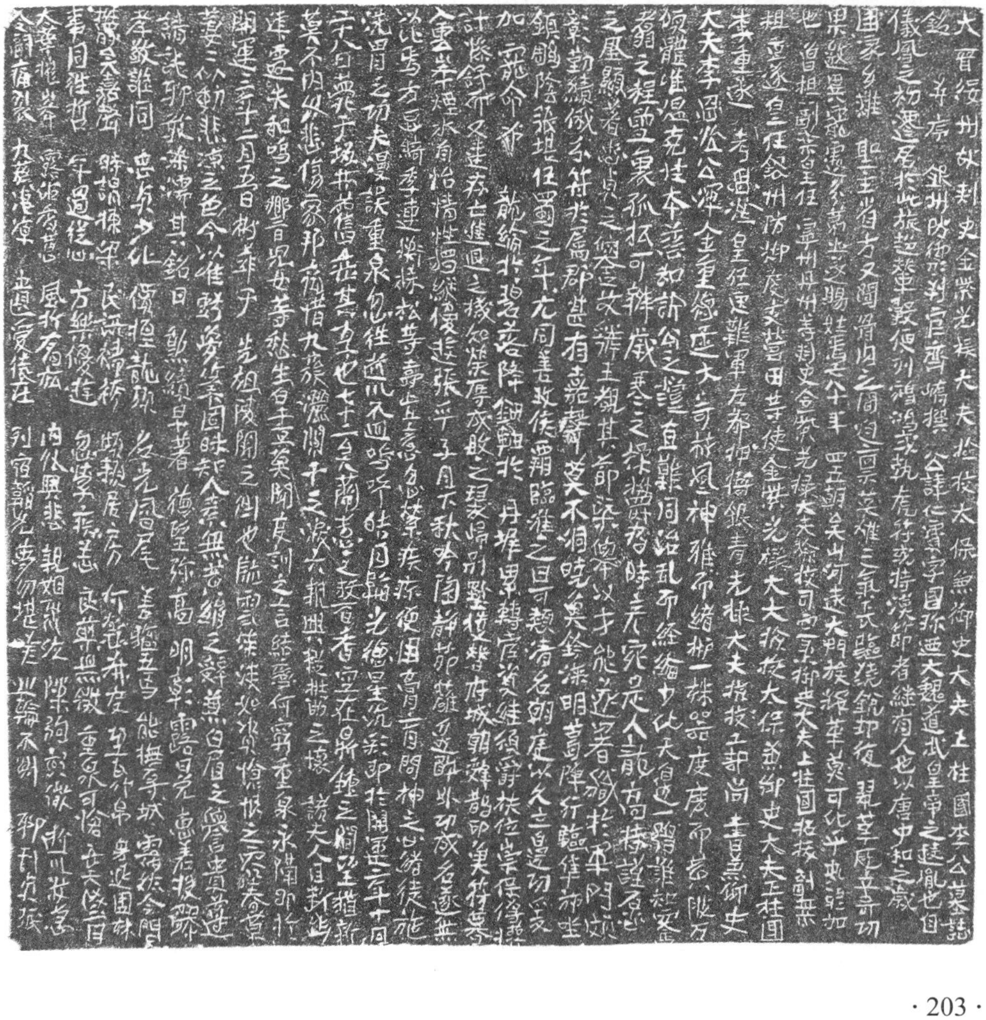

第二，破丑夫人墓志铭中有其去世后"于是选择异地，修饰灵宫。蕃汉数千，衔哀追送"之语，证明当时党项大族在异地修墓安葬，并且蕃人（党项族）和汉人共同参与送葬，在丧葬方面表现出两个民族之间葬俗相融、亲密无间的特征。

第三，李仁宝墓志记他于开运二年十月二十八日薨逝，"即于开运三年二月五日，祔葬于先祖陵阙之侧也"。即其逝世三个多月后，葬于先祖墓地。

第四，两墓志盖皆镌刻八卦图。八卦是中国传统文化的一种符号，原是《周易》中的重要概念。后在发展过程中，被道教所借鉴，八卦图像成为道教信仰"道"的变化无穷的象征。道教在宫观、科仪和道士的衣饰上装饰八卦，表示道教徒崇尚大道的变化，此外八卦还是道士们驱神赶鬼的得力工具。五代时期党项族在墓葬中装饰八卦图，应是受到中国传统文化的影响。而在墓志盖和志文中未见佛教图像和相关词语，说明当时其尚未受到佛教的重大影响。

第五，墓志铭记李仁宝"薨于板井旧庄"，逝世后"祔葬于先祖陵阙之侧也"；其夫人里氏"薨于绥州私第"，"绥州私第"或许即其丈夫李仁宝的"板井旧庄"。李仁宝和其夫人墓志，均出土于榆林市榆阳区红石桥乡拱盖梁村，这应该就是其家族之墓地——先祖陵阙之所在。其居住地绥州，即现在绥德一带，与榆林市的榆阳区红石桥乡相隔米脂县和横山县，居住地和家族墓地有一定距离。其墓地与前述李仁福的墓地不在一起。若据中原五服之礼，他们至少在三服以外。

另有三方墓志铭的时间为 10 世纪中期，反映了党项族迁到西北地区两个半世纪后的丧葬习俗。其中有李仁福子李彝谨墓志铭，其妻后汉沛国郡夫人里氏墓志铭，另一妻祁氏的墓志铭。

李彝谨为党项族首领韩王李仁福之二子，担任绥州刺史六年，享年 56 岁。其墓志为内蒙古乌审旗纳林河乡排子湾出土，与其母浚氏墓志出土地点相同，墓志现存乌审旗文管所。该墓志石正方形，边长各 77 厘米。志文楷书 36 行，行 38～40 字。后周广顺二年（952）立石。

李彝谨妻里氏夫人的墓志也是内蒙古乌审旗纳林河乡排子湾出土的，墓志现存乌审旗文管所。墓主人里氏其父为皇甫讹移，母为拓跋氏，丈夫为绥州刺史李彝谨。该墓志石正方形，边长各 79 厘米。志文楷书 37 行，足行 40 字。后汉乾祐三年（950）立石。

里氏夫人父姓皇甫，皇甫姓来源较复杂，有汉姓，也有少数民族姓。母为拓跋氏，党项族，而本人为里氏，未随父姓，颇为费解。她嫁给拓跋氏（李氏），为姑舅表婚。自墓志铭中知其有子女八人，有的与汉族通婚，有的与党项族通婚，说明当地已有民族交融。祁氏墓志铭记她嫁于韩王第二子。韩王即李仁福追封号，其第二子当为李彝谨。该墓志石长 64 厘米，宽 63 厘米，厚 9 厘米。志文楷书 23 行，足行 26 字。后周显德二年（955）立石，享年 63 岁。墓志出土于内蒙古乌审旗纳林河乡十里梁，现存于乌审旗文管所。[1]

第一，李彝谨妻里氏于后汉乾祐二年（949）九月十五日亡故，三年八月十九日葬于夏州朔方县仪凤乡奉政里乌水之原，即 11 个月后入葬。李彝谨死于后周广顺二年（952）正月十七日，当年四月二十四日归葬，即死后 3 个多月后葬于原郡墓地。其另一妻祁氏于乙卯年（955）四月二十四日去世，七月十九日礼葬，即 3 个月以后入葬。

第二，李彝谨墓志铭记其去世后，"遍尔乡间，如丧考妣。莫不千门罢市，万民辍耕"；里氏墓志铭记其去世后，"人民罢市以兴嗟，骨肉号天而动泣"。这虽是墓志铭的渲染之词，也能显示出党项大族在当地群众中的影响，以及丧葬活动的形式和规模。

第三，从墓志石看，李彝谨嫡妻里氏墓志石边长各 79 厘米，祁氏墓志边长 64 厘米，相差 15 厘米；里氏墓志石刻 1000 多字，祁氏墓志志文不足 600 字，约为里氏墓志铭之一半。这可能是当时在殡葬规格上的讲究，因妻子的嫡庶之分而形成了墓志的大小不等和墓志铭文字的多寡不同。

第四，李彝谨"薨于绥州正寝"，"归葬于夏府朔方县仪凤乡凤正里乌水原"，夫人里氏"葬于夏州朔方县仪凤乡凤正里乌水之原"，另一夫人祁氏"礼葬于府城北凤正里乌水河北原"。三人葬地应是同一墓地。宋代夏州朔方县治今陕西省靖边县北白城子，历为夏州、朔方郡及夏绥银宥静五州（定难军）节度使治所。此城早已成为废城遗址。李彝谨和里氏墓志石皆出土于内蒙古乌审旗纳林河乡排子湾，前述李仁福之妻、李彝谨之母浚氏的墓志也出土于此。而祁氏墓志铭出土于"乌审旗纳林河乡十里梁"。现排子湾属无定河镇的一个行政村，疑十里梁是其中一个具体地名，两者实指同一墓地。彝谨之母浚氏"葬于乌水河之北隅"，也应即此三墓志所记的"乌水原"、"乌水河北原"。乌水河即现在的纳林河，证明出土墓志石之处排子湾是李仁福、李彝谨这一显赫家族的墓地。

---

[1] 《中国藏西夏文献》第 18 册，第 52～56、47～51、57～58 页。

图1-9　后周绥州刺史
李彝谨墓志铭

图1-10　后汉沛国郡夫人
里氏墓志铭

图1-11　后周绥州太保夫人
　　　　祁氏神道墓志铭

第三节　宋初党项族的殡葬

宋朝大体上结束了五代十国的战乱局面，处在陕北一带的党项族自然归附宋朝，宋朝开始也对盘踞两个半世纪的夏州党项政权采取羁縻政策。党项族李氏（拓跋氏）依然绳绳继继，承袭、把握着夏州政权。这一时期有两个重要人物的墓志铭保留下来，其中透视出当时党项族殡葬的一些情况。

李光睿为定难军节度使，是西平王李彝殷之子。其墓志盖、石皆砂石质，盖盝形，正方形，边长各93.5厘米，厚15厘米，盖面镌刻篆文3行，行3字，为"陇西郡李公墓志之铭"，杀面阴刻八卦图。志石高98厘米，宽113厘米，厚13厘米，志文楷书42行，行60字左右。[①]志文记宋太平兴国四年（979）八月二十五日立石。内蒙古乌审旗纳林河乡十里梁出土，现存乌审旗文管所。光睿于太平兴国戊寅年（978）四月二十七日去世，享年44岁。

李光睿之子李继筠，为定难军节度观察留后，是定难军节度使李光睿之子。其墓

---

① 《中国藏西夏文献》第18册，第69～75页。

志盖、石皆砂石质，盖盝形，正方形，盖面镌刻篆文 3 行，行 3 字，为"陇西郡李公墓志之铭"，杀面阴刻八卦图。志石高 98 厘米，宽 100 厘米，志文楷书 30 行，行 41～47 字。志文记宋太平兴国四年（979）八月二十五日立石。内蒙古乌审旗纳林河乡十里梁出土，现存乌审旗文管所。[①]继筠于太平兴国四年（979）六月十九日去世，享年 23 岁。

李光睿的墓志石宽大，铭文字多，约 2400 余字，于目前所见党项族墓志铭中文字数量最多。李继筠的墓志虽字数一般，但志石也很宽大，比乃父稍小。李光睿太平兴国四年（979）四月二十七日去世，八月二十五日立石入葬，相隔 4 个月下葬。李继筠太平兴国四年（979）六月十九日去世，八月二十五日立石，相隔 2 个月下葬。两墓志盖皆镌刻八卦图，证明至 10 世纪中期党项族的丧葬仍受到道教的影响，尚未受到佛教的浸润。

李光睿的墓志记载，其逝世后"归葬于夏州朔方县仪凤乡凤正里乌水原"，与上述其祖李仁福、叔父李彝谨墓地相同。其墓志出土于乌审旗纳林河乡十里梁，与其庶婶母祁氏墓志石的出土地点相同。据前论排子湾与十里梁应是同一墓地。李继筠去世后"祔葬于先茔"。作为李仁福的曾孙、李彝殷的孙子、李光睿之子，其祖茔应是其先辈墓地，也即"夏州朔方县仪凤乡凤正里乌水原"，即现在的乌审旗纳林河乡排子湾墓地。

总之，从西南地区迁徙到陕北、河西一带的党项族的丧葬习俗，既保留着本民族的风习内核，又大幅度地接受中原王朝的影响，在殡葬方面有传统的继承，也有对汉族的吸收，形成了自己的特点：

第一，唐、五代党项族来到接近中原之地，有可能保留着本民族丧葬的风习内核，即实行火葬的习俗。

第二，党项族生活习俗受到中原地区的重要影响，统治者已接受土葬，家族墓地形成。

第三，党项族首领、贵族接受当时上层流行的墓志铭制度，制作刻写生平的墓志石葬于墓中，成为时尚葬俗。

第四，五代宋初党项族上层墓葬受到中国传统文化儒学和道教的影响，墓志盖杀面阴刻八卦图。而在唐代时期尚未见此种影响，至 11 世纪初，党项族上层的殡葬才受到佛教的强烈影响。

第五，党项族在这一带居住日久，与汉族杂相交处，交流密切，来往融洽，党项族上层的葬礼有大量党项族人和汉族人共同参加，从一个侧面表现出当时不同民族之间的密切关系。墓志铭中记载的婚姻关系也说明了当时的民族交融。

---

① 《中国藏西夏文献》第 18 册，第 76～81 页。

图1-12　宋定难军节度使李光睿墓志盖

图1-13　宋定难军节度使李光睿墓志铭

图1-14　宋定难军节度观察留后李继筠墓志盖

图1-15　宋定难军节度观察留后李继筠墓志铭

第二章
殡葬观念和礼仪

北宋初期，李继迁举旗抗宋，后经过李继迁、李德明、李元昊三代党项首领持续抗争，至北宋宝元元年（1038）以党项族为主体的西夏王朝正式立国，开创了一个新的历史时期。

西夏王朝立国近两个世纪，作为一个多民族王朝，其包括殡葬习俗在内的社会风俗既包括了主体民族党项族的习俗，也包括了境内其他民族的风俗。而各民族之间在风俗上的互相影响和交流则成为多民族王朝风俗的显著特点。

殡葬是人类社会发展过程中形成并沉积下来的重要社会习俗，既反映了人们对死亡的认识、生存的价值、人性亲情等观念性的认知，也显示出不同时段、不同民族的方式和制度。在诸多因素的作用下，西夏形成了多元的殡葬观念、殡葬方式和殡葬制度。

第一节　重视殡葬

在人类对人的生死还很无知的时代，对死亡的认识既神秘，又恐惧。随着社会的进步，殡葬不断加入政治、经济、文化因素，并打上时代的烙印。殡葬继承了党项民族的古老习俗，也受到其他民族的影响，形成了自己的殡葬观念和礼仪。

西夏接受中原地区的文化，同时也接受了汉族以儒家思想为主题的殡葬礼仪和制度。西夏大力提倡佛教，佛教的殡葬也影响着西夏的殡葬观念。一般来说，各民族都重视殡葬，西夏从最高统治者到平民百姓，都将殡葬视为人生的大事。

在西夏，人死后要表示悲哀和悼念。在西夏法典《天盛改旧新定律令》（以下简称《天盛律令》）卷2专门以"亲节门"一门的篇幅详细规定了亲戚死后五种服孝的期限，类似中原地区的五服。其中族亲、姻亲等亲属有服三年丧、服一年丧、服九个月丧、服五个月丧、服三个月丧的区分。[①]

在保存不多的西夏史料中，对西夏历朝殡葬都有详略不同的记载。比如在元昊的祖父李继迁时代，宋咸平六年（1003）李继迁收复绥、宥诸州以后：

> 寻葬其祖于红石峡，障水别流，凿石为穴，既葬，引水其上，后人莫知其处。[②]

凿石为穴，引水其上，是一种很特殊的葬法。这可能是转徙无常的征战时期的一种特殊殡葬方法。

党项族在未迁到西北时，实行简单的火葬，来到西北地区后，逐渐接受了汉族的土葬习俗，实行火葬和土葬相结合的葬法。前述自唐朝至五代、宋初，党项族的上层都接受了土葬的形式，并刻制墓志铭同时下葬。西夏建国后继续实行土葬，以政府法律的名义保护陵墓的神圣不可侵犯。尤其是皇帝的陵墓，是统治者地位和权力的象征，更是神圣不可侵犯。《天盛律令》规定：

> 庶民……在宗庙之影像、地墓、碑表、堂殿等上动手损坏官鬓金抄等，一律与向官家谋逆者已行为之罪状相同。若未动手则造意绞杀，从犯当迁往异地，在守边城军中无期徒刑，做十二年苦役。

"宗庙"在西夏文原文中是"祖帝"之意，即皇帝的祖先。损坏皇家祖坟形同谋逆，要判死罪。《天盛律令》又规定：

> 以直接贪财，对宗庙、墓地之影像、地墓、殿堂等上动手盗毁及盗窃隐藏毁官鬓金抄等，不分主从以剑斩杀。[③]

盗窃帝陵的物品、破坏设施与谋逆罪是一样的，政府要判以重刑。

---

① 史金波、聂鸿音、白滨译注《天盛改旧新定律令》卷2"亲节门"，第134～138页。
② 吴广成：《西夏书事》卷7，第11～12页。
③ 史金波、聂鸿音、白滨译注《天盛改旧新定律令》卷1"失孝德礼门"，第114～115页。

对皇室以外的丘墓法律也加以维护，但有等级区分。《天盛律令》规定：

> 不准损毁地墓、陵、立石、碑记文等。违律时，于殿上座节亲、宰相、诸王等所属地墓上动手者徒六年，至棺椁上则徒十二年，棺椁损坏至尸者当绞杀。以下臣民等所属地墓上动手，徒三年，至棺椁上徒六年，损坏棺椁而至尸则徒八年。又损坏无尸之坛、台、陵、立石、碑文、石兽时，一律当依前比损坏地墓罪减三等。若以暴力进行数次损坏，贪取地墓中物，则按强盗、偷盗法则及毁损罪，依重者判断。①

生前的等级在死后也明显地反映出来，尊卑贵贱区分严格，丘墓的等级是墓主生前等级的写照。但无论尊卑，墓地是不能侵犯的。

在耕作时，无意而损坏地墓，甚至涉及尸骨，则可以通融，但要求不暴露骨殖，不能抛弃尸骨。《天盛律令》规定：

> 地墓丘场实未损坏，沿其根边耕种者，不治罪。地墓丘场已损坏，痕迹不明，未知所耕，刨土而出人尸，则于无碍妥善处掩埋，骨殖勿暴露。若已见骨尸不埋，随意抛掷时，无论尸主明不明，一律徒二年。

即便是逃难的游民、讨食的乞丐，死后尸体也应给予妥善处理，不能置之不理，更不能任意抛掷。《天盛律令》规定：

> 诸人因逃难、乞丐者死，准许于官私闲地中埋烧，不准其处家主人往他人地中埋烧尸体。违律时有官罚马一，庶人十三杖，将尸体掘出，放自己地中。若地主人不告诸司，自己随意将尸体地上抛掷时，按前述耕地出他人尸体不埋法判断。②

《天盛律令》还规定：

---

① 史金波、聂鸿音、白滨译注《天盛改旧新定律令》卷3"盗毁佛神地墓门"，第184～185页。
② 史金波、聂鸿音、白滨译注《天盛改旧新定律令》卷3"盗毁佛神地墓门"，第185～186页。

死人未送往地墓中，暂停放尸，放置时动手损毁，则当比于地墓上动手诸罪行减一等。若贪物，则计量物，与盗罪比，依其重者判断。

对祖上坟茔要加以保护，这既是西夏提倡的"孝"的精神在丧葬中的体现，又是丧葬习俗和制度的要求。如果坟墓遭到损坏，墓主的在世儿孙必须追查举告，若不举告则有罪，要受到惩罚，以此来保证丧葬习俗和制度的延续执行。《天盛律令》规定：

诸人损毁地墓、丘坟、陵等时，当准许他人举告。若曾祖及祖父、祖母、父、母等地墓被他人损毁，子、孙、曾孙等已知觉，因贪赃徇情不举告议合时，当比地墓损毁者各罪状减一等。①

《天盛律令》还规定：

盗毁丘墓者，所需物已取出，后送偿还物时，依解罪减半之法，按盗窃法实行以外，已拆毁墓丘者勿解罪。②

西夏统治者重视丧葬，就连皇宫内待命当值的人，其父母、子、兄弟、妻眷等死，有丧葬事，皆可告管事前内侍、内宿司，寻担保，办手续，请假服丧。③

当然对于那些违反丧葬习俗和制度、不遵守法定孝道的人，如父母、丈夫死不哭，孝礼未除而除丧服，忘哀寻乐等，都要给予处罚。《天盛律令》规定：

父母、丈夫等应服三年丧服者已死，闻之而不哭泣时，徒三年。孝礼未毕而除丧服，忘哀寻乐时，徒六个月。游戏、听乐歌、坐他人筵上时，十三杖。又服一年丧服之节上死而不哭泣时，徒三个月，除丧服、忘哀寻乐□□□□□。又服自九个月至三个月丧服死而不哭泣时，于前述服一年丧服之罪上，服者是节上则当减二等，是节下则当减一等。孝日以内下葬，则当除丧服。若无主贫儿无力

---

① 史金波、聂鸿音、白滨译注《天盛改旧新定律令》卷3"盗毁佛神地墓门"，第186页。
② 史金波、聂鸿音、白滨译注《天盛改旧新定律令》卷3"自告偿还解罪减半议合门"，第176页。
③ 史金波、聂鸿音、白滨译注《天盛改旧新定律令》卷12"内宫待命等头项门"，第442页。

服之，及依土地法无麻布等，不须服，勿治罪，当为自然孝礼。[①]

由西夏法典的严格规定，我们可以看到西夏对丧葬的重视。与在西南地区的党项族的丧葬仅有较简单的火葬形式相比，西夏时期的丧葬在思想体系上的认识，在具体丧葬法律上的规范，对不同阶层在丧葬等级上的区分，都有了很大的变化。

第二节　厚葬和薄葬

西夏重视丧葬，在丧葬方面所用人力、物力较多，然而，西夏毕竟是一个相对贫弱的国家，生产力水平有限，社会和一般家庭并不富裕，因此其丧葬费用可能难以和中原地区相比。但从西夏皇陵规模的宏伟、建筑物的高大、所用材质的精美、施工的精巧来看，西夏统治者的丧葬应属于厚葬。

西夏皇陵占地宽阔，陵墓星罗棋布，蔚为壮观。帝陵墓冢高大雄伟，由其表面孔洞可知原有木枋檩椽，上覆琉璃瓦及屋脊兽等，当时应更加雄浑高耸。其多种建筑构件中，不乏优质釉瓷、精制琉璃。地表出土的残墓碑有涂金文字、奇特的男女人像石碑座，地下出土的有各类造型精美的石马、铜牛，其中硕大的鎏金铜牛造型生动，通体鎏金。这些已不是一般的厚葬，而是道地的奢侈了。

宁夏银川南部的永宁县闽宁村的墓葬群为西夏早期贵族墓，这些墓现存有高达3～4米的封土，原有碑亭，立有石碑，有的碑由西夏早期主谋议的大臣张陟撰写墓志铭，有的墓出土了鎏金银带饰等，其也应属厚葬之列。[②]

图2-1　西夏陵中的1、2号陵

①　史金波、聂鸿音、白滨译注《天盛改旧新定律令》卷20"罪则不同门"，第604～605页。
②　宁夏文物考古研究所编著《闽宁村西夏墓地》，科学出版社，2004，第141～142页。

图2-2　西夏陵陪葬墓出土的鎏金大铜牛

普通平民的丧葬，因受到财力的限制，简略粗疏，可以说是薄葬。《天盛律令》在提到孝日以内必须服孝服时规定：

> 若无主贫儿无力服之，及依土地法无麻布等，不须服，勿治罪，当为自然孝礼。[①]

对贫困人无力服孝的，也可以通融。皇陵的豪华破费和穷人的无力治丧服，既反映了西夏社会巨大的贫富差别，又突出地表现出西夏厚葬和薄葬的差异。

从已见西夏普通贫民的墓葬可知，坟墓简陋，随葬品很少，有的甚至没有随葬品。有的出土有随葬木牍，木牍记载死者的儿子为死者买阴宅地事。[②]实际往往是贫困人家用这种方法来安慰死者，在阴间享受阳间没有享受到的房屋和土地。

第三节　儒、佛、道对丧葬的影响

一　儒学对西夏殡葬的影响

西夏立国前后，儒学在更大的范围内影响着西夏，儒学成为西夏社会和文化的主导思想。当时西夏的统治者对以儒学为核心的中原文化心悦诚服。西夏与当时的中原王朝一样，以孝治天下。《天盛律令》把"失孝德礼"定为十恶之一，位在谋逆之后。

《天盛律令》中对丧葬的规定，多是从中原王朝现成的法律中承袭而来，如人死后依据亲属的亲疏穿孝服时间不同的五服之制，公职人员家人死后准予请假奔丧的规定，对破坏坟墓和死人骨骸的严厉处罚等，都与中原依据儒家的"仁"、"孝"的观念制定的法律一脉相承。

西夏仁宗时刊印的《圣立义海》第十四"子对父母孝顺名义"中记载"孝有三种"：

> 上孝帝之行也，天下扬德名，地上集孝礼，孝德遍国内，此帝之孝也。次孝

---

① 史金波、聂鸿音、白滨译注《天盛改旧新定律令》卷20"罪则不同门"，第605页。
② 姚永春：《武威西郊西夏墓清理简报》，《陇右文博》2000年第2期；史金波：《西夏社会》下册，第806～807页。

臣僚，持以德忠礼，不出恶名，以帝之赏，孝侍父母，则臣之孝也。出力干活，孝侍父母，国人孝也。①

西夏把"孝"和对皇室的"忠"连在一起，这是当时统治者之所以提倡孝的旨趣所在。《圣立义海》中"孝行最上"一条中还把"孝"提高到"最上"的位置：

人对父母孝顺，则孝者五常之首，万行之根也，故孝行最上也。②

《圣立义海》在"合孝日礼"中记载：

孝子父母在时，依父母之意愿践行，侍孝。父母亡，则三年孝日不断。此后与父母在一样行孝，故谓得孝名。③

其又在"孝子三种礼仪"中指出：

父母在时，依礼尽孝，尽心勤侍。亡则依礼殡葬。其后时日，孝子不忘，供祀。循此三种礼，则名孝子也。④

这两条都强调父母在世时，儿子要侍奉尽孝，父母死后要依礼殡葬，按时守孝，并永不忘父母。这种带有浓厚儒家礼仪特色的社会习俗，是早期党项族所没有的，是党项族在入驻西北地区、接受了中原儒学文化后而产生的新的殡葬观念和殡葬行为。

二　佛教对西夏殡葬的影响

党项族何时接受佛教，史书并无确切记载，至少到李德明统治党项地区的 11 世纪初，党项族信仰情况已经发生了重要改变，而且突出地表现在殡葬方面。文献记载党项族最早的佛事活动是宋景德四年（1007）。据《宋史》记载，当年党项族首领、夏州节度使、西平王李德明的母亲罔氏下葬时，德明要求到宋朝北部佛教中心五台山

---

① 史金波、魏同贤、〔俄〕克恰诺夫主编《俄藏黑水城文献》第 10 册，第 257 页。
② 史金波、魏同贤、〔俄〕克恰诺夫主编《俄藏黑水城文献》第 10 册，第 257 页。
③ 史金波、魏同贤、〔俄〕克恰诺夫主编《俄藏黑水城文献》第 10 册，第 257 页。
④ 史金波、魏同贤、〔俄〕克恰诺夫主编《俄藏黑水城文献》第 10 册，第 257 页。

修供十寺（唐以后五台山有大寺 10 所），并派致祭使护送供物到五台山：

> （德明）母罔氏薨……及葬，请修供五台山十寺，乃遣阁门祇候袁瑀为致祭使，护送所供物至山。复献马五百匹，助修章穆皇后园陵。[①]

《续资治通鉴长编》也有关于德明想修五台寺的记载，但情节有所不同：

> 德明又请诣五台寺修设，追荐其母。陈尧叟欲令张崇贵谕以路由河东，多涉军垒不便，听由镇州路往。上曰："宜令崇贵答以不敢闻奏，若诚愿则听致施物于郦延，委崇贵差人送五台也。"[②]

依此说西夏使并未至五台山。无论西夏使是否到五台山，当时党项族首领家族都信奉了佛教，并将佛教信仰与殡葬紧密联系起来。这一时间与李继筠的葬时仅隔不到 30 年，这期间党项族的政治中心从陕北移到了河西地区，他们的宗教信仰发生了很大变化。他们把佛教作为主要信仰，并开始向宋朝赎取大藏经。[③]

元昊更是崇信佛教，他通晓"浮图学"（即佛学），并于宋景祐元年十二月（1034），又向宋求赐佛经一藏。[④]宋宝元元年（1038）元昊又向宋朝提出要求，希望派使臣到五台山供佛。[⑤]

在立国之初，元昊就广泛搜集舍利（传说中佛涅槃火化后的骨殖结晶），并大兴土木，建佛舍利塔葬佛舍利。明《嘉靖宁夏新志》记录了《大夏国葬舍利碣铭》，[⑥]其中有元昊葬舍利而兴建佛塔的盛况：

> 是致东土名流，西天达士，进舍利一百九十颗，并中指骨一节，献佛手一枝及顶骨一方。罂以银椁、金棺、铁匣、石匮，衣以宝物，□以毗沙。下通掘地之

---

① 《宋史》卷 485《夏国传》（上），第 13990 页。
② 《续资治通鉴长编》卷 67，真宗景德四年（1007）十月庚申条。
③ 《续资治通鉴长编》卷 190，仁宗天圣八年（1030）十二月丁未条。
④ 《续资治通鉴长编》卷 115，仁宗景祐元年（1035）十二月癸酉条。
⑤ 《续资治通鉴长编》卷 121，仁宗宝元元年（1038）正月癸卯条。
⑥ 原误为天庆三年，据牛达生考证应为大庆三年，见《〈嘉靖宁夏新志〉中的两篇佚文》，《宁夏大学学报》1980 年第 4 期。

泉，上构连云之塔。香花永馨，金石周陈。[①]

西夏天授礼法延祚十年（1047），元昊下令以每一季的第一个月的朔日（初一）为"圣节"，让官民礼佛：

> 曩霄（即元昊）五月五日生，国中以是日相庆贺。旧俗止重冬至，曩霄更以四孟朔为圣节，令官民礼佛，为己祈福。

这种用行政命令扶植佛教的做法，把佛教推上了更高的地位。佛教对丧葬的影响也越来越大。在西夏，佛教对丧葬的影响，一是在丧葬观念方面，一是在丧葬形式方面。

佛教认为人生有来世，人在现世中修好，可于死后再生乐土，即西方极乐世界。特别是在西夏流行的佛教净土宗，主张只要一心专念阿弥陀佛名号，死后当能往生净土。西夏的佛经中有大量净土宗经典。如提倡念佛往生、快速成佛的净土宗重要经典《无量寿经》、《阿弥陀经》等都有西夏文译本。[②] 已发现的西夏佛经发愿文中不乏提到"早生净土"的语句，这也证明了净土宗在西夏番汉各族中有广泛流传。

大力推进儒学和佛教的仁宗皇帝，在乾祐十五年（1184）为印施《佛说圣大乘三皈依经》所作发愿文中说：

> 伏愿皇基永固，宝运弥昌。艺祖、神宗冀齐登于觉道，崇考、皇妣祈早往于净方。[③]

其中"崇考、皇妣"指仁宗已去世的父母，这里是希望他们早往生于西方净土。又如仁宗在乾祐二十年（1189）以他的名义所作的一篇印施《观弥勒菩萨上生兜率天经》的发愿文中说：

> 具阐上生之善缘，广说兜率之胜境，十方天众，愿生此中。若习十善而持八斋，及守五戒而修六事。命终如壮士伸臂，随愿力往生彼天。宝莲中生，弥勒来接。未举头顷，即闻法音。令发无上不退坚固之心，得超九十亿劫生死之罪。闻

---

① 《嘉靖宁夏新志》卷8、卷19，乾隆四十五年（1780）修。
② 俄罗斯圣彼得堡东方学研究所手稿部藏，黑水城文献 Инв.No.812、953。
③ 史金波、魏同贤、〔俄〕克恰诺夫主编《俄藏黑水城文献》第3册，TK121，第52页。

图2-3 黑水城出土阿弥陀佛来迎图a

图2-4 黑水城出土阿弥陀佛来迎图b

名号，则不堕黑暗边地之聚；若归依，则必予成道授记之中。……伏愿一祖四宗，证内宫之宝位；崇考皇妣，登兜率之莲台。①

其中"往生彼天"，即命终后再生于西天极乐世界；"宝莲中生，弥勒来接"，"登兜率之莲台"，也即死后再生由弥勒佛迎接至兜率宫（天宫）中。

仁宗的皇后、时为皇太后的罗氏在黑水城出土的汉文《佛说转女身经》发愿文中说："愿仁宗圣德皇帝抛离浊境，安住净方，早超十地之因，速满三身之果。"②这表明其希望死者往生西方净土。

黑水城出土的西夏绘画中有多幅《阿弥陀佛来迎图》，上绘阿弥陀佛作接引之势，

① 史金波、魏同贤、〔俄〕克恰诺夫主编《俄藏黑水城文献》第2册，TK58，第47~48页。
② 史金波、魏同贤、〔俄〕克恰诺夫主编《俄藏黑水城文献》第1册，TK12，第292页。

下绘被接引人，寓意人死后被阿弥陀佛接入西方极乐世界。①

中国国家图书馆藏 10 卷本西夏文佛经《慈悲道场忏法》，各卷卷首有版画忏法本事图一幅，即《梁皇宝忏图》，绘梁武帝初为雍州刺史时，夫人郗氏生前狠毒，死后化为蟒蛇，夜入宫求梁武帝超度，梁武帝询问僧人志公，集佛经超度，使郗氏得以升为天人的故事。佛经来自汉文，西夏翻译此经，也旨在宣扬信佛往生。②

图2-5　西夏文《慈悲道场忏法》中的梁皇宝忏图

西夏文谚语《新集锦合辞》中有不少反映西夏当时社会风俗的语句，其中记载有"死乃享乐心不疑"③，将死亡看成享乐的事情，可能这也是西夏丧葬受到佛教影响的反映。

三　道教对西夏墓葬的影响

党项族在唐末五代时期，在殡葬方面可能已经受到道教的一定影响，其首领、贵族至少在 10 世纪晚期，已在其墓志盖上刻有八卦图。

西夏建国后，在大力崇信佛教的同时，也允许道教的传播发展。在西夏，道教地位不低，是西夏社会的第二大宗教。西夏法典《天盛律令》中有对道教职官、机构以及道士较为详细的管理规定，证明西夏在法律上承认、保护道教，并有一套完整的管理制度。④ 同时，武威张义修行洞出土的占卜文书以及黑水城文献中也发现有与道教有关的占卜类文书，说明占卜风俗在西夏社会有一定影响。⑤

从考古资料看，西夏时期的一些西夏墓葬也吸收了道教的内容。如甘肃省武威市西关武警支队修建家属院乾祐十六年的西夏墓、西郊响水河煤矿家属院乾祐二十三年

①　〔俄〕米开罗·皮欧特洛夫斯基编《丝路上消失的王国——西夏黑水城的佛教艺术》，第 181、183、185、187、189 页。
②　史金波、陈育宁主编《中国藏西夏文献》第 4 册，2005，彩图 5。
③　陈炳应译《西夏谚语——新集锦成对谚语》，山西人民出版社，1993，第 9 页。原文见《俄藏黑水城文献》第 10 册，第 330 页。
④　史金波、聂鸿音、白滨译注《天盛改旧新定律令》卷 11 "为僧道修寺庙门"，第 402 ~ 411 页。
⑤　甘肃省博物馆：《甘肃武威发现一批西夏遗物》，《考古》1974 年第 3 期。

的西夏墓，都出土了用汉文朱书的买地券。买地券是受道教影响、在丧葬仪式中使用的一种镇墓随葬明器。这两件买地券都提到"龟筮协徒，相地袭吉"，说明西夏在埋葬死者时，家属要请巫师占卜，勘验选择风水好的地方作为逝者的安葬墓地。买地券中记载墓地四至有"青龙"、"白虎"、"朱雀"、"玄武"四灵神兽镇压。而且买地券中所记镇墓驱邪的"丘丞"、"墓伯"、"道路将军"、"亭长"、"河伯"等都是道教神仙系统的墓葬神煞，掌管亡人灵魂、保证墓主人阴宅的安全，使其免遭邪魔侵袭。这些都显示出当地丧葬受到了道教的影响。

第三章
殡葬形式

前述党项族早期的葬俗为火葬，北迁后从唐代经五代至宋初，一直到西夏时期，仍保存着火葬，同时又吸收、发展了土葬，形成火葬和土葬相结合的葬俗。在西夏丧葬中塔葬是其突出特点。同时西夏还有水葬、天葬等殡葬形式。

第一节　土葬

西夏在实行火葬的同时，也实行土葬。宋景德元年（1004）李继迁死后，其子德明嗣位于枢前。后来他把父亲葬于贺兰山西南麓。元昊称帝后，号为裕陵。可见那时已使用灵枢，实行土葬。西夏皇帝的墓地后来发展成规模宏大的陵园，西夏诸帝及其大臣们便埋葬于此。西夏陵园内有9座帝陵，分别为太祖继迁的裕陵、太宗德明的嘉陵、景宗元昊的泰陵、毅宗谅祚的安陵、惠宗秉常的献陵、崇宗乾顺的显陵、仁宗仁孝的寿陵、桓宗纯祐的庄陵、襄宗安全的康陵。神宗遵顼、献宗德旺的陵失号，西夏末帝睍可能无陵。西夏陵园中还有大量土葬墓冢，证明西夏皇帝、贵族都实行土葬，反映出西夏葬俗的特点。

据考古工作者对墓室的发掘和清理，在177号陪葬墓出土松木棺板8块，还发现铁质棺钉34枚。该墓应是一位西夏大臣的墓葬。据专家分析有四具尸骨，一中年

图3-1　西夏陵中的7号陵

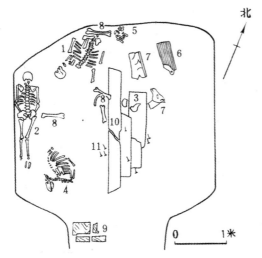

图3-2 182号陪葬墓出土人骨、棺钉等位置

男性，一老年女性，二中年女性。[1] 墓中出土的木棺板、棺钉和尸骨足证当时的贵族有土葬习俗。

据出土的西夏文、汉文残碑可知，182号陪葬墓是"尚父太师尚书令知枢密院事梁国正献王嵬名安惠"的墓。此墓发现人骨架、人残骨、棺钉44枚和一些棺木残块。图3-2中1、2为人骨架，3为人残骨，10为残棺板，11为棺钉，这些出土物证明该墓是木棺土葬。

从前述《天盛律令》的规定可知西夏有直接埋尸体的土葬。[2] 在提及不准损毁地墓、陵、立石、碑记文等时《天盛律令》规定，"损坏棺椁而至尸则徒八年"，又有"死人未送往地墓中，暂停放尸，放置时动手损毁，则当比于地墓上动手诸罪行减一等"，表明西夏有地墓土葬。

武威西郊林场的两座西夏小型单室砖墓，相距10米，墓室形制为：两墓室长分别为1.3米、1.6米，宽1.2米、1.3米，高1.2米、1.7米，墓室四壁平砖垒砌，以人字形铺平砖，后壁底部设二层台，长60厘米，高14厘米，台上用石灰抹面，墓门高分别为75厘米、80厘米，宽分别为68厘米、90厘米，墓门为单层砖拱形券顶，以卵石封门。墓顶呈圆锥形。该墓出土有木缘塔4座，为灵塔。其他随葬品有木版画以及小型木器多件、瓷碗等。[3]

武威西郊响水河煤矿家属院西夏的双人合葬墓，长方形，长123厘米，宽95厘米，高97厘米，以砖垒砌而成，为单层砖拱形券顶，平地铺砖，墓门向北，呈"人"字形拱顶，高67厘米，宽44厘米，大卵石封门。内有灵匣、木牍，以及其他木器7件。[4]

第二节　火葬

隋唐时期党项族的火葬传统，经过几百年一直保留到西夏时期。这种民族火葬习

① 宁夏文物考古研究所、许成、杜玉冰编著《西夏陵》，东方出版社，1995，第102页。
② 史金波、聂鸿音、白滨译注《天盛改旧新定律令》卷3"盗毁佛神地墓门"，第184～185页。
③ 陈炳应：《西夏文物研究》，宁夏人民出版社，1985，第186～191页。
④ 姚永春：《武威西郊西夏墓清理简报》，《陇右文博》2000年第2期。

俗和佛教的火化融为一体，构成了西夏火葬的形式。西夏时期的韵书《文海》对相关字词有解释，其中有"烧尸"条，其释义为"火上烧化尸体之谓"；又有"丘"条，释义为"烧人尸处土圈之谓"；还有"墓"条，释义为"烧尸处骨尸所围之谓"。[①]这些都反映了西夏时期的真实社会风俗情况，证明西夏有焚尸火葬的习俗。

中原地区讲究入土为安，实行土葬。唐、宋王朝从法律上对火葬持排斥和否定态度，《唐律》和《宋刑统》在这方面都做了严格规定：

> 穿地得死人，不更埋，及于冢墓熏狐狸而烧棺椁者，徒二年；烧尸者，徒三年。缌麻以上尊长，各递加一等；卑幼，各依凡人递减一等。若子孙于祖父母、父母，部曲、奴婢于主坟冢熏狐狸者，徒二年；烧棺椁者，流二千里；烧尸者，绞。[②]

与此不同的是西夏并不排斥火葬，从考古发现看，西夏的火葬在上层统治者和下层贫民中都存在。

宁夏的永宁县闽宁村发现了 11 座墓葬，对其中 8 座进行了发掘，确定其为西夏党项大族野利氏家族墓。在 8 座墓中有 5 座火葬墓：1 号、3 号、5 号、6 号、8 号墓，墓主人的尸骨经过火化后再行埋葬，实际是先火化再土葬。5 号墓墓室出土了人骨骨灰。这些证明西夏墓葬兼有土葬和火葬习俗。[③]

图3-3　宁夏闽宁村西夏5号墓

1984 年在宁夏银川市银西防护林处发现新市区墓群，为西夏墓葬，共有墓葬四座，均为方形砖室墓，墓内存放装有骨灰的瓷坛。同年，宁夏银川兴庆区丽景街沙渠村发现西夏墓，为小型砖室火葬墓，墓室砖砌，内存放骨灰。

1977 年甘肃武威西郊林场发现两座砖

① 史金波、白滨、黄振华：《文海研究》，中国社会科学出版社，1983，（75.242）第 629 页；（杂 13.271）第 659 页；（43.262）第 598 页。
② 窦仪等纂、薛梅卿点校《宋刑统》卷 18，法律出版社，2000，第 327 页。
③ 宁夏文物考古研究所编著《闽宁村西夏墓地》，第 147～149 页，图版第 14～15 页。

图3-4 闽宁村西夏5号墓墓室人骨骨灰   图3-5 武威西夏墓出土的木缘塔

室西夏墓，据墓中出土的木牍上汉文题记可知，这是西夏天庆元年至八年间（1194～1201）的西夏晚期墓，是砖室墓，墓中无尸骨。该墓出土有木缘塔4座，为灵塔。1号墓二灵塔的盖上和另一木牍上有汉文题记，2号墓在灵塔的盖上有汉文题记。据题记知男墓主人分别为西经略司兼安排官□西处都案刘仲达和西经略司都案刘德仁。刘仲达墓的题记中，记的葬具是"灵匣"，而不是灵柩。尸体应是焚化，灵匣系装骨灰用，它可能就是墓中出土的木缘塔，但木缘塔内未发现有骨灰。这两个墓似应为火葬墓。两墓题记都有男女主人，可知当时实行合葬制度。据题记知墓主人为彭城（今江苏徐州）人。两座墓当是汉人墓葬。[①] 这里可能是刘仲达、刘德仁等官吏在当地的家族墓。

武威还有西夏党项人的墓葬。1998年武威西郊响水河煤矿家属院又发现西夏双人合葬墓，墓中也无尸骨，有木制灵骨匣两具，皆为寿棺状，应该也是火葬后再行土葬。在土葬时进行祭祀，并随葬物品。随葬木牍记载死者的儿子为死者买阴宅事甚详，上书时间为乾祐二十三年（1192），已至西夏晚期。木牍记"直祭主男窦依□□，于西苑外咩布勒嵬卖地一段"，窦依、咩布都是党项族姓，可知当时党项族也实行类似先火葬再土葬的方法。[②]

著名的意大利旅行家马可·波罗在13世纪曾经过"唐古忒州"。"唐古忒"就是原来的西夏国。他记录了西夏一带的火葬葬俗：

---

① 陈炳应：《西夏文物研究》，第186～204页。
② 姚永春：《武威西郊西夏墓清理简报》，《陇右文博》2000年第2期。

君等应知世界之一切偶像教徒皆有焚尸之俗。焚前，死者之亲属在丧柩经过之道中，建一木屋，覆以金锦绸绢。柩过此屋时，屋中人呈献酒肉及其他食物于尸前，盖以死者在彼世享受如同生时。迨至焚尸之所，亲属等先行预备纸扎之人、马、骆驼、钱币，与尸共焚。据云，死者在彼世因此得有奴婢、牲畜、钱财等若所焚之数。柩行时，鸣一切乐器。其焚尸也，必须请星者选择吉日。未至其日，停尸于家，有时停至六月之久。其停尸也，方法如下。先制一匣，匣壁厚有一掌，接合甚密，施以绘画。置樟脑、香料不少于匣中，以避臭气。旋以美丽布帛覆于尸上。停丧之时，每日必陈食于柩前桌上，使死者之魂饮食。陈食之时，与常人食时相等。其尤怪者，卜人有时谓不宜从门出丧，必须破墙而出。此地之一切偶像教徒焚尸之法皆如是也。[①]

马可·波罗途经此地时，距西夏灭亡仅有数十年时间。所记"偶像教徒"即为佛教信徒，西夏人普遍信仰佛教，偶像教徒的火葬习俗反映了西夏人的葬俗。显然，上述记载对我们进一步了解西夏的葬俗有重要参考价值。

《天盛律令》对处理盗墓的有关规定，也证明西夏有埋尸体和烧化尸体、葬埋骨灰的习俗：

诸人尸已埋及或已烧，尸灰未舍弃，已集土而放置，如彼损毁墓场时，使与前述于地墓棺椁上动手罪同等判断。[②]

可见西夏的殡葬有埋尸和烧尸两种，即土葬和火葬。火葬是先火化然后葬埋骨灰。西夏流行火葬除有其民族传统的火葬习俗外，佛教中流行的死后火葬也在西夏民众特别是佛教僧人和信徒中有很大的影响。

第三节　塔葬

塔是佛教的建筑物，其本义是埋葬佛骨舍利的坟墓。后来塔葬一般是用墓塔放置高僧的尸骸、遗骨和遗物，是佛教最高贵、庄严的葬法，只有高僧大德才能享此

---

① 〔意〕马可·波罗：《马可波罗行记》第 57 章，冯承钧译。
② 史金波、聂鸿音、白滨译注《天盛改旧新定律令》卷 3 "盗毁佛神地墓门"，第 185 页。

图3-6　西夏陵1号陵陵台和角台

最高等级的殊荣。西夏佛教兴盛，故其葬式中出现了塔葬。西夏的塔葬不止于僧人，西夏皇帝的塔葬更豪华、更隆重。

现存的西夏陵园中的9座西夏皇帝的陵台，为高大的夯土墓冢，外表有分层空洞，下有很多琉璃、陶质等砖瓦、瓦当。考古学家经过发掘、研究，认为西夏陵的各座陵台原来皆是密檐式实心高塔建筑，是西夏陵园中重要而特殊的建筑。[①] 这种塔墓不仅高大雄伟，而且配以光泽的琉璃装饰，华丽壮观。皇帝的陵台建成塔形，这在中国陵园建筑中是极特殊的。西夏陵园修造塔形陵台，反映了西夏统治者崇奉佛教的宗教意识，也突出了西夏最高统治者在世俗和宗教中至高无上的等级。

在西夏，僧人的塔葬也很有规模。宁夏青铜峡黄河西岸边著名的一百零八塔，是典型的僧人塔葬阵。那里依山势从上至下按奇数排列成12行，总计108座，形成总体平面呈三角形的巨大塔群，既继承了佛教塔葬的传统，又形成了西夏僧人成规模塔葬的特色。[②] 这是内地最早的藏传佛教覆钵式白塔，也十分罕见。

近年宁夏贺兰山拜寺口又发现大型西夏塔群遗址，即拜寺口北寺的僧人的葬塔群。在塔群的不少塔基中有骨灰片出土，它们应是西夏时期拜寺口北寺内僧人的墓塔。塔群共清理出塔基62座。塔基残高最高的仅0.6米，低的只有十几厘米，塔基直径大的有3.5米，小的不足2米。塔基基座共有三种形制：十字刹角形、八角形、方形。其中十字刹角形最多，有57座，方形有3座，八角形仅2座。塔排列没有规律，有的三五座成一组，有的六七座排一排。大小排列也无规律可循，位于山坡中下部的个体稍大，佛塔尚难区分高下尊卑。墓葬表明塔群的兴建经历了一个较长的时间跨度。

①　银川西夏陵区管理处编《西夏陵》，宁夏人民出版社，2013，第10页。
②　雷润泽、于存海、何继英：《西夏佛塔》，文物出版社，1995，第102～127页。

部分佛塔中筑有塔心室。
塔心室有方形、圆形两种，有
的与塔基底部在一个平面上，
有的则低于塔基。其中有一
圆形塔心室最大，直径有 70
厘米。还有一个塔心室，室
中又建有一小室。清理发现，
几乎所有塔心室在被盗过或
动过后，都用黄土和乱石填
满。多数塔心室中都少有遗
物，只有部分塔心室发现了
塔模、骨灰等遗物。塔心室

图3-7　拜寺口北寺塔的塔群遗址

不仅大小不一，而且所用材料也各不相同，有石砌的、有砖砌的，也有用土坯砌的。
从塔基上残存的白灰及白灰上的彩绘分析，几乎所有佛塔外面都抹有两厘米左右厚的
白灰，白灰上均有彩绘图案。这些塔在双塔寺庙的近旁，有可能是大型寺庙僧人的集
中墓地。[①]

　　1909 年，俄国探险队在我国额济纳旗黑水城遗址发现一佛塔，塔内发现大量西夏
文佛经、文献和文物，还从塔内北墙边的台座上，发现一副呈坐姿的人骨架，这具骸
骨连同其他大量文献、文物一起被科兹洛夫带到俄国。人骨架经鉴定为一女性尸骨，
但后来骸骨不知所踪。[②] 这也许是塔葬的一种形式。西夏佛教徒埋在塔内，但尸体不
用火化，也没有另造葬具，而是寂坐在塔中的台座上。这是一种非常特殊的埋葬形
式，或许表现了佛教徒尊崇佛教、临终坐化的思想意识。

　　甘肃省永昌县西北圣容寺西约 1 公里的龙首山余脉山脚与长城之间，有一块较为
平坦的坡地，这里有十几个土丘，当地人称之为"和尚坟"。其中较大的一个土丘已
经被盗掘。经实地考察，该土丘直径在 3 米左右，内部全部是小泥塔善业泥（擦擦）
以及佛像、金刚力士的泥擦擦，其中一角露出一直径约 10 厘米的木柱。从考察来看，
这里应该是一处埋葬圣容寺僧侣的舍利塔群。[③] 由于塔是用土坯修砌，经长年累月的

①　庄电一：《贺兰山大型西夏塔群遗址又有新发现》，《光明日报》1999 年 12 月 3 日。
②　俄罗斯科学院东方文献研究所圣彼得堡分所、中国社会科学院民族研究所、上海古籍出版社编，史金波、魏同
　　贤、〔俄〕克恰诺夫主编《俄藏黑水城文献》第 1 册，第 10～11 页。
③　参见黎大祥、张振华等《武威地区西夏遗址调查与研究》第 7 章，社会科学文献出版社，2016，第 325～326 页。

风吹雨淋已经倒塌，仅存外表已看不出塔的形状。在黑水城遗址一带的西夏墓葬中也有很多小塔式的擦擦。在墓中埋葬小塔可能受到藏传佛教的影响，作为禳灾祈福的宗教圣物置于墓中，以期消除罪业，或者表示将身体供奉于佛。

还有一种塔葬形式就是在山崖上雕刻藏密须弥塔，在石刻塔腹部开凿一小石龛，放置僧侣骨灰。这种独特的丧葬遗存在宁夏贺兰山各沟口以及内蒙古都有发现。其中规模最大的就是甘肃省永昌县北金川西村花大门的摩崖石刻塔群，有 53 座摩崖石刻塔，大部分塔为藏传佛教覆钵型须弥座塔，腹部开一 20 厘米见方的石龛以安置僧侣骨灰。①

第四节　天葬

西夏人主要实行土葬和火葬，至于天葬，仅有个别资料记载，难有定论。北宋上官融所著笔记《友会谈丛》中的一段关于党项族占据的麟州（今陕西神木县）、府州（今陕西府谷县）的民俗记载：

> （麟府州）人性顽劣，不循理法。……凡育女稍长，靡有媒妁，暗有期会，家不之问。情之至者，必相挈奔逸于山岩掩映之处，并首而卧，绳带置头，各悉力紧之，倏忽双毙。二族方率亲属寻焉，见而不哭，谓男女之乐何足悲悼。用缯彩都包其身，外裹之以毡，椎牛设祭，乃条其革，密加缠束。然后择峻岭架木，高丈余，呼为女棚。迁尸于上，云于飞升天也。二族于其下击鼓饮酒，数日而散。②

上述记载系个别地区的特殊民俗，未记尸体最后如何处理，似乎与遗体经过专门分解后再让禽兽取食的"天葬"不同。

西夏文谚语《新集锦合辞》中，记载有"置尸场上除足首"，③意思是尸体放在尸场上，除断脚和头。这可能是西夏实行天葬的少有的文字记录，反映出西夏存在天葬风俗，而且载诸谚语，为人们熟知、传诵。

近年来，有的专家在黑水城出土、藏于俄国的一幅西夏时期的唐卡 X-2368 中，

---

① 参见黎大祥、张振华等《武威地区西夏遗址调查与研究》第 7 章，第 40 ~ 46 页。
② 上官融撰《友会谈丛》卷下，文渊阁四库全书本。张鉴：《西夏纪事本末》卷 10，第 5 页。
③ 陈炳应译《西夏谚语——新集锦成对谚语》，山西人民出版社，1993，第 9、99 页。笔者对译文有所改动，原文见《俄藏黑水城文献》第 10 册，第 330 页。

发现了天葬的图画。① 此图名为《胜乐金刚图》，这是根据图像中的主尊形象得来的。俄国专家注意到在主尊像胜乐金刚的两侧，左右对称共八个坟场，但未做出进一步研究。图中的"八个坟场"构图基本一致，一侧四个图像皆有天葬内容。第一图上部左侧为两个等边三角形，右侧为喇嘛塔造型的桑烟炉，桑烟炉上有红色烛火造型。两者之间是一根立杆，上立一个圆形形象。下半部中心绘有一人头骷髅形象。骷髅上方有三个杆柱状造型，左边一个呈圆柱形，中间呈底粗顶尖的竹节状锥形，右边造型是上为圆柱形、下如镰刀形的结合体。下半部的左上角有一戴幞头、结跏趺、穿圆领袍衫、衣长可推测及足、抄手的人物。下半部的右上角为一个线团状造型。线团造型的下面有一犬科动物形象，犬科动物颈部系红色条带布帛，站立在一裸体仰卧、胸部隆起、长发的人体上。人体头部隐约有一飞禽形象。

第二图上半部所绘内容与第一单元上半部相同。下半部左上角为一头戴帕帽，穿圆领袍衫、抄手结跏趺的人物形象。这个人物形象右侧绘有一不规则条块状围绕的圆形人头骷髅造型。骷髅造型右侧是竹节状锥体。锥体右侧为线团状物体。线团状物体的下面是一个飞禽形象，飞禽在啄食一块类似碎骨的东西，飞禽的左侧是一人头骷髅。骷髅为不规则条带型物体围绕。飞禽的下方有一个仰卧的裸体人物，此人长发，顶发没有剔除，胸部隆起。下半部左下角绘犬科动物形象，此动物向右朝向仰卧裸体人物、紧挨人体头部。犬科动物颈后侧似有飞扬的布帛造型。第三图与第二单元的内容基本相同。第四图下半部绘制

图3-8　黑水城出土《胜乐金刚图》

① 〔俄〕吉拉·费达罗芙娜·萨玛秀克：《黑水城出土 12～14 世纪佛教绘画》，国立艾尔米塔什出版社，2006，第 306 页（排版偏左，右部稍缺）。

内容与第一单元下半部一样。下半部内容缺损，从对称原则考虑，应该与第一单元上半部近似，可以推测这应该是年代久远、织物脱损之故。

图画中的"坟场"应是当时天葬的写照。首先，摆放整齐的全裸尸体、人头骷髅、作啮噬状的犬类动物和啄食的飞禽等，都反映的是遗体被分解的情形，这自然是一种葬俗。图中的戴幞头、结跏趺的人物就可能是殡葬师。其次，图中出现了分解遗体所需的一些器具，如煨桑祭神、净化空气的桑烟炉，包裹尸体用的线团状物体，也就是"裹尸包"，分解尸骨的镰刀形物体等。作为宗教图画，这些器具也可以视作殡葬师的种种法器。图中犬科动物颈部都有条带状布帛，显示它们并不是野生动物，而是人类驯养的家畜。利用家畜去啃食遗体，表明这种处置遗体的方式是专门性的，甚至是职业性的。这一点对于我们把天葬从野葬中区隔出来十分重要。殡葬师具有宗教色彩，是接近于藏传佛教性质的宗教殡葬师。

除 X-2368 之外，在俄藏黑水城绘画中还有几例描绘天葬内容的作品，如 X-2388 "金刚亥母" 图、X-2393 "金刚亥母" 图、X-2408 "胜乐金刚曼陀罗" 图等。[1]

俄藏黑水城唐卡 X-2368 等绘画，不仅对研究天葬，尤其是西夏天葬具有划时代的意义，而且对研究 12～14 世纪黑水城地区的宗教仪轨和社会习俗有重要价值。[2]

第五节　混合葬和招魂葬

据前引《天盛律令》可知，西夏有火化尸体后再行土葬的方法。在考古工作中发现了多种西夏殡葬的混合葬法，其中既有皇室墓，也有官员墓，还有贫民墓。

西夏陵中已挖掘的墓室中，皆未见骨殖，可能是先行火葬再土葬的结果。武威西郊林场的两座西夏小型单室砖墓，是西夏官吏的墓，两墓相距 10 米，没有尸骨，只有小型的灵塔即木缘塔 4 座。这也是土葬和火葬结合的混合葬法。[3]

武威西郊响水河煤矿家属院西夏的双人合葬墓，大卵石封门，内有灵匣、木牍，以及其他简单木器 7 件，也没有尸骨，应是贫民的墓葬。[4]

招魂葬是一种信仰鬼魂的葬俗，包括中原地区的汉族在内的很多民族都有过这种

① 〔俄〕吉拉·费达罗芙娜·萨玛秀克:《黑水城出土 12～14 世纪佛教绘画》，第 308 页。
② 任怀晟、杨浣:《西夏天葬初探——以俄藏黑水城唐卡 X-2368 为中心》，《西夏学》第 11 辑，上海古籍出版社，2015。
③ 陈炳应:《西夏文物研究》，第 186～191 页。
④ 姚永春:《武威西郊西夏墓清理简报》，《陇右文博》2000 年第 2 期。

葬法。所谓招魂葬是指人死而不得其尸，用其生前所着衣冠，招其魂而葬。这是一种特殊情况下的葬俗。

党项人有鬼神信仰，对战死者要"杀鬼招魂"。《宋史》载党项人：

> 败三日，辄复至其处，捉人马射之，号曰"杀鬼招魂"，或缚草人埋于地，众射而还。[1]

即西夏军队兵败三日后，再回到原地，捉对方人马射之，叫作"杀鬼招魂"，是杀对方人马为鬼，而招自己在这里战死士兵的魂。《辽史》也有类似的记载，不过更为简略，记党项人：

> 若获人马，射之，号曰杀鬼招魂。或射草缚人。[2]

惠宗大安十一年（1084），西夏军攻打鄜延时，出兵顺宁寨，宋保安军巡检张子式伏兵以待，西夏监军嵬名理直误入伏中，力战而死，西夏军溃败。后来西夏侦察到鄜延防务稍有松懈，便出兵在城边大掠，俘获宋兵民即射杀，为嵬名理直报仇。这是"杀鬼招魂"的一个实例。[3]

---

① 《宋史》卷486《夏国传》（下），第14029页。
② 《辽史》卷150《西夏传》。
③ 吴广成：《西夏书事》卷27，第9页。

第四章
皇室丧葬

皇陵是统治者丧葬的代表作，也是研究一个王朝、一个民族丧葬的重点。坐落在宁夏贺兰山东麓的西夏陵，埋葬着西夏9位皇帝和众多的皇室成员及王公大臣，可以看作西夏统治者殡葬的典型，对了解西夏殡葬有着特殊的意义。

第一节　西夏陵古今

历史文献中有关西夏陵的记载极少。最早记载西夏陵的是《宋史·夏国传》：

> （李继迁）景德元年（1004）正月二日卒，年四十二，子德明立。祥符五年，德明追上继迁尊号曰应运法天神智仁圣至道广德孝光皇帝。元昊追谥曰神武，庙号太祖，墓号裕陵。[①]

对西夏另八位皇帝的记载皆是此种体例，仅知其陵号分别为裕陵、嘉陵、泰陵、安陵、献陵、显陵、寿陵、庄陵、康陵。后三位皇帝神宗、献宗、末主既没有陵号。该记载对于陵墓的确切位置、形制等均未提及。

蒙古进攻西夏时，西夏激烈抵抗。蒙古灭西夏后，对西夏进行疯狂报复。西夏的宗庙、陵寝遭到惨重破坏。近些年在西夏陵园清理出大大小小近三千块碑文碎块，无一完整石碑，这是人为破碎的结果。蒙古统治者之所以这样做，一方面是出于复仇心理，另一方面是要通过破坏西夏帝陵，断绝西夏皇室根脉，消除西夏通过丧葬墓地炫

---

① 《宋史》卷485、486《夏国传》（上、下）。

耀国威的影响。

由于历史文献记载的缺乏，加之殿堂、石碑之类的文物又遭到严重的破坏，再加上岁月的流逝，风雨的侵蚀，建筑构件、装饰物、残碑等多被掩埋于地下，辉煌一时的西夏陵园，早已变得颓败荒凉，在党项族渐渐消亡的历史进程中，西夏陵也逐渐在人们的记忆里消失。

西夏统治者为了在丧葬上宣示皇权，并意图使去世的皇帝及其眷属、大臣们能享受来世的荣华，大规模修建不同等级的陵墓。但当西夏统治者丢掉了政权后，其昔日苦心经营的陵墓内涵也发生了巨大变化，陵墓从神圣不可侵犯的圣物，变成了少人问津的苍凉遗址，失掉了原来殡葬的价值。

明代《宁夏志》、《嘉靖宁夏新志》及民国时期《西夏纪》等，虽有西夏帝陵的记载，但对陵墓所处位置的描述极为笼统、简约，只知在贺兰山东麓，具体方位均未做详细说明。

民国时期教育家马鹤天曾对内外蒙古进行过考察，著有《内外蒙古考察日记》，其中记载：

> 由长流水（今巴颜浩特之南，宁朔县之西）行数里，即入贺兰山，群峰耸峙，但行山谷间，并不登越。二十里至三关。……未几至二关，山坡边间有边墙，即长城的一部。又未几至头关……由此即豁然开朗，平原千里，远望有一大冢，据说是李元昊墓。

这是将西夏陵地望限定在三关口附近最早的文字记载。

20世纪60年代初，空军某部在西夏陵区内建立基地及机场，施工期间大量文物及建筑构件的出土，引起了宁夏回族自治区政府及文物保护部门的高度重视。文物部门随即派专业人员前往调查，从清理出的数量众多的汉文和西夏文残碑等文物标本中得知，人们一直传言的"昊王坟"即西夏的皇家陵园所在。

20世纪70年代，宁夏的文物工作者首次对西夏陵进行踏查、编号，同时先后发掘了6号陵（当时编号8号陵）墓室及部分单体建筑遗址、5号陵和7号陵各两座碑亭和三座陪葬墓、两座砖瓦窑址和一座石灰窑，出土了国家一级文物琉璃大鸱吻、鎏金铜牛、大石马，数量众多的建筑材料和汉夏文残碑等。文物工作者还依据7号陵出土的残碑额确定其为西夏第五代皇帝仁宗仁孝之寿陵，这也是唯一一座能断定墓主的西夏帝陵。

20 世纪 80 年代到 90 年代初，对西夏陵开展了更为全面系统的调查，重点是探查西夏陵墓葬的分布范围，为保护区范围的划分奠定了基础。文物工作者共发现帝陵 9 座、陪葬墓 206 座，并对陵区所有陵墓重新进行了编号，两次对陵区北端建筑遗址进行了调查和发掘，清理了中心大殿及部分院落，出土建筑构件、瓷器、陶器、泥塑、石刻及铜铁器等近 300 件，并揭露了 3 号陵东碑亭遗址。

20 世纪 90 年代末至今，文物工作者对 3 号陵西碑亭进行了清理发掘，新发现陪葬墓 49 座，陵区陪葬墓总数增至 255 座；同时分别对 3 号陵和 6 号陵陵园地面建筑遗迹进行全面揭露，并实施加固保护工程，探明了两座帝陵各单体建筑基础结构和建筑格局，出土了数以万计的建筑构件和汉夏文残碑，尤其 3 号陵出土的人头鸟身的频伽、兽首鱼身的摩羯鱼、带有羽翼的海狮等造型各异的装饰性构件引起学术界的高度重视。此次清理发掘新发现陪葬墓 16 座，陪葬墓总数增至 271 座。

通过 40 多年的调查、发掘、研究和保护，摸清了陵区的范围及现存墓葬遗址的分布和建筑特色，文物保护工作也得到前所未有的进展。1988 年西夏陵被国务院公布为全国重点文物保护单位。2006 年其被建设部列入国家首批自然与文化双遗产预备名录。2011 年西夏陵国家考古遗址公园暨申报世界文化遗产工作启动。2012 年西夏陵被国家文物局列入中国世界文化遗产预备名单。2013 年其被国家文物局列为第二批国家考古遗址公园立项名单。

第二节　皇陵的布局

西夏陵区在贺兰山东侧山峦冈阜之下，南起三关口，北至泉齐沟。陵区之东，为西夏初期开凿的著名渠道——"昊王渠"。这里坡高地阔，居高临下俯视整个银川平原，极目远瞩，可以看到逶迤流淌的黄河。贺兰山群峰之间，清泉潺潺，绿树青青。按中国传统地理堪舆术，西夏陵园是安葬皇帝的所谓"上吉之地"。明代礼部尚书兼武英殿大学士金幼孜有诗赞美："贺兰之山五百里，极目长空高插天。断峰迤俪烟云阔，古塞微茫紫翠连。"[①]

自唐僧一行撰《五音地理新书》后，流行堪舆家之五音姓利说，北宋皇室也据其说择陵地。后宋仁宗命王洙编纂《地理新书》为地理官书，包括五音姓利说在内的阴

---

① 金幼孜：《出郊观猎至贺兰山》，见胡汝砺编《嘉靖宁夏新志》卷 7，宁夏人民出版社，1982，第 367~368 页。

阳五行生克及吉凶祸福之禁忌，更为流行。[①]西夏也实行占卜术数之学，但当时如何选择西夏皇陵的地址未见文献记载。西夏皇陵背靠贺兰山，但没有一条山洪沟从陵园和陪葬墓园中穿过。雨季贺兰山易暴发山洪，而这片西夏陵区似可免遭山洪袭击，可见其选址的科学。

西夏皇陵的择定，一方面在于其地势优越，另一方面在于它与西夏都城兴庆府距离适中，二者有30公里的距离，既将陵与皇城隔开，又不太远，祭拜、管理方便，可谓得天独厚。自宋天圣元年（1023），李德明改怀远镇为兴州以作为新的统治中心，宋明道二年（1033），元昊正式定都兴庆府后，这方贺兰山下的宝地便成了修造、安葬、祭祀、管理皇陵的陵区。[②]

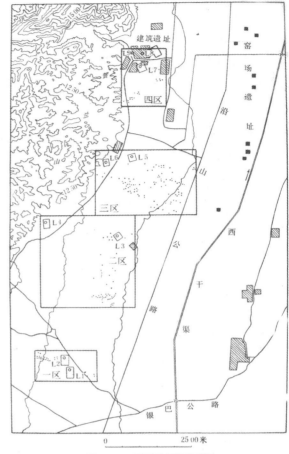

图4-1　西夏陵园平面图

西夏陵区分布在南北长10公里，东西宽5公里，总面积50多平方公里的范围内，构成一个完整的陵区建筑群体。现存帝陵9座，陪葬墓270余座，陵邑遗址1处，还有专为陵区烧制建筑材料的砖瓦窑址和石灰窑址数十座。

陵区内帝陵的排列应该是有规矩、成规律的。但是，由于缺乏历史文献记录，加之目前对帝陵碑亭遗址尚未全部发掘，要确定各帝陵的准确位置，尚需继续对其余各帝陵的碑亭遗址进行发掘。[③]实际上这些帝陵能确切地明确墓主人身份的只有7号陵，因为其碑亭出土的残碑中有些可大体拼合成一方碑额，碑额为西夏文篆书，译文为"大白高国护城神德至懿皇帝寿陵志文"，西夏仁宗尊号为"护城皇帝"，陵号"寿

①　王洙等：《地理新书》卷2 "地形凶吉"条："后有走马岗，前有饮马塘，冈阜形势，小顿大起，延连百里不断者，为上吉。"
②　银川西夏陵区管理处编《西夏陵》，第1~11页。
③　宁夏回族自治区博物馆：《西夏八号陵发掘简报》，《文物》1978年第8期。

图4-2　西夏陵园7号陵陵台

图4-3　7号陵西碑亭出土残碑云龙
纹边饰拓片

陵"，显然这是仁宗的陵寝。

　　近年宁夏文物考古研究所与银川西夏陵区管理处共同对6号陵地面遗迹进行了发掘。通过发掘获得了认定6号陵陵主的证据。出土的汉文残碑T0914：5上有两列字，其中一列为："……有二岁，在位三十年……"从内容看，当是记述墓主人年岁及在位时长。可惜碑文不全，无法知道墓主人在位的确切年数。恰好元昊父李德明在位达30年，在西夏诸帝王中，只有李德明在位时间与碑文相符。此外，还有此陵碑亭出土的其他残碑文字，如"太宗"、"圣皇"等为佐证，证明此陵应是西夏太宗李德明之墓。

图4-4　西夏陵园6号陵

　　从确定的6号陵和7号陵两座帝陵来看，西夏陵区帝陵排列与唐宋陵相似，推测西夏陵九座帝陵可能的归属分别是：太祖李继迁的裕陵为4号陵，太宗李德明的嘉陵为6号陵，景宗嵬名元昊的泰陵为3号陵，毅宗嵬名谅祚的安陵为8号陵，惠宗嵬名秉常的献陵为5号陵，崇宗嵬名乾顺的显陵为9号陵，仁宗嵬名仁孝的寿陵为7号陵，桓宗嵬名纯祐的庄陵为2号陵，襄宗嵬名安全的康陵为1号陵。后三位皇帝嵬名遵顼、嵬名德旺和末帝睍没来得及修陵。①

---

　　①　孙昌盛：《西夏六号陵陵主考》，《西夏研究》2012年第3期；宁夏文物考古研究所、银川西夏陵区管理处：《西夏六号陵》；参见孙昌盛《西夏陵陵主考》，科学出版社，2013，第419~431页。

从已发掘过的 7 号陵、清理过地表的 3 号陵及其他陵园布局分析，西夏陵园平面布局紧凑，月城在内城南面，改变了外城包围内城的格局，陵台台基呈八角形或圆形，不同于唐宋皇陵的方形；陵台在墓室后部，不起封土作用，也不同于唐宋皇陵。墓室形制中，墓道敷设木椽，用圆木或木板封闭甬道，周壁敷设护墙板，而不用砌砖。陵墓皆被盗过，已发掘的陵墓墓室中未出现任何丧具，这值得进一步研究。

陵区北部有长方形庭院式殿宇建筑，可能是陵邑遗址，面积十万余平方米，当为陵墓祭祀活动和管理者及僧侣等人居处的场所。

第三节　皇陵的特点

西夏陵区的皇陵与陪葬墓，以及其他有关建筑遗址的分布，同中原地区的唐、北宋皇陵相比较，在总体上有许多共同之处，所以后世有人得出西夏陵"仿巩县宋陵而作"的认识。但西夏陵和宋陵也存在显著的差异。

一　西夏陵和宋陵的相同之处

第一，西夏陵与宋陵皆规模宏大，体现出君临天下的礼制，在丧葬上显示出最高等级，表明皇帝至高无上的权威。

第二，皆继承华夏传统的"阴阳五行"、"五音姓利"等丧葬风水学建筑环境理论。陵地依山傍水，择地取穴，按尊长辈次先后排序。

第三，都集中在一个大陵区内。宋陵占地 156 平方公里，西夏陵占地 50 平方公里。

第四，陵园建筑方位都是坐北朝南，阙台、石像生、碑亭、神城（上宫）、献殿、墓室、陵台、神门、门阙、角阙等功能性建筑，都以中轴线为主对称布局，沿袭和模仿古建筑中皇城宫殿建筑的传统体制。

第五，两处帝陵皆可分为四区，陪葬墓分别围绕帝陵依序相对集中分布，丧葬墓地体现出朝廷王公大臣们对皇室的依附关系。

第六，所使用的建筑材料以土木砖石构筑为主，进行粉饰彩绘，并采用琉璃烧制构件作装饰和点缀。

二　西夏陵和宋陵的不同之处

第一，对于偏安一隅的西夏来说，西夏陵园宏伟宽阔，但其范围较唐、宋皇陵要小。唐代是我国封建社会的繁荣鼎盛时期，皇帝即位之日就可以开始修造陵墓，故陵园规模宏大，一陵几乎占地一县。[①] 宋代除政治、经济等方面的原因外，限于埋葬制度有"七月之期"的时间限制，规定在皇帝死后方可动工修陵，七个月之内竣工下葬，超过七个月者为不吉。因而陵区面积和陵园的规模较唐陵明显缩小。然宋陵比起西夏陵区依然要大得多，相当于西夏陵区的 3 倍。[②]

第二，宋陵按"五音姓利"学，皇室赵姓角音木行东南的堪舆术，选中岳嵩山脚下的巩义黄土岗为陵地，背靠东南山势，面对西北伊洛平原。西夏则按五行学金行西南的堪舆术，选择贺兰山西南麓的冲积扇，背靠西北高山，面对东南的黄河平原，与宋陵方向不同。

第三，宋陵比西夏陵有复杂之处，如于皇陵之后又袝葬后陵及下宫等建筑。西夏皇陵较为单纯，无论是皇陵之后还是兆域内均无后陵，亦无下宫等附带建筑，而且从地面现存情况来看可能采取夫妇合葬方式，绝大多数后妃与皇帝同穴。在黑水城出土的西夏文《圣立义海》一书中，于"夫妇名义"部分记载："夫妇者，生时同枕眠，死后共墓埋。"[③]《圣立义海》是西夏官修书，因此西夏皇室可能也践行着西夏统治者规定的丧葬礼仪。

第四，西夏陵陵园为"凸"字形结构，而宋陵则是方形结构。西夏陵由月城和陵城构成，月城列置石像生，与唐、宋陵在正门外神道两侧置石像生不同。石像生是陵墓前安设的石人、石兽，又称"翁仲"，其作用主要是显示墓主人的身份等级地位，也有驱邪、镇墓的含义。这种结构缩短了陵园的纵深距离，压缩了规模，显得紧凑。

第五，西夏陵比宋陵有复杂之处，主要是其地面建筑的碑亭、外城、角台禅院等为唐、宋陵所无。西夏陵碑亭在阙台之后、月城之前，规模宏大，地位显著，强化了西夏通过丧葬颂扬皇帝的功能。

第六，西夏陵的陵台是塔形，为中原地区所未见，与北宋陵陵台的覆斗形不同，也与唐陵依山或积土为陵不同，是西夏皇室墓葬的创造。

---

① 参阅陕西省文管会《唐乾陵勘查记》，《文物》1960 年第 4 期；陕西省考古研究所《唐顺陵勘查记》，《文物》1964 年第 1 期；陕西省文管会《唐建陵探测工作简报》，《文物》1965 年第 7 期；陕西省文管会《唐桥陵调查简报》，《文物》1966 年第 1 期。

② 郭湖生等：《河南巩县宋陵调查》，《考古》1964 年第 11 期。

③ 〔俄〕克恰诺夫、李范文、罗矛昆：《圣立义海研究》，宁夏人民出版社，1995，第 85 页。

图4-5　3号陵全景

图4-6　7号陵陵台

图4-7　河南巩县的宋仁宗永昭陵

第七，西夏陵不像唐宋陵那样有陵上建寝的制度，而是只建上宫，不建下宫，看来是不供奉陵寝。这在皇室丧葬制度上是一个大的变化。

第八，西夏陵有些布局显示出不对称的特点，如陵台、墓道、献殿等建筑都在中轴线以西，皇陵多有3个碑亭，一边两个，一边一个，也不对称。而宋陵的墓穴位于上宫的中心。

第九，西夏陵建筑材料有特点，很豪华。其大量使用琉璃制品和瓦制品，为唐、宋陵所少用。西夏陵的外观形式和单体建筑较为复杂，且灵活多变。[①]

第十，西夏陵多方面地突出了佛教文化元素，如密檐式陵塔、佛教造像、佛教经幢、莲花柱础，以及迦陵频伽等建筑装饰构件等。

[①]　参见张雯《西夏陵其制度不"仿巩县宋陵而作"》，《西夏学》第7辑，上海古籍出版社，2011；银川西夏陵区管理处编《西夏陵》，第8~10页。

图4-8　6号陵出土石经幢　　　　图4-9　西夏陵出土琉璃莲花座

　　西夏陵区的陵邑位置选择在陵区的北部，因而可以推测它的始建年代大约是在西夏中期以后。陵邑本身占地面积不大，因为它与唐、宋时代的陵邑皆带有行政区划的性质不同。西夏主管修陵、安葬和祭礼等活动的机构称为"圣容提举"，属中等司，设一正、一副，其职权范围可能与宋朝山陵使相当。[①]

第四节　陵园地面建筑

　　西夏陵园地面建筑，无疑受到中原地区汉族建筑的巨大影响。但是，从其建筑本身观察，西夏陵园建筑更富有自身的民族特色。各帝陵的地面建筑大同小异，若以陵台为中心，由远及近包括阙台（一般2个）、碑亭（2个或3个）、月城、陵城（4周有墙体，一般有4门、4角阙）、陵城内的献殿和陵台。以下分析介绍有特点的几个部分。

一　陵台

　　陵园中的主体建筑是陵台，是皇帝墓葬的代表性建筑。在中国古代陵园建筑中，陵台一般为土冢，起封土作用。在墓室之上，或堆土如山，或依山掘冢，或夯一方形或圆形土台，再用砖或石灰面加以包裹。但是，西夏皇陵的陵台建筑别具一格。

　　西夏陵园的陵台设在墓室垂直线后部10余米处，因而实际上根本不具封土冢的作用。这在中原地区的唐、宋陵园中是没有的。

---

　　①　史金波、聂鸿音、白滨译注《天盛改旧新定律令》卷10"司序行文门"，第363、369页。

图4-10　3号陵陵台、月城和门阙

西夏陵台以夯土筑成平面呈正八边形的高台，底部平面直径长的 16 米，短的 14 米。八边每边长约 12 米。从下至上逐级内收，分作 9 层、7 层、5 层不等，通高 13～27 米不等。每层收分处为出檐木结构，并挂有瓦当、滴水、屋脊兽等建筑材料，夯土台外部则砌砖包裹。经岁月风雨腐蚀外部建筑皆已不存，现仅剩夯土台。如 3 号陵陵台现高 21.5 米，直径 37.5 米；6 号陵陵台现高 20 余米，直径 28 米。陵园未破坏前，其陵台是一座密檐式的分层实心高塔建筑。陵台建为塔形，装饰多种琉璃构件，外观瑰丽、豪华，这在中国陵园建筑中极具特色。

图4-11　塔形陵台复原图

资料来源：有关西夏陵陵台、角台、角阙的复原图均出自银川西夏陵区管理处编《西夏陵》一书。

塔是佛教的建筑物，其本义就是坟，是埋葬佛骨的坟墓。西夏陵园修造塔形陵台，反映了西夏统治者崇奉佛教的宗教意识以及在皇室殡葬方面厚葬奢靡的风尚。

二　碑亭

西夏陵墓建筑中另外一种特殊而重要的组成部分是碑亭。墓碑是后人用来为自己的先世歌功颂德、树碑立传的地方。西夏墓碑碑亭的建筑结构和布局具有下述几个明显特点。

第一，每座帝陵一般为两座或三座碑亭。它们的位置不同于唐陵和宋陵，如唐乾陵在"司马道"两旁有华表、石像生等，其中还有墓碑。而西夏陵中放置的墓碑有专门的碑亭，设在阙台之后，月城（包括石像生群）之前的两侧。多数帝陵为三座碑亭，即西边一座，东边两座。这样的布局看来是不协调、不对称的。但是，如果纵观陵园全局，就不难发现，由于西夏陵园的陵台和墓道位置都偏离了子午线，位于南北中轴线以西，所以东、西碑亭数目不等，反倒使整个陵园的布局避免了"西重东轻"的缺陷。

第二，碑亭无论是两座或三座，其建筑面积都各不相同。有两座碑亭的帝陵，一般都是东碑亭大于西碑亭，而有三座碑亭的帝陵，则在东边的两座碑亭中，位南的一座碑亭建筑面积最小。这些碑亭的建筑面积互相间相差很大，可能是随立碑人身份、地位的不同而异，但就建筑本身而言，显然是打破了中国传统的对称格局。

第三，同一陵园中的各碑亭，建筑形式截然不同。如现已发掘的7号陵园，共有东、西两座碑亭，它们的台基虽均呈正方形，但东碑亭的台基高于西碑亭。西碑亭的台基面上除发现有扁平的自然石块作柱础外，还堆积了大量的砖、瓦和鸱吻等大型装饰性建筑材料，在台基的东、西两侧还各有一砖砌的斜坡踏步。这些迹象表明，它可能是一座穿堂式的殿宇建筑。东碑亭则完全不同，在它的台基面上无一块柱础，仅用方砖铺成圆形地面，周围虽堆积有大量的残砖和整长条砖，却不见片瓦，台基西侧有一砖砌的阶梯踏步。这些迹象表明，它可能是一座穹隆顶的圆形建筑。

第四，西夏陵园的碑亭遗址陆续出土了7座人像石碑座。这种石碑座近似正方体，每边长60厘米左右。石座为圆雕人像，一男性面部浑圆，颧骨高突，粗眉上翘，双目突出，鼻梁短粗，獠牙外露，下颚置于胸前，胸有肚兜，肩与头齐，肘部后屈，双手抚膝，下肢屈跪，背部平直。上部一角阴刻西夏文三行，其中有"志文支座"4字。碑座背面有阴刻汉文一行6字"砌垒匠高世昌"，留下了难得一见的西夏工匠的名字。雕像以夸张的手法表现了负重者的神态，反映出西夏时期石雕艺术的独特风格。人像石座中还有女性人像，其形象除胸前无肚兜，双乳下垂，半握双拳支撑于膝，手腕足胫套有双环外，其余都与男性像座相同。这些表现背负沉重、不堪压迫的淳朴艺术造型或许折射出当时底层劳动人民的艰难处境，它以夸张的艺术手法表达出一种超乎现实的非凡精神，产生出强烈的艺术感染力。这种浑厚朴实的石雕，典型地反映了西夏雕塑的民族特点。[1]

此外，碑亭内所树的墓碑都以西夏文和汉文两种文字刻成，它们同西夏陵园具有民族特色的碑亭建筑相配，增添了浓厚的民族色彩。更值得注意的是往往每一碑亭出土的大量残碑中，不只一种字体，有的残碑中的年号比墓主去世时间晚得多，可以推

---

[1]　史金波、白滨、吴峰云：《西夏文物》，文物出版社，1988，图233、234。

图4-12　3号陵西碑亭出土的人像石碑座

图4-13　西夏陵寿陵出土的带龙纹的残碑刻

断碑亭中所立非只一方碑刻，有的是后世陆续镌刻建立，这在中国皇帝丧葬建碑方面很有特色。

三　角台、阙台和角阙

西夏陵园中角台是茔域范围内标志性的建筑，也是颇有特点的建筑。每一陵园均有四座角台，其位置在陵园兆域之外围。后部的两座角台，位于陵园的尽北端。前部的两座角台，其南端基本上不超过碑亭所在的位置。早期陵园角台与外神墙比较接近；中、晚期陵园由于外神墙逐渐内收，角台则成了兆域东、西、北三面的唯一标界。从角台四周堆积的残砖碎瓦等物可以肯定，角台之上原建有角楼，

图4-14　3号陵西北角台

图4-15 3号陵西北角台复原图

但周围没有登高的阶梯，它同阙台上的楼阙一样，似乎仅起装饰作用，并不实用。而在唐、宋陵园中，只有建筑在神墙四周转角处的角阙，而没有类似西夏陵园中的自成一体的角台建筑，西夏陵园中以角台为兆域的标界，在中国陵园建筑中独具特色。

在陵区东部，沿"昊王渠"两岸，分布了数十座砖瓦窑和石灰窑，这些窑的形制与中原地区所常见的同类窑基本上相同，证明西夏陵区使用的大量建筑材料是就地取材、就地烧制的。

阙台是每座西夏陵园入口处的标志性建筑，左右对称。3号陵两阙台相距约100米。西阙台现腹径10.5米，高7.35米；东阙台腹径8.8米，高8.35米。

图4-16 2号陵阙台

图4-17 3号陵西阙台

角阙是西夏陵城四角的标志性建筑，为对称形状。如3号陵角阙由5座圆形墩台式建筑组成。东北和西北角阙由7座圆形墩台式建筑组成。4座角阙皆以中间的拐角圆形墩体最大，而两侧的墩体依次缩小。这些墩台式组合角阙建筑，左右高低错落，大小相依，给陵城增添了动态美感。

图4-18 3号陵角阙墩体

图4-19 3号陵角阙墩体复原图

综上所述，西夏陵园吸收了我国秦汉以来特别是唐、宋时期陵园之所长，同时又受到了佛教丧葬的巨大影响，使汉族文化、佛教文化和党项族文化三者有机地结合在一起，从而构成了我国皇室丧葬制度中别具一格的形式。其出土的高大琉璃鸱吻、琉璃屋脊兽等证明了西夏皇室丧葬的豪华，凸显了西夏皇室的威严。它不仅为我们研究西夏时期的丧葬提供了重要的资料，同时也为中国古代丧葬史增添了别开生面的重要一页。[①]

第五节　陵园建筑的装饰

从西夏陵园发现的大型屋顶脊饰，特别是琉璃脊饰中，我们可以看出西夏皇家陵园丧葬建筑的精美、豪华。西夏建筑物的脊饰多种多样，出土的有琉璃摩羯、琉璃四足兽、琉璃鸽等，这些屋脊建筑装饰构件都于腹部伸出一个空心柱与脊瓦相连，通体施绿釉，色彩光亮莹润。这些动物脊饰置于殿宇屋脊之上，既象征着吉祥如意、消灾免祸之意，又能达到明显的装饰效果；同时还可起到保护屋宇脊梁缝线，防止雨水冲灌的实用作用。

图4-20　3号陵出土绿釉摩羯　　　　　图4-21　3号陵出土墨绿釉海狮

西夏陵园地表发现的屋脊兽就是西夏高大殿堂屋顶的装饰。一种琉璃屋脊兽，呈龙首形，头上双角斜立，造型怪异。这种体形高大、色彩光亮的建筑构件，装饰在金碧辉煌的大殿或门楼的正脊两端，会使整个建筑物更加威严肃穆、富丽堂皇。

---

① 宁夏回族自治区博物馆：《西夏八号陵发掘简报》，《文物》1978年第8期；吴峰云：《西夏陵园建筑的特点》，《西夏文物》，文物出版社，1988。

图4-22 琉璃屋脊兽

图4-23 琉璃鸱吻

琉璃摩羯分有角和无角两类。一种无角琉璃摩羯龙首鱼尾造型，施绿色釉，造型奇特，形态自然，如腾跃出水状。又有有角卷腭琉璃摩羯，额顶有分叉犄角，两侧双翼展开，作振翅腾飞状。还有琉璃四足兽，兽头高昂，前肢伸出，后肢腾起，如猛兽扑食状。[1]

西夏陵园出土的高大鸱吻更加引人注目。鸱吻一般装饰在金碧辉煌的大殿或门楼的正脊两端。西夏陵园地表发现的陶质琉璃鸱吻，通高152厘米，绿釉面光润闪亮，龙头鱼尾造型，头尾分别烧制，显现出威猛的形态。[2]

西夏的宫殿也装饰鸱吻，并且也有被雷电损坏的记载。夏仁宗天盛七年（1155）五月雷电震坏宫殿鸱尾。[3]这说明西夏把丧葬建筑看得与宫殿建筑同等重要。现在存留于世的西夏大型鸱吻，是中国中世纪鸱吻的代表作。

最令人叹为观止的是西夏陵园出土的多种类型的五角花冠妙音鸟（迦陵频伽）。其一人首鸟身，陶胎绿釉，花冠边饰连珠纹，背生双翅，身后有蕉叶式长尾，似欲振羽翱翔，制作十分精细，是稀有的建筑构件。又有较小的五角花冠妙音鸟，也是人首鸟身，双手于胸前

① 中国国家博物馆、宁夏回族自治区文化厅编《大夏寻踪——西夏文物辑萃》，中国社会科学出版社，2004，第208～211页。
② 史金波、白滨、吴峰云：《西夏文物》，图308。
③ 吴广成：《西夏书事》卷36。

合十，双腿跪姿，双翅展开，长尾高翘，呈飞行状，制作也十分精细。①

西夏陵园出土的大批琉璃鸱吻、屋脊兽、摩羯和妙音鸟等华丽的建筑构件，使陵园既有宫殿的雄伟豪华，又有佛国西方极乐世界的美妙缤纷，把帝王的来世装饰得美轮美奂，这或许是西夏陵园风格的又一种创新。

西夏陵还有精制的琉璃筒瓦和琉璃滴水，其工艺水平不亚于中原。还有一种薄白瓷板瓦，釉面光润，上有冰裂纹，自然美观，即使把它同现代的优秀瓷制工艺品相比，也毫不逊色。②砖瓦是西夏陵最多、最普通的建筑材料，它们除建筑功能外，有的还起到装饰作用。如有

图4-24　琉璃迦陵频伽

的砖有花纹，有的砖背有手掌印纹，有的砖有印模，还有琉璃花纹陶砖，更有特色。

从这些建筑物材料可见西夏陵园乃至皇宫装饰的豪华和铺张，同时又具有民族特色的建筑装饰美学效果。

图4-25　琉璃滴水

图4-26　琉璃瓦当

① 汤晓芳主编《西夏艺术》，宁夏人民出版社，2003，第124～128页；中国国家博物馆、宁夏回族自治区文化厅编《大夏寻踪——西夏文物辑萃》，第202～207页。
② 史金波、白滨、吴峰云：《西夏文物》，图320。

第六节　陪葬墓

陪葬墓是西夏皇亲贵臣的墓葬，分布于各帝陵的周围。每座帝陵的陪葬墓多寡不等，多者十余座，少者二三座。陪葬墓无论在规模上，还是在形制上都与帝陵有显著的差别，从而反映出西夏的丧葬制度同样具有严格的封建等级观念。

在西夏陵区里，除个别陪葬墓规模较大外，绝大多数的陪葬墓规模都比帝陵小得多。在形制上，陪葬墓没有帝陵所必须具有的阙台、角台、献殿等个体建筑，墓冢的形状也与帝陵有很大区别。此外在城垣石灰墙面的颜色和建筑材料的使用上，都有明显的差异。

西夏陵区的陪葬墓多不在兆城之内，也没有明显的排列规律。考古专家将所有陪葬墓综合分为五类：

第一类，建筑内容和墓园形制最复杂，多由两座碑亭、外城、月城、墓城、门址、照壁和墓冢组成。

第二类，建筑内容和墓园形制较为简单，多由一座碑亭、月城、墓城、门址、照壁和墓冢组成。

第三类，建筑内容和墓园形制更为简单，多由一座碑亭、墓城、门址、照壁和墓冢组成。

第四类，建筑内容和墓园形制再简单，由墓城和墓冢组成。

第五类，建筑内容和墓园形制最简单，只有一座墓冢。

像第一、二类那样大型的陪葬墓是少数，多数是较小型、简单的陪葬墓。177号陪葬墓是陵区最大的陪葬墓，西距5号陵300米，由外城、两座碑亭、月城、墓城、门楼、照壁和墓冢组成。茔域面积近2万平方米，东、西碑亭皆成正方形，边长10.5米；月城呈长方形，东西37米，南

图4-27　西夏陵中的陪葬墓

北41.75米；墓城也为长方形，南北117.4米，东西101.4米；墓冢位于墓城北端西侧，夯土冢，截顶圆锥形，有六排柱孔；墓道长40.5米。显然这是皇亲国戚的墓葬。

182号陪葬墓南距6号陵1700米，规模比前者要小，但结构也很完整。通过此墓碑亭出土的西夏文、汉文残碑知是"尚父太师尚书令知枢密院事梁国正献王嵬名安惠"的墓。据残碑知此人是毅宗、惠宗、崇宗时的朝中大臣，位居枢要，掌管军政大事。但他的名字和事迹不见史书记载。182号陪葬墓的墓门，是用三层每层10块宽15厘米、20厘米、25厘米不等，厚10厘米，长2.6米的木板封门，内层靠墓道东西壁的两块木板为长方木，长2.15米，上端原雕木板的外侧还垒压了大大小小近百块石头。墓门前1.4米的墓道底部，还殉葬了一只幼狗，可能是象征着其为墓主人看家护院，保护财富。黑水城出土的一幅《西夏皇帝及随员图》中在财宝的旁边也有一只狗在看守。此墓中还发现棺钉44枚和一些棺木残块，证明其是木棺葬。

近年在甘肃省武威地区发现的西夏墓，墓主人为汉族人，其墓室同样作砖室墓。由此说明，西夏帝陵的墓室作土洞而不修砖室，除经济上和埋葬期限等方面的原因外，当与党项民族的生活习俗有关。地下墓室是地上居室的反映。党项族历来就有"俗皆土著，居有栋宇"的习俗。[1]即使到了夏国建立之初，依然"皆土屋，惟有命者，得以瓦覆之"。[2]可见，至少在建国以前和建国后的很长一段时期内，土屋在西夏境内，为党项民族主要的居住建筑。虽然西夏帝王是不可能以土屋为居室的，但是我们可以从帝陵墓室的土洞结构中，了解到党项民族传统的生活习俗。[3]

---

[1]　《旧唐书》卷198《党项羌传》。
[2]　《宋史》卷486《夏国传》（下），第4029页。
[3]　吴峰云：《西夏陵园建筑的特点》，《西夏文物》。

第五章
贵族、官员墓葬

西夏帝陵的陪葬墓皆为贵族墓葬，此外还有其他地区发现的西夏贵族、官员墓葬，借此我们可以更多地了解西夏统治者的墓葬情况。

第一节　宁夏闽宁村西夏贵族墓

2000 年、2001 年，宁夏文物考古研究所先后对宁夏银川市南郊永宁县闽宁村的 8 座西夏墓和 4 座碑亭进行了清理发掘，并推论墓地时代似应在西夏建国前后。[①] 这些墓不仅有封土，还有墓道、墓门和墓室，虽皆经盗掘洗劫，仍出土不少遗物。如 2 号墓有墓俑，3 号墓有铜铃、石雕和瓦当，5 号墓有石雕幼狮，7 号墓有铜饰物、铁甲片，8 号墓有陶俑、木俑、石柱榫头等，可证明这些多不是普通贫民的墓葬，而是有地位人家的墓葬。特别是 4 号墓出土大量铜器，有铜带扣、铜棺泡饰等，还有多种鎏金银带饰，更证明此墓为官宦贵族家之墓葬。更为重要的是有的墓葬碑亭出土了带文字的残碑块，其中一块（T12：5）有 "……郎张陟撰" 的字样，这应是墓主人墓志铭的撰写者。此人应是西夏早期主谋议的大臣张陟，他曾于景宗元昊大庆三年撰写《大夏国葬舍利碑铭》，其职称为西夏 "右仆射中书侍郎平章事"，正与残碑块文字相合。[②] 能请张陟这样官居一品的人写墓志铭，当为贵族之列。

这些墓葬没有西夏帝陵墓葬那样恢宏的规模和豪华的地面建筑以及出土遗物，但也不是普通百姓简单的墓葬。各墓均有高低不等的封土，高者有 3～4 米，其中 4 座

---

① 宁夏文物考古研究所编著《闽宁村西夏墓地》，第 141～143 页。
② 《宋史》卷 485《西夏传》（上），第 13994 页；胡汝砺编《嘉靖宁夏新志》卷 8。

图5-1　闽宁村西夏墓

墓有墓园建筑，墓葬不在墓园的正中而是在西北部，这种布局与西夏陵园建筑一致，具有不同于中原墓葬的特点。此外墓内皆有阶梯式墓道，有2座墓道中有天井，墓室以木料封门，墓室为土洞单室墓，多为方形、平底、平顶或穹隆顶。在8座墓中有3座土葬墓，2号、4号、7号墓，有5座火葬墓，1号、3号、5号、6号、8号墓，实际是先火化再土葬。这再次证明西夏墓葬兼容土葬和火葬习俗。

闽宁村西夏墓1号墓西侧碑亭出土的残碑（T12：4）上有"……野利公讳……"，知墓主人应是西夏党项大族野利氏，又2号碑亭出土的残碑（B2：178）有文字"……臣闻野利……"，证明一大臣为墓主野利氏撰写了墓碑铭文。可以说这些墓葬中至少包含了党项族贵族的墓葬，或许它们就是野利氏贵族的墓葬群。[①]

图5-2　闽宁村西夏墓出土残碑

图5-3　闽宁村西夏墓出土鎏金银带饰

---

① 宁夏文物考古研究所编著《闽宁村西夏墓地》。

第二节　内蒙古乌海市西夏某参知政事墓

在内蒙古自治区乌海市海南区黑龙贵煤矿东南三山环抱的平地上，发现了西夏某参知政事墓。墓地早年被毁，平坡地面无封土，但还有享堂之类的建筑遗迹留存。墓地上散置葵花纹柱础和石柱各一，小石狮两对，石羊一对，石马一对，文臣石像三，武将石像三，还有被近人炸毁成两半的巨大兽形碑座和残碑一通，这是现存西夏时期的一方汉文碑。经陈国灿先生考辨推定，墓主人为西夏仁宗时期一位地位很高的参知政事。①

被发现的某参知政事碑现藏于乌海市博物馆，是从乌海参知政事墓采集而来。该墓最早由内蒙古地质队在 20 世纪 50 年代时发现，当时墓碑已断残。内蒙古文物工作队 1963 年夏派专家调查。1973 年 6 月时任内蒙古大学历史系教师的陈国灿先生在市文教局的支持下，由市文化馆阎立功同志陪同对此地进行了探察，之后对碑文进行了详细的考释分析。

图5-4　乌海某参知政事墓

图5-5　乌海某参知政事碑底座

图5-6　乌海某参知政事墓碑

图5-7　西夏某参知政事碑侧部

---

①　陈国灿:《乌海市所出西夏某参加政事碑考释》,《内蒙古大学学报》1997 年第 4 期。

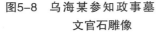

图5-8　乌海某参知政事墓
　　　　文官石雕像

图5-9　乌海某参知政事墓武官石雕像

墓碑残高 64 厘米，宽 107 厘米，厚 25 厘米，重 428 千克。下半部分缺失，表面有风化脱落现象，部分碑文字迹已模糊不清，碑面有阴刻楷书碑文，从中可以了解墓主人生平，更有"耀神武于河西"等内容。[①]

此墓有残石像生，文官一、武官二，体型高大，可见当时的墓葬规模，然五官已模糊不清，墓内还有石马、石羊。皆白砂岩质，浑厚古朴，器表有风化脱落现象，入藏内蒙古自治区乌海博物馆。

文官石雕像通高 183 厘米，站姿，头戴官帽，身着朝服，衣袖宽大及地，身后束蝶形细长腰带，足蹬官靴，双手持玉圭，表情和善，头、腰部断裂。一武官石雕像通高 204.5 厘米，立姿，戴头盔，披铠甲，束腰带，双手握剑，双目圆睁，嘴巴紧闭，神态威严，头、腰部有断裂。另一武官石雕像通高 202.5 厘米，白砂岩质，立姿，戴头盔，披铠甲，束腰带，蹬官靴，双手握板斧斜置胸前，双目圆睁，嘴巴紧闭，头、腰部有断裂。

---

①　史金波总主编，塔拉、李丽雅主编《西夏文物·内蒙古编》第 4 册，第 1197～1200 页。

图5-10 乌海某参知政事墓石马 　　　图5-11 乌海某参知政事墓石羊

石马通高 101 厘米，站立状，挺颈，缰绳搭鞍，背部鞍具齐备，马尾下垂打结，体态丰满，四肢粗壮有力，头部残失。石羊通高 72 厘米，屈肢跪卧状，仰首，双角弯曲，双耳、尾巴下垂，体态浑圆，吻部残缺。[①]

第三节　甘肃武威西郊林场西夏官吏墓

1977 年在原甘肃省武威城西北隅的西郊林场发现了两座西夏时期的墓葬。[②]该西夏墓具体位于武威市凉州区西关街镇西苑社区村西郊公园内假山以东人工湖处，墓葬为 2 座，呈方形，总占地面积 12.2 平方米。两墓相距 10 米，皆为单室砖墓，墓室平面呈方形，圆锥形顶，距地表约 1.5 米，砂土土质，砖砌四壁，平铺底部作人字形。墓门为单层砖拱券顶，以较大卵石封门。1 号墓在北，墓门南向，墓室长 1.3 米，宽 1.2 米，高 1.2 米，墓门高 0.75 米，宽 0.68 米，进深 0.33 米。2 号墓在南，墓门东向，墓室长 1.6 米，宽 1.3 米，高 1.7 米，墓门高 0.8 米，宽 0.9 米，进深 0.39 米。两墓后壁底部均设台二层，宽度与墓室相等，长 0.6 米，高 0.14 米，石灰抹面。墓内随葬器物有瓷罐、木缘塔、木条桌、木衣架、小木塔、木笔架、木宝瓶、木版画 29 块，1977 年入藏武威市文物管理委员会（今武威市博物馆）。原墓葬区现辟为公园人工湖，遗迹已不复存在。[③]

依据木缘塔塔盖题记可知，其一墓主是西夏西经略司都案刘德仁。经略司略低

①　史金波总主编，塔拉、李丽雅主编《西夏文物·内蒙古编》第 4 册，第 1224～1242 页。
②　钟长发：《甘肃武威西郊林场西夏墓清理简报》，《考古与文物》1980 年第 3 期。
③　史金波总主编，俄军主编《西夏文物·甘肃编》第 2 册，第 527～530 页。

于上等司的中书、枢密，根据《天盛律令》的规定，上一级承旨、都案、案头分别相当于下一级的大人、承旨、都案，刘德仁相当于比下等司（如行宫司、择人司、定远县等）大人略高的职位，属官僚阶层。

从木缘塔塔盖题记还可知，1 号刘仲达夫妇墓题记表明夫妻死亡下葬并非同一时间，刘仲达妻子李顺娇，是大夏天庆元年（1194）正月卅日身殁，而刘仲达则是七年之后的天庆八年（1201）仲春二十三日下葬，皆为西夏晚期。题记表明是李顺娇骨灰先下葬，刘仲达死后，其长子刘元秀又

图5-12　武威西郊林场西夏墓出土木缘塔

将其父骨灰灵匣放入其母墓中合葬，进行了二次葬。武威发现的西夏墓葬是砖室墓，可能是为便于夫妻合葬。[①]

此墓葬作为木缘塔砖室墓，不算豪华，但比同一地区的平民窦依家的墓葬还是铺张不少。此墓为夫妻合葬墓，墓中每人都有一座结构复杂的灵塔，即木缘塔，灵塔周边都有朱书梵文陀罗尼经，比平民墓葬的灵匣显得等级要高。更为突出的是此官吏的墓葬中有 29 幅彩绘木版画，有墓主人肖像、驭马图男侍、女侍、童子、老仆、老婢、武士、金乌（太阳）及动物等，反映出当时当地官员的现实生活。刘仲达是西夏时期的汉族官吏，其墓葬反映了那一时期西夏汉族官吏的殡葬情况。

---

①　史金波总主编，俄军主编《西夏文物·甘肃编》第 5 册，第 1400～1435 页。

第六章
平民和僧人的墓葬

和西夏宫殿不能反映西夏普通人民的居室一样，西夏陵园和西夏贵族墓也不代表西夏一般的丧葬制度和丧葬规模。近些年新发现的西夏贫民葬墓，反映了那一时期平民殡葬的具体情况。

第一节　贫民的墓葬

西夏平民的葬俗目前还没有很多资料。在黑水城出土的西夏文《圣立义海》一书中，于"夫妇名义"部分中有"世代敬颂"条，其中记载："夫妇者，生时同枕眠，死后共墓埋。"又在"死后共墓"条记载："夫妇者，生时居一家，相敬终寿。及亡同地墓，共棺入葬也。"[①] 这是西夏夫妇合葬的有力证明。

近些年在考古中也发现了西夏贫民的夫妻合葬墓。贫民墓葬比起贵族官员墓葬要简单得多，有的甚至十分简陋。

一　乾祐十六年武威市西关西夏墓

1997 年 3 月武威市西关武警支队家属院修建家属楼时发现一座西夏砖室墓遗址，遗址南北长 6 米，东西宽 5 米，面积为 30 平方米，为单室砖墓。[②]

该砖室墓由墓室、甬道、墓门以及照墙构成。墓室用平砖叠砌，底铺一层平砖，单室。墓室长 1.4 米，宽 1.3 米，高 1.5 米。墓门高 0.71 米，宽 0.62 米，进深 0.9 米，

---

① 史金波、魏同贤、〔俄〕克恰诺夫主编《俄藏黑水城文献》第 10 册，第 262 页。
② 朱安、钟雅萍：《武威西关西夏墓清理简报》，《陇右文博》2001 年第 2 期。《西夏文物》记遗址现在甘肃省武威市凉州区西关街镇科技巷社区村内。史金波总主编，俄军主编《西夏文物·甘肃编》第 2 册，第 539 ~ 542 页。

用单层砖砌拱形顶，用较大的卵石封门。甬道长 1.2 米，宽 0.6 米，高 0.8 米。上面有高 0.8 米的照墙，以平砖叠砌。出土小木棺 1 具；买地券 1 块，朱砂楷书汉文，共 15 行，乾祐十六年记；彩绘人物木版画 1 块，彩绘四男一女图，以及小木案 1 件，白釉瓷碗 1 件，瓷碟 3 件，小木瓶 2 件，及唐宋铜币 7 枚。

此墓出土的小木棺长不足 60 厘米，制作简单。另有木板朱书买地券，上书时间为大夏乾祐十六年（1185），为西夏晚期。墓主人家属为死者买阴宅地以安厝宅兆，是继承中国古代一种象征阴间宅地使用权的"地券"。买地券系由买地契约演变而来，从东汉到明清，历代皆有。常用石、砖、铁、木等材质，一般为二三百字，内容记载为死者所买墓地的四至、价钱、证人和不许侵占等语，书写好放于墓室内。这是一种象征性的证券，放在墓内意在保证死者对墓地的所有权不可侵犯。地券的出现和使用，反映了西夏土地私有制的发展和土地买卖的盛行。从死者的姓氏看，应是汉族人，此墓葬反映了西夏河西地区汉族的墓葬情况，也证明河西走廊一带的西夏贫民墓葬保持着和中原地区相同的葬俗。

此墓还出土了其他小型随葬品，没有价值高的金银、珠玉等贵重物品，显示出西夏普通民众的墓葬状况。其他随葬品也是象征性的生活用品，反映着当地的生活习俗和用品形制。

二 乾祐二十三年武威西郊西夏墓

甘肃武威西郊发现的西夏墓在武威市凉州区西关街镇西苑社区村西郊公园内，[①]于 1998 年发现，遗址东西长 3 米，南北宽 3 米，面积为 9 平方米。墓为长方形砖室墓，长 123 厘米，宽 95 厘米，高 97 厘米，用砖叠砌而成，单层砖拱形券顶，平砖铺地。砖长 22 厘米，宽 3.4 厘米。墓门向北，墓顶为人字形拱顶，高 67 厘米，宽 44 厘米，墓门用大卵石封门。葬具为两具木质小灵骨匣（小木棺），木棺板上有西夏文题记和汉文题记，为夫妻合葬墓。同时出土汉文朱书买地券一块、小木桌一张、小木椅一对、木酒壶一把、木托盏两件、木供器一件。葬具和随葬物皆入藏武威市博物馆。[②]

此墓出土的小木棺棺盖的长也不足 60 厘米，制作简单。另有木板朱书买地券，书以大夏乾祐廿三年（1192），为西夏晚期。这也是墓主人的儿子为死者买阴宅地以安厝宅兆的一例。随葬品中以小木棺最为重要，有墨书西夏文题记，但木棺形制简

---

① 亦称为响水河煤矿家属院西夏双人合葬墓。
② 姚永春：《武威西郊西夏墓清理简报》，《陇右文博》2000 年第 2 期。

单，制作粗疏。买地券系一木板，朱书汉文 15 行，为乾祐廿三年（1192）记，也为西夏晚期。①

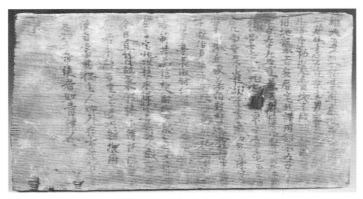

图6-1　汉文朱书买地券

图6-2　武威响水河煤矿家属院西夏墓出土小木棺1

图6-3　武威响水河煤矿家属院西夏墓出土小木棺2

---

① 一称此墓为方形砖室墓，墓室边长 0.8 米，高 0.8 米。史金波总主编，俄军主编《西夏文物·甘肃编》第 2 册，第 535～538 页。

三　天庆八年武威市城区西夏墓

1999 年 6 月，在修建甘肃省武威市城区乡镇企业局楼房挖地基时，发现了一座西夏小型砖室火葬墓。[①] 该墓室坐北朝南，距地面 1 米，长 1 米，进深 1 米，高 1.5 米，为正方形。墓室底部垫细沙，用长 34 厘米、宽 16 厘米、厚 4 厘米的青砖平面铺底。四周下基用竖立青砖排挤而成，以上均用平砖错位叠砌，约 20 层，层与层之间用泥巴黏接。墓室内部为砖砌下大上小、逐层缩小的塔形，顶部呈藻井形状。墓门位于墓室中部，朝南，边沿周围用竖砖排列，高 70 厘米，宽 45 厘米。

墓室出土葬具有松木质小木棺 2 具，内装泥瓶 4 个，造型简单，制作粗糙。灵骨瓶 1 件，内装有灰、白两色混合的大小不等颗粒状的骨灰。木版画数块，为大小不等的松木版画，立放于棺木周围，残损严重，画面模糊。木瓶 2 件，制作精细。墨书松木木牌位 1 件，为墓主子及弟子所立，落款"天庆辛酉八年"（1201）。另有 5 件墨书佛教经咒木板，5 枚宋代铜币。

四　武威市西郊西夏墓

1989 年 6 月，武威市城建委在西郊十字路口修建地下管道时，在距地面 1 米多深处，发现了一座西夏双人合葬墓。[②] 墓室距地表 1 米多深，墓室为砖室墓。长 1.2 米，宽 0.85 米，高 1.25 米，拱顶，用砖叠砌而成。墓门高 90 厘米，宽约 70 厘米，进深 38 厘米，为单层砖拱形券顶，大卵石封门，平砖铺地。根据出土的 2 具骨灰匣，应该是双人合葬墓。墓内出土葬具灵骨匣（小木棺）2 具，其左右帮为木版画，左帮内侧刻画西夏文 6 字，前两字不清楚，后 4 字翻译为"九年四月"，前案头正面书写汉字 6 字真言："唵没隆唵嘛弥"。另一木棺前案头有墓主子孙写汉文题记。

另据报案者称，墓内还有一块木板有五六十厘米长，宽三四十厘米，写满了笔画繁多的文字，和西夏碑上的文字很相似，一个也不认识，看来可能是西夏文，可惜没有追回。此墓还出土了西夏木版画 2 件，高足瓷碟 2 件。工作者对残墓进行了抢救性清理，清理出残骨灰匣 2 具。[③]

---

① 刘斌：《武威发现西夏砖室火葬墓》，《丝绸之路》2000 年第 1 期；黎大祥、张振华等：《武威地区西夏遗址调查与研究》第 7 章。

② 一称在武威市凉州区西关街镇科技巷社区村内。史金波总主编，俄军主编《西夏文物·甘肃编》第 2 册，第 539～542 页。

③ 孙寿岭：《西夏的葬俗》，《陇右文博》1996 年第 1 期。

五 武威五坝山墓群

五坝山墓群，位于武威市凉州区古城乡宏化村的一片山丘台地上。东依宏化村地互助组村庄，西邻古城小河村的耕地，北与磨咀子山头隔河相望，南接杂木河二干渠。南北长约2公里，东西宽约1公里为其墓群保护范围。1983年6月至1984年8月，原武威县乡镇企业局与韩佐公社联合在这里修建砖厂时，陆续发现多座各代墓葬，出土了一些重要文物。1984年9月至1985年，甘肃省文物工作队在这里进行发掘，共发掘墓葬60余座，出土各类文物近千件。根据发掘情况看，五坝山既是一处新石器时代的马家窑文化遗址，又是一处两汉、魏晋，以及西夏、元等时期的墓葬群。

这里发现的西夏墓葬，均为土坑墓，出土很有特色的小木棺及黑釉瓶之类的葬具多件，因是在施工中发现，并未引起民工的注意。出土的西夏绿釉剔花瓷罐和豆绿釉瓷罐以及元代白釉褐花瓷瓶，保存完整，后由武威县（今武威市）博物馆收集保管。

除以上考古人员进行抢救性清理发掘的西夏墓外，武威城乡还发现了数座西夏墓，遗憾的是墓葬由于都是在施工过程中发现的，因此遭到了严重的破坏，施工队也没有及时向文物考古部门报告，没有留下详细的清理报告资料。如1989年7月武威奔马饮料厂在西夏墓群西苑小区施工时，发现一座小型墓葬，文物部门赶到现场后仅从已经破坏的遗址处发现一件黑釉瓷瓶，宽肩鼓腹，高28厘米，腹径20厘米，口径7厘米，内装骨灰，这应是西夏火葬的另一种葬具——灵骨瓶，为贫苦劳动人民所用葬具。2010年6月，城建部门在解放军第十陆军医院附近开挖暖气管道时，发现一座西夏砖室墓。文物部门闻讯赶到后，墓葬已经被挖掘机破坏殆尽，遗址处不见任何文物，墓葬遗址仅残留几枚宋代钱币。

以上多座平民墓中，只有结构简单的灵匣以及几件随葬木制品。西夏平民墓葬大多比较简单，没有明显的时代标志，缺少随葬的物品，只有矮小的坟墓和简陋的葬具，有的连坟墓也早已成为平地，湮没难寻。

第二节 僧人的墓葬

前述宁夏青铜峡峡山口黄河西岸斜坡上矗立着西夏的一百零八塔，是西夏僧人的塔墓，依山势从上至下按奇数排列，形成总体平面呈三角形的巨大塔群。各塔均为喇嘛式实心砖塔，除第一行的其中一座高5米外，其余均在2.5米左右。塔体形制有覆钵状、八角形鼓腹尖锥状、宝瓶状、葫芦状，可能是信奉藏传佛教的喇嘛墓塔。[①]

前述近年宁夏贺兰山拜寺口又发现大型西夏塔群遗址，清理出塔基62座。发掘面积3600平方米，全部塔基都在贺兰山拜寺沟口一侧的扇形山坡上。塔基残高最高的仅0.6米，低的只有十几厘米，塔基直径大的有3.5米，小的不足2米。塔基基座共有三种形制，塔群的兴建经历了一个较长的时间跨度。这些塔在双塔寺庙的近旁，有可能是大型寺庙僧人的集中墓地。

贺兰山拜寺沟口塔群与距此不足100里著名的青铜峡一百零八塔有不少相同之处，两处均是塔群，都建于坡地之上，均为西夏建筑，形制都以十字刹角形为主，皆以白灰抹面，均发现塔模等文物。但青铜峡有108座塔，排列有序，而贺兰山塔群目前发现有62座，排列无序。

贺兰山拜寺沟口塔群清理出来的覆钵式塔身、粗相轮塔刹、绿色琉璃莲花形宝盖、宝瓶、滴水、瓦当、脊兽等文物残件，还发现了已碎成方寸大小的白灰，以及白灰上精美的彩绘和刻有西夏文的青砖。这些残破不全的出土物与西夏僧人丧葬的关系，值得进一步研究。

随着西夏的灭亡，政权的更迭，寺庙及塔群等级逐渐衰落、破败，被毁被盗就难以避免，到明代前期拜寺沟口一带寺庙已十分衰败。这可以以明代的安塞王朱秩灵的诗为证："文殊有殿存遗址，拜寺无僧话旧游。"这说明那时就已是僧去寺空了。现在地面已难寻塔墓踪迹，遗址与邻近山坡看不出什么区别了。[②]

图6-4　甘肃省永昌县虎头崖墓群

图6-5　甘肃省永昌县虎头崖墓葬墓室

[①] 雷润泽、于存海、何继英：《西夏佛塔》，第102～127页。

[②] 庄电一：《贺兰山大型西夏塔群遗志又有新发现》，《光明日报》1999年12月3日。

此外，在甘肃省永昌县城关镇金川西村西 1 千米处，发现了虎头崖西夏墓葬群遗址。遗址地处圣容寺峡谷北侧山峰与明长城之间的山前缓坡地带。遗址东西长 500 米，南北宽 30 米，面积为 15000 平方米。内有呈 "S" 形排列的墓葬 9 座，封土高 2～3 米、直径 8～12 米，为西夏藏传佛教僧侣墓葬，内有大量泥质舍利塔，内存佛经小卷包、佛金屑舍利骨殖、米麦颗粒骨殖。其个别墓葬封土遭盗墓者挖掘，墓顶多处有盗洞，封土坍塌严重。[①]

---

①　史金波总主编，俄军主编《西夏文物·甘肃编》第 2 册，第 521～526 页。

第七章

葬具和随葬品

古墓葬包括墓穴、葬具、随葬器物和墓地。前面我们分析了西夏墓葬的遗址和墓室构造，了解了西夏殡葬的墓葬形制。在墓葬中，葬具和随葬品也是反映西夏社会阶层埋葬习俗以及所属时代社会生活状况的重要实物资料。

第一节　葬具

葬具是盛放死者遗体的用具，一般土葬所用葬具称为棺。西夏政权初创时期，宋太平兴国七年（982）李继迁欲举兵反宋，诈言乳母死亡，到郊区出葬，事先以兵甲藏放于丧车中，带领他的家族数十人逃到地斤泽。这说明当时已经有丧车。宋景德元年（1004）李继迁死后，其子德明嗣位于枢前。①枢是装有尸体的棺材，说明德明时期使用棺葬，实行土葬。后来他把父亲葬于贺兰山西南麓。元昊称帝后，李继迁墓号为裕陵。景德四年（1007）德明母亲罔氏死，德明派人到宋朝告哀，宋朝派使臣祭吊，德明以鼓乐迎至枢前。②这也证明西夏在建国前就使用棺枢。

一　贵族、官员的葬具

西夏建国后，在西夏首都兴庆府之西贺兰山修建了西夏陵。由于西夏帝陵皆曾被盗掘，因此我们难以对其葬具有全面的认识。

据考古工作者对墓室的发掘和清理，在6号陵出土有带环铁钉，未知是否棺木之

①　《宋史》卷485《夏国传》（上），第13989页。
②　《续资治通鉴长编》卷65，真宗景德四年（1007）五月丁酉条。

钉。但在 177 号陪葬墓出土松木棺板 8 块，皆朽坏，其中最长的一块长 123 厘米，厚 5 厘米，还发现铁质棺钉 34 枚。该墓应是一位西夏大臣的墓葬。墓主人的尸骨被严重扰乱，据专家分析墓内有四具尸骨，一中年男性，一老年女性，二中年女性。[①] 墓中出土的木棺板和棺钉足证当时的贵族使用木棺为葬具。182 号陪葬墓是"尚父太师尚书令知枢密院事梁国正献王嵬名安惠"的墓，此墓发现棺钉 44 枚和一些棺木残块，证明此墓的葬具为木棺。

武威西郊林场发现的西夏官员墓葬，葬具形制也较为特殊和多样，有八边形木缘塔、六边形"灵匣"等。

甘肃武威西郊林场西夏墓的葬具是木缘塔。在不同的墓中共发现木缘塔四个。

2 号墓出土的木缘塔通高 76 厘米，置于二层台上。塔分塔座、塔身、塔顶和刹四部分。塔座四级八角形，饰红色；塔身用长 34 厘米、宽 12.5 厘米、厚 2 厘米的八块木板合成，合缝处以长方形四角带钉的铁片上下两道连接（铁片已锈蚀）。整个塔身表面涂兰色，用黄色书写梵文咒文，计有"一切如来咒"、"一切如来百字咒"、"药师琉璃光王佛咒"、"圣□光天母心咒"、"归依三宝咒"、"圣无量寿一百八□陀罗尼咒"等。塔身顶部另有长 12.5 厘米、宽 3.5 厘米、厚 2 厘米的八块小木板作榫卯与塔身相连接，表面涂饰红色，画有斗拱图案；塔顶也为八块近三角形弯曲的木板组成，骑缝上用同样曲形的木条连接，每块木板表面上下部绘有云气纹，中间书写朱红色梵文一字；塔刹底部周围由八块小木板组成围栏，面涂红色。刹另制，中心有圆轴与塔顶串连，底座周围面绘卷草纹饰，上有二道相轮，刹顶略残。在塔顶八角木板上的内面墨书题款。此塔除底部略有腐朽，大体尚完好，制作精致。

西郊林场 1 号墓天庆元年（1194）刘庆寿母李氏顺娇系西夏官吏的夫人。此墓出土木缘塔两个，皆松木质。其一高 43 厘米，底径 29 厘米。塔座缺，塔身由六角形木板组成，表面用蓝色打底、用黄色书写梵文咒语，用榫铆和木楔固定。塔顶残缺不全，六角形顶盖，木板上有墨书题记"彭城刘庆寿母李氏顺娇，殡大夏天庆元年正月卅日身殁，夫刘仲达讫"。塔顶分二层，上画红、白色云纹图案；顶呈垛形，用白底蓝边黑线勾画线条。塔身底色及咒语剥落严重，顶残缺不全，塔身为两截，底缺。此塔与 2 号墓出土的木缘塔形制一样，只是器形比 2 号墓的矮小一些。第二件糟朽甚残，仅存由六块木板组成的塔身，塔座和一块墨书汉文塔盖。塔身表面用蓝色打底，用黄

① 宁夏文物考古研究所、许成、杜玉冰编著《西夏陵》，第 102 页。

色书写梵文咒语。木缘塔内木制六边形盖子上墨书汉文题记。最后还有一行梵文六字真言，汉文音译为"唵嘛呢叭咪吽"。

使用木缘塔这种佛塔式葬具，表明墓主人有一定的社会地位和经济实力，同时也表明墓主虔诚礼佛，向往死后得成正果的美好愿望。像这样融灵柩、佛经咒语、佛塔为一体的葬俗葬制，在我国古代一般世俗人等的葬俗中实属罕见，对研究西夏文化有着极为特殊的意义。

二　贫民的葬具

武威发现了比较多的西夏墓，形制简陋，出土文物中有的有文字的题款，并无职官名称，应是普通民众的墓葬。其中出土多件小木棺葬具，与上述形制复杂的灵塔相比显得简陋。然而这些小木棺葬具也是多种形制，有的结构较为复杂，雕刻有花纹；有的是在木棺上绘制有男女人物；有的则较为简单，为六块木板铆钉而成。有的木棺案头墨书有西夏文或汉文的题记。

武威市西关武警支队家属院西夏墓出土小木棺一具，松木质。由棺身、棺盖、底座三部分构成。盖长 83.5 厘米，底座残长 67 厘米，通高 45.5 厘米，前宽 36.4 厘米，后宽 29 厘米。棺盖由五块木板组成，用木楔、铁钉固定在棺上，呈圆弧形，前端雕成连弧形。棺身从前至后逐渐收小，底座左右两侧用两块木板穿撑棺身，外部上端施凹形线一道，下端镂雕两个壶门图案，形制独特精巧。由墓中出土的买地券所记，可知为乾祐十六年（1185）墓葬。

图7-1　武威西关西夏墓出土小木棺

　　响水河煤矿家属院西夏墓出土木制灵骨匣两具，皆为寿棺状，形制较为简单。木棺前大后小，一件棺体大头21.5～23厘米，小头17.5～22.5厘米，匣棺长33.5厘米，盖长43厘米，厚6.5厘米；另一件大头20～21厘米，小头18～19厘米，匣棺长41.5厘米，盖长59.5厘米，厚15厘米，棺盖向外呈梅花瓣形。棺体由六块木板用铁钉和榫卯钉制而成，素面无纹饰。此为墓主人儿子乾祐二十三年（1192）为其母亲所供葬。一件前案头正面书写西夏文两竖行，部分字迹模糊。从与其同时出土的汉文买地券中的人名窦依□□、咩布勒嵬以及西夏文题记中的人名"……祥瑞吉"看，很可能是党项族的墓葬。也许当地汉族、党项族的墓葬已经趋向一致。

　　武威西郊十字路口的西夏墓出土了两具木灵骨匣（木棺），因墓葬受到破坏，两灵骨匣甚残。

　　其一，木棺复原后为梯形，上大下小，长64厘米，宽52厘米，高约40厘米。木棺具的左右帮有木版画。左帮：长方形，长59.3厘米，宽4～17厘米，厚1厘米；正面墨绘五男侍，立姿，面均向左，高颧骨，鼻高而尖，头顶髡发，脑后发髻垂于颈部，两鬓角发或少而飘散，或多而成绺；着圆领窄袖束腰长袍，双手握举胸前，右高左低；内侧刻画西夏文六字，前两字不清楚，后四字翻译为"九年四月"。右帮：长方形，右边缘和下边缘朽裂，长22～26.5厘米，宽2.5～10.8厘米；正面仅残存墨绘两侍女半身像，面朝左，双手握举胸前，面容清秀，高发髻，簪饰翘立；束发下垂至肩，身着右衽长袍，是典型的少数民族妇女形象，根据左帮长度，右帮壁应该绘有五女侍。前案头：宽52厘米，高21厘米，呈梯形，正面书写汉字六字真言"唵没隆唵嘛弥"。后案头：高18厘米，宽40厘米（残），上大下小，亦是梯形。

　　其二，木棺复原后，两侧带有把柄，拱形顶，长52厘米，宽21厘米，高约35厘米。前略大于后。前案头：高33厘米（残），宽17.5厘米，厚2厘米，圆弧顶；上面汉文题记，正中书"亡灵慈母吕氏"；右书"男韩奴奴，次男□□"，中书"孙□□"，左书"孙韩霭狗（下残）"。后案头：高仅剩17厘米，宽8厘米，圆弧顶，厚2厘米，略小于前案头（残）。把柄：长60厘米，宽7厘米，厚1.5厘米，可连接前案头与后案头。另有断、朽木帮壁数块，骨灰散落在墓中。从两具小木棺来看，西夏男女灵骨匣大小、造型均不一样，男式略大于女士，男式呈梯形，女式为圆弧顶。[①]

　　这种形式的葬具与《马可波罗游记》中记载的西夏故地沙州的葬具极为相似："先制一匣，匣壁厚有一掌。接合甚密，施以绘画。"

_____

　　①　参见黎大祥、张振华等《武威地区西夏遗址调查与研究》第7章。

武威西夏墓的葬具除木缘塔、木棺外，还有黑釉瓷瓶，用以装入死者骨灰。如奔马饮料厂西苑小区发现的一座小型墓葬，就是用一件高 28 厘米，腹径 20 厘米，口径 7 厘米，宽肩鼓腹的黑釉瓷瓶装骨灰，这应是西夏火葬的另一种葬具——灵骨瓶，此类葬具应是贫苦劳动人民所用。

武威西夏墓葬具的多样性，体现了西夏葬俗中的多种文化因素。木缘塔反映的是墓主人生前信仰佛教，死后也使用了佛教的火化后然后骨灰装入木塔下葬的舍利塔葬。小木棺则是受汉族尸骨装入木棺土葬的习俗影响。同时葬具也是西夏社会财富和等级身份差别的象征。木缘塔和精致的木棺是上层人士死后所用葬具，简易的小木棺和灵骨瓶则是下层贫苦民众死后的葬俗。

此外，内蒙古自治区额济纳旗文物保护管理所 1989 年入藏西夏文木简 3 枚，上有墨书西夏文字，据其文字内容知为埋葬死亡者、祭祀用木简。其一长 18.5 厘米，宽 2.1 厘米，厚 0.9 厘米，呈菱形；其二长 20.2 厘米，宽 2.3 厘米，厚 0.8 厘米，呈梭形；其三长 24.2 厘米，宽 1.5 厘米，厚 0.5 厘米，呈圭形。三枚木简下部尖细，可向下插入。每简竖行墨书西夏文字一行，记死者人名，西夏文字书写草率，磨泐不清，仔细辨认可见：第一支第 1、2、3 字为"身转者"三字，译为"转身者"，即死亡者意；第二支第 1、2、3 字也为"身转者"三字，第 5、6 两字是西夏党项姓氏"耶和"二字；第三支第 1、2、3 字也为"身转者"三字，第 5 字似为"子"意，第 6 字为西夏姓氏"浑"。这些木简应是死者的牌位，可能是祭祀、供奉亡者所用。[①]

图7-2　内蒙古额济纳旗出土西夏文木简

---

① 史金波总主编，塔拉、李丽雅主编《西夏文物·内蒙古编》第 4 册，第 1206～1208 页。

第二节　随葬品

随葬品是随同安葬者一起放入墓穴里的物品，往往与死者生前所用物品有关。随葬品的出现与人们的社会意识、宗教信仰相关，孝的观念，灵魂不死的观念，以及佛教重视来世的信仰，使人们普遍存有厚待死者、希望死者在冥间生活得更好的愿望，而随葬品正是这种意识的产物，也是历代厚葬死者的原因。在传统葬礼中随葬品象征着墓主的身份、地位和经济状况，是殡葬的重要组成部分。

一　西夏法律有关随葬品的规定

中国历代礼制一般都对随葬品有所规定，随葬品要与死者生前身份、地位相对应，超过了级别则被视为"逾制"。在传统的文献和出土的文献中，都未见到有关西夏丧葬随葬品的系统记载，仅在西夏法典《天盛律令》中有个别记载，对丧葬过程中的随葬品做出了规定，如：

> 一诸人出葬时以畜做陪丧者当退回，不允屠杀。若违律屠杀时，承诸人屠杀自有牛、骆驼、马之罪，出告举赏法依法判断。[1]

这里明确规定出葬时可以用牲畜陪葬，但这种"陪葬"仅是将牲畜暂时使用，用完不能像以前那样将牲畜杀掉、埋葬，而是要将牲畜放回。这是为了保护大牲畜而做出的法律规定，是一种随着社会进步而改进丧葬的现象。根据这条法律规定，我们可以推断出党项族过去可能有用大牲畜殉葬的传统，且西夏时期仍有用大牲畜殉葬的现象，因此不得不在法律上加以明确规定，并判以屠杀自有牛、骆驼、马之罪。西夏对屠杀自有牛的处罚十分严厉：

> 诸人杀自属牛、骆驼、马时，不论大小，杀一头徒四年，杀二头徒五年，杀三头以上一律徒六年。有相议协助者，则当比主造意依次减一等。[2]

---

[1]　史金波、聂鸿音、白滨译注《天盛改旧新定律令》卷2 "盗杀牛骆驼马门"，第155～156页。
[2]　史金波、聂鸿音、白滨译注《天盛改旧新定律令》卷2 "盗杀牛骆驼马门"，第154页。

西夏法典《天盛律令》还规定：

> 诸人不得以著籍官马祭葬。违律者有官罚马一，庶人十三杖。[1]

所谓著籍官马是指登记注册的官马。这里的祭葬仍然是指祭葬后将马放回。由于律令规定是不准使用官马参与祭葬，以免公私不分，占公家便宜，因此对违法者处罚较轻。

二　西夏陵墓葬的随葬品

由于文献记载的稀少，我们只能依赖墓葬出土文物进行随葬品的研究。然而西夏帝陵及陪葬墓的被盗，导致其损失了绝大部分随葬品，我们深感遗憾。

西夏陵园的墓葬几乎都被盗掘过，但从西夏陵园地面建筑的宏伟和遗存文物来看，地下墓室的随葬品也应十分丰富。已发掘的 6 号墓墓室曾被盗，考古工作者对墓室和盗坑淤土做了清理，出土了不少随葬品，其中有金银器，如金鞍饰、花瓣形镂孔金饰、金扣边，还有嵌绿松石鎏金银饰、银片饰、鎏金兽面银饰，此外还有珠饰、铜甲片、铜门钉泡、铜副肘板、铜铃，以及精美的竹雕、棋子等。通过这些随葬品可以想见，入葬时的随葬品琳琅满目，之后大宗的金银珠宝随葬品被盗墓者席卷而去，只有一些掉落的、零星的残碎品留在墓室或盗坑淤土中，当然还有当时盗墓者认为不甚值钱的石雕等也幸免于难。此墓残存的随葬品中的金银饰物种类很多，可推测当时有装饰衣服的，有装饰冠帽发髻的，有装饰衣带的，有装饰鞍鞯的，从甲片可知随葬品有铜铠甲，当时还随葬了供皇帝在阴间观赏的竹雕及供娱乐的棋子等。

177 号陪葬墓甬道出土的大型鎏金铜牛、大石马和石人头，过去被认为是随葬品。但是这些牛、马形体硕大，加之石人头与中原地区的石像生极类似，因此它们很可能不是随葬品，而是地面神道两旁的石像生之类。西夏陵园中的鎏金铜牛突破了中原帝陵中石质的传统，给人以面目一新的感觉。大铜牛、大石马在西夏墓中占据重要地位，可能与西夏的信仰有关。《天盛律令》中就有关于神马、神牛的记载：

---

[1]　史金波、聂鸿音、白滨译注《天盛改旧新定律令》卷 6 "官披甲马门"，第 249 页。

有神马、祭牛、神牛一种者，年年四月三日于冬夏分别时，于旧宫内天神下当送马中散茶酒。①

看来每年四月三日是一个祭神之日，要用特别牧养的神马、神牛，或许这种风俗是丧葬中有大铜牛、大石马的最好注脚。

177 号墓室中出土了石狗、石马、铁狗，以及包括锦、罗在内的丝织品和瓷器等。动物造型的随葬品应是西夏畜牧业发达和牲畜神崇拜的表现，反映出西夏墓葬的民族和地域特点。

陵墓中的丝织品虽皆是残片，但包括了织物丰满厚实、富有立体感的茂花闪色锦，纬粗经细、斜纹纹路清晰的棕色异向绫，纬纹突起、凹凸效果分明的工字绫以及棕色文罗、烟色素罗等，其中有的是在中原地区都罕见的品类，可以想见墓主人穿戴和妆饰的豪华。

三　武威西郊林场西夏墓随葬品

前述甘肃武威西郊林场的西夏墓是当地官员的墓葬，不仅出土有木缘塔这样结构复杂、制作精致的葬具，还有很多随葬品。随葬品数量多，品种多，内容丰富，其中既有生活用品，又有艺术品。这些具有象征性、被小型化的生活用品是给死者冥间的物质享受，艺术品则是给死者的艺术享受。生活用品有木条桌、木衣架、小木塔、木笔架、木宝瓶等；艺术品有很多木版画。其中 2 号墓出土的随葬品有以下几种。

木条桌 2 件，松木质，桌呈长方形，一件长 54 厘米，宽 30 厘米，高 30 厘米；另一件长 55.6 厘米，宽 25 厘米，高 24 厘米。表面饰土红色，桌面磨光滑，边缘处施凹形线一道。四足上方下圆，均施桌牙。前后为双撑，两侧为单撑。

木衣架 2 件，松木质，长 55 厘米，高 43.5 厘米。表面饰土红色，两立杆底端均有座，座为桥形，上有两斜杆支撑，与底座呈三角形，上面横杆两端雕成蕉叶形。

木宝瓶 2 件，松木质，口径 4 厘米，底径 3.5 厘米，高 12.2 厘米。表面饰土红色，喇叭口，平沿，有带塞的盖，平肩深腹，下内敛，平底。口部的三分之一有残缺，表

---

① 史金波、聂鸿音、白滨译注《天盛改旧新定律令》卷 19 "畜患病门"，第 582～583 页。

面有磕伤，制作精细。

木笔架1件，松木质，呈长方形槽状，长7.2厘米，宽3.3厘米，高6厘米。有桥形四足，上有两笔孔，其中一孔插一木笔。

木笔1件，松木质，由松木条削成，上细下粗，下端笔尖有墨迹，笔身有棱边，木笔插在木笔架中。

木碗1件，松木质，口径10厘米，底径6.5厘米，高5.3厘米。表面饰土红色，口微敛，卷沿，足外撇，平底，腹部有两道凹弦纹。底部有两处残缺，口沿部有多处微残，内壁有凹坑。

木筷2双，松木质，细长圆形。一双长23.7厘米，直径0.7厘米；另一双长24.7厘米，直径0.7厘米。两端均有尖，一端略粗，并刻有凹弦纹数道。木质朽坏严重。

小木壶1件，松木质，口径3.3厘米，底径3.1厘米，高8厘米。表面饰土红色，短颈折肩，直腹，下部微内敛，平底。底部微残，木质腐朽。

瓷碗1件，瓷质，口径16厘米，底径5.5厘米，高6厘米，表面施白釉。

可见这些物品包括日用家具、饮食用具、文化用品，多方面地涵盖了日常生活所用，比起一般贫民墓葬要丰富得多，显示出墓葬家族的地位和较为优越的经济条件。

更能反映其墓葬水平和特色的是此墓出土了29幅彩绘木版画，最大的长28厘米，宽10.5厘米；最小的长9.5厘米，宽4.5厘米，厚仅1~2厘米。各版画的内容分别为：蒿里老人1幅、随侍4幅、武士6幅、童子2幅、五男侍1幅、五女侍1幅、老仆1幅、老婢1幅、驭马人1幅、屈腰人1幅、太阳1幅、龙1幅、金鸡1幅、狗1幅、猪1幅、天上星星1幅，另有4幅画面剥蚀较为严重，难以判断内容。有8幅画的背面或侧面有题记，分别是："蒿里老人"、"大六"、"童子"、"二童子"、"南陌人呼北陌人"、"天关"、"太阳"、"金鸡"等。

以下重点介绍几幅木版画的形制和内容。

蒿里老人，柏木质，木板呈长方形，长28厘米，宽10.5厘米，以土红色打底。表面彩绘一老者，头戴黑漆高冠，穿交领右衽宽袖灰色长袍，束黑腰带，手持一细长竹杖。用墨线描绘画面轮廓，绘画线条流畅，人物形象逼真。木板侧面墨书汉文"蒿里老人"。

驭马人，柏木质，木板呈长方形，长14厘米，宽8厘米，厚1.7厘米，以土红色打底。表面彩绘一牵马人物图。牵马人披发，着浅绿色交领短衣，束黑色腰带，一手执鞭，一手牵马；马昂首扬尾作奔腾状，背负黄色马鞍。木板背面墨书汉文"大六"二字。

五男侍，柏木质，长方形，长 21.6 厘米，宽 13 厘米，完整，整体色彩艳丽，画面清晰、淡雅，五男侍脸左向，分别穿蓝色、赭色、绯色、黄色、灰色的圆领窄袖长袍，腰束带。五人分别拱手佩剑，拱手背着包袱，双手捧盆，双手捧唾壶，拱手肩披长浴巾。衣饰特点与西夏晚期安西榆林窟 29 窟的壁画西夏供养人的衣饰特点相似。窄袖长袍，腰束带这样的衣饰特点并非西夏所独有，沈括《梦溪笔谈》里说，中国衣冠自北齐以来，乃全用胡服。窄袖绯绿短衣，长靿靴。这也是北方民族服装的基本特点。

五女侍，柏木质，长方形，长 21.5 厘米，宽 11.5 厘米，边缘稍有朽蚀。画面清晰，色彩艳丽，人物形象逼真。五侍女脸型丰满圆润，前四人梳着高高的发髻，最后一人披发。五人分别穿着红色、绛紫色、橘红色、青色等色彩的交领窄袖长衫，其中三人手中分别捧着食盒、托盘、拂尘，一人手提包袱，一人拱手左肩，上披长长的浴巾。五侍女看起来年纪较轻，头戴幞巾，整个画面看起来是一幅服侍主人沐浴的情景。从画中人物的服饰和手中拿的物品可以看出，木版画都是仿照墓主人生前的生活绘制的，突出了墓主人生前奴婢成群、受人尊敬的形象。

捧物童子，柏木质，木板呈长方形，长 16.2 厘米，宽 7.1 厘米，厚 1.6 厘米，以土红色打底。表面竖向彩绘一捧物童子图，画面轮廓用墨线描绘。童子头梳双环髻，目视前方，双手捧一黄色大盘，盘中有一红色包裹，身着交领右衽长袍，束腰带。木板左侧墨书汉文"二童子"三字。

双手捧物童子，长 15.5 厘米，宽 7 厘米，以土红色打底，表面竖向彩绘一童子像。头梳带单环饰的童髻，圆润的脸侧向左手一边，身穿交领长衫，束腰带，双手捧唾壶，下垫长巾。木板侧面墨书汉文"童子"二字。

武士，柏木质，木板呈长方形，长 17 厘米，宽 9 厘米。表面竖向彩绘一武士立像。脸侧向左边，头戴毡盔，盔顶红结绶；身着宽袖战袍，肩披掩膊、臂胸，腹有甲片保护。双手执一宝剑。木板背面墨书汉文"南陌人呼北陌人"七字。另有 5 幅形态各异的武士图。

老年男侍，柏木质，长 13.8 厘米，宽 6.9 厘米，厚 1.3 厘米。木板呈长方形，以土红色打底。表面竖向彩绘一老年侍者。头戴黑色方巾，向脑后下垂，面侧向右臂，身穿圆领长衫，拱手，鼻子高大，鼻头尖钩，眼、耳较大。另有一头戴幞头的男侍从。

太阳，柏木质，木板呈长方形，长 15 厘米，宽 7 厘米，以土红色打底。表面竖向彩绘太阳图案。太阳的中间绘一只站立的三足乌，太阳下面绘卷云。太阳和云彩均为红色，三足乌为黑色。侧面有墨书汉文"太阳"二字。

金鸡，柏木质，长方形，长 8.5 厘米，宽 6 厘米，以土红色打底，表面彩绘一金鸡，羽毛为黄色，作行走的姿态，木板侧面墨书汉文"金鸡"二字。

彩绘双头龙，柏木质，长 9.5 厘米，宽 4.5 厘米，四周糟朽，整块版画以土红色打底，以青、红、黄、白、粉五色绘一 U 形双头连体龙，龙头分别处于 U 形上端，左右相对而视，龙体连为一体，龙头有耳无角，发须披散。龙眼突出，张嘴吐舌，龙鳞绘画较为整齐细致，整个画面布局匀称，显得威严凶猛。

此外，此墓中还出土小木塔 7 件，松木质，底径 7 厘米，高 8.7 厘米。面饰土黄色，由塔座和塔身两部分组成。塔座为覆钵状，平底，塔身有三道相轮。基本完整，塔顶微残。

武威西郊林场西夏墓 3 号墓出土木版画 2 幅。其所画皆为侍者，其一木板呈长方形，以土红色打底。表面竖向绘一男侍者。头部一半色彩已剥落，从残存面部看，该侍者鬓部留有长发，发式应该是党项秃发，着橙色圆领束袖长袍，腰间系蓝色腰带。双手拱举于胸前。糟朽严重。

其二形制大体同上，该侍者头部中间秃顶，鬓部留有长发，发式可能是党项秃发，大眼隆鼻，络腮胡须，留有八字胡。着橙色圆领束袖长袍，腰间系蓝色腰带。双手拱举于胸前。糟朽严重。

这 35 幅木版画具有较高的历史价值和艺术价值。画中人物形象、服饰和发式是多民族特点的再现。墓主人是汉人，因而画中主要表现的是汉族的脸型、服饰和发式，但画中也不乏其他民族的形象，如大鼻头的，应是党项人；梳桃形、高髻的应是回鹘人；披发的应是吐蕃人；长络腮胡子和大钩鼻的应是中、西亚地区的人等。版画中表现出这么多民族，这是当时武威地区多民族和睦相处的真实写照。[①]

———————————

① 　参见黎大祥、张振华等《武威地区西夏遗址调查与研究》第 7 章，第 330 页。

四 其他墓葬的随葬品

1. 武威市西关西夏墓随葬品

墓中重要的随葬品有买地券 1 块，柏木质，呈长方形，长 38 厘米，宽 25.5 厘米，厚 2 厘米。上端有水浸渍，中间有一道长约 6 厘米的裂缝，正面用朱砂楷书汉文，共 15 行 232 字，自左至右书写，录文如下：

维大夏乾祐十六年岁次乙巳六月壬子朔十九日庚

午，直祭主曹铁驴次乙巳年四月内，殁父亲龟筮

协从，相地袭吉，宜于西城郭外厝宅兆，谨用（钱）九万

九千九百九十九贯文，兼五彩信币，买地一段东西七

步，南北九步，东至青龙，西至白虎，南至朱雀，北至玄

武。内分勾陈，分擘掌四域丘承（丞）、墓伯，封步界畔，道路

将军，亭长发付河伯。今次牲牢酒饭百味香

新，共为信契。财地交相分付。工匠修营安厝，已

图7-3 武威市西关西夏墓买地券

后永保吉利。

知见人岁月主

保人今日直符

故气邪精不得忏恢（怪）。先有居者，永避万里。主人

内外存亡，悉皆安吉。急急如五帝使者女青

律令。

此买地券写明入葬时间为西夏乾祐十六年（1185），证明西夏也有在当时中原地区流行的为死者虚购土地、在墓中放置买地券的习俗。其中有的字迹不清，"直祭主"即为死者买地者，为死者之子，名为"曹铁驴"。

图7-4　武威市西关西夏墓木版画

此墓中还有彩绘人物木版画1块，柏木质，长54.2厘米，宽22.8厘米，厚1.6厘米。木板呈长方形，先用淡白色打底，再用淡墨淡彩作画，表面横向彩绘四男一女图。五人站成一字形，头向各不一致，有的正面，有的略侧向一边，有的完全侧向一边。五人基本上都是短发（唯第二人头发蓬松隆起），后两侧各有一条短辫垂

图7-5　武威市西关西夏墓出土小木案

图7-6　武威市西关西夏墓出土木瓶

于肩部。第四人头顶左侧戴一朵白花，除第四人外均有胡须，有的络腮胡，有的八字胡，有的似五绺长须。身上均穿圆领束袖长袍，腰系丝带，双手多拱举胸前，唯第四人双手拊腹。或许这些人物与死者生前的生活有关系。

墓中还出土小木案 1 件，也是松木质，高 7.4 厘米，长 60.3 厘米，宽 26 厘米，用两块长方形小木板作腿，制作粗糙简单，案上放置瓷碗、碟以及木瓶等器物，应该属于供桌。这应是将死者生前使用物品缩小后放入墓中供死者在地下享用的物品。

另有白釉瓷碗 1 件，喇叭口，斜壁，圈足。口径 19.5 厘米，底径 6.8 厘米，高 8 厘米。内壁及口沿施白釉，外壁不施釉。

还有小木瓶 2 件，以及开元通宝 1 枚，北宋钱币 6 枚。

2. 武威西郊西夏双人合葬墓出土随葬品

此墓出土随葬品有汉文朱书买地券一块、小木桌一张、小木椅一对、木酒壶一把、木托盏两件、木供器一件，皆入藏武威市博物馆。

其中木板朱书买地券十分重要，松木质，长 31.5 厘米，宽 17.5 厘米，上有朱书汉文 16 行，录文如下：

维大夏乾祐廿三年岁次壬□（疑为子）二月二十九日壬寅，直祭主男窦依□□于西苑外，咩布勒嵬卖地壹段，殁故龟至（疑为筮）□（疑为协从），相地袭吉安厝宅兆，谨用银□九万九千九百九十九贯文，兼五□（疑为彩）信帛（疑为币），□卖地□：东西七步，南北七步，东至青龙，西至白虎，南至朱雀，北至玄武。内分四陈（疑为内方勾陈），分擘掌四城（疑为域）丘豕（疑为丞）、墓伯，封畔，道路将军，□千秋百万岁，永无殃咎，□于□河（疑为诃）禁者，将军、亭长收付何佰（疑为河伯），今姓（疑为牲）□（疑为牢）洒（疑为酒）□（疑为饭）香新，共为信契。财地交于分付。工匠修营安厝宅兆，以后永保休吉。知冗（疑为见）人岁一。保人，今日直符。故气邪精，不得忏恢（疑为怪）。先有居者，永避万皇（疑为里）。若遗（疑为违）此新（疑

为约），地府主使自当其祸，主人内外存亡，悉皆吉□（疑为安），总如五帝使者如青律令。[①]（见前图 6-1）

此为阴宅买地券，是古人放入墓中的物品，为随葬明器。书以大夏乾祐廿三年（1192），为西夏晚期。此买地券证明西夏也有在当时中原地区流行的为死者虚购土地、在墓中放置买地券的习俗。其中有的字迹不清，"直祭主"即为死者买地者，为死者之子，名为"窦依……"，买地者为"咩布勒嵬"，是党项人。

此墓还出土有其他随葬品：木桌，松木质，高 21 厘米；木椅两把，松木质，椅面 25 厘米 × 26 厘米，椅背高 34 厘米，座高 19 厘米；木供器 1 件，松木质，口径 5 厘米，底径 6.5 厘米；木盏托 2 件，松木质，口径 7 厘米，高 5.5 厘米，口部残缺，底部为木质托把，托把上面为一圆面，圆面上面为一木碗，三个部件由木胶黏结而成；木酒壶，松木质，通高 12 厘米，颈高 5.5 厘米，口径 4 厘米，敞口，有唇，细颈，鼓腹，台座。这些都是日常生活器物，为死者家属给死者在阴间使用的物品，是死者生前使用物品的缩小版。

3. 武威城区乡镇企业局家属楼西夏墓随葬品

此墓随葬品有墨书木牌位 1 件，松木质，系上部圆弧形、下部方形的木板，上面墨书汉文题记 3 行，左边题"长男唐吉祥，次男□□"，中部题"亡过弟子唐奴见"，右边落款"天庆辛酉八年正月□□"，时为 1201 年。此墓为唐姓墓葬。

随葬品还有木版画。数块大小不等的松木版画立放棺木周围。因墓室渗入大量泥浆，湿度高，导致木板残损严重，画面模糊。通过仔细观察，可辨认其图案均用墨色和大红色绘制，有若干男女侍俑和三个穿戴盔甲战服的彩绘武士俑，色彩艳丽，人体比例匀称，人物面部表情各异，穿戴服饰具有民族特点，绘画技法熟练。

随葬品另有：木瓶两件，放置于墓室西北角，高 10 厘米，口径 2.5 厘米，制作精细，小巧玲珑，但损毁严重；墨书佛教经咒 5 件，松木质，最长 62 厘米，最短 54 厘米，宽 7～8 厘米，厚 1 厘米，分别用汉文正楷书写"麻你钵名"、"□没莎诃"和"□药师留梨光佛"、"□本师释迦牟尼王佛"等，立于墓室周围；钱币 5 枚，在墓室底部

---

① 姚永春：《武威西郊西夏墓清理简报》，《陇右文博》2000 年第 2 期。刊布的买地券照片字迹多有不清，录文中的□为难以识别者。括弧内为笔者据上下文和宋代此类买地券推补，供参考。

平面不同位置皆为北宋钱币嘉祐通宝、咸平元宝、治平元宝、祥符通宝，铜锈较重，为深绿色，字体较模糊，分别用汉文楷书、行书、篆书铸成。

4. 武威西郊十字路口西夏墓随葬品

此墓随葬品有高足瓷碟 2 件，一件白釉高足瓷碟，高 6.5 厘米，口径 10 厘米，足径 4.5 厘米。另一件灰白高足瓷碟，高 6.5 厘米，口径 9.5 厘米，足径 4.5 厘米。另据目睹者称，此墓还出土一块木板。

5. 武威五坝山墓群随葬品

五坝山的西夏墓葬，出土了西夏绿釉剔花瓷罐和豆绿釉瓷罐，保存完整，今藏武威市博物馆。

图7-7　五坝山西夏墓葬出土
绿釉剔花瓷罐

一件绿釉剔花罐，高 30 厘米、口径 17 厘米、底径 13.2 厘米。直口，宽平唇，溜肩，弧腹深长，下腹内收，圈足，稍外撇。内外满施绿釉，釉色温润，仅唇沿及足部露胎，胎质粗松。腹下部有一流口。肩部及外腹壁以剔花作装饰，肩部环饰向右摆动的莲瓣，肩与腹之间为带纹，腹部主题纹样为两朵向上开放的缠枝牡丹，构图饱满，花卉枝叶的剔刻很粗犷，但线条流畅，刀法娴熟，形象生动。这是一件实用器，也是一件优美的艺术品。

一件豆绿釉罐，口径 15 厘米、高 23.3 厘米、底径 13.2 厘米。圆口，直颈，弧腹，矮圈足，颈腹部有带状两耳，一耳残。内外施釉，足部露胎。釉色稳重深沉，通体匀称、圆润。

图7-8　五坝山西夏墓葬出土
豆绿釉瓷罐

一件白釉褐花瓶，口径 3 厘米、高 18 厘米、底径 6.7 厘米。小口，束颈，折肩，直腹修长，下部稍收，暗圈足。内外施白釉，足部露胎，釉中泛灰，外壁白釉地上绘褐色纹饰。颈、肩及腹壁中、下部各绘线纹两道，线纹之间前后各绘卷曲的草叶，绘画技法熟练，布局疏密得当，线条简练、粗犷，具有典型的元代瓷器绘画的风格。

这些出土的绿釉剔花瓷罐与武威古城塔儿湾出土

的几件褐釉、豆绿釉瓷瓮相同，腹下部有流口，是一种家庭酿酒器。[①] 由此可见在西夏时期，武威不但制瓷业发达，酿酒业也很兴盛，不单是用口颈小的瓮酿酒，而且还用大口的罐作酿酒具。五坝山墓群虽然出土的西夏文物不多，但它是一处文物蕴藏丰富的遗址和古墓葬群。

---

① 党寿山：《武威文物考述》，甘肃人民出版社，2001，第 88 ~ 89 页。

第八章
丧事和丧服

丧事是指人死后殡葬、哀悼等事，往往有复杂的程序，是殡葬活动的重点内容，是丧葬观念的集中反映，历来受到重视。

丧服是在丧事中为哀悼死者所穿的特定服装，也是丧事的一种特殊表现形式。

第一节　丧事

从文献记载可知，西夏的丧事有很丰富的内容，法律中也有相应的规定。

一　法律对丧事的规定

丧事主要是家庭成员和亲属应做的义务，但在中国古代封建社会中，丧葬关系到"孝"和"礼"等重大问题，也关系到社会的重要风习，因此往往将一些有关殡葬的事项载诸法律，使全社会遵守。如本编第二章第一节，《天盛律令》对服丧时期的服丧者有一定的礼仪要求，并做了规定。按丧服规定人死而不哭泣者、不到期而除丧服者、游乐赴宴者，不仅是违背社会道德的行为，也是违反国家法度的行为，要受到判刑、击杖等刑罚。

《天盛律令》又规定官员家有丧事时，应请假办丧事，特别规定在宫中待命当值者中，其父母、子、兄弟、妻眷等死，是实言，则当令寻担保证实，可给予假期。[①]但有人为了得到假期，而谎报亲人死亡者，要给予处罚，《天盛律令》规定：

---

① 史金波、聂鸿音、白滨译注《天盛改旧新定律令》卷12 "内宫待命等头项门"，第442页。

诸人自己故意于亲父母、庶母实有时谓其已死而索假期时，与当面出恶语争吵同等判断。[1]

丧葬期间有丧葬宴，《天盛律令》对丧葬宴有限制性规定：

> 诸人以汉筵、熟食为丧葬宴等，准备食馔，心口菜十五种以内，唇喉二十四种以内，又树果品共二十四种以内行之，依不同次第，一种种分别计算，不许使过之。若违律诸人举报时，举赏钱五缗，当由设宴者出予举者。[2]

何谓"心口菜"，何谓"唇喉菜"，目前尚难做出准确的解释，但从中可以看出，对宴请的食品种类和数量做出具体的限制，也是西夏丧葬风尚的一个特点。

前述西夏律法不主张在丧事中屠宰大牲畜，即便是屠杀自己的大牲畜也要受到严厉的处罚。

西夏文《碎金》有"丧葬巫客侍"的诗句。[3]"巫客"即长于占卜术数的人。丧葬时强调要请巫客参加，说明治丧事时可能在选择墓地、出殡时间等方面，要占卜凶吉。

西夏对于犯罪被杀者，也有特殊收葬习俗。《天盛律令》规定：

> 诸人已犯罪，经官已杀者，一年以内不允收葬，一年已过时，当由小巫为之。先告都审刑司，当派巫小监者。应翻检头字，当收葬，不允作咒。[4]

犯罪经官府判定被杀者，一年内不允许收葬，过一年后，当由小巫收葬，不允许作咒。经巫者作咒死者可以超度托生，不允许作咒则不能托生，后者是对犯罪被杀者的又一种惩罚。

《天盛律令》还规定：

> 诸有军职者为丧葬、生育设筵，及为祭神、嫁女、分家、修造房舍时，若遣

① 史金波、聂鸿音、白滨译注《天盛改旧新定律令》卷20"罪则不同门"，第611页。
② 史金波、聂鸿音、白滨译注《天盛改旧新定律令》卷20"罪则不同门"，第608页。
③ 聂鸿音、史金波：《西夏文本〈碎金〉研究》，《宁夏大学学报》（社会科学版）1995年第2期。
④ 史金波、聂鸿音、白滨译注《天盛改旧新定律令》卷1"不孝顺门"，第127～128页。

人赴远地承办事务时，不得按公差向属下军卒索助，违律有告状索助时，有官罚马一，庶人十三杖。[①]

这是专门为有军职者做出的规定，即在军队为官者进行包括丧葬在内的家务活动时，不能以权谋私，向下属索助。

西夏法律对家中没有子嗣的死者有很具体的规定：

> 诸人一户下死绝，人根已断，所属畜、谷、宝物、舍屋、地畴等，死者之妻子及户下住有女、姊妹及已嫁而未嫁来媳者，妻子可敛集畜、谷、宝物，门下住女等依《律令》应得嫁妆时当予，其余畜、谷、宝物不许妻子妄用，与别房人根所近者共监收。其妇人改嫁及死亡时，所遗宝物二分之一依前律令予门下住女、姊妹嫁妆，比总数数目当增多；另一份当予门户不同、畜物不共之祖父母、父母、伯叔、姨、兄弟、侄、孙所遗人根近者。若有女出嫁者，则门下住女应取一份之外，门户不同节亲人应得一份者，三分之一为已嫁女得。无祖父母、父母、伯叔、姨、子、侄、孙等，则所有畜、谷、宝物当由未嫁之门下住女及嫁而未成婚者取。若无门下住女，则已出嫁女当取。其亦无，则畜、粮、宝物由同姓五服中所近人取，分取畜物者当共同安葬死绝人。其亦无，然后当由官取。

在西夏，如果死者没有儿子，被视为此户死绝，人根已断，其家所属财物等，不归妻子有。其家如有未出嫁的女儿、姊妹等，可按《律令》得到嫁妆，此外其余财物不许妻子随意占用，而是与近支本家共监收。妻子改嫁及死亡时，所遗财物一部分给女儿、姊妹作嫁妆，另一部分给近支亲属。若无近亲，其所剩财产则由官府收取。这种较为特殊的风俗习惯，有些类似于与党项族相近的羌系民族"吃绝业"的习俗。彝族在民主改革前就保留着"吃绝业"的传统，即奴隶主所属曲诺（被统治等级中地位最高的等级，他们的人身隶属于奴隶主）、阿加（等级地位低于曲诺，没有人身权利）无子嗣时，他们死后财产不由妻子继承，而是由其主子奴隶主收取。

---

① 史金波、聂鸿音、白滨译注《天盛改旧新定律令》卷10 "官军敕门"，第355页。

二　丧事活动

对于西夏的丧事活动，汉文文献中记载很少，仅有关于李继迁死后的水葬，李德明母丧葬等极为简略的记录，再有就是关于皇帝死后的庙号、陵号的记载。出土文献中也很少记载人死后装殓、出殡、下葬、祭奠、上坟、扫墓等情况。《番汉合适掌中珠》大致记载了人的出生、成人、结婚等过程，但对死亡只字未提，最后以佛教用语"菩提涅槃"等结束全书。

西夏文《圣立义海》"七月之名义"中"贤僧会聚"条记载：

> 七月十五目连报父母之恩，供盂兰，结道场，贤圣僧人聚日是也。①

七月十五日是中元节，即佛教的盂兰盆节，原是中原地区为追荐祖先而举行的佛教节日，是时结道场，诵佛经，放河灯，演《目连救母》杂剧。看来西夏也将七月十五日作为重要节日，并作法事，上述记载正是这一重要节日在西夏的真实情景。

由于西夏佛教的传播和普及，西夏的佛事活动也呈现发展的趋势。西夏中期以后，由于藏传佛教的兴盛，法事活动在佛教信仰中占据越来越重要的地位。近代出土的一些佛教文献，特别是一些佛经发愿文中有为死者而作的佛事活动的记载，从中可以看到西夏的丧事活动和对逝者的祭奠，特别是以皇帝为代表的统治阶层的丧事活动更为隆重。

"七七"又称"斋七"、"烧七"、"做七"等，原是汉族丧葬风俗，即人逝世或出殡后，于"头七"起即设立灵座，供木主，每日哭拜，早晚供祭，每隔七日做一次佛事，设斋祭奠，依次至"七七"四十九日除灵止。这种重要的丧事活动为西夏所继承。《天盛律令》规定：

> 诸男女有高位等，死亡七七食毕，官方应为利益时，所赐僧人、道士数依谕文所出实行，此外，不许自求僧人、道士。②

---

① 对原译文有所改易，原译文为"七月十五，[茂陵]报父母之恩，供神石，设具场，乃众神会聚之日也"。〔俄〕克恰诺夫、李范文、罗矛昆：《圣立义海研究》，第52页。
② 史金波、聂鸿音、白滨译注《天盛改旧新定律令》卷11"为僧道修寺庙门"，第410页。

为死者过"七七"已载入西夏法典。在西夏为亡者做"七七"的丧事活动为多种出土文献所证实。有高位者死亡可作"七七"，官方还要赐给僧、道，但数量应按谕文规定实行。

据出土文献《拔济苦难陀罗尼经》发愿文记载，西夏乾祐二十四年（1193）仁宗去世后，在"三七"时有隆重的祭奠活动。这证明西夏时期有"七七"丧葬活动。西夏文《拔济苦难陀罗尼经》发愿文记载，"于先圣三七日时"，时任西正经略使的大臣贺宗寿等，在护国塔下作佛事，印施此经，聚会文武臣僚，共舍净物，恭请护国宝塔下禅师、提点、副使、判使、在家、出家诸大众等 3000 余员，令净恶趣，各自烧施道场供养等七日七夜，命读诵西夏文、汉文、藏文三藏经各一遍，救贫、放生、施放神幡，请匠雕印施此经番、汉文 2000 余卷。[①] 西经略司应在西凉府，为西夏辅郡，"护国宝塔"即崇宗时重修的护国寺塔，那里作法事活动可集中延请 3000 僧人，规模可谓宏大，可见当地僧人众多。发愿文末载明时间是"白高乾祐癸丑二十四年十月八日"，显然是为仁宗皇帝去世而作的丧事活动。《宋史》记载"绍熙四年九月二十日，仁孝殂，年七十"。[②] 宋绍熙四年即西夏乾祐二十四年，仁孝是西夏仁宗的名字。从九月二十日至十月八日，仅有 18 天，不足"三七"的 21 天。可能佛经发愿文中的"十月八日"是提前刻印佛经的时间。此次丧事是西夏地方大员为去世皇帝作丧事的典型事例。

人死后做"七七"，不惟皇帝去世，大臣去世也做"七七"。上述西夏中书相贺宗寿亡故后，其子刻印《佛说父母恩重经》，并在"七七"之日，敬请高僧及出家、在家僧众等 7000 余员，烧结灭恶趣坛各十座，开阐番汉大藏经各一遍，西番大藏经五遍，作八种经会各一遍，修设水陆道场，作无遮大会，圣容佛上金，放神幡，救放生羊。[③] 此丧事活动极为盛大。因发愿文后残，不知其具体时间，当在仁宗以后的西夏晚期。

早在仁宗前期就有大臣为父亲作"七七"的记载。天盛二十一年（1169）孝子枢密、内宿等承旨，殿前、瓯匣司正库瑞忠茂，因去世父亲已过"七七"，印施《佛说父母恩重经》，令作其余法事，演说此经，还施舍净物，命匠雕刊千卷散施。[④]

---

① 史金波、魏同贤、〔俄〕克恰诺夫主编《俄藏黑水城文献》第 24 册，第 153 页；参见聂鸿音《俄藏西夏本〈拔济苦难陀罗尼经〉考释》，《西夏学》第 6 辑，上海古籍出版社，2010。

② 《宋史》卷 486《夏国传》（下），第 14026 页。

③ 史金波、魏同贤、〔俄〕克恰诺夫主编《俄藏黑水城文献》第 3 册，第 48～49 页。

④ 俄罗斯科学院东方文献研究所手稿部藏，黑水城出土文献 Инв.No.8106。

在西夏还有为死者周年作丧事活动的记载。西夏皇帝、皇太后去世后一周年、二周年、三周年，甚至六周年都有祭奠的丧事活动。

仁宗天盛十九年（1167）皇太后罔氏去世一周年，仁宗于五月初九日大兴法事，明确提出"于神妣皇太后周忌之辰"，当是一次丧事活动。是时命兰山觉行国师沙门德慧等开板印造西夏文、汉文《佛说圣佛母般若波罗密多心经》共二万卷，散施臣民。请觉行国师等烧结灭恶趣中围坛仪，并拽六道，及演讲《金刚般若经》、《般若心经》，作法华会、大乘忏悔，放神幡，救生命，施贫济苦等。并指出此丧事目的是对去世的罔氏皇太后"恳伸追荐之仪，用答勋劳之德。仰凭觉荫，冀锡冥资。直往净方，得生佛土。永住不退，速证法身"。还祝愿早已过世的"六庙祖宗，恒游极乐"[1]。显然，这种丧事带有浓厚的佛教色彩。

仁宗去世后，天庆元年（1194）九月二十日，皇太后罗氏于"周忌之辰"印施《仁王护国般若波罗密多经》，命工雕此经，印番一万部，汉二万部。复请中国大乘玄密国师及宗律国师等作广大法会七日七夜，又请义显法师及慧照定师作水陆不拒清净大斋法事三日三夜，期望仁宗早生净国，入兜率天宫。[2]

仁宗去世后两年，即天庆二年（1195）九月二十日罗太后于"二周之忌辰"，印施《佛说转女身经》西夏文、汉文共3万余卷，并彩绘功德3万余帧，在发愿文中说"伏愿仁宗盛德皇帝抛离浊境，安住净方。早超十地之因，速满三身之果"[3]，又一次对逝者发出早生净土的祝愿。

仁宗去世后三年，即天庆三年（1196），皇太后罗氏又于"大祥之辰"，发愿印施《大方广佛华严经入不思议解脱境界普贤行愿品》，许愿在三年之中，作大法会烧结坛等三千三百五十五次；大会斋一十八次；开读经文：藏经三百二十八藏（其中大藏经二百四十七藏、诸般经八十一藏），大部帙经并零经五百五十四万八千一百七十八部；度僧西番、番、汉三千员；散斋僧三万五百九十员；放神幡一百七十一口；散施八塔成道像净除业障功德共七万七千二百七十六帧，番、汉《转女身经》、《仁王经》、《行愿经》共九万三千部，数珠一万六千八十八串；消演番、汉大乘经六十一部；大乘忏悔一千一百四十九遍；皇太后宫下应有私人尽皆舍放并作官人；散囚五十二次；设贫六十五次；放生羊七万七百七十九口；大赦一次。发愿文记载，"将兹盛善，伏愿仁

① 史金波、魏同贤、〔俄〕克恰诺夫主编《俄藏黑水城文献》第3册，第76～77页。
② 俄罗斯科学院东方文献研究所手稿部藏，黑水城出土文献 Инв.No.683。
③ 史金波、魏同贤、〔俄〕克恰诺夫主编《俄藏黑水城文献》第1册，第292页。

宗皇帝，佛光照体，驾龙轩以游净方；法味资神，运乘辇而御梵刹"。罗氏再次祝愿逝者早生净土。[①]

出土文献表明，皇帝逝世六年后，仍进行祭奠丧事活动。早在仁宗人庆二年（1145），为使已故崇宗皇帝，同会弥勒，生入净土，仁宗印施西夏文、汉文《大方广佛华严经普贤行愿品》、汉《金刚经》、番《真实名经》等，共施五千卷。[②]

西夏还有为死者过百日的丧葬祭奠活动。一个名为安亮的人，在他母亲死后百日，刊印《大方广佛华严经普贤行愿品》一万有八卷，绘弥陀主伴尊容72帧，并追述其母在"仍肇薨逝之辰，暨于终七，恒兴佛事，广启法筵。请诸禅、法师、律僧、讲主，转大藏及四大部经，礼千佛与梁武忏法，演大乘忏悔，展放神幡，数请祝寿僧，诵《法华经》，常命西番众持《宝集偈》，燃长明灯四十九海，读声不绝，《大般若》数十部。至终七之辰，诠义法师设药师琉璃光七佛供餐，惠照禅师奉西方无量寿广大中围，西天禅师提点等烧结减恶趣坛，矧六道法事"。[③]安亮也是有地位、有钱财的人。看来从逝者逝世时起，到49天终七之时，再至百日，安亮都在做丧事。

在西夏佛、道皆受法律保护，而上述丧葬活动只有僧人参加，无道士活动，反映了西夏丧事活动以佛教法事为主。

作丧事活动时，要表现出对逝者的尊敬，要有悲哀的情绪。前述西夏重视丧葬时已提到，西夏法典规定：父母、丈夫等已死，孝礼未毕而除丧服，忘哀寻乐时，判徒刑6个月；游戏、听乐歌、坐他人筵上时，打13杖；服1年丧服之节上死而不哭泣时，徒3个月。[④]上述丧葬活动和发愿文的记述，都可以表现出西夏对丧葬活动的认真以及对逝者的尊敬、怀念态度。

第二节　丧服

中国重视丧葬，人死后家人、亲属要穿丧服。中原地区的五服包括斩衰、齐衰、大功、小功、缌麻五种服制。服丧制度的特点，一是根据亲属的亲疏服丧时间不同，

---

① 史金波、魏同贤、〔俄〕克恰诺夫主编《俄藏黑水城文献》第 2 册，第 372～373 页。
② 俄罗斯科学院东方文献研究所三稿部藏，黑水城出土文献 Инв.No.3780。
③ 史金波、魏同贤、〔俄〕克恰诺夫主编《俄藏黑水城文献》第 3 册，第 233 页。
④ 史金波、聂鸿音、白滨译注《天盛改旧新定律令》卷 20 "罪责不同门"，第 604～605 页。

二是丧服形式不同，三是服丧时期对服丧者有一定的礼仪要求。服丧时间越长表明服丧者对死者的义务越大。中原地区的丧服以麻布制成，如服期最重的斩衰为 3 年，以极粗的生麻布制成，不缝边，以示无饰；服期最轻的缌麻为 3 个月，以细麻布制成。西夏也有完整的丧服制度，大体上与中原地区相同，不仅已形成社会的习俗，还通过政府法典明确规定了服孝时间，须全国上下遵行。西夏政府在《天盛律令》专辟一门"亲节门"，其中详细记载了以亲戚的亲疏不同，服丧服的时间也不同的规定，以下仅列出部分近亲的规定：

族、姻二种亲节，依上下服五种丧服法不同而使区分，其中妇人丧服法应与丈夫相同。

应服三年丧：

子对父母，妻子对丈夫，

父死长孙对祖父、祖母，

养子对养父母，子对庶母，

未出嫁在家之亲女及养女。

应服一年丧：

对祖父、祖母、兄弟、伯叔、姨、亲侄，

父母对子女，在家之姑、姐妹，

在家之亲侄女，丈夫对妻子，

父死对改嫁母，祖父长子死对长孙，

父母对养子，养子对原来处父母，

父死改嫁庶母对往随子，

改嫁母对原家主处所遗子，

亲女及养女等出嫁后对父母。

应服九个月丧：

对一节伯叔、姨，伯叔子、兄弟及其在家之姐妹，

孙子，在家之孙女，出嫁姑、姐妹女，

出嫁侄女，养子对所来处姑、姐妹、兄弟，

侄之妻子，对兄弟、侄子等到他处为养子者，

母对与原丈夫分离处在家女，

亲儿媳，女出嫁后对伯叔姨、姑姐妹、兄弟、甥等。

应服五个月衰：

族亲：

对曾祖父母，二节伯叔姨、姑，

从祖父、姐妹及妻子，兄弟之孙，

伯叔侄子，二节伯叔子兄弟、姐妹，

伯叔子出嫁姐妹，出嫁孙女，曾孙，

兄弟之妻，

养子对所来处出嫁姑、姐妹及伯叔子兄弟等，

祖父、祖母长子死对长孙妻子，

出嫁女对自己兄弟和兄弟之子为他人养子，及兄弟子等之妻子，

出嫁女对伯叔子兄弟。

姻亲：

对母之父母、舅、姐妹之子，

母之（子）姐妹以及其子，

同母不同父姐妹，

庶母之父母、兄弟、姐妹。

应服三个月衰：

族亲：

对高祖父母、三节伯叔及姑，

曾祖之姐妹，及兄弟以及其妻子，

三节伯叔子兄弟、姐妹，兄弟之曾孙，

祖父之伯叔子兄弟及其妻子并姐妹，

伯叔子兄弟之孙，

二节伯叔侄子及住家未嫁女，

玄孙，伯叔子出嫁侄女，

兄弟之出嫁孙女，

出嫁女对祖父之伯叔子兄弟、妻子并姐妹，

孙媳，伯叔子兄弟之妻子，

兄弟之孙媳，出嫁女兄弟之孙，

出嫁女对伯叔子兄弟之子，

母随嫁子与后父家门内同。

　　姻亲：

对女之子，姐妹等儿子姐妹，舅之子，

姑之子，妻子之父母，子盖，〔二〕

女儿子之妻子、姐妹儿子之妻子，

婿，姐妹子之妻子。①

　　亲戚在人死后服丧时间的长短体现了关系的亲疏，最长的是服 3 年丧，其次是服 1 年丧、服 9 个月丧，再次是服 5 个月、3 个月丧，后两类是较为疏远的族亲和姻亲。这些相当于中原地区的五服之制。

　　西夏在国家法典《天盛律令》中详细地介绍五服之内的亲属，不仅是为了明确五种服丧的标准，同时也是由于法律本身的需要。因为在《天盛律令》中，诸如犯罪的连坐，有官人亲属的犯罪的减刑，对亲属进行盗窃，对亲属杀伤、买卖等都涉及亲属关系，因亲属关系的亲疏而有不同的判决。

　　西夏法典规定：

　　一全国内诸人鋈金、绣金线等朝廷杂物以外，一人许节亲主、夫人、女、媳，宰相本人、夫人，及经略、内宫骑马、驸马妻子等穿，不允此外人穿。其中冠"缅木"者，次等司承旨、中等司正以上嫡妻子、女、媳等冠戴，此外不允冠戴。违律时告赏五缗钱，当由穿戴者出给。穿戴何物皆当交官，当依现卖法给价。若死葬，亦当依前述等次实行。②

西夏法典还规定：

　　诸人不许服丧服、披发、头中有白、冬冠凉笠入于内宫，及互相礼拜等。违律时有官罚马一，庶人十三杖。③

---

①　史金波、聂鸿音、白滨译注《天盛改旧新定律令》卷 2 "亲节门"，第 134～138 页。

②　史金波、聂鸿音、白滨译注《天盛改旧新定律令》卷 1 "敕禁门"，第 283 页。

③　史金波、聂鸿音、白滨译注《天盛改旧新定律令》卷 12 "内宫待命等头项门"，第 435 页。

这种规定是针对皇宫内那些穿戴违反常规、有碍观瞻服饰的人而言的。

西夏统治者对无力制作丧服的贫苦人，也有权宜办法。《天盛律令》规定：

　　若无主贫儿无力服之，及依土地法无麻布等，不须服，勿治罪，当为自然孝礼。[①]

由此不仅可知西夏赤贫人无力制丧服时可以不服，还知丧服是以麻布为原料。

---

① 史金波、聂鸿音、白滨译注《天盛改旧新定律令》卷 20 "罪则不同门"，第 604～605 页。

结 语

西夏是有近两个世纪历史的王朝，建立西夏的主体民族党项族的历史更为久远，然而有文献记载的党项族的历史并不早，且内容简略，其中提及殡葬的仅是只言片语。对于党项族的丧葬，7世纪成书的《隋书》有简略记载："人年八十以上死者，以为令终，亲戚不哭"，其中未提及如何殡葬。10世纪完成的《旧唐书》记载党项人"死则焚尸，名为火焚"，算是真正提到了党项的殡葬形式。而当时党项族的主体部分早已经迁徙到西北地区，并在这块接近中原的地区生息繁衍，发展壮大，翻开了本民族快速进步的新的历史篇章，其丧葬风俗也发生了历史性的变化。

党项族的丧葬经历了比较原始的简单火葬时代，迁入西北地区后逐渐接受了其他民族风习，最后进入西夏时代。西夏时期的丧葬表现出时代和民族的特性。

西夏的殡葬随着西夏社会的长足发展，表现出由简单的火葬向土葬发展的趋向。尽管西夏时期仍然保留部分火葬习俗，但总体上已经是以土葬为主。最典型、最有代表性的是西夏皇室的陵墓中出土了人体骨架，这成为土葬的有力证明。西夏皇室的土葬无疑是对土葬的认可和提倡，这对西夏全境的殡葬具有引领和示范作用。西夏法典《天盛律令》对墓葬和墓葬中骸骨的保护规定，证明了西夏时期土葬的普遍性与合法性。大量考古资料证明，在西夏实行土葬的同时，也有不同形式的火葬和其他葬法。实行火葬的既有贫民，也有官员。实行火葬的也多在二次葬中实行土葬，即一种混合葬法。此外，天葬在少数人群中，特别是信仰藏传佛教的人群中可能流行。

早已进入封建社会的西夏，其殡葬表现出明显的等级层次。西夏帝陵的显赫、豪华和奢侈，官员墓葬的繁复与铺张，与贫民墓葬的简陋、朴素形成了鲜明的对照。这种殡葬的等级与西夏社会现实生活中统治者与被统治者的尊卑等级是一致的，也与西夏法律的规定相吻合。

西夏的殡葬习俗受到多元因素的影响，儒、佛、道对西夏的丧葬都有明显的影响。西夏在政治上是以儒治国的王朝，儒学主张的仁、孝，以儒学为思想基础的法律都被西夏所吸收。已发现的西夏墓葬，无论是墓葬形式、葬具和随葬品，还是墓碑内容，都受到中原汉族丧葬的影响，渗透着儒学的熏陶。在佛教作为主要宗教信仰的王朝，佛教对西夏丧葬的影响是巨大的。帝陵陵台成为塔式建筑，陵园建筑中的迦陵频伽等带有浓厚佛教意味的装饰品，以及陵园中的佛教经幢等，使西夏的陵园笼罩着浓郁的佛教氛围。佛教的种种因子已经植根于西夏殡葬之中，如帝陵的塔式陵台在中国陵园建筑中别开生面，创造出一种新的形式。祭奠死者的法会简直成了佛教的道场。道教在西夏不及佛教影响深远，但在西夏丧葬中也可看到其不容忽视的影响。有的墓葬出土的买地券中的道教词语是中原地区买地券的翻版，透出在西夏丧葬中的道教元素。

西夏是多民族的王朝，其文化也是多民族的文化。西夏的殡葬也必然反映出多民族的特征。尽管主体民族党项族大量吸收中原地区的殡葬内容，但也继承、保留下本民族的特色。西夏陵园中颇有民族风格的人像石碑座，既不能在中原地区找出先例，也难以在佛教、道教中寻觅渊源，这应是本民族的一种特殊的艺术表现形式在竖立墓碑时的应用。火葬既有对党项民族火葬传统的延续，也有对佛教火葬的吸收。汉族是西夏的主要民族之一，他们依然实行本民族传统的土葬，并推行中原地区丧葬中的五服之制，并推而广之，堂皇地纳入西夏法典，普遍用于整个西夏王朝。藏族的天葬或许也影响到西夏，使西夏这个全面吸收藏传佛教的王朝，在丧葬方面也留下天葬的痕迹。

西夏是一个善于吸收各种先进的理念和做法的王朝，在丧葬方面也不断吸收进步的措施。西夏重视丧葬，实行厚葬，但总的来说并不铺张，提倡丧葬适度，依据财力殡葬。如对无力进行正常丧葬的给予通融，法律规定不允许屠杀大牲畜陪葬。这些顺应社会发展进步的规定，反映出西夏社会对待丧葬的理性认识，是顺应时代的进步丧葬观念的反映。

金 代

导　论

本编为金代编，论述金代不同地域、民族、阶层的殡葬观念、制度与习俗，探索金代殡葬的历史变迁和发展过程及其与社会经济、文化发展的关系，并从中展现本时期中国北方各民族的文化碰撞与融合及各民族共同缔造中华文明的历史轨迹。

导论拟分金代殡葬的历史背景、金代殡葬的主要文献及金代殡葬研究概况三部分进行论述。

一　历史背景

金朝是女真族阿骨打（完颜旻）于 1115 年在今黑龙江省阿城建立的王朝，1234年被蒙古和南宋联军攻灭，传 10 帝。末帝完颜承麟即位后，即为乱兵所害，故亦有不计末帝而称传 9 帝的说法。凡 120 年。

（一）金朝的建立与发展

女真的先世可以追溯到肃慎、挹娄、勿吉、靺鞨。从其一脉相承的发展历程来看，他们在活动地域、经济形态、生活习俗上，有许多共同之处，有的还被其后裔女真、满族承袭下来。

女真本名朱理真，又称虑真、女质、女直等。辽代女真按其发展水平有"熟女直"、"生女直"之分，生女直完颜部是后来建立金王朝的主体。函普是完颜部也是女真族第一位见诸文献记载的酋长，被奉为女真的始祖。从函普到阿骨打建立金朝，历经大约两个世纪，在此期间完颜部逐渐发展壮大起来。

金朝建立前，女真长期处在辽朝的统治之下。辽天庆四年（1114），女真首领阿骨打以向辽索要叛逃者未果为导火线，揭开了反辽斗争的序幕，连续取得宁江州和出河店大捷，为女真最后摆脱辽朝统治、建立金王朝奠定了基础。阿骨打于天庆五年即皇帝位，是为金太祖，国号大金，改元收国。

阿骨打即位后，实行了一系列政策和措施，以维护刚刚建立起来的大金政权。这些政策和措施是：废除国相制，设立谙班勃极烈等辅政；安定民心，恢复和发展生产；优恤降者，招抚流亡；革除旧俗，限制扩大奴隶来源；创制文字，发展文化；等等。与此同时，阿骨打继续进行对辽战争，进攻辽朝诸路，取得节节胜利。天辅七年（1123）八月，阿骨打病死在返回上京的途中。

太祖阿骨打死后，弟吴乞买在宗干等拥戴下即皇帝位，是为金太宗，当年改元天会。

太宗在位期间，对金朝的统治大抵遵循太祖之训，一依旧制，在许多方面沿袭太祖的施政方针。如：重本劝农，增加储备；蠲免田租，减轻民间负担；招抚流亡，禁限扩充奴婢；限制旧俗，禁止同姓为婚；等等。

太宗在承袭太祖旧制的同时，又根据社会发展需要，建立了若干新制度。如兴学校、设科举、定官名、班爵禄、正法制、颁历法等，即《金史·太宗纪》赞语中所说的"天辅草创，未遑礼乐之事。太宗……既灭辽举宋，即议礼制度，治历明时，缵以武功，述以文事，经国规摹，至是始定"是也。[①]太宗期间，灭辽攻宋，在武功方面取得很大业绩，并且为金朝制度奠定了基础。

太宗即位前，辽朝统治阶级内部已经分崩离析，各自为政，先后有耶律淳建立的北辽，回离保建立的奚国，耶律大石建立的西辽等政权。太宗即位之初，正值北辽灭亡和耶律大石率部西走之际。太宗继承太祖遗志，把推翻辽朝统治作为头等大事。天会三年（1125）二月，金将完颜娄室在余睹谷擒获天祚帝。八月，金降封天祚帝为海滨王，辽朝灭亡。

金朝在灭辽战争中便筹划南下攻宋，及至擒获辽天祚帝后，便集中全力南下。

天会三年（1125）十月，太宗下诏，分东西两路伐宋。四年（1126），金军迅速渡过黄河，围困汴京（今河南开封），宋徽宗仓皇出逃。钦宗也想弃城出奔，被李纲谏止。金军抵达城下，宋钦宗派人出使金军，谢罪请和，对金军提出的条件一概应允。以康王赵构、少宰张邦昌为质；宋上誓书、地图；称侄大宋皇帝、伯大金皇帝。金军解围退兵。八月，太宗再次发兵攻宋。闰十一月，金兵攻陷汴京。宋钦宗往青城金营，奉表请降，金许议和。十二月，宋钦宗回汴。

---

① 《金史》卷3，第1册，中华书局，1975，第66页。

天会五年（1127）二月，金废宋徽宗、钦宗二帝为庶人。四月，金掳徽、钦二帝、皇后、太子、宗戚及官吏、内侍、工匠、倡优等3000人北去。金军还掠获大批仪仗法物、车辂衣冠、教坊乐器、秘阁图书等，库府蓄积，为之一空。至此，结束了北宋167年的统治。

金灭北宋后，天会五年（1127）五月，康王赵构即位，改元建炎，是为宋高宗，从此开始了南宋的历史。

同年九月，金太宗以宋朝杀了金国所立傀儡张邦昌为由，举兵南侵，宋高宗逃至扬州。十二月，金兵分三路大举南侵，很快占领了河北、河南、山东、山西、陕西之地后，继续向浙江进逼。在金兵一路追击之下，宋高宗南逃至杭州、越州、明州，以至入于海中。金兵从明州入海追击300里，不及而还。金兵南侵告一段落后，又转向陕西、四川方面。金军在和尚原、饶峰关、仙人关三次重大战役中屡遭挫败，表明双方军事力量已趋均衡，金军不得不放弃攻取四川的打算。南宋方面，虽然在关陕地区失败，而四川安然无恙，可以牵制东南，江淮也得以保全。

金太宗在位期间，继承太祖武功，"灭辽举宋"，大体上奠定了有金一代的疆土。

天会十三年（1135），太宗病死，谙班勃极烈完颜亶即皇帝位，是为金熙宗。

熙宗即位后，为了巩固金王朝的统治，实行了一系列的改革措施，主要有如下几个方面：废除女真传统的勃极烈制，参照辽宋制度，设置三师、三省；废除齐国，降封刘豫为蜀王；设置行台尚书省；颁行新官制，定封国制度；加强相权，尚书省在左、右丞相及左、右丞之下，分别增设平章政事和参知政事，作为宰相的副职和助手，以增强尚书省的权力；颁行历法，创制文字；修建都城；定礼仪、服制；等等。

金朝统治者在灭辽后的一段时间里，基本上都把灭宋作为目标。北宋灭亡后，金军在南宋军民奋力抵抗下，连遭挫败，双方的军事力量对比发生了有利于南宋的变化。面对这一军事力量对比的转变，金朝内部在对宋和战问题的态度上出现了分歧。有的主张继续攻宋，有的反对攻宋，有的主张议和。金熙宗于天眷元年（宋绍兴八年，1138）决定将河南、陕西地与宋，并派遣使节赴宋议事，宋高宗表示希望和议速成。在宋高宗和秦桧的主持之下，议和达成。其内容大致如下：（1）宋向金纳贡称臣，贡岁币银绢25万两匹；（2）金将原伪齐管辖的陕西、河南与宋；（3）金归还宋徽宗梓宫（棺木）及钦宗、高宗生母韦氏和宗室等。次年三月，金右副元帅宗弼与南宋东京留守王伦交割地界。金宋实现了第一次和议。

正当南宋主和派为实现宋金和议，收回河南、陕西之地而庆幸时，金朝宗弼总揽军政大权，再议南伐，并分四路攻宋，遭到岳飞、韩世忠、刘锜、张俊等的反击，迫使金军渡淮北撤。正值金军失利，宋军声势大振之际，南宋统治者却加紧了谋求与金议和的步伐。宋高宗为保住皇位，希望金人继续羁留钦宗，并以此为让步的代价。而金朝方面，开国时的名将相继死亡，统治集团内部争权夺势，攻守之势已不如从前，在连遭挫败之后，渐有和意。皇统元年（1141）九月，宗弼提出"以便宜画淮为界"，[①]还放还了羁留于金的南宋使者，以表示和好之意。

经过双方商议，最后达成和议，其条款大要为：（1）金宋间划定西起大散关、东至淮河的边界线；（2）宋割京西唐（治今河南唐河）、邓（治今河南邓州）二州和陕西商（治今陕西商州区）、秦（治今甘肃天水）之半，陇西、成纪余地，以及和尚原、方山原等地；（3）宋向金奉表称臣，金主生辰、正旦，宋遣使称贺；（4）宋每年向金贡纳银绢25万两匹；（5）金归还宋徽宗棺椁与高宗生母韦氏。这就是绍兴十一年和议。皇统二年（南宋绍兴十二年，1142）金宋和议生效。金遣左宣徽使刘筈以衮冕、圭册，册宋高宗为大宋皇帝。

熙宗时的两次金宋和议之所以能够实现，是金宋双方经过多年战争之后，都不愿再把战争继续进行下去的结果。此后，金宋出现了相持之势。

熙宗晚期，同为阿骨打之孙的完颜亮常怀觊觎之心，揽持权柄，扶植羽翼，熙宗对此却毫无觉察，致使完颜亮接连升迁，拜平章政事、右丞相，兼都元帅，拜太保、领三省事。皇统九年（1149）十二月九日，完颜亮与秉德、唐括辩、乌带、徒单贞、大兴国、李老僧等进入寝室，杀了熙宗。完颜亮即位，改皇统九年为天德元年，是为海陵王。

海陵王即位后的施政纲领，主要包括整顿吏治，废除行台尚书省和改都元帅府为枢密院，改革官制，划定政区等。海陵王的一系列施政措施，强化了金王朝的中央集权统治，使金朝在封建化的道路上迈进了一大步。

海陵王即位之后，不顾旧臣的反对，毅然决定把金朝统治中心从女真肇兴之地上京迁往燕京（今北京），这是海陵王统治时期乃至金朝历史上的一件大事。

天德二年（1150），朝廷围绕迁都问题展开了激烈的争论。三年十二月，海陵王颁议迁都燕京。贞元元年（1153）三月，海陵王以迁都诏中外，改燕京为中都，并于正隆二年（1157）十月，命令毁掉会宁府的旧宫殿，各大族第宅及储庆寺也被夷为平

---

① 《金史》卷4《熙宗纪》，第1册，第77页。

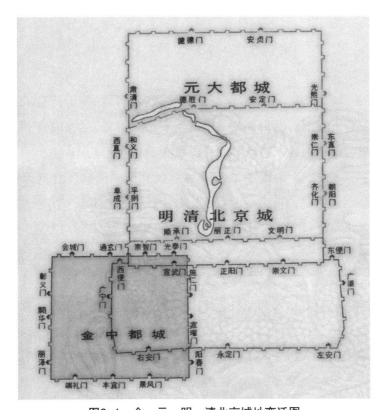

图0-1　金、元、明、清北京城址变迁图

资料来源：《金中都遗珍》，北京燕山出版社，2003。

地，标志着金王朝的统治重心已完全从上京转移到中都。这是海陵王接受汉文化与正统观念的必然结果。

海陵王自夺位以来，经过十余年的经营，包括镇压敌对势力，实行改革，迁都燕京，统治地位得到巩固，于是着手南下攻宋。

正隆六年（1161）九月，海陵王调动金兵60万，号称百万，大举南下。此时，山东、河北、河东等路各族人民相继起义。随海陵王南侵的军队也不平静，许多将士逃亡，猛安福寿率部万余人返回东京辽阳，拥立东京留守完颜雍（乌禄）为帝。十月，东京留守完颜雍即位于辽阳，改元大定。十一月，海陵王亲临指挥渡江受阻，诸将帅见宋军严阵以待，进有淹死之祸，退有被杀之忧，于是与完颜元宜谋反，海陵王被乱箭射死，完颜元宜行左领军副大都督事，并使使者杀皇太子光英于南京，随后大军北还。

完颜亮发动的不合时宜的南侵，以失败告终，他也命丧军中，时年四十。大定二年（1162），降封海陵王郡王，谥曰炀。二十年，又降为海陵庶人。

（二）金朝的鼎盛

世宗、章宗在位时，金朝社会发展到了鼎盛阶段，所谓"治平日久，宇内小康"，[①]而章宗后期社会内外矛盾加剧，金朝由盛转衰。

世宗完颜雍即位之初，面临的金朝社会是海陵王后期统治所造成的一片混乱局面，赋役繁重，盗贼遍野，兵甲并起，动荡不安，而他又是在海陵王南下攻宋时通过政变方式登上皇位的，因此，当务之急是拨乱反正，稳定政局。

一是暴扬海陵王过恶。完颜雍在即位大赦改元诏中历数海陵王罪状，其大略为：大肆杀戮开国功臣、宗室；杀害嫡母太后徒单氏；拆毁上京会宁府所建宫殿；营造中都，殚竭民财，不可胜计，拆毁南京大内，再行修盖；金宋讲和之后，无故兴兵，怨声载道。海陵王的所作所为，招致天怒人怨，众叛亲离。世宗诏书既能顺应民心，又可为其登基嗣统提供舆论依据，有利于社会局势的稳定。

二是迁都燕京。世宗在东京即位之后，群臣多劝世宗还都上京，然而由于上京偏于一隅，而且女真旧贵族势力强大，不利于皇权的集中和对金朝全境的管辖与控制，于是十一月下诏迁都。十二月，抵达中都（今北京）。

三是留用海陵王的上层官员。世宗即位后，在"量用新人"的同时，继续留用海陵王时期的部分上层官员，同时，世宗还起用遭海陵王贬谪和反对过世宗的官员以及录用各族人参政，对稳定局势和保证统治机器正常运转起了积极作用。

四是继续镇压契丹人起义，直至大定四年（1164）五月，这场声势浩大的起义及其余部最终被镇压下去。

世宗即位后，面临海陵王发动侵宋战争给金朝社会带来的严重破坏及契丹人起义给金朝统治秩序造成的猛烈冲击，因此与南宋有条件的议和便提到议事日程上来。为了实现有条件的议和，世宗一边向南宋表示和好意愿，一边调整军事部署，储备粮草，修筑城防，为南攻做好准备。

南宋方面，自绍兴三十二年（金大定二年，1162）六月，高宗传位赵昚（孝宗）后，宋孝宗锐意恢复，以主战派张浚为江淮宣抚使北伐，被金兵击溃，张浚北伐告终，孝宗酝酿与金议和。同年八月，纥石烈志宁再次致书南宋三省和枢密院，索要海、泗、唐、邓四州地及岁币，要宋称臣。大定四年（1164）十一月，仆散忠义移大军压淮境，并派纥石烈志宁率偏师渡淮，取盱眙、濠、庐、和、滁等州。

---

① 《金史》卷12《章宗纪四》，第1册，第285页。

在金军的强大攻势之下，宋方决议请和。遣国信所大通事王抃持周葵书赴金帅府，请正皇帝号，为叔侄国；改岁贡为岁币，减10万，为20万两匹；割商、秦地；归被俘人，惟叛亡者不与；地界大略如绍兴和议之时。闰十一月，宋孝宗再次遣王抃出使金朝议和，金世宗批准和议条款。次年（大定五年，宋乾道元年，1165）正月，宋通问使魏杞等奉国书到金。书不称"大"，称"侄宋皇帝"，称名，"再拜奉书于叔大金皇帝"。至此，金宋和议成立，史称"隆兴和议"。

此后，双方在40年间没有发生大的战事，基本保持了和平对峙局面，为金朝鼎盛时期的出现创造了一个良好的社会环境。

世宗即位后，以海陵王为殷鉴，除尽早实现与宋讲和之外，还采取了一系列"与民休息"的措施，如禁营建、不扰民、裁减军兵、招抚流亡等，以保证社会稳定和经济发展。同时世宗实行省徭役、废赋敛、倡节俭、重农桑等措施，保证了社会稳定，促进了经济发展。《金史·世宗纪下》赞语称，世宗朝"朝臣守职，上下相安。家给人足，仓廪有余，刑部岁断死罪，或十七人，或二十人，号称'小尧舜'"。[1]此语虽不无溢美，但大体上还是近实的。

大定二十九年（1189）正月，金世宗病死，孙完颜璟即位，是为金章宗，次年改元明昌。

章宗是金朝第六代皇帝。从阿骨打建国到章宗即位时的70多年时间里，金代社会已发生了很大变化。特别是世宗时期，社会安定，"治平日久，宇内小康"，中国北部社会经济文化都得到了较大发展。不过，到章宗即位时，金朝社会也出现了许多矛盾和问题，如土地兼并问题相当严重，猛安谋克渐趋衰落等。章宗与臣僚的对话以及诸臣奏议，还反映出吏治上任人太杂，吏权过重，以及末作伤农，世俗侈靡等诸多弊端。

章宗基本继承了世宗的施政方针，并针对当时新出现的社会问题进行整顿和改革，尤其是整顿吏治，完善制度，加强中央集权统治，使金朝社会达到了强盛的顶峰。

章宗首先从整顿吏治入手，减少吏治弊端，如减资考、荐贤才、立赏罚、裁冗员等。此外，还对吏治上存在的其他时弊，采取了一些限制措施，如：制止对官员的频繁调动，扭转用人不重德行的局面。章宗批评在任用、考核官吏时只看短期效应，不

---

① 《金史》卷8《世宗纪下》，第1册，第204页。

重德行的做法；诏令宰相等执掌国家政事的重臣，不得受人馈赠等。

章宗在大力整顿吏治的同时，还致力于各种制度的完善。金朝自熙宗、海陵王时开始接受中原王朝的制度，在礼乐、刑法、官制等方面实行一系列重大改革，到章宗时，礼乐、刑法、官制等得到进一步完善。正如《金史·章宗纪四》赞语所说，章宗在位 20 年，"正礼乐，修刑法，定官制，典章文物粲然成一代治规"，从而加强了中央集权的统治。

自从大定年间金宋议和后，双方基本保持和平局面，加强了经济文化的交流。到章宗明昌、泰和年间，金朝一方面要应对来自北方日益强大的鞑靼的侵扰，另一方面又要抵制南宋的北伐。

明昌五年（宋绍熙五年，1194），宋太上皇孝宗死，宗室、枢密使赵汝愚和外戚韩侂胄（光宗皇后韩氏季父）拥立赵扩即皇帝位，是为宁宗。韩侂胄趁金朝国势日弱，倡议伐金。宋开禧元年（金泰和五年，1205），宋以韩侂胄为平章军国事，位在丞相之上，五月，宋宁宗正式下诏伐金。

章宗以平章政事仆散揆兼左副元帅，陕西兵马都统使充为元帅右监军，知真定府乌古论谊为元帅左都监，以征南诏告中外。十月，金仆散揆督诸道兵分为九路大举攻宋。在金兵的强大攻势下，宋兵节节败退。泰和六年（1206）底，当仆散揆节节胜利之时，章宗已料到南宋无力继续北伐，可能乞和，而此时韩侂胄在金兵强大攻势进逼之下，已悔北伐。宋朝派人赴金营表明和意，说用兵本是个别武将所为，并非朝廷意愿，金朝则要求南宋献北伐祸首韩侂胄。泰和七年（宋开禧三年，1207）十一月，礼部侍御史弥远请杀韩侂胄，皇后杨氏素与韩侂胄有怨，也称韩侂胄再起兵端，将不利于社稷，便与其兄杨次山、史弥远等合谋杀韩侂胄。金人知韩侂胄已诛，和议遂决。

泰和八年（宋嘉定元年，1208）三月，金宋和议成。和议条件如下：（1）两国境界如前，金尽以所侵地归宋；（2）依靖康故事，金宋世为伯侄之国；（3）增岁币银至 30 万两，绢至 30 万匹；（4）宋另以犒军银 300 万贯与金。五月，史弥远按金人的要求，献韩侂胄、苏师旦函首（用匣子装人头）至金元帅府，纥石烈贞将函首送至京师，章宗遂命完颜匡罢兵。七月，金将大散关、濠州归还给宋，并以双方实现和议诏告中外。金朝虽然抵御了南宋的北伐，并以较有利的条件实现和议，但是在这次作战中也付出了沉重的代价。

章宗在位 20 年间，上层统治阶级内部的矛盾与斗争日趋激烈与表面化，加速了金朝统治从鼎盛走向衰落的进程。

金章宗以世宗嫡孙继承皇位，常常疑忌叔辈诸王有轻慢之心，于是加紧对诸王的钳制，引起诸王不满。而后妃参政，宰相擅权，武将跋扈，则是导致金朝上层统治集团内部矛盾激化的又一原因。章宗时期，面对来自南北两方面的侵扰，金朝虽然抵御住了南宋的威胁，但消耗了大量财力与物力，而处于上升时期的蒙古的进逼，却日益强劲。金朝内部的政治危机不断加深，金朝从此走向衰落。

（三）金朝的衰亡

泰和八年（1208）十一月，章宗病死。因其无子，由李师儿、完颜匡定策立世宗第七子卫王永济（允济）为皇帝，是为卫绍王，改次年为大安元年（1209）。

在柔弱无能的卫绍王即位之前，北方劲敌蒙古各族已经统一，处在朝气蓬勃的上升时期。乞颜氏贵族铁木真的势力逐渐强大起来，铁木真于大定二十九年（1189）被蒙古各部推举为汗。泰和六年（1206），全蒙古贵族在斡难河畔举行盛会，共举铁木真为大汗，尊号成吉思汗。当成吉思汗统一蒙古时，正值金章宗后期。当时西辽、西夏、金、南宋、大理、吐蕃等政权并存。金朝对蒙古实行残酷的民族压迫和剥削，每三年派兵南北剿杀，称为"减丁"，蒙古人民对女真统治者恨入骨髓。

金章宗时，成吉思汗向金贡纳岁币，金主使卫王完颜允济受贡，成吉思汗见他妄自尊大，十分不悦。卫绍王即位诏书传到蒙古后，成吉思汗鄙夷地说："我谓中原皇帝是天上人做，此等庸懦弱亦为之耶？"[①]从此加紧了侵金的准备。卫绍王大安三年（1211）九月，成吉思汗率兵大举伐金。

金兵在蒙古军的进攻之下，节节败退，大片土地相继被蒙古军攻占。至宁元年（1213）七月，成吉思汗再次侵金，大败金兵。八月，卫绍王被部下所杀，迎立丰王完颜珣为帝，是为宣宗，当年改元贞祐。

宣宗即位时，正值成吉思汗统一蒙古之际。十月，蒙古兵围困中都，宣宗诏百官集议于尚书省，拟向蒙古求和。十二月，蒙古兵分三路南进，连破金河东、河北、山东90余州。至宁二年（1214）三月，成吉思汗到中都北郊，宣宗遂遣使求和，将卫绍王之女岐国公主及生帛、童男女500名、马3000匹进献蒙古兵，并遣丞相完颜承晖送成吉思汗出居庸关。五月，宣宗决意南迁。八月，宣宗将皇太子从中都召至南京，表明已彻底放弃中都。

---

① 《元史》卷1《太祖纪》，中华书局，1976，第15页。

宣宗南迁后，蒙古继续大举攻金，河北残破，一些土豪往往团结为兵，各保一方，他们有的还向南京求封官职。在群臣极力主张之下，宣宗于兴定四年（1220）二月封九人为公。九公之后，又有十郡王之封。封建九公在固守乡土、抵制蒙古军方面发挥了一定作用，然而有的也参与了对红袄军的镇压，又间接地削弱了抗蒙的力量。金朝后期，在东北地区还有契丹人耶律留哥和女真人蒲鲜万奴的割据势力。

与西夏、南宋的和战，是金朝后期面临的另一个问题。

金朝前期和中期，与西夏虽有局部冲突，但从总体来说，双方还是以和好局面为主。然而随着蒙古势力的崛起和南侵，金夏关系渐趋恶化，正如《金史·西夏传》所说："自天会议和，八十余年与夏人未尝有兵革之事。及贞祐之初，小有侵掠，以至构难十年不解，一胜一负，精锐皆尽，而两国俱弊。"[1]金夏两国的军事冲突，消耗了各自的兵力、财力、物力，为蒙古南侵提供了有利的机会。至金哀宗正大元年（1224），金夏议和成，互称兄弟之国。然而这时两国都离亡国之期不远了。

金与南宋之间也不平静。面对来自蒙古的威胁，手握金朝重权的尚书右丞相术虎高琪只图借重屯驻南京以自固，无视州郡的残破，不思抵御之策，反而主张南下攻宋。兴定元年（1217）四月，宣宗以宋岁币不到为由，派兵经略南边攻城略地，斩获甚众。六月，宋宁宗下诏伐金，从此金宋连年构兵不止。兴定三年（1219）正月，金遣人使宋讲和，宋人拒和，宣宗下诏伐宋，发动了更大规模的攻势。三月，金兵破虎头关，取兴元、洋州。闰三月，金兵入淮南，至六合，建康大震，但被宋东京总管李全等援兵击退。五年（1221）二月，宣宗再次下诏伐宋。仆散安贞率军南下，攻破黄（今湖北黄冈）、蕲（今湖北蕲春县）等州，而后还军。

金军在南侵的过程中，不仅遭到宋军的反击，而且红袄军等义军也纷纷与宋军联合起来，打击金兵。宣宗在位期间，"南开宋衅，西启夏侮，兵力既分，功不补患"，[2]加速了金朝衰亡的步伐。

蒙古在金贞祐三年（1215）攻破金中都后两年，率兵进攻西夏，成吉思汗封木华黎为太师、国王、都行省承制行事，经略对金战争及中原地区的治理。木华黎在云、燕建立行省，以围攻中原。兴定二年（1218），木华黎攻克太原、平阳及忻、代、泽、潞、汾、霍等州。随后四年内，连下金国中部、南部大片土地。元光元年（1222）秋，金遣乌古孙仲端向蒙古求和。二年（1223），木华黎退兵，病死于闻喜。金权元

---

① 《金史》，第8册，第2876页。
② 《金史》卷16《宣宗纪下》，第2册，第370页。

帅右都监侯小叔收复被蒙古军占领的河中府，蒙古军再下河中府，侯小叔战死。

十二月，金宣宗病死。宣宗死后，太子完颜守绪即位，是为哀宗，次年改元正大。

哀宗登基伊始，以"述先帝之遗志"[①]作为总的施政纲领。哀宗为了扭转颓势，对内政外交政策进行了调整。宣宗时术虎高琪、高汝砺擅权，喜用酷吏，苛刻成风。哀宗即位后，贬谪酷吏蒲察合住、泥庞古华等，此举得到朝野拥护。哀宗还起用一些前朝旧臣和主张抗蒙的将相。

为了全力对付来自蒙古的进攻，哀宗改变宣宗时进攻南宋的策略，而与南宋修好。正大元年（1224）六月，遣枢密判官移剌蒲阿率兵至光州（今河南光山），张榜告谕宋界军民，表示今后"更不南伐"。二年，与夏议和，达成协议：夏以兄事金，奉国书称弟，各用本国年号。三年，议与宋修好。金朝抗蒙斗争局势略有好转。此后，又逢成吉思汗病死军中，金朝稍得喘息时机。五年（1228），蒙古军入大昌原，金平章政事完颜合达遣完颜陈和尚出击，取得重大胜利。然而，金朝毕竟已是强弩之末，扭转不了整个局势。

金正大四年（1227）七月，成吉思汗死于六盘山行宫，他在临终前留下联宋灭金的遗嘱："金精兵在潼关，南据连山，北限大河，难以遽破。若道于宋，宋金世仇，必能许我，则下兵唐、邓，直捣大梁。金急，必征兵潼关。然以数万之众，千里赴援，人马疲弊，虽至弗能战，破之必矣！"[②]蒙古在后来灭金过程中，基本上是遵循这一战略进行的。

成吉思汗死后，暂由拖雷监国。金正大六年（1229）秋，依成吉思汗遗诏，窝阔台即位，是为太宗。八年（1231）分兵三路南下，直趋汴京。九年（1232）正月，双方相遇于钧州附近的三峰山，金兵一败涂地。三峰山之战是蒙古灭金过程中的一次决定性战役，此役金兵精锐丧失殆尽，从此一蹶不振，金朝的最后灭亡已成定局。

金蒙三峰山战役之后，蒙古军乘胜追击，进逼汴京，将城池围困。城中瘟疫流行，从各城门运出的死者90余万，因贫穷不能葬者还不在其数。城内粮食匮乏，以致"人相食"。

天兴元年（1232）七月，蒙古派唐庆等来邀哀宗议和，哀宗托病卧榻，唐庆出语不逊，引起金飞虎军的愤怒，杀了唐庆等30余人。至此，金与蒙古和议破裂。汴京

---

① 《金史》卷17《哀宗纪上》，第2册，第373页。
② 《元史》卷1《太祖纪》，第1册，第25页。

局势更趋严峻，城内庄稼已废，粮食将尽，援兵又毫无指望，大臣建议哀宗出奔，留皇兄荆王监国，如此才有望保存太后和皇族。十二月二十五日，哀宗率群臣从南京开封府逃往汝州（今河南汝州），后改道东行，于天兴二年（1233）正月，辗转逃到归德。

这时，留守汴京的西面元帅崔立与其同党举兵作乱，率兵入宫，拥立卫绍王太子梁王从恪监国，崔立自称太师、左丞相、都元帅、尚书令、郑王，并大封其亲信。四月，崔立以梁王从恪、荆王守纯及诸宗室男女 500 余人赴青城降蒙。蒙古军入城，崔立在城外营中，蒙古兵先入其家，把他的妻妾和珍宝掳获、席卷一空。汴京失守。

哀宗逃到归德后，那里的人马骤增，粮草不足，难为长久之计。许多人劝哀宗迁往蔡州（今河南汝南）。蔡州总帅乌古论镐运粮到归德，并请哀宗迁蔡。哀宗决意迁蔡。经过八天的跋涉，终于到达汝水之滨的蔡州，并调遣外地武装入援蔡州。

这时，蒙古正在加紧实施蒙宋联合灭金的战略。哀宗曾经幻想与宋联合抗蒙，派人使宋借粮，并让他向宋晓以利害：蒙古"灭国四十，以及西夏，夏亡及于我，我亡必及于宋。唇亡齿寒，自然之理。若与我连和，所以为我者亦为彼也"。[①]可惜宋朝拒绝借粮，对哀宗之言根本不予理睬。

蒙古军在城外筑起高垒，围困蔡城。宋派孟琪、江海率兵万人及粮 30 万石助蒙古攻蔡。在敌军的重重围困之下，守城金军分兵把守四面和子城，城内百姓也投入了守卫蔡州的战斗，连妇女健壮者也着男子衣冠运石助战。由于城中前期筑栅浚壕为备，敌人虽攻下，但不能长驱直入。金军顽强作战，个个踊跃，视死如归。然而形势越来越严峻，城中粮食殆尽，许多饥民靠城壕水草或到城外就食度日，有的军士甚至在僻静街巷把人缢死，以人肉充饥。

经过半年多的苦战，蔡州军民终于无法抵抗蒙宋的联合围攻。天兴三年（1234）正月，哀宗召集百官传位于东面元帅承麟。哀宗说："朕所以付卿者岂得已哉。以肌体肥重，不便鞍马驰突。卿平日趫捷有将略，万一得免，祚胤不绝，此朕志也。"[②]于是传位给承麟。此时，城南已飘扬起宋军旗帜，四面喊声震天动地，南面守者弃城而逃。敌军入城后，与金兵展开激烈巷战，金兵已无力抵挡。哀宗见大势已去，自缢于幽兰轩，末帝承麟也为乱兵所害。

至此，历经 120 年的金朝灭亡。

---

① 《金史》卷 18《哀宗纪下》，第 2 册，第 400 页。
② 《金史》卷 18《哀宗纪下》，第 2 册，第 402 页。

二　主要文献

金代殡葬史主要文献的构成，包括史书（正史、别史、稗史、编年史、政书等）、文集以及由后人辑录的相关史料、诗文、碑传等。兹摘其要者简单介绍如下：

《金史》135 卷，元脱脱等奉敕撰，是记载金代历史最基本的史料，也是研究金代殡葬史的重要资料。其中，卷 30《礼志三》"宗庙"、"禘祫"，卷 32《礼志五》"上尊谥"，卷 31《礼志六》"原庙"，卷 43《舆服志中》"祭服"等，以及本纪、列传中有关帝王尊谥、庙号、臣僚追封、追赠和传主死亡、安葬等记载，是研究金代殡葬史的重要资料。通行本有中华书局点校本。

《大金国志》40 卷，宇文懋昭撰，是第一部较为系统的记载金朝始末的纪传体史书，成书于《金史》之前。此书情况复杂，但不失为研究金史的基本史料。其中，卷 33《陵庙制度》、卷 35《杂色仪制·朝拜祖庙仪》，以及纪传中有关帝王尊谥、庙号、臣僚追封、追赠和传主死亡、安葬等记载，是研究金代殡葬史的重要资料。通行本有崔文印《大金国志校证》，中华书局 1986 年版。

《金史纪事本末》52 卷，清李有棠撰。分正文和考异两部分。正文依据正史，对《金史》纪传中所记史事，条分缕析，为研究金史提供方便。考异部分占全书一半以上，汇集相关材料，对一些具体问题进行考订，足资参考。其中《卷首》之"帝系考"及汇集文献中有关帝王亡故后谥号、庙号、陵寝等记载，给殡葬研究以方便。

《金虏节要》3 卷，一称《金国节要》，简称《金节要》，宋张汇撰。记载金朝见闻，起于宋宣和末金兵南下，止于绍兴十年。其中记载金太宗吴乞买死后丧葬情节。有《三朝北盟会编》本，上海古籍出版社 1987 年版。

《金虏图经》，又名《金图经》、《金国志》，张棣撰。作者曾为官金朝，后归宋。时人陈振孙《直斋书录解题》卷 5 称该书"记金事颇详"。其中有"宗庙"、"禘祫"、"山陵"等目。有《三朝北盟会编》本、《大金国志》本、《说郛》本（《说郛三种》，上海古籍出版社 1988 年版）等。

《虏廷事实》1 卷，南宋文惟简撰，其中有"丧葬"、"血泣"等目。有《三朝北盟会编》本、《说郛》本等。

《金志》1 卷，旧题宇文懋昭撰，为《大金国志》节本。其中"初兴风土"有关于女真早期丧葬风俗的记载。有《古今说海》本、《历代小史》本、《古今逸史》本等。

《松漠纪闻》，洪皓撰，是南宋使者洪皓据使金 15 年所见所闻编纂而成，为较早记述金代前期历史及东北故实的稗史，是研究金史的重要文献。其中涉及金朝皇帝死后谥号、追谥及女真人认为生死"应天道"的记载，对金代殡葬研究有一定参考价值。此书版本较多，常见者有"丛书集成"本、"辽海丛书"本、"四库全书"本等。

《宣和乙巳奉使行程录》，旧题许亢宗撰，有学者考证实为钟邦直撰。宣和七年（1125）宋朝派许亢宗奉使金国，贺金太宗登基，钟邦直为管押礼物官。书中记录了有关燕京和金上京以及女真的习俗，是研究金初的重要历史文献。其中有关于金人毁掘辽帝陵寝的记载。常见版本有《三朝北盟会编》本、《大金国志》本、陈乐素校补本（见陈乐素著《求是集》第 1 集，广东人民出版社，1986）、崔文印笺证《靖康稗史笺证》本（中华书局，1988）、贾敬颜《五代宋金元人边疆行记疏证稿》本（中华书局，2004）、赵永春《奉使辽金行程录》本（吉林文史出版社，1995）等。

《三朝北盟会编》250 卷，徐梦莘编。三朝指宋徽宗、钦宗、高宗三朝，北盟指与北方金朝之交涉、和战等。本书是记载北宋末年至南宋初年 46 年间宋金关系的资料汇编，其中收录宋金往来国书、金太祖实录、《神麓记》、《金虏节要》、《金虏图经》、《正隆史迹》等，是研究包括金代殡葬在内的金朝历史的重要文献。通行本有上海古籍出版社 1987 年影印本。

《大金集礼》40 卷，不著撰人名氏，张玮等所进。《四库全书总目提要》卷 82 载："据黄虞稷《千顷堂书目》盖明昌六年礼部尚书张玮等所进。今考书中纪事断至大定，知为章宗时书。虞稷所载当不误也。"本书分类排纂，包括尊号、册谥、祠祀、朝会、宴飨、仪仗、舆服等。《金史》的《礼志》、《仪卫志》、《舆服志》等，其蓝本全出于此。其卷 3、卷 4《追加谥号》，卷 6《追谥后》，卷 20、卷 21《原庙》等，是有关金朝帝王皇后死后追谥及祭祀的基本资料。有"四库全书"本、"丛书集成初编"本、光绪二十一年广雅书局本等。

《高丽史》137 卷，李氏朝鲜郑麟趾等撰，是一部记载高丽王朝（918～1392）历史的纪传体史书。其中有与金朝关系的史料，如金世宗、章宗亡故后，高丽王朝的祭奠活动，是研究金代殡葬及金丽关系的重要资料。通行本有朝鲜民主主义人民共和国科学院 1957 年版。韩国金渭显编录有《高丽史中中韩关系史料汇编》，为查阅提供许多方便，有台湾食货出版社 1983 年版。

《拙轩集》6 卷，王寂撰，卷 6 有行状、墓志铭、哀词 3 篇。有"丛书集成初编"本、"石莲盒九金人集"本、"四库全书"本等。

《闲闲老人滏水文集》20卷，赵秉文撰。其中卷11、12、18有碑文、祭文多篇，涉及殡葬观念、制度、习俗等。有"四部丛刊"本、"石莲盦九金人集"本、"丛书集成初编"本等。

《滹南遗老集》45卷，王若虚撰。卷41、42、43有墓志、祭文数篇，涉及殡葬观念、制度、习俗等。有"四部丛刊"本、"丛书集成初编"本、"石莲盦九金人集"本等。

《庄靖集》10卷，李俊民撰。其中卷9、10有墓志、碑铭、青词、祭文多篇，涉及殡葬观念、制度、习俗等。有"石莲盦九金人集"本、"四库全书"本、"山右丛书初编"本等。

《遗山先生文集》40卷，元好问撰。《金史·元好问传》称，金亡以后，"故老皆尽，好问蔚为一代宗工，四方碑板、铭、志，尽驱其门"。文集40卷中，碑铭、表志占了16卷（卷16至卷31），保存了金元一代及金元之际许多宝贵历史资料，也为研究金代殡葬观念、制度和习俗提供了不少重要信息。有"四部丛刊"本、"石莲盦九金人集"本、姚奠中主编《元好问全集》（山西人民出版社，1990）等。

《续夷坚志》4卷，元好问撰。本书为作者晚年继宋洪迈《夷坚志》而作，多记金泰和、贞祐间神怪之事，也记载一些真人真事，有一定的史料价值。其中某些神怪的和真实的故事，可以反映出当时的殡葬观念、制度、习俗等。有常振国点校本（中华书局，1986）。

《中州集》10卷，附《中州乐府》1卷，元好问编纂。《中州集》是金代诗歌选集，收诗家251人，诗作2060首。编纂目的在于以诗存史，《四库全书总目提要》称，"以人属诗，以事属人后世有史诗之目"，是研究金代历史、文学史的重要文献。书中所收入作者，均有小传，可以零星反映出一些金人生死观、金代殡葬制度、习俗等。有"四部丛刊"本、"四库全书"本、中华书局上海编辑所标点本（1959年版）等。

《河汾诸老诗集》8卷，元房祺编。辑录河（黄河）、汾（汾河）一代金朝遗老麻革、张宇、陈赓、陈庚、房皞、段克己、段成己、曹之谦8位诗人诗作，是研究金代文学的重要文献，其中有挽词、凭吊诗篇。有"四库全书"本、"粤雅堂丛书"本、"四部丛刊"本、"丛书集成"本等。

《湛然居士文集》14卷，耶律楚材撰。楚材活动于金末元初，文集以诗为主，也有一些序、疏、碑传等。如卷8《燕京崇寿禅院故圆通大师朗公碑铭》，述及朗公（李祖朗）圆寂及其弟子瘗灵骨情景。有"渐西村舍"本、"丛书集成"本、谢方点校本（中华书局，1986）等。

《秋涧先生大全集》100 卷，元王恽撰。《四库全书总目提要》卷 166 称"其论辽金不当为载记，尤为平允，即当时所取以作辽金史者也"，可见其史料价值之高。其中卷 84《论中都丧葬祭礼薄事状》论及火葬。有"四部丛刊"本、"四库全书"本等。

《陵川文集》39 卷，郝经撰。郝经是元好问弟子。文集中有多篇是为金元之间人物所撰的祭文、行状、墓志铭等。有乾隆三年王鐐刻本、"四库全书"本、秦雪清点校本（山西人民出版社、山西古籍出版社，2006）等。

《金文最》120 卷，清张金吾编。本书只收文不收诗，其搜罗范围远胜《金文雅》，除金人文集外，如《金史》、《大金集礼》、《大金吊伐录》、《三朝北盟会编》等以及地志、金石、医书、谱录等俱在所收范围之内，所收达 300 余种，各体文章 1790 余篇。其中卷 86～109 为墓碑，卷 113、114 为行状、哀词、祭文、小传，是研究金代殡葬观念、制度、风俗的重要文献。有光绪八年（1882）粤雅堂刊本，后有光绪二十一年（1895）苏州书局重刊本，将原稿删并成 60 卷，凡已见《金文雅》者，仅存目录。通行本为中华书局 1990 年点校本。

《全金诗》74 卷，清郭元釪编。本书是在元好问编纂的《中州集》基础上增补而成，《四库全书总目提要》卷 190 称"所增补者卷六倍之，人几三倍之，诗倍之"。据有人统计，实收录作者 358 人，诗作 5544 首。通行本有"四库全书"本。

《全金诗》160 卷，薛兆瑞、郭明志编纂。此书"凡例"称，"本书汇集有金一代诗作，广搜博采，网罗散佚，虽残篇佚句，悉加收录，旨在保存金源一代文献"。本书在继承前人成果的基础上，对金代诗歌做了更加全面的辑录整理，按断代总集的体例编纂而成，共收作者 534 人，诗 12066 首，是迄今搜罗最广的金代诗歌总集。南开大学出版社 1995 年版。

《大金诏令释注》17 卷，董克昌主编。本书参照《唐大诏令集》、《宋大诏令集》的编纂方法，分类辑录、注释有金一代诏令。其中卷 1 之"遗诏"、"谥册、谥号"，卷 2 之"尊谥册文"，卷 5 之"祭祖祭山陵文"、"太庙、别庙"、"陵寝"等目所收诏令，是研究金代殡葬制度的重要文献。黑龙江人民出版社 1993 年版。

《金碑汇释》，陈相伟等校注。其中有完颜娄室、完颜希尹神道碑。吉林文史出版社 1989 年版。

《金代石刻辑校》，王新英编。从正史、野史、文集、笔记、方志、金石等著作及考古资料中辑出《金文最》、《全辽金文》所未收金代石刻文字，加以校勘及简要说明。其中墓碑、墓志等是研究金代殡葬制度、习俗的重要资料。吉林人民出版社

2009 年版。

《全金石刻文辑校》，王新英辑校。本书收录金代石刻文 870 余篇，按时间排列，征引文献百余种，是目前收录最多的金代石刻文集，其中大量墓志为研究金代殡葬观念、制度、习俗提供了方便。吉林文史出版社 2012 年版。

《道家金石略》，陈垣编纂，陈志超、曾庆瑛校补。收录道家碑刻资料 1914 通，其中金元 29 通，是研究道家生死观、殡葬观的重要资料。文物出版社 1988 年版。

《金代陵寝宗庙制度史料》，宋大川、夏连宝、黄秀纯编。全书分金源、丧葬、山陵、宗庙四个部分，广泛搜罗正史、编年史、政书、方志、别史、野史、文集等有关文献，分类编纂，为金代丧葬制度、习俗的研究提供很大方便。北京燕山出版社 2003 年版。

三　金代殡葬史研究综述

历代殡葬观念、制度、习俗等属于社会史研究的范畴。20 世纪初，特别是 20 年代末到 40 年代，包括丧葬在内的社会生活史开始受到研究者的关注。如张亮采编著《中国风俗史》（1911 年初版），在叙述各个朝代的风俗时，大都述及丧葬。[1] 瞿宣颖纂辑《中国社会史料丛钞》（1937 年初版）有"丧纪"一章。[2] 李家瑞编《北平风俗类征》（1937 年初版）中有"婚丧"一节。[3] 尚秉和著《历代社会风俗事物考》（1941 年初版）中有"丧事"、"葬"、"坟墓"等目。[4] 这个时期的一些社会史著述，虽然已经涉及丧葬，但是多属于历史资料辑录，仅有个别著作如杨树达著《汉代婚丧礼俗考》（1933 年初版）等例外。20 世纪 50～70 年代，中国社会史研究主要限于社会形态发展史，较少涉及生活史领域。80 年代以来，史学界开始反思 20 世纪 50 年代以来的历史研究，社会生活史、文化史逐渐受到前所未有的关注，成为新时期历史研究取得重大进展的领域之一。

长期以来，在中国通史、断代史研究中，辽夏金史往往是在叙述宋与辽夏金的关系时出现，或附着在宋史之后述及。20 世纪 80 年代后，这种情况有所改变，辽夏金开始被作为独立朝代单立章节叙述。由于辽夏金历史研究相对薄弱及社会生活研究冷落，金代丧葬研究不被关注就是可想而知的了。

---

① 张亮采编著《中国风俗史》，上海三联书店，1988。
② 瞿宣颖纂辑《中国社会史料丛钞》，上海书店，1985。
③ 李家瑞编《北平风俗类征》，北京出版社，2010。
④ 尚秉和:《历代社会风俗事物考》，岳麓书社，1991。

20 世纪 50 年代至 70 年代以前，很少有论著金代丧葬的成果，偶见有关金代墓葬的考古发掘报道。80 年代以来，金代墓葬考古发现增多，这方面的消息报道、发掘简报及研究也逐渐多了起来。特别是随着社会生活史研究的兴起，金代丧葬作为社会生活的一个重要内容开始进入研究者的视野，一些论著陆续出现。不过仍以金墓考古发掘个案为中心的报告、研究占绝大多数；亦有分地区、类型的归纳综述研究；全面系统论述金代丧葬制度、习俗的论著较少。由于篇幅所限，这里选择一部分具有代表性的相关报告、文章、专书、博士硕士学位论文介绍如下。

以文献为基础结合考古资料，综合研究及专题论述金代丧葬制度与习俗的论著不多，主要有：

宋德金著《金代的社会生活》（收入陕西人民出版社“中国风俗丛书”）“丧葬”一节设“丧葬方式与墓葬形制”、“殉葬、劙面、‘烧饭’及其他葬祭习俗”、“陵寝与宗庙”三目，是最早较为全面、概括论述金代丧葬制度与习俗的专书。[①] 由于该丛书体例、篇幅的限制，内容较为简略。朱瑞熙等著《辽宋西夏金社会生活史》第 12 章丧葬（下）有“契丹、女真等东北各族”一节，亦很简略。[②] 徐吉军著《中国丧葬史》是一部探讨中国历代丧葬礼俗的成因、发展过程、特征和作用的专著，其中第七章有“金代女真的丧葬习俗”一节。[③]

张英《金代丧俗考》（上、下），结合历史文献与考古资料，叙述金代丧葬制度与习俗，包括葬地与葬制、丧礼、坟墓与葬具、神道与石刻群、随葬品。[④] 文章认为金人因袭唐宋礼制，并于丧俗中部分地反映出女真人建国前后迁徙活动的历史。

“烧饭”是契丹、女真、蒙古诸族的一项重要习俗，辽金元史料中多有记载，但是这些史料大都语焉不详，为我们了解这一习俗带来很大困难。王国维是最早关注此俗并予以论述者，称“烧饭本契丹、女真旧俗，亦辽金时通语……今日送三之俗，即辽金烧饭之遗俗也”。[⑤] 后来关于“烧饭”习俗的讨论，有陈述《谈辽金元“烧饭”之俗》；[⑥] 贾敬颜《“烧饭”之俗小议》；[⑦] 宋德金《“烧饭”琐议》；[⑧] 蔡志纯《元代：“烧

①　宋德金：《金代的社会生活》，陕西人民出版社，1988。
②　朱瑞熙等：《辽宋西夏金社会生活史》，中国社会科学出版社，1998。
③　徐吉军：《中国丧葬史》，江西高校出版社，1998。
④　张英：《金代丧俗考》（上、下），《博物馆研究》1992 年第 2、3 期。
⑤　见《观堂集林》卷 16《蒙古札记·烧饭》，河北教育出版社，2003。
⑥　陈述：《谈辽金元“烧饭”之俗》，《历史研究》1980 年第 5 期。
⑦　贾敬颜：《“烧饭”之俗小议》，《中央民族学院学报》1982 年第 1 期。
⑧　宋德金：《“烧饭”琐议》，《中国史研究》1983 年第 2 期。

饭"之礼研究》；① 那木吉拉《"烧饭"、"抛盏"刍议》；② 刘浦江《契丹人殉制度研究——兼论辽金元"烧饭"之俗》；③ 等等。以上诸文在前人研究基础上对烧饭之俗发表了不同看法。

以考古发掘为中心，概括论述金代墓葬及演变的文章有：

徐平芳《宋元时代的火葬》是最早对包括金代墓葬在内的火葬进行研究的文章，探讨了宋金元时期考古发现中的火葬墓的形制、葬具、随葬品、墓主人身份及火葬墓流行的社会背景、原因等。④ 秦大树《金墓概述》，是一篇较全面概述、探讨金代墓葬的重要文章。文中就金墓的分区（东北、内蒙古东部，河北、山西北部，河南、山东，晋南、关中）、分期、类型进行论述，探讨了金墓的特点及其发展过程。⑤ 该文认为前期在辽宋故地的墓葬保存了前代风格，后期发生一系列变化，才真正形成金墓风格。金墓呈多元化状态，各种文化因素并存，同时发展，互相影响，造成了金墓的复杂情况。董新林《中国古代陵墓考古研究》一书第七章第三节"金代墓葬的发现与研究"对金代墓葬的发现与研究做了回顾。⑥ 李健才《金代女真墓葬的演变》，⑦ 刘晓东等《试论金代女真贵族墓葬的类型及演变》，⑧ 陈相伟《试论金代壁画墓》，⑨《试论金代石椁墓》，⑩ 杨富斗等《金墓砖雕丛探》，⑪ 刘晓飞《金代墓饰中的宗教因素》，⑫ 王新英《金代墓志等级制度研究——以出土墓志为中心》，⑬ 张鹏《勉世与娱情——从宋金墓葬壁画中的一桌二椅到夫妇共坐》⑭ 等，都从不同角度探讨了金代墓葬的特点及演变发展过程。胡志明《宋金墓葬孝子图像初探》对宋金时期墓葬中孝子图像的发现进行了梳理总结，对孝子图像在宋金时期再度流行做了分析，认为统治者对孝道思想的推崇与儒家、道教、佛教四种因素共同构成了孝子图像流行的背景。通过对孝子图像

---

① 蔡志纯：《元代"烧饭"之礼研究》，《史学月刊》1984 年第 1 期。
② 那木吉拉：《"烧饭"、"抛盏"刍议》，《中央民族大学学报》1994 年第 6 期。
③ 刘浦江：《契丹人殉制度研究——兼论辽金元"烧饭"之俗》，《文史》2012 年第 2 辑。
④ 徐平芳：《宋元时代的火葬》，《文物参考资料》1956 年第 9 期。
⑤ 秦大树：《金墓概述》，《辽海文物学刊》1988 年第 2 期。
⑥ 董新林：《中国古代陵墓考古研究》，福建人民出版社，2005。
⑦ 李健才：《金代女真墓葬的演变》，《辽金史论集》第 4 辑，书目文献出版社，1989。
⑧ 刘晓东等：《试论金代女真贵族墓葬的类型及演变》，《辽海文物学刊》1991 年第 1 期。
⑨ 陈相伟：《试论金代壁画墓》，《辽金史论集》第 9 辑，中州古籍出版社，1996。
⑩ 陈相伟：《试论金代石椁墓》，《博物馆研究》1993 年第 1 期。
⑪ 杨富斗等：《金墓砖雕丛探》，《文物季刊》1997 年第 4 期。
⑫ 刘晓飞：《金代墓饰中的宗教因素》，《青海民族大学学报》（社会科学版）2011 年第 4 期。
⑬ 王新英：《金代墓志等级制度研究——以出土墓志为中心》，《兰州学刊》2012 年第 1 期。
⑭ 张鹏：《勉世与娱情——从宋金墓葬壁画中的一桌二椅到夫妇共坐》，《美术史研究》2010 年第 4 期。

的整理，该文发现与汉和北魏时期的孝子图像相比，宋金时期的孝子图像题材上出现了新的内容，如其中"目连救母"是佛教吸收了儒家"孝"的因素而产生的。文中还讨论了宋金时期墓葬功能出现的新变化，认为墓葬为后代的幸福平安承担起一定的责任，但墓葬的主要功能还是为逝者提供"永宅"与升仙或轮回的场所。[1]

近年，根据考古发掘资料对金代墓葬进行全面系统研究的重要成果有：

卢青峰《金代墓葬探究》是一篇以金代墓葬（除帝陵以外）为主题进行综合研究的长文。本文依民族、文化、风俗及历史沿革情况的不同，将已发现的金墓分为三区，即东北及内蒙古东部地区、燕云地区、中原地区；再依各地区墓葬的平面形制分方形、圆形、多角形三类；最后以有纪年墓葬为标尺，依墓葬形制、随葬品、墓室分布及装饰内容的变化将其分为三期。在以上论述的基础上，探讨了各地区金墓的关系和历史渊源及金代墓葬所反映出来的金代社会生活。[2] 赵永军《金代墓葬研究》是迄今对金墓进行综合研究的重要成果。本文在全面收集现有材料和吸收已有研究成果的基础上，对金墓进行了全面的梳理，运用考古学方法，对金墓的类型、随葬器物、分期、分区、族别及葬俗、等级和社会阶层结构等做了综合研究，并结合文献记载和相关史学研究成果，对金代的组织结构、人群构成、社会阶层等进行考古学观察和探讨。[3]

按地区论述金代墓葬及金墓发掘与研究的论著有：

谭英杰等著《黑龙江区域考古学》第六章"金源内地的遗迹与文物"设"墓葬"一节，介绍绥滨中兴墓地、绥滨奥里米墓地、阿城巨源齐国王墓、完颜希尹墓地、完颜娄室墓地；[4] 另有张泰湘《黑龙江下游奥里米古城及其周围的金代墓群》，[5] 黑龙江文物考古工作队《绥滨永生的金代墓》，[6] 林秀贞等《黑龙江畔绥滨中兴古城和金代墓群》，[7] 郝思德等《黑龙江阿城巨源金代齐国王墓发掘简报》，[8] 刘红宇《长春市郊完颜娄室墓地考古新收获》，[9] 徐翰煊、庞志国《金代左丞相完颜希尹家族墓调查试掘简

① 胡志明：《宋金墓葬孝子图像初探》，硕士学位论文，中央美术学院，2010。
② 卢青峰：《金代墓葬探究》，硕士学位论文，郑州大学，2007。
③ 赵永军：《金代墓葬研究》，博士学位论文，吉林大学，2001。
④ 谭英杰等：《黑龙江区域考古学》，中国社会科学出版社，1991。
⑤ 张泰湘：《黑龙江下游奥里米古城及其周围的金代墓群》，《文物》1977年第4期。
⑥ 黑龙江文物考古工作队：《绥滨永生的金代墓》，《文物》1977年第4期。
⑦ 林秀贞等：《黑龙江畔绥滨中兴古城和金代墓群》，《文物》1977年第4期。
⑧ 郝思德等：《黑龙江阿城巨源金代齐国王墓发掘简报》，《文物》1989年第10期。
⑨ 刘红宇：《长春市郊完颜娄室墓地考古新收获》，《北方文物》1990年第4期。

报》，① 陈相伟《试论东北、河北等地金代墓葬的类型和演变》，② 卢青峰、张永清《试论燕云地区金代墓葬》，③ 丁利娜《北京地区金代墓葬概述》，④ 宋大川主编《北京考古史》之丁利娜著《金代卷》⑤ 第四章"金代墓葬"，王清林、周宇《石景山八角村金赵励墓墓志与壁画》，⑥ 北京市文物研究所编著《北京龙泉务辽金墓葬发掘报告》，⑦ 北京市文物研究所编著《鲁谷金代吕氏家族墓葬发掘报告》，⑧ 等等。还有杨宝顺《河南焦作金墓发掘简报》，⑨ 河南省博物馆《焦作金代壁画墓发掘简报》，⑩ 陈昆麟《山东高唐金代虞寅墓发掘简报》，⑪ 李鸿雁《山东淄博市博山区金代壁画墓》，⑫ 史学谦《试论山西地区的金墓》，⑬ 宁立新《山西朔县金代火葬墓》，⑭ 杨富斗《山西侯马金墓发掘简报》，⑮ 杨富斗《山西侯马 104 号金墓》，⑯ 杨及耘《侯马 101 金墓》，⑰ 杨富斗等《侯马 102 号金墓》，⑱ 杨富斗《山西稷山金墓发掘简报》，⑲ 陶富海《山西襄汾县南董金墓清理简报》，⑳ 马昇等《山西汾阳金墓发掘简报》，㉑ 王俊《2008 年山西汾阳东龙观宋金墓地发掘简报》，㉒ 等等。任林平《晋中南地区宋金墓葬研究》㉓ 运用考古学的方法，对这一地区墓葬分区研究，并在此基础上着重对宋金时期的仿木结构墓葬形制、墓葬装饰图像等问题进行深入研究；同时对宋金时期家族墓地的规划做了分析，最后通过对

① 徐翰煊、庞志国：《金代左丞相完颜希尹家族墓调查试掘简报》，《中国考古集成》（东北卷）第 18 册，北京出版社，1997。
② 陈相伟：《试论东北、河北等地金代墓葬的类型和演变》，《中国考古集成》（东北卷）第 17 册，北京出版社，1997。
③ 卢青峰、张永清：《试论燕云地区金代墓葬》，《文物世界》2008 年第 6 期。
④ 丁利娜：《北京地区金代墓葬概述》，《文物春秋》2009 年第 4 期。
⑤ 宋大川主编《北京考古史》（金代卷），上海古籍出版社，2012。
⑥ 王清林、周宇：《石景山八角村金赵励墓墓志与壁画》，《北京文物与考古》第 5 辑，北京燕山出版社，2002。
⑦ 北京市文物研究所编著《北京龙泉务辽金墓葬发掘报告》，科学出版社，2009。
⑧ 北京市文物研究所编著《鲁谷金代吕氏家族墓葬发掘报告》，科学出版社，2010。
⑨ 杨宝顺：《河南焦作金墓发掘简报》，《文物》1979 年第 8 期。
⑩ 河南省博物馆：《焦作金代壁画墓发掘简报》，《中原文物》1980 年第 4 期。
⑪ 陈昆麟：《山东高唐金代虞寅墓发掘简报》，《文物》1982 年第 1 期。
⑫ 李鸿雁：《山东淄博市博山区金代壁画墓》，《考古》2012 年第 10 期。
⑬ 史学谦：《试论山西地区的金墓》，《辽金契丹女真史研究动态》1984 年 3、4 合刊。
⑭ 宁立新：《山西朔县金代火葬墓》，《文物》1987 年第 6 期。
⑮ 杨富斗：《山西侯马金墓发掘简报》，《考古》1961 年第 12 期。
⑯ 杨富斗：《山西侯马 104 号金墓》，《考古与文物》1983 年第 6 期。
⑰ 杨及耘：《侯马 101 金墓》，《文物季刊》1997 年第 3 期。
⑱ 杨富斗等：《侯马 102 号金墓》，《文物季刊》1997 年第 4 期。
⑲ 杨富斗：《山西稷山金墓发掘简报》，《文物》1983 年第 1 期。
⑳ 陶富海：《山西襄汾县南董金墓清理简报》，《文物》1979 年第 8 期。
㉑ 马昇等：《山西汾阳金墓发掘简报》，《文物》1991 年第 12 期。
㉒ 王俊：《2008 年山西汾阳东龙观宋金墓地发掘简报》，《文物》2010 年第 2 期。
㉓ 任林平：《晋中南地区宋金墓葬研究》，硕士学位论文，南京大学，2012。

图0-2　金陵出土的铜坐龙

墓葬材料的梳理，对这一时期墓葬所反映出的丧葬习俗和社会变迁做了探讨。席倩茜《晋南金墓砖雕中的戏曲图像研究》分晋南戏曲砖雕文物遗址、晋南金墓砖雕中的戏曲图像史料、晋南金墓砖雕产生的社会学探讨及晋南戏曲砖雕的图像学研究四个方面进行探讨和研究。文章旨在使用音乐图像学的研究方法进行研究，同时，运用考古学、文献学和分类统计方法，对晋南金墓砖雕的戏曲图像做了细致深入的整理研究。该文不仅是戏曲史研究的重要成果，而且通过对晋南砖雕金代墓葬的梳理，对金墓形制及其所反映的金代风土民情等亦有论述。[1]

　　金陵在中国历代帝王陵墓考古上被认为是一个缺环，主要原因是其在历史上遭到过人为破坏。

　　有关金上京皇陵遗址的调查和研究有：许子荣《金太祖完颜阿骨打陵址》，[2]张连峰《金胡凯山和陵考略》[3]等。张文说，今阿城老母猪顶子山，清代称"库堪山"，金

①　席倩茜:《晋南金墓砖雕中的戏曲图像研究》，硕士学位论文，山西大学，2012。
②　许子荣:《金太祖完颜阿骨打陵址》，《黑龙江文物丛刊》1983年第4期。
③　张连峰:《金胡凯山和陵考略》，《黑龙江文物丛刊》1984年第3期。

称"胡凯山"（一作"呼凯山"），地处按出虎水之源，其上有二陵址，即金初之胡凯山和陵。

北京金陵遗址的调查和研究主要有：王德恒《金陵通考》[①]、《北京皇陵概述》[②]，北京市文物研究所金陵考古工作队《北京房山区金陵遗址的调查与发掘》[③]，宋大川《金陵遗址调查与研究》[④] 等。北京市文物研究所编《北京金代皇陵》[⑤] 是迄今关于北京金代皇陵考古勘探试掘的最重要成果：初步调查考证了中都金陵的陵域范围，确认了主陵区的平面布局；探明了金太祖地宫形制及金陵的清代建筑遗址；通过考古发掘，总结出金代皇陵的特点。宋大川主编《北京考古发现与研究（1949～2009）》第八章"北京金代考古"对金代皇陵及其他重要墓葬做了论述。[⑥] 宋大川主编《北京考古史》之《金代卷》第三章"金皇陵"就金上京皇陵到中都皇陵、房山金陵遗址、陵墓、金陵其他遗迹及金陵遗址的特点等进行论述。[⑦] 宋大川主编《北京考古志》之李伟敏著《房山卷》第二章"墓葬"设"辽金元时期墓葬"一节，重点对金陵做了介绍。[⑧]

综上所述，目前关于金代殡葬研究成果多局限在金墓考古发掘的层面，至于有关金代殡葬观念、制度、习俗的研究成果则很少见，因此亟待在广泛搜集文献资料的基础上，充分利用已有和新发现的考古成果，把金代殡葬研究水平提高一步。

---

① 王德恒：《金陵通考》，《社会科学辑刊》1984 年第 3 期。
② 王德恒：《北京皇陵概述》，《北京文博》1998 年第 2 期。
③ 北京市文物研究所金陵考古工作队：《北京房山区金陵遗址的调查与发掘》，《考古》2004 年第 2 期。
④ 宋大川：《金陵遗址调查与研究》，《北京文物与考古》第 6 辑，2004。
⑤ 北京市文物研究所编《北京金代皇陵》，文物出版社，2006。
⑥ 宋大川主编《北京考古发现与研究（1949～2009）》，科学出版社，2009。
⑦ 宋大川主编《北京考古史》（金代卷），上海古籍出版社，2012。
⑧ 宋大川主编《北京考古志》（房山卷），上海古籍出版社，2012。

第一章
殡葬观念

自从有人类以来，生老病死就是一个永恒的话题。原始人（包括许多现代人）都相信人是有灵魂的，恩格斯说："在远古时代，人们还完全不知道自己身体的构造，并且受梦中景象的影响，于是就产生一种观念：他们的思维和感觉不是他们身体的活动，而是一种独特的、寓于这个身体之中而在人死亡时就离开身体的灵魂的活动。从这个时候起，人们不得不思考这种灵魂对外部世界的关系。如果灵魂在人死时离开肉体而继续活着，那就没有理由去设想它本身还会死亡；这样就产生了灵魂不死的观念。"[①] 由于人们认为灵魂不死，随之产生了鬼魂观念。《礼记·祭法》曰："大凡生于天地之间者皆曰命。其万物死皆曰折，人死曰鬼。"[②] 这是中国古代普遍流行的传统观念。在灵魂不死观念的支配下，人们心目中便存在两个世界，就是活人生存的人间和鬼魂活动的阴间，于是产生了事死如事生的观念，所谓"丧礼者，以生者饰死者也，大象其生以送其死也。故如死如生，如亡如存，始终如一也"。[③]"生，事之以礼；死，葬之以礼，祭之以礼"，[④] 遂成了我国传统丧礼的基本原则。

第一节　生死观和殡葬观

一　生死观、殡葬观的形成与发展

金国地域辽阔，境内由多个民族构成，不同地区、民族的社会发展阶段不平衡，

---

① 《路德维希·费尔巴哈和德国古典哲学的总结》，《马克思恩格斯选集》第4卷，人民出版社，2012，第229~230页。

② 《黄侃手批白文十三经》，上海古籍出版社，1983年影印本，第165页。

③ 《荀子集解》卷13《礼论篇》，"诸子集成"本，上海书店，1986年影印本，第243页。

④ 《论语》卷1，《四书集注》，世界书局，1947，第8页。

历史文化传统和宗教信仰也存在差异，加之历史进入宋金元时期，社会思潮出现儒佛道三教合流的大趋势，人们的生死观、丧葬观也随之发生变化，呈现出复杂、多元的形态。

女真是一个古老的民族，其先世可以追溯到远古的肃慎，其后裔称挹娄、勿吉、靺鞨。大约由于他们所处时代的生产力低下，挹娄有"贵壮而贱老"的风尚，"父母死，男子不哭泣，哭者谓之不壮"；[①] 勿吉"若秋冬死，以其尸捕貂，貂食其肉，多得之"；[②] 后来的黑水靺鞨也有"贵壮而贱老"之俗。[③] 他们的生死观念和殡葬习俗，说明当时生产力低下，也反映了人们对死亡看得不是很重，殡葬简单。当时大抵处在孟子所说的"上世尝有不葬其亲者，其亲死，则举而委之于壑"[④] 的社会发展阶段。

图1-1　晦堂禅师塔

随着社会的进步与发展，辽代至金初女真同北方其他各族的联系逐渐增多，相互影响，其生死观、殡葬观和习俗等，同其先世肃慎、挹娄、勿吉、靺鞨等已有所不同。女真建立金朝后，伴随汉化的进程，他们的生死观、殡葬观有了很大的变化。

我国北方民族自古多行火葬而且历史相当久远。考古工作者曾在甘肃临洮寺洼山发现盛有人类骨灰的陶罐（其年代在前21~前11世纪间），由此判断从那时起就出现了原始火葬方式。[⑤] 根据文献记载，最早流行火葬的地方应是《列子》卷5所载的仪渠国："秦之西有仪渠国者，其亲戚死，聚柴积而焚之，熏则烟上，谓之登遐，然后成为孝子。此上以为政，下以为俗，而未足为异也。"火葬在那里已是流行的丧葬方法。后来，如《周书》载，突厥人死，"取亡者所乘马及经服用之物，并尸俱焚之，收其

① 《晋书》卷97《东夷传》，《二十四史》缩印本第4册，中华书局，1997，第649页。
② 《北史》卷94《勿吉传》，《二十四史》缩印本第9册，第805页。
③ 《旧五代史》卷138《外国列传》，《二十四史》缩印本第13册，第474页。
④ 《孟子·滕文公上》卷3，《四书集注》，第79页。
⑤ 参见夏鼐《临洮寺洼山发掘记》，《中国考古学报》1949年第4期；胡廉盈《试论寺洼文化》，《文物集刊》1980年第2期。

余灰，待时而葬"。焉耆国"死亡者皆焚而后葬"。①《北史》载，契丹人死，"但以其尸置于山树之上，经三年之后，及收其骨而焚之"，②多焚而后葬。

女真早期与其他许多北方民族不同，原本采用土葬，"死者埋之"。③后来，在北方民族火葬传统及佛教广泛传播的双层影响之下，火葬在金代得到较为广泛的流行。

女真早期信仰以萨满教为主。金朝建立以前，佛教已在高丽、渤海、辽朝得到传播，辽金之际，幽燕汉人地区佛教也相当盛行。女真上层在其影响下，除信奉原始宗教萨满教之外，大多同时信奉佛教。《松漠记闻》卷上载，"胡俗奉佛尤谨，帝后见像设皆梵拜，公卿诣寺则僧坐上坐"。"贵游之家，多为僧衣盂（原注：衣钵也）甚厚。"④及至世宗、章宗时期，社会经济发展，佛教在女真、汉人中得到更广泛的传播。佛教的传播对金代经济、社会生活及人们的观念（包括生死观、殡葬观）产生很大的影响。火葬与我国传统的儒家观念相悖，儒家经典《孝经》开宗明义章说："身体发肤，受之父母，不敢毁伤，孝之始也。"⑤生时不敢毁伤，死后岂能焚烧？儒家认为火葬乃身后之戮，是十分残忍和大逆不道的事情。

金元之际的王恽在《论中都丧祭礼薄事状》中说，"切惟送终，人子之大事，今见中都风俗薄恶，于丧祭之礼有亟当纠正者，如父母之丧，例皆焚烧，以为当然，习既成风，恬不知痛。……其在汉民，断不可训"。⑥元好问《续夷坚志》卷3《吕内翰遗命》载，吕忠嗣平生通晓经学，每以古人自期，他在临终时对诸子说："我死无火葬，火葬是为戮尸；无斋僧作佛事，斋僧佛事是不以尧、舜、文、武、周、孔之教待我。有违我言者，非吕氏子孙。"吕忠嗣"诸子从教，无一敢违者"。这个故事是朋友（范拯之、梁斗南）告诉元好问的，梁斗南还留遗言给元好问说，自己死后"送终不以僧佛从事"。⑦王恽和元好问所述吕忠嗣、梁斗南之言，从不同侧面反映了金代虽然火葬流行，但是当时恪守儒家传统生死观、殡葬观的人仍是普遍存在的。特别是金代中期以后，儒家传统的生死观、殡葬观占主导地位，在汉人中尤其如此。世宗大定年间，王朋寿在唐于立政所撰类书《类林》的基础上，增广门类，改订次序，逐篇系之以赞，撰成《增广分门类林杂说》，这在当时是一部宣扬教化、流传较广的类书。其中"死丧篇"

---

① 《周书》卷50《异域列传下》，《二十四史》缩印本第7册，第234、236页。
② 《北史》卷94《契丹传》，《二十四史》缩印本第9册，第805页。
③ 《三朝北盟会编》，政宣上帙3，上海古籍出版社，1987年影印本，第18页。
④ 《辽海丛书》第1册，辽沈书社，1985年影印本，第207页。
⑤ 《黄侃手批十三经白文》，第1页。
⑥ 《秋涧先生大全文集》卷84《乌台笔补》，"四部丛刊"本。
⑦ 元好问：《续夷坚志》卷3《吕内翰遗命》，中华书局，1986，第54页。

赞曰："死生定命，冥数莫移。进德积善，或能过期。骄恣凶暴，短折倾危。纸衣瓦棺，巨资莫窥。奢淫厚葬，剖封暴尸。俭为世戒，墨翟何讥。"[①] 其宣扬和倡导死生有命、积德行善，反对骄奢淫逸、重殓厚葬，所反映的应该是当时的主流社会意识形态和观念。

二　三教冲突与合一的生死观和殡葬观

儒家生死观的基本点是"死生有命，富贵在天"[②]，重视生前，而非死后。孔子说："未知生，焉知死。"[③] 孟子说："存其心，养其性，所以事天也，夭寿不贰，修身以俟之，所以立命也。"[④] 他强调人活着时应尽自己的责任，修炼善性，至于寿命长短是无所谓的。

儒家传统生死观在金代士人中得到体现，如元好问的老师郝天挺"临终浩歌自得，若不以生死为意者。其平生自处，为可见矣"。[⑤] 崔禧《应奉翰林文字赠济州刺史李公碑铭》曰："君子所守，唯义之为，威武不屈，死生不移。世教举此，以为常理。此而不知，安足为士。"[⑥] 靳德昌《晋赵宣子墓碑》碑文曰："忠节有以励其臣，英气足以激后代。生而无愧，死而有神，宜乎血食千年，典型犹在。质之前古，晋赵宣子其人也。"[⑦] 这都是借颂扬时人或前人表达的金代士人的生死观，活着要恪守忠孝节义，生而无愧于世，死能激励后代。

道教滥觞于我国古代民间流行的巫术和秦汉的神仙方术。东汉帝王最早在宫中并祭黄老、浮屠，已接近宗教仪式。顺帝时张陵创五斗米道，奉老子为教主。灵帝时张角以《太平清领书》为经典，号为太平道。五斗米道和太平道是早期的两个道教派别。自此道教经久不衰，不断有所发展。

道家生死观的基本点是"生死气化，顺应自然"。在他们看来，生和死无非都是一种自然现象，生死之变如"春秋冬夏四时行也"，[⑧]"生之来不能却，其去不能止"。[⑨] 生和死只有相对意义，是事物存在的不同状态，对"生"说"生"是"生"，但对

---

① 张金吾编纂《金文最》卷20，中华书局，1990，第271页。
② 《论语》卷6，《四书集注》，第79页。
③ 《论语》卷6，《四书集注》，第71页。
④ 《孟子》卷7，《四书集注》，第188页。
⑤ 元好问：《郝先生墓铭》，《遗山先生文集》卷23，"石莲盦九金人集"本，第3册，台北：成文出版社，1967年影印本，第864页。
⑥ 张金吾编纂《金文最》卷90，第1321页。
⑦ 《河南总志》，见张金吾编纂《金文最》卷90，第1314页。
⑧ 王先谦：《庄子集解》卷5《至乐》，《诸子集成》第3册，第110页。
⑨ 王先谦：《庄子集解》卷5《达生》，《诸子集成》第3册，第114页。

"死"说"生"是"死"，对于"生"说"死"是"死"，但对于"死"说"死"是"生"。因此，说"生"、说"死"不过是从不同的立场上所持的不同看法，故应"生时安生，死时安死"，这样就可以在顺应自然中得到超生死，而与道同体了。①

金朝汉族士人在新的历史条件下创建了全真、太一、大道等新的道教派别，这些派别在元代得到更大发展。金代流行的新道教在许多方面承袭了传统道家的生死观、殡葬观。

金人张子献在一篇为道士赵先生所撰行记（生平事迹）中说："夫人之所以得大自在者，以其了达生死，去来不有凝滞而然也。昔御寇乘风而行，泠然善也，南华以为犹有所待，若夫乘天地之正，御六气之辩，以游无穷，彼且乌乎待哉？"并称赞赵先生是所谓"无待之人"。②行记对赵先生的评价，反映出金代道家对传统道教观念的承袭以及道士对生死的豁达从容态度。文中"昔御寇乘风而行"云云及所谓"无待之人"的评论，典出《庄子·逍遥游》："夫列子御风而行，泠然善也，旬有五日而后反。彼于致福者，未数数然也。此虽免乎行，犹有所待者也。"郭象注："非风则不得行，斯必有待也，唯无所不乘者无待耳。"没有风就不能前行者，必须"有待"才行，只有无所不乘者才能做到"无待"。成玄英疏："唯当顺万物之性，游变化之涂，而能无所不成者，方尽逍遥之妙致者也。"③道家认为世俗生活都是有待的，不自由的，只有绝对的精神自由才能达到"无待"的境界。而行记开头的"大自在"者，又是佛教语，谓进退无碍，心离烦恼之意，后多指自由自在、无挂无碍的境界。金代道家本着以上述精神进行修炼，所以能够"了达生死，去来不有凝滞"，对生死处之泰然。王鹗撰《浑源县真常子刘君道行记》载，道士刘道宁（金元之际人）临终对弟子说："可于丈室瘗吾躯，榜以'翛然'足矣。盖取南华'翛然而来，翛然而去'之义，则君之平昔所养可知矣。"④"翛然而来，翛然而去"是道家对待生死的超然态度。

儒道佛对生死问题的看法虽然不尽相同，但有许多相通之处。儒道佛都不以生死为苦，而以其追求的目标未能达到为"苦"。儒家以"德之不修，学之不讲"为"苦"，即以不能实现其道德理想为"苦"；道家以"苦心劳形，以危其真"为"苦"，即以不能顺应自然为"苦"；佛教禅宗以"于外着境，自性不明"为"苦"，即以执着于外在的东西，而不能除去无明为苦。⑤

---

① 参见汤一介《儒、道、佛的生死观念》，《天津社会科学》1997 年第 5 期。
② 《延安路赵先生本行记》，《金文最》卷 27，第 380 页。
③ 郭庆藩辑《庄子集释》卷 1《逍遥游》，《诸子集成》第 3 册，第 10 页。
④ 陈垣编纂《道家金石略》，文物出版社，1988，第 493 页。
⑤ 参见汤一介《儒、道、佛的生死观念》，《天津社会科学》1997 年第 5 期。

　　道教主张道、儒、佛合一，除了继承道家传统观念之外，与儒、佛的共同点较以前道教更多。完颜璹《全真教主碑》说，创始者王喆（号重阳子）立教之初，"凡立会必以三教名之……先生者，盖子思（儒）、达摩（释）之徒欤"。"足见其冲虚明妙，寂静圆融，不独居一教也"。① 王喆还劝人诵《道德清静经》、《般若心经》及《孝经》等道、佛、儒三家经典。谭处端（号长真子）《三教》诗曰："三教又来总一家，道禅清净不相差。仲尼百行通幽理，悟者人人跨彩霞。"② 李道玄（号通玄子）《道无二》称"释道从来本一源，如来老氏共登天"。③ 这些都明白地表达了三教合一的思想。辛愿说："道家源于黄帝、老聃。至列御寇、庄周氏，廓而大之，乃与孔子之道并立，为教于天下而不废。"道家主张"一生死"，把生死看作一回事。他还说："今所谓全真氏，虽为近出，大能备该黄帝老聃之蕴……其逊让似儒，其勤苦似墨，其慈爱似佛。"④ 认为全真教与黄帝、老庄、儒、佛、墨等都有相通之处。

　　三教合一思潮在道家的生死观、殡葬观上也有所反映。全真教徒认为佛教有关生死交替、六道轮回的说教本是古今不易之道。如姬志真（号知常子）《生灭》诗云："轮回生灭本因心，念念迁流古到今。磨灭成灰飞不动，晃然孤月上瑶岑。"《生死》诗云："生死门中住，轮回路上行。此心来住惯，争肯问前程。"⑤ 表达了在生死观上对佛教轮回说的兼容和认同。

　　金代道士死后兼用具有佛教色彩的火葬和传统的土葬。王寂《辽东行部志》载，"大定丙午岁（二十六年，1186），咸平集真观刘道士载归本观，火其尸而焚之，有识者无不为之叹恨也"。⑥《阎德源墓志》载，西京玉虚观宗主大师阎德源临终遗嘱特谓弟子，"云中故俗，人亡则聚薪而焚之，吾所弗欲也。当以遗骸瘞之于丈室之后，无扰乡人"。弟子谨依遗命择吉辰安葬。⑦ 火葬虽较流行，但是仍不为持传统观念的"有识者"所认同。

三　民间殡葬中的生死信仰

　　金代民间广泛流行诸如迷信还魂、因果报应、投胎、阴德等观念，玉皇、阎罗等信仰。

---

① 《金文最》卷82，中华书局，1990，第1201页。
② 《全金诗》卷26，南开大学出版社，1995，第1册，第339页。
③ 《全金诗》卷153，第4册，第552页。
④ 辛愿：《陕州修灵虚观记》，《金文最》卷81，第1183～1184页。
⑤ 《全金诗》卷134、135，第4册，第340、359页。
⑥ 张博泉：《辽东行部志注释》，黑龙江人民出版社，1984，第92页。
⑦ 王新英编《金代石刻辑校》，吉林人民出版社，2009，第189～190页。

图1-2 小铜人像（金代皇陵）

还魂。指死而复活。元好问《续夷坚志》卷1《张童入冥》载，有张姓老者以捕鹌为业，有一独子死后，不忍埋葬，便累砖做丘，并说"吾儿还活"，人笑其痴。三天后，张老夫妇恸哭不止，忽闻墓中有呻吟声，二老惊曰："吾儿果还魂矣！"遂撤掉棺砖，一同归家。从此不再杀生捕鹌，携儿入寺供佛。①

因果报应。佛教语，原谓种善因得善果，种恶因得恶果。《续夷坚志》卷1《马三诋欺报》载，刘马三以机谋致富，曾用诡计侵夺邻里袁某田地，袁某诉于官府，没有结果。袁说，刘马三如此欺诈，来世必为异类。刘发誓说，我如果诈取你的田产，就会像你所说的。刘马三死后，袁家

所养狗生一花狗，腹毛纯白，有"我是恩州刘马三"7字。

上述两则事例虽为故事，却反映了当时人们相信还魂及起誓灵验、恶有恶报的观念。

阴德。认为人们在人世间所做的好事，冥冥中有鬼神记载，多积阴德，天必报答于他。《续夷坚志》卷2载，高有邻（字德卿）之父在世时，曾任某地地方官，以公事存活千余人。德卿生于该地，后任节度使，其子、侄同榜登科，时人相信是"阴德阳报之故"。②泰和年间，冯开为其父母所撰墓志说，其父曾为府吏，"仁于用心，赖全活者多矣。其后开擢进士第，盖阴德之致也"。③

预知死生之变。《续夷坚志》卷2《孟内翰梦》载，孟宗献（字友之）于大定年间乡、府、省、御四试皆第一，因丁母忧，悲哀过度而死。据说他生前"梦中预知前途所至，其后皆验"。内翰临死之年，"连夕星陨"于书斋前，是造物者使他预先得知"生死之变"。

投胎。迷信人或动物死后，灵魂投入他胎，转生世间。《续夷坚志》卷4《德升后身》

---

① 元好问：《续夷坚志》卷1《张童入冥》，中华书局，1986，第5页。
② 《续夷坚志》卷2，第26页。
③ 王新英编《金代石刻辑校》，第215页。

载，太原行台乌古论德升在城池被蒙古攻陷后遇害。以其被害之日"受生"（即投胎、投生）移剌仓使家，这个投生孩子四五岁就能说"前身"（佛教语，就是前生）事。德升的家奴当年从太原逃出，曾来仓使家，那个孩子见到家奴，竟能呼出家奴名字。但是关于德升之死说法不同，家奴说德升是被砍致死，而孩子却说是投井而死。投井而死说，是德升听说城陷，一心投井，"神识已逝"，即神志、神魂已散，所以不知被砍；而一僧人说，"不然，赴井者盖投胎耳"。可见人死后投生、投胎之说，在当时是相当流行的观念。

轮回。本佛教语，梵语的意译，原意是流转。佛教认为众生各依善恶业因，在天道、人道、阿修罗道、地狱道、饿鬼道、畜生道等六道中生死交替，有如车轮般旋转不停，故称。也称六道轮回、轮回六道。六道轮回观念，当时不仅为佛教徒所信奉，也在道教徒中及民间流行。不过，这种佛教的因果轮回及道家长生登仙等说教，遭到信奉儒家传统观念士人的质疑。如刘祁说："余尝观《道藏》书，见其炼石服气以求长生登仙，又书符咒水役使鬼神为人治病除祟，且自立名字、职位云。主管天条而斋醮祈禳，则乃能转祸为福。大抵方士之术，其有无谁能知？又观佛书，见谈天堂、地狱、因果轮回，以为人与禽兽无异。且有千佛万圣，异世殊劫，而以持诵、布施则乃生善地。大抵西方之教，其有无亦谁能知？因思吾道，天地日月明照，山河草木蕃息，其间君臣、父子、兄弟、夫妇，礼文粲然，而治国治家焕有条理。赏罚黜陟立见，荣枯生死穷通，互分得失，其明白如此，岂有惑人以不可知之事者哉？而世之愚俗，徒以二氏之诡诞怪异出耳目外，则波靡而从之，而饮食起居日在吾道中而恬不自知，反以为寻常者，良可叹也。呜呼，愚俗岂可责邪？而士大夫之高明好异者往往为所诱，不亦悖哉！"[1]

玉皇、阎罗。道教称天帝曰玉皇大帝，简称玉帝、玉皇。阎罗，梵语的略译，佛教称主管地狱的神，通称阎王。道士吕道安羽化前书颂（一种文体）说："般般放下般般悟，物物具忘物物捐。此去不遭阎老唤，今朝唯待玉皇宣。"[2]表明他死后要去玉皇大帝那里报到。

第二节　殡葬与孝道

一　女真汉化与孝观念的流行

女真早期无孝观念可言，也没有体现孝观念的山陵、宗庙等制度。金灭辽后，所

---

①　刘祁:《归潜志》卷 12，中华书局，1983，第 141 页。
②　赵九渊:《终南山灵虚观大师吕君墓志》，《道家金石略》，第 455 页。

用执政大臣多为汉人，他们建言，"天子之孝在乎尊祖，尊祖之事在乎建宗庙"，于是女真开始"筑室于内之东南隅，庙貌、祀事虽具，制度极简略"。[1]女真皇帝死，"本无山陵，祖宗以来，止卜葬于护国林之东，仪制极草创"。[2]直至熙宗、海陵王之后，随着社会发展和女真汉化，金代宗庙、山陵制度才开始建立和完善起来。

熙宗自幼受业于辽朝降金汉人文学家韩昉，深受儒家思想熏陶。即位后，仿照唐宋制度，实行改革，积极推行中原礼教，倡导儒家孝道。皇统五年（1145），《增上祖宗尊谥诏》曰："稽孔圣达孝之说，见武王追尊之文，着在礼经，遂为永法。"[3]海陵王完颜亮雅好儒学，崇尚汉文化。世宗、章宗时期儒学得到更广泛的传播。世宗说："女真旧风最为纯直，虽不知书，然其祭天地，敬亲戚，尊耆老，接宾客，信朋友，礼意款曲，皆出自然，其善与古书所载无异。"[4]认为女真原始、质朴的旧风与儒家思想并无二致，这是对儒家思想的认同。世宗经常以孝悌教诲子侄和近侍。他对皇太子及亲王说："人之行莫大于孝弟。孝弟无不蒙天地之佑。汝等宜尽孝于父母，友于兄弟。"[5]大定二十三年（1183），世宗采纳梁肃之谏，仿汉代羽林军皆通《孝经》故事，以女真文《孝经》千部分赐护卫亲军。《孝经》还是国子学、太学入学考试科目之一，由国子监印行，授诸学校。章宗明昌元年（1190）制定科举考试出题之制，府试以《六经》、《十七史》、《孝经》、《论语》、《孟子》等出题，并诏亲军习《孝经》、《论语》。金朝还以多种方式奖赏孝义之家。以上措施的颁行，反映了金朝统治者对孝道的认同和倡导。

在儒家思想熏陶和统治者的大力提倡之下，儒家传统孝道逐渐成为金代朝野伦理道德规范之首。熙宗时，翰林待制程寀上疏言及太祖谥号说："臣窃谓人臣以归美报上为忠，天子以追崇祖考为孝。"认为太祖只谥"武元"二字于理未安，应诏有司定议谥号，以"上慰祖宗在天之灵"。[6]熙宗采纳程寀上疏，命有司议增上太祖尊谥，并于皇统五年在太祖谥号中增谥"庄孝"二字。此后，金代皇帝谥号中多有"孝"字，熙宗含"孝成"、世宗含"仁孝"、章宗含"英孝"、宣宗含"圣孝"等。王朋寿撰《增广分门类林杂说》，是在唐于立政编《类林》一书基础上增广、分类、排序、补充事实而成的一部类书，较旧书增加两倍。此书尤其注重宣扬"人君之圣智聪明，臣

---

①　张棣:《金虏图经》"宗庙"，《三朝北盟会编》炎兴下帙144，上海古籍出版社，1987，第1751页。

②　张棣:《金虏图经》"山陵"，《三朝北盟会编》炎兴下帙144，第1752页。

③　《大金集礼》卷3，"丛书集成初编"本，第45页。

④　《金史》卷7《世宗纪中》第1册，第164页。

⑤　《金史》卷7《世宗纪中》第1册，第161页。

⑥　《金史》卷105，第7册，第2308页。

子之忠贞节义，父子兄弟之孝慈友爱"，①其中开头两篇是"孝行"和"孝悌"。"孝行"篇赞曰："孝乎惟孝，百行之先。""孝悌"篇赞曰："人之爱厚，莫甚天伦。"此外，"婚姻"篇赞曰："慈于教子，孝以安亲。""感应"篇赞曰："事亲思忠，入仕思忠。""嗜酒"篇赞曰："存忠思孝，千古仪刑。"②王若虚《跋王进之墨本孝经》也说："孝悌百行之冠冕，孝经六艺之喉衿。圣人大训，不待赞扬而后知也。学者自童稚读书，必始于此。"③这些都反映了金元一代孝观念已成当时的社会道德规范。

在"百行孝为先"观念的影响、熏陶之下，女真、汉人中都出现了许多孝行故事。《金史》中的《孝友传》、《列女传》等留下了许多有关这方面的记载。如庞迪"性纯孝"，父病，医药无效，迪"仰天泣祷，刲股作羹"，治好了父病。④温迪罕斡鲁补十五岁"居父丧，不饮酒食肉，庐于墓侧。母疾，刲股肉疗之，疾愈"。王震，母患疾，"刲股肉杂饮食中，疾遂愈"。刘政，"母疾，昼夜侍侧，衣不解带，刲股肉啖之者再三"。母死后，"庐于墓侧者三年"。⑤聂舜英父伤时，刲股为父疗伤，父死后，葬父次日"绝脰而死"。⑥尽管这些割股疗疾、治好病伤的故事未必可信，然而却反映了孝道已经深入人心的事实。

二　孝道在殡葬中的体现

孝行、孝悌作为美德懿行受到朝廷的倡导和褒扬，并且得到社会的普遍赞誉，成为不同民族、不同性别、不同年龄段者的道德规范，这在金代殡葬中也有充分的体现。

金人墓志碑铭中，镌刻死者生前行状、履历，孝行往往作为一项重要内容载入其中。如，《丁氏阡表碑》曰："夫扬名显亲孝之大者，积善余庆德之大者，周立五等之制以报有功，后世因循用之。公以忠孝勤劳之节预列五等，可谓扬名显亲矣。"⑦《王氏先茔碑》云，王杰，字邦美，"教其子弟，一以孝友忠信，里闬少年有悍戾不率者，亦必委屈镌谕，使之改而后已，由是中外重之"。⑧《千户贾侯父墓志铭》云，贾佐，字巨平，"事父兄以孝悌闻，待交朋以忠孝称，乡党宗族莫不服其吉德"。⑨《遗安先

① 王朋寿：《增广类林序》（大定二十九年），张金吾编纂《金文最》卷38，第546页。
② 王朋寿：《类林百篇赞》，《金文最》卷20，第264～274页。
③ 《滹南遗老集》卷45，"石莲盦九金人集"本，第6册，第508页。
④ 《金史》卷91《庞迪传》，第8册，第2013页。
⑤ 《金史》卷127《孝友传》，第8册，第2747页。
⑥ 《金史》卷130《列女传》，第8册，第2804页。
⑦ 王新英编《金代石刻辑校》，第90页。
⑧ 《滹南遗老集》卷41，"石莲盦九金人集"本，第491页。
⑨ 《滹南遗老集》卷42，"石莲盦九金人集"本，第494页。

生言行碣》云，王磵，字逸宾，“孝于亲，友于弟，诚于人，笃于己。远近论文行，必曰王逸宾矣”。[①]《孝义县丞崔公墓铭》云，崔宪，字子贞，“慈祥孝友，笃密恺悌，人无得而称焉，然天下大夫言善人，必曰子贞云。其醇而不耀，陈仲弓、黄叔度之流乎！”[②]陈黄都是东汉著名品德高尚之人。

在山西、河南等地的金代墓葬中发现有许多反映孝行故事，尤其是二十四孝故事的画像石刻、壁画和砖雕。

石刻画。1973 年在河南焦作市郊发现承安年间画像石墓，有曹娥哭江寻尸、丁兰刻木奉母、杨香打虎救父、郭巨为母埋儿得金、王祥卧冰求鲤、孟宗哭竹、闵子骞单衣顺继母等。[③]1979 年在山西永济发现贞元元年（1153）青石棺，棺帮上绘有二十四孝图，每图标有内容题记。左为“王武子、刘殷（殷字缺末笔）、田真、杨香、刘明达、王祥、袁觉、赵孝宗、孟宗、姜诗、王怖、老来子”；右为“鲁义姑、蔡顺、鲍山、睒子、郭巨、闵子慇、丁栏、曾参、韩百榆、曹娥、董永、舜子”。与流传的二十四孝图不尽相同。其中，“杨香、王祥、孟宗、姜诗、老来（或作莱）子、蔡顺、睒（或作郯）子、郭巨、闵子慇（或作闵子骞、闵损）、丁栏（或作兰）、曾参、曹娥、董永、舜子（或作大舜）”十四幅和流传的名字有异，其他“王武子、刘殷、田真、刘明达、袁觉、赵孝宗、王怖、鲁义姑、鲍山、韩百榆”等不见于流传的二十四孝图。此外在绘画上两者也有不同。[④]

壁画。1983 年在山西长子发现正隆年间壁画墓中有二十四孝人物画。人物依次为：舜子、刘明达、董永、鲍山、赵孝宗、杨昌（香）、元觉、姜师、鲁义姑、曾参、蔡顺、闵子骞、睒子、陆绩、刘殷、丁兰、王祥、郭巨、王武子妻、韩伯榆、田真兄弟、孟宗、曹娥、老莱子。[⑤]山西沁源、闻喜等地金代大定、明昌年间的壁画墓中也有孝子或二十四孝故事。[⑥]1985 年山西长治文博工作者对安昌村金墓做了清理调查，发现墓室北壁和东西壁有彩绘二十四孝故事图。北壁 14 幅，分别为曹娥、郭巨、赵孝宗、老莱子、孟宗、曾参、丁兰、舜子、韩伯俞、董永、鲍山、王武子妻、刘殷、姜师。东壁 5 幅，杨香女、鲁义姑、王祥、蔡顺、田真。西壁 5 幅，刘明达、元角、

---

① 赵秉文:《闲闲老人滏水文集》卷 11，“丛书集成初编”本，第 159 页。

② 《闲闲老人滏水文集》卷 11，第 156 页。

③ 河南省博物馆:《河南焦作金墓发掘简报》，《文物》1979 年第 8 期。

④ 张青晋:《山西永济发现金代贞元元年青石棺》，《文物》1985 年第 8 期。

⑤ 山西省考古研究所晋南工作站:《山西长子县石哲金代壁画墓》，《文物》1986 年第 12 期。

⑥ 杨富斗:《山西省闻喜县金代砖雕壁画墓》，《文物》1986 年第 12 期。

陆绩、闵子骞、琰子。东壁有墨书题记："时明昌六年二月十六日，砌画工毕，至清明前日厚葬父母了当。潞州潞城县安昌崔忠并男崔贤谨记。"①

砖雕。山西考古工作者于1978～1979年两度对稷山马村金墓进行发掘清理，在4号墓的墓室四壁回廊下发现一套二十四孝故事砖雕，分别为：虞舜孝行、闵顺孝行、郯子孝行、曹娥孝行、郭巨孝行、王祥孝行、刘殷泽中哭芹、杨香孝行、赵孝宗舍己救弟、不详、鲁义姑孝行、董永孝行、鲍出孝行（鲍出救母）、田真孝行（田氏兄弟哭活紫荆树）、丁兰孝行（丁兰刻木奉亲）、孟宗孝行（孟宗哭竹生笋）、杨乙乞养孝行、韩伯愈孝行（韩伯愈泣杖）、不详、王武子妻割股奉亲、原古孝行、蔡顺孝行（长治安昌金墓和芮城宋德方墓中二十四孝图均有此图，题作"曾参孝行"）、刘明达孝行（刘明达卖子孝母）、陆绩孝行（陆绩怀橘孝母）。②

以上这些石刻画、壁画和砖雕，多为海陵王、世宗、章宗时期的作品。在金代墓葬中发现的二十四孝故事石刻画、壁画、砖雕中的名字略有出入，除取舍标准不同之外，还因出自坊间，并无可据定本，遂有别字、谐音字、同音字等情况出现。

自汉代以来，孝子故事就是墓葬石刻画、壁画中常见的内容。后来，在唐末至宋初的经卷文书中，已经出现二十四孝的名称，由此可以断定，在唐代，甚至更早的时期就产生了二十四孝的系统。不过，那时的二十四孝可能有多种不同的题材。③另《续资治通鉴长编》卷116仁宗景祐二年（1035）条载："左司谏姚仲孙言：'伏闻议者欲改制雅乐，俾协纯音，谓旧律太高，裁之就下，以高形下，人固知之。然或制之未得其精，损之必差其度。臣盖不知其得于何道，而辄变更，闻其所为，率多诡异。至如炼白石以为磬，范中金以作钟，又欲以三辰、五灵、二十四孝为乐器之饰……'"④所谓"三辰"，即日、月、星；"五灵"，指麟、凤、神龟、龙、白虎，古代传说中的五种灵异鸟兽；而"二十四孝"，就是二十四个孝行人物故事，说明北宋初年二十四孝故事业已流行，以致有臣僚主张将其作为乐器的纹饰图案。至于考古发现的宋代墓葬中二十四孝故事的石刻画、壁画、砖雕就更多了。

二十四孝故事在后来的长期流传中，出现了多种版本。其中元郭居敬《二十四孝》（全称《全相二十四孝诗选》）流传最广，并成为后世诠释二十四孝词目的依据，人物分别为：虞舜（孝感动天）、老莱子（戏彩娱亲）、郯子（鹿乳奉亲）、仲由（百

① 王进先、宋晓芳：《山西长治安昌金墓》，《文物》1990年第5期。
② 山西省考古研究所侯马工作站：《山西稷山马村4号金墓》，《文物季刊》1997年第4期。
③ 赵超：《山西壶关南村宋代砖雕墓砖雕题材试析》，《文物》1998年第5期。
④ 《续资治通鉴长编》卷116，第9册，中华书局，1995，第2736页。

里负米）、曾参（啮指痛心）、闵损（芦衣顺母）、刘恒（亲尝汤药）、蔡顺（拾葚异器）、郭巨（埋儿奉母）、董永（卖身葬父）、丁兰（刻木事亲）、姜诗（涌泉跃鲤）、陆绩（怀橘遗亲）、黄香（扇枕温衾）、江革（行佣供母）、王裒（闻雷泣墓）、孟宗（哭竹生笋）、王祥（卧冰求鲤）、杨香（扼虎救父）、吴猛（恣蚊饱血）、庚黔娄（尝粪忧心）、崔山南（乳姑不怠）、黄庭坚（涤亲溺器）、朱寿昌（弃官寻母）。清宫梦仁（字定山）《读书纪数略》卷 21 载："二十四孝（古今言孝者有此二十四人）：大舜、老莱子、曾参、闵损、江革、陆绩、郭巨、董永、丁兰、韩伯俞、刘殷、田真、孟宗、王祥、陈娥、蔡姑、鲁义姑、姜诗、聣子、鲍山、黄香、赵孝宗、王武子、元觉。"①

北宋金元时期的二十四孝故事与后世流行的郭居敬《全相二十四孝诗选》的内容有较大差异，却同传世的高丽《孝行录》记载的二十四孝故事相符，因此《孝行录》应是当时宋地区流行的版本，表明在我国南北地区民间曾经存在两套不尽相同的二十四孝故事系统。②

宋金墓葬中发现的诸多石刻画、壁画、砖雕二十四孝故事，丰富了人们对那个时期殡葬文化的认识，并为再现当时社会生活习俗提供了宝贵资料，具有很大的研究价值。

---

① 宫梦仁：《读书纪数略》卷 21，文渊阁"四库全书"本。
② 董新林：《北宋金元墓葬壁饰所见"二十四孝"故事与高丽〈孝行录〉》，《华夏考古》2009 年第 2 期。

第二章

殡葬礼仪和习俗

女真之初，并无规范的殡葬礼仪，"死者埋之"而已。金朝建立后，随着女真进入中原和汉化，丧礼葬仪也逐步沿用汉制。不过，在丧礼葬仪汉化的同时，一些传统习俗在某种程度上依然保留下来。

第一节　殡葬礼仪

一　殡葬礼仪的制定

《金史·礼志一》载，世宗大定间，即命官参校唐宋古典沿革，开"详定所"以议礼，设"详校所"以审乐，编纂礼仪制度。至明昌初，编成《金纂修杂录》400卷。"凡事物名数，支分派引，珠贯棋布，井然有序，炳然如丹。又图吉凶二仪，卤簿十三节以备大葬，小卤簿九节以备郊庙……是时宇内阜安，民物小康，而维持几百年者实此乎基。呜呼，礼之为国也信矣夫。"[①]又据《金史·章宗纪四》载，章宗在位期间，"承世宗治平日久，宇内小康，乃正礼乐，修刑法，定官制，典章文物粲然成一代治规"。[②]包括丧礼葬仪在内的金代礼仪就是在这期间确定下来的。

据《金史·章宗纪三》，泰和二年三月甲子，蔡王从彝母充等大师卒，"诏有司定丧礼葬仪"。[③]《金史·张𬀩传》记载此事较详，不过其时间为明昌六年。大意说，霍

---

① 《金史》卷28《礼志一》，第3册，第691~692页。
② 《金史》卷12《章宗纪四》，第1册，第285页。
③ 《金史》卷11《章宗纪三》，第1册，第258页。据校勘记载，"充等大师"，钱大昕《廿二史考异》卷84以为当是"充华太妃之伪"，系就字形推测，然从彝母非"充华"；施国祁《金史详校》以为当改作兴陵太妃，从彝母乃金显宗妃，当称裕陵，而不得称兴陵。当时贵族妇女多奉佛，或受戒而有大师之号？疑莫能定。

王从彝母早死，由温妃石抹氏抚养。明昌六年温妃死，章宗问张晖从彝服丧之事。张晖奏曰："慈母服齐衰三年，桐杖布冠，礼也。从彝近亲，至尊压降与臣下不同，乞于未葬以前服白布衣绢巾，既葬止用素服终制，朝会从吉。"章宗从其奏。[1]"齐衰"，丧服名，为五服之一。"五服"，是古代以亲疏为差等的五种丧服，即斩衰、齐衰、大功、小功、缌麻。五服用粗麻布制成，以其缉边缝齐，故称"齐衰"。子为继母、慈母服齐衰三年。桐杖，《埤雅·释木》载："父丧杖竹，母丧杖桐。"古时为母送丧时拄的孝杖。张晖所论，基本上是依据《仪礼》、《礼记》等典籍所记录的制度。由此可知，最晚到金代中期，葬仪、丧服制度已吸收和采用了中原传统丧葬礼制。文献中有关丧礼、葬俗的零星记载，也反映了金代与中原传统丧葬礼制的传承关系。

二 殡葬程序

古代传统殡葬礼仪十分繁缛，其主要程序有招魂、入殓、出殡、治丧、居丧、安葬等。现据所见金代文献中的相关记载和考古资料梳理如后，大致勾勒出金代殡葬礼仪，并探索其对中原制度与文化的传承和发展。

（一）招魂

招魂，又称复魄。招魂有招死者之魂和招生者之魂。其中招死者之魂，是对刚死亡者招魂，欲求其复生，确认不能复生后进行丧礼。后来也以此表达对死者怀念、祭奠之意。

《金史·完颜纲传》载，吴曦，南宋抗金将领，后降金，称蜀王，被宋人杀害。金章宗闻吴曦被杀，于是诏赠吴曦为太师，命德顺州刺史完颜思忠"招魂于水洛县"。赵秉文《仿刘长卿出塞二首》有"天寒短兵接，日暮战声微。万里天山北，招魂葬不归"句。[2]

金代墓表、墓铭之末，也用招魂词表达墓主家属、亲友对死者的评价、凭吊、悼念之情。如元好问《商平叔墓铭》载，商平叔死后，其子奉父衣冠，葬于某地，元好问为之撰写墓铭，"以寄招魂之词"。[3]《阳曲令周君墓表》载，阳曲令周鼎于兴定二年因城陷而死，其子女奉其衣冠葬于先茔。元好问受周鼎后人嘱托，为之撰写墓表。于是概述生平，并"系以招魂之辞"，其末句曰："俱腐草木兮孰别区，魂兮归来兮安

---

[1] 《金史》卷106《张晖传》，第7册，第2328页。
[2] 赵秉文：《闲闲老人滏水文集》卷5，"丛书集成"本，第1册，第75页。
[3] 元好问：《遗山先生文集》卷21，"石莲盦九金人集"本，第849页。

汝居！"①王若虚《故朝列大夫刘君墓碣铭》载，挚友刘鼎臣屡试不第，很不得志，刚刚考取史院书写，即将赴任时，一命呜呼。墓碣铭曰："没于王事，抑又得其死。有子有孙，足以奉其祀。忧乐同尽，竟何校哉。新宫孔固，魂兮归来。"②

此外，在战乱、灾疫、饥馑或牢狱酷刑之下，常有大量人口死亡，曝尸荒野，事后往往有地方官主持，为之招魂。李俊民撰有《高平县瑞云观祭孤魂榜》、《崔仲通祭孤魂青词》③等。

（二）入殓

入殓，是将死者装入棺材。古代丧礼有小殓和大殓：给死者沐浴、穿衣、覆衾等谓之小殓，次日将已装裹的尸体放入棺材称为大殓。殓服是人生最后一次穿着，因此古人十分重视，金人也是如此，如黑龙江阿城金代齐国王墓主的服饰就是最好的明证。棺内所葬男女两人衣着华丽，穿戴有序。二人衣裳冠履带主体皆为丝织品，丝织种类有金锦、彩纹地金锦、绢、暗花罗、绫、纱等。衣着种类有幞头、冠、袍、带、短衣、敝膝、抱肚、裙、吊敦、袜、鞋、靴等。织造装饰工艺有织金、织纹、暗花、针绣、盘绦、印金、敷彩等。各种佩饰和用具的材质有珍珠、玉、金、银、象牙、玳瑁、玛瑙等。男女服饰用料精美，做工考究，其款式尚保留女真服饰特点。④

（三）出殡

出殡，是把灵车运送到安葬或临时存放的地方。灵车，又称柩车、挽车，送葬之车。由于死者地位、身份不同，灵车装饰有繁缛和简陋之别。

大定十九年（1179）十一月，世宗第二子显宗允恭改葬母明德皇后（世宗之后乌林荅氏）于坤厚陵。一路上，允恭"徒行挽灵车，遇大风雪，左右进雨具，帝（允恭）却之，比至顿所，衣尽沾湿，观者无不下泪"。⑤海陵王与平章政事乌带妻唐括氏通，并令人杀死乌带，并假意对乌带之死表示哀伤，"诏有司送其灵车，捐三百为道途费"。⑥

社会地位尊贵者所用灵车多为辒辌车。辒辌车本是卧车，可以在车中坐卧、休息。车有窗户，闭之则温，开之则凉，故称辒辌车，后来多指送葬丧车。《金史·世戚·徒

① 元好问：《遗山先生文集》卷22，第855页。
② 《滹南遗老集》卷41，第493页。
③ 《庄靖集》卷9，"石莲盦九金人集"本，第643页。
④ 赵评春、赵鲜姬：《金代丝织艺术》，科学出版社，2001，第15页。
⑤ 《金史》卷19《世纪补》，第2册，第413页。
⑥ 《金史》卷132《逆臣传》，第8册，第2821页。

单恭传》载，贞元二年（1154）九月，斜也（徒单恭，本名斜也）随从海陵王猎于顺州。打猎刚开始，忽听斜也死，海陵"即日罢猎，临其丧，亲为择葬地，遣使营治。及葬，赐辒辌车，上（海陵王）及后率百官祭之"。[1]

（四）治丧

治丧，包括发丧、护丧、奔丧、吊丧等。

发丧，指人死公告于众，犹如后世的讣告；也指办理丧事。

《国子祭酒权刑部尚书内翰冯君神道碑铭》载，天兴元年，冯延登在战乱中，与家人失散，被蒙古骑兵所得，欲掳而北行，他却辞情慷慨，义不受辱，竟自投城旁近井中。后来其子得知此情，"乃发丧行服，又将以故事奉君衣冠，葬于某所"。[2]

皇帝驾崩，则诏告中外，并遣使通知邻国及属国。邻国和属国也是如此。天会十三年（1135）正月，太宗崩，熙宗即皇帝位，诏告中外，并遣使告哀于齐、高丽、夏及报即位。天兴三年（1234），哀宗完颜守绪所在蔡州被宋元兵围困，其传位于宗室完颜承麟后，自缢而死，城破金亡。金人送款给宋，"遂发丧设祭，谥哀宗曰昭宗"，[3] 就是发出哀帝亡故的讣告。泰和四年（1204）正月，"高丽国王王晫没，嗣子韺遣使来告哀"。[4]

护丧，指办理丧事或办理丧事者。

《金史·时立爱传》载，中书令时立爱于天会十五年致仕，加开府仪同三司、郑国公。死后，"赙赠钱布缯帛有差。诏同签书燕京枢密院事赵庆袭护丧事，葬用皆官给之"。《金史·世纪补》载，显宗允恭死于大定二十五年，世宗从上京还中都，"为位奠哭者凡七焉"，并以豳王永成为中都留守，来护丧，遣滕王府长史再兴、御院通进阿里剌来保护金源郡王，遣左宣徽使唐古鼎来致祭，"诏妃徒单氏及诸皇孙丧服并如汉制"。《金史·徒单克宁传》载，明昌二年，徒单克宁患病，章宗亲往探视，于病榻前拜太师，封淄王。死后，章宗"诏有司护丧事，归葬于莱州，谥曰忠烈。明昌五年，配享世宗庙廷，图像衍庆宫。大安元年，改配享章宗庙廷"。[5]

奔丧，凡遇君、亲、尊长之丧，从外地赶往吊唁或料理丧事称"奔丧"。

吊丧，至丧家祭奠死者。

---

① 第 8 册，第 2617 页。
② 元好问：《遗山先生文集》卷 19，第 835 页。
③ 《金史》卷 119《完颜娄室传》，第 8 册，第 2600 页。
④ 《金史》卷 12《章宗纪四》，第 1 册，第 267 页。
⑤ 《金史》卷 92《徒单克宁传》，第 6 册，第 2052 页。

民间遇有亲友、尊长之丧要前往丧家吊丧。邻国处在和好时期及同属国之间，遇有对方帝王驾崩，也要遣使吊丧。天辅七年（1123）八月太祖死，九月葬于宫城西。次年（天会二年）四月，宋遣使来吊丧。天会十三年正月太宗驾崩后，三月，齐、高丽使来吊祭。

（五）赗赙

赗赙，赠给丧家财物办理丧事，车马曰赗，财货曰赙。见诸文献记载的，多指皇帝赠给皇亲、国戚、重臣、功臣，也有赠邻国、属国君王及使臣的。

前者，如耶律安礼，本名纳合，系出遥辇氏。幼孤，事母以孝闻。"天眷初，从元帅于山西。母丧，不克归葬。主帅怜之，赗礼甚厚。安礼冒大暑，挽枢行千余里。"[1] 正隆四年，兵部尚书萧恭病死于经略夏国边界途中，海陵闻讯后，"深悼惜之，命九哥（萧恭之子）护丧以还，所过州府设奠。丧至都，命百官致祭。亲临奠，赗赠甚厚，并赐厩马一"。还对九哥说："尔父衔命，卒于道途，甚可悼惜。朕乘此马十年，今赐汝父，可常控至枢前。既葬，汝则乘之。"[2] 大定六年（1166），右丞相宗宪薨，年五十九，"上（世宗）辍朝，悼惜者久之，命百官致奠，赗银一千五百两、重彩五十端、绢五百匹"。[3] 大定十二年，右丞相纥石烈志宁薨，"上辍朝，临其丧，行哭而入，哀动左右。将葬，上致祭，见陈甲枢前，复恸哭之。赗银千五百两、重彩五十端、绢五百匹，葬事祠堂皆从官给，谥武定"。[4] 大定二十五年，辽朝旧臣左企弓后人、右宣徽使光庆卒。世宗因光庆曾为回上京时负责仪仗制度有功，遂"遣使致祭赗银三百两、重彩十端、绢百匹"。[5]

泰和四年（1204）春正月，南宋贺正使（祝贺新年的使节）还至庆都（今属河北保定）时死于途中，章宗"诏遣防御使女奚烈元往祭，致赗绢布各二百二十疋，仍命送伴使张云护丧以归"。[6] 泰和七年二月，金代名将仆散揆薨。章宗听到丧讯，至为悲痛，"辍朝，遣使迎丧殡于都城之北。百官会吊，车驾临奠哭之，赗银一千五百两、重币五十端、绢五十匹，其葬祭物皆从官给。谥曰武肃"。[7]

后者，如金初宗雄之父康宗乌雅束死，辽使阿息保来，乘马直至灵帷阶下才"择

① 《金史》卷83《耶律安礼传》，第6册，第1871页。

② 《金史》卷82《萧恭传》，第6册，第1839页。

③ 《金史》卷70《宗宪传》，第5册，第1617页。

④ 《金史》卷87《纥石烈志宁传》，第6册，1934页。

⑤ 《金史》卷75《左泌传附》，第5册，第1727页。

⑥ 《金史》卷12《章宗纪四》，第1册，第267页。

⑦ 《金史》卷93《仆散揆传》，第6册，第2070～2071页。

取贿赠之马"，十分不恭，太祖阿骨打欲杀阿息保，被宗雄谏止。[1]国相撒改天辅五年薨，"太祖往吊，乘白马，嫠额哭之恸。及葬，复亲临之，赗以所御马"。[2]天会十三年四月，昏德公赵佶薨，熙宗遣使致祭及赗赠。[3]天眷二年（1139），六月夏国崇宗李乾顺死，十月来使告丧。次年九月，"夏国遣使谢赗赠"。[4]从夏国主驾崩到使臣来金告丧，再到来使答谢赗赠，中间各隔数月，盖长途跋涉之故。

（六）居丧

居丧、服丧，犹守孝。上自皇帝王室，下到平民百姓，不分阶层，在直系尊亲丧期中，要依礼守孝。

《金史·后妃下》载，世宗元妃李氏生郑王允蹈、卫绍王允济、潞王允德、豫王允成。大定二十一年二月"妃以疾薨，诏允成、允蹈、允济、允德皆服衰经居丧"。《中州集》卷9《张太保行简》载，张行简南渡后迁礼部尚书、太子太保、翰林学士承旨。薨谥文正。杨内翰之美铭其墓，称敬甫（行简字）"天性孝友，太夫人疾，不解衣者数月，居丧哀毁过礼"。[5]

官员居丧期间要暂时离开公职，待服丧期满后另行任职。

《中州集》卷6《王右司渥》载，王渥，兴定二年进士，在军中凡十年，后调任宁陵令，未及赴任，"丁太夫人忧，庐墓三年，服除，复授宁陵"。[6]《金史·宣宗纪中》载，兴定三年（1219），金攻宋，"敕凡立功将士有居丧者特起复迁授"。这里是说因金国攻宋，急需增加兵源，于是诏令有功将士，居丧期未满即应招任职。

金代丧服、服期，如前所述，明昌六年章宗问张暐关于服丧之事。张暐奏曰："慈母服齐衰三年，桐杖布冠，礼也。"并说后妃近亲丧服可与臣下略有不同，"未葬以前服白布衣绢巾，既葬止用素服终制，朝会从吉"。章宗准其奏。[7]由此可以说明，金代丧服、丧礼制度至此已经正式确立起来，而且基本是依据十三经中《仪礼》的记载制定的。《仪礼》中的《丧服》、《士丧礼》、《既夕礼》、《士虞礼》等是专讲丧礼的，此外丧礼在《周礼》、《礼记》中也有一些记载。儒家经典中的丧礼制度，虽然主要是为士以上的统治集团成员制定的，但其影响则远远超出这个范围，大体上被后世所沿

---

① 《金史》卷73《宗雄传》，第5册，第1678页。
② 《金史》卷70《撒改传》，第5册，第1614页。
③ 《金史》卷4《熙宗纪》，第1册，第70页。
④ 《金史》卷4《熙宗纪》，第1册，第76页。
⑤ 《中州集》卷9，中华书局，1959，第468页。
⑥ 《中州集》卷6，第327页。
⑦ 《金史》卷106，第7册，第2328页。

袭，只是在不同时期略有变通而已。

前面述及，齐衰为五服之一。子为继母、慈母服齐衰 3 年。桐杖，是为母送丧时拄的孝杖。《埤雅·释木》载："父丧杖竹，母丧杖桐。竹有节，父道也，桐能同，母道也，母从子者也。"张昕所论的依据，为古代传统丧服制度，只是根据从彝身份地位而略有调整。

另据《金史·世纪补》，大定二十五年六月，显宗允恭崩于承华殿，世宗"诏妃徒单氏及诸皇孙丧服并如汉制"。这说明金代丧服制度在章宗明昌六年以前已经参照历代传统制度，不过尚未正式形成规章。

庐墓。古人于父母或师长死后，于服丧期间在墓旁搭盖小屋居住，守护坟墓，称为"庐墓"。

《金史·世宗纪下》载，世宗春天游猎，路经永清县，有个名叫移剌余里也的，是契丹人，有一妻一妾。妻之子六，妾之子四。妻死，六个儿子居庐墓下，轮流宿守。妾的儿子说，"那是嫡母（妾生的子女称父之正妻），我们就不该守墓吗"？于是也轮流宿守，三年如一日。世宗知此事后，赐钱 500 贯，并令县官收储钱财，送给他们，奖励孝子，倡导孝道。《金史·完颜素兰传》载，参知政事完颜素兰为官以修谨得名，每进言多有补益。"其居父丧，不饮酒，庐墓三年，时论以为难"。《坟云墓铭》载，南阳灵山僧法云在乡里时已弃家为佛子。遭到饥荒，乃能为父母挽车就食千里，母亲死后，庐墓旁守表 3 年，亲亡故，也是如此。乡里之人称之为"坟云"，以表彰法云虽已出家却能恪守孝道。[1]

（七）安葬

安葬，就是埋葬，实为丧葬的最后程序。有临时性的权殡、藁殡、旅殡及永久性的祔葬、合葬、迁葬。

权殡、藁殡、旅殡。金人亡故，往往由于逢遭战乱、事发突然或客死异乡等，有所谓权殡、藁殡、旅殡等。按其字义讲：权殡，临时置棺待葬；藁殡，草草埋葬；旅殡，暂时安放于外地。在墓表、碑铭中，三者并无严格区别，都属于临时性的埋葬。

权殡。

《金史·宣宗纪上》载，贞祐二年，"以大元允和议大赦国内。癸卯，权厝昭圣皇后于新寺"。

---

① 元好问：《遗山先生文集》卷31，第919页。

《太一三代度师萧公墓表》载："（贞祐）四年闰七月丙午，忽谓门人曰：'速具汤沐，吾将归寂。'门人亟加冠履，未毕而逝。有鹤数十旋绕久之，时天气犹暑，阅余旬而体不变。八月庚申，权殡于宫之茔。"①《嘉议大夫陕西东路转运使刚敏王公神道碑铭》载："以闰三月十有五日薨于私第之正寝，越三日权殡于长安南慈恩寺。"②《通奉大夫礼部尚书赵公神道碑》载："天兴改元，京师戒严，兼摄户部尚书。夏四月，望隆德殿起居。秋八月，上下舍菜，皆公发之。不幸遘疾，以其年九月之四日，春秋六十有八，薨于某里第。越三日，权殡某所。"③《闲闲公墓铭》载，天兴元年（1232）"以夏五月十有二日，春秋七十有四，终于私第之正寝。时军国多故，赗祭不及，大夫士相吊，间阎细民亦知有邦国殄瘁之叹。越二日，权殡开阳门外二百步，有待也"。④前两者大抵是因死得突然，而后者则因正值"军国多故"，不得正式安葬。

藁殡、旅殡。

《通奉大夫钧州刺史行尚书省参议张君神道碑铭》载："以明年甲午（天兴三年，1234）春二月之十七日，春秋六十，卒于沛之旅舍。翌日，藁殡于歌风台之下。后十有三年，孤子翔等举君旅榇，归祔于山阳南徐涧之先茔，礼也。"⑤当年正是金国灭亡之年，战事频仍，加之死于他乡，只得草草埋葬，多年后由后人将其归祔故里先茔。《张遵古墓碣铭》载："南宫张伯全，将以某年月日，举其先人之藁殡，祔于县西南张平里之先茔。"⑥《与枢判白兄书》载："某顿首，自乙巳岁往河南举先夫人旅殡，首尾阅十月之久，几落贼手者屡矣。狼狈北来，复以葬事往东平，连三年不宁居。"⑦《龙山赵氏新茔之碑》载："由大父而上，皆葬乡里。振玉之考妣，兵乱中权厝县西佛寺；比避兵还，而寺屋被焚，遂失藁殡所在。振玉去乡余二十年，归顾之理既绝，感怆霜露，殒身无及。向辱我公误知，承乏大郡；安习既久，眷焉有桐乡之恋，乃用故事，卜于平棘县西北乡苏村里之南原，为显考衣冠之藏。日者室人冀、冀氏物故，因从祔焉。"⑧所谓权殡、权厝、藁殡一也。

祔葬、合葬、迁葬。

① 王若虚：《滹南王先生文集》卷42，"石莲盦九金人集"本，第496页。
② 王若虚：《遗山先生文集》卷18，第826页。
③ 元好问：《遗山先生文集》卷18，第829页。
④ 元好问：《遗山先生文集》卷17，第815页。
⑤ 元好问：《遗山先生文集》卷20，第842页。
⑥ 元好问：《遗山先生文集》卷24，第871页。
⑦ 元好问：《遗山先生文集》卷39，第984页。
⑧ 元好问：《遗山先生文集》卷30，第913页。

祔葬、合葬，多指葬于先茔之旁。《礼记·丧礼小记》曰："祔葬者不筮宅。"孙希旦集解："祔葬，谓葬于祖之旁也。"金代最晚在熙宗朝就有祔葬制度了。

《金史·后妃传上》载："太祖钦宪皇后纥石烈氏。天会十三年，尊为太皇太后，宫号庆元。十四年正月己巳朔，熙宗朝于庆元宫，然后御于元殿，受群臣贺。是月丁丑，崩于庆元宫。二月癸卯，祔葬睿陵。"太宗钦仁皇后，唐古氏，熙宗即位后，与太祖钦宪皇后俱尊为太皇太后，号明德宫。皇统三年"崩于明德宫，谥曰钦仁皇后，祔葬恭陵"。熙宗皇后裴满氏，被熙宗所杀，"大定间，复熙宗帝号，加谥后为悼平皇后，祔葬思陵"。《金史·后妃传下》载，睿宗钦慈皇后，蒲察氏，睿宗元配，"大定二年，祔葬景陵"。这里均指后妃与皇帝合葬。

《赞皇郡太君墓铭》载，赞皇郡梁氏"不幸遭疾，以贞祐元年八月二十有八日，享年五十有一，终于坊州之官舍。诸孤衔恤襄事，以某年月日祔葬于某原之先茔，礼也"。[1] 这里指人死后葬于先茔之旁。

合葬，最初专指夫妻同葬一墓穴。《礼记·檀弓上》载："季武子成寝，杜氏之葬在西阶之下，请合葬焉，许之。"汉董仲舒《春秋繁露·三代改制质文》载："别眅夫妇，同坐而食，丧礼合葬，祭礼先享，妇从夫为昭穆。"宋高承《事物纪原·吉凶典制·合葬》载："《礼记》曰：《檀弓》云：'季武子曰：合葬非古也。自周公以来，未之有改。'又云：'舜葬苍梧之野，盖二妃未之从也。'注谓古不合葬。又：'季武子曰：周公盖附。'注云：附谓合葬。合葬自周公以来，是则周公初制此礼也。故周恒王之诗曰：'死则同穴。'"后来合葬又有所延伸，指同葬一墓室。

《金史·后妃传下》载，贞懿皇后，李氏，世宗母。其夫睿宗（宗尧）死后，李氏祝发为比丘尼。临终谓世宗曰："乡土之念，人情所同。吾已用浮屠法置塔于此，不必合葬也。我死，毋忘此言。"世宗遵照遗命，乃即东京清安寺建神御殿，并增大旧塔，起奉慈殿于塔前。世宗母因在其夫死后皈依佛教，因此临终前命世宗不必按世俗风俗与丈夫合葬，而依佛教传统葬于塔中。《金史·后妃传上》载，贞元元年，海陵王母大氏死。三年，海陵王将迁山陵于大房山，"将太祖、太宗、德宗（海陵王父宗干）梓宫至中都"，并将大氏"与德宗合葬于大房山，升祔太庙"。《聂孝女墓铭》载，聂孝女字舜英，曾嫁进士张伯豪为妻，伯豪死后归父母家，后死于壬辰之乱，其家以舜英"合葬张氏墓"。[2] 以上诸例，都是夫妻合葬。

---

① 元好问：《遗山先生文集》卷 25，第 874 页。
② 元好问：《遗山先生文集》卷 25，第 876 页。

迁葬，最初特指成人鳏寡者生时非夫妇，死后迁往一处埋葬，算合婚。《周礼·地官·媒氏》曰："禁迁葬者与嫁殇者。"郑玄注："迁葬，谓生时非夫妇，死既葬，迁之，使相从也。"后来多指把灵柩从原来的葬地迁移到另一地方埋葬，就是把临时性的权殡、藁殡、旅殡改作正式安葬。

据《金虏图经》载，金初，祖宗葬于護国林之东，到海陵王迁燕，"方得良乡县西五十余里大洪山谷曰大洪谷曰龙喊峰，冈峦秀拔，林木森密……遂迁祖宗、父、叔改葬于寺基之上"。《宣宗哀册》载："维元光二年岁次癸未十二月已巳朔二十二日庚寅，宣宗继天兴统述道勤仁英武圣孝皇帝崩于宁德殿。二十八日丙申，移殡于大庆殿之两楹。越正大元年三月戊戌朔二十三日庚申，迁座于德陵，礼也。"[①]

第二节　风水与殡葬

风水，即堪舆，指宅基地或坟地周围的风向、水流、山脉等形势。生者之屋宅称为阳宅，死者之坟地谓之阴宅。信奉者认为"风水"的好坏能决定宅主或葬者一家的祸福。

两晋唐宋以来盛行风水之说，金代沿袭宋代风俗，朝野重视风水。汉青乌先生撰《葬经》、东晋郭璞撰《葬法》、北宋王洙撰《地理新书》等被称为讲风水的经典文献，在金代都有刊行，或经官方"颁行"，这是当时朝野流行风水之说的佐证。

汉代青乌《葬经》被认为是后世讲阴阳、风水之书的鼻祖，后晋郭璞撰《葬书》多引此书，金丞相兀钦仄为之作注，名《青乌先生葬经注》，又作《注青乌子葬经》，使之得到更广泛的流传。兀钦仄注本于青乌经文之下，有对经文的解说及对以前"旧注"的评论，反映出当时阴阳、风水之学达到的水平。

金代大定、明昌年间先后有毕履道和张谦为之图解、校正、增补。毕履道在《图解地理新书》自序中说："宅葬者，养生送死之大事也。自司马迁阴阳家流至唐迄宋，屡诏儒臣典领司天监，属出秘阁之藏，访草泽之术，胥参同异，校核是非，取舍于理，而灾祥有稽者，留编太常，即今之颁行《地理新书》是也。"[②] 既是"颁行"，应为官方行为。又《金史·选举志一》载："凡司天台学生，女直二十六人，汉人五十人，听官民家年十五以上、三十以下试补。又三年一次，选草泽人试补。其试之制，

---

① 赵秉文:《闲闲老人滏水文集》卷18，"丛书集成初编"本，第222～223页。
② 金身佳整理《地理新书校理》，湘潭大学出版社，2012，第1页。

以《宣明历》试推步，及《婚书》、《地理新书》试合婚、安葬，并《易》筮法、六壬课、三命五星之术。"朝廷将《地理新书》列入科考范围，测试应试者的安葬知识。朝廷如此重视《地理新书》，其目的在于"俾世遵用，以裨政治。保生民跻于寿域，惠亡者安于下泉，示爱民广博之道"，[①]将养生送死视为治国大事。

由于朝廷对《地理新书》的重视，它在民间自然得到广泛流传。当时出版印刷业的重镇平阳就有数家"印卖此书"。因为需求量大，坊间版本十分混乱，"今野俗之流，而有专执星水之法，或只习一家偏见之文，又有不经，随代进用、颁行旁门小说不根之语，或与官书相害者，执而行之"。[②]鉴于上述情况，明昌年间的张谦自称古戴鄙夫，根据当时流传的各种版本，重新为之校正，撰《重校正地理新书》，他在序言中称自己"习地理"、"慕阴阳"、"专二宅"，均"取则于此书"。又张暐《大金集礼》载，大安元年（1209）"取责到将去司天台阴阳人张庆渊等三人状称：相视得自陵寝红排沙以西，过涧辘轳岭，已有南郊涧道，隔断山势。以西又过木浮岭，下有龙泉河，河身深阔，隔断地脉。按《地里新书·五音地脉篇》：'凡隔坑潭江河，地势已绝，不相连接。'兼山陵至此已三十二里，若将龙泉河便为禁限西界，委是别无窒碍。其东、南、北三面禁界，止合依元定界堠为限"。这说明时人在堪舆术上凡遇疑难，则以此书为准。

金代官方对《地理新书》的重视、民间对此书的关注并以其作为准则，都反映了金人笃信风水、阴阳的社会风俗。金代重风水、阴阳之术可以从墓葬特别是皇陵中得到体现和印证。

第三节　殉葬、�面、"烧饭"及其他

一　殉葬

殉葬是以器物、牲畜乃至活人从葬，最早起源于原始社会后期，是同人类的原始信仰特别是灵魂崇拜和祖先崇拜联系在一起的极其野蛮残酷的陋习。人们为了让死者的灵魂有所寄托，将他们生前认为最珍贵的物品，与死者一起葬到坟墓中，以便他在幽冥中能继续使用。殉葬，特别是人殉，在奴隶制时代的原始信仰的基础之上，又反映出阶级压迫的实质。

---

① 《地理新书校理》，第1页。
② 《地理新书校理》，第2页。

女真早期有以活人、鞍马、生产工具、生活用品等随葬的习俗。《三朝北盟会编》政宣上帙 3 载，女真人死后，"贵者生焚所宠奴婢、所乘鞍马以殉之"。史料中有关女真和金代人殉的记载仅此一见。

考古资料表明，在金代墓葬中有生产工具、鞍具、生活用品以及首饰、佩饰、服饰等随葬品，详见本编第三章"随葬品"一节。

二 剺面

剺面，即用刀割面流血，以表示对死者的哀悼。在一些北方民族中，如匈奴、突厥、回纥等，都有这种剺面哭丧之俗。《后汉书》卷 19《耿秉传》云："匈奴闻秉卒，举国号哭，或至梨面流血。"梨面即剺面。《周书》卷 50《异域列传下》记载突厥风俗，"死者，停尸于帐，子孙及诸亲属男女，各杀羊马，陈于帐前，祭之。绕帐走马七匝，一诣帐门，以刀剺面，且哭，血泪俱流"。《旧唐书》卷 195《回纥传》云，毗伽阙可汗死，宁国公主"依回纥法，剺面大哭"。

女真也有剺面之俗。《三朝北盟会编》政宣上帙 3 载，早期女真，"其死亡，则刃剺额，血泪交下，谓之送血泪"。[①] 赵子砥《燕云录》曰："丁未七月初二日，太子往御塞，离燕山七百里，到凉殿伤寒亡殁，酋首皆剺面号泣，其尸载来燕山。"[②] 这里剺面用来哭丧送丧。

女真剺面还用于表达诚心、决心和极度悲痛等心情。辽天祚帝天庆五年九月，女真首领阿骨打率兵反辽后，辽天祚帝大怒，下诏有"女直作过，大军荡除"之语，阿骨打为激励部众，悲痛欲绝，"剺面仰天恸哭"："始与汝等起兵，盖苦契丹残忍，欲自立国。今主上亲征，奈何？非人死战，莫能当也。不若杀我一族，汝等迎降，转祸为福。"诸军皆曰："事已至此，惟命是从。"[③]

三 "烧饭"

"烧饭"是契丹、女真、蒙古诸族的一项重要习俗，辽金元史料中多有记载。但是由于这些史料大都语焉不详，给我们了解这一习俗造成很大困难。

国学大师王国维是最早留意此俗并予以论述者，他在《观堂集林》卷 16《烧饭》

---

① 《三朝北盟会编》，政宣上帙 3，第 18 页。
② 《三朝北盟会编》，靖康中帙 73，第 726 页。
③ 《辽史》卷 28《天祚皇帝纪二》，第 1 册，中华书局，1974，第 332 页。

· 344 ·

一文中说，"烧饭本契丹、女真旧俗"。然而"烧饭"并非始自辽金，系源于乌桓人死后葬时焚烧死者的乘马、衣服等物之俗，"烧饭之名则自辽金始，而金人尤视为送死一大事"。不仅"契丹、女真并有此俗，蒙古亦当有之"。"满洲初入关时，犹有此俗。吴梅村《读史偶述》诗云：'大将祁连起北邙，黄肠不虑发邱郎，平生赐物都燔尽，千里名驹衣火光。'后乃以纸制车马代之，今日送三之俗，即辽金烧饭之遗也。"[①] 这种见解的支持者进一步指出，"烧饭"之俗是许多北方古民族所共有的。所烧之物甚广，举凡死者生前所用之物几乎无一不在被烧之列。杀马（甚至杀奴婢）殉葬与烧饭祭祀是一回事，"殉"与"祭"并无绝对的差别。而且，他们认为"烧饭"与"燔柴"毫无关系。[②] 第二种意见说烧饭即火葬。[③] 第三种意见主张烧饭既非殉葬，也不是火葬，而是祭祀。烧饭"主要指祭祖，也用指祭天"，并说"烧饭必须燔柴"，"燔柴可以当作烧饭的开始动作"。[④]

以上三种意见虽然大相径庭，却有助于我们对这个问题进行深入探讨。其中第二种意见主张烧饭即火葬，显系误解，也无史料根据，而第一、第三两种意见均有可取之处。本于契丹、女真的"烧饭"习俗，概括起来说，有如下几点：第一，尽管烧饭与焚烧衣物在大的分类上同属"凶仪"，有其近似之处，但是二者分属凶仪中的"燕节仪"和"丧葬仪"，非为一仪，不可混同。第二，烧饭只用于祭祀死者而不用于祭天。第三，烧饭与"燔柴"无涉。第四，烧饭不是"抛盏"。[⑤]

四　其他

金代葬俗，除了女真的殉葬、劙面、烧饭之外，在汉族和女真人中有以焚烧纸制器物、人畜等送葬的习俗，这实际上是殉葬的一种延续形态。殉葬本来是以器物、牲畜乃至活人从葬，或将其焚烧后从葬。后来人们逐渐认识到这样过于耗费财力物力，随着社会的进步而逐渐废止，或改以纸制品代替器物、人畜。金初天辅三年（1119），阿离合懑病重，太祖到其家中看望，并问以国家大事，阿离合懑回答："马者甲兵之用，今方未平，而国俗多以良马殉葬，可禁止之。"并献出平生所乘战马。[⑥] 金元之际，

---

① 《观堂集林》卷16，河北教育出版社，2003，第403页。
② 贾敬颜：《"烧饭"之俗小议》，《中央民族学院学报》1982年第1期。
③ 《黑龙江畔绥滨中兴古城和金代墓群》，《文物》1977年第4期。
④ 陈述：《谈辽金元"烧饭"之俗》，《历史研究》1980年第5期。
⑤ 详见宋德金：《"烧饭"琐议》，《中国史研究》1983年第2期。
⑥ 《金史》卷73《阿离合懑传》，第5册，第1672页。

中都一带流行以纸制品代替器物、人畜的送葬习俗。人死之后，"无问贵贱，多破钱物，市一切纸作房屋、侍从、车马等仪物"。①

烧纸钱，是长期流行于北方汉人中的丧祭风俗。此俗起源于汉代的瘗钱，至唐代则以焚纸钱代替，从此便相沿成俗。到金代，仍"习以为常，俗莫能易"。②金文献中多有记载此俗的诗文。如羁留金国的南宋使臣朱弁的《寒食》曰："清明六到客愁边，双鬓星星只自怜。兵气尚缠巢凤阁，节旄已落牧羊天。纸钱灰入松楸梦，饧粥香随榆柳烟。北向雁来寒雾隔，音书不比上林传。"③元好问《九月晦日》曰："松楸千里动悲哀，说道回家蚤晚回。九月忽惊今日尽，满城风散纸钱灰。"④松楸，即松树与楸树，墓地多植，因以用来代称坟墓。两首诗都是写在坟前烧纸钱祭祀之俗的。金元的中都、大都（今北京）人有于"七月祀先"的习俗，"买纸钱、寒衣，烧化于坟，谓之送寒衣"。⑤烧纸钱风俗源远流长，近世犹未绝迹。

此外，金代有生时建墓之俗，即所谓"寿冢"。寿冢不甚流行，但是古已有之。《后汉书·宦者传》载，侯览"豫作寿冢，石椁双阙，高庑百尺"。《旧唐书·司空图传》载，司空图（字表圣）预作冢棺，并请客人坐墓穴中饮酒赋诗，客有难色，司空图说"达人大观，幽显一致"（幽显，犹阴间阳间，幽显一致意为视生死一致）。赵秉文《题米元章修静语录引后》载："宋米芾（元章）知淮阳，预知死期，以香木为棺置黄堂上，饮食起居在其间。及期，召吏民所亲厚者与之别，索纸书云，来从众香国中来，去当众香国中去。掷笔而化。"⑥前者是说侯览之极尽奢华、铺张靡费，后两者是赞其参透生死、豪放达观。

金代有生时建冢的事例，虽未形成风俗，但是可以反映出时人的生死观念。元好问受人之托撰写过两篇寿冢记，题名为《尚药吴辨夫寿冢记》和《樊侯寿冢记》。吴辨夫在皇家太医院、医正局供职，也曾多年为元好问医病开药。他忽然想起要作寿冢，由于民间很少有生时建冢者，怕受到议论，便请教元好问。元好问引经据典，说"古有之"，并答应为他撰写寿冢记。定襄知郡樊天胜因武功而任地方官，为了表达孝心，"修治先茔，列松槚，树碑表"，并想为自己预建寿冢，怕遭到非议，也来请教

---

①　王恽：《论中都丧祭礼薄事状》，《秋涧先生大全文集》卷84，"四部丛刊"本。

②　李俊民：《抄纸疏》，《庄靖集》卷10，"石莲盦九金人集"本，第652页。

③　《中州集》卷10，第524页。

④　元好问：《遗山先生文集》卷12，第784页。

⑤　熊梦祥：《析津志》，见于敏中等编纂《日下旧闻考》卷148《风俗》引，第8册，北京古籍出版社，1983，第2346页。

⑥　赵秉文：《滏水集》卷20，第243页。

元好问。元好问征引汉以来生时建冢之人，为他解除疑惑，并撰写寿冢记。[①] 两篇寿冢记除说明寿冢古已有之、为欲建寿冢者解惑之外，也反映此俗并不流行和不为常人所理解。元好问在两篇寿冢记中高谈阔论，表达了他的生死观及对两位墓主的赞许。元好问认为，人们都知道没有"壮而不老，老而不死"的，"生死之在人，万事更相迭，犹夜之必旦，寒之必暑"的道理，是再愚钝的人也都知道的。然而还是有人热衷于烹金炼石，为压胜之术，以求长生不老，甚至一听到人说凶祸灭亡之语，就要向他唾弃，这些做法实在可悲。元好问还说："生而养，死而葬，中国之大政、而圣人之中道。自佛老家之说胜，诞者遂以形骸为外物，天地为棺椁，日月为含襚；甚者至有狐狸亦可、蝼蚁亦可之说。虽奋锸后随，以旷达自名者，犹见笑于大方之家。虽然，彼自有方内外之辨矣。吾处方之内，圣人之中道舍而不由，尚何从乎？"他认为生养死葬本圣人之中正大道，而佛老之说却以天地为棺椁，以日月为送死之衣，这些都不是我尘世之人的观念和信仰。如果舍弃圣人之中道，哪里还有出路？而且汉以来就有寿冢，并赞预建寿冢者侯某"虽未之学，而识趣自远，悟代谢之必至，要归藏之有所，终焉之志有不期合而合者"，因此无须犹豫。

---

① 　元好问：《遗山先生文集》卷 34，第 951～952 页。

第三章
墓地、墓室、葬具及随葬品

古人相信灵魂不死及事死如事生的观念，这在处理死者的方式方法即丧葬中得到充分的体现和反映。

第一节　帝王陵寝

一　上京皇陵

张棣《金虏图经》"山陵"条载，女真建国之初，都于上京，"本无山陵"，"祖宗以来，止卜葬于护国林之东"。《大金国志》卷33《陵庙制度》亦载，"国初，祖宗止葬于护国林之东"，即金国先祖所葬之地。但因文献记载语焉不详，"护国林东"的具体方位无法确指。[①]

太祖阿骨打于天辅七年（1123）八月崩于部堵泺西行宫，九月移梓宫至上京，"葬宫城西南"，并建宁神殿于陵上。[②]长期以来，文献中不见对金代上京皇陵遗迹的关注和记述。近代曹廷杰（1850～1926）较早在《金会宁府考》中写道，上京城西有一大土阜，"白城西门，门外偏北有大土阜，今呼点将台"。[③]20世纪30年代末，阿

---

① 有文章推测说，护国林位于长白山脉张广才岭余脉之西麓，即今北起黑龙江省阿城区东郊国营砖场，经大岭、亚沟至玉泉三乡镇的一道凸起的漫岗。此条漫岗南北走向，东依莽莽群山，西接阿什河平原，绵延起伏近百里，林木繁茂，确实具有文献记载的气势。这条漫岗以东即是海古水流域，山水林田相间，宜农，宜渔，宜猎，乃是女真人完颜部早期居住耕垦之所，至今仍可见多处居住遗址，可谓女真人的广义的"国"；近年在护国林以东，海古水两侧的山岭上，相继发现了数处金代陵墓址，很可能就是史料所说的完颜氏"祖宗"陵寝。据此，可初步推定此处就是金代的"护国林"。见伊葆力《金上京周边部分建筑址及陵墓址概述》，《哈尔滨学院学报》2006年第3期。
② 《金史》卷2《太祖纪二》，第1册，第42页。
③ 《东三省舆地图说》，《曹廷杰集》上册，中华书局，1985，第165页。

城县长周家璧在所著《阿城县白城考略》（1937）中首次确认，俗称的"点将台"就是金太祖完颜阿骨打陵址。

1962年，阿城文物管理所首次对陵址进行调查，并采取了保护措施。1975年和1993年两次对陵冢进行钻探，测得陵冢为夯土筑就，夯土层6～10厘米不等，黑黄土相间。地表散布着布纹瓦片、绿釉琉璃瓦、灰色雕砖、柱础石等，与金上京皇城内宫殿址发现的建筑材料相同，应为金世宗大定年间修复后的遗物。在陵址附近的村中，犹存一残柱础石，边长1.13米，厚0.28米，外径为0.90米，内径（承柱面）0.72米，其上突起的圆面磨得十分光滑，当为陵地遗物。根据1993年对陵址所做的物探显示，在墓的南侧二层台上有一石板铺设的"道"或祭祀台，由于年久被土掩埋，深约1米。墓穴空洞已被人工填实或在迁陵时破坏性坍塌，未发现棺椁及随葬器物，只有一些砖瓦残块。1994年文物部门对陵址进行了保护性的清理勘探工作，在封土东侧外围的一片土坑中清理出一处有大量金代建筑构件的文化层，有布纹瓦、筒瓦、板瓦、釉面龙、凤纹瓦当、奔鹿行龙纹雕砖等，并在太祖陵址东侧封土外围的坍塌土下1.5米处，发现两根尺寸相同的花岗岩石柱，南北并列，相距15米。石柱呈正方体，边长0.47米，高2.13米，石柱下有正方形础座，边长0.70米，座高0.235米，两体榫卯结合。从这些遗存的建筑构件我们不难想见当年宁神殿规模的宏大和壮观。[1]

太祖阿骨打的另一处陵址是和陵。天会十三年（1135），太祖改葬和陵，皇统四年（1144），改和陵曰睿陵。金太宗于天会十三年驾崩，也葬于和陵，皇统四年改号恭陵。

根据文献记载，和陵地处胡凯山。《金史·欢都传》载："至景祖时，石鲁之子劾孙举部来归，居于安出虎水源胡凯山南。胡凯山者，所谓和陵之地是也。"有研究者根据上述记载及实地调查，谓今阿城老母猪顶子山即胡凯山，并在老母猪顶子山南麓偏西处的缓坡地上发现了金代陵址两处，二陵均坐北朝南，东西并立，相距近50米。现存龟趺（碑座）二尊，未见碑身，并有石人（文臣、武将）、石羊、石臼、香炉等遗存。此二陵龟趺之硕大古朴，风化之强烈深刻，石人面容之端庄肃穆，身材之高大雄伟，在阿城多处金墓中显居首位，大有御陵之风。[2]此外，在老母猪顶子山南、松峰山北二道河子北岸的台地上，即阿城区（原阿城市）山河镇三宝村西约二里处，发现金代建筑遗址一处，面积达一万多平方米。地表散布大量的灰砖、布纹瓦等残件，

---

① 参见《金太祖完颜阿骨打陵址》，baike.baidu.com，最后访问日期：2013年12月20日。

② 张连峰：《金代胡凯山和陵考略》，《黑龙江文物丛刊》1984年第3期。

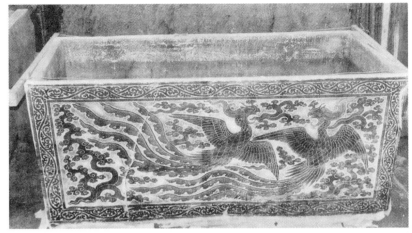

图3-1　石椁外壁
雕刻凤纹

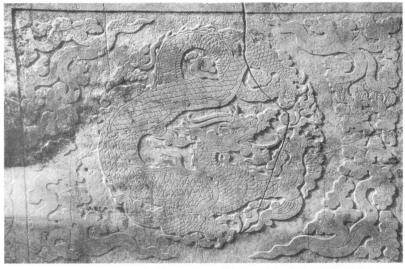

图3-2　石椁东椁壁
龙纹细部

图3-3　汉白玉双龙
纹栏板内侧

与金上京砖瓦形状、纹饰相同。村民还在遗址中发现铜钱、铁矛、石浮雕等文物。[①]

熙宗即位后，追谥其父宗峻为景宣皇帝，庙号徽宗，皇妣蒲察氏为惠昭皇后，改葬徽宗及惠昭皇后于兴陵。熙宗于皇统九年（1149）被弑，降为东昏侯王，葬于皇后裴满氏墓中。贞元三年（1155），改葬于大房山蓼香甸，与诸王同兆域。

天会十四年（1136），熙宗追尊九代祖以下曰皇帝、皇后，九代十帝均葬于上京。

兹据《金史·世纪》所载，将始祖以下十帝的名讳、庙号、谥号、陵号列为表3-1。

表3-1　始祖以下十帝的名讳、庙号、谥号、陵号

名讳	庙号	谥号	陵号
函普	始祖	懿献景元皇帝	光陵
乌鲁	德帝	渊穆玄德皇帝	熙陵
跋海	安帝	和靖庆安皇帝	建陵
绥可	献帝	纯烈定昭皇帝	辉陵
石鲁	昭祖	武惠成襄皇帝	安陵
乌古乃	景祖	英烈惠桓皇帝	定陵
劾里钵	世祖	神武圣肃皇帝	永陵
颇剌淑	肃宗	明睿穆宪皇帝	泰陵
盈歌	穆宗	章顺孝平皇帝	献陵
乌雅束	康宗	献敏恭简皇帝	乔陵

以上十帝陵寝于海陵王正隆元年（1156）自上京迁至大房山，陵号未改，似葬于同一陵区。

二　中都皇陵

海陵王贞元元年（1153），迁都燕京，改称中都。完颜亮迁燕后，"始有置陵寝意，遂令司天台卜地于燕山之四围"。[②]贞元三年三月，命以大房山云峰寺为山陵，建行宫其麓。五月乙卯，命判大宗正事京等如上京，奉迁太祖、太宗梓宫。丙寅，如大房山，营建山陵。六月乙未，命右丞相仆散师恭、大宗正丞胡拔鲁如上京，奉迁山陵及迎永寿宫皇太后。八月，遣平章政事萧玉迎祭祖宗梓宫于广宁。九月，完颜亮亲迎梓宫及皇太后于沙流河。十月丙子，皇太后至中都，居寿康宫。戊寅，权奉安太庙神主于延圣寺，致奠梓宫于东郊，举哀。己卯，梓宫至中都，以大安殿为丕承殿，安

---

① 参见张连峰《金代胡凯山和陵考略》，《黑龙江文物丛刊》1984 年第 3 期。
② 张棣：《金虏图经》，《三朝北盟汇编》，炎兴下帙 144，第 1752 页。

·351·

图3-4　金陵全景图

置。十一月，山陵礼成，奉安神主于太庙。正隆元年二月，完颜亮谒山陵。七月，命太保昂如上京，奉迁始祖以下梓宫。八月，如大房山行视山陵。十月，葬始祖以下十帝于大房山。闰十月，山陵礼成。①世宗大定二十一年（1181），敕封山陵地大房山神为保陵公，其册文云：

> 皇帝若曰：古之建邦设都，必有名山大川以为形胜。我国既定鼎于燕，西顾郊圻，巍然大房，秀拔混厚，云雨之所出，万民之所瞻，祖宗陵寝于是焉。仰惟岳镇古有秩序，皆载祀典，矧兹大房，礼可阙欤？其爵号服章俾列于侯伯之上，庶足以称。今遣某官某，备物册命神为保陵公。申敕有司，岁时奉祀。其封域之内，禁无得樵采弋猎。著为令。②

大定二十九年，置万宁县以奉山陵。明昌二年（1191）更奉先县。元至元二十七年（1290），改为房山县，属涿州。

大房山金代皇陵可分三部分，即皇帝陵、后妃陵和诸王兆域。

金陵范围，据《大金集礼》卷18记载："坟山禁界封堠四至周围地里，东至万

---

① 　见《金史》卷5《海陵纪》。关于大房山金代皇陵的具体位置，《金房图经》载："得良乡县西五十余里大洪山曰大洪谷曰龙喊峰，冈峦秀拔，林木森密"（《三朝北盟会编》）；《大金国志》卷33《陵庙制度》载："得良乡县西五十里大红谷曰龙城寺，峰峦秀出，林木隐映，真筑陵之处"；《金史·海陵纪》及清人考证和后世考古资料，称大房山云峰山（九龙山）。
② 　《金史》卷35《礼志八》，第3册，第820～821页。

安寺西小岭一十八里，南至黄山峪水心二十六里，西至辘轳岭二十三里，周围计地一百二十八里。"又载："坟山以西过辘轳岭，有南郊涧道，隔断山势。以西过木浮岭，下至龙泉河，又隔断木浮岭。其龙泉河身阔处约五十步，窄处十余步，水深三四尺。自陵寝红排沙至此三十二里，以西又过烟熏岭松片山数重，才是接连银山。其坟山与银山不是一带山势。"[①] 考古工作者经多年勘察，认为文献中的坟山即今坟上村，该村西北3里就是龙门口，通称皇陵区。

1. 皇帝陵

这部分包括金朝建国后的太祖睿陵、太宗恭陵、熙宗思陵、海陵王陵、世宗兴陵、章宗道陵、卫绍王陵及睿宗（完颜宗辅，世宗父）景陵、显宗（完颜允恭，章宗父）裕陵。其中，睿陵、恭陵、思陵系由上京迁来。熙宗、海陵王因被降为侯或贬为庶人，分别葬于诸王兆域蓼香甸和山陵西南40里处。卫绍王无陵号，葬地不详。睿宗和显宗均为追谥。此外，大房山还葬有自上京迁来的始祖以下十帝之光、熙、建、辉、安、定、永、泰、献、乔陵。

大房山所葬金朝建国后的诸帝庙号和陵寝简况，兹据《金史》本纪、世纪补列为表3-2。

表3-2　大房山所葬金朝建国后诸帝庙号和陵寝简况

庙号	陵寝	资料来源
太祖	睿陵	《金史·太祖纪》：天辅七年崩，葬上京宫城西南。天会十三年，改葬和陵。皇统四年，改曰睿陵。贞元三年，改葬于大房山，仍号睿陵。
太宗	恭陵	《金史·太宗纪》：天会十三年崩，葬和陵，皇统四年，改号恭陵。贞元三年，改葬于大房山。
熙宗	思陵	《金史·熙宗纪》：皇统九年崩，降为东昏王，葬于上京裴满氏墓中。贞元三年，改葬于大房山蓼香甸，诸王同兆域。大定初，庙号闵宗，陵曰思陵。二十八年，以思陵狭小，改葬于峨眉谷，仍号思陵。
海陵王		《金史·海陵纪》：正隆六年崩，其柩置之南京班荆馆。大定二年，葬于大房山鹿门谷诸王兆域中。二十年，夌为庶人，改葬于山陵西南40里。
世宗	兴陵	《金史·世宗纪下》：大定二十九年崩，殡于大安殿，后葬大房山兴陵。
章宗	道陵	《金史·章宗纪四》：泰和八年崩，葬大房山道陵。
卫绍王		《金史·卫绍王纪》：至宁元年（1213）八月被其下所杀，立昇王完颜珣，是为宣宗，"敕以礼改葬"。
睿宗	景陵	《金史·世纪补》：天会十三年薨，陪葬睿陵。世宗即位，追上尊谥立德显仁启圣广运文武简肃皇帝，庙号睿宗。二年改葬于大房山，号景陵。
显宗	裕陵	《金史·世纪补》：大定二十九年，世宗崩，太孙完颜璟即位，是为章宗，追谥其父体道弘仁英文睿德光孝皇帝，庙号显宗。祔于太庙，陵曰裕陵。

---

① 《大金集礼》卷17，"丛书集成初编"本，第156～157页。

图3-5　金陵神道

图3-6　金陵神道·石踏道

资料来源：图3-5至图3-9均来源于《金中都遗珍》，北京燕山出版社，2003。

图3-7　金陵遗址全貌

概括来说，金陵从上京迁来者12帝，即函普以来10帝及太祖、太宗，其陵曰光、熙、建、辉、安、定、永、泰、献、乔、睿、恭；崩于中都而葬者2帝，其陵曰兴（世宗）、道（章宗）；被弑者1帝，其陵曰思（熙宗）；追谥者2帝，陵曰景（睿宗）、裕（显宗）；被弑而降为庶人者1帝，海陵，葬在兆域之外。

以上诸帝之外的宣帝、哀宗死于南渡之后，其陵墓不在中都。

宣宗，元光二年十二月崩，太子守绪即位，是为哀宗，谥大行（古代称刚死而尚未定谥号的皇帝、皇后）曰继天兴统述道勤仁英武圣孝皇帝，庙号宣宗，葬德陵。[①]

哀宗，天兴三年（1234）正月，被宋蒙联军围于蔡州，传位于东面元帅承麟，承麟即位。城破，自缢于幽兰轩。末帝承麟闻帝崩，谥曰哀宗。城溃，收哀宗骨瘗之汝水上。[②]

以上是文献中有关宣宗、哀宗墓葬的记载，已难知其详。

---

① 《金史》卷16《宣宗纪下》，第2册，第369～370页。
② 《金史》卷18《哀宗纪下》，第2册，第402～403页。

2. 后妃陵

金代后妃陵称坤厚陵，最初是世宗为昭德皇后乌林荅氏所建。海陵王时，完颜雍（世宗）在济南，海陵王召完颜雍妻乌林荅氏来中都，为保全完颜雍，乌林荅氏在途中自杀，后葬于宛平。大定二年，追册为昭德皇后。十九年，葬于坤厚陵，元妃张氏陪葬。二十八年，世宗元妃李氏、贤妃石抹氏、德妃徒单氏、柔妃大氏俱陪葬于坤厚陵。二十九年，世宗崩，昭德皇后祔葬兴陵。[①]

图3-8　金太祖陵寝地宫全貌

金代后妃葬于大房山者，还有：

太祖钦宪皇后纥石烈氏，天会十四年崩，祔葬睿陵。

太宗钦仁皇后唐括氏，皇统三年崩，祔葬恭陵。睿、恭二陵均于贞元三年迁至中都大房山。

图3-9　神道龙纹栏板

熙宗悼平皇后裴满氏，皇统九年被熙宗所杀。完颜亮篡位后，降熙宗为东昏侯，葬于裴满氏墓中。贞元三年，改葬于大房山蓼香甸，诸王同兆域。大定初，追谥武灵皇帝，陵曰思陵。二十八年，改葬于峨眉谷，仍号思陵。

章宗钦怀皇后蒲察氏，大安初，祔葬于道陵。

睿宗钦慈皇后蒲察氏，世宗之母，大定二年死，祔葬景陵。

德宗慈献皇后大氏，海陵生母，贞元元年死，三年，海陵迁太祖、太宗、德宗宫梓至中都，尊谥慈献皇后，与德宗合葬大房山。

显宗孝懿皇后徒单氏，章宗之母，明昌二年崩，谥孝义懿，祔葬裕陵。[②]

① 见《金史》卷64《后妃传下》、卷85《世宗诸子传·永中》。
② 以上见《金史》卷63、64《后妃传》。

图3-10　金陵主陵区全景鸟瞰　　　图3-11　金睿宗墓碑　　　图3-12　石坐龙

3. 诸王兆域

金朝皇室诸王死后葬地称诸王兆域。据前引《金史·熙宗纪》载，贞元三年，"改葬于大房山蓼香甸，诸王同兆域"，《海陵纪》载，大定二年，"葬于大房山鹿门谷诸王兆域中"。由此判断，所谓"蓼香甸"、"鹿门谷"当为诸王兆域所在。

除熙宗、海陵王外，葬于诸王兆域者还有海陵王二子及撒改、宗翰等。

光英，本名阿鲁补，徒单后所生，立为皇太子。海陵遇害，被杀于汴京，时年十二。后与海陵俱葬于大房山诸王墓次。

矧思阿补，正隆元年生，三年死，追封为宿王，葬大房山。①

撒改、宗翰。当年撒改死，由宗翰袭其猛安谋克。大定六年（1166），世宗悯宗翰无后，诏以猛安谋克还给撒改的曾孙，并改葬撒改、宗翰于山陵西南 20 里。②

完颜爽，本名阿邻，太祖孙，宗强子，大定初，封温王，前太子太保，进封寿王。大定二十三年死，世宗悼痛，辍朝，遣官致祭。陪葬山陵，亲王、百官送葬。③可知其葬在大房山，亦应在诸王兆域。

此外，有研究者推测完颜宗弼（兀术）墓亦应在房山诸王兆域。目前关于宗弼墓存在三种说法：一说在黑龙江哈尔滨阿城，二说在北京大房山金陵，三说在河南汝州完庄。目前三说都缺乏足够的文献与考古支持，尚属推测，殊难定论。

---

① 《金史》卷 82《金史·海陵诸子传》，第 6 册，第 1855 页。
② 《金史》卷 132《逆臣传·秉德》，第 8 册，第 2819 页。
③ 《金史》卷 69《太祖诸子传·爽》，第 5 册，第 1606 页。

其中，房山金陵说或许结论是对的，不过论据略嫌不足。论者此说根据大致有三。一是《金虏图经·山陵》记载海陵王迁陵时，"迁祖宗、父、叔改葬于寺基之上"，认为"叔"就是完颜宗弼。二是太祖陵西侧有当地民众传称的"皋儿沟"（又称"阁儿沟"）及明代建筑"牛皋塔"的遗址等，后者为明天启年间捣毁金陵时在皇陵上所建，用以压胜，乃出于当地长期流传的"气死兀术，笑死牛皋"的传说。三是在那里曾发现大量金代沟纹砖、汉白玉构件。其中有"布"、"林"、"斡"三字，而"斡"乃宗弼本名"斡啜"（又作"斡出"、"晃斡出"）之一字。[①]除第一条的"叔"不排除宗弼之外，第二、三条都不足为据。因民间有"气死兀术，笑死牛皋"传说而建牛皋塔于宗弼墓上以压胜的推论，不能成立。史料记载，宗弼于皇统七年（1148）死在金上京会宁府，而牛皋则于绍兴十七年（1147）被秦桧士人毒死。[②]二人卒年并非同时，更不是死于交战，所谓"气死兀术，笑死牛皋"本为小说家言，其最早出处当为清钱彩《说岳全传》。关于岳飞的小说，明以来就有流行，出现较早的有明熊大木编撰《岳王传》，是以正史为主，杂采传闻、逸史，而钱彩《说岳全传》则是在《岳王传》基础上编著而成，虚构成分较熊大木大增。至于第三条，因为出现刻有"斡"字的构件而推测与宗弼（斡啜、斡出、晃斡出）有关就更加牵强了，且不说"斡"字有多解，就是在辽金元的姓氏、词汇中也多见"斡"字。但愿能有考古新发现支持此说。

依文献中所说，诸王兆域的范围相当可观，从主陵西北的"蓼香甸"（熙宗）、"鹿门谷"（海陵），到西南40里（海陵改葬处）、20里（撒改、宗翰改葬处）均属诸王兆域范围。

大房山金代皇陵在明代受到很大破坏。明天启二年（1622），后金攻克辽东，明"惑于形家（堪舆）之说"，疑与后金王气相关，"遂刨断其地脉"，后又大加摧毁，"且建立关庙，为压胜之术"。顺治初，于金诸帝陵特设守陵户，每岁春秋设祭，并且"修其颓毁，俾规制如初"。[③]

清圣祖仁皇帝（康熙）《金太祖世宗陵碑文》中也抨击明天启初拆毁山陵、刨断地脉，又建关庙于其地，为压胜之术的荒唐做法。碑文说：

---

① 见齐心《金陵陪葬人物——完颜宗干、宗弼》，韩世明主编《辽金史论集》第10辑，中国社会科学出版社，2007，第271~276页；齐心《金陵陪葬的人物——完颜宗干、宗弼墓考》，鲍海春等主编《金上京文史论丛》，哈尔滨出版社，2008，第313~318页；王德恒《中国皇陵密码》，中国文联出版社，2008，第257页；丁丽娜《北京考古史》（金代卷），上海古籍出版社，2012，第87~88页等。

② 见《金史》卷77《宗弼传》；《宋史》卷368《牛皋传》。

③ 《世祖章皇帝御制金太祖世宗陵碑文》，《畿辅通志》卷7，"四库全书"本。

从来国运之兴衰，关乎主德之善否。上天降鉴，惟德是与。有德者昌，无德者亡。于山陵风水原无关涉。有明末造，政乱国危，天命已去。其时之君臣，昏庸迷谬，罔知改图，不思修德勤民，挽回天意，乃轻信虚诞之言，移咎于异代陵寝，肆行摧毁。迨其后，流寇猖獗，人心叛离，国祚以倾。既与风水无与，而前此之厌胜摧毁又何救于乱亡乎？古之圣王掩骼埋胔，泽及枯骨。而有明君臣乃毁及前代帝王山陵，其舛谬实足贻讥千古矣。

碑文还盛赞：

金朝垂祚百有余年，英君哲辟，实光史册。天聪三年，太宗文皇帝（皇太极）统师入关，知金太祖世宗二帝陵寝在兹，追念鸿烈，特遣王贝勒大臣诣陵致祭。……洎世祖章皇帝定鼎中原，随享金太祖、世宗于历代帝王庙，复命地方官春秋致祭陵寝，又谕礼臣专官省视，修其颓毁，俾规制如初。朕缵承丕绪，缅溯前徽，特命所司，虔申禋祀，以昭继述阐扬之意。[1]

乾隆十六年（1751），特降谕旨，命即金太祖、太宗二陵修葺享殿、缭垣。十八年，工竣，乾隆亲往祭奠，并有御制诗，《望大房山》曰："我从长途直北望，茏葱佳气干牛斗。梵宫琳宇栖嶔嵜，辟邪瓦埋行殿基。春风万树花张锦，忆昔金源全盛时。半壁江山迹始发，海陵迁建实唐突。至今修葺剩二陵，其余荒草寻飘忽。行将酹酒临寝园，昭德怀古予心存。圣人穸碑揭日月，拱读义尽休重论。"《谒金太祖睿陵》有"史策鸿猷传赫奕，睿陵佳气阆茏葱"句。[2]储巏《大房金源诸陵》有"奉先西下乱山侵，涧道回旋入暮林。翁仲半存行殿迹，莓苔尽蚀古碑阴"句。[3]我们从这些诗句中还可依稀窥见那时金代皇陵之一斑。

当年海陵王何以选择大房山云峰山为山陵？历代文献记载证明那里确是建造皇陵的最佳所在。《金史·礼志八》房山条云："巍然大房，秀拔混厚，云雨之所出，万民之所瞻，祖宗陵寝于是焉依。"顾祖禹《读史方舆纪要》卷11房山县条云："大房山，县西十五里。境内诸山，此山最为雄秀。古碑云：幽燕之奥室也。山下有圣水泉，西

---

① 于敏中等编纂《日下旧闻考》卷132《京畿》，第7册，第2122～2123页。
② 《御制诗集》2集39卷，"四库全书"本。于敏中等编纂《日下旧闻考》卷130、132《京畿》，第7册，第2090、2123页。
③ 曹学佺编《石仓历代诗选》卷429，"四库全书"本。

南有伏龙穴，一名龙城峪，汤泉出焉。又有孔水洞，在山之东北，今讹为云水洞。悬崖千尺，石窦如门，深不可测。"

明清以来，一些方志中就陆续有将有关金陵文献和陵址实地联系起来的记载和推测。如《明一统志》卷1称，"金太祖陵、世宗陵、俱在房山县西二十里三峰山下。金宣宗陵、章宗陵俱在房山县西大房山东北"。①《大清一统志》卷7因袭《明一统志》旧说，亦称"金太祖陵、世宗陵在房山县西北二十里云峰山下，名曰睿陵，相近有太宗恭陵"。"世宗陵在房山县西北、大房山东北，名曰兴陵。相近有章帝道陵、宣帝德陵。""相传旧有六陵，今不可考"。明清之际孙承泽纂《天府广记》卷40亦袭用此说，"宣宗葬德陵，章宗葬道陵，二陵在房山东北"。②方志中有"相传有六陵，今不可考"，将章宗列在宣宗之前等记载，可见明到清初，对金陵的具体情况已不甚了然。稍晚于孙承泽的顾炎武曾明确指出《明一统志》之误："宣宗则自即位之二年迁于南京，三年五月，中都为蒙古所陷，葬在大梁，非房山矣。今《一统志》止有四陵，而误列宣宗，有跻于章宗之上，诸臣不学之甚也。"③

根据文献记载和考古勘测发掘，大房山金代皇陵研究已经取得一些进展，不过仍处在考证、推测阶段，其成果集中反映在有关的考古报告和论著中。④

以下根据现已公开发表的有关考古调查和发掘报告将金陵主陵区布局、遗址及5位帝王陵寝，即太祖阿骨打睿陵、太宗吴乞买恭陵、海陵王之父德宗顺陵、世宗兴陵及世宗之父睿宗景陵简略介绍如下。

金陵主陵区是金代皇帝皇后陵寝的重要组成部分，以神道为中心轴，两侧对称布局，由石桥、神道、石踏道、东西台址、东西大殿、陵墙及地下陵寝等组成。其中，石桥位于山陵入口处，南北向，平面长方形，花岗岩石质，由桥面及涵洞构成。桥面由两层长方形花岗岩石铺成。石桥东西两侧有装饰栏板和望柱。神道和石踏道位于石桥北端，石踏道位于神道中部，遗存有8级台阶，台阶两侧立汉白玉石雕栏板。栏板向内雕刻双龙追逐图案，外侧为牡丹花纹。

---

① 《明一统志》卷1，"四库全书"本。

② 孙承泽纂《天府广记》卷40，北京古籍出版社，1982，第605页。

③ 《京东考古录》之《考金陵》，北京古籍出版社，1980，第43页。

④ 主要有北京市文物研究所编《北京金代皇陵》，文物出版社，2006；宋大川主编《北京考古发现与研究（1949～2009）》，科学出版社，2009；李伟敏《北京考古志》（房山卷），上海古籍出版社，2012；丁利娜《北京考古史》（金代卷），上海古籍出版社，2012；等等。

5 位帝王陵寝的情况如下。

（1）太祖阿骨打睿陵

太祖睿陵位于北京房山区周口店镇龙门口村九龙山下，早在 20 世纪 80 年代末调查金陵时已经被发现，2002 年 8 月，北京市文物研究所金陵考古队开始对其正式进行清理。坑内发现 4 具石椁，其中两具南北向素面石椁，两具东西向汉白玉雕花纹石椁。两具雕花纹石椁中，一具是龙纹，另一具雕凤纹，据此判断这是皇陵地宫。石椁编号为 M6。

墓葬形制。地宫形制为石圹竖穴，平面呈长方形，四壁为麻岩石凿穴而成。发掘时发现一个盗洞，盗坑上部出土有残损的汉白玉石雕龙石栏板、雕花纹石台阶及明清建筑构件、乱石块等。

葬具。地宫内有 4 具石椁，依发现次序编号 M6-1、M6-2、M6-3、M6-4。

M6-1、M6-2 为两具青石素面椁，南北向置于地宫西侧。M6-3、M6-4 为汉白玉凤纹、龙纹石椁，东西向置于地宫中部偏北。

M6-1，石椁由 6 块青石板（椁盖、南壁椁板、北壁椁板、东椁板、西椁板、椁底板）拼合而成。椁内置一木棺，棺内正中遗有骨灰。随葬物有 2 件玉雕海东青、梅花饰件。

M6-2，石椁紧邻 M6-1，形制相同，也由 6 块青石板拼合而成。椁内置木棺 1 具。随葬物有竹节状金环。

M6-3，汉白玉雕凤纹石椁，椁盖、椁身均为整石雕凿而成。石椁平面呈长方形。石椁内置木棺 1 具，保存基本完好。平面呈长方形。棺内出土头骨及散乱的肢骨。随葬器物，在头骨处发现 1 件金丝凤冠，3 件雕凤鸟纹玉饰件、10 枚金丝花饰。还有金丝帽盛子等。

M6-4，汉白玉雕龙纹石椁。残留底部及部分椁盖和东椁板。棺内木棺已经被毁，石椁底残留墨地朱文金线勾双龙戏珠纹。

（2）太宗恭陵

恭陵位于睿陵东侧的九龙山主峰下，其形制与 M6 相同，编号 M7。经钻探，该墓为四壁石圹凿穴而成，用纯黄土回填夯实，每层夯土之间夹杂着碎石块。目前只清理了盗洞部分。在盗洞内还发现石龟趺残件和刻有"皇"、"帝"等字样的残石碑。推测应是太宗吴乞买的陵寝恭陵的地宫。

（3）德宗顺陵

在太祖陵西侧发现一处石圹竖穴墓，只暴露墓口。墓室内填土夯实，顶部西南角残留铺地砖。此墓疑似海陵王之父德宗完颜宗干的顺陵，编号 M8。此墓可能是空墓。

（4）世宗兴陵

位于太祖陵西南约 70 米处，编号 M9。该墓有南北向石条构筑成的台阶墓道，每层錾刻菱形花纹图案。墓道外西南侧为一条西南东北方向并向下倾斜的石槽，是一条灌注铁水的甬道，直至墓门。墓门为仿木建筑结构，青白石雕刻门楼，屋顶雕刻瓦垄、屋檐、椽和瓦当，瓦当雕刻有梅花图案。垂脊前端雕刻昂首的龙头，龙头和垂脊为榫卯结构。

（5）睿宗景陵

1986 年曾在太祖陵西南侧发现一通金代石碑，用青石雕凿而成，龙蟠螭首，单面双钩阴刻"睿宗文武简肃皇帝之陵"楷书大字，内填朱砂，镀金粉。碑首雕刻 4 条团龙，尾部托起火焰球。[①]

至于始祖以下十帝葬所，金代文献没有记载，后来北京地方志及当地有"十王冢"、"十王坟"之说。《光绪顺天府志·地理八》"冢墓"条引《房山县志》曰："十王冢在县西北十五里石门峪"。注曰："《志》又云，金之宗藩也。"[②]考古工作者经实地勘察，发现有两道高大的残石墙、头部残缺的汉白玉石坐龙、八棱形华表底座、柱础及金代沟纹砖和布纹瓦等建筑材料堆积等，结合文献记载推断，"十王坟"、"十王冢"可能就是金代的十帝陵。[③]

根据文献记载及考古发掘，可以从中发现金陵的特点。

一是体现等级观念。在一定意义上说，墓葬是人类社会的缩影，人们生前社会地位不同，在墓葬中也有所反映，如墓葬称谓、坟墓高度、棺椁配置、随葬品多寡、碑志规格等，都有体现不同等级的规定。战国以前，无论死者身份高低，墓葬统称为墓，而从战国中期开始，君王墓葬始称为陵。北魏郦道元《水经注·渭水三》载："秦名天子冢曰山，汉曰陵，故通曰山陵矣。"山陵成了后世帝陵的通称，金代也是如此，《金虏图经》设"山陵"一节专述祖宗墓葬。金代皇陵中体现的等级观念也是随着社会发展而逐渐强化的。上京"祖宗以来，止葬于护国林之东，仪制极草创"[④]，而迁陵大房山后，从上述太祖阿骨打睿陵可见其已是另一番景象。

---

① 以上见北京市文物研究所编《北京金代皇陵》，文物出版社，2006，第 69～94 页；宋大川主编《北京考古发现与研究（1949～2009）》下册，科学出版社，2009，第 308～321 页。
② 周家楣等编纂《光绪顺天府志·地理八》"冢墓"条引《房山县志》，北京古籍出版社，1987。
③ 北京文物研究所编《北京金代皇陵》，第 158 页。
④ 张棣：《金虏图经·山陵》，《三朝北盟会编》，炎兴下帙 144，第 1752 页。

二是承袭因山为陵。因山为陵指的是直接在山体上开凿墓室或是陵墓依山而建，这种营陵方式古已有之，汉文帝霸陵便是"因山为藏，不复起坟"，[①]满城中山靖王刘胜墓、曲阜九龙山鲁王墓也是因山为陵。及至唐代，太宗"自为终制"，因山为陵，诏令子孙永以为法。《资治通鉴》卷194载，贞观十一年，"上（太宗）以汉世豫作山陵，免子孙仓猝劳费，又志在俭葬，恐子孙从俗奢靡。二月丁巳自为终制，因山为陵，容棺而已"。金海陵王迁都后，改变祖宗以来"本无山陵"、"仪制极草创"的状态，取法汉唐，因山为陵。但是墓葬形制有所不同，根据对已发掘的太祖陵M6以及对相邻的M7等地宫的探察，陵墓均没有横向的墓道，而是凿地为穴，这在其他朝代皇陵中是罕见的。[②]

三是遵循昭穆制度。昭穆制度在古代有多方面的体现和含义。一是宗法制度，宗庙或宗庙中神主的排列次序，始祖居中，以下父子（祖、父）递为昭穆，左为昭，右为穆。二是墓地葬位的左右次序。《周礼·春官·冢人》曰："先王之葬居中，以昭穆为左右。"郑玄注："先王造茔者，昭居左，穆居右，夹处东西。"三是祭祀时，子孙也是按宗法制度的规定排列行礼。《礼记·祭统》："夫祭有昭穆。昭穆者，所以别父子、远近、长幼、亲疏之序而无乱也。"此外，昭穆还泛指宗族关系及日常生活中按照长幼、上下等次序左右排列等多种含义。

金初上京皇陵仪制草创，而大房山皇陵则严格承袭传统的昭穆制度。海陵王在经过精心选择的筑陵之处，毁掉原址寺庙，"迁祖宗、父、叔改葬于寺基之上，又将正殿元位佛像处凿穴，以奉安太祖旻、太宗晟、德宗宗干，其余各随昭穆序焉"。[③]世宗即位后，海陵王被废为庶人，皇太子允恭奏，略曰："追惟熙宗世嫡统绪，海陵无道，弑帝自立，崇正昭穆，削其炀王，俾齿庶人之列。瘗之闲旷，不封不树，既已申大义而明至公矣。"[④]世宗将海陵王废为庶人后，随之将其坟墓迁出诸王兆域，"瘗之闲旷"，也是遵循昭穆制度。迄今金陵考古勘察发掘结果也大体上证实了文献记载。

四是注重堪舆之说。宋金时期，堪舆之术流行，并且如本编第一章第二节所述，出现了被奉为堪舆经典的北宋王洙等编撰，金毕履道、张谦校的《地理新书》等。现代考古学者指出，大房山主峰高1300多米，东北有九条支脉，形成西北至东南向的地势，犹如九条巨龙，故名九龙山。山前形成开阔台地。金代皇陵主区就坐落在九龙山，九龙山北接连三顶。依照古代堪舆学理论，九龙山北接连三顶，有明显的"行

---

① 《汉书》卷4《文帝纪》，应劭注，《二十四史》缩印本第4册，第43页。
② 参见北京市文物研究所编《北京金代皇陵》，第168页。
③ 张棣：《金虏图经·山陵》，《三朝北盟会编》，炎兴下帙144，第1752页。
④ 《金史》卷76《宗干传》，第5册，第1743页。

龙"痕迹。追山脉而推，可见明显的"少宗"、"少祖"、"太宗"、"太祖"等龙脉。九龙山低于连三顶，符合堪舆学所谓"玄武垂首"之说。九龙山之东为绵延迤逦的山冈，是皇陵"护砂"，符合堪舆学所谓"青龙入海"的"左辅"之说。九龙山西为几个凸起的山包，也是皇陵"护砂"，符合堪舆学所谓"虎踞山林"的"右弼"之说。九龙山西北侧山谷中有泉水涌出，向东南流淌，也是皇陵"护砂"，符合堪舆学所谓"朱雀起舞"之说。九龙山对面的石壁山，是金陵的"影壁山"，又称"朝山"、"彼岸山"。石壁山中央有凹陷，堪舆学将其附会成皇帝批阅公文时休息搁笔之处，故又称"案山"。金陵的主陵——太祖陵就坐落在九龙山主脉与"影壁山"凹陷处的罗盘子午线上。金陵选址是严格遵照中原文化堪舆学的理念而确定的。①

第二节　墓葬类型和葬具

金国地域辽阔，境内有多个民族，社会发展不平衡，墓葬类型呈现多样性，主要有土坑、砖室、石室及土洞等。②

一　土坑墓

土坑墓是出现最早和流行时间最为长久的墓葬类型。金代土坑墓分有葬具和无葬具两种。女真早期多无葬具，"死者埋之，而无棺椁，贵族生焚所宠奴婢、所乘鞍马以殉之"。③这是沿袭其先世唐代靺鞨的习俗，《旧唐书·靺鞨传》载："死者穿地埋之，以身衬土，无棺殓之具。"在考古发掘资料中，女真早期也偶见有葬具者。金代中后期，女真土坑墓一般已有葬具，如黑龙江绥滨中兴古城金墓，就有火葬无葬具、有棺及土葬有棺、有棺有椁等类型。④

以下就金代土坑墓中木棺、石椁木棺、石棺、石椁、石椁石棺、瓮棺（陶函）等，分别举例说明。

---

① 见北京文物研究所编《北京金代皇陵》，第 167～168 页；《北京考古发现与研究（1949～2009）》下册，第 309～310 页。
② 述及金代墓葬形制的论著，主要有张英《金代丧俗考》、陈相伟《试论东北、河北等地金代墓葬的类型和演变》（《辽金史论集》第 6 辑，社会科学文献出版社，2001）、李健才《金代女真墓葬的演变》（《辽金史论集》第 4 辑，书目文献出版社，1989）、卢青峰《金代墓葬探究》（硕士学位论文，郑州大学，2007）、赵永军《金代墓葬研究》（博士学位论文，吉林大学，2010）等。
③ 《大金国志》卷 39《初兴风土》，中华书局，1986，第 552 页。
④ 黑龙江省文物考古工作队：《黑龙江畔绥滨中兴古城和金代墓群》，《文物》1977 年第 4 期。

1. 木棺

长期以来木棺是最常用的葬具，平民墓更是如此。金代土坑墓中置木棺者，如黑龙江绥滨中兴金墓，墓穴多为长方形土坑，尸体火化后装入木棺下葬，再在墓穴内加以火葬。[①] 松花江下游奥里米古城金墓有不同形制，其中大型墓葬有长方形土坑木棺墓，几座墓葬有木棺痕迹，或夹有烧毁的木棺痕迹，可能是棺木和尸体下葬时一起烧毁。[②] 黑龙江阿城双城村金墓多数墓穴较小，难以置棺，少数略大，有棺钉、棺环出土，据此推测有棺。[③]

2. 石椁木棺

黑龙江阿城巨源齐国王墓为竖穴土坑石椁木棺墓，石椁四壁由4块花岗岩石组成，椁盖、底均由3块花岗岩石板拼接平铺而成，石椁内置长方形木棺。木棺制作讲究，有墨书"太尉仪同三司事齐国王"木牌。[④] 这是一座大型金代贵族墓。

北京丰台王佐乡里昂屯先后发现4座墓葬，为乌古论家族墓。其中乌古论窝论墓，是石椁墓，长方形，东西向。石椁四壁由4块完整的青石板组成，以凹凸状单卯榫相连接。椁底和盖均由3块青石板条组成，石条之间以搭口相接。椁室北部有一青石棺床，棺床上放置长方形漆木棺一具，并有散乱的火化骨灰碎块。[⑤]

3. 石椁

北京石景山鲁谷吕氏家族墓地发现金代墓10座，其中8座为土圹单石椁墓，2座土圹双石椁墓。墓葬均为火葬墓，东西向。

单石椁墓。石椁由6块青石板构成，椁身四壁及椁盖、底各用一块石板，椁板为素面，内侧有凿刻痕迹。仅M57的石椁由7块石板构成，椁底有两块石板。石椁内置一木匣，内装骨灰。M38，石椁四壁由6块长方形青石板构成，椁室四壁各用一块石板，榫卯结构并用白灰黏合。椁底、椁盖各用一块青石板。椁板表面均为素面，内侧有凿刻痕迹。石椁内置一木匣，内装骨灰。

双石椁墓。M35和M56两座为双重石椁墓。M35外椁由6块长方形石板构成，椁室四壁各用一块石板，榫卯结构并用白灰黏合。椁底、盖各用一块青石板。内椁由

① 黑龙江省文物考古工作队：《黑龙江畔绥滨中兴古城和金代墓群》、林秀贞：《绥滨中兴金代古城和金代墓群》，《文物》1977年第4期。
② 黑龙江省文物考古工作队：《松花江下游奥里米古城及其周围的金代墓群》、《绥滨永生的金代平民墓》，《文物》1977年第4期。
③ 闫景泉：《黑龙江省阿城市双城村金墓群出土文物整理报告》，《北方文物》1990年第2期。
④ 郝思德等：《黑龙江阿城巨源齐国王墓发掘简报》，《文物》1989年第10期。
⑤ 北京文物工作队：《北京金墓发掘简报》，《北京文物与考古》第1辑，1983。

椁盖和椁身组成，椁盖用一块整石凿成，为盝顶形。椁身也是用一块整石凿成。石椁置一长方形木匣，内置骨灰并夹杂铜钱数枚。M56 外椁由 6 块长方形青石板构成，椁室四壁各用一块石板，榫卯结构，并用白灰黏合。外椁素面。外椁内置一长方形木，内发现少量骨灰。外椁内北侧中部为内椁。内椁由椁盖、椁身组成。椁盖用一整石凿成，为盝顶形。椁身也是用一块整石凿成。石椁内中部置一木匣，内置骨灰并夹杂铜钱数枚。[①]

4. 石椁石棺

乌古论家族墓之乌古论元忠夫妇墓，为汉白玉石椁石棺墓，长方形，东西向。石椁四壁各由两块汉白玉石板构成。墓四角用汉白玉凿成。棺四壁用凹凸状榫卯相连。石棺六面均由单块汉白玉板构成。石棺置于棺床上，棺床是一整块汉白玉板，用砖架起。墓内填满乱石碎瓦及建筑构件。[②]

5. 瓮棺

大兴北程庄金代墓葬有竖穴土坑瓮棺墓 4 座，都是火葬墓。葬具均为陶罐，立放，上盖有沟纹砖、陶碗或子母口的陶器盖。瓮棺内盛放有黑灰色骨渣和烧骨块，其间夹杂有铜钱数枚。M27 为长方形土坑，瓮棺为一件双系陶罐，上压放一块沟纹砖，内盛骨灰。M28 为椭圆形土坑，瓮棺为两件双系陶罐，上下分别扣双色釉碗为盖，内均盛放骨灰盒烧骨块。M48 为长方形土坑，瓮棺为三件陶罐，内放骨渣。如果 M28、M48 的两件和三件瓮棺内分别为两人和三人的骨灰的话，那么大兴北程庄这处土坑瓮棺葬就有单人葬、双人葬和三人葬等三种形式。此外，大兴北程庄还有类塔形土圹砖室墓 7 座，也为瓮棺葬。据分析，此处墓葬的主人可能是金初中下层普通平民。[③]

二　砖室

砖室墓大约在西汉中期开始出现于中原和关中地区，到东汉时期已在各地流行，并盛行于宋金时期。

北京石景山八角村赵励墓，是一座金代早期砖砌壁画墓，下葬于皇统三年（1143）。该墓为圆形单室砖墓，由墓道、影风墙、墓门与墓室四部分组成。墓室是由

---

① 北京市文物研究所编著《鲁谷金代吕氏家族墓葬发掘报告》，科学出版社，2010，第 2 章"金代吕氏家族墓葬"。

② 北京文物工作队：《北京金墓发掘简报》，《北京文物与考古》第 1 辑，1983。

③ 北京市文物研究所：《大兴北程庄墓地》，科学出版社，2010；丁利娜：《北京考古史》（金代卷），上海古籍出版社，2010，第 139～140 页。

单清砖（半块砖）以白灰黏合砌筑而成。四壁砌成圆形单墓室，上顶砌作穹庐形。墓室后部居中是砖砌的棺床，棺床与墓壁不相连属。赵励墓出土了墓志并有精美壁画。[①]

北京延庆县时尚纺织品有限公司壁画墓，为青砖砌制的圆形单室墓，由墓道、墓门、甬道、墓室等几部分组成。墓室位于甬道北侧，顶部早期已经被破坏，底部平面为八角形，四周砖雕有斗拱立柱，斗拱之上为穹隆顶，墓顶内壁粉以白灰，其上零星点缀数朵红花。立柱将墓壁划分为八幅，除正南甬道一侧外，每幅上绘有壁画，应为七幅，现存东南角、西南角两幅壁画。墓室周壁用青砖加泥砌制。室内铺地砖，以青砖南北向错缝平铺，用砖规格同甬道所铺地砖。墓室内未见骨架和葬具，只在填土中发现零碎的烧骨，应是采用火葬的方式。综合出土的沟纹砖、墓志盖、白瓷盘等文物分析，墓葬的年代应是辽末金初之际。[②]

北京大兴北程庄金代墓葬有圆形单室砖墓3座，分别编号M22、M25、M35。其中，M22和M25均由墓道、天井、墓门和墓室四部分组成。墓葬为砖砌圆形穹隆顶单室墓，南北向。M22墓门正面做出券洞，内有两层封门砖，外层在墓门外，内层在墓门内。M25墓门为砖雕仿木结构，其正面做出券洞、檐椽、檐脊，檐椽、檐脊等由砖雕而成。M22棺床为长方形，上部为青砖平铺，下部为侧砖顺砌。棺床上放置木质骨灰函。M25形制简单，长方形，为两排青砖在墓地平铺而成，上有散乱骨灰及红色木质朽痕，推测可能有木匣为葬具，盛放骨灰。M35形制较为特殊，几乎没有墓道，墓门外有类似天井的空间。墓门中部门洞为圆拱形，无拱券，门洞两壁前半部分为平砖错缝顺砌而成，后半部分与墓室壁砖斜插连接，效果类似榫卯。[③]

1990年在山西汾阳发现金代砖室墓8座，编号为M1~M8。这8座墓均为单室墓，但形制各异，墓向不一，分布也无一定规律。依形制可分3类，分别为长方形、六角形和八角形。其中M5规模最大，结构、砖雕及装饰艺术最为复杂，由墓道、墓门、甬道及墓室组成。墓室两壁正中雕刻墓主人夫妇宴饮。两人端坐于椅上，西北壁雕妇人半启门。北壁雕刻有二十四孝"郭巨埋儿"，南壁雕刻有"王祥卧冰"。此墓没有出土墓志等文字资料，仅发现北宋钱币和"正隆元宝"。据此推测，这批金墓年代应是金代早期。[④]

---

① 王清林、周宇：《石景山八角村赵励墓墓志与壁画》，北京文物研究所编《北京文物与考古》第5辑，2002。
② 李华、刘保山：《延庆县时尚纺织品有限公司壁画墓发掘简报》，《北京文博》2005年第3期。
③ 北京市文物研究所：《大兴北程庄墓地》，科学出版社，2010；丁利娜：《北京考古史》（金代卷），上海古籍出版社，2010，第138~139页。
④ 山西省考古研究所、汾阳县博物馆：《山西汾阳金墓发掘简报》，《文物》1991年第12期。

2008 年山西汾阳东龙观发现多座宋金墓地，其中 M2、M5 分别被定为金代早期和中期墓地。M2 是一座中型砖砌八角形单室墓，叠涩穹隆顶，由墓道、墓门、甬道、墓室组成。营建墓室用砖有条砖、子母砖和方砖。西壁正中墓主人夫妇并坐条桌后，拢手。南壁正中的右门扇微开，一妇人立于门缝中，面向门外。M5 为一座中型砖砌八角形单室墓，穹庐顶。由墓道、墓门、甬道、墓室组成。墓室有明昌六年五月十二日买地券。在墓道东南发现一处活土小坑，出土器物有买地券、地心砖、陶罐、泥钱、墨块、澄泥砚等。买地券正面用朱砂书写，其内容与 M5 墓室中买地券内容完全一致。这批墓葬与上述汾阳金代墓葬时代大致相同。[①]

1973 年在山西稷山县马村、化峪镇和县苗圃三地发现金墓，发掘、清理 15 座，其形制基本相同，只是规模大小不一，结构与雕刻装饰繁简有别，分甲乙两类。马村 M1～M5、M8，化峪 M4，苗圃 M1 等，全部为仿木结构，比较复杂，雕刻精致，装饰华丽，属于甲类。马村 M6、M7、M9，化峪 M1、M2、M5 等为部分仿木结构，较为简单，装饰平常，属于乙类。甲类一般由墓道、墓门及墓室等三部分组成。墓道均为土筑。墓门一般为砖券门洞，墓室平面均呈长方形，大小基本相等。墓室四壁为仿木结构，四面由四座房屋的外檐建筑构成前厅后堂、左右厢房式的四合院。基座皆为须弥座式，结构复杂，形制高大。其形式与《营造法式》"须弥座"之制基本相同。乙类墓的平面形制结构与甲类相同，亦由墓道、墓门、墓室三部分组成。墓道土筑，墓门为圆券洞，无门楼，墓室砌在上有天窗的土洞内。墓室一般较小，墓室亦砌有砖床，床面不铺砖。稷山马村、化峪、苗圃三地发掘的墓葬属于金代前期，其中马村金墓群相传为段氏家族墓地，墓主应为农村中的豪族地主。[②]

自 20 世纪五六十年代以来，在山西侯马发掘和清理了多座砖室金墓。

1959 年在山西侯马牛村古城遗址南发掘清理了 6 座金代砖雕墓。其中，两座大安二年（1210）董氏兄弟墓，墓室形式一样，一座已毁。墓室近方形，上覆斗八藻井，四壁雕砌成四面有木构房屋的庭院。北壁用海棠瓣形方柱分为三间，明间雕墓主夫妇像，分坐桌子两侧；两次间雕出插屏，外侧各一侍仆。东西壁各雕出六扇四抹格子门。南壁开门式墓门，门两侧各有一狮子。四壁下部雕须弥座，下为圭角。四壁上部雕出垂莲柱和花版，北壁上雕斗、腰檐，上面雕一山面向前的歇山顶戏台，台口列五个杂剧砖俑。两侧和南壁均雕山花蕉叶，南壁蕉叶上面雕出匾额，墨书买地券。四壁

---

① 　山西省考古研究所、汾阳市文物旅游局：《2008 年山西汾阳东龙观宋金墓地发掘简报》，《文物》2010 年第 2 期。
② 　山西省考古研究所：《山西稷山金墓发掘简报》，《文物》1983 年第 1 期。

装修之上为砖砌斗，承托叠涩和藻井。虚柱是外檐装修，匾额也是面向外，故可证明墓室所表现为庭院内景。整个墓室各种建筑构件上均满雕图案纹饰和棂格，雕砖艺术也具有较高水平。[①] 另外 4 座分别编号 31、29、9、5。31 号墓，墓室平面方形，坐北向南，用青砖砌成。墓室内尸床以上，四壁均砌须弥座。墓室四隅各有一八角柱。北壁正中雕一门板，门半掩，有一手持团扇的长衣妇人露半身于门外。西壁雕有六幅故事画，大概是二十四孝中的故事。29 号墓，结构和形制与 31 号墓基本相同，唯建筑比较坚实，雕刻更为丰富华丽。此外还有 9 号墓、5 号墓，其结构和形制也与 31 号墓相近。[②]

1964 年在牛村南发现金代砖室墓，编号 64H4M（简称 M102）。建筑宏伟，砖雕装饰华丽，内容丰富，彩绘鲜艳，且有明确纪年，具有重要研究价值。该墓正南北向，由墓道、甬道、墓门、前室、过道及后室等六部分组成。墓道土圹竖穴，直壁。甬道与墓门，砖砌。墓室，分前后两室，四壁及须弥座等主要部分用磨砖对缝，用稀泥黏合。过道是连接前后二室的通道。墓门制作考究，比例得当，形象逼真，而且整个门面饰以红色，门环及门钉饰以黄色，俨然是地主富豪宅邸的写照。墓室中有买地券记载"明昌七年十月一日"。[③]

1990 年在山东省淄博市博山区发现一座金代砖室墓（编号 90BJM1）。该墓为砖砌，仿木建筑，所用砖为青砖，大小略同。墓葬由墓门、甬道、墓室等三部分构成。墓室为长方形，穹隆顶。墓室地面铺砖，有高约 0.35 米的砖砌棺床，棺床上棺木已腐朽殆尽。墓室甬道东壁南端有墨书"大安二年"的纪年字样，墓室内墓门西边从门券至西侧的砖壁上有墨书"大安二年月日"字样。发掘者认为该墓为金代墓葬中中型偏小的墓葬，墓主应是当时的地方低级官吏，或者是富绅、富商。壁画中男墓主广额、深目、隆鼻、黄须，身着红方翻领长袍，具有明显的胡人、胡服特征。由此推断男墓主或是有西域民族血统的胡人。[④]

河南焦作老万庄金代壁画墓 2 号墓平面呈八角形，为仿木结构砖砌单室墓。墓室中央停放一具带棺床的彩绘木棺，棺和棺床连为一体。棺床通体饰木雕和彩绘花纹。3 号墓（冯汝楫墓）亦为一座砖室墓。墓室中央有一具朽木棺残板，墓西壁墙角有一块铜质买地券，刻有"戊午年十月二十二日安葬大吉利"，金代历经两"戊午"，即

---

①　畅文斋：《侯马金代董氏墓介绍》，《文物》1959 年第 6 期。

②　山西省文物管理委员会侯马工作站：《山西侯马金墓发掘简报》，《考古》1961 年第 12 期。

③　山西省考古研究所侯马工作站：《侯马 102 号金墓》，《文物季刊》1997 年第 4 期。

④　李鸿雁：《山东淄博市博山区金代壁画墓》，《考古》2012 年第 10 期。

天眷元年（1138）和承安三年（1198）。[①]焦作电厂金墓是一座用小砖砌成的八角形仿木结构彩绘雕砖单室墓，由墓道、墓门、甬道、墓室组成。东壁有用朱砂书写的"大定二十九年正月"的题记。[②]河南辉县百泉金墓为仿木结构的八角形单室砖墓，墙壁上有 5 行墨迹题记："崇庆元年二月十九日□□□为父更木官在冻李茂。""茂"后画押，崇庆元年为 1212 年。[③]

2013 年 5 月至 11 月间，山西昔阳县先后在施工中发现 7 座宋金时期的仿木结构砖室墓葬。

在松溪路道路扩宽工程中先后发现 2 座。1 号墓为八边形仿木结构砖雕双室砖墓，前室大、后室小。墓顶为穹窿顶。墓底东西对称铺设两个棺床，整体平面呈倒"凹"字形，中间有空隙，空隙内北部铺设有台阶通向后室。墓壁用青砖垒砌，壁面光滑，磨砖对缝，工艺考究。墓室一周设角柱，上承普拍枋，其上设柱头铺作，共四铺作。东西两壁为对称砖雕假门，东南、西南两壁为假窗，南壁为墓门。整个墓室营造出前厅后室、东西院落的墓葬空间。2 号墓结构形制与 1 号类同，整个仿木构件上满绘彩绘，彩绘图案十分复杂。墓室八个角柱下设覆莲柱础，柱身以朱色平涂，上绘笋纹，柱头绘花纹彩绘。普拍枋、阑额等方木构件上彩绘各色连续半毯纹图案和花卉卷草。斗拱上满是彩绘装饰，拱身绘弯曲缠绕的龙牙蕙草，斗上绘各式组合的花卉纹样。拱眼壁内绘青龙、白虎、朱雀、玄武四神以及海石榴花等。墓葬壁面绘有精美壁画。

昔阳县中医院旧址在工程建设过程中勘探出 4 座墓葬，经过发掘，按照墓葬形制、装饰及随葬品情况可分为三类。第一类较为简单，无装饰。1 号和 4 号墓属此类。2 号墓属于一般类墓葬。3 号墓营建得较为精致、复杂，为八边形仿木结构砖雕壁画墓。墓壁拐角以朱色涂绘角柱，上以平砖砌出普拍枋，枋上绘黑白牙子，柱头铺作为"把头绞项造"，斗拱上细线描绘花卉纹样，撩檐枋以黄褐彩绘出木纹，上承飞檐。拱眼壁内描绘四神、花卉等。墓室北壁、东壁、西壁做砖雕假门，东南、西南壁做砖雕假窗。该墓出土了木质买地券，朱砂楷体书写，上有"十七年岁次丁酉……大金国……"等字样，为该墓断代提供了有力的依据。

在澳垴山公园道路扩宽过程中发现了一座保存完好的宋金砖墓，该墓为平面八边

---

①　河南省博物馆、焦作市博物馆：《焦作金代壁画墓发掘简报》，《中原文物》1980 年第 4 期。

②　焦作市文物工作队：《焦作电厂金墓发掘简报》，《中原文物》1990 年第 4 期。

③　张新斌：《河南辉县百泉金墓发掘简报》，《考古》1987 年第 10 期。

形仿木结构砖雕壁画带耳室砖墓，墓葬坐北朝南，西壁有一个长拱形耳室，墓底四分之三设棺床。除耳室外，形制结构与中医院 3 号墓相似。

三　石室

石室指用石材筑造的墓室。《宋书·礼志二》载："汉以后，天下送死奢靡，多作石室、石兽、碑铭等物。"石室墓一般包括墓道、墓门、墓室等。

吉林舒兰完颜希尹家族墓地之希尹墓，为大型石室墓，整个墓室用花岗岩石条修砌而成。此墓气势宏伟，结构独特，宛如一座石筑地下殿堂。墓顶罩以整块花岗岩石雕琢而成的墓室顶盖。墓室平面呈方形。墓室前为石砌墓道，墓门前为天井，前接土砌墓道。墓室后放置三个石函，石函中尚有包裹骨灰的织锦残片和火焚后的骨灰残骸。①

1973 年河南焦作王封公社王庄发现金代邹瑴墓，系单室，以 156 块大小不同的青石条垒砌。平面呈不等边八角形。墓壁的四正面及四隅鼻尖各立方形倚柱 6 根，柱与石壁之下为石砌须弥座。此墓画像石 23 块，刻有散乐场面、墓主人生活图像及孝行图故事画像共 15 幅。墓室北壁正中题刻"大金承安四年六月二十有三日，天水郡秦氏谨修石墓一口，葬故夫范阳郡邹琼功毕……"②

瘗窟属于石窟的形制之一，用于掩埋僧尼或者世俗信徒的骨灰或尸骨，一般面积较小，形无定制，制作比较粗糙。目前所知我国最早的瘗窟为西魏大统六年（540）开凿的甘肃天水麦积山东崖第 43 窟。金代考古也有瘗窟发现。窟室的中、后两室地面为一整体，由里向外凿出一棺台，台上有多具棺木，与尸骨杂乱地混置在一起。从残存的棺板上尚可辨认出棺上原绘有红、绿色的忍冬纹。窟室内遗物还有木门、竹签及严重腐朽的丝、麻织品。在此窟面临的雨岔沟内，还发现两处题记：一是锁崖窑村的石壁上，洞内发现金贞祐元年（1213）题记，另一题记发现在雨岔沟口香林寺的屯兵洞内，年代为贞祐二年。据此可以初步判断这座瘗窟开凿于金代。目前，以安葬骨灰或尸骨为主要功能的瘗窟在我国发现不多。这种瘗窟多与佛教石窟有关，其外观及装饰雕刻以宗教内容为主，但窟内布局则按墓葬设计。③

① 陈相伟：《完颜希尹家族墓地的调查和发掘》，《博物馆研究》1990 年第 3 期。
② 河南省博物馆、焦作市博物馆：《河南焦作金墓发掘简报》，《文物》1979 年第 8 期。
③ 张燕、李安福：《陕西甘泉金代瘗窟清理简报》，《文物》1989 年第 5 期。

四 土洞

土洞墓室一般为横穴式，墓道多是长方形竖井，也有斜长形斜坡式的。土洞墓构造较为简单，规模不大。

金代土洞墓发现不多。河南孟津麻屯天德二年（1150）金墓，墓由墓道、天井甬道、墓室组成。墓道斜坡式，在其北端有一天井，甬道为过洞式，墓室平面呈长方形，墓底铺砖，在墓室四角各放置椭圆形卵石 1 块。墓内随葬白瓷瓶 3 件和买地券 1 方。买地券灰陶质，券文阴刻并涂朱。[①]陕西耀县董家河发现金代竖穴土洞墓。墓道开口于地表，填土为黄褐、红褐土及少量淤土，夹杂有少量石块，汉代灰陶片和宋金时期耀州窑青瓷残片，填土未经夯打。墓壁较平直，东壁底部略向外凸。[②]1983 年在山西朔县探出并清理三座金代火葬墓，三墓呈品字形分布，墓道向着品字的中心。发掘时地表无封土及其他遗存。墓室内均放置一个陶质或瓷质骨灰罐。[③]1995 年在河南荥阳发现一座金墓，墓开口于距地表 1.5 米的淤土下，由墓道、甬道、墓室三部分组成。墓室坐北朝南，平面呈八边形。墓室北部置石棺，棺床为青石。棺北侧刻有"泰和四年岁次甲子丁卯月庚申日葬杨进杨林杨清"题铭。墓主当是一般地主。[④]

至于金代墓地的葬位次序，除上述帝王陵寝遵循昭穆制度之外，公侯贵胄也是如此。《冠氏赵侯先茔碑》："惟是数世之殡，昭穆具举，松槚百年，而有旌纪寂寥之叹。"[⑤]松、槚二树常被栽植于墓前，亦为墓地的代称。

第三节　神道与石刻群

一　神道和神道碑

神道，谓神行之道，就是墓道。《后汉书·中山简王焉传》李贤注曰："墓前开道，建石柱以为标，谓之神道。"由此可知后汉已有神道之名。

神道碑，指墓道前所立记载死者生平事迹的石碑。"秦汉以来，死有功业，生有德政

① 洛阳市文物工作队：《洛阳孟津县麻屯金墓发掘简报》，《华夏考古》1996 年第 1 期。
② 铜川市考古研究所：《陕西耀县董家河金墓清理简报》，《文博》1998 年第 1 期。
③ 宁立新：《山西朔县金代火葬墓》，《文物》1987 年第 6 期。
④ 河南省文物考古研究所、荥阳市文物保管所：《河南荥阳金墓发掘简报》，《华夏考古》1997 年第 3 期。
⑤ 元好问：《遗山先生文集》卷 30，第 914 页。

·371·

者，皆碑之，稍改用石，因总谓之碑。晋宋之世，始又有神道碑，天子及诸侯皆有之"[1]。而欧阳修《集古录跋尾》"后汉杨震碑"："右后汉杨震碑，首题云《汉故太尉杨公神道碑铭》"。这说明神道碑之名汉已有之。[2]

墓碑由碑首、碑身、跌三部分组成。碑首就是碑头和题额，因墓主身份不同，分别刻螭、龙、雀等以为饰；碑身是墓碑的主要部分，镌刻碑文；跌是底座，有方形、龟形等。

神道碑的碑首、碑身及跌的规格，历来都有规定，不得逾越。唐封演《封氏闻见记·碑碣》载："隋氏制，五品以上立碑，螭首龟跌，跌上不得过四尺。"[3]宋王禹偁《殿中丞赠太常少卿桑公神道碑》载，"按丧葬令，五品已上立碑，螭首高不过九尺"。[4]元潘昂霄《金石例·碑碣制度》也记载："诸碑碣五品以上立碑、螭首、跌，二品以上上高不得过一丈二尺，五品以上上高不得过九尺，七品以上，立碣圭首方跌，上高四尺。其执政官以上听立坟峰。三品以上神道碑，碑于墓隧道之左面，南立螭首、跌，有依品从合得尺寸。"[5]金承袭唐宋之制，也大致如此。

据文献著录和考古发现，金代神道碑之有迹可循者见表3-3。

表3-3　文献著录中和考古发现的金代神道碑

墓主	卒年	神道碑名	碑铭撰者	资料来源
耶律履	1191	故金尚书耶律公神道碑	元好问	苏天爵编《元文类》，四库全书本
完颜宗望	1127			《金史·熙宗纪》，中华书局点校本
完颜宗辅	1135			《金史·熙宗纪》
完颜斡鲁	1127			《金史·熙宗纪》
完颜娄室	1130	大金故开府仪同三司左副元帅金源郡壮义王完颜公神道碑	王彦潜撰，任询书	《金史·熙宗纪》；杨宾：《柳边纪略》卷4，辽海丛书本；陈相伟等校注《金碑汇释》，吉林文史出版社，1989
完颜银术可	1140			《金史·熙宗纪》

---

①　高承：《事物纪原》卷9《神道碑》，"丛书集成初编"本，第342～343页。
②　《欧阳修全集》卷135，第5册，中华书局，2001，第2099页。
③　封演：《封氏闻见记》卷6《碑碣》，"四库全书"本。
④　《小畜集》卷29，"四库全书"本。
⑤　潘昂霄：《金石例》卷1《碑碣制度》，"四库全书"本。

墓主	卒年	神道碑名	碑铭撰者	资料来源
完颜希尹	1140	大金故尚书左丞相金源郡贞宪王完颜公神道碑	王彦潜撰，任询书，左光庆篆额	《吉林通志》卷120；陈相伟等校注《金碑汇释》
完颜忠	1136	大金故开府仪同三司金源郡明毅王完颜公神道碑		吴大澂：《皇华纪程》，吉林文史出版社，1986
时立爱	1140	大金故崇进荣国公忠厚时公神道碑铭	李晏撰，赵沨书，党怀英篆额	河北文化局文物工作队：《河北新城县北场村时立爱和时丰墓发掘记》，《考古》1962年第12期
郭建	1178	奉国上将军郭公神道碑	任询撰并书，党怀英篆额	毕沅撰《山左金石志》；《金文最》卷86，中华书局，1990
张商老	1179	朝散大夫镇西军副使张公神道碑	黄久约	《山左金石志》；《金文最》卷86
张行简	1215	赠银紫光禄大夫翰林学士承旨张文正公神道碑	赵秉文	《滏水集》卷11，丛书集成本
党怀英	1162	中大夫翰林学士承旨文献党公神道碑	赵秉文	《滏水集》卷11
史良臣	1168	赠少中大夫开国伯史公神道碑	赵秉文	《滏水集》卷11
张信夫	1231	尚书左丞张公神道碑	赵秉文	《滏水集》卷12
完颜承辉	1215	广平郡王完颜公神道碑	赵秉文	《滏水集》卷12
张万公	1207	平章政事张文贞公神道碑	元好问	《遗山集》卷16，石莲盦九金人集本
李楫	1194	沁州刺史李公君神道碑	元好问	《遗山集》卷16；熊梦祥《析津志辑佚》"人物"，北京古籍出版社，1983
胡景崧	1213	朝散大夫同知东平府事胡公神道碑	元好问	《遗山集》卷17
杨云翼	1228	内相文献杨公神道碑	元好问	《遗山集》卷18
王扩	1219	嘉议大夫陕西东路转运使刚敏王公神道碑	元好问	《遗山集》卷18
赵思文	1232	通奉大夫礼部尚书赵公神道碑	元好问	《遗山集》卷18
冯璧	1240	内翰冯公神道碑	元好问	《遗山集》卷19
冯延登	1233	国子祭酒权刑部尚书内翰冯公神道碑铭	元好问	《遗山集》卷19
张汝翼	1234	通奉大夫钧州刺史行尚书省参议张君神道碑铭	元好问	《遗山集》卷20
张公理	1231	资善大夫吏部尚书张公神道碑铭	元好问	《遗山集》卷20

续表

墓主	卒年	神道碑名	碑铭撰者	资料来源
蒲察元衡	1230	资善大夫集庆军节度使蒲察公神道碑铭	元好问	《遗山集》卷20
夹谷土剌	1238	资善大夫武宁军节度使夹谷公神道碑铭	元好问	《遗山集》卷20
杨奂	1255	故河南路课税所长官兼廉访使杨公神道碑	元好问	《遗山集》卷23
严实（武叔）	1240	东平行台严公神道碑	元好问	《遗山集》卷26
术虎筠寿	1221	龙虎卫上将军术虎公神道碑	元好问	《遗山集》卷27
马庆祥	1223	恒州刺史马庆祥君神道碑	元好问	《遗山集》卷27
康德璋	1214	辅国上将军京兆府推官康公神道碑铭	元好问	《遗山集》卷27
刘德柔		大丞相刘氏先茔神道碑	元好问	《遗山集》卷28
完颜怀德	1222	临淄县令完颜公神道碑	元好问	《遗山集》卷28
乔惟忠	1246	千户乔公神道碑铭	元好问	《遗山集》卷29
赵天锡	1300	千户赵侯神道碑铭	元好问	《遗山集》卷29
毕叔贤	1307	濮州刺史毕侯神道碑铭	元好问	《遗山集》卷30

其中，考古发现的金源郡王神道碑有完颜娄室、完颜希尹、完颜忠、完颜斡鲁四通。

完颜娄室，题名"大金开府仪同三司左副元帅金源郡壮义王完颜公神道碑"，高8尺8寸，阔4尺5寸，厚1尺2寸，顶高3尺。发现于吉林长春市石碑岭。立碑时间为大定十七年（1177）。[1]

完颜希尹，题名"大金故尚书左丞相金源郡贞宪王完颜公神道碑"。坐落在吉林舒兰小城子东北约12里完颜希尹家族墓地。经研究者考证约建于大定二十一年至二十二年（1181～1182）。[2]

完颜忠，题名"大金开府仪同三司金源郡明毅王完颜公神道碑"，发现于俄罗斯滨海地区西部双城子（乌苏里斯克），现藏在符拉迪沃斯托克（海参崴）地志博物馆。

---

[1]　杨宾：《柳边纪略》卷4，"辽海丛书"本，第1册，第261页；陈相伟等校注《金碑汇释》，吉林文史出版社，1989，第1页。

[2]　《吉林通志》卷120；陈相伟：《金完颜希尹被建碑年代考》，《博物馆研究》1989年第1期；陈相伟等校注《金碑汇释》之《完颜希尹神道碑校注》。

图3-13　杜家庄村墓群遗址散落的石构件

清吴大澂《皇华纪程》最早著录此碑，经今人考证为完颜忠神道碑。[①]

完颜斡鲁，题名已残："大……仪同……金源郡……烈王完……公神道……"研究者经考释，判断其全称应为"大金开府仪同三司金源郡□烈王完颜公神道碑"。立碑时间不早于大定十七年（1177）。[②]

从表3-3及考古发现可知，金代于熙宗时始为死去的有功业者置神道碑，直至金末。神道碑主既有文臣也有武将。见于文献记载和考古资料的神道碑墓主以汉人居多，也有契丹人和女真人，反映了契丹、女真丧葬风俗汉化的趋势和现实。上自官居尚书左、右丞（从一品）的完颜希尹、耶律履等，下到官为县令（从七品）的临淄县完颜怀德。历代碑制，一般五品以上立神道碑，五品以下称碑碣。在所见金代神道碑中，临淄县令称神道碑较为例外，或许因完颜怀德为远支宗室出身，且守临淄有功，可拜官升迁，但怀德"南归之计已决，再四退让，乃听自便"。[③]

二　石刻群

石刻群是帝王官僚墓前的石雕，其种类和数量依墓主的身份等级而有所不同。唐制，"凡石人石兽之类，三品以上用六，五品以上用四"。[④] 宋代，"坟所有石羊虎、望柱各二，三品以上加石人二人"。[⑤] 金代大体承唐宋之制。《泰和令·诸葬仪》载："一品官石人四事，石虎、石羊、石柱各二事，二品、三品减石人二事，四品、五品又减

① 华泉：《完颜忠墓神道碑与近代恤品路》，《文物》1976年第4期；林沄：《完颜忠神道碑再考》，《北方文物》1992年第4期。
② 王久宇、王锴：《阿城金代贵族墓碑的发现和考证》，《北方文物》2007年第4期。
③ 元好问：《临淄县令完颜公神道碑》，《遗山先生文集》卷28，第899页。
④ 《唐会要》卷38"葬"，"丛书集成本"，第691页。
⑤ 《宋史》卷124《凶礼三》，《二十四史》缩印本第14册，第770页。

图3-14　石虎

图3-15　主神道石踏道及1、2号台址俯视

资料来源：图3-14、图3-15均出自《金中都遗珍》，北京燕山出版社，2003。

石柱二事。"①

　　据地方史志及考古资料，研究者在辽宁、吉林、黑龙江、内蒙古、北京、山西等地发现，许多金代墓葬前有石人、石羊、石虎等。

　　其中以完颜希尹家族墓的石刻群最具代表性。家族墓共分5个墓区，有7组石雕像，每组自北向南，有石人、石羊、石虎、石柱。一墓区：石人六（文四武二）、石羊四、石柱四，并见刻有"金紫光禄……"的残碑，应为希尹之孙完颜守贞之墓。守贞官至金紫光禄大夫，正二品上。二墓区：两组，有石人、石羊、石虎、石柱，应为完颜希尹墓。希尹官至左丞相，从一品。三墓区：有石人四、石羊二、石虎二、石柱二及残龟趺。据所刻"太尉……濮国公"、"公讳守道"残碑判断，应为希尹长孙完颜守道墓。守道官至太尉、尚书令，正一品。四墓区：有石人二、石羊二、石虎二，有女真汉文的"昭勇大将军同知雄州节度使"墓志及"昭勇大将与妻乌古论氏以礼合葬"墓志。墓主人昭勇大将军，正四品下。五墓区：自北向南，石人二、石羊二、石虎二、石柱二。墓碑有"……司代国公之墓"字样，此幕应为希尹父欢都墓。欢都追赠代国公、开府仪同三司，从一品上。②

① 苏天爵：《滋溪文稿》卷4《金进士盖公墓记》，中华书局，1997，第55～56页；潘昂霄《金石例》卷1《石人羊虎柱制度》（"四库全书"本）亦有同样记载。

② 陈相伟：《完颜希尹家族墓地的调查和发掘》，《博物馆研究》1990年第3期；庞志国：《完颜希尹家族墓群石雕艺术初探》，《文物》1982年第3期。

第四节　随葬品与墓葬装饰

古人在灵魂不死观念的支配下，把死者仍当生者对待。《荀子·礼论篇》曰："丧礼者，以生者饰死者也。大象其生以送其死也。故如死如生，如亡如存，始终一也。""事死如事生，事亡如事存。"①殡葬亲人时，选取其在世时喜好或具代表性的生活用品（包括衣物、佩饰、食品、马具、钱币、娱乐器具等）乃至生产工具、兵器等随葬墓中。此外，还有明器、墓志、砖雕、壁画及买地券（详见第四章）等。由于死者生前社会身份及经济条件不同，随葬品亦有差别。

图3-16　磁州窑龙凤纹罐

一　生活用品、生产工具、兵器

在清理发掘的金代墓葬随葬品中，常见的有生活用品、生产工具、兵器等。

衣：服饰，有金、银、铜、玉、玛瑙、木、骨等质的簪钗首饰及佩饰等。

食：食物，山西裴家堡"大金国"墓出土陶瓶，内盛有谷粒。②炊具，有三足铜铁锅镤等。③闫德源墓出土石炉。餐饮器皿，有碗、盘、碟、罐、瓶、杯、盅、壶等。如北京丰台窝论墓出土的影青瓷盘、白瓷小盅、葫芦状浅青灰色执壶。④山西昔阳宋金砖室墓葬出土陶、瓷、铜、木等各种质地随葬品90余件，其中瓷器占多数，种类有碗、盘、盏、枕等，以白瓷为主，有少量黑瓷，以临近地区的平定窑产品为主，此外还有定窑、井陉窑和介休窑等窑口的产品。这些瓷器多为墓主人生前一般日用器物，使用痕迹明显，其中不乏精品。松溪路一号墓还出土了一套茶具，执壶、茶盏、茶盒、茶匙和陶釜等一同放置在陶盘中，形象地展示了宋金时期的饮茶器具组合，具

---

① 《荀子集解》卷13《礼论篇》，"诸子集成"本，第2册，第243、251页。
② 张的光：《山西绛县裴家堡古墓清理简报》，《考古通讯》1955年第4期。
③ 黑龙江文物考古工作队：《黑龙江畔绥滨中兴古城和金代墓群》，《文物》1977年第4期；阎景全：《黑龙江省阿城双城村金墓群出土文物整理报告》，《北方文物》1990年第2期。
④ 北京文物工作队：《北京金墓发掘简报》，《北京文物与考古》第1辑，1983。

图3-17　班演墓志

有重要的学术研究价值。[1]

　　住：家具，山西大同闫德源墓出土扶手椅、地桌、供桌、账桌、木榻、木盆座架等。[2]

　　行：马具，有鞍、蹬、衔、镰等。[3]

　　钱币：铜钱，北京通县石氏墓出土唐宋铜钱。[4]

　　娱乐器具：嘎拉哈（猪羊距骨），北方小孩玩具，黑龙江阿城双城村金墓群、绥滨金墓都有出土。

　　生产工具：有斧、铲、凿、锉等。[5]

　　兵器：有刀、矛、镞等。[6]

---

①　刘岩、史永红：《四面栏杆彩画檐——山西昔阳宋金墓的发现与保护》，"中国文物信息网"，最后访问日期：2015 年 6 月 8 日。

②　大同市博物馆：《大同金代闫德源墓发掘简报》，《文物》1983 年第 1 期。

③　黑龙江文物考古工作队：《黑龙江畔绥滨中兴古城和金代墓群》，《文物》1977 年第 4 期。

④　北京文物管理处：《北京通县金代墓葬发掘简报》，《文物》1977 年第 11 期。

⑤　阎景全：《黑龙江省阿城双城村金墓群出土文物整理报告》，《北方文物》1990 年第 2 期。

⑥　阎景全：《黑龙江省阿城双城村金墓群出土文物整理报告》，《北方文物》1990 年第 2 期。

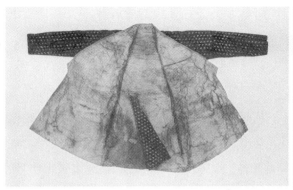

图3-18　褐地翻鸿金锦绵袍黄绢里

资料来源：赵评春、赵鲜姬《金代丝织艺术——古代金锦与丝织专题考释》，科学出版社，2001，图8。

图3-19　褐地翻鸿金锦绵袍

资料来源：赵评春、赵鲜姬《金代丝织艺术——古代金锦与丝织专题考释》，图6。

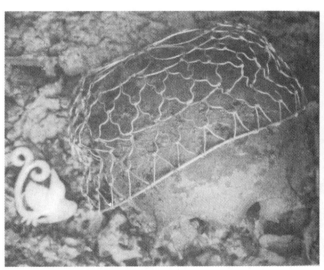

图3-20　金丝冠

图3-21　鎏金银覆面

资料来源：图3-20～图3-24均出自《金中都遗珍》，北京燕山出版社，2003。

二　明器

明器，即冥器，专为随葬而制作的器物，一般用竹、木或陶土制成，其中尤以陶质为多。西汉以前，王公、贵胄、富人死后多用实物随葬，西汉中期以后陶质明器明显增多，包括建筑模型、俑、生活用具、钱币、家畜、家禽等。

汉以来用明器随葬的风俗在后来有所变化，从宋代起以纸制品做明器的风俗逐渐流行，陶、木等质的渐少，不过仍有流行。金墓也有陶质明器出土。1975年北京市

图3-22　铜簋

通县城关公社发现两座石椁墓，一号墓出土泥灰灰陶明器，制作精细。有盆、鏊锅、釜、鼎、铛、小罐、钵等，其中鏊锅、釜、鼎、铛等均为仿铁铸器形。[1]1982年在黑龙江绥棱县发现一座金代瓮棺墓葬，瓮棺墓出土许多陶质冥钱，其中有两枚"大观通宝"陶冥钱。[2]"大观"是北宋徽宗年号，金初曾沿用辽宋旧钱。

三　墓志铭

在金代文献和考古发现中，有许多所谓碑铭表志碣，明人郎瑛说："埋铭、墓志、墓表、墓碣，皆一类也。铭、志则埋于土，表、碣则树于外。""表谓有官者，碣谓无官者，汉、晋以来有之。"[3]但是它们也略有区别。

墓志，指放在墓里的刻有死者生平事迹的石刻。墓志分上下两层，上层称为

图3-23　鲁国大长公主墓碑

图3-24　鲁国大长公主墓志盖拓片

---

[1]　刘精义、张先得：《北京市通县金代墓葬发掘简报》，《文物》1977年第11期。

[2]　云薇：《黑龙江绥棱县出土金代陶冥钱》，《北方文物》1987年第3期。

[3]　《七修类稿》卷29《诗文类·各文之始》，上海书店出版社，2001，第313页。

图3-25　吕徵墓表拓片

图3-26　杨瀛神道碑碑额

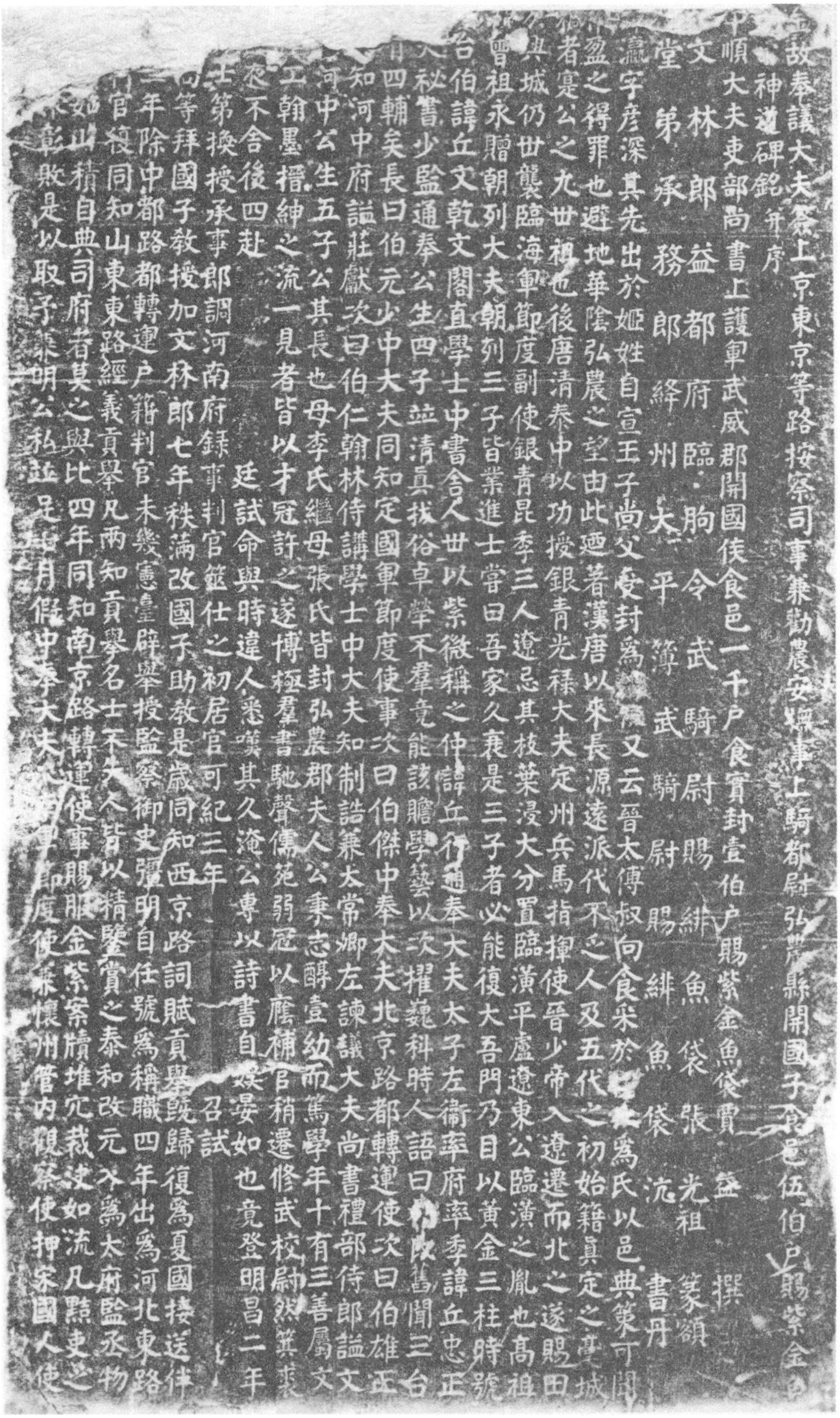

图3-27　杨瀛神道碑碑阳拓片

图3-28　赵励墓志铭

"盖"，刻有标题；下层称为"底"，刻有墓志铭。志多为散文，用于叙述死者生平、德业；铭是韵文，用于对死者的赞扬、悼念。因墓志铭藏于墓中，其必作于葬前。

墓碑，指立在坟墓前面或后面的石碑。秦以前碑为木制，汉以后改用石制，碑上多刻有文字。

墓表，犹墓碑。因其竖于墓前或墓道内，表彰死者，故称。墓志铭必作于葬前，墓碑、墓表则有作于葬后者。

墓碣，墓碑的别体，碑、碣的区别在于以下两点。一是形状。《后汉书·窦宪传》有"封神丘兮建隆碣"。据唐李贤注，"方者谓之碑，员者谓之碣。碣亦碣也"。二是碑碣主人身份。五品以上立碑，五品以下立碣。及至五代以后，这一制度逐渐废弛，往往混用，而且无官者也有立碣的。

由上可知，只有墓志铭埋在坟墓之中，属于随葬品，而其他则立于坟墓之外。元好问留下了他为时人撰写的大量碑铭表志碣，《金史》本传称"好问蔚为一代宗工，四方碑板铭志尽趋其门"。碑铭表志碣在元好问的著作中占有较大比重，具有很高的史料价值。

四 砖雕

在金代砖室墓葬中，多有以砖雕为装饰者，主要发现于山西中南部、河北、河南及山东、陕西、甘肃、宁夏等地。砖雕常见主题，有墓主人（夫妇宴饮、对坐、并坐），妇人启门，杂剧、百戏、散乐，二十四孝，家居装饰，等等。

1. 开芳宴

墓葬主人夫妇宴饮、对坐、并坐等形象，表现夫妇和睦、家庭幸福的场面，是宋金墓葬中常见的题材，即所谓"开芳宴"。"开芳宴"屡见于唐以来的诗词曲中，如唐卢照邻《十五夜观灯》："锦里开芳宴，兰缸艳早年。缛彩遥分地，繁光远缀天。"[1] 这是说正月十五行开芳宴的场面。元郑允端《碧筒》："主人避暑开芳宴，轻折荷盘当酒罍。"[2] 南戏《南昌引子·女冠子》："冤家今日开芳宴，这苦事怎生言？画堂中只管频呼唤，不知道我心中怨。"[3] 开芳宴在宋代富人日常生活中更为常见，宋罗烨《新编醉翁谈录》壬集卷中曾记载张官人夫妇宴饮的情况："此张解元宅……常开芳宴，表夫妻相爱耳。"开芳宴席间，夫妇宴饮，"门前挂斑竹帘儿，厅前歌舞，厅上宴会"。[4] 宋金墓葬中的开芳宴场面是现实生活的反映。

1964 年在山西侯马发现的 102 号金墓，其后室有墓主人夫妇开芳宴砖雕。中间设一红色长方桌，上雕莲花瓣形大碗和鱼柄汤匙，又置两盖碗于托子之上，桌下置两个酒坛。桌两旁设椅子与脚床子。墓主人夫妇分坐于东西两椅子之上。男主人头裹巾，领下垂须，身穿圆领白袍，内着交领衣，腰束带，左手持盏欲饮。女主人方额高髻，插簪饰，耳穿圆环，身着红裙，袖手静坐，墓主人夫妇身后有侍童侍女分立于踏床之上。[5]

1990 年在山西汾阳发现金代砖室墓，M5 墓室西壁正中雕刻墓主人夫妇宴饮图。两人端坐于椅上，面前置案，背后设屏风，上方有帷幔。整个西壁上方雕出卷起的竹

① 《全唐诗》卷 42，"四库全书"本。
② 《御选宋金元明四朝诗》之《御选元诗》卷 60，"四库全书"本。
③ 《御定曲谱》卷 8，"四库全书"本。
④ 罗烨：《新编醉翁谈录》，辽宁教育出版社，1998。
⑤ 杨富斗、谢尧亭：《侯马 102 号金墓》，《文物季刊》1997 年第 4 期。

帘。雕砖反映的是墓主人生前或想象中的庭院生活情景。①

2. 妇人启门

妇人启门是宋金墓葬中另一常见题材，其图像多是一女子从一扇门关闭、另一扇门开启或半开门中露出半身向外探望状。宿白《白沙宋墓》最早将这一砖雕图像命名为"妇人启门"。② 后来在宋辽金元墓中陆续发现许多砖雕或壁画的同类图像，不过也有男人或多人图像。

至于启门含义如何，目前有多种推测和解释，主要有以下几种。一是认为这是一种"视觉假象"。"此种装饰就其所处位置观察，疑其取意在于表现假门之后尚有庭院或房屋、厅堂，意即表示墓室到此并未到尽头之意。"③ 二是认为反映了世俗人们对神仙道术的追求，或死者对墓地安全的考虑，属于一种民间信仰观念的表现。④ 三是认为它是死者进入现实世界或另外一个世界的通道。四是认为它是一种有趣大胆的装饰形式，其内涵无法断言；"启门只是利用侍婢出入门表现居家和家内生活的一种艺术手法，并没有固定统一的含义"；在"事死如事生"的丧葬观念指导下，就像墓葬建筑是仿造地上建筑一样，墓内的各种构件和装饰图像就是当时人们日常生活情景的简单再现。⑤ 在文献缺乏的情况下，诸说处在推测阶段，尚待更有说服力的探讨和研究。

考古发现许多金墓中有妇人启门砖雕图像。如山西稷山马村 M1，砌门板半掩，露少女，头梳双髻，身着开襟衫，下系长裙，姿态娴雅，扶门而入。⑥

1990 年在山西汾阳发现金代砖室墓 8 座，其中 M5 墓室西北壁雕妇人启门。妇人头戴巾，外穿长服，内系长裙，推门欲进。西南壁其两扇板门，一扇半启，一妇人头梳髻，身着对襟长服，内束长裙。右手执壶，左手抚衣襟。南壁与北壁结构基本相同，一妇人从门后持盒欲出。⑦

山西汾阳东龙观 M2 墓南壁正中的右扇门微开，一妇人立于门缝中，面向门外（可谓一般说的妇人启门），而西南壁下半部雕有二侍女，其中一人手持温碗酒壶，另

① 马昇等：《山西汾阳金墓发掘简报》，《文物》1991 年第 12 期。
② 宿白：《白沙宋墓》，文物出版社，1957，第 54～55 页。
③ 宿白：《白沙宋墓》，第 55 页。
④ 梁白泉：《墓饰"妇人启门"含义揣测》，《中国文物报》1992 年 11 月 8 日。
⑤ 郑岩：《民间艺术二题》，《民俗研究》1995 年第 2 期；冯恩学：《辽墓启门图之探讨》，《北方文物》2005 年第 4 期；徐婵菲：《门户之见：宋金墓中的门》，《东方早报·艺术评论》2015 年 9 月 30 日。
⑥ 杨富斗等：《山西稷山金墓发掘简报》，《文物》1983 年第 1 期。
⑦ 马昇等：《山西汾阳金墓发掘简报》，《文物》1991 年第 12 期。

一人手持酒瓶（因无门，非妇人启门）。西北壁下半部也雕有二侍女，其中一人右手托盘，左手持团扇，另一人双手端盘（亦非妇人启门）。北壁雕有隔扇窗门，一妇女启门进入室内。[①] 金墓妇人启门砖雕图像以晋中南发现最多，河南、河北、山西、甘肃等也有发现。

从宋金墓葬的砖雕、壁画妇人启门有出有进、朝向不同，有的还手持饮食器皿来推测，所谓妇人启门也许并非像有论者揣测的那么复杂，不过是表现富贵人家日常生活情景而已。

3. 散乐、百戏、杂剧

散乐、百戏是金代墓葬砖雕的常见题材。散乐原指民间乐舞，百戏指民间各种技艺，尤其是杂技。南北朝后，散乐成为"百戏"的同义语，百戏又作为乐舞、杂技的总称。《许亢宗行程录》记载了金初北方演出"百戏"的场面："有大旗狮豹、刀牌砑鼓、踏索上竿、斗跳弄丸、挝簸旗筑球、角抵、斗鸡、杂剧等。"[②] 将杂剧也列于百戏之内。宋元以后，也称街头的民间艺人为散乐。

在晋中南、豫西等地的金代墓葬中发现有散乐、百戏砖雕。如山西襄汾县侯村墓南壁上方和护门卫士上方各置 4 位散乐表演艺人，分别为吹哨人、执长板人、持尘帚人、执纨扇人、拍板人、吹笛人、吹觱篥人和吹笙人。[③] 山西闻喜寺底金墓西壁，嵌有砖雕伎乐人物，皆为女子，头束髻，并戴花饰，上身赤裸，肩披披帛，腰束带。人物依次为舞伎、吹箫者、吹笙者、吹排箫者、吹笙者。[④]

杂剧表演人物砖雕的发现具有重要价值。我国戏剧发源甚早，其渊源可以追溯到周秦的乐舞，汉魏六朝的散乐以及隋唐的歌舞和俳优（参军戏），到辽宋时流行一种名为"杂剧"的表演形式。《东京梦华录》中多处提到杂剧、般杂剧、小杂剧、哑杂剧、诸军缴对杂剧、露台弟子杂剧、勾杂剧等。《辽史·乐志》载，每当庆贺皇帝生辰和宴请宋国使臣时，席间都穿插演出杂剧。金朝建立后，辽宋杂剧被继续保存下来。金朝在对宋战争中，掳获南宋大批杂剧及其他艺人。大批南宋杂剧艺人入金，为金代杂剧发展提供了条件。杂剧是金朝宫廷典礼和接待外国使者的宴会中不可缺少的节目。优伶平时可出入宫掖，为皇帝后妃演出。辽、北宋和金中期以前的杂剧，从内容到形式都很复杂，有人说它不过是

---

① 王俊：《2008 年山西汾阳东龙观宋金墓地发掘简报》，《文物》2010 年第 2 期。
② 贾敬颜：《五代宋金元人边疆行记十三种疏证稿》，中华书局，2004，第 253 页。
③ 李慧：《山西襄汾侯村金代纪年砖雕墓》，《文物》2008 年第 2 期。
④ 李全敕：《山西闻喜寺底金墓》，《文物》1988 年第 7 期。

"杂耍"一流的表演形式而已，[1] 此说虽未必妥当，但是这时的杂剧同后来金元之际盛行的具备念白、歌唱、情节、表演的纯粹意义上的戏剧——杂剧，应该是有区别的。

金代末期杂剧，又称院本。《南村辍耕录》卷 25 "院本名目"条说：唐有传奇，宋有戏曲、唱诨、词说。金有院本、杂剧、诸宫调。院本、杂剧，其实一也。明朱权《太和正音谱》解释说，"院本者，行院之本也"，也就是行院所演的杂剧。

在山西南部、河南西部等地金墓发现多处杂剧人物砖雕。

1959 年 1 月，考古工作者在山西侯马发掘一座刻有"大金国大安二年"题记的董氏墓。在北壁堂屋檐上有一座砖雕戏台模型。戏台正面宽约 60 厘米，高约 80 厘米，进深约 20 厘米，台上有 5 个作表演状的青砖俑。[2] 这五个砖俑与《都城纪胜》、《梦梁录》中所载角色相同，即分别为"副净色"、"引戏色"（装旦）、"末泥色"（正末）、"捷讥色"（副末）、"装孤"。

山西稷山马村、化峪、苗圃三地发掘 9 座金墓，其中马村 M1、M2、M3、M4、M5、M8，化峪 M2、M3，苗圃 M1 等 9 座墓均有杂剧砖雕，各有 5 个或 4 个角色。[3] 马村 M4 南壁雕有角色表演和伴奏乐队。前排有 4 个演员，自左至右，分别为副末、副净、装旦、末泥角色。演员后面高台为"乐床"，上面浮雕伴奏者 5 人，自左至右分别为击大鼓者、击腰鼓者、吹长笛者、拍板者、吹觱篥者。这些场景共同展现了一台既有演员表演又有乐队伴奏的完整的杂剧表演场面。[4]

以上杂剧砖雕的发现，反映了金代戏曲的繁盛。

4. 孝行

二十四孝图是金代墓葬的又一常见题材。本编第一章"殡葬观念"之第二节"殡葬与孝道"对这方面的考古发现已有介绍，不再赘述。

五　壁画与石刻画

1. 壁画

壁画是金墓装饰的重要种类，分布较广，北京、山西、河北、河南、山东、辽宁、陕西、甘肃、宁夏等地都有发现。题材与砖雕大体相同，有墓主人夫妇、开芳

---

① 参见郑振铎《中国俗文学史》下册，作家出版社，1957，第 1 页。
② 畅文斋：《侯马金代董氏墓介绍》，《文物》1959 年第 6 期。
③ 杨富斗：《山西稷山金墓发掘简报》，《文物》1983 年第 1 期。
④ 山西省考古研究所侯马工作站：《山西省稷山马村 4 号金墓》，《文物季刊》1997 年第 4 期。

图3-29 门头沟育新学校金墓壁画

资料来源：本章本图及以后各图均出自《金中都遗珍》。

图3-30 石景山金墓壁画之十二生肖之猴

宴、妇人启门、杂剧、孝行等。

已发现的金代重要壁画墓有如下几处。

河北新城时立爱父子壁画墓之时丰墓中壁画。南壁正中绘门，门侧各立侍卫一，左立者戴黑冠，着圆领紫色外衣，皂色高筒靴，紫面，粗眉，八字胡，手执骨朵。右立者头脚残缺，双手附于胸前。东壁上部绘黄色帷幔，下绘三男二女。右起第一人为一女子，双手端圆盘面向内，着宽领窄袖长衫，长裙曳地，云鬟间团冠高起。第二、三人戴黑色幞头，均着圆领浅绿色或紫色长袍，第三人袍下襟围卷腰中，双手拱胸前，手持笏板。第四人为女，第五人为男，衣着与前略同。[1]

北京石景山八角村赵励墓，为金代早期壁画墓。壁画包括花卉、十二生肖、墓主生活起居等题材。其一，花卉图案。墓顶画有缠枝番莲花卉。其二，十二生肖图。在左右两拱与上下两枋围成的六块横长形龛中，每龛原均绘有12生肖中的两个属相，合起来为12生肖。发现前被挖掘机掘毁了东北角的两个，现存10个，为鼠、牛、龙、蛇、马、羊、猴、鸡、狗、猪，缺虎、兔。其三，墓主人生活起居。自墓壁正北居中起，按顺时针方向排

---

① 河北省文化局文物工作队：《河北省新城县北场村金时立爱和时丰墓发掘记》，《考古》1962年第12期。

a　　b

图3–31　石景山金墓壁画

赵励墓壁画一备茶图
位于墓室内壁东南隅。画面六人可分为左右两组。左面一组共四人，最左边为一侍吏，面向西双手笼袖恭
立；其右一仆，身体微向前倾，正由执壶中向茶盏内倒水冲茶。倒茶仆人面前方桌上放置小食盒、茶托、
茶盏等茶具。方桌的右边，是一髡头契丹小奴，双手持茶托、茶盏，正恭候着倒茶仆人为他手中的茶盏倒
水冲茶。髡奴身后是另一仆庸，手托一罩纱笼圆形茶托盘，注视着倒茶仆人冲茶。壁画描绘这三人相互呼
应，眉目含情，十分传神。右面一组二人，其上方一人双手向下柱着一长竹管，似乎在向下方茶炉中吹火，
其下方，蹲着一髡奴，大约也是在照看茶炉或用茶碾碾茶。整幅壁画于粗率中见天真，颇具写意风格。可
惜下方壁画已漶漫不清，无从分辨了。

图3–32　赵励墓壁画之备茶图

Mural of Preparing Banquet

图3–33　赵励墓壁画之散乐图

Mural of Pleasure and Entertainment

图3–34　赵励墓壁画之备宴图

列，分别为“侍寝图”、“备茶图”、“备宴图”、“散乐图”、“侍洗图”。其中，“备茶图”位于墓室内壁东南隅。与之类似的“备茶图”，在河北宣化雕砖壁画辽墓中已有多次发现，辽代壁画墓中大量出现的“备茶图”，是北宋茶文化传入燕辽汉人士族群体的反映，八角村金初墓中的“备茶图”是这一风习的延续。“备宴图”位于墓室

内东南隅。画中 7 人，可分为 2 组。左面一组 4 人均为年轻女仆。最左边一个素帕罩头，对襟素袍，面目俊秀，手捧一大瓷汤盘。后排女仆，花格帕罩头，上身着对襟红罗短衫，下着素裙，左手向上执一羹匙。第三位前排的女仆，也是素帕裹头，背负一袋，侧身向左而行。后排第二位（即第四位）女仆也以帕巾裹头，对襟素长袍，右臂弯曲，右手托一盛酱醋调料的小瓷罐。右面一组 3 人，其最前居左一人为一中年女仆，高髻长袍，最右侧两男仆，头戴黑色束幅头巾，均着圆领袍服，居后排者为红色，居前排者为素色。二仆前方为一方形木质食桌，桌上放有五盘佳肴。"散乐图"位于墓室内壁西南隅，图中绘有 6 人，均头戴官场常见的幞头，幞头后两支长长的硬脚向两侧平展，其余 4 人，均黑色幞头，不扎巾，均穿圆领长袍，文官装束。而幞头上加扎帛巾者 2 人，身穿武官短装战袍。这 6 人可分为两组。第一组，为左边两个鼓手，前排鼓手击腰鼓；后排鼓手击大鼓。第二组共 4 人：左侧后排紧靠击大鼓者，口吹横笛；前排左傍击腰鼓者，口吹觱篥；其右，前排由左向右数第 3 人，手弹琵琶；前排最右端者，双手击拍板。这 6 人均口蓄八字胡，为男性。"侍洗图"位于墓室内壁的西北隅。图正前方放一高脚方木桌，上置水注、盘、碗等器皿。桌后侍立的 4 名口带两撇小胡须的男侍者。[1]

河南焦作老万庄金代壁画墓，其中 3 号墓（冯汝楫墓）北壁画似为主人，头戴皂色幞头，身穿朱色圆领窄袖长衫，腰束带足着皂靴。东北隅为一掌扇侍从，西北隅画一捧印书童，正东画一侍从，正西为一老者，东南隅画一侍女，西南隅画抚琴侍女。[2]

图3-35 石景山金墓壁画之十二生肖之狗　图3-36 石景山金墓壁画之十二生肖之鸡　图3-37 石景山金墓壁画之十二生肖之龙

① 王清林、周宇：《石景山八角村金赵励墓墓志与壁画》，《北京文物与考古》第 5 辑，2002。
② 刘建洲、皇甫其堂：《焦作金代壁画墓发掘简报》，《中原文物》1980 年第 4 期。

山西昔阳中医院旧址宋金墓葬 3 号墓之东北、西北两壁绘有精细的壁画。东北壁绘墓主人夫妇对坐图，画面中部为一方桌，上置瓶花、香炉、经书、铜镜等物。方桌东侧绘一中年男子，头戴幞头，身着圆领长袍，袖手相握置于腹部，双腿开分端坐于木椅之上，其左侧为一男侍；方桌西侧绘一中年妇人，着对襟长衫与男主人相对而坐，身右侧旁立一侍女。整个画面表现出男女墓主人接受侍奉的场景。西北壁面绘一组"庖厨图"，画面右侧一长方形木桌后站立两人，一个在用力揉面，一个在双手包包子，桌上摆有包好的包子、装满馅儿的容器、盛面的面篓、擀面杖等。画面左侧上方为两个巨大的水缸。画面左侧下方绘灶上一摞七层蒸包子的笼屉，笼屉上自下而上逐层写"一、二、三、四、五、六、七"等序号。灶前坐一人，正在向灶内添柴。整个画面反映了为墓主人准备饭食的场景。东南壁下方绘有粮仓、石磨盘、石臼以及公鸡和鸡笼等，西南壁面绘有牧童放牛、放羊的场景。整体壁画内容反映出农业社会富裕人家的情形。昔阳澳垴山砖室墓中的壁画也十分精细。墓葬东北壁上绘出三对墓主人夫妇对坐图，较为珍贵。画面中部为一张铺有帷幔的方桌，上布置吃食、勺筷、托盏等。方桌左侧自北而南绘三位男性，均袖手坐在木椅上，其背后有一侍童。方桌右侧绘三位女性，中间女性正双手捧食盒向方桌走来。方桌后为花几，上置瓶花。西北壁面绘有蒸包子内容的"庖厨图"，西南壁绘放牧图，南壁绘井、辘轳、石磨盘等，基本内容与中医院 3 号墓相同，唯东南壁绘有杂剧、鼓乐等。[①]

山东淄博市博山区金代壁画墓，据墓葬内题记可知该墓为"大安二年"，墓壁和墓顶都绘有彩绘的图案和壁画。墓室壁画主要是人物画，表现墓主生前的生活场景。

图3-38　石景山金墓棺床

图3-39　育新学校金墓壁画——殿宇

---

① 刘岩、史永红:《四面栏杆彩画檐——山西昔阳宋金墓的发现与保护》，"中国文物信息网"，最后访问日期：2015 年 6 月 8 日。

南壁中间为券门，券门东侧绘备马图，东壁绘墓主夫妇端坐图，北壁绘男女仆人和妇人启门图，西壁绘备马人物图。墓主为有西域胡人血统的地方官吏或富商。壁画反映了女真和汉文化的融合。①

2. 画像石

画像石是墓葬中在石结构或砖石混合结构上镌刻的画像，是一种装饰。画像石墓于西汉晚期开始出现，东汉时期，特别是东汉后期数量大增，题材内容广泛，包括生产活动、墓主生活、神话故事、天象图案花纹等。画像石的形式及题材内容被沿袭下来，金墓也有画像石墓发现。

河南焦作王封邹瑗画像石墓，墓室北壁正中题刻"大金承安四年六月二十三日，天水郡秦氏谨修石墓一口，葬故夫范阳郡邹瑗"。画像石刻有散乐场面、墓主人生活图像（温酒图、侍女图、祭祀图）及孝行故事图像，共25幅。其一，散乐图画像石。砌于墓室的西壁，共刻11人。中间二人形体较为矮小，左面一人戴幞头，着圆领长袍，下露双靴，双目注视另一人。右面一人头戴软巾，上身穿圆领短衣，下着裤，腰系宽带，昂首挺胸。两人构成一组翩翩起舞的场面。画中其余九人皆为司乐，分立舞者的两侧，作伴奏状，乐器有觱篥、巨鼓、手鼓、节板等。其二，温酒图画像石。图中共三人，围立在一座炉灶旁。炉呈正方形，四面各有一壶门作风口。左边一小童，持扇向壶门作扇火状。一中年男仆立于炉后，手持一勺。右侧立一长须老仆，头戴软巾，右手提物。其三，侍女图画像石。有线刻人物七个。图中央一贵妇人坐于椅上，头戴花冠，右手抚膝，左臂置椅栏上，作转首回顾状。周围有侍女六人，身后二人手中执圆镜状物，似正为坐者梳妆。身前四人，双手捧果盒，两女先行，两女后随。其四，祭祀图画像石。图正中刻修墓铭记。两侧刻有同样画面：方桌四周围幔，桌上置果肴祭品，桌后置空椅一把，两旁有男女侍者各一，男者为披发小童，身穿圆领长衫，腰扎革带及护围，女侍者发髻上插有花饰。就整个构图看，可能为祭祀死者情景。其五，故事图十一幅。这些故事，多数是所谓的"孝行图"。如曹娥哭江寻尸，丁兰刻木奉母，杨香打虎救父，郭巨为母埋儿得金，王祥卧冰求鲤，孟宗哭竹，闵子骞单衣顺继母等。②

六　买地券

买地券是置于墓葬中的地契，镌刻或书写在铅、锡、玉、石、砖、铁、木等质

①　李鸿雁：《山东淄博市博山区金代壁画墓》，《考古》2012年第10期。
②　杨宝顺等：《河南焦作金墓发掘简报》，《文物》1979年第8期。

板之上，也有书写于纸上者，不过后者很难长期保存下来。买地券内容，一般包括购买墓地的时间、主人、证人及墓地四至、价钱等。买地券属于随葬品，是一种象征性的契约，旨在使死者和墓地所有权不受侵犯，并祈祷保佑死者与生者平安无虞等。

买地券作为一种明器，产生于东汉前期，历时长达一千七八百年，一直沿用到明清。此物在历史上原无定名，时代不同，名称略异。民国以来，多称之为"买地券"，也有称"地券"的。①

唐宋金元时期沿袭前代风俗，买地券颇为流行。

金元好问《续夷坚志》卷3"王处存墓"条载："王处存墓在曲阳燕川西北白虎山之青龙碣，己卯八月，完州人劫破之，骨已灰烬，得银百余星，一砚一镜，唐哀帝所赐铁券，券刻金字云：'敕葬忠臣王处存。赐钱九万九千九百九十九贯九百九十九文。'"②说明唐代买地券的存在及金人对它的关注。

宋金时期，买地券更为流行，而且券文样式大体定型。北宋王洙等编撰，金毕履道、张谦校注的《地理新书》是一部讲述风水（或称"堪舆术"）的书，被认为是宋金元时期此类著述的经典。该书卷14"斩草建旐"条，详细记载了丧葬礼仪习俗及买地券。其中在述及买地券材质和券文时说，"用铁为地券"，文曰："某年月日，具官封姓名，以某年月日殁故，龟筮叶从，相地袭吉，宜于某州某县某乡某原安厝宅兆，谨用钱九万九千九百九十九贯文，兼五彩信币，买地一段。东西若干步，南北若干步，东至青龙，西至白虎，南至朱雀，北至玄武，内方勾陈，分擘四域，丘丞墓伯，封部界畔，道路将军，齐整阡陌，千秋万岁，永无殃咎。若辄干犯呵禁者，将军亭长收付河伯。今以牲牢酒饭，百味香新，共为信契。财地交相分付工匠修造，安厝已后，永保休吉。知见人岁月主，保人今日直符，故气邪精，不得忏吝。先有居者，永避万里，若违此约，地府主吏自当其祸，主人内外存亡，悉皆安吉。急急如五帝使者女青律令。"③这则买地券文几乎成了当时和后世买地券的范文。

宋元之际的周密《癸辛杂识·别集下》"买地券"条，在述及当时丧葬习俗时说："今人造墓，必用买地券，以梓木为之，朱书云：'用钱九万九千九百九十九文买地'云云，此村巫风俗如此，殊为可笑。及观元遗山《续夷坚志》，载曲阳燕川青阳坝有

---

① 见张传玺《契约史买地券研究》，中华书局，2008，第23页。
② 元好问：《续夷坚志》卷3"王处存墓"条，第61页。
③ 金身佳整理《地理新书校理》，湘潭大学出版社，2012，第428～429页。

人起墓，得铁券刻金字，云：'敕葬忠臣王处存……'此唐哀宗之时，然则此事由来久矣。"①周密关于"买地券"的记载，除说明买地券在唐宋金时期的丧葬风俗中存在和流行之外，也表达了当时一些士人对这种"村巫风俗"的鄙视和抨击。

目前，在考古发掘中发现、出土许多买地券实物，其中以10～14世纪，即宋金元时期为多，尤其是金代出土最多。金代买地券分别出现在今辽宁、内蒙古、河北、河南、山东、山西、陕西、甘肃等省区，几乎涵盖金国大部地区。金代买地券基本上沿袭了唐宋风俗，陕西、河南分别是唐宋腹心地区，不仅是当时的政治中心，而且经济繁荣，文化发达，而山西在宋金时期也是经济、文化繁荣发达的地区。已经发现的买地券显示，祭主、墓主都是汉人。买地券自金代前期熙宗、海陵朝到金末都有发现，以金代繁盛时期的世宗、章宗两朝居多。

券文字数不等，少者百余字，多者三四百字，其中以二三百字者居多。买地券文内容一般包含如下要素：殡葬时间，祭主及墓主姓名和二者关系，安葬地点，宅地价钱，四至，见证人、保人以及墓地不容侵犯、保佑生者死者平安等语。

金代买地券与此前历代买地券，都是由阳间土地私有权的证明文书——契约发展而来的。买地券内有交易时间、买主姓名、业主姓名、地块四至、钱地交割、保人姓名等，并于文末设神道以护法权。②金代买地券与以往特别是早期的买地券也有一些不同之处，主要表现在以下几个方面。第一，早期买地券一般字数较少，行文不尽相同，并无较固定的格式。到北宋、金代，买地券字数有所增加，而且行文格式大体确定下来，宋金以后多以《地理新书》中的买地券文为范本。第二，早期买地券文内容基本上是模仿实在的土地买卖文书，真实性较强，史料价值较高。③南朝以后买地券中迷信色彩增强，到北宋、金代基本定型，经济史料价值已经不大，但是从中可以反映出道教的流行及当时的丧葬习俗，还是有一定价值的。第三，金代以前买地券大多出现在中原、江南，金代买地券分布地区较前广泛，除黑龙江地区外，北方多有发现，反映了道教的传播及中原文化影响的扩大。第四，早期买地券材质有铅、锡、玉、砖、石等，而金代已不见材质较贵的铅、锡、玉等质，而多为石、砖质，还出现陶、瓷质买地券。

---

① 周密：《癸辛杂识·别集下》"买地券"条，中华书局，1988，第277页。
② 见张传玺《契约史买地券研究》，第174页。
③ 吴天颖：《汉代买地券考》，《考古学报》1982年第2期。

第四章
帝王宗庙与祭祀制度

女真本无宗庙制度，祭祀仪式也不像中原汉人那么繁缛。《金虏图经》载，自金平辽之后，所用执政大臣多为汉人，他们往往向皇帝进言："天子之孝，在于尊祖，尊祖之事在乎建宗庙。若七世之庙未修，四时之祭未举，有天下者何可不念？"于是金朝开始兴建宗庙。初期"庙貌、祀事虽具"，但是"制度极简略"。[①] 随着社会发展及汉文化的影响，金朝宗庙制度逐步确立和完善起来。

金代宗庙祭祀制度，据《金史·礼志》载，有禘祫、朝享、时享、荐新等仪，烦琐庄重，以示对祖先的崇敬。

第一节 帝王宗庙

一 太庙

金朝宗庙初建于天辅七年（1123）。当年八月，太祖崩于部堵泺西行宫，九月葬于上京宫城西南，建宁神殿于陵上。此后诸京也相继立庙，如天会三年（1125）十月，建太祖庙于西京，唯有在京师者称为"太庙"。《金史·太宗纪》载，天会三年金灭辽，辽天祚帝被解至上京，告于太祖庙。天会六年八月，金兵以被降为庶人的宋徽、钦二宗素服见太祖庙，入见于乾元殿，封其父昏德公、子重昏侯。"是日，告于太祖庙"。[②]

此外，还有沿用辽朝旧庙安置御容（皇帝的画像）的，也称之为"庙"。如天眷

---

① 《三朝北盟会编》，炎兴下帙144，第1751页。
② 《金史》卷3《太宗纪》，第1册，第53页。

三年（1140），熙宗至燕京，"亲飨太祖庙"，[①] 就属于这种情况。

金朝自太宗开始，即为驾崩君王上尊谥、庙号之制。太宗天会三年为阿骨打上尊谥曰武元皇帝，庙号太祖。熙宗即位后，沿袭太宗为已故皇帝上尊谥、庙号之制。天会十三年二月，追谥太祖后唐括氏曰圣穆皇后，裴满氏曰光懿皇后。追册太祖妃仆散氏曰德妃，乌古论氏曰贤妃。改葬太祖于和陵。三月，谥大行皇帝（吴乞买）曰文烈，庙号太宗。葬太宗于和陵。九月，追尊生父为景宣皇帝，庙号徽宗，生母蒲察氏为惠昭皇后。尊太祖后纥石烈氏、太宗后唐括氏皆为太皇太后，诏中外。改葬徽宗及惠昭后于兴陵。

金代太庙制度正式确立于熙宗朝。熙宗完颜亶幼时以韩昉（辽朝状元，入金后官至礼部尚书、翰林学士）为师，习染、仰慕汉文化。即位后，参照辽宋制度并在汉族士人的参与下陆续实行许多改革，如改革官制、设置仪卫、详定仪制等。

《大金集礼》卷3《追加谥号上》载，天会十四年（1136）八月，文武百僚太师宗磐等上议，请奉上九代祖妣尊谥、庙号。具体如下：

九代祖（函普）尊谥曰景元皇帝，庙号始祖，妣曰明懿皇后；

八代祖（乌鲁）尊谥曰德皇帝，妣曰思皇后；

七代祖（拔海）尊谥曰安皇帝，妣曰节皇后；

六代祖（绥可）尊谥曰定昭皇帝，庙号献祖，妣曰恭靖皇后；

五代祖（石鲁）尊谥曰成襄皇帝，庙号昭祖，妣曰威顺皇后；

皇高祖太师（乌古迺）尊谥曰惠桓皇帝，庙号景祖，妣曰昭肃皇后；

皇曾祖太师（劾里钵）尊谥曰圣肃皇帝，庙号世祖，妣曰翼简皇后；

皇曾叔祖太师（颇剌叔）尊谥曰穆宪皇帝，庙号肃宗，妣曰静宣皇后；

皇曾叔祖太师（盈歌）尊谥曰孝平皇帝，庙号穆宗，妣曰贞惠皇后；

皇伯祖太师（乌雅束）尊谥曰恭简皇帝，庙号康宗，妣曰敬禧皇后。

诸臣还上议请以始祖景元皇帝、景祖惠桓皇帝、世祖圣肃皇帝、太祖武元皇帝、太宗文烈皇帝，为永久"不祧之庙"。[②]

《金史·礼志三》载："皇统三年，初立太庙，八年，太庙成，则上京之庙也。"这标志着金朝太庙制度的正式确立。太庙中尊谥祖宗沿用中原王朝传统的七庙制。

---

① 《金史》卷4《熙宗纪》，第1册，第76页。

② 古代帝王的宗庙分家庙和远祖庙，远祖庙称"祧"。家庙中的神主，除始祖外，凡辈分远的要依次迁入祧庙中合祭，而永不迁移的叫作"不祧"。

《礼记·王制》载："天子七庙，三昭三穆，与太祖之庙而七。"七庙，就是指四亲庙（父、祖、曾祖、高祖）、二祧（远祖）和始祖庙。前引宗磐等上议中，即有"臣等窃考书传所载，有天下者，皆立七庙，三昭向明，三穆北向，太祖东向"①之议。后来，世宗《大定十九年奉上孝成皇帝谥号》颂扬武灵皇帝（熙宗谥号）功德时说："威仪可仰，尊严若神，俶立七庙，尊事祖宗。"②这说明熙宗开始确立太庙为七庙制。从金朝建国前始祖以下 10 帝，加上不祧的太祖、太宗及熙宗之父宗峻已有 13 位先祖。但是按辈分算，其中有的为兄弟，同昭穆，建国前 10 位神主仅 6 世（建国后的太祖、太宗与此前的康宗为兄弟），加上熙宗之父宗峻，恰好为 7 世。因此熙宗在上京所建太庙是传统七庙制名义下的"七世之庙"。③

贞元初，海陵王迁燕，增广旧庙，将祖宗神位从上京迁到中都，安于太庙。正隆二年（1157）十月，海陵"命会宁府毁旧宫殿、诸大族第宅及储庆寺，仍夷其址而耕种之"。④正隆中，营建南京（河南开封）宫室，又立宗庙，后来宣宗南渡，在其原址上略作修缮。

世宗大定十二年（1172），议建闵宗（熙宗）别庙，礼官援引晋惠帝、晋怀帝、唐中宗、后唐庄宗的升祔故事，认为若依此典，武灵皇帝（熙宗）无嗣亦应升祔。今太庙之制，除祧庙外，为 7 世 11 室，如果升祔武灵，就要别祧一庙，那样便增作 12 室了。依《春秋》尊尊之典，武灵当在第 11 室，禘祫合食，当在太宗之下而居昭位。然而前升祔睿宗⑤已在第 11 室，累遇祫亨，睿宗在穆位，与太宗昭位相对，若更改祐室及昭穆序，非有司所敢轻议，宜取圣裁。十九年四月，禘祔闵宗，遂增展太庙为 12 室。

二十九年，世宗驾崩将祔庙，有司言："太庙十二室，自始祖至熙宗虽系八世，然世宗与熙宗为兄弟，不相为后，用晋成帝故事，止系七世，若特升世宗、显宗即系九世。"遂祧献祖、昭祖，升祔世宗、显宗于庙。⑥这样，章宗既使太庙保持"七世"制度，又使未曾真正称帝的父亲（显宗）得以升祔太庙。

宣宗贞祐二年（1214），金迁都南京，庙社等仍在中都。四年，礼官建言："庙社

---

① 《大金集礼》卷 3《追加谥号上》，"丛书集成初编"本，第 37 页。
② 《大金集礼》卷 4《追加谥号下》，"丛书集成初编"本，第 58 页。
③ 参见徐洁《金代祭礼研究》，博士学位论文，吉林大学，2012，第 104 页。
④ 《金史》卷 5《海陵纪》，第 1 册，第 108 页。
⑤ 完颜宗辅，后改宗尧，完颜阿骨打之子，世宗完颜雍之父。世宗即位后，追上谥号为立德显仁启圣广运文武简肃皇帝，庙号睿宗。
⑥ 见《金史》卷 30《礼志三》，第 3 册，第 729 页。

国之大事，今主上驻跸陪京，列圣神主已迁于此，宜重修太庙社稷，以奉岁时之祭。按中都庙制，自始祖至章宗凡十二室，而今庙室止十一，若增建恐难卒成。况时方多故，礼宜从变，今拟权祔肃宗主世祖室，始祖以下诸神主于随室奉安。"① 宣宗从其议，命参知政事李革为修奉太庙使，礼部尚书张行信提控修奉社稷。"权祔肃宗神主于世祖室，奉始祖以下神主于随室"，祭器以瓦代铜，献官以公服行事，供张等物并从简约。同年三月，因将修太庙，遣李革于明俊殿奏告祖宗神主，十月修成。亲王、百官奉迎祖宗神主于太庙。②

汴京太庙，位于宫南驰道东边。殿的规制为，一屋四注（柱），其北为神室，其前为通廊。东西二十六楹，为二十五间，每间为一室，为始祖庙，祔德帝、安帝、献祖、昭祖、景祖五位祧主，余皆两间为一室。世祖室祔肃宗，穆宗室祔康宗，其余无祔。每室门一、牖（窗户）一，门在左，牖在右，皆南向。石室之龛于各室的西壁，东向。其始祖之龛六，南向者五、东向者一，其二其三俱二龛，余皆一室一龛，总十八龛。始祖东向，群主依昭穆南北相向，东西序列。太庙外重垣围绕，南东西皆有门。③ 石龛是奉安神主（牌位）之处。

二 原庙

原庙，在正庙以外另立的宗庙，此名始见于汉代。《史记·高祖本纪》载："及孝惠五年，思高祖之悲乐沛，以沛宫为高祖原庙。"裴骃集解："谓'原'者，再也。先既已立庙，今又再立，故谓之原庙。"宋程大昌《考古编·庙在郡国亦名原庙》载："〔汉惠帝〕乃诏有司立原庙，原庙之名始此。原者，如原蚕（即二蚕，即夏秋第二次孵化的蚕）之原，既有大庙，又有此庙，是取'重'、'再'为义也。"

太宗天会二年（1124），立大圣皇帝（太祖）庙于西京。熙宗天眷二年（1139）九月，以上京庆元宫为太祖皇帝原庙。④ 皇统四年（1144）七月，又建原庙于东京。七年，有司奏："庆元宫门旧曰景晖，殿曰辰居，似非庙中之名，今宜改殿名曰世德。"同年，东京御容殿建成。世宗大定二年十二月，诏以"会宁府国家兴王之地，宜就庆元宫址建正殿九间，仍其旧号，以时荐享"。海陵王天德四年（1152），有司奏称："燕

---

① 《金史》卷30《礼志三》，第3册，第729~730页。
② 《金史》卷14《宣宗纪上》，第2册，第317页。
③ 《金史》卷30《礼志三》，第3册，第728页。
④ 《金史》卷33《礼志六》，第3册，第787页。《金史》卷24《地理志上》载："庆元宫，天会十三年建，殿曰辰居，门曰景晖，天眷二年安太祖以下御容，为原庙。"

京兴建太庙，复立原庙。三代以前无原庙制，至汉惠帝始置庙于长安渭北，荐以时果，其后又置于丰、沛，不闻享荐之礼。今两都告享宜止于燕京所建原庙行事。"于是，名其宫曰衍庆，殿曰圣武，门曰崇圣。大定二年（1162），世宗将其父睿宗御容奉迁衍庆宫。① 据此，中都衍庆宫为原庙无疑。但是自张棣《金虏图经》称"以太庙名衍庆"以来，人们往往以讹传讹，把衍庆宫误作太庙。乾隆官修《续文献通考》的编纂者最先纠正其误，指出："张棣《金图经》：'海陵徙燕，筑巨阙于南城之南、千步廊之东，曰太庙，标名曰衍庆之宫。'考《礼志》燕京原庙宫名衍庆，《图经》则以为太庙宫名衍庆，自当以史为正。且海陵迁都之明年遣荐含桃于衍庆宫，而太庙之成又后一年，则衍庆为原庙宫名无疑。《图经》特以其事适同一时，遂误指耳。"②

据《金史·礼志四》"奏告仪"载，皇帝即位、加元服、受尊号、纳后、册命、巡狩、征伐、封祀、请谥、营修庙寝，凡国有大事皆告。或一室，或遍告及原庙，并一献礼，用祝币。皇统以后，凡皇帝受尊号、册皇后太子、禘祫、升祔、奉安、奉迁等事皆告，郊祀则告配帝之室。泰和元年十二月辛巳，章宗"敕改原庙春秋祭祀称朝献"。③ 此后，改由天子于春秋两季亲自祭告原庙。

原庙与太庙奉安、祭祀对象不同，前者为祖先神主，而后者为御容。

神主是为已故君主、诸侯所做的牌位，用木或石等制作。《金史·礼志五》载："皇统五年，增上太祖尊谥，礼官议：'自古辨祀，以南北郊、太社、太稷、太庙为序。若太庙神主造毕，即合题尊谥，择日奉安，恐在郊社之前于礼未伦。候筑郊兆毕，择日奏告昊天上帝、皇地祇，次奉安社稷神主及奏告，其次恭造太庙神主，题号奉安入室，以此为序。'"《金史·海陵纪》载，天德三年十月，"使使奉迁太庙神主"。贞元三年十月，"权奉安太庙神主于延圣寺，致奠梓宫于东郊，举哀"。十一月，"奉安神主于太庙"。《金史·宣宗纪上》载，贞祐三年，"黜卫绍王母李氏光献皇后尊谥，神主在太庙，画像在启庆宫，并迁出之"。四年三月，以将修太庙，遣李革奏告祖宗神主于明俊殿。十月，"亲王、百官奉迎祖宗神主于太庙"。

御容是画像，奉安原庙。《金史·礼志六·原庙》载，大定二年，以睿宗御容奉迁衍庆宫。五年，会宁府太祖庙成，有司上奏，应以御容安置。此前，衍庆宫藏太祖御容十二。法服一、立容一、戎衣一、佩弓矢一、坐容二、巾服一，旧在会宁府安

---

① 《金史》卷33《礼志六》，第3册，第787～788页。
② 乾隆官修《续文献通考》卷80，浙江古籍出版社，2000，第3503页。
③ 《金史》卷11《章宗纪三》，第1册，第258页。

置。还有半身容二、春衣容一、巾而衣红者二，旧在中都御容殿安置，今皆在此。太宗诏以便服画像奉安会宁府太祖庙，择日启程。十六年正月，有司奏："奉敕议世祖皇帝御容当于何处安置。臣等参详衍庆宫即汉之原庙，每遇太祖皇帝忌辰，百官朝拜。今世祖皇帝择地修建殿位，庶可副严奉之意。"

三　别庙

别庙，也是于太庙之外另建的庙，但又不同于原庙。没有子嗣的帝王亡故之后，不能入太庙，而另建别庙，以奉安其牌位。太庙中所祔皇后，按照制度，为一帝一后，后世凡有以子贵者（指所生之子当了皇帝的后妃），一早一帝一后制度，不当祔于太庙者另立别庙。① 追赠皇后、追尊皇太后、赠皇太子往往皆立别庙。② 还有一种情况，就是兄弟前后继位称帝，因属同一辈分，不相为后，而直接上继于其先君，二者不能同在太庙，需另立别庙。③

根据以上制度，金代所立别庙有孝成庙、昭德皇后庙、宣孝太子庙、庄献太子庙等。

孝成庙。熙宗完颜亶于皇统九年（1149）为完颜亮所杀，至世宗大定初追谥武灵皇帝，庙号闵宗。大定二年，有司拟奏闵宗无嗣，应别立庙，以时祭享。又奏："唐立别庙，不必专在太庙垣内。今武灵皇帝既不称宗，又不与祫享，其庙拟于太庙东墙外隙地建立。"世宗从之。十四年，庙成，改谥孝成皇帝，庙称孝成庙。十五年三月，奉安武灵皇帝及悼皇后于别庙。大定十九年四月，升祔太庙，其旧庙遂毁。④ 大定二十七年，改闵宗庙号为熙宗。

昭德皇后庙。世宗昭德皇后，乌林荅氏。海陵王在位时，世宗在济南，海陵王召乌林荅氏来中都。后乌林荅氏深知自己若身死济南，海陵王必杀世宗，只有

---

① 《宋史》卷107《礼志十》："欧阳修等曰：'古者宗庙之制，皆一帝一后。后世有以子贵者，始著并祔之文，其不当祔者，则有别庙之祭。'"
② 《新唐书》卷13《礼乐志三》，《二十四史》缩印本第11册，第108页。
③ 《旧唐书》卷25《礼仪志五》载，开元四年，睿宗崩，及行祔庙之礼，太常博士陈贞节、苏献等奏议曰："谨按孝和皇帝在庙，七室已满。今睿宗大圣真皇帝是孝和之弟，甫及仲冬，礼当祔迁。但兄弟入庙，古则有焉，递迁之礼，昭穆须正。谨按《礼论》，太常贺循议云：'兄弟不相为后也。故殷之盘庚，不序于阳甲，而上继于先君。汉之光武，不嗣于孝成，而上承于元帝。'又曰：'晋惠帝无后，怀帝承统，怀帝自继于世祖，而不继于惠帝。其惠帝当同阳甲、孝成，别出为庙。'又曰：'若兄弟相代，则共是一代，昭穆位同。至其当迁，不可兼毁二庙。'此盖礼之常例也。《荀卿子》曰，'有天下者事七代'，谓从祢已上也。尊者统广，故恩及远祖。若傍容兄弟，上毁祖考，此则天子有不得全事七代之义矣。孝和皇帝有中兴之功，而无后嗣，请同殷之阳甲、汉之成帝，出为别庙，时祭不亏，大祫之辰，合食太祖。奉睿宗神主升祔太庙，上继高宗，则昭穆永贞，献祼长序。"
④ 《金史》卷33《礼志六》"别庙"条，第3册，第796页。

奉诏，去济南而死，世宗可以免。离开济南行至良乡，离中都七十里，随行者防卫稍缓，乌林荅氏自杀。世宗大定二年，追乌林荅氏为昭德皇后。当年，有司援唐典，昭德皇后合立别庙，拟于太庙内垣东北起建，世宗从之。三年十月七日，太庙祫享，升祔睿宗皇帝并昭德皇后，神主同时制造题写，奉诣殿庭，谒毕祔于祖姑钦仁皇后之左，享祀毕，奉主还本庙。后以殿制小，又于太庙之东别建一位。十二年八月，庙成，正殿三间，东西各空半间，以两间为室，从西一间西壁上安置祧室。庙置一便门，与太庙相通。仍以旧殿为册宝殿，祧室奏毁。[①] 二十九年，祔葬兴陵（世宗）。

庄献太子庙。庄献太子，名守忠，宣宗长子也，其母未详。贞祐元年，立为皇太子。二年四月，宣宗命守忠留守中京。七月，宣宗召守忠至汴。三年正月，薨。四月，谥庄献。《金史·宣宗纪中》载，"兴定元年二月，议置庄献太子庙"。文献中唯见此条记载，至于是否建成，并无其他史料可征。

四　功臣配享

功臣配享，指功臣祔祀于帝王宗庙，此礼起源甚古，[②] 历代相沿，成为一项重要制度。从所见文献记载，金代功臣配享初始于海陵王天德初年。

《金史·始祖以下诸子》载，劾孙，景祖乌古乃之子，天会二年薨。"天德初，配享太祖庙廷"。《金史·礼志四》载，天德二年二月，太庙祫享，有司拟上配享功臣，诏以撒改、辞不失、斜也杲、斡鲁。阿思魁忠东向，配太祖位。以粘哥宗翰、翰里不宗望、阇母、娄室、银术可西向，配太宗位。大定三年十月，祫享，又以斜也、斡鲁、撒改、习不失、阿思魁配享太祖，宗望、阇母、宗翰、娄室、银术哥配享太宗。其后，次序屡有更易。明昌五年，以仪同三司代国公欢都、银青光禄大夫冶诃、特进劾者、开府仪同三司盆纳、仪同三司拔达，配享世祖庙庭。明昌五年闰十月丙寅，以仪同三司代国公欢都、银青光禄大夫冶诃、特进劾者、开府仪同三司盆纳、仪同三司拔达，配享世祖庙庭。

金代还有将功臣图像衍庆宫之制。《金史·礼志四》载：世宗大定八年，上命

---

① 《金史》卷33《礼志六》"别庙"条，第3册，第797页。
② 功臣配享祖庙之制滥觞于殷商。《尚书·盘庚上》载："古我先王暨乃祖乃父，胥及逸勤，予敢动用非罚？世选尔劳，予不掩尔善，兹予大享于先王，尔祖其从与享之。"《周礼·夏官·司勋》载："凡有功者，铭书于王之太常，祭于大烝。"郑玄注："生则书于王旌，以识其人与其功也；死则于烝先王祭之。"

图画功臣于太祖庙，有司按祖宗佐命之臣勋绩大小、官资崇卑依次上奏。乃定左庑：开府金源郡王撒改、皇伯太师右副元帅宋王宗望、开府金源郡王斡鲁、皇伯太师梁王宗弼、开府金源郡王娄室、皇叔祖元帅左都监鲁王阇母、开府隋国公阿离合懑、仪同三司衮国公刘彦宗、右丞相齐国简懿公韩企先、特进宗人习失；右庑：太师秦王宗翰、皇叔祖辽王杲、开府金源郡王习不失、开府金源郡王完颜希尹、太傅楚王宗雄、开府前燕京留守金源郡王完颜银术哥、开府金源郡王完颜忠、金源郡王完颜撒离喝、特进宗人斡鲁古、右丞相金源郡王纥石烈志宁。十六年，左庑迁梁王宗弼于斡鲁之上。十八年，黜习失，而次蒲家奴于阿离合懑之下。二十二年，增皇伯太师辽王斜也。撒改、宗干、宗翰、宗望，其下依次排列。

至明昌四年，次序始定。东廊：皇叔祖辽智烈王斜也杲、皇伯太师辽忠烈王宗干斡本、皇伯太师右副元帅宋桓肃王讹鲁补宗望、开府仪同三司金源郡毅武王习不失、开府仪同三司金源郡贞宪王完颜谷神希尹、太傅楚威敏王谋良虎宗雄、开府仪同三司燕京留守金源郡襄武王完颜银术可、开府仪同三司金源郡明毅王完颜忠阿思魁、金源郡庄襄王杲撒离喝、特进宗人斡里古庄翼、特进完颜习失威敬、太师尚书令淄忠烈王徒单克宁、太师尚书令南阳郡文康王张浩。西廊：开府仪同三司金源郡忠毅王撒改、太师秦桓忠王粘罕宗翰、皇伯太师梁忠烈王斡出宗弼、开府仪同三司金源郡刚烈王斡鲁、开府仪同三司金源郡庄义王完颜娄室、皇叔祖元师左都监鲁庄明王阇母、开府仪同三司隋国刚宪公阿离合懑、开府仪同三司豫国襄毅公蒲家奴昱、开府仪同三司衮国英敏公刘彦宗、右丞相齐国简懿公韩企先、太保尚书令广平郡襄简王李石、开府仪同三司右丞相金源郡武定王纥石烈志宁、开府仪同三司左丞相沂国公仆散忠义、仪同三司左丞相崇国公纥石烈良弼、右丞相莘国公石琚、右丞相申国公唐括安礼、开府仪同三司平章政事徒单合喜、参知政事宗叙。每一朝为一列，著为令。①

现将清万斯同撰《金衍庆宫功臣录》附录如下。

大定十五年，世宗思佐命功臣，命图像衍庆宫，凡二十有一人。后又定次等功臣，得欢都以下二十二人：

① 《金史》卷31《礼志四》，第3册，第762～763页。

谙班勃极烈、都元帅、辽越国王斜也

国论忽鲁勃极烈、燕国王撒改

太师、梁宋国王斡本

太保、尚书令、都元帅周宋国王年没喝（粘罕宗翰）

右副元帅、辽燕国王斡离钵（不）

太师、都元帅梁国王兀术（完颜宗弼）

阿买勃极烈、金源郡王习不失

迭勃极烈、西南西北两路都统、郑国王斡鲁

左丞相、侍中、豫王希尹

黄龙府都统、莘王娄室

赠太师、秦汉国王谋良虎

元帅、左都监、吴国王阇母

保大军节度使、同中书门下平章事、蜀国王银珠（术）可

国论乙室勃极烈、隋国王阿离合懑

保大军节度使、同中书门下平章事、金源郡王迪古乃

司空、豫国王蒲家奴

左副元帅兼行台左丞相、应国王撒离喝

侍中、知枢密院事、郓王刘彦宗

咸州路都统斡鲁古

右丞相、濮王韩企先

特进习室（失）

赠开府仪同三司、代国公欢都

金源郡王石土门

徐国公浑黜

阿舍勃极烈追封国王谩都诃

西北路招讨使、济国公蒲查

泰宁节度使、国王斜卯阿里

元帅左监军拔离速

鲁国公蒲察石家奴

银青光禄大夫蒙适

安化军节度使、广平郡王活女

元帅左监军定国公突合速

都统、同中书门下平章事、齐国公婆卢火

东京留守、开府仪同三司、豳国公乌延蒲鲁浑

仪同三司阿鲁补

镇国上将军乌林荅太欲

太师周宋国王乌也

太傅、汉王大杲

平章政事、戴王赤盏晖

金吾卫上将军耶律马五

骠骑卫上将军韩常

左副元帅、行台左丞相阿离补

太庙配享功臣：

欢都、冶诃、劾者、拔达、盆纳

已上配享世祖庙庭

撒改、习不失、斡鲁、斡鲁古、阿离合懑、阇母、银珠（术）可、斜也、蒲家奴、宗雄、宗翰、宗干

已上配享太祖庙庭

娄室、迪古乃、斡离钵（不）、兀术（完颜宗弼）、撒离喝、韩企先

已上配享太宗庙庭

纥石烈志宁、仆散忠义、徒单合喜、纥石烈良弼、张浩、李石、石琚、完颜宗叙、唐括安礼

已上配享世宗庙庭

徒单克宁、完颜襄、仆散端、高汝砺

已上配享宣宗庙庭

张浩、纥石烈志宁、纥石烈良弼、仆散忠义、石琚、徒单克宁

已上六人亦图像衍庆宫[1]

---

① 二十五史刊行委员会：《二十五史补编》第6册，开明书店，1937，第1页。

第二节　祭祀制度

一　禘祫

禘祫，或称祫禘，古代祭先祖的大礼，属"五礼"中之吉礼。自商周以来，宗庙祭祀行"三年一祫，五年一禘"制度。祫，即"合食祖庙"，是集远近祖先的神主于太庙大合祭；禘为"禘序尊卑"，是合高祖父以上的神主祭于太祖庙，高祖以下分祭于本庙，以别父子、远近、长幼、亲疏之序。这一制度被历代因袭下来，不过略有变易。

金海陵王曾令群臣议论祭祖制度，礼官奏称"三年一祫，五年一禘乃上古之制也，禘当取夏四月，祫取冬十月"，海陵王准奏，并诏告天下。其具体仪式为："至是月吉日先一夕，宿于正殿。次日凌晨，令导从人各服五色画衣，执旌幢、斧钺、幡盖、羽扇，自内城至庙夹道，骈肩而立，徐布九节仪从。奏乐及歌者皆乘马，迨御坐衣元缥、服衮冕，执圭，乘玉辂九龙御座至庙。礼毕，易之金辂，服远游冠、绛纱袍，奏乐而回。"[1] 根据以上记载，海陵王时应该已行禘祫之仪。

《金史·礼志三》载，大定十一年，朝廷议禘祫之仪。尚书省奏曰："《礼纬》'三年一祫，五年一禘'。唐开元中，太常议，禘祫之礼皆为殷祭，祫为合食祖庙，禘谓禘序尊卑。……自周以后，并用此礼。自大定九年已行祫礼，若议禘祭，当于祫后十八月孟夏行礼。"世宗遂诏令以"三年冬祫、五年夏禘"为常礼。尚书省还奏曰：海陵时，实行每年二月、十月遣使两享，三年祫享。而按照唐礼，四时各以孟月享于太庙，此外冬季又有腊享，合起来每年五享。若依海陵时只有二、八月两享，"非天子之礼"，应该依照传统礼制，改为每年五享，即按唐礼，于四时的第一个月及岁末祭于太庙。世宗准奏，遂为定制。

二　朝享

古代天子祭祀宗庙之仪，每月朔日祭于宗庙，《礼记·祭法》谓之月祭。金承古制。如，熙宗天眷元年四月壬午，"朝享于天元殿"。[2] 世宗大定六年十月甲申，"朝享于太庙"。十一年十一月丙戌，"朝享于太庙"。[3] 章宗泰和六年正月辛卯，"朝享于衍庆宫"。[4] 朝享

---

① 张棣：《金虏图经》，《三朝北盟会编》，炎兴下帙 144，第 1751～1752 页。
② 《金史》卷 4《熙宗纪》，第 1 册，第 72 页。
③ 《金史》卷 6《世宗纪上》，第 1 册，第 138、150 页。
④ 《金史》卷 12《章宗纪三》，第 1 册，第 273 页。

之所，有太庙，也有原庙。天元殿，天眷二年上京春亭改名天元殿，为原庙，奉安太祖、太宗、徽宗及诸后御容。衍庆宫，则为中都原庙。

历代郊祀、朝享排场至为豪华繁盛。大定十一年，世宗前往郊祀及朝享，右丞石琚上奏礼仪，世宗说："前朝汉人祭天，惟务整肃仪仗，此自奉耳，非敬天也。朕谓祭天在诚，不在仪卫之盛也，其减半用之。"[①]反映了世宗不务豪华、崇尚节俭的作风。

三 时享

帝王于四时祭祀太庙，古代臣民也行时享之礼。海陵王正隆二年二月辛丑，"初定太庙时享牲牢礼仪"。[②]大定十年，世宗问宰臣，古礼杀牛祭祀，后世有没有变更，查一查古书，然后报告。有司上奏："自周以来，下逮唐、宋，祫享无不用牛者。唐《开元礼》时享每室各用太牢一，至天宝六年始减牛数，太庙每享用一犊。宋《政和五礼新仪》时享太庙，亲祀用牛，有司行事则不用。宋开宝二年诏，昊天上帝、皇地祇用犊，余大祀皆以羊豕代之。合二羊五豕足代一犊。今三年一祫乃为亲祠，其礼至重，每室一犊恐难省减。"[③]于是命时享与祭社稷所用牲牢如旧，若皇帝亲自祭祀宗庙则共用一犊，大臣祭祀则不用。

四 荐新

荐新就是每月以时鲜的食品祭献宗庙。

天德二年，海陵王命主管礼仪官员议荐新礼，依照前代礼仪准备时鲜食品，令太常卿承办。经议论，开列祭品如下：

> 正月，鲔，明昌间用牛鱼，无则鲤代。二月，雁。三月，韭，以卵、以萚。四月，荐冰。五月，笋、蒲，羞以含桃。六月，麷肉、小麦仁。七月，尝雏鸡以黍，羞以瓜。八月，羞以芡、以菱、以栗。九月，尝粟与稷，羞以枣、以梨。十月，尝麻与稻，羞以兔。十一月，羞以麢。十二月，羞以鱼。[④]

海陵王准奏从之。

---

① 《金史》卷 42《仪卫志下》，第 3 册，第 950 页。
② 《金史》卷 5《海陵纪》，第 1 册，第 107 页。
③ 《金史》卷 31《礼志四》，第 3 册，第 766 页。
④ 《金史》卷 31《礼志四》，第 3 册，第 761 页。

大定三年，有司言："每岁太庙五享，若复荐新，似涉繁数。拟遇时享之月，以所荐物附于笾豆荐之，以合古者'祭不欲数'之义。"[1] 认为每年太庙五享，再加上每月荐新，似乎过于频繁，建议遇时享的月份，将所荐的食品附于笾和豆（两种礼器，竹制为笾，木制为豆）之中一并祭献，就不必另行荐新之仪了，世宗准奏。

---

① 《金史》卷31《礼志四》，第 3 册，第 761 页。

结　语

　　金朝是以北方女真族为统治民族建立的多民族政权，占据当时大半部中国疆域。金朝从熙宗、海陵王时期开始出现明显汉化趋势。世宗在对待汉化问题上的表现较熙宗、海陵王显得复杂一些，他一再告诫侄子及群臣勿忘女真旧风，同时又注重从经史中汲取有益的经验教训，倡导孝悌忠信的封建道德，接受汉族封建文化影响。章宗期间，"正礼乐，修刑法，定官制，典章文物粲然，成一代治规"。[①]泰和四年（1204）规定，除了原来对三皇、五帝、四王行三年一祭之外，还要祭祀夏太康，殷太甲、太戊、武丁，周成王、康王、宣王，汉高祖、文、景、武、昭、宣、光武、明、章帝，唐高祖、文皇（太宗）等，以把金朝作为中原汉族王朝的继承者。金代殡葬制度和风俗就是在这一大趋势下逐渐形成和发展起来的。

　　金国疆域广阔，由多个民族组成，各地区社会经济文化发展不平衡，在殡葬制度与习俗上也存在差异。由于金源一代处在中国古代史上一个社会变动和民族融合的重要历史时期，不同民族、区域的殡葬观念、制度、礼俗也存在差异，并有所发展和变化。

　　金国地域大体可分东北、内蒙古、燕云及中原三个部分。东北北部和内蒙古东部是女真起源及辽朝契丹活动的中心地带，以女真人为主，其殡葬习俗受女真传统及契丹影响较大。燕云地区居民以汉人为主，辽金期间有大量契丹、女真人迁入，海陵王迁都燕京后，那里又成为金朝中心，其殡葬习俗包含汉、女真和契丹等因素。女真殡葬习俗在保存本民族特点的基础上，出现了汉化趋势。中原地区多为汉人，其殡葬习俗主要承袭北宋，权贵、富家墓葬多仿木砖室，这在晋中南的金代墓葬中表现得较为突出。不过，总的说来，在汉、唐、辽、宋、金时期，金代丧葬制度是较为简易的。

---

　　① 《金史》卷12《章宗纪四》，第1册，第285页。

　　女真和金代殡葬制度、风俗对后世产生了很大影响。如女真早期"死者埋之"，实行土葬。后来受契丹等北方民族及佛教影响，改行火葬，并且蔚然成风。宋元时人凡论及火葬习俗，也多将其同佛教传播及契丹、女真联系在一起。宋张师正《倦游录》说：北宋时，"河东人众而地狭，民家有丧事，虽至亲，悉燔爇取骨烬，寄僧舍，以至积久弃捐乃已，习以为俗"。又说，"惟胡夷礼泊僧尼，许从夷礼而焚柩，齐民则一皆禁之"。[①]朝廷只许少数民族行火葬，限制汉人火葬。火葬作为一种简便、经济、卫生的殡葬方式，在两宋以来得以流行是同契丹、女真的影响分不开的。金代在继承传统丧葬制度，整合汉、女真、契丹等以及保留本民族特色的丧葬礼俗方面，对后世产生了不应忽视的作用和影响。

---

①　江少虞撰《宋朝事实类苑》卷 32，上册，上海古籍出版社，1981，第 413 页。

元　代

导　论

一　时代背景

元朝是继宋、金而起的一个封建王朝。12世纪到13世纪初，北方草原上分布着规模大小不等的许多游牧部落，其中著名的有克烈、乃蛮、塔塔儿、蒙古等，互争雄长。12世纪末，蒙古部首领铁木真英勇善战，才智超群，击败了一个又一个对手，北方草原都归于他统治之下。1206年，铁木真建立大蒙古国，号成吉思汗。1211年，大蒙古国对金用兵，接连大败金军，金朝被迫求和，并将都城由中都（今北京）迁往汴京（今河南开封）。1219年起，成吉思汗发动西征，占领中亚广大地区。1227年，蒙古灭西夏，成吉思汗死于军中。

成吉思汗第三子窝阔台继承汗位。他在位期间（1229～1241），蒙古国灭金，统治了北方广大农业区，并开始了对南宋的战争。另一方面，发动第二次西征，攻占斡罗思（今俄罗斯）广大土地，侵入欧洲东部孛烈儿（今波兰）、马札儿（今匈牙利）等地，使欧洲为之震动。窝阔台次子阔端分封于西夏故地，占有河西走廊，与吐蕃地区（藏族居地）邻接。吐蕃流行藏传佛教，有多种教派，政教合一，呈封建割据状态。1246年，藏传佛教萨迦派领袖萨班到凉州（今甘肃武威），与阔端达成协议，在他号召下吐蕃地区归附蒙古。

在窝阔台以后继位的是窝阔台之子贵由，他在位时间很短（1246～1248），即位后很快便因病死去。成吉思汗正妻孛儿帖有四子，即术赤、察合台、窝阔台和拖雷。窝阔台继承大汗之位，其余三子各有分地和属部。贵由汗去世后，窝阔台后人中没有出色的人物可以服众，拖雷的后人趁机崛起。按照传统，大汗必须经过忽里台（贵族将领大会）选举产生。拖雷的长子蒙哥利用忽里台，使自己成为大汗（1260）。蒙哥上台后，命自己的兄弟忽必烈管理"汉地"（原金朝统治的农业区），另一个兄弟旭烈兀出征波斯。忽必烈在1253年攻占大理国都城（今云南大理），班师北归，在金莲川（今内蒙古正蓝旗境内）建立一座新城，定名开平，作为经营"汉地"的基地。1257年，蒙哥率大军进攻南宋。1257年，在四川钓鱼山战死。忽必烈在开平召开忽里台，登上汗位。幼弟阿里不哥则在漠北召集忽里台，自行称汗。双方展开了长达数年的激烈的斗争，以忽必烈胜利告终。忽必烈改国号为大元，先后以中统、至元为年号。他在原金中都城东北建新城，取名大都，作为都城。不久，忽必烈对南宋用兵。元至元十六年（1279），南宋灭亡，元朝实现了全国的统一。元朝的疆土，"北逾阴山，西极流沙，东尽辽左，南极海表"。[①] 其面积之广，在中国历史上是空前的。忽必烈死于至元三十一年（1294），庙号世祖。他以后相继嗣位的有成宗铁穆耳、武宗海山、仁宗爱育黎拔力八达、英宗硕德八剌、泰定帝也孙铁木儿、天顺帝阿速吉八、文宗图帖睦尔、明宗和世㻋、宁宗懿璘质班和顺帝妥懽帖睦尔。日益频繁的自然灾害，不断加剧的阶级矛盾和民族矛盾，从根本上动摇了元朝的统治。顺帝至正十一年（1351），爆发了全国规模的武装起义。至正二十八年（1368），朱元璋在南京建立明朝。同年八月，明军攻入大都，元亡。

元朝统一以后，在中央设立中书省、枢密院分管政务和军务，又设立御史台负责监察。在地方设立行省，行省下分设路、府、州、县。都城大都周围地区（大致包括今河北、山西、山东和内蒙古部分地区）称为腹里，不设行省，由中书省直接管辖。吐蕃地区（藏族居地）设置三道宣慰司都元帅府，在中央则设宣政院，兼管佛教事务和吐蕃事务。元朝的统一和行省制的确立，对中国历史的发展产生了重大的影响。但是，由于统一以前长期的分治，南北之间经济、文化以及社会习俗都有明显的差别，这在统一以后仍然表现了出来。

统一以后的元朝是一个多民族的国家，主要有汉、蒙古、回回、畏兀儿、党项、契丹、女真等。元朝推行四等人制，将全国居民分为蒙古、色目、汉人、南人四等，色目包括西北边疆各族和来自域外的族群，汉人包括北方农业区的汉族和契丹、女真等族，南人则指原南宋统治区的汉人和其他族。四等人制旨在制造各族之间的隔阂和

---

① 《元史》卷58《地理志一》，中华书局，1976，第1345页。

矛盾，便于统治。元朝还一再重申，各族"各从本俗"，[1] 就是保留原有的风俗习惯，不要受其他民族的影响。实际上，这是防止其他各族接受汉族的文化。尽管如此，随着各族之间相互杂居、经济文化联系不断增多，风俗习惯的相互影响必然加深。就殡葬而言，元朝中期起，蒙古人、畏兀儿人、党项人等接受汉族传统的丧葬方式的情况，已相当普遍。

在元代，存在多种宗教，主要有佛教、道教、伊斯兰教、基督教等。元朝允许各种宗教开展活动，给予保护。皇室尊崇佛教，特别是藏传佛教。藏传佛教的萨迦派领袖被尊为帝师，声势显赫。其次是道教、伊斯兰教和基督教。各种宗教在不同族群中有程度不等的影响。在殡葬方面，各种宗教的影响是很突出的。

二　元代的死亡观和殡葬观念

元代社会流行两种死亡观。一种是儒家主张的，认为生死是一个自然的过程："惟死与生，犹昼之夜。能知其故，斯为达者。"[2] "生死之在人，万世更相送，犹夜之必旦，寒之必暑。"[3] 元代大儒许衡说："人生天地间，生死常有之理，岂能逃得？却要寻个不死，宁有是理！""祸福荣辱，死生贵贱，如寒暑昼夜相代之理。若以私意小智，妄为迎避，大不可也。"[4] 死生交替，犹如白天和黑夜、寒冬和酷暑，是一种自然规律。面对死亡，重要的是奉行孝道。成书于汉代的《孝经》，集中表现了儒家的孝道观。《孝经》的最后是"丧亲章第十八"，全文是："子曰：孝子之丧亲也，哭不偯礼无容，言不文，服美不安，闻乐不乐，食旨不甘，此哀戚之情也。三日而食，教民无以死伤生，毁不灭性，此圣人之政也。丧不过三年，示民有终也。为之棺椁，衣衾而举之。陈其簠簋而哀戚之，擗踊哭泣哀以送之，卜其宅兆而安措之，为之宗庙以鬼享之，春秋祭祀以时思之。生事爱敬，死事哀戚，生民之本尽矣，死生之义备矣，孝子之事亲终矣。"父母死时要哀戚，守丧三年，制作棺椁，选择坟地埋葬，春秋举行祭祀，便是孝道的表现。这就是儒家关于丧葬的基本观点。元朝著名学者苏天爵说："余闻昔之君子于其亲也，生则致其养焉，殁则卜其宅兆而严事之，盖孝子慈孙所以

① 《元典章》卷30《礼部三·礼制三·丧礼·禁治居丧饮宴》，陈高华、张帆、刘晓、党宝海点校，中华书局、天津古籍出版社，2011，第1064页。
② 苏天爵：《百夫长贾君寿堂铭》，《滋溪文稿》卷21，陈高华、孟繁清点校，中华书局，1997，第354页。
③ 元好问：《尚药吴辨夫寿冢记》，《元好问全集》卷34，山西人民出版社，1990，第784页。
④ 《语录》，《鲁斋遗书》卷1，明万历刻本，《北图古籍珍本丛刊》，书目文献出版社，第91册，第287页。

厚于其先者也。"① 还有人说:"夫孝者,百行之首,而为人子立道。其生事也,冬温夏清,昏定晨省。其死葬也,棺椁衣衾,而尽其哀戚。其祭祀也,四时诚敬。《语》曰:'生事之以礼。'"② 实际上是把上述《孝经》关于丧葬的要求做了简要的说明。

与儒家死亡观同时存在的,是佛教、道教的死亡观。简单地说,就是天堂地狱、轮回报应。儒士史伯璇说:"佛氏却又设为天堂地狱之说,以愚弄世人而胁劫之,笼取其财,以蓄其徒而久其教,谓死者必入地狱,受剉烧舂磨之苦。子孙须与供佛饭僧献食于十王,然后得生天堂,受诸快乐,不为者永劫沉沦,终无出狱生天之期。"③ 另一位儒生吴师道说:"释、老氏之教震动四海。其言死生轮回、入地狱受诸苦状,尤能慑怖愚俗,从之者如水趋下,非一日矣。男子刚明者间不惑,至于妇人女子,阴阉荏弱,其误而溺焉,毋怪也。"④ 轮回报应之说对一般民众影响很大,对妇女影响更大。"生而生,死而死,善而得赏,不善而得罚,人之常理也。浮图之说则曰:吾之道可以度生死,消罪恶,增福而延命。若此者,彼知之而我亦知之乎?惟其不可能,故惮而服焉;不可知,故异而希焉。呜呼,此天下之人所以风从景附,辍其所有,争趋而竞赴也。"⑤ 按照佛、道的理论,为死者也为生者祈福,必须在丧葬时举行各种宗教仪式。因此,"杭故俗,家有丧,用浮屠、老氏之法,建坛场,设斋祠,歌呗作乐,越月逾时。"⑥ 杭州如此,其他很多地方也是如此。两种生死观,后一种"从之者如水趋下",实际上占有优势。史伯璇批判天堂地狱之无稽,最后感叹道:"奈何风俗之好妄,而必为其事也。"贝琼批判轮回之说道:"彼谓死者得以复生,恶有已熄之火而复燃,已仆之木而复起乎!"但他不得不承认:"然其言之行于世也已久,而病之蛊于人也已深,使中国胥沦于戎狄。使圣人出而治之,亦未能回其陷溺之心,况区区举吾儒教以与之争,必不胜矣。"⑦ 也就是说,就社会影响而言,儒学的自然生死观不敌佛、道的轮回说。

随着佛、道二教轮回说对丧葬的影响不断扩大,在丧葬过程中许多人自动或被动地采用佛教或道教的仪式。所以,有人感叹说:"丧礼坏于异端,庞杂不经久矣。"⑧ 有

① 苏天爵:《金乡刘氏阡表》,《滋溪文稿》卷21,第354页
② 刘明道:《脱脱木儿先茔之记》,《(民国)昌乐县续志》卷17,引自《全元文》,凤凰出版社,2004,第58册,第134页。
③ 史伯璇:《上宪司陈言时事书》,《青华集》卷2,引自《全元文》第46册,第425页。
④ 吴师道:《汪氏宜人不用缡黄颂》,《吴师道集》卷11,邱居里、邢新欣校点,吉林文史出版社,2008,第226页。
⑤ 刘敏中:《大圣院记》,《刘敏中集》卷3,邓瑞全、谢辉校点,吉林文史出版社,2008,第27页。
⑥ 柳贯:《卢氏母碣铭》,《柳贯集》卷11,柳遵杰点校,浙江古籍出版社,2004,第11页。
⑦ 《复古堂记》,《贝琼集》卷30,李鸣校点,吉林文史出版社,2010。
⑧ 吴师道:《国学策问四十道》,《吴师道集》卷19,第401页。

些儒生临终以前要郑重其事地交代家人不许用佛、道之法，如被称为大儒的浦江（今浙江浦江）人吴莱，"遗命治丧不用浮屠法"。[①]另一位大儒萧㪺"治丧不用佛、老，棺椁衣食悉遵礼制"。[②]他们的举动固然为一些正统儒生赞扬，但也往往遭到人们讥笑。理学家陈栎说，曾祖遗命丧葬"毋作佛事"，因此世代奉行。"吾家三世不幸皆贫，流俗不过曰：'是贫甚不能为，故立异耳。'嗟乎！安得家肥屋润，更酌古礼行之，以一洗流俗之言哉。又尝闻士友之言曰：'平昔非不知佛事不足为古礼所当用，一旦不幸至于大故，则族姻交以不孝责，我虽欲不为不可得已。'嗟乎！'佛入中原祭礼荒，胡僧奏乐孤子忙。'后村刘公叹之久矣。孝也者，其作佛事之谓与！流俗之所谓不孝也，乃我之所谓孝也。流俗之所谓孝也，乃我之所谓不孝也。儿辈听之，不守家法，非吾子孙。"[③]"后村刘公"即南宋著名学者、诗人刘克庄。可见，当时社会舆论大多以丧葬时是否举办宗教仪式作为衡量"孝"或"不孝"的标志。像陈栎一样坚持不用宗教仪式的行为，在人们眼中是家贫无力为之，所以标新立异，被认为是"不孝"的表现。两种生死观都与孝道观联系在一起。

忽必烈称帝后，积极推行"汉法"，接受儒家的学说，不少汉文经典被译成蒙文。统治者逐渐认识到"孝道"对于维护统治的作用，努力加以提倡。大德十一年（1307）八月，"中书左丞孛罗帖木儿以国字译《孝经》进。诏曰：'此乃孔子之微言，自王公达于庶民，皆当由是而行。其命中书省刻版模印，诸王而下皆赐之。'"[④]传世的汉蒙（回鹘体蒙文）合璧的《孝经》残本应即此时刻印的。[⑤]紧接着，至大元年（1308）畏兀儿人、两淮万户府达鲁花赤小云石海涯作《孝经直解》，用当时通行的硬译体文字解读《孝经》，正式印行。[⑥]所谓硬译体是元代一种特殊的文体，其语汇采自汉语口语，而语法却是蒙古式的，便于汉语水平较低的蒙古人和色目人理解，在当时很流行。[⑦]《孝经直解》"丧亲章第十八"的蒙语硬译体注文（将《孝经》用硬译体写出来）如下：

这一章说父母没了时的勾当。孔子说：孝子没了父母时分，啼哭呵，无做

---

① 宋濂：《渊颖先生碑》，《宋文宪公全集》卷41，《四部备要》本，第2页上。

② 苏天爵：《萧贞敏公墓志铭》，《滋溪文稿》卷8，第117页。

③ 《本房先世事略》，《陈定宇先生集》卷15，《元人文集珍本丛刊》影印康熙刻本，第7页下～第8页下。

④ 《元史》卷22《武宗纪一》，第486页。

⑤ 此书残本藏故宫博物院图书馆，参见曹莉《元刻本〈蒙汉合璧孝经〉》，《中国文物报》2015年6月2日。

⑥ 〔日〕太田辰夫、佐藤靖彦编《元版孝经直解》，汲古书院，1996，第15～17页。

⑦ 亦邻真：《元代硬译公牍文体》，《亦邻真蒙古学文集》，内蒙古人民出版社，2001，第583～605页。

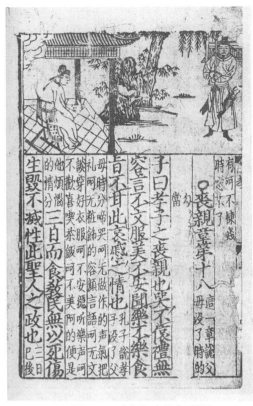

图0-1　《孝经直解》书影

作的声气；把礼呵，无妆饰的容颜；言语呵，无文谈。穿好衣服呵，不安稳；听乐声呵，不欢喜；吃茶饭呵，不美。阿的便是他烦恼的情分。三日已后，索要吃些茶饭，教他休要因死的伤了活的；癃痛心休教抵死过当着。这的是圣人教人行孝的法度。则教持三年孝服，教百姓知丧尽的时节，安排棺椁和就里的衣服，覆盖着好者。摆列祭器祭奠呵，好生痛烦恼着。儿孩儿、女孩儿行者，哭者，送出去者。拣着好地面里安葬着。家里安排着家庙，似鬼神的礼一般祭奠者。春里秋里祭奠不缺了。时时间心中思量着。父母在生时，孝顺侍奉着；死了的时，癃痛安葬祭奠者。这般为人报答父母的心了毕也。

《孝经》蒙文本和《孝经直解》的相继问世，说明在蒙古、色目人中，孝道的观念也逐渐传播开来。元朝统治者和前代一样，也标榜"以孝治天下"，推行丁忧制度，表彰孝行。例如，燕（今北京）人刘成，"君年二十丧其父，事其祖父母克尽孝养，祖父母卒，奉其母氏益恭，于是孝行闻京师。故翰林承旨刘公赓……熟君之行，登名于朝。朝议是之，礼部符下，表其门曰'孝行'云。延祐五年正月也"。[1]在此影响下，在蒙古、色目人中间，也有不少接受儒家的丧葬观念，奉行守制等礼节，下面将会提及。

三　元朝的殡葬法令

受儒家学说的影响，中原封建王朝历来重视丧葬，就此颁布各种法令。唐朝有专门的《殡葬令》。宋朝颁发过许多有关丧葬的法令，对皇室以及各阶层的丧葬制度都

---

① 苏天爵：《有元旌表孝行刘君墓碣铭》，《滋溪文稿》卷19，第308页。

做出了具体的规定。① 相对来说，元朝统治者原来对于中原传统的丧葬制度并无多大兴趣，在汉族官员和接受中原文化熏陶的其他民族官员推动下，逐渐注意丧葬问题，陆续颁布了一些有关丧葬的法令，但始终没有完整系统的丧葬法令。有关法令主要是：

（1）丧葬各依本俗。延祐元年（1314），监察御史王某建议：江南殡葬时饮酒作乐，应加取缔，"今后除蒙古、色目合从本俗，其余人等居丧送殡，不得饮宴动乐"。礼部、刑部审议："除蒙古、色目宜从本俗，余并禁止。"中书省"咨请依上施行"。②延祐二年，监察御史刘某提出，江淮习俗"丧服有戴布幞头、布袍为礼者"，建议禁止。礼部审议认为："方今丧服未有定制，除蒙古、色目人各从本俗，其余依乡俗，以麻布为之。"③ 有一件关于畏兀儿葬礼的文书说："这汉儿田地里底众畏吾儿每，丧事体例有呵，自己体例落后了，随着汉儿体例，又丧事多宰杀做来底勾当每，皇帝说：'帖薛、不速蛮也丧事里，依各自体例行有。从今已后，这汉儿田地里底众畏吾儿每丧事里，只依在先自己体例行者。汉儿体例休随者，休宰杀者。从今已后，不拣那里畏吾儿丧事里，自己畏吾儿体例落后了，汉儿体例随呵，宰杀呵，那畏吾儿底家缘一半断了者。'"④ 这件文书时间不明。大意是说，住在汉地的畏吾儿人办丧事，不用自己的体例，却随汉人的体例，而且多杀牲畜。帖薛（基督教徒——引者）、不速蛮（应是木速蛮，伊斯兰教徒——引者）都按自己的体例办丧事，以后不管哪里的畏吾儿人只能按本族体例办丧事，不要随同汉人的体例，不要多宰杀，否则没收一半家财。

（2）丧葬严格按等级办事。坟地面积，按官员等级有不同的标准。出殡时的仪从，亦依品职。至元二十一年（1284），陕西汉中道按察司提出，送殡和求婚之家使用祗候人等掌打仪仗等物，"权势之家，官为差拨；士庶之户，用钱雇请"，有违国家置备仪从之礼，建议禁断。礼部审查建议："若品官遇有婚丧，止依品职，合得仪从送迎。外，禁断无官百姓人等，不得僭越，似为中礼。"中书省同意施行。⑤

（3）官府收埋暴露骸骨。中统元年（1260）五月，中书省奏准宣抚司条款内一件："据各路见暴露骸骨，仰所在官司依礼埋瘗，奠祭追荐，做好事。"⑥ 以后陆续对此有具体规定。"暴露骸骨"指无人收埋的尸体。

---

① 《宋史》卷122～125《礼志二十五·凶礼一》～《礼志二十八·凶礼四》，中华书局，1977，第2847～2936页。
② 《元典章》卷30《礼部三·礼制三·丧礼·禁治居丧饮宴》，第1064页。
③ 《元典章》卷30《礼部三·礼制三·丧礼·丧服各从本俗》，第1065页。
④ 《元典章》卷30《礼部三·礼制三·丧礼·畏吾儿丧事体例》，第1061页
⑤ 《元典章》卷30《礼部三·礼制三·丧礼·禁送殡迎婚仪从》，第1063页。
⑥ 《元典章》卷30《礼部三·礼制三·葬礼·收埋暴露骸骨》，第1066页。

（4）取缔厚葬。至元七年（1270）十一月，针对"民间丧葬，多有无益破费"的现象，经忽必烈批准，中书省下令禁止纸房子等物。[①]世祖末年，赵天麟上《太平金镜策》，其中说："至元年间都堂议得：民间丧葬纸房金银人马并彩帛、衣服、帐幕等物，钦依圣旨事意，截日尽行禁断。"赵天麟认为："此皆先帝慎俭德以怀永图，推其余以化下民也。"[②]可知这一规定确曾实施。延祐元年（1314），御史台报告，江南等处殡葬时"忘哀作乐，张宴群饮"，应加禁止。礼部、刑部审议："除蒙古、色目宜从本俗，余并禁止，敢有违犯，治罪相应。"中书省同意施行。[③]至大元年（1308），中书省再次申明至元七年的规定："除纸钱外，据纸糊房子、金银、人马、彩帛、衣服、帐幕等物，钦依圣旨事意，截日尽行禁断。"[④]

（5）禁止火葬。至元十五年（1278），北京路官员报告，当地居民父母身死，实行火葬。"实灭人伦，有乖葬礼。"建议禁止。礼部审议认为："四方之人，风俗不一，若便一体禁约，似有未尽。……除从军应役并远方客旅、诸色目人许从本俗，不须禁约外，据土著汉人，拟合禁止。"中书省"准呈，仰遍行合属，依上施行"。[⑤]这条禁令主要是针对"土著汉人"的。"从军应役并远方客旅"的汉人因死在他乡，遗体运输不便，故允许火葬。

（6）实行三年守制。父母去世，守制三年，是中原传统的制度。元朝很长时间没有实行。大德八年（1304）发布诏书："三年之丧，古今通制（三年实二十七个月）。今后除应当怯薛人员、征戍军官外，其余官吏父母丧亡，丁忧终制，方许叙仕。夺情起复，不拘此例。"[⑥]此后多次重申。

（7）严禁劫墓和买卖坟茔并树木。至元十四年（1277），兵、刑部对劫墓罪提出处理意见："若有劫墓贼徒，已发坟冢者比同切盗，开棺椁者同强盗，残毁尸首者同伤人。"经中书省批准颁行。[⑦]元朝制度，对窃盗（盗窃）、强盗（抢劫）按情节轻重处以不同刑罚，抢劫伤人者判死刑。[⑧]打开棺椁者同强盗，损害尸体者同伤人，也

---

①　《元典章》卷 30《礼部三·礼制三·丧礼·禁丧葬纸房子》，第 1061～1062 页。

②　《太平金镜策·树八事以丰天下之食货禁奢侈》，《元代奏议集录》（上），陈得芝辑点，浙江古籍出版社，1998，第 319 页。

③　《元典章》卷 30《礼部三·礼制三·丧礼·禁治居丧饮宴》，第 1064 页。

④　《元典章》卷 30《礼部三·礼制三·丧礼·禁约厚葬》，第 1068 页。

⑤　《元典章》卷 30《礼部三·礼制三·丧礼·禁约焚尸》，第 1062 页。

⑥　《元典章》卷 11《吏部五·职制二·丁忧·官吏丁忧终制叙仕》，第 392 页。

⑦　《元典章》卷 51《刑部十三·诸盗三·失盗·捕劫墓比强窃盗责罚》，第 1731 页。

⑧　《元典章》卷 49《刑部十一·诸盗一·强窃盗·强窃盗贼通例》，第 1625～1626 页。

要判死刑。"诸发冢得财不伤尸，杖一百七，刺配。"[①] 仅比死刑减一等。对于盗发诸王驸马坟寝的判刑更重："盗发诸王驸马坟寝者，不分首从，皆处死。看守禁地人杖一百七，三分家产一分没官，同看守人杖六十七。"[②] 皇庆二年（1313）三月圣旨："百姓每的子孙每，将祖上的坟茔并树木卖与人的也有，更掘了骨殖，将坟茔卖与人的也有。今后卖的、买的并牙人每根底要罪过，行文书禁断者。"[③]

　　以上法令涉及的问题，有的实行后起到一定作用，如丁忧制；有的实际不起作用，如火葬。在下面有关章节中将分别加以论述。

---

①　《元史》卷104《刑法志三·盗贼》，第2659页。
②　《元史》卷104《刑法志三·盗贼》，第2659页。
③　《通制条格校注》卷16《田令·坟茔树株》，方龄贵校注，中华书局，2001，第482页。

第一章
丧葬程序

第一节　汉人的殡葬

儒家讲究"死敛葬祭，莫不有礼"。[①] 早在春秋战国时期，丧礼已基本具备，有了一整套仪式，后代儒家不断加以强化。成书于汉代的《孝经》，最后一章是"丧亲章"，对丧葬时的行为加以规范。"治天下者莫大于礼，所以辨上下定民志也。冠、昏、丧、祭，民用尤切，前代皆有成式。"[②] 丧礼是孝道的主要表现，尤其受到重视："礼之行由于俗之厚，俗之厚由于丧之重也。……丧祭之重，民俗之厚也。民俗厚而后冠、昏之礼可行矣。"[③]

宋代理学兴盛，理学家程氏兄弟和朱熹都对丧礼有所论述。元代儒生特别奉行朱熹的《家礼》："事亲生能尽孝，既死，其葬祭之凡悉依朱子《家礼》。"[④]《家礼》把丧葬分为 21 个程序，这是根据长期以来形成的传统总结出来的，有很大的影响。能够按朱子《家礼》办丧葬的都会受到赞誉。河南焦作靳德茂病故，"小敛、大敛，皆遵古制"。[⑤] 元代丧葬嫁娶时推行的"古制"，实际上都指朱熹的《家礼》。但其程序过于烦琐，只有少数家庭才能严格执行。现实生活中大多数家庭（包括多数儒生）在举办丧葬时都不同程度地加以简化，而且往往添加一些佛教、道教的因素。

---

① 《元典章》卷 30《礼部三·礼制三·丧礼·禁治居丧饮宴》，第 1064 页。
② 吴师道：《国学策问四十道》，《吴师道集》卷 19，第 401 页。
③ 牟楷：《内外服制通释序》，《（民国）台州府志》卷 65，转引自《全元文》第 10 卷，第 168 页。
④ 宋濂：《雷府君墓志铭》，《宋文宪公全集》卷 5，第 10 页上。
⑤ 《焦作中站区元代靳德茂墓道出土陶俑》，《中原文物》2008 年第 1 期。

元代汉族家庭的丧葬程序，大体上可以分为三个阶段。

第一阶段，遗体入殓，接受亲友的吊唁。殓（敛）指给死者沐浴后穿着入棺。小敛是为尸体穿衣，大敛是把尸体放入棺中，都要举行一定的仪式。尸体穿衣大有讲究。富贵人家穿多层衣服。山东邹县李裕庵墓夫妻合葬一棺。男尸头戴深褐色素绸夹风帽，上身穿六层长袍，下身穿裤。女尸上衣五层，下身裙三条，裙内裤两条。[①]但多数家庭办丧事没有这样复杂。如海宁贾椿尸体（未腐）用麻布片及棉布片裹身，五六层，层层用麻布条紧扎。[②]至于一些贫困家庭，那就更简单了。

早在殷商时期已有死者口中含饭或玉、贝的习俗。朱子《家礼》中说尸体沐浴后"饭含之"。从考古发掘来看，苏州张士诚父母墓，女尸口含白玉一片。[③]邹县李裕庵墓男性口内含有用银片加工的素面钱四枚。无锡元代钱裕夫妻合葬墓中女尸尚未腐朽，口中含有水银。元上都城址东南砧子山西区墓葬 M70 有两具木棺，西侧木棺的死者口中含有钱币。[④]这些可能都和"含饭"风俗有关。安阳胡景先，隐居不仕。"里有丧，其子弱，家无所有。为具衣被、棺木、饭含以敛藏之。"[⑤]可知"饭含"是葬敛时不可缺少的内容。但这一记载没有说明具体为何物。

办理丧事的家庭，要请阴阳人，出殃榜，贴在门上。殃榜上写明死者姓名、去世时间、年龄以及出殡日期。[⑥]同时在家中设置灵堂，接受亲友的吊唁。参与丧事者都要易服。"凡吊谓吊生者，哭谓哭死者。与死者、生者皆相识，则既吊且哭。识死者不识生者，则哭而不吊，主人拜则答。不识死者则吊而不哭。"所谓"生者"指死者的亲属，"吊生者"是说向死者的亲属表示慰问。如果只认识死者不认识他的亲属，只需要在死者灵前哭泣致哀，不用向亲属表示慰问。如果只认识死者亲属不认识死者，那么只向亲属慰问即可，不必到灵前哭泣致哀。"凡吊服用素幞头（用白绢或布为之），白布襕衫角带（有服亲则称带）。或未能具，或势不得为，且用常服去饰。""凡往哭，皆衣吊服。死者是敌者以上则拜，是少者则不拜，皆举哭尽哀。"[⑦]"敌

①　山东邹县文物保管所：《邹县元代李裕庵墓清理简报》，《文物》1978 年第 4 期。

②　海宁县博物馆：《浙江海宁元代贾椿墓》，《文物》1982 年第 2 期。

③　苏州市文管会、苏州博物馆：《苏州张士诚母曹氏墓清理简报》，《考古》1965 年第 6 期。

④　内蒙古文物考古研究所、吉林大学考古学系：《元上都城址东南砧子山西区墓葬发掘简报》，《文物》2001 年第 9 期。

⑤　王沂：《胡公行状》，《伊滨集》卷 24，《文渊阁四库全书》本，第 8 页下。按，马祖常《胡魏公神道碑》作："公为具饭含、衣被、棺木以敛藏之。"（《石田文集》卷 12，明刊本，第 8 页上）

⑥　《朴通事》，这是高丽王氏王朝流行的一种汉语教科书，记述元朝主要是大都的社会生活。通行的是《奎章阁丛书》的《朴通事谚解》。此处引自《近代汉语语法资料汇编·元代明代卷》，商务印书馆，1995，第 336 页。

⑦　《事林广记》（至顺本）前集卷 10《家礼类·居丧杂仪》，中华书局，1963，第 299～306 页。

者"指身分、辈分相当。"吊者皆哭尽哀，俟殓毕乃退。"①

归结起来，吊唁之礼一是要穿特定的吊服，二是要根据吊唁者与死者及其亲属的关系采取不同的礼仪。在上流社会和文人中，吊唁时常有祭文之作。祭文可以是个人的，也可以是几个人合作的。祭文有一定的格式，开头是吊唁的时间，其次是吊唁者的姓名、职务及与死者的关系（亲戚、同门、僚属、友人），"致祭"的死者姓名、职务，然后颂扬死者的品德、事业，回顾吊唁者与死者的友谊。祭文一般以"尚飨"结束，"尚飨"是希望死者来享受祭品之意。

吊唁者一般都备有祭品，有的还有赙仪。"赙"是用财物助丧事之意。祭品通常是酒和水果、食物之类，赙仪一般是钱钞。有些贫困的家庭，往往依靠赙仪来举办丧事。元初北方理学家砚坚，曾任国子司业，死时"家徒四壁立，非士友赙之，几不能丧"。②礼部员外郎任格，"卒之日，家无余赀，椸无新衣，吊者莫不悲之。中书宥密而下，各赙钞若干贯，始克买棺椁治其丧"。③

江淮以北民间每遇丧葬时，邻里互相帮助，使治丧之家能渡过难关。元代著名学者吴澄说："余游北方，见其丧者一家号恸，百务俱废，炊不举火，邻里为粥为饭以饮食丧家之人，并及远地来吊之客。初死，各持衣衾来襚，遂敛。既敛，各持钱财来赙，遂葬。故虽甚贫之家遭死丧之祸，无营办应接之窘，无侜偟缺乏之虞。死者易得以全其终，生者亦待以专其哀。此中州之微俗也。"④可见北方民间丧葬时邻里有互助之风。但也有一些地方为赙礼发生争执。山西晋宁路（治今山西临汾）的一件文书说，山西民间在殡葬时"无论亲疏，皆验赙礼多寡，支破布帛。少不如意，临丧争竞"。路总管府的意见是，丧事应力求节俭，"亲者依轻重破服，疏者但助送死之资"。⑤"送死之资"即赙礼。民间习俗，丧事要送赙礼，而举丧之家按赙礼多少给予布帛，作丧服用。总管府认为，丧事之家可对关系亲近者支给布帛，关系疏远的不必支给布帛。

第二阶段，出殡。殡是棺木临时性的安置，常见的是人死后殡于佛寺。畏兀人亦辇真死于辽阳，"殡于京城南佛舍"。⑥另一位畏兀人国子司业野先，延祐六年六月卒，

① 黄溍：《项可立墓志铭》，《金华先生文集》卷34，《四部丛刊》本，第3页上。
② 苏天爵：《砚公墓碑》，《滋溪文稿》卷7，第108页。
③ 苏天爵：《任君墓志铭》，《滋溪文稿》卷13，第203页。"中书宥密"指中书省长官，礼部是中书省下属的机构。
④ 吴澄：《为赵法曹求赙序》，《吴文正公集》卷19，《元人文集珍本丛刊》影印明成化刊本，台北：新文丰出版公司，1985，第12页上~下。
⑤ 《大德典章》，《永乐大典》卷7385，中华书局，1986，第11页上。
⑥ 黄溍：《辽阳行省左丞亦辇真公神道碑》，《金华先生文集》卷24，第18页上。

"以先茔地隘，权殡都城西佛寺"。① 也有殡于家中或附近之地的。吴澄的次子吴裳死于至大己酉（1309），"殡于后园"。②

"闻之《仪礼》，古者士三日而殡，三月而葬，葬而三虞，遂卒哭。"③ 事实上，大多数丧事由殓到殡，时间不长，一般为数日。大都（今北京）居民家中有丧："买到棺木，不令入丧家，止于门檐下，候一、二日即舁尸出，就檐下入棺。抬上丧车即孝子扶辕，亲戚友人挽送而出，至门外某寺中。孝子家眷止就寺中少坐，一从丧夫烧毁。寺中亲戚饮酒食肉，尽礼而去。"④ 这应是普通平民家庭的丧葬，比较简单。棺木甚至"不入丧家"，这是有违《家礼》的。监察御史王恽纠举大都工匠赵春奴不孝时说，其母在五月十九日身死，赵春奴迟迟不来，"停至午转，才方前来，已是带酒，并不举哀，遂将灵车用驴驾拽，便行出送。……只于当晚焚烧了当"。⑤ 则是死后第二天就出殡。监察御史席郁，死在大都任上，"卒后五日，其妻元城县君薛氏，奉柩殡京城南"。⑥ 杂剧《铁拐李》中，郑州孔目岳寿死后，其妻李氏说："孔目身亡了，一壁厢破木造棺，停丧七日，高原选地，筑造坟墓，好好的埋葬他。"⑦ 由以上记载来看，停丧日期似不固定。

棺木大多放在车上，送到殡地，载棺木的车即丧车。诗人胡助长期在大都生活，他在《京华杂兴诗》中写道："都城百万家，丧车日喧阗。"⑧ 大都人口稠密，每天都有丧车来往喧闹。丧车又称为灵车，如上述赵春奴即"将灵车用驴驾拽"。杂剧《死生交范张鸡黍》中装有张劭棺木的是"灵车"、"舆车"。⑨ 杂剧《崔府君断冤家债主》中，张善友因两个儿子先后死去，叹道："我死后谁浇茶谁奠酒谁啼哭？谁安灵位谁斋七，谁驾灵车谁挂服，只几个忤作行送出城门去，又无那花棺彩舆，多管是席卷椽舁。"⑩ 可见"灵车"是通行的称呼。文中"忤作行"应是仵作行，即以送丧为业者。因为没有亲人，灵车只能由仵作送行。《朴通事》关于丧事的记载也提到"仵作家"为送殡

① 苏天爵：《卫吾公神道碑铭》，《滋溪文稿》卷15，第239页。
② 吴澄：《故次男吴裳墓铭》，《吴文正公集》卷38，第22页下。
③ 陈栎：《先考本祭文》，《定宇先生文集》卷14，《元人文集珍本丛刊》影印清陈嘉基刻本，台北：新文丰出版公司，1985，第10页上。
④ 北京图书馆善本组辑《朴津志辑佚·风俗》，北京古籍出版社，1983，第209~210页。
⑤ 《弹赵春奴不孝事》，《秋涧先生大全集》卷88，《元人文集珍本丛刊》影印明刊修补本，台北：新文丰出版公司，1985，第1页上。
⑥ 柳贯：《席公墓志铭》，《柳贯集》卷10，魏崇武、钟彦飞点校，浙江古籍出版社，2014，第265页。
⑦ 岳伯川作《铁拐李》，《元曲选》，中华书局，1958，第502页。
⑧ 《纯白斋类稿》卷2，《丛书集成》本，第12页。
⑨ 宫大用作《死生交范张鸡黍》，《元曲选》，第962~963页。
⑩ 《崔府君断冤家债主》，《元曲选》，第1142页。

准备各种物件。① 灵车前有引魂幡。杂剧《范张鸡黍》中范式和张劭是死生之交，张劭去世，范式奔丧，见到灵枢，又"只见一首幡上有字，写着'张元伯引魂之幡'"。② 至大四年（1311）正月，刑部的一件文书说："陆妙真出殡刘万一时，信笔差误，于铭旌上书写'千秋百岁'字样。阴阳教授于《地理新书》并《茔原总录卷式》内，照得虽有该载上项字样，理合回避。以此参详，陆妙真所犯，然非情故，终是不应，今后合行禁治。"中书省批准。③ 由此可知，出殡时必有铭旌，而铭旌上文字是由阴阳教授（阴阳人）按一定格式书写的。铭旌应即幡。

晋宁路总管府的一件文书说，当地居民"父母兄长初亡，殡葬之际，彩结丧车，翠排坛面，鼓乐前导，号泣后随。……杂以僧道，间以鼓乐，服丧之人随之在后，迎游街市以为荣炫。"④ 送殡队伍在街市上游行，类似表演。"彩结丧车"和上面杂剧所说"花棺彩舆"可以互相印证，都是说富贵人家出殡时要将棺木、丧车用各色纺织品加以装饰。延祐元年（1314）江南行台的一件文书说："去古日远，风俗日薄，近年以来，江南尤甚。至于送殡，管弦歌舞，导引循枢。焚葬之际，张筵排宴，不醉不已。"礼部、户部会商认为，"父母之丧，至于哀戚。其居丧饮宴，殡葬用乐，皆非孝道。除蒙古、色目宜从本俗，余并禁止。敢有违犯，治罪相应"。中书省批复"依上施行"。⑤ 可知富贵之家出殡，乐人演奏鼓乐亦很普遍。至大三年（1310）二月，教坊司呈送礼部的一件文书说："至大二年十月初二日，本司官传奉皇太子令旨：'上位承应的乐人每，依看在先薛禅皇帝、完泽笃皇帝圣旨体例里，死人每根底，休迎送出殡者。'"并要求尚书省禁止。尚书省"敬依施行"。⑥ 皇太子即后来的仁宗爱育黎拔力八达。"上位承应的乐人每"指教坊司管辖下的乐人。皇太子不许他们为死人"迎送出殡"。教坊司是国家的一个机构，所属乐人是为国家重大仪式服务的。由此可知，出殡时有各种乐人参加是很流行的，连教坊司乐人也被用来参与其事。爱育黎拔力八达应是觉得教坊司乐人参加出殡队伍有失国家体面，故加取缔，但民间乐人显然不在禁止之列。值得注意的是，送殡队伍还有僧道参与。这些僧道无疑是出殡人家请来的。出殡队伍经过之处还有亲戚朋友路祭。⑦

---

① 《朴通事》，《近代汉语语法资料汇编·元代明代卷》，第 336 页。
② 宫大用作《死生交范张鸡黍》，《元曲选》，第 963 页。
③ 《通制条格校注》卷 28《杂令·铭旌忌避》，第 700 页。
④ 《大德典章》，《永乐大典》卷 7385，第 11 页上。
⑤ 《元典章》卷 30《礼部三·丧礼·禁治居丧饮宴》，第 1064 页。
⑥ 《元典章》卷 30《礼部三·丧礼·乐人休迎出殡》，第 1063 页。
⑦ 《大德典章》，《永乐大典》卷 7385，第 11 页下。

殡是临时性的，常称为"浅殡"，埋在"浅土"中。龙兴进贤（今江西进贤）周德清，"年十七，嫔于饶。饶有母丧，十余年殡浅土。既庙见，诣殡所拜省，怆然兴不逮事之戚，曰：'丧久不葬，礼乎？'夫愧其言，遄治葬"。①"嫔于饶"是嫁到饶氏家中。其婆婆已故十余年尚"殡浅土"，未正式埋葬。

第三阶段，正式埋葬。选好墓地，将棺木由殡放处移出，到墓地埋葬。这一阶段时间少则数月，长则数年、十余年甚至二三十年。上述龙兴进贤周德清的婆婆，殡于浅土十余年。大司徒陈萍死于泰定二年（1325），"权厝于城西之某所"。"后二十有六年，是为至正十一年（1351）"，才正式葬于兰溪。②从殡到正式埋葬时间往往很长，主要是讲究风水所致。风水好的墓地会给子孙带来富贵，但很难得，寻求不易（见本编第三章第二节）。杭州城东妇女徐妙安去世，其子卢德恒"践雨风，涉涛江，行求茔域冈阜间，兢兢惴恐，若或失之"。用了三年时间，才选定墓地。③上饶（江西上饶）刘安之妻方氏死，"卜祔先墓不吉，乃假葬于舍东。越八年，相中堂山，兆以吉告"，才得以安葬。"假葬"即指殡而言。④另一重要原因是购买墓地和举办葬礼需要很多费用，"贫乏不能胜丧"，⑤于是一拖再拖。北海（今山东潍坊）王温说："曾祖、祖父遗骸见处浅土，王家空匮，不能继葬……虽力农勤苦，田土褊小，淹延岁月，然有孝心，亦不能辨所以。"后来儿子从军，任百夫长，王温"徧诣他郡乡里亲戚，积攒营葬之资"，才得完葬。⑥干文传为婺源（今江西婺源）知州，"婺源之俗……亲丧，贫则不举，有停其柩累数世不葬者。文传下车，即召其耆老，使以礼训教之，阅三月而婚丧俱毕"。⑦名诗人戴表元的姊母在乙卯年（1255）去世，"仲父负重衰力贫，以其岁权殡夫人张山下陈园旁，以俟他日得地而迁焉"。但"家始极贫，何暇议迁葬事"。不久仲父亦死。等到大德十一年（1307）戴表元才得以"启殡陈园，奉迁而西"。中间隔了五十年。也有人则因死于外地，要迁回家乡，需要花费很长的时间，如上述陈萍。

正式埋葬大多要请阴阳师卜求良辰吉日。一般要举行隆重的仪式。胶水（今山东平度）李氏兄弟，"咸居仕路"，"默念父母诸族尊卑口（骸）骨，皆安浅土，不能葬

① 吴澄：《临川士饶寄鲁妻周氏墓志铭》，《吴文正公集》卷41，第21页下。
② 黄溍：《大司徒陈公神道碑》，《金华先生文集》卷27，第16页上。
③ 柳贯：《卢氏母碣铭》，《柳贯集》卷11，魏崇武、钟彦飞点校，浙江古籍出版社，2014，第298页。
④ 袁桷：《方夫人墓志铭》，《袁桷集》卷31，李军等校点，吉林文史出版社，2010，第455页。
⑤ 《元典章》卷30《礼部三·礼制三·葬礼·禁治停丧不葬》，第1070页。
⑥ 罗国英：《王氏葬亲之记》，《潍县志稿（1941）》卷40，引自《全元文》第11册，第132~133页。
⑦ 《元史》卷185《干文传传》，第4254~4255页。

之以礼，何口为人之子也"。于是"令术士卜择良辰，大举葬礼于县东北"。[1]宜兴（今江苏宜兴）储能谦"在元不仕"，其父为原南宋乡贡进士。"父没，居丧哀，四方士送葬者数千人，直路之地百余步，草莱尽赭。"[2]无极（今河北无极）郭聚，"以赀雄里中"，下葬时，"乡人赴者余千人，皆有戚容"。[3]真定柏乡（今河北柏乡）董元葬时，"执绋泣送者至二千余人，路于祭者且数百墢。近代公侯之丧未有若是得人夥者"。董元自己没有官职，但是他的孙子任高官，故有如此盛大的局面。[4]

也有一些棺木没有殡，便直接葬。北方盛行族葬，家族有自己的墓地，家族成员去世后往往直接送往家族墓地。"和氏占数东平阳谷县，世葬县西六里之原。有因官家济州任城者，既卒，归葬于乡。"[5]还有一类是死者生前已为自己选定墓地。东阳（今浙江东阳）王桂将前代两世四丧及其妻之枢，迁在一起埋葬，"仍虚其左以为寿藏"。王桂死后，其子"奉枢即公所自为砖椁安厝焉"。[6]象山县尹李天祐，"世家高唐州之高唐县……葬德州清平县李家庄，侯所卜也"。[7]

以上所说，主要是土葬的程序。元代火葬比较流行，有关情况见本编第二章第一节。

第二节　居丧与祭祀

《孝经》"丧亲章"说："三日而食，教民无以死伤生……丧不过三年，示民有终也。"《孝经直解》的译文是："三日已后索要吃些茶饭，教他休要因死的伤了活的。……则教持三年孝服，教百姓知人尽的时节。"这就是说，亲丧后三日才可吃饭饮水，守丧以三年为期。三年之丧起源很早，经过孔子的提倡，成为儒家丧礼的重要内容。从汉代起，居丧三年既是朝廷的制度，又在社会上下蔚然成风，以后一直延续下来。

元代，居丧又称守制，可以分民间和朝廷两个层次。居丧在民间，主要是在汉族

① 郭宽：《李氏先茔碑》，《（道光）平度州志》卷24，《全元文》第19册，第676页。
② 宋濂：《元故樗巢处士储君墓铭》，《宋文宪公全集》卷31，第3页上。
③ 苏天爵：《郭府君墓表》，《滋溪文稿》卷20，第344页。
④ 张养浩：《真定柏乡董氏先茔碑铭》，《张养浩集》卷19，李鸣、马振奎校点，吉林文史出版社，2008，第164页。
⑤ 苏天爵：《和公墓志铭》，《滋溪文稿》卷17，第277页。
⑥ 黄溍：《外舅王公墓记》，《金华先生文集》卷40，《四部丛刊》本，第15页下。
⑦ 苏天爵：《李侯墓碑》，《滋溪文稿》卷18，第299页。

儒生以及受中原传统文化影响较深的契丹、女真等族的士人中间流行。一是丧后三日内不饮不食。中山（今河北定州）王仁，"少丧厥父，勺水不饮者三日。既葬，居倚庐，未尝辄至私室"。[1]有的甚至五日、七日。关中（今陕西）学者杨恭懿丧父，"绝口水浆五日"。[2]兴元路（路治今陕西兴元）儒学教授王无疾"始丁母忧，水浆不入口者七日，柴毁骨立。……及丁父忧，年几五十矣，其哀毁过。……亲党及乡里有丧者，必就正而取法焉"。[3]二是奉行居丧三年，在此期内穿丧服，不近酒肉，不过夫妻生活。如浦江（今浙江浦江）郑氏十世同居，称为"义门"。郑氏子孙中以居丧称者甚多，如郑彦，"其考文衮早世，奉妣黄夫人尽孝。及夫人亡，出寝于外三年，弗近酒肉，哀恸无昼夜，几伤其生"。[4]郑大和"亲丧，哀甚，三年不御酒肉。子孙从化，皆孝谨"。[5]汴（今河南开封）乌冲是理学家刘因的学生，"初值父亡，即能行古丧礼，三年不居于内，宗族贤之"。[6]真定（今河北真定）焦悦，"执亲之丧，衰麻、哭泣合乎理，三年不宿于内，君子以为难"。[7]诸暨（今浙江诸暨）陈嵩，母终，"君哀毁骨立，比免丧，酒肉不入于口"。[8]元末名臣许有壬之父许熙载，母"初丧，号恸绝而复苏，旅殡原上，苫凷庐墓者三年。……丧礼仿古，不用缁黄，人始议其俭，及送终之厚，祀事之丰，莫不愿习行之。既祥，非疾病蔬面不御"。[9]昆山（今江苏昆山）吕昭，"至居丧则多用古礼，衰麻哭踊，不酒不肉，以终三年之志，视世俗舍礼法而溺于异端者不同也"。[10]女性亦有类似的行为。宁海黄珍，夫死，"治丧一循古礼，布苫柩侧，取石为枕，不解衣而卧者三月……二年弗御酒肉，柴毁骨立，与人言则曰：未亡人、未亡人，未尝有愉色"。[11]综合上述事例，守制主要是初丧时哭泣，水浆不入口三日甚至七日。三年内穿丧服，不吃肉饮酒，不回内室（过夫妻生活）。

儒生之外，平民亦有守丧三年者。辽阳（今辽宁辽阳）郭全，父卒，"居庐三载，啜粥面墨"。其继母生四子，"全躬耕以养"，可知是农民。[12]郾城（今河南

① 苏天爵：《王正肃侯墓志铭》，《滋溪文稿》卷10，第157页。
② 姚燧：《领太史院事杨公神道碑》，《牧庵集》卷18，查洪德编辑点校，人民文学出版社，2011，第278页。
③ 蒲道源：《青渠王先生墓志》，《顺斋先生闲居丛稿》卷24，元至正十年（1350）刊本，第4页上。
④ 宋濂：《郑彦宏甫墓版文》，《宋文宪公全集》卷42，第11页下。
⑤ 《元史》卷197《孝友传一》，第4452页。
⑥ 苏天爵：《秘书郎乌君墓碑铭》，《滋溪文稿》卷14，第224页。
⑦ 苏天爵：《焦先生墓表》，《滋溪文稿》卷14，第227页。
⑧ 黄溍：《诸暨陈君墓志铭》，《金华先生文集》卷39，《四部丛刊》本，第11页下。
⑨ 欧阳玄：《许公神道碑铭》，《金石萃编未刻稿》卷1，民国七年罗振玉影印本。
⑩ 谢应芳：《永思堂铭》，《龟巢稿》卷18，《四部丛刊三编》本。
⑪ 宋濂：《故宁海郭君妻黄氏墓铭》，《宋文宪公全集》卷27，第19页上～下。
⑫ 《元史》卷197《孝友传一》，第4453页。

鄃城）人丁文忠，"业鼓冶"，是个手工业者。"母卒，文忠庐墓侧，不与妻面者三年。"①

在朝廷，居丧则继承前代的传统，实行丁忧制度。丁忧就是官员居丧之制，元朝实行丁忧制度有一个过程。忽必烈称帝，推行"汉法"，但对丧葬之礼在相当长一段时间内，并不重视。畏兀人廉希宪信奉儒学，为中书平章政事。"至元元年，丁母忧，率亲族行古丧礼，勺饮不入口者三日，恸则呕血，不能起，寝卧草土，庐于墓旁。宰执以忧制未定，欲极力起之，相与诣庐，闻号痛声，竟不忍言。未几，有诏夺情起复，希宪虽不敢违旨，然出则素服从事，入必缞绖。及丧父，亦如之。"②至元九年（1272），监察御史魏初上书："窃惟父母三年之丧，从古以来无贵贱一也。今之居官食禄者，为下民表率，有不幸遇此，则或一月，或十数日，已弃去衰斩，从事官府，起居饮食衣服言笑与无丧同，其毁伤风俗，败灭天理，莫此之甚。""衰斩"指齐衰、斩衰。亲属根据与死者的亲疏关系，穿着不同的丧服，分斩衰三年、齐衰三年、大功九月、小功五月、缌麻三月。③魏初建议："合无自今凡有父母之丧，闻命即往，不可以常例拘。更许告丁忧，俟服阕依例转叙。若其人才力深长，非此人不能办此事，必须倚用，然后夺哀起复，则又其变也。自余皆令以礼居丧，亦所以厚风俗存天理也。"④可知当时官员并未实行丁忧制度。另一位监察御史王恽亦曾对官员守丧提出意见。当时发生高明奔丧事件。"户部员外郎高明为母讣至，已经诣告，未蒙明降，辄即奔赴，致省堂怪责，遂差官驰海青马前去追锁，似欲以违错加罪。"王恽认为："若以公废私，纯孝之人难以存处。若因孝获罪，使为人子者闻父母之丧，皆不敢奔赴，是有司教人以不孝。何以法为？唯其两者之间未有定例，使浇薄之徒转无顾忌，孝行之士愈惑所守。照得旧例：'斩衰、齐衰三年者并听解官。其品官任流外职及吏员、司吏、诸局分承应人遭丧，卒哭百日令复职。愿终制者听。闻丧者并听奔赴。'今凡诸职官遭父母之丧，其有告诣奔赴及愿终制者，如抑不从，恐伤孝子之心。"所谓"旧例"，指金朝的法律。王恽的建议是："合无量职务繁简，权宜定制，或以卒哭为期，或见新月复职。外据自愿解官终制之人，一从所请。"⑤魏初主张实行丁忧。王恽则建议两种办法：一是"以卒哭为期"，即"旧例"规定的"卒哭百日令复职"；二是"见

---

① 《元史》卷197《孝友传一》，第4454页。
② 《元史》卷126《廉希宪传》，第3090页。
③ 《元典章》卷30《礼部三·礼制三·丧礼·本宗五服之图》，第1052～1053页。
④ 《官员居丧告假》，《青崖集》卷4，《文渊阁四库全书》本，第25页上。
⑤ 《论高明奔母丧事状》，《秋涧先生大全集》卷86。

新月复职"，这是针对蒙古人说的，因为蒙古人"见新月即释服"。^①显然，两人的建议都主张允许自愿选择丁忧，但具体办法是有一些差别的。他们的意见没有被采纳。元平南宋后，王仁金淮西按察司事，"官淮西，妣夫人卒，愿终丧制，有司以法不许。公曰：'亲丧三年，隆古之制，尚忍以例言邪！'遂弃官去"。^②王仁要求丁忧，因为法令禁止，未能如愿，只好自动离职。张庭珍为平江路达鲁花赤。十五年，改同知浙东道宣慰使，"未行，改大司农卿。丁内艰。时军兴法'闻丧，不得辄行'。乞奔赴，不报。公愿还所受制书为民，行省知不可夺，归之"。^③但他的举动似乎没有像高明一样受到追究，可能法令有所松动。至元二十八年正月，针对丧葬假期的俸钞处理问题，吏部建议："祖父母、父母丧，假限三十日。迁葬祖父母、父母，假限二十日。"户部建议："职官奔丧，迁葬，人子大故。今既以人伦重事许给假限，其限内俸钞拟合支给，以厚风俗。若违限不到者勒停。"尚书省"移咨行下合属，照会施行"。^④明文规定丧葬假期，这是接近丁忧制的一种规定。元成宗时，郑介夫上《太平策》，其中提到："夫三年之丧，天下通丧也。"他建议："凡遇父母、祖父母之丧，并令守制终服。"认为这是"厚俗"的重要措施。^⑤梁曾为杭州路总管。成宗大德"四年，丁内艰。先是，丁忧之制未行，曾上言请如礼。七年，除潭州路总管，以未终制，不赴。明年，迁两浙都转盐使"。^⑥梁曾显然是自己提出丁忧的请求，但得到上司认可，所以不仅未受处分，而且正常迁转。这都说明此时朝廷对汉人官员守制一事逐渐放松。

如前所述，大德八年（1304），元朝正式实行丁忧制度。"蒙古、色目人员各从本俗，愿依上例者听。"^⑦武宗至大四年（1311）三月，"钦奉诏书：官吏丁忧，已尝著令，今后并许终制，以厚风俗。朝廷夺情起复，蒙古、色目、管军官员，不拘此例"。^⑧这是再一次重申。守制三年不是官吏自愿，而是必须执行的制度。凡是父母死不奔丧、不遵守丁忧期限的官吏，都要受到处分，或降职，或处杖刑，甚至"除名

① 黄潜：《答禄乃蛮氏先茔碑》，《金华先生文集》卷28，《四部丛刊》本。
② 苏天爵：《王正肃侯墓志铭》，《滋溪文稿》卷10，第157页。
③ 姚燧：《南京路总管张公墓志铭》，《牧庵集》卷28，第427页。
④ 《元典章》卷11《吏部五·职制二·假故·奔葬迁葬假限》，第388页。
⑤ 《上奏一纲二十目》，《元代奏议集录》（下），邱树森、何兆吉辑点，浙江古籍出版社，1998，第76～77页。
⑥ 《元史》卷178《梁曾传》，第4135页。
⑦ 《元典章》卷10《吏部四·职制一·赴任·赴任程限等例》，第374～375页。按，这是大德八年九月中书省颁发的一件文书，其中引用实行丁忧诏书，但在"不拘此例"后又有以上文字。
⑧ 许有壬：《公移二·丁忧》，《至正集》卷75，《元人珍本文集丛刊》影印宣统三年石印本，第12页下。

不叙"，即开除公职。①

　　顺帝元统二年（1334）正月的一件文书说："色目人等例不丁忧，理当奔讣。"②
可知直到此时蒙古、色目官员仍不丁忧。但同年六月辛巳，"诏蒙古、色目人行父母
丧"。③发布这一诏令的原因不清楚，可以肯定的是朝廷很快便取消了新的规定，因
此不断有人继续就此提出意见。女真人乌古孙良桢"复起为监察御史。良桢以帝方览
万几，不可不求贤自辅，于是连疏：'天历数年间纪纲大坏，元气伤夷。天祐圣明，义
膺大统，而西宫秉政，奸臣弄权，蓄憾十有余年。天威一怒，阴晦开明，以正大名，
以章大孝，此诚兢兢业业祈天永命之秋，其术在乎敬身修德而已。……'又以国俗父
死则妻其从母，兄弟死则收其妻，父母死无忧制，遂言：'纲常皆出于天而不可变，议
法之吏乃言国人不拘此例，诸国人各从本俗，是汉、南人当守纲常，国人、诸国人不
必守纲常也。名曰优之，实则陷之，外若尊之，内实侮之。推其本心所以待国人者，
不若待汉、南人之厚也。请下礼官有司及进士在朝者会议，自天子至于庶人，皆从礼
制，以成列圣未遑之典，明万世不易之道。'……皆不报。"④"西宫秉政，奸臣弄权"，
"天威一怒，阴晦开明"，无疑指后至元六年（1340）顺帝罢黜权臣伯颜和削去文宗后
名号事。而上疏后，至正四年（1344）召乌古孙良桢为刑部员外郎。可知他上疏论守
制事应在后至元六年到至正四年间。至正五年颁布的《至正条格·断例》，收入了上
述元统二年正月关于"色目人等例不丁忧"的文书，却排除了同年六月的诏令，这是
用法律的形式再次表明了朝廷对此事的态度。至正十五年（1355）正月辛未，"大斡
耳朵儒学教授郑咺建言：'蒙古乃国家本族，宜教之以礼。而犹循本俗，不行三年之
丧，又收继庶母、叔婶、兄嫂，恐贻笑后世，必宜改革，绳以礼法。'不报"。⑤此后
直到元朝灭亡，再无人提及。

　　遗体安葬后，民间的祭祀一般有两种形式。一种是建立家祠、宗祠，每逢年节祭
祀。有的家祠就建在墓地里，或在墓地的僧道庵舍中供奉死者牌位。例如，李印传祖
先坟墓在慈溪（今浙江慈溪）东岭杨奥之山，其母茹氏"斥食资，广山垄，建祠屋精
舍以奉其舅姑"。李印传夫妻又加以扩大，"名为福源精舍，命僧以居"。⑥

---

①　《元典章》卷41《刑部三·不孝·张大荣服内宿娼、汪宣慰不奔父丧、臧荣不丁父忧、张敏不丁母忧、裴从义
　　冒哀公参》，第1387~1392页。
②　《至正条格·断例》卷4《职制·闻丧不奔讣》，《至正条格》校注本，韩国学中央研究院，2007，第205页。
③　《元史》卷38《顺帝纪一》，第823页。
④　《元史》卷187《乌古孙良桢传》，第4287~4288页。
⑤　《元史》卷44《顺帝纪七》，第921页。
⑥　袁桷：《福源精舍记》，《袁桷集》卷20，李军等校点，吉林文史出版社，2010，第333页。

　　另一种是上坟扫墓。寒食、清明是国家法定也是全民公认的上坟扫墓的时节。冬至后一百零五日为寒食，一般在清明前一二日。中统元年（1260）四月，忽必烈称帝。中统五年（1264）八月发布诏书，其中一款是统一规定官员每年假期，寒食与元正同放假三日，时间最长。[①]元代僧人妙声诗："汀柳青黄野花白，村巷家家作寒食。暖风吹尽纸钱灰，泪落春烟收不得。"[②]又有诗人写道："客行十步九回首，寒食道旁多哭声。"[③]"纸钱"、"泪落"，"回首"、"哭声"，写的都是寒食、清明祭祖的情景。杂剧《老生儿》中写道："时遇清明节令，寒食一百五，家家上坟祭祖。"富人扫墓"搭下棚，宰下羊，漏下粉，蒸下馒头，春盛担子，红干腊肉，盝下酒，六神亲眷都在那里，则等俺老两口烧罢纸要破盘哩。"刘引孙贫困，只好在纸马铺"讨了些纸钱"，在"酒店门首又讨了这半瓶酒，食店里又讨了一个馒头"。他说："如今在邻舍家借了这一把儿铁锹，到祖坟上去浇奠一浇奠，烈些纸儿，添些土儿，也当做拜扫，尽我那人子之道。"[④]莆田（今福建莆田）妇女林道外，其上代"六世大墓在县之文赋里，宰木相望。每值暮春，躬持象钱寓马焚祭之"。[⑤]清明扫墓，因时值暮春，常常与踏青联系在一起："百年太平人事好，时时子孙来拜扫；祭余列宴画亭深，细马香车入青草。"[⑥]

　　元代民间扫墓，在寒食、清明之外，还有十月的送寒衣节。唐玄宗"天宝二年八月制曰：'……自今以后，每至九月一日，荐衣于陵寝，贻范千载，庶展孝思。'"清代顾炎武说："今关中之俗，有所谓送寒衣者，其遗教也。"[⑦]元代大都亦有此俗，但时间改在十月。"十月天都扫黄叶，酒浆出城相杂还，爇送寒衣单共袷。愁盈颊，追思泪雨灰飞蝶。……是月，都城自一日之后，时令谓之送寒衣节。祭先上坟，为之扫黄叶。此一月行追远之礼甚厚，虽贫富咸称家丰杀而诚敬。"[⑧]"富人家祀，先用麻秸奠酒为诚，买纸钱冥衣烧化于坟，谓云送寒衣，仍以新土覆墓。"[⑨]可知是很隆重的。杂剧《窦娥冤》中，窦娥被诬陷处死，临刑前对婆婆说："此后遇着冬时年

①　《通制条格校注》卷22《假宁·给假》，第606页。
②　释妙声：《寒食省墓示诸侄》，《东皋录》卷上，《文渊阁四库全书》本，第18页下。
③　贡奎：《寒食扫松即事》，《贡奎集》卷3，《贡氏三先生集》，吉林文史出版社，2010，第54页。
④　武汉臣作《老生儿》，《元曲选》，第377~378页。
⑤　宋濂：《故陈母林夫人墓志铭》，《宋文宪公集》卷15，第12页下。
⑥　刘嵩：《后掘冢歌》，《槎翁诗集》卷4，《文渊阁四库全书》本，第35页上。
⑦　《日知录》卷15《墓祭》。
⑧　《析津志辑佚·岁纪》，北京古籍出版社，1983，第223页。
⑨　此条亦见《析津志辑佚·岁纪》，但系于七月（第220页），与上下文不相连贯。既云"送寒衣"，应在"十月"条下。

节，月一十五，有瀽不了的浆水饭，瀽半碗儿与我吃。烧不了的纸钱，与窦娥烧一陌儿。"①《铁拐李》中，郑州六案都孔目岳寿将死，对妻子说："到那冬年时节，月一十五，孩儿又小。上坟呵，大嫂，你可出去见人么？"妻子回答："我不去，着张千引着孩儿坟上烧纸便了。"②张千是岳寿的下属。"冬时年节"上坟，应是就送寒衣节而言。③

上面的记载都说到祭祀必须烧纸钱。上文杂剧《老生儿》提到有出卖纸钱的纸马铺。莆田林道外"躬持象钱寓马焚祭之"，"象钱"便是纸钱，"寓马"指木刻马。可知焚烧的不仅有纸钱，还有其他材料制成的物品，意在供死者在另一个世界使用。监察御史王恽说：京师丧葬祭祀"无问贵贱，多破钱物，市一切纸作房屋、侍从、车马等仪物，不惟生者虚费，于死者实无所益。亦乞一就禁止"。④至元七年（1270）十二月中书省文书说："十一月十八日，奏过数内一件：'民间丧葬，多有无益破费。略举一节，纸房子等，近年起置，有每家费钞一两定钞底，至甚无益。其余似此多端。'奉圣旨：'纸房子无疑，禁了者。其余商量行者。'钦此。都省议得：除纸钱外，据纸糊房子、金银、人马并彩帛衣服、帐幕等物，钦依圣旨事意，截日尽行禁断。咨请照验施行。"⑤"诸民间丧葬，以纸为屋室，金银为马，杂采衣服帏帐者，悉禁之。"⑥一件关于畏兀儿丧葬的官方文书说："休依汉儿体例，纸做来的金银、纸房、纸人、纸马、袄子，休做者。"⑦除了纸钱外，其他用纸制成的供祭祀时焚烧的物件，都在官府取缔之列。用别的材料（木材、布帛等）制成的物品，当然也不许用于祭祀焚烧，也要禁止。山东济宁曹元用墓木棺中尸体两侧塞满草纸和纸钱，纸钱是毛边纸，规格为40厘米×30厘米。分两组，每组四枚，上面切割成圆钱图案。⑧这是现存的元代纸钱实物。

---

① 关汉卿作《窦娥冤》，《元曲选》，第 1510 页。
② 岳伯川作《铁拐李》，《元曲选》，第 498～499 页。
③ 明代北京"十月一日，纸肆裁纸五色，作男女衣，长尺有咫，曰：寒衣。有疏印缄，识其姓字辈行，如寄书然。家家修具夜奠，呼而焚之其门，曰：送寒衣。新丧，白纸为之，曰：新鬼不敢衣彩也。送白衣者哭，女声十九，男声十一。"见《帝京景物略》卷2《城东内外·春场》，北京古籍出版社，1983，第 70 页。北京民间迄今仍有农历十月初一烧纸"送寒衣"之俗，见《北京晚报》2015 年 11 月 13 日，第 8 版。
④ 《论中都丧祭礼薄事状》，《秋涧先生大全集》卷 84，第 1 页下。
⑤ 《元典章》卷 30《礼部三·礼制三·丧礼·禁丧葬纸房子》，第 1061～1062 页。
⑥ 《元史》卷 105《刑法志四·禁令》，第 2682 页。
⑦ 《元典章》卷 30《礼部三·礼制三·丧礼·畏吾儿丧事体例》，第 1060～1061 页。
⑧ 《山东嘉祥县元代曹元用墓清理简报》，《考古》1983 年第 9 期。

第三节　蒙古人的丧葬

元代蒙古人的丧葬制度与中原传统完全不同。有关元代蒙古人的丧葬情况，著名学者黄溍说："北俗丧礼极简，无衰麻哭踊之节，葬则刳木为棺，不封不树，饮酒食肉无所禁，见新月即释服。"[①] 这几句话概括了蒙古人丧葬的特点。《元史》中有一节"国俗旧礼"，说得比较具体："凡帝后有疾危殆，度不可愈，亦移居外毡帐房。有不讳，则就殡敛其中。葬后，每日用羊二次烧饭以为祭，至四十九日而后已。其帐房亦有赐近臣云。凡宫车晏驾，棺用香楠木，中分为二，刳肖人形，其广狭长短，仅足容身而已。殓用貂皮袄、皮帽，其靴韈、系腰、盒钵，俱用白粉皮为之。殉以金壶瓶二，盏一，椀楪匙箸各一。殓既，用黄金为箍四条以束。舆车用白毡青缘纳失失为帏，复棺亦以纳失失为之。前行，用蒙古巫媪一人，衣新衣，骑马，牵马一匹，以黄金饰鞍辔，笼以纳失失，谓之金灵马。日三次，用羊奠祭。至所葬陵地，其开穴所起之土成块，依次排列之。棺既下，复依次掩覆之。其有剩土，则远置他所。送葬官三员，居五里外。日一次烧饭致祭，三年然后还。"[②]

根据以上记载，可知元朝皇家葬礼有几个重要环节。

一是病危时移居毡帐房，殡敛其中。汉臣王恽记："至元三十一年岁次甲午，正月廿二日癸酉夜亥刻，帝崩于大内紫檀殿。既殓，殡于萧墙之帐殿，从国礼也。"[③] 这说明忽必烈殓后殡于帐殿。两者略有出入。但殡于帐殿是一致的，应是表示回归游牧生活之意。

二是棺木和入殓。棺用香楠木中分为二，按死者形状挖空。合上后箍以金条。殓用衣服和殉品都比较简单。黄溍所说"葬则刳木为棺"即指此。元末叶子奇说："元朝官里用桄木二片，凿空其中，类人形大小，合为棺，置遗体其中，加髹漆毕，则以黄金为圈，三圈定。"[④] 成吉思汗时代四杰之一博尔术之孙玉昔帖木儿，在忽必烈时任御史大夫，成宗初年病死，"敕有司给丧，赙赠有加。刳香木为棺，锢以金银，北葬于怯土山之原"。[⑤] 所谓"刳香木为棺，锢以金银"，和上面所说蒙古棺木完全一致。河

① 黄溍：《答禄乃蛮氏先茔碑》，《金华先生文集》卷28，《四部丛刊》本，第15页下。
② 《元史》卷77《祭祀志六》，第1925～1926页。
③ 《大行皇帝挽词八首》，《秋涧先生大全集》卷13，第13页下。
④ 叶子奇：《草木子》卷3《杂制篇》，吴东昆校点，上海古籍出版社，2012，第47页。
⑤ 阎复：《太师广平贞宪王碑》，《国朝文类》卷23，商务印书馆"国学基本丛书"本，1936，第287页。

北沽源传说中的"萧太后梳妆楼"，2000年考古发掘，在楼内中央地下发现三室墓葬，中室棺木是将一段红松木从中剖开，挖出人形凹槽，遗骸安置其中，有文献记载可以印证。[①] 这无疑是蒙古棺的实物。2001年，内蒙锡林郭勒盟苏尼特左旗发现一竖穴土坑木棺墓，墓顶无封土，木棺已腐朽，出土时能看出木棺用整木制作，金带箍一条，长187.5厘米，宽2.8厘米，应是箍棺之用。[②]

图1-1　萧太后梳妆楼外影

图1-2　蒙古棺葬

---

① 从附近发现的残碑来看，墓主名阔里吉思。有人认为这就是汪古部首领阔里吉思，也有人认为这是安西王阿难答。周良霄先生指出，墓主应是元代后期"追封晋宁王，谥忠襄"的大臣阔里吉思（《沽源南沟村元墓与阔里吉思考》，《考古与文物》2011年第4期）。

② 内蒙古博物馆、锡林郭勒盟文物工作站：《苏尼特左旗恩格尔河的元代墓葬》，《内蒙古文物考古》2005年第2期。

　　三是埋葬方式。棺木放在车上送往北方陵地。送行队伍以蒙古女巫为前导。在陵地挖土开穴，棺木放入后再用挖出的土加以掩埋。黄溍说，蒙古丧葬，墓地"不封不树"，即没有任何标志物。元末叶子奇说："送至直北园寝之地深埋之，则用万马蹴平，俟草青方解严，则已漫同平坡，无复考志遗迹。"[①] 窝阔台时代到过蒙古的南宋使臣彭大雅说："其墓无冢，以马践踏使如平地。若忒没真之墓，则插矢以为垣，阔逾三十里，逻骑以为卫。"[②] 他的前面一句话可以和叶子奇的话相印证，后面一句尚无法证实。送葬的棺、车、马都用纳失失装饰，纳失失是波斯语，意为织金锦。这是很贵重的丝织品，专供皇室和贵族使用。蒙古忙兀部贵族江浙行省平章政事博罗欢死，"葬于檀州西北太行山，不封"。[③] 聚土为坟称为封，"不封"就是埋葬之地是平的，与上所说"无冢"的意思是相同的。

　　成吉思汗死后，"葬起辇谷"。[④] 据波斯史籍记载，成吉思汗于出征西夏时病死，"异密们全都聚来为他举哀。蒙古有一座名叫不儿罕合勒敦的大山。从这座山的一个坡面流出许多河流。这些河流沿岸有无数树木和森林。……成吉思汗将那里选作自己的坟葬地，他降旨道：'我和我的兀鲁黑的坟葬地就在这里！'""有一次成吉思汗出去打猎，有个地方长着一棵孤树。他在树下下了马，在那里心情喜悦。他遂说道：'这个地方做我的墓地倒挺合适！在这里做上个大记号吧！'举哀时，当时听到他说过这话的人，重复了他所说的话。诸王和异密们遂按照他的命令选定了那个地方。据说，在他下葬的那年，野地上长起了无数的树木和青草。如今那里森林茂密，已无法通过；最初那棵树和他的埋葬地已经辨认不出了。甚至守护那个地方的老守陵人，也找不到通到那里去的路了。"[⑤]《史集》还说："在成吉思汗诸子之中，幼子拖雷就葬在那里，拖雷的儿子蒙哥合罕、忽必烈合罕、阿里不哥及死在那边的其他后裔们的埋葬地也在那里。成吉思汗的其他后裔，如术赤、察合台、窝阔台和他们的儿子们及兀鲁黑，则葬在其他地方。"[⑥] 同书还记载了窝阔台汗的墓地，"在一极高的山上，其上有永恒之雪"。[⑦]"贵由汗的灵柩运到了他的斡耳朵所在地叶密立。"[⑧] 但《元史》的记载与《史集》

①　《草木子》卷3《杂制篇》，第47页。
②　彭大雅、徐霆作，许全胜校注《黑鞑事略校注》，兰州大学出版社，2014，第228页。
③　姚燧：《平章政事蒙古公神道碑》，《姚燧集》卷14，人民文学出版社，2011，第202页。
④　《元史》卷1《太祖纪》，第25页。
⑤　〔波斯〕拉施特《史集》第1卷第2分册，余大钧、周建奇译，商务印书馆，1983，第321～323页。同书第1卷第1分册第259～260页亦有同样的叙述。
⑥　《史集》第1卷第2分册，第323页。
⑦　《史集》第2册，第73页。
⑧　《史集》第2卷，第221页。

有一些不同。根据《元史》记载，蒙古大汗死后都葬起辇谷，第二代窝阔台汗、第三代贵由汗也不例外。① 忽必烈以后元朝诸帝，死后也都送到起辇谷。关于起辇谷所在，史无明文。据亦邻真教授考证，"应在今蒙古国肯特省曾克尔满达勒一带"。② 但未曾证实。元代诸帝埋藏何处，迄今仍是未解之谜。

叶子奇说："历代送终之礼，至始皇为甚侈，至穷天下之力以崇山坟，至倾天下之财以满藏谷，至尽后宫之女以殉理葬，坟土未干而国丘墟矣。其他如汉、唐、宋陵寝，埋殉货物亦多，如汉用即位之年上供钱帛之半。其后变乱，多遭发掘，形体暴露，非徒无益，盖有损焉。"他认为元朝皇陵埋葬之法"岂复有发掘暴露之患哉！诚旷古未有之典也。夫葬以安遗体，遗体既安，多赍以殉，何益"。③ 元朝皇陵的埋葬方式，在中国历史上确是旷古未有的，具有鲜明的特色。

四是守陵三年。蒙古人伯答沙"幼入宿卫，为宝儿赤。历事成宗、武宗，由光禄少卿擢同知宣徽院事，升银青光禄大夫、宣徽院使，遥授左丞相。武宗崩，护梓宫葬于北，守山陵三年，乃还"。④ 可知确有此制。"甫旬日，忠武（孛秃——引者）亦卒。太宗震悼不已，曰：'孛秃事我皇考，宣力良多，今已云亡，送还本土。'遂葬于乞只儿，仍禁其地三年，如国家制。"⑤ 以禁地三年为国家制，应与守陵有关。但称"禁地"，可能有其他规定。珊竹部纯直海为益都行省达鲁花赤，"就镇怀孟"。"逾年，薨和林，敕葬山陵之旁。"这说明蒙古亦可能有与中原帝陵一样的功臣陪葬制度。⑥

五是祭祀。"国俗旧礼"中两处提到祭祀时"烧饭"。"元朝人死，致祭曰烧饭，其大祭则烧马。"⑦ "凡帝后……葬后，每日用羊二次烧饭以为祭，至四十九日而后已。""每岁，九月内及十二月十六日以后，于烧饭院中，用马一，羊三，马湩，酒醴、红织金币及里绢各三匹，命蒙古达官一员，偕蒙古巫觋，掘地为坎以燎肉，仍以酒醴、马湩杂烧之。巫觋以国语呼累朝御名而祭焉。"⑧ 大都建立后，设有专门的烧饭园。元末方志《析津志》记载："烧饭园在蓬莱坊南。由东门又转西即南园红门，各有

---

① 《元史》卷2《太宗纪》、《定宗纪》，第37、39页。
② 《起辇谷和古连勒古》，《亦邻真蒙古学文集》，内蒙古人民出版社，2001，第747~753页。
③ 《草木子》卷3《杂制篇》，第47页。
④ 《元史》卷124《忙哥撒儿附伯答沙传》，第3058页。
⑤ 张士观：《驸马昌王世德碑》，《国朝文类》卷25，第317页。
⑥ 刘敏中：《益都行省达鲁花赤珊竹公神道碑》，《刘敏中集》卷6，邓瑞全、谢辉校点，吉林文史出版社，2008，第58页。
⑦ 《草木子》卷3《杂制篇》，第49页。
⑧ 《元史》卷77《祭祀志六·国俗旧礼》。

所主祭之，树坛位。其园内无殿宇，惟松柏成行，数十株森郁，宛然若高凄怆之意。阑与（马？）墙西有烧饭红门者，乃十一室之神门，来往烧饭之所由，无人敢行。往有军人把守，每祭，则自内廷骑从酒物，呵从携持祭物于内。烧饭师婆以国语祝祈，遍洒湩酪酒物。以火烧所祭之肉，而祝语甚详。先，烧饭园在海子桥南，今废为官祭场。"[①]以上两条记载可以相互印证。"烧饭"是皇家对已故帝后的祭祀仪式，以火烧肉（羊、马），杂以酒醴、马奶、纺织品。除了在送葬途中举行的之外，大都有固定的烧饭园供宫廷烧饭之用。

上面讲的主要是皇室丧葬的情况。刳木为棺、平地埋葬等，对于多数蒙古人来说，应是适用的。黄溍所说"无衰麻哭踊之节"，"饮酒食肉无所禁"，"见满月即释服"，也是全体蒙古人的丧葬习俗。延祐元年，中书省一件文书说："其居丧饮宴，殡葬用乐，皆非孝道。除蒙古、色目宜从本俗，余并禁止。"[②]可以反证蒙古人居丧酒肉无禁确是事实。

13世纪30年代，蒙古军西征，欧洲为之震动。1245年，教皇派遣两名教士出使蒙古。回来以后，教士约翰·普兰诺·加宾尼写了一份详细的报告，叙述他们出使的经过，以及他们观察到的蒙古社会生活的方方面面。其中有一部分专门谈到蒙古人的葬礼，主要是："当任何人得了病而医治不好时，他们就在他的帐幕前面树立一枝矛，并以黑毡缠绕在矛上，从这时起，任何外人不敢进入其帐幕的界线以内。当临死时的痛苦开始时，几乎每一个人都离开了他，因为在他死亡时在场的人，直到新月出现为止，谁也不能进入任何首领或皇帝的斡耳朵。""当他死去以后，如果他是一个不很重要的人物，他就被秘密地埋葬在他们认为是合适的空地上。埋葬时，同时埋入他的一顶帐幕，使死者坐在帐幕中央，在他面前放一张桌子，桌上放一盘肉和一杯马乳。此外，还埋入一匹母马和它的小马、一匹具备马笼头的马鞍的马，另外，他们杀一匹马，吃了它的肉以后，在马皮里面塞满了稻草，把它捆在两根或四根柱子上，因此，在另一个世界里，他可以有一顶帐幕以供居住，有一匹母马供他以马奶，他有可能繁殖他的马匹，并有马匹可供乘骑。……他们在埋葬死人时，也以同样方式埋入金银。他生前乘坐的车子被拆掉，他的帐幕被毁掉，没有任何人敢提到他的名字，直至第三代为止。"

加宾尼说，蒙古人埋葬首领时，先挖墓穴，将他宠爱的奴隶放在尸体下面，奴

① 《析津志辑佚·古迹》，第115页。
② 《元典章》卷30《礼部三·礼制三·丧礼·禁治居丧饮宴》，第1064页。

隶快死时拖出，让他呼吸，然后再放入。如此重复三次，如果奴隶不死，便成为自由人。"他们把死人埋入墓穴时，也把上面所说的各项东西一道埋进去，然后他们把墓穴前面的大坑填平，把草依然覆盖在上面，恢复原来的样子，因此以后没有人能够发现这个地点。""在他们的国家里，有两个墓地。一个是埋葬皇帝们、首领们和一切贵族的地方，不管这些人死在什么地方，如果能合适地办到的话，都把他们运到那里去埋葬。埋葬他们时，同时也埋进大量的金子和银子。另一个墓地是埋葬在匈牙利战死的人，因为很多人在那里丧了命。除了被委派在那里看守墓地的看守人以外，没有一个人敢走近这些墓地。如果任何人走近这些墓地，他就被捉住、剥光衣服、鞭打并受到严厉的虐待。""死者的亲属和住在他帐幕内的所有的人都必须用火加以净化。这种净化的仪式是以下列方式实行的：他们烧了两堆火，在每一堆火附近树立一枝矛，用一根绳系在两枝矛的矛尖上，在这根绳上系了若干粗麻布的布条；人、家畜和帐幕等就在这根绳及其布条下面和两堆火之间通过。有两个妇女，在两边洒水和背诵咒语。"[1]

1253 年，另一位教士威廉·鲁不鲁乞奉法国国王之命前往蒙古。1255 年返回。他回国后写的报告中也谈到蒙古人的死亡和丧葬："当任何人死亡时，他们高声痛哭，表示哀悼，以后死者家属可以免于纳税，直至年底。如果任何一个人在一个成人死亡时在场，他在一年以内不得进入蒙哥汗的帐幕；如果死亡的是一个小孩，他在一个月内不得进入蒙哥汗的帐幕。如果死者是一个贵族，即成吉思汗的家族——成吉思汗是他们的第一代祖先和君主——他们总是在他坟墓附近留一座帐幕。死者埋葬的地方是不让人知道的。在他们埋葬贵族的地方，附近总有一座帐幕，看守坟墓的就住在里面。关于他们将珍宝同死者一起埋入坟墓的事，我没有听说过。""当任何人生病时，他就躺在床上，并在他的帐幕上放置一项标记，表示内有病人，不得入内。因此，除了照料病人的人外，没有人来看望病人。当大斡耳朵里有任何人生病时，他们在斡耳朵四周相当距离的地方布置卫兵看守，不许任何人越过这些界线，因为他们担心恶鬼或恶风可能会跟随着这些人进入斡耳朵。不过，他们把占卜者叫来，仿佛这些人是他们的教士。"[2]加宾尼和鲁不鲁乞有关蒙古丧葬的记述，出自亲身见闻，有些可和汉文记述相印证，如墓地不可知。更多可补汉文记载之不足。但是两人的记载并不完全可信，如一说以金银陪葬，一则说无。

---

① 〔意〕加宾尼：《蒙古史》，《出使蒙古记》，吕浦译，中国社会科学出版社，1983，第 13～15 页。
② 〔法〕鲁不鲁乞：《东游记》，《出使蒙古记》，第 123～124 页。

13 世纪波斯史家志费尼说，成吉思汗死时以出身显贵家族的四十美女和良马一起殉葬。[①] 另一位波斯史家瓦萨夫说成吉思汗之孙旭烈兀死后亦有少女陪葬，并在葬地放进大量金银珠宝。[②] 意大利旅行家马可·波罗说："君等并应知一切大汗及彼等第一君主之一切后裔，皆应葬于一名阿勒台之山中。无论君主死于何地，皆须运葬于其中，虽地远在百日程外，亦须运其遗骸葬于此山。尚有一不可思议之事，须为君等述者。运载遗体归葬之时，运载遗体之人在道见人辄杀，杀时语亡云：'往事汝主于彼世。'盖彼等确信凡被杀者皆往事其主于彼世。对于马匹亦然，盖君主死时，彼等杀其所乘良马，俾其在彼世乘骑。蒙哥汗死时，在道杀所见之人二万有余，其事非虚也。"[③] 根据两位波斯史家的记载，蒙古上层有用人殉葬之举。马可·波罗所说杀死归葬途中之人，似亦是殉葬习俗的表现。但汉文史籍中没有发现人殉的记载。

忽必烈定都大都以后相当一段时间内，不少蒙古贵族和皇帝一样仍归葬漠北。灭南宋的元军统帅伯颜，是蒙古八邻部人，病死后成宗"遣重臣来赗，敕百官送葬。送者尽哀，葬于白只剌山之先茔"。[④] 成吉思汗属下四杰之一博尔浑的曾孙月赤察儿在武宗时任和林行省右丞相，在大都病死。"上敕少府，以香木为棺，给驿马百，送葬北地。"[⑤] 四杰之一木华黎的玄孙安童，是忽必烈时代的右丞相，死后"素车朴马，归葬只阑秃之先茔"。[⑥]

但随着时间的推移，内迁的很多蒙古人已逐渐认同汉族的殡葬方式，遗体不再送回草原，而是在定居的地方埋葬。安童之孙拜住，英宗时任中书右丞相，死后"葬于宛平县□□乡田村之原"。[⑦] 蒙古大臣哈剌哈孙，成宗时曾任中书右丞相，武宗时为和林行省左丞相，死于漠北和林。武宗"敕大兴尹买葬地昌平阳山南之原，曰：'使天下后世知吾贤相耳。'乃胥议为石冢。枢至，以是月二十有九日葬焉"。[⑧] 也速歹儿出于开国功臣家族，曾任江浙行省平章，死后"还葬于大都宛平县郎山之原"。[⑨] 蒙古凯烈（克烈）部人拔实任河西廉访使，死后"返枢至大兴，以二月某甲子葬于宛平县

① 《世界征服者史》上册，何高济译，内蒙古人民出版社，1981，第 224 页。
② 《世界征服者史》上册，第 225 页注 30。
③ 《马可波罗行记》，冯承钧译，上海书店出版社，2001，第 147 页。
④ 元明善：《丞相淮安忠武王碑》，《国朝文类》卷 24，第 308 页。
⑤ 元明善：《太师淇阳忠武王碑》，《国朝文类》卷 23，第 291 页。
⑥ 元明善：《丞相东平忠宪王碑》，《国朝文类》卷 24，第 302 页。
⑦ 黄溍：《中书右丞相郓王神道碑》，《金华先生文集》卷 24，《四部丛刊》本，第 6 页上。
⑧ 刘敏中：《丞相顺德忠献王碑》，《刘敏中集》卷 4，第 35 页。
⑨ 黄溍：《安庆武襄王神道碑》，《金华先生文集》卷 24，《四部丛刊》本，第 11 页上。

池水里双隄之原"。① 以上诸人的坟墓都安置在大都郊区。蒙古人纯直海，曾"镇怀孟"。"薨和林，敕葬山林之旁。"② 其子大达立，从军平南宋，守建德。至元十七年，"以疾薨于建德，归葬于怀之某原，寿年若干"。③ "怀"指纯直海镇守的怀孟路（治今河南沁阳），其孙咬住同。别的因，蒙古乃蛮氏。母张氏。"盖北俗丧礼极简……见新月即释服。迨公居张夫人之丧，始悉用中国礼，逾年乃从吉。"张夫人死于至元二十一年。④ 忽都达而，蒙古捏古歹氏，父死，"卜地于吴山万松岭之侧以葬焉。公居丧悉用古礼，庐于墓次三年"。忽都达而进士及第，用庐墓三年的"古礼"，无疑是传统儒家的葬仪。忽都达而死后，葬于父墓之左。⑤

第四节　回回和其他族的丧葬

除了汉族、蒙古族之外，元朝疆域之内还有许多大小不等的族群。关于他们丧葬的情况，记载不多，只能做简单的叙述。

元代有许多来自中亚、西南亚的伊斯兰教徒，称为回回。回回人分布很广，主要集中在杭州、泉州、广州等港口城市。著名文人周密长期生活在杭州，他对回回人的丧葬生活有相当细致的观察："回回之俗，凡死者专有浴尸之人，以大铜瓶自口灌水，荡涤肠胃秽气令尽。又自顶至踵净洗，洗讫，然后以帛拭干，用纻丝或绢或布作囊，裸而贮之，始入棺敛。棺用薄松板，仅能容身，他不置一物也。其洗尸秽水则聚之屋下大坎中，以石覆之，谓之招魂。置卓子坎上，四日一祀以饭，四十日而止。其棺即日便出瘗之聚景园，园亦回回主之。凡赁地有常价，所用砖灰匠者，园主皆有之，特以钞市之。直方殂之际，眷属皆劙面，捽披其发，毁其衣襟，蹢踊号泣，振动远近。棺出之时，富者则丐人持烛撒果于道，贫者无之。既而各随少长，拜跪如俗礼，成服者，然后咶靴尖以乐，相慰劳之，意止令群回诵经。后三日，再至瘗所，富者多杀牛马以飨其类，并及邻里与贫丐者。或闻有至瘗所，脱去其棺，赤身葬于穴，以尸面朝西云。"⑥ 周密的叙述，大体是可信的，但也有失实之处，例如说丧家把洗尸秽水聚

---

①　黄溍：《凯烈公神道碑》，《金华先生文集》卷25，《四部丛刊》本，第8页上。

②　刘敏中：《益都行省达鲁花赤珊竹公神道碑》，《刘敏中集》卷6，第58页。

③　刘敏中：《福建道宣慰使珊竹公神道碑》，《刘敏中集》卷6，第60页。

④　黄溍：《答禄乃蛮氏先茔碑》，《金华先生文集》卷28，《四部丛刊》本，第15页下。

⑤　黄溍：《捏古㔿公神道碑》，《金华先生文集》卷27，《四部丛刊》本，第14页上～第15页上。

⑥　周密：《癸辛杂识》续集上《回回送终》，吴企明点校，中华书局，1988，第142～143页。

起来"谓之招魂","方殂之际，眷属皆劗面……振动远近"，"咶靴尖为乐"等，都是不合实际的。[1] 上面周密指出"聚景园"是杭州回回人埋葬之所。西域阿鲁温人道吾，"因宦于杭，复居钱塘拱卫乡。……卒葬杭城灵芝寺左聚景园中，而剌哲君祔焉。"[2] 剌哲是道吾的儿子。阿鲁温人亦信奉伊斯兰教。[3] 这可以说明聚景园确是杭州回回人的公共墓地。泉州等地亦有回回人的墓地。

图1-3　泉州伊斯兰教徒墓碑

现存元代法律文书中有一篇《畏吾儿丧事体例》，无疑是一篇官方文书，但颁发的时间没有记载。从中可知，首先，畏吾儿（即畏兀）的丧葬，既有土葬，也有火葬。土葬有"棺子"、"孝车"，"立坟地的埋葬的"。火葬"烧了收骨殖呵，休似人模样包裹者"。其次，举行丧葬时，"女孩儿、媳妇儿每带白孝，散头发者"，"俗人每散头发者"。散头发应是畏吾儿人丧葬时必须要做的。再次，"斋和尚唸经"是"合用的"，这是因为元代畏吾儿人大多信奉佛教。最后，"人死呵，休推着做享祭的茶饭，杀马、杀牛、杀羊者。伴灵聚的人每根的，与素茶饭者"。在另一件有关文书中上位（皇帝）圣旨说，"丧事多宰杀"是"汉儿体例"。"汉儿体例休随者，休宰杀者。……宰杀呵，那畏吾儿底家缘一半断了者。"即依汉人体例丧葬者没收一半家财。[4]

和蒙古人一样，回回和其他来自中亚、西南亚的族群入居中原以后，逐渐受到中原的丧葬习俗的影响。西域人"居中土也，服食中土也，而惟其国俗是泥也"。但在中原环境影响下，各种习俗也逐渐变化。元代回回诗人丁鹤年，曾祖是巨商，祖、父均为地方官。其父死时，"鹤年年甫十二，已屹然如成人。其俗素短丧，所禁止者独

①　丁国勇：《回回风俗习惯的形成与演变》，《中国回族研究》第1辑，宁夏人民出版社，1991。
②　宋濂：《西域浦氏定姓碑文》，《宋文宪公全集》卷9，第19页上。
③　杨志玖：《元代的阿儿浑人》，《杨志玖文集·元代回族史稿》，中华书局，2015，第33～42页。
④　《元典章》卷30《礼部三·礼制三·丧礼·畏吾儿丧事体例》，第106页。

酒。鹤年以为非古制，乃服斩衰三年，仍八年不饮酒"。①"短丧"应指守丧时间较短，但在守丧期间不许饮酒。"古制"指中原传统的守制三年。丁鹤年有很深的儒学修养，接受了中原的制度，守制三年。西域人哈扎尔哈济和妻荀夫人"皆殡于燕"，子孙分殡大名等地。"南北契阔，凡几易年，始合于一。"其孙和叔，在安阳买地"为兆域，迁祖考妣、考妣、兄以泰定四年岁丁卯二月癸酉葬焉"。即采取中原传统族葬的方式。族人中有死亡者"俱祔焉"。②康里回回去世，"其子某即奉柩葬于宛平县东安先茔之次"。③可知在大都近郊亦有色目人家族的墓地。哈剌鲁人柏铁木尔，仁宗时为中书平章政事、大都留守，"太保（其父曲枢——引者）之属疾也，王治汤药，时寝兴不少懈，及疾不可为，治丧尤谨。族人欲守本俗，王（柏铁木尔——引者）不可，曰：'罔极之恩，既无以报，今居乎中国，独不可行先王之礼乎？不然，是不以礼待吾亲也。'躬衰绖居倚庐，哭踊以节，荐奠以时。后居内忧，亦如之。遂世守为家范"。④入居中原、江南的色目人，有的亦行三年之丧。阿里马里（今新疆伊宁一带）人骚马，其家族在济宁（治今山东济宁）定居。骚马营造父母墓，"因庐于侧，迄三年如一日。既免丧，复筑报德堂四楹，塑像其中，四时祭享，以展孝思"。⑤"报德堂"类似于中原传统的家族祠堂。

据马可·波罗记载，沙州（今甘肃敦煌）唐古忒人（党项人，即西夏遗民）有焚尸之俗，焚尸时由星者选定吉日。⑥忽必烈任命赛典赤主持云南政务，当地风俗为之一变，"云南俗无礼仪，男女往往自相配偶，亲死则火之，不为丧祭。……赛典赤教之拜跪之节，婚姻行媒，死者为之棺椁奠祭"。⑦可知云南原来盛行火葬，后逐渐改为土葬。

第五节 收埋孤老及无名尸体

由于战乱以及不断发生的各种灾害，元代南北各地无人收敛的尸体很多，还有一些贫民死后无地可葬，这些都成为突出的社会问题。朝廷和各级官府为此采取了一些

---

① 戴良：《高士传》，《戴良集》卷19，李军、施贤明校点，吉林文史出版社，2009，第218~219页。
② 许有壬：《西域使者哈扎尔哈济碑》，《至正集》卷53，《北图古籍珍本丛刊》第95册，影印清抄本，第272~273页。
③ 宋濂：《康里公神道碑铭》，《宋文宪公全集》卷41，第15页下。
④ 黄溍：《太傅文安忠宪王家传》，《金华先生文集》卷43，《四部丛刊》本，第14页下。
⑤ 苏若思：《乐善公墓碑》，《（道光）钜野县志》卷20。
⑥ 《马可波罗行记》，第117页。
⑦ 《元史》卷125《赛典赤传》，第3065页。

应对措施。

蒙古前四汗时期，战事连年，社会动乱，人口锐减，以致尸骨遍地，疮痍满目。蒙古灭金时，泽州（今山西晋城）被毁，"室庐扫地，市井成墟，千里萧条，阒其无人"。乙未登记时，"本州司县共得九百七十三户。司候司六十八户，晋城二百五十五户"。①晋城县令崔达，"恻然有动于心，乃于野外拾遗骸而瘗之"②。泽州长官段直将"郊野暴露之骸，敛而哀之"，加以埋葬。③泽州地区（晋城属泽州）收拾遗骸，是当地少数官员的行为，总的来说这一时期蒙古汗廷和"汉地"大多数地方官员对此是漠不关心的。忽必烈即位后，推行"汉法"，进行政治体制改革。中统元年（1260）五月，设立十路宣抚司。为此发布《宣抚司条款》，对宣抚司的职责做出规定。④其中一款是："据各路见暴露骸骨，仰所在官司依理埋瘗，奠祭追荐，做好事。"⑤首次明确收埋暴露的骸骨是地方政府的职责。至元十一年（1274）七月，御史台呈："山北辽东道提刑按察司申：'北京等处遇有身死不明之人，官司初、复检讫，不行埋瘗，将尸棚树栈阁，道致风日吹曝，蝇虫蛄喋，夏月肤裂，脂肉溃流，薰触天地。参详，如初、复检过，责付尸亲埋瘗。遇无尸亲者，责付停尸地主、邻佑，权行丘埋，插立封牌，标写年颜行貌，使行旅广传，尸亲知而来认，以厚风俗。'兵、刑部议得：'依准所拟'。"这个建议得到中书省批准，颁布施行。⑥北京是金朝旧名，元初沿用，后改大宁路，治今内蒙古宁城。这件文书是针对无名尸体而发。可知直到此时尸骨暴露仍是相当普遍的现象。至元十五年，礼部和户部审议北京等路行省有关火葬的报告时认为："其贫民无地葬者，则于官荒地埋了，无人收葬者官为埋瘗。"中书省"遍行合属，依上施行"。⑦这是针对无地及无人收葬贫民而发。成宗大德五年（1301）九月钦奉圣旨条画内一款："孤老若有老病身故者，于城廓周围空闲官地斟酌标拨为坟，官为给棺木，令孤老头目衣装，仵作人应付舁车埋瘗。合用棺板价钱，于赃罚钱内支给。"⑧"孤老"实际上就是无地及无人收葬的贫民。上述法令一直延续下来。《元史·刑法志》载："诸掩骼埋胔，有司之职。或饥岁流莩，或中路暴死，无亲属收认，应闻有司检

---

① 《泽州图记》，《庄靖集》卷8，《文渊阁四库全书》本。
② 李俊民：《县令崔仲通神霄宫祭孤魂碑》，《庄靖集》卷9，第9页下。
③ 李俊民：《郡侯段正卿祭孤魂碑》，《庄靖集》卷9，第7页下。
④ 植松正：《元代条画考》（一），《香川大学教育学部研究报告》第1部第45号，1978年10月。
⑤ 《元典章》卷30《礼部三·礼制三·丧礼·收埋暴露骸骨》，第1066页。
⑥ 《通制条格校注》卷27《杂令·掩骼埋胔》，第647页。
⑦ 《元典章》卷30《礼部三·礼制三·丧礼·禁约焚尸》，第1062页。
⑧ 《元典章》卷34《兵部一·军役·病故·病死军人棺木》，第1200～1201页。

覆者，检覆既毕，就付地主邻人收葬；不须检覆者，亦就收葬。"① 实际上是对元朝上述有关法令的总结。收敛无名或贫不能葬者尸体，成为地方官员的一项政绩。如平滦路达鲁花赤阿台，"死不能葬者，为出棺椁衣被敛之。"② 由此不少地方出现了"义冢"（参见本编第三章第四节"义冢"）。

此外，还有病死军人的收埋。大德十一年（1307）十二月《至大改元诏书》内一款："远方交换军官、军人，往还行粮，依例应付。患病者官为给医药，死者官为埋瘗。"江陵路（治今湖北江陵）录事司官员报告："比照养济院贫子，除柴米衣装依时支给外，遇有死者，例给棺板，明破官钱。而况远近屯戍军人，弃父母，抛妻子，征进劳效之苦，不能悉举，反不若孤贫坐请无用之徒。莫若今后遇军病死者，如有遗留钱物，除买棺板外，官为见数封贮。无者，照依贫子例应付。各处提调官令仵作行人扛抬于高阜利便处埋瘗，定立名牌，以待尸亲识理给付。此则实为激劳效、养生丧死无憾之一也。"荆湖北道宣慰司按大德五年圣旨条款，建议"过往病死军人，……照依贫子例，赎罚钱内一体放支相应"。河南行省、枢密院、户部均同意。③

至大二年（1309）九月庚辰朔，"以尚书省条画诏天下"。其中一款是："各处人民，饥荒转徙，疾疫死亡，虽令有司赈恤，而实惠未徧。……田野死亡，遗骸暴露，官为收拾于系官地内埋瘗。"④ 由于连年灾荒，流民转徙死亡，尸骸暴露无人收瘗现象很普遍。至大三年十一月，"庚辰，河南水，死者给槽，漂庐舍者给钞，验口赈粮两月"。⑤ 泰定二年（1325）闰正月，"南宾州、棣州等处水，民饥，赈银二万石，死者给钞以葬"⑥。三年七月庚申，"命瘗京城外弃骸，死状不白者，有司究之"。八月"扬州崇明州大风雨，海水溢，溺死者给棺敛之"。十一月，"崇明州海溢，漂民舍五百家，赈粮一月，给死者钞二十贯"。十二月，"大宁路大水，坏田五千五百顷，漂民舍八百余家，溺死者人给纱一定"。泰定四年正月，"大宁路水，给溺死者人钞一定"。七月，"衢州大雨水，发廪赈饥者，给漂死者棺"。⑦ 后至元六年（1340）十月，"是月，河南府宜阳等县大水，漂没民庐，溺死者众。人给殡葬钞一定，仍赈义仓粮两月"。⑧

---

① 《元史》卷102《刑法志：二·职制上》，第2620页。
② 廉惇：《塔本世系状》，《永乐大典》卷13993。
③ 《元典章》卷2《圣政一·抚劳士》，第58页；卷34《兵部一·军役·病故·病死军人棺木》，第1200～1201页。
④ 《元史》卷23《武宗纪二》，第515页。
⑤ 《元史》卷23《武宗纪二》，529页。
⑥ 《元史》卷29《泰定帝纪一》，第654页。
⑦ 《元史》卷30《泰定帝纪二》，第672、673、675、676、676、680页。
⑧ 《元史》卷40《顺帝纪三》，第858页。

显然，元代中期起，地方官府收埋尸骨的重点，已转移到各种灾难的死亡者。对死者给钞抚恤，给棺埋葬，已经成为救灾措施的重要组成部分。

至正十八年（1358），京城大饥，完者忽都皇后"命官为粥食之。又出金银粟帛命资正院使朴不花于京都十一门置冢，葬死者遗骸十余万，复命僧建水陆大会度之"。[1]"至正十八年，京师大饥疫，时河南北、山东郡县皆被兵，民之老幼男女，避居聚京师，以故死者相枕藉。不花欲要誉一时，请于帝，市地收瘗之。帝赐钞七千定，中宫及兴圣、隆福两宫，皇太子、皇太子妃赐金银及他物有差，省院赐者无算。不花出玉带一、金带一、银二定、米三十四斛、麦六斛、青貂银鼠裘各一袭以为费。择地自南北两城抵卢沟桥，掘深及泉，男女异圹，人以一尸至者，随给以钞，舁负相踵。既覆土，就万安寿庆寺建无遮大会。至二十年四月，前后瘗者二十万，用钞二万七千九十余定、米五百六十余石。又于大悲寺修水陆大会三昼夜，凡居民病者予之药，不能丧者给之棺。"[2] 这是一次由朝廷发起的大规模收拾埋瘗遗骸的举动。没有多久，元朝就灭亡了。

除了朝廷和地方官府，民间人士亦有从事遗骸收葬者，为此常建造收埋遗骨的"义阡"（参见本编第三章第四节）。不少僧人以此为行善事。例如，"岁丁未，吴越大旱，师（杭州东天竺兴元寺僧湛堂法师——引者）为说法祷禳……死无以敛，则为掩其遗骸，仍作大会普度之"。[3]"初，丁未、戊申岁大祲饥，死疫者骸胔狼藉，师（富阳慈修护圣禅院僧行修——引者）用浮屠法敛而焚之，且率其徒诵经环绕，喻以迷悟因缘"。[4] 富阳今浙江富阳，元时属杭州路。

①　《元史》卷114《后妃传二·完者忽都皇后奇氏》，第2880页。
②　《元史》卷204《宦者·朴不花传》，第4552页。
③　黄溍：《上天竺湛堂法师塔铭》，《金华先生文集》卷41，《四部丛刊》本，第7页上～下。
④　王沂：《慈修护圣禅院记》，《伊滨集》卷9，《文渊阁四库全书》本。

第二章
殡葬习俗

第一节　火葬的流行

火葬在中国起源甚早。宋辽金时期，南北火葬都很流行。有元一代，仍然如此。

江淮以北地区火葬普遍。大都是元朝的都城。忽必烈时代，监察御史王恽说：中都地区"父母之丧，例皆焚烧，以为当然。习既成风，恬不知痛"。[①]中都是金朝旧名，即后来大都。王恽曾举一例，在都人匠赵春奴之母阿焦身死，"只于当晚焚烧了当"。[②]元末大都地方志记，病故者棺木运"至门外某寺中，孝子家眷止就寺中少坐，一从丧夫烧毁。寺中亲戚饮酒食肉。尽礼而去。烧毕或收骨而葬于累累之侧者不一。孝子归家一哭而止，家中亦不立神主。若望东烧，则以浆水酒饭望东洒之；望西烧亦如上法。初一、月半，洒酒饭于黄昏之后"。[③]高丽时代的汉语教科书《朴通事》主要记大都社会生活，其中一则记老曹死后，"尸首实葬了那怎的？烧人场里烧着，寺里寄着里"。[④]可知火葬的场所称为"烧人场"，火化后的遗骨就寄放在佛寺里。著名建筑师尼波罗（今尼泊尔）人阿尼哥长期在大都工作、生活，信奉佛教，死后"从本国阇维之礼"。[⑤]翰林学士承旨、畏兀人安藏是虔诚的佛教徒，死后"阇维于国西南门外"。[⑥]"国"指大都城，"阇维"是梵语音译，在中国古籍中又作"茶毗"、"荼毗"，

---

① 王恽：《论中都丧祭礼薄事状》，《秋涧先生大全集》卷84，第1页上～下。
② 王恽：《弹赵春奴不孝事》，《秋涧先生大全集》卷88，第1页上～下。
③ 《析津志辑佚·风俗》，第209～210页。
④ 《朴通事》，《近代汉语语法资料汇编·元代明代卷》，第336页。
⑤ 程钜夫：《凉国敏慧公神道碑》，《程钜夫集》卷7，第80页。
⑥ 程钜夫：《秦国文靖公神道碑》，《程钜夫集》卷9，第94页。

即火化之意。

大都之外，"北京路百姓，父母身死，往往置于柴薪之上，以火焚之"。[①]北京路治在今内蒙古宁城，路辖地约当今内蒙古、辽宁和河北交界地带，是个多民族杂居地区。赵时勉为定陶县尹，"民有亲死欲火之者，君以理喻之而止"。[②]定陶在元代属曹州，直隶中书省。今定陶属山东。早期散曲名家杜仁杰在《[盘涉调·要孩儿]喻情》中写道："葬瓶中灰骨是个不自由的鬼。"[③]杜仁杰是济南长清（今山东长清）人，长期在东平（今山东东平）生活，他描写的是山东一带风俗。兴元路儒学教授王无疾，"尤切戒人焚毁死者"。[④]兴元路（路治在今汉中市）属陕西行省。延祐五年（1318），锦州强盗打死曹大用，劫讫段匹等物。"巡检扈永泰不即依时捉贼，司吏李智等令事主将被害身尸焚烧。"[⑤]锦州属辽阳行省大宁路，今辽宁锦州市。至元十一年，梁贞为代州知州，"以革禁火葬，而送终之礼以厚"。[⑥]代州属冀宁路，直隶中书省，今山西代县。可知山东、陕西、东北和山西都有火葬之风。

考古发现为北方很多地区提供了火葬的证据。1968～1983年，北京市发现清理了较完整的元代墓葬20座，8座为火葬墓。[⑦]其中一座墓主张弘纲生前官昭勇大将军、万户。墓室内有石棺两具，都有骨灰，另有木棺一具。张弘纲和一位夫人实行火葬，另一夫人土葬。[⑧]这是上层人物火葬的例子。1990年北京朝阳区南豆各庄元代石棺墓，石棺中放置骨灰和陶质冥器。上都城址东南砧子山西区发掘73座元代墓葬中，属骨灰葬的有22座。[⑨]上都在今内蒙古正蓝旗境内。徐水（今河北徐水）西黑山金元平民家族墓葬发掘62座，内3座有火葬遗迹。[⑩]石家庄后太保村史氏墓群共9座，内M5棺床上有火烧过的灰黑色人骨碎块。同类墓葬还有M6。M4是长方形多室砖墓，内E室棺木窄小，人骨已成黑色碎块，系火葬。[⑪]山西大同东郊元代崔莹李氏墓，是方形券顶砖室墓，墓室后部有砖砌棺台，上面并列两桌式陶棺床，上置长方形石棺，正面楷书

① 《元典章》卷30《礼部三·礼制三·丧礼·禁约焚尸》，第1062页。
② 苏天爵：《定陶县尹赵君墓碣铭》，《滋溪文稿》卷18，第290页。
③ 《重辑杜善夫集》，济南出版社，1994，第72页。
④ 蒲道源：《青渠王先生墓志》，《闲居丛稿》卷25，《四库全书》本。
⑤ 《元典章新集·刑部·巡捕不获贼·扈巡检不即拿贼》，第2191页。
⑥ 许有壬：《梁公神道碑》，《至正集》卷56，《元人文集珍本丛刊》影印宣统三年石印本，第66页上。
⑦ 黄秀纯等：《北京地区发现的元代墓葬》，北京市文物研究所编《北京文物与考古》第2辑，第219～248页。
⑧ 北京市文物研究所：《元铁可父子墓和张弘纲墓》，《考古学报》1986年第1期。
⑨ 内蒙古文物考古所等：《元上都城址东南砧子山西区墓葬发掘简报》，《文物》2001年第9期。
⑩ 《徐水西黑山：金元时期墓地发掘报告》，第368～369页。
⑪ 河北省文物研究所：《石家庄市后太保元代史氏墓群发掘简报》，《文物》1996年第9期。

"崔莹李氏"，棺内有绢裹的骨灰，内有耳坠、戒指。[1]山西襄汾丁村 1 号元墓墓室中东南、西南、西北三角以及北壁正中各放一堆火烧过的骨殖，当系代表四个人体。[2]

以上是北方的情况。江南火葬也很流行。"吴越之人养生务繁华，送死殊忽略。亲之遗骸率投畀水火，与委之于壑何异？"[3]"吴越"指的是江浙行省所辖地区，大体相当于今天的浙江、江苏南部以及江西、安徽部分地区。江浙行省又分浙西、浙东和江东。浙西经济、文化在全国都处于领先地位，其中最著名的是杭州路和平江路。杭州原是南宋的都城，在元代则是江浙行省治所，可以说是元代江南甚至全国最繁华的城市。"杭故俗，家有丧……举枢畀之炎火，拾烬骨投之深渊。"[4]华亭（今江苏松江）王泰来客居杭州，是元初名士，"公没之十有五日，二子用公治命，从乾毒道阇维"。[5]"乾毒道"指印度佛教。[6]永嘉（今浙江温州）项止堂死于杭州，"其子昕以道梗不能奉枢归葬，遂遵治命，火化于郭外之七宝山。后若干年……始克函骨卜葬于余姚某乡之某原"。[7]杂剧作家郑光祖"病卒，火葬于西湖之灵芝寺"。[8]大旅行家马可·波罗盛赞杭州的繁荣。据他观察，"尚有别一风习，富贵人死，一切亲属男女，皆衣粗服，随遗体赴焚尸之所。行时作乐，高声祷告偶像，及至，掷不少纸绘之仆婢、马驼、金银、布帛于火焚之。彼等自信以为用此方法，死者在彼世可获人畜、金银、绸绢。焚尸既毕，复作乐，诸人皆唱言，死者灵魂将受偶像接待，重生彼世"。[9]马可·波罗所说可以与元代文献记载相互印证。至元二十四年（1287），方回说："钱塘故大都会，承平时城东西郊日焚三百丧有奇，月计之万，岁计之十二万。亩一金而岁欲十二万穴，势不可，故率以火化为常。"[10]这是关于火葬的珍贵资料。方回是南宋官员，后投降元朝，长期在杭州生活。他所说"承平时"无疑是就南宋而言。据记载，南宋末年杭城所在的钱塘、仁和两县 186330 户 432046 口。[11]宋代的"口"可能不包括女性或未成丁，如以历史上平均每户 5 口计，杭城人口在百万左右。而据方回所说，每

① 大同市文化局文物科：《山西大同东郊元代崔莹李氏墓》，《文物》1987 年第 6 期。
② 陶富海：《山西襄汾县的四座金元时期墓葬》，《文物》1986 年第 12 期。
③ 《送杨叔昭序》，《定宇先生文集》卷 2，清康熙刊本，第 21 页上。
④ 柳贯：《卢氏母碣铭》，《柳贯集》卷 11，第 298 页。
⑤ 赵孟頫：《有元故征士王公墓志铭》，《赵孟頫文集》卷 8，任道斌点校，上海书画出版社，2010，第 157 页。
⑥ 印度古称乾竺，又作"身毒"、"天竺"。"乾毒"应与"乾竺"、"身毒"同义。
⑦ 戴良：《项止堂墓志铭》，《戴良集》卷 29，李军、施贤明校点，吉林文史出版社，2009，第 332 页。
⑧ 《录鬼簿》卷下，《中国古典戏曲论著集成》本，中国戏剧出版社，1959，第 119 页。
⑨ 《马可波罗行记》，第 362 页。
⑩ 方回：《普同塔记》，《桐江续集》卷 35，《文渊阁四库全书》本，第 21 页上。
⑪ 《咸淳临安志》卷 58《户口》。

年死亡火化者不下于 12 万。虽然无法知晓杭城每年的死亡人数，从而对土葬、火葬做出正确的计算；但大体可以认为，火葬在杭城殡葬中占有重要的比例，不下于土葬，甚至比重更大。入元以后，这种情况应无多大变化，所以方回才在文章中引用这个数字。

浙西的另一重要地区平江路（治今江苏苏州）和杭州相似，火葬事例很多。"苏之俗嗜浮屠法，丧亲以烬骨水瘗为贵。"林以义之母张夫人去世，"卒后六日，奉枢化于吴江之东门外，遂之垂虹亭、观音阁下归骨焉"。① "吴人张云景葬其亲于武丘灵寿冈之原。……吴中士风，无论贵贱，家亲死，悉弃于火。……景云氏独能痛其亲，拔去恶习，营善地以藏其亲，躬负土成坟，庐墓者三月而不忍去。" ② 姑苏（平江古名）王斌为吏，"母没，斌执丧哀恸骨立。吴俗葬其亲以火，斌……黄肠其棺，葬母阊门外之原"。③ 淮南儒学提举戴良之姜李氏"感暴疾而亡……亡后三日，用浮屠法火，厝于吴东门外，函其骨葬灭度桥水裔"。④ 殷奎，昆山（今江苏昆山）人。"里中庸富人恒竭资以送死，类以土薄不葬，而卒委之于水火，先生独葬其祖若父一遵棺衾冢圹之制，人以为难，咸谓殷氏有子焉。" ⑤ 昆山曹氏去世，"吴俗尚佛氏，死者火之。其子辙卓然能矫俗之弊，以礼葬石浦之原，与处士同域"。⑥ 昆山属平江路。从以上记载来看，平江居民无论贵贱普遍流行火葬，成为一种社会风气。少数对父母实行土葬者被认为"矫俗之弊"，因而得到反对火葬者的表彰。杭州、平江之外浙西其他地区也有火葬的记载。松江官员谢礼置义阡，规定"火而函者，地五尺，米五斗，仍深其坎，崇其封，大书居里姓名而谨志之"。⑦ 义阡就是免费的公共墓地。荆溪（今江苏宜兴，元属常州路）芳村吴义安"以父母烬骨置祖祠梁上，终身不葬。后生子不肖，亦如之"。⑧

浙东包括绍兴（今浙江绍兴）、庆元（今浙江宁波）和处州（今浙江丽水）等地。绍兴人阎育，"父母皆从越俗火葬，而投骨清渊之中"。⑨ 可知火葬是"越俗"，"越"

① 宋濂：《姑苏林君母墓铭》、《宋文宪公全集》卷 34，《四部备要》本，第 19 页上。
② 杨维祯：《张氏瑞兰记》，《东维子集》卷 18，《文渊阁四库全书》本，第 9 页下～第 10 页上。
③ 杨维祯：《思亭记》，《东维子集》卷 17，第 35 页上。
④ 戴良：《亡妾李氏墓志铭》，《戴良集》卷 14，第 158 页。
⑤ 卢熊：《故文懿殷公行状》，《强斋集》卷 10《附录》，《文渊阁四库全书》本，第 27 页上。
⑥ 谢应芳：《吴处士妻墓志铭》，《龟巢稿》卷 19。
⑦ 贡师泰：《义阡记》，《贡氏三家集·贡师泰玩斋集》卷 7，邱居里、赵居友校点，吉林文史出版社，2010，第 317～318 页。
⑧ 《至正直记》卷 2《不葬父母》，上海古籍出版社，2012，第 85 页。
⑨ 宋濂：《阎府君墓碣》，《宋文宪公全集》卷 10，第 6 页下。

指绍兴地区。四明（今宁波）僧人普容，为乾符寺观主。"岁大饥且疫，为粥活其不能自食者，用阇维法敛送其死无所归者。"① 处州梁椅是南宋进士，后降元。他坚决反对火化，认为："释氏荼毗固其俗，然俚夫贱民力不足备美价，买抔土，则习其愚而从夷狄，莫之禁也。何为乎数年来吾乡阀阅之家、逢掖之士而忍此哉？"他认为自"世变反覆"之后，"风习趋薄，如水就下，而为人父母死得全其躯者，于是鲜矣"。② 显然，处州无论贵贱都行火葬。江东包括集庆（路治今江苏南京）、宁国（路治今安徽宁国）等地。溧阳（属集庆路，今江苏溧阳）儒生孔齐，反对火葬，他说自己的"五叔逊道同知丧妻厉氏，既从异端，烬骨寄僧舍中，又无故终身不葬……困饿而死。庶子克一，亦从异端，焚化复寄僧舍中，与其母骨相并"。③

江南其他地区亦有火葬的记载及考古发现。潭州路（路治在今湖南长沙）录事司居民杜庆在至元十五年（1278）正月十二日病死，其妻杜阿吴在十八日将夫尸"焚化，将骸骨令夫表弟唐兴分付赵百三扬于江内"。并称赵百三为"撒扬骨殖人"。④ 显然，赵百三是专门从事在江内撒扬骨殖者，由此亦可知火化在当地应很普遍。广东佛山鼓颡岗发现四座元代土坑墓。编号为墓4–7。火化后的骨灰均葬在黑釉小陶罐中，然后将小罐放入大陶罐，用石灰密封后再放在用麻石凿成的圆筒形大石盒内。其中墓4出土大陶罐盖内墨书"至正弍年"等字；墓5出土大陶罐盖内墨书"至正九年"等字，罐内有三重麻布，重重包着骨灰。⑤ 福宁王荐，"州禁民死不葬者，时民贫未葬者众，畏令，悉焚柩，弃骨野中。荐哀之，以地为义阡收瘗之"。⑥

如前所述，大都有专门的火化场所烧人场。从《析津志》的记载来看，烧人场应在佛寺中或邻近佛寺。杭州火葬为数甚多，亦应有专门的场所。从上面列举的一些记载来看，西湖之灵芝寺和城外七宝山可能设有火化场。嘉兴（今浙江嘉兴）濮鉴，因大灾之年入粟补官，出任淮安路屯田打捕同提举，生前曾"指祖茔之西大树谓庵僧曰：'我死，可化于此。'众讶其语不祥，皆愕眙相视"。死后，"孤允中不敢违先意，以是年十二月九日火化于所指之地"。⑦ 这说明火化场所亦可以自行选择。

火化后骨灰有几种处理方式。一种是将遗骨投于水中，前面所举杭州、平江、绍

① 黄潽：《四明乾符寺观主容公塔铭》、《金华先生文集》卷42，《四部丛刊》本。
② 梁椅：《戒火化文》，《（成化）处州府志》卷4，转引自《全元文》，江苏古籍出版社，2001，第22册，第328页。
③ 《至正直记》卷2《妻死不葬》，第85页。
④ 《元典章》卷18《户部四·婚姻·服内婚·焚夫尸嫁断例》，第668～669页。
⑤ 曾广亿：《广东佛山鼓颡岗宋元明墓记略》，《考古》1964年第10期。
⑥ 《元史》卷197《孝友传一》，第4453页。
⑦ 赵孟頫：《濮君墓志铭》，《赵孟頫文集》卷9，第167页。

兴、松江均有此风。"火葬兴，故有沈其遗于水者矣。"[1]另一种则将骨灰放在棺木或其他盛器中（骨灰匣等）再行土葬。大都火葬墓便是实证。上述王泰来遗体火化后，其子"奉公遗骨葬西湖茅家步积庆山之阳"。[2]濮鉴遗体火化后，其子"奉函骨于堂，迨今八年。允中曰：'吾非不能葬也，顾函存则亲存，葬则亡矣，是以弗忍也。然岂容终不归于土乎？'乃卜以延祐七年十一月二七月，祔葬祖茔之旁"。[3]项止堂死于杭州，"其子昕以道梗不能奉柩归葬，遂遵治命，火化于郭外之七宝山。后若干年……始克函骨卜瘗于余姚某乡之某原"。[4]后至元六年（1340），王元恭为绍兴路总管，"俗尚茶毗，葬埋无所。遂捐俸买山表义阡以瘗之"。[5]各地考古发掘的墓葬中有不少骨灰墓，有的在棺木中，有的直接放在棺床上。还有的将骨灰匣寄存于佛寺中。僧人、道士遗骨火化后常收藏在塔中，称为普同塔。有的普同塔亦收俗人骨灰。详见本编第三章第四节。

　　文艺作品常常反映现实生活。元代杂剧中有不少地方涉及火葬。杂剧《施仁义刘弘嫁婢》中，李春郎之父李逊（字克让）病死，其母说："春郎，便将你父亲焚化了，寄在报恩寺里浮坅着。"母子二人投奔财主刘弘，刘弘命人"将那李克让的骨榇儿取将来，高原选地，破木造棺，建起坟茔呵，我自有个祭祀的礼物"。另一个女子裴兰孙的父亲裴使君"被歹人连累身亡，无钱埋殡"，卖身到刘弘家。她对刘弘说："俺父亲的骨殖，在南薰门外报恩寺里寄着哩。"刘弘"将裴使君的骨殖高原选地，破木造棺，建了坟茔了也。"[6]剧中叙述的程序是，火化，装在榇中，寄存在佛寺，再盛在棺中建造坟茔。这是一种常见的火葬模式。《邹梅香骗翰林风月》中，白敏中因想念裴小蛮小姐病倒，梅香（丫鬟）樊素调侃他说："怕哥哥死时，削一条柳橛儿把你来火葬了。"[7]《吕洞宾度铁拐李》中，郑州都孔目岳寿病死，"岳寿的妻，将他尸骸焚化"。吕洞宾请阎王放他还阳，因原尸已不存在，只好借他尸还魂。[8]《昊天塔孟良盗骨》中，杨令公的灵魂说，撞碑死后，"被番兵将我尸首焚烧了，把骨殖吊在幽州昊天塔尖上"，骨殖装在"小匣儿"中。[9]

　　火葬的流行，原因是多方面的。首先，它与佛教信仰有密切的关系。"自浮图氏

① 贡师泰：《义阡记》，《贡氏三家集·贡师泰集》卷7，第318页。
② 《有元故征士王公墓志铭》，《赵孟頫文集》卷8，第157页。
③ 《濮君墓志铭》，《赵孟頫文集》卷9，第167页。
④ 戴良：《项止堂墓志铭》，《戴良集》卷29，第332页。
⑤ 朱文刚：《王侯去思碑》，《两浙金石志》卷17，光绪浙江书局刻本。
⑥ 《施仁义刘弘嫁婢》，《元曲选外编》，中华书局，1959，第808～833页。
⑦ 郑德辉作《邹梅香骗翰林风月》，《元曲选》，第1155页。
⑧ 岳伯川作《吕洞宾度铁拐李》，《元曲选》，第490～511页。
⑨ 《昊天塔孟良盗骨》，《元曲选》，第827、835页。

之教行，而火葬遂兴。"① 也有经济方面的原因。有的因土葬费钱难以负担；有的则在佛事上花钱太多，以致无力营葬。"释氏茶毗，固其俗，然俚夫贱民力不足备美价，买抔土，则习其愚而从夷狄，莫之禁也。"② "财力既殚于佛事，于是有当葬者而无力可葬，乃以吾亲之尸，付之车薪之火者矣。"③ 还有环境的限制："苏于浙水西，为地尤下湿，人死不皆得高原广垄以葬，则相为火柩以豮沉江流。或薶之麦。人习见以为当，然曾莫之知非也。异时吾先子丧，吾祖尝援礼以行之，而诮者交至。今俗又益媮，视弃礼义如土苴。非夫笃信之士曷能自拔哉。"④ "淞泽国也，无高陵燥垠为民之终，往往人终其亲，不委于水火，则寄诸浮图氏之室，虽衣冠仕族或有不免。"⑤ 还有一个原因是，有些人在他乡死亡，运送棺木回乡多有不便，就采取火葬的形式。上述项止堂死于杭州，其子因"道梗"将遗体火化。蒲圻（今湖北蒲圻）"魏君旅死齐安，夫人瞻望弗及，含泣遣冢子载柩还。或曰：'尸涉江，蛟龙必覆舟，曷若焚骨而遵陆乎？'夫人曰：'焚尸之俗起羌胡，函夏无是也。弃夫体烈焰中，逆天孰甚焉。'弗听"。⑥ 旅外病故火化是常例，魏君夫人坚持将遗体运回，难能可贵，因而为人们所称赞。

从上面所举事例可知，元朝有些儒生亦实行火葬。但也有不少人对火葬采取坚决抵制的态度。监察御史王恽指责火葬"败俗伤化，无重于此。契勘系契丹遗风，其在汉民断不可训，理合禁止，以厚薄俗"。⑦ 上述兴元王无疾和处州梁椅也是如此。又如理学大家吴澄说："世俗之大不孝有三，……亲肉未寒而畀彼炎火，三不孝。"河东王君为县令江南，"其母之丧也，或以家贫道远，劝之如浮屠氏教，兄弟坚拒其说之三者"，吴澄因此大加称赞。⑧ 平阳（今浙江平阳）人史伯璿，向"宪司"（地方监察机构肃政廉访司）上书说，火葬"悖灭人伦，败坏风教，莫此为甚"，要求"及此圣明之时，严火葬之禁，且并禁修崇夫佛事者"。⑨ 朝廷对火葬的态度先后有变化。至元二年二月圣旨："凡杀人者，虽偿命讫，仍出烧埋银五十两。若经赦原罪者，倍之。"⑩ 所谓"烧埋银"，就是火化和埋葬的费用，这就是说，朝廷对火葬原来是认可

---

① 贡师泰：《义阡记》，《贡氏三家集·贡师泰集》卷7，第318页。
② 梁椅：《戒火化文》，《全元文》第22册，第328页。
③ 史伯璿：《上宪司陈言时事启》，《青华集》卷2，《全元文》第46册，第426页。
④ 殷奎：《故善人余景明墓文》，《强斋集》卷4，第30页上。
⑤ 杨维祯：《朱氏德厚庵记》，《东维子文集》卷16，第10页上。
⑥ 宋濂：《魏贤母宋夫人墓铭》，《宋文宪公文集》卷11，第11页下。
⑦ 《论中都丧葬礼薄事状》，《秋涧先生大全集》卷84，第1页上～下。
⑧ 吴澄：《王德臣求赙序》，《吴文正公集》卷5，明成化本，第23页下～第24页上。
⑨ 《上宪司陈言时事书》，《青华集》卷2，转引自《全元文》第46册，第426页。
⑩ 《元典章》卷43《刑部五·诸杀二·烧埋·杀人偿罪仍征烧埋银》，第1489页。

的。至元十五年（1278）正月，北京路官员建议禁止火葬，礼部审议认为："四方之民风俗不一，若便一体禁约，似有未尽。参详：比及通行定夺以来，除从军应役并远方客旅、诸色目人许从本俗，不须禁约外，据土著汉人拟合禁止。"中书省批准施行。①这是明确禁止土著汉人火葬的规定。但色目人允许"从本俗"即奉行火葬者（如信佛教者）可仍旧，汉人中"从军应役并远方客旅"也不在禁止之列，因为从军及经商在外，一旦去世，尸体运回乡土不易。但事实上，在各地土著汉人中火葬依旧流行，前面所说南北火葬事例，大多发生在至元十五年以后。朝廷的禁令完全流于形式。

图2-1　甘肃陇西出土琉璃塔

和前代一样，元代僧人大多实行火葬。"茶毗后，执事人、乡曲、法眷同收骨，以绵裹袄包，函贮封定，迎归延寿堂，三时讽经。第三日午后……挂送灰牌。至期，鸣钟集众，请起骨佛事。送至塔所，请入塔佛事。入毕，知事封塔。"②一般僧人遗骨则收在普同塔内（见本编第三章第四节）。名僧骨灰单独建塔，大都庆寿寺长老鲁云死后，"阇维三根不坏，奉舍利建塔"。③舍利即骨灰。另一位庆寿寺智延"其徒用阇维法得舍利，分建塔于天宁及庆寿之祖茔"。④甘肃陇西出土七层琉璃塔，塔基二层有墨书题记"至正七年岁次丁亥二月初八二时归化通显密大师"，可知其中收藏的是高僧舍利。⑤大都大庆寿寺住主持、诸路释教都总统知拣的舍利，则收藏在一具青石石函之内。⑥

但亦有一些僧人实行全身葬。有的全身盛以陶器。集庆大龙翔集庆寺住持大䜣死后，六月四日，奉全身殡于石头城塔院，台、府暨郡邑诸司咸设祖奠于道左，送者数

①　《元典章》卷30《礼部三·礼制三·丧礼·禁约焚尸》，第1062页。
②　德辉：《敕修百丈清规》卷6《亡僧入塔》，李继武校点，中州古籍出版社，2011，第178页。
③　黄溍：《鲁云兴公舍利塔铭》，《金华先生文集》卷41，《四部丛刊》本，第5页下。
④　黄溍：《北溪延公塔铭》，《金华先生文集》差41，《四部丛刊》本，第3页上。
⑤　问远：《探秘海内最大的元代墓葬群》，《东方收藏》2010年第1期。
⑥　齐心主编《北京元代史迹图志》，北京燕山出版社，2009，第193页。

图2-2　拣公舍利石函

千人。八月十有六日壬申，窆于塔院之后岗，分爪发建塔于杭之凤凰山下。[1]江南禅宗领袖高峰死后，"遂奉全身葬于西冈之上而塔焉"。[2]杭州径山寺住持希陵死后，其徒奉全身瘗诸西峰昌浦田。[3]天竺湛堂法师死后，门人弟子咸共奔赴，以是月某日奉全身窆于清泰塔院。[4]衡州酃县灵云寺住持铁牛禅师在附近茶陵云居寺病故，"遗命火葬，弟子不忍也，奉全身归灵云，以陶器函盖而敛之，瘗诸西庵。越三年启而视之，面如生，爪发俱长云。泰定甲子，移葬于寺北三十里曰沙潭，今营塔所也"。[5]也有僧人反对建塔。灵隐寺住持祖闿"遗戒送终如常僧，勿循故事建塔，仍不得用世间法，服衰麻之衣"。[6]但这样的高僧是很少见的。

道士有土葬，亦有火葬。赵定庵先生法名道可，婺源中和精舍，死后徒弟"未忍火俗，用二缸合而殡之，以跌坐蜕去故也"。[7]

以上主要是汉族地区的情况。其他民族中，畏兀儿、党项、云南等族也都存在火葬，见本编第一章第四节。

①　黄溍：《笑隐禅师塔铭》，《金华先生文集》卷42，《四部丛刊》本，第1页上。
②　虞集：《智觉禅师塔铭》，《道园学古录》卷48，《四部备要》本，第6页下。
③　虞集：《大辨禅师宝华塔铭》，《道园学古录》卷48，第8页上。
④　黄溍：《上天竺湛堂法师塔铭》，《金华先生文集》卷41，《四部丛刊》本，第8页下。
⑤　虞集：《铁牛禅师塔铭》，《道园学古录》卷49，第8页上。
⑥　黄溍：《灵隐悦堂禅师塔铭》，《金华先生文集》卷41，《四部丛刊》本，第9页上。
⑦　唐桂芳：《重建中和道院碑》，《白云集》卷7，《文渊阁四库全书》本，第36页上。

第二节　风水与丧葬

风水之说流行甚早。风水又称堪舆，原来以占卜时辰吉凶为主，后来逐渐变成相地之术。至迟在秦汉时期，已经应用风水于墓葬。唐宋时期，墓葬必讲风水，成为风气。北宋时，著名学者司马光说："世俗信葬师之说即择年月日时，又择山水形势，以为子孙贫富贵贱，贤愚寿夭，尽系于此。又葬师所有之书，人人异同，此以为吉，彼以为凶，争论纷纭，无时可决。其尸柩或寄僧寺，或委远方，至有终身不葬，或累世不葬，或子孙衰替，忘失处所，遂弁捐不葬者。"① 司马光所说种种现象，元代全都存在，甚至更盛。儒学不信鬼神报应之说，而元代的很多儒士"吉凶之礼，则听命于释老之徒，与所谓阴阳家者流"。② "地理之说，不可谓无。"③ 可以说是多数儒生亦认同的观念。元末江南著名学者宋濂说："古有万民之墓地，同于一处，故设墓大夫正其昭穆之位，掌其爵等小大之数，分其地使各有区域而得以族葬之。凡争墓地者，听其狱讼。……自世道既降，而相墓巫之说兴，谓枯骸足以覆荫乎后昆，谓福祸贵贱尽系乎冈峦之离合、丘陵之陬向，一以此钳劫愚俗，而专窃墓大夫之政柄。世之欲葬其亲者，辄敛容屏气伺候巫之颜色。巫曰此可葬，虽逾都越邑亦匍匐而从事。巫曰不可葬，虽近在室之旁、百利所集者，亦割忍而违去之。致使父子兄弟本一气也，一在天之南，一在地之北，吾不知其何说也，安得卓识者出相与攻其缪妄也哉。""昔中原士大夫家多以昭穆序葬，唯其行有污于先人者始异其兆域，衣冠之蝉联，往往有之。人之富贵利达其不系于地也昭昭矣，奈之何怵于淫书末技而眩惑于是非也。"④ 宋濂对风水之说深恶痛绝，他指斥的"相墓巫"就是风水师，又称葬师。从宋濂所说可知，当时人们认为墓地选择，关乎"后昆"的福祸贵贱，因而"葬其亲者"都对"巫"恭敬备至，在丧葬安排上完全听从"巫"的指使。

堪舆风水之说应用于丧葬，主要是两个方面。一是择地，即选择好的墓地；一是卜时，即选择合适的时间埋葬。前者由风水师和卜者（阴阳人）选定，后者则由卜者选定。天台（今浙江天台）朱嗣寿"皓首穷经"，弟死，"即命堪舆家卜地而藏焉"。⑤

① 《葬论》，《司马温公文集》卷 13，《四部丛刊》本，第 1 页下。
② 胡祗遹：《论取人》，《胡祗遹集》卷 20，魏崇武、周思敬校点，吉林文史出版社，2008，第 379 页。
③ 《至正直记》卷 1《芳村祖墓》，第 69 页。
④ 宋濂：《慈孝庵记》，《宋文宪公全集》卷 43。第 8 页上～下。
⑤ 宋濂：《故天台朱府君霞坞阡表》，《宋文宪公全集》卷 11，第 2 页上～下。

可知"穷经"的儒生亦听命于"堪舆家"（风水师）。建阳（今福建建阳）丁临，嫁同里陈腾实。腾实死，"孺人为卜藏室，甫葬而［子］涓夭，征之堪舆家言，咸谓不利，及三改卜兆域，始宜"。丁临认为："阴阳拘忌，为人子弟亦所宜知。"便派另一个儿子陈泗跟随江西刘某学堪舆之术。丁临去世，又请刘某"相墓，得某山之原维食，卜用某月某日凿窀，某月某日掩坎，卒之明年也"。[①]丁临为夫营葬后子病死，堪舆师（风水师）都说这是墓地风水不好所致，于是接连换了三次，才定下来。丁临去世，仍请风水师选定墓地，还选定开凿墓穴和掩埋墓穴的时间。可见这一家的墓葬完全听任风水师的安排。杭州医生卢德恒，母卢氏死，德恒奔走三年选得墓地，"相墓者曰宜，卜兆者曰吉"，然后"奉枢即窆"。[②]经过"相墓者"和"卜兆者"双方认定，埋枢的时间才定下来。吴县（今江苏苏州）周文敬，"少攻诗书、法律"，其妻张氏死于戊子（至正八年，1348），"君择地于吴天平山阴之龙池坞。将葬之，卜于元武神，自始择至启圹，三卜袭吉。其繇曰：利尔后人，忠孝且贤。遂葬"。周文敬死于至正壬寅（二十二年，1362），"及君卒之明年，［子］克让将合葬，复卜，得前繇，乃以某月某日穿圹葬焉"。[③]妻葬和后来夫妻合葬，时间都由信奉元武神的卜者来选定。临海（今浙江临海）陶铨"生二岁而孤……比于成人，知先君之丧在浅土，未有葬地，日夜哀戚以求之。初买山小岭，欲以治葬，而龟筮不从，遂弗果。复买山留贤，而龟筮又不从，未几，先祖考即世，先祖妣亦相继而殁。以连遭家难，岁且荐饥兵革并起，不克奉先君襄事，常衔哀茹毒，颠连困苦，乃至食不甘味，卧不安席，人或见而怜之。一日，遇善相地者，指示程岭，卜以协吉，乃买地□□二亩，以仞其地。明年春，奉先祖及先祖妣之枢合葬于斯，而以先君附葬焉。"[④]胶水县（今山东平度）李氏举行族葬，"就斯年通月便岁稔时丰，令术士卜择良辰，大举葬礼于县东北"。[⑤]当时风水之说如此深入人心，以致有的学者感叹道："世俗图风水之说，深入蔽锢，谁能烛破而不之信！"[⑥]

听信堪舆风水之说，带来三大弊病。首先是缓葬。绩溪（今安徽绩溪）人洪声甫，曾任巡检，有子三人。"先是，公既蚤世，［其子］洋兄弟又皆不寿，且惑阴阳

①　柳贯：《义方陈母丁孺人墓碣铭》，《柳贯集》卷11，第292页。
②　柳贯：《卢氏母碣铭》，《柳贯集》卷11，第297～298页。
③　宋濂：《周君墓铭》，《宋文宪公全集》卷34，第15页下。繇，卦兆的占辞。
④　黄溍：《元故处士陶君墓表》，《台州金石录》卷13。
⑤　郭宽：《李氏先茔碑》，《（道光）平度州志》卷24，引自《全元文》第19册，第676页。
⑥　陈定宇：《问洁净精微四字》，《陈定宇先生文集》卷7，第15页上。

家者言，遂不克葬。"后其孙以洪声甫与夫人合葬于"里西敬潭之上，于是公死四十有四年矣"。① 平阳（今浙江平阳）人史伯璇，反对火葬，如前述。同时他又提出："至于阴阳之家，又倡为方向年月利害之说，以惑乱愚俗，使不得及时营葬，亦当禁之。"② 有不少地方官用行政命令来推行限期下葬。王文彪在至正丙戌（六年，1346）为湘乡州（今湖南湘乡）知州。"土俗拘阴阳家说，亲死或三、四世不葬。公与民约，限六十日皆就葬，不葬者以不孝论。宿柩得入土者余二千。有客死其州，槥椟不能葬者，则为择地以瘗之。"③ 义乌（今浙江义乌）达鲁花赤亦辇真，"俚俗惑阴阳家说，有亲丧十余年怵于拘忌不葬者，公下令以百日为限，仍停丧于家者以不孝论。民翕然从化，不再阅月，就葬者数百丧"。④ 李拱辰为新昌县（今浙江新昌）尹，"土俗惑于阴阴拘忌，亲死至数十年不葬，公下令不葬其亲者以不孝论，不旬日而葬者以千数"。⑤ 李天祐为象山县（今浙江象山）尹，"民有亲丧久不葬者，盖始则泥阴阳休咎之说，土俗因而不改。侯以礼劝谕，期七日，不葬者罪之，或贫不克举者分俸助之，而死者皆得归藏于土"。⑥ 从这些事例可见，因风水阴阳而缓葬的现象是很普遍的。

其次是迁葬。元代迁葬之风颇盛，有的墓地多次迁葬。崇仁（今江西崇仁）夏雄，曾任镇抚，"资右一县"，至元癸巳（1293）四月卒。"初葬桐冈，迁巴埌，又迁黄潭，又迁团墅。延祐甲寅某月某日，［孙］志学奉祖母教，安厝于阇黎。"先后迁葬四次。⑦"小曹金银场副使陈仲南之配黄氏……至元辛卯五月三日卒，葬黄陂，迁奥村，迁桥头坑，又迁炭灶坑，距家一里许。"⑧ 则迁三次。

迁葬的原因很多。一是因为墓地有水。吴澄说："古有改葬礼，盖非孝子所乐。或因水啮墓而改，固不可已。或因葬有阙而改，则不如其已也。"⑨ 李伯善，河南下邑人。祖父殡于下邑县城东南。父李辛，迁青社三十年。青社属益都。祖母冯卒，"乃殡于府城之北。""青社近山，地高宜葬。下邑近河，地卑不宜葬。"中统五年（1264）三月，"伯善乃启祖父之墓，负其骨东来。至元七年闰十月二十四日，与祖母合葬于

---

① 郑玉：《洪府君墓志铭》，《师山先生文集》卷7，《四库全书》本，第14页下。
② 《上宪司陈言时事书》，《青华集》卷2，引自《全元文》第46册，第426页。
③ 王袆：《王公行状》，《王忠文公集》卷22，《四库全书》本，第39页上～下。
④ 王袆：《义乌县去思碑》，《王忠文公集》卷16，第12页下。
⑤ 黄溍：《李公墓志铭》，《金华先生文集》卷31，《四部丛刊》本，第15页下。
⑥ 苏天爵：《象山县尹李侯墓碑》，《滋溪文稿》卷18，第299页。
⑦ 吴澄：《乐安夏镇抚墓志铭》，《吴文正公集》卷38，第19页上。
⑧ 吴澄：《故陈副使夫人黄氏墓志銘》，《吴文正公集》卷39，第5页下。
⑨ 《故逸士曹君名父墓表》，《吴文正公集》卷35，第14页下。

益都县之马阑村，礼也"。^①金陵王寅叔去世埋葬，过了几年，其子对人说："吾父虽已就土，而穴有水泉，宜改葬。"于是另"营宅兆于城南西石子冈，以明年正月四日奉枢而窆"。^②东阳蒋玄葬其父蒋吉相于"仁寿乡载初里，水啮其墓，乃以至元二年十有二月乙酉，改葬丁乘骢乡御史里夏山之阳，虚其右，以为朱夫人之寿藏"。^③二是坟墓遭战乱被破坏。赵孟頫之父赵与訔死后"葬湖州乌程县澄静乡聂村。越十一年，墓毁于盗。至元庚辰改卜城南车盖山之原，徙葬焉"。^④从时间上推断，赵与訔墓毁于宋元易代之际。还有因为夫妻或家族合葬而迁葬的（见本章第四节）。除了以上两种之外，更多的迁葬则是风水造成的。

永康儒生吕溥是著名理学家许谦的学生，他指出："且古之葬者，或逾月，或三月、五月，皆以贵贱有定礼，岂如后世阴阳拘忌久殡，而必待时日之利，以为福子孙计耶？"^⑤可知因"阴阳拘忌"而"久殡"不葬已成风气。东阳（今浙江东阳）李裕，中进士，任陈州同知，任满"谒选京师"，因病去世。其子贯道"不远五千里奉枢南还，家徒四壁，久不克襄事。后十年为至正丁亥十二月某甲子，始与蒋氏合葬西部乡之钱坞。堪舆家曰：'不利'，又二十年乃改葬怀德乡黄山之原"。^⑥已经埋葬数十年，因风水先生说葬地有问题，又行改葬。浦江（今浙江浦江）郑銮死于延祐七年（1320），其妻黄氏卒于至正十一年（1351）。"君先葬乌伤延寿山，堪舆氏咸曰不利，今以［至正］十四年十月二十六日迁于县之灵泉乡黄嵩山，黄氏祔焉。"^⑦至正十四年（1354）距郑銮之死已有34年。临江新淦县（今江西新干）曾顺任南雄洲儒学正，死后其子于至正"九年春正月壬寅，奉枢葬于屏山麓。堪舆家谓不利，以某年月日改葬同里夏方之原"。曾顺"长子受辟为校官，季子以《春秋》举于乡，取第五名文解"，可谓儒学世家，仍迷信风水之说。^⑧连州（今广东连州）黄慧，"善货殖之道"，是个商人。死于至正己丑（九年，1349）九月，"明年庚寅某月日，葬于州西高良乡之原。既而寇侵兆域，堪舆家谓不利，复以某年月日改瘗小水山之阳，礼也"。^⑨华野仙，无锡（今江苏无锡）人。"始君以其卒之月其日，葬于所居梅里之冷村。而君弟

①　杨宏道：《李氏迁祖之碑》，《益都金石记》卷3。
②　吴澄：《故金陵逸士寅叔王君墓碣铭》，《吴文正公集》卷38，第9页下。
③　黄溍：《蒋君墓志铭》，《金华先生文集》卷37，《四部丛刊》本，第5页上。
④　赵孟頫：《先侍郎阡表》，《赵孟頫文集》卷8，第153页。
⑤　《送葬师葛济民归天台序》，《竹谿稿》卷下，引自《全元文》第60册，第209页。
⑥　宋濂：《李府君墓铭》，《宋文宪公全集》卷5，第17页上。
⑦　宋濂：《郑府君墓志铭》，《宋文宪公全集》卷42，第6页下。
⑧　宋濂：《曾府君石表辞》，《宋文宪公全集》卷6，第1页下。
⑨　宋濂：《连州黄府君墓志铭》，《宋文宪公全集》卷19，第6页下。

镇、缪及妹相继死，并厝一垣内，墓位不与礼合，阴阳家尤以为忌。至是，乃得善地于其西北若干里罗村之原，以至正某年某月某日改葬焉。"①所谓"不利"，是"阴阳家"认为墓地对后人有不好的影响，这是改葬的主要原因。还有一种情况，因为各派风水师对墓地看法不同，以致缓葬。休宁（今安徽休宁）戴廷芳为其母营葬，"江南地多砂砾水泉，藏善坏，尤拘方位时日。君三世单特，思得久大之兆，而里巫客师人人异言，葬是以缓"。②

再次是抢占墓地。为了得到能给后人带来荣华富贵的墓地，有钱有势者不惜将早已安葬的祖先遗体移出，另置新坟，重新安葬。有的甚至盗掘或强买他人的旧坟埋葬自己的先人。名诗人戴表元说："至择葬地，则不求安死而求利生，拘忌阴阳之说，东奔西驰。故有祢逾祖，支破宗，形侵势攘，智谋力夺，无有厌值。既其甚也，有出疆远卜，非殡非葬，世之子孙，疲于展省，而并失其故封者矣。有埌地相交，与乡人争寻尺之畔，而兴无涯之狱者矣。"③著名学者黄溍说，讲习"地术者……探奇剿说，凭虚造言，人自为家，务以取信，俗习所尚，相师成风"。"甚者变置百年之丘垄，使先世体魄不得宁于地下，有人心者所不忍言，予之病此久矣。"④泰和（今江西泰和）刘锷，"族属茔域为势家所攘，俗狃堪舆家书，谓地气能贱贵人，多发故冢以瘗新魄。府君弹指曰：'殁者或有知，肯瞑目九泉下乎！'即钩索讼复之"。⑤

元朝官方的文书亦多次涉及此类事件。元贞二年（1296），临江路申："新喻州申：胡文玉父子倚恃富豪，强将章能定母坟盗掘起移，却埋伊祖、母二丧，有伤风化，于理难容。又令人说诱章能信，将祖坟山地，不经批问亲邻，又不经官给据，故意违法成交。已上重罪，幸遇诏恩革拨外，拟责胡文玉近限迁改强葬坟墓，其地退还章能定管业。据章能信元受胡文玉买地价钞中统一十六定，即系非法成交，所合断没。"省府准申。⑥临江路治清江（今江西清江）。这是经官府审判的一个强夺旧坟安置自己祖先的具体例子。

大德七年（1303）三月十六日，江西行省准中书省咨：临江路备：新淦州申："知州曹奉训关：体知诸人子孙，多有发掘出父祖坟墓棺尸，将地穴出卖等事。又准

①　黄溍：《华君墓志铭》，《金华先生文集》卷37，《四部丛刊》本，第19页上。
②　赵汸：《戴廷芳母金安人墓附葬志》，《东山存稿》卷8，《文渊阁四库全书》本，第45页下。
③　《会稽唐氏墓记》，《戴表元集》卷5，陆晓冬、黄天美点校，浙江古籍出版社，2014，第123页。
④　黄溍：《赠余生诗序》，《金华先生文集》卷19，《四部丛刊》本，第5页下。
⑤　宋濂：《故泰和刘府君坟前石表辞》，《宋文宪公全集》卷10，第18页上。
⑥　《元典章》卷30《礼部三·礼制三·葬礼·占葬坟墓迁移》，第1067～1068页。

本路达鲁花赤扎忽儿歹中议关:'亦知本路士民之家止图利已,莫恤祖宗,往往听信野师、俗巫妄以风水诳惑,曰某山强则某支富,某水弱则某支贫。或曰兹山无鼎萧之似,安得出一品之贵?又曰兹山无仓库之似,安得致千金之富?于是有一墓屡迁而不已者。又有子孙不肖,贫穷不能固守,从而堕师巫之诱,但图多取价钞,掘墓出卖,剖分者有之。其富税之家贪图风水,用钱买诱,使之改掘出卖者有之。又有图葬埋之金银,破祖宗之棺椁,弃骸骨于水火者有之。'本省看详,比及江西风俗浇薄,为人后者不务勤俭,破荡财产,及至贫乏,不自咎责,反谓先茔风水不利所致,遂乃听信师巫诳惑,豪强利诱,发掘祖先坟墓,迁移骸骨,高价货卖穴地。不仁不孝,情罪非轻。即今事发到官者甚众。若不明定严刑,以示禁戒,切恐愚民沿袭,视以为常。缘系为例事理,请定夺事。"江西行省的文书上报中央,刑部提出处理意见:"劫墓贼徒发冢开棺毁尸者,已有断例。其为人子孙,或因贫困,或信师巫说诱,发掘祖宗坟冢,盗取财物,货卖茔地者,验所犯轻重断罪。移弃尸骸,不为祭祀者,合同恶逆结案。买地人等,知情者减犯人罪二等科断,元价没官。不知情者,临事详决。有司不得出给货卖坟地公据。依理迁葬者不拘此例。""都省准呈,咨请禁治施行。"[1]上述两个案例都发生在临江路。可见为风水所惑发冢变卖,在江西已非个例,而是相当普遍的现象,以致中书省要出面禁治。

皇庆二年(1314)六月,仁宗圣旨:"百姓每的子孙每,将祖宗的坟茔并树木卖与人的也有。更撅了骨殖,将坟茔卖了人的也有。今后卖的、买的并牙人每根底,要罪过,遍行文书禁断者。"中书省"咨请钦依施行"。[2]显然,大德七年的禁令并无多大效果,于是进一步升级,由皇帝颁布圣旨的形式,"遍行文书",加以取缔。但其效果亦是可想而知的。

元代有一些儒士,反对风水之说。浦江(今浙江浦江)吴直方,是顺帝时权臣脱脱的师傅,官至集贤学士,"生平不惑于堪舆家诳诞无验之说,遗言随地而葬,但毋使土亲肤"。[3]理学家吴澄说:"葬师之术盛于南方,郭氏《葬书》者,其术之祖也。盖必原其脉络之所从来,审其形势之所止聚,有水以界之,无风以散之,然后能乘地中之生气以养死者之骸骨,俾常温缓而不速朽腐。死者之体魄安则子孙之受其气以生者不致凋瘁,乃理之自然而非有心于觊其效之必然也。若曰某地可公可侯可相可将,

---

① 《元典章》卷50《刑部十二·诸盗二·发冢·禁治子孙发冢》,第1688~1689页。
② 《元典章》卷50《刑部十二·诸盗二·发冢·禁子孙掘卖祖宗坟茔树木》,第1682页。
③ 宋濂:《吴公行状》,《宋文宪公全集》卷41,第8页上。

则术者倡是说以愚世之人而要重赂焉者也，其言岂足信哉。……司马公及程子之所谓葬师以方位、时日论吉凶，则不过阴阳家剋择之一技，于其地理无与也。"①《葬书》传为东晋郭璞作，是堪舆学的经典。吴澄在元代学术界有很高地位。他认为讲风水就是选择条件较好能使尸体保存较久的墓地，所谓某地可富贵，不过是骗人要钱的伎俩。如前所述，永康儒生吕溥，反对讲究风水而久殡不葬。他对风水丧葬之说根本怀疑："家贵盛而败亡者多矣，虽有安宅以庇其身，福地以葬其亲，岂能救其倾覆乎？家贫贱而致富贵者亦多矣，耕渔版筑之徒，瓮牖绳枢之子，未闻其家厚资择地而葬其亲以致其身于公侯之地者也。然则贫富贵贱不系于风水也亦明矣。《经》不云乎：'卜其宅兆而安厝之。'盖卜者卜其地之美恶，非所谓祸福者也。地之美者，土色之光润，草木之茂盛，乃其验也。……必曰居某地则应某官，葬某地则获某福，以为子孙贫富贵贱、贤愚寿夭、吉凶祸福之机悉由于此，而若无与于人为者，则吾未之信也。吁，吉凶祸福无不自己求之者，岂系之山水哉！"②他的看法和吴澄相近。另一理学家陈栎说："《葬书》非惟无益于人，反深贻祸于人。《葬书》非惟不灵于人，亦未尝灵于己。郭景纯以后之人，迷于其说，何其重不幸也！景纯忠于晋朝，为王敦所杀，然初焉，曷不逆善其祖父之葬地而庇子孙免斫头之祸乎！"郭景纯即郭璞，陈栎认为他自己都不能以风水得到庇护，其说只能害人。"使葬术果可信也，葬师纷纷，曾无兴其家者，不过栖栖人门，以祸福怵人诱人，肆为欺诳而已。……愚人惑于葬师，见某家富实，某家宦达，必推其先某地出之，此地遂有名于时，名之曰某美形。盛之久必衰，其衰也，子孙挟此地以售于人，贪者捐其重赏图之，图之未得，讼而废者何限。幸而得之，举以葬焉，此其有名之地，遂如传舍，更代寄宿，不保其家之久而不衰也。衰则子孙又以售于人，而后之寄宿者又来居于斯矣。"③"世俗图风水之说，深入蔽锢，谁能烛破而不之信？今吾侪却自见得破矣，但恐既归三尺土，子孙或有祸患，泥于枯骨，从而发掘，虽智者不能为身后之防……然亦不必虑此，在世上一日，则做一好人，读一日好书，死后万事皆空，自有死而不朽者，不在枯骨上。"④儒生王鼎翁"不忍随俗葬之远，即门对之山，土厚而作……谓'以先父母之骨幽冥远求富贵，不孝。……假且得吉兆，致显兆，视境内诸钜公家墓无不发，然不悟'"。⑤这些学者的见解在当

---

① 吴澄：《赠朱顺甫序》，《吴文正公集》卷16，第33页下～第34页上。
② 《送葬师葛济民归天台序》，《竹籁稿》卷下，引自《全元文》第60册，第209页。
③ 《青可墓表》，《陈定宇先生文集》卷9，第27页下～第28页上。
④ 陈栎：《答问》，《陈定宇先生文集》卷7，第15页下。
⑤ 刘将孙：《归来阡表》，《刘将孙集》卷29，李鸣、沈静校点，吉林文史出版社，2009，第237页。

时实际上没有多大影响。妇女也有不信风水阴阳的例子。蒲圻（今湖北蒲圻）妇女宋秀英，夫"旅死齐安"，其子"寻扶榇归。或又曰：'榇幸归矣，然不宜入内，阴阳家谓犯大杀，违之不祥。'夫人曰：'吾夫也，使居于外，魂无知则已，设有知，能自安乎？'遽出，拥入中堂"①。

泰定二年（1325）闰正月，"山东廉访使许师敬请颁族葬制，禁用阴阳相地邪说"。②许师敬是元代大理学家许衡之子，家学渊源，他攻击阴阳相地之术为"邪说"并非偶然。但是他的建议没有得到任何回应。

第三节　佛、道二教对丧葬的影响

佛教和道教是中国流行最广的两种宗教，对社会生活各个方面都有深刻的影响，丧葬亦是如此。其中佛教的影响更大。佛、道二教对丧葬的影响，主要表现在四个方面：一是火葬，二是殡葬过程中举行宗教仪式，三是死者殡于佛寺，四是在墓地建立佛道庵舍。

首先，汉族丧葬中盛行火葬，与佛教传播有密切关系。火化"乃出于西方远国之俗……自佛法流入中国之后，遂导中国之人行之耳"。③这在本章第一节中已有叙述。

其次，丧葬过程中举行佛道二教的各种仪式。"杭故俗，家有丧，……用浮屠、老氏之法，建坛场，设斋祠，歌呗作乐，越月逾时。"④武进人谢应芳，长期生活在平江，他说："今之世俗，亲没之后，凡言做好事者，非佛氏之斋，必老氏之醮。二氏之外，余无用情，虽祭祀亦不为意。"⑤可知在丧葬过程中，既行佛教的斋又有道教的醮，二者并用。嘉兴（今浙江嘉兴）人戴良，元末来往于两浙各地。他说自己的友人冯彦章"深病时俗惑于浮屠，而丧葬之礼皆废"。戴良深表同感："去古既远，王教不明，风俗大坏，自敛至殡，必主浮屠之法，至有七七斋以邀福淫昏之鬼，而小祥、大祥设道场越宿以荐之，虽破产不吝，冀诚免于轮回。"⑥平阳人史伯璇说："夫自始死以至七七，以至百日，以至一周、二周、三周，莫不延僧修崇佛事以资冥福，

---

① 宋濂：《魏贤母宋夫人墓铭》，《宋文宪公全集》卷11，第11页下。
② 《元史》卷29《泰定帝纪一》，第654页。
③ 史伯璇：《上宪司陈言时事书》，《青华集》卷2，《全元文》第46卷，第425页。
④ 柳贯：《卢氏母碣铭》，《柳贯集》卷11，第297～298页。
⑤ 谢应芳：《与王氏诸子书》，《龟巢稿》卷11，第4页上。
⑥ 贝琼：《复古堂记》，《贝琼集》卷30，李鸣校点，吉林文史出版社，2010。

为老氏者，亦效其所为以罔利。富者则穷奢极费，以至于贫。贫者则称贷举赢，以至于困。"①从贝琼、史伯璇所说可知，民间的丧事，一是"自敛至殡，必主浮屠氏之法"；二是七七、百日要作斋；三是小祥（一年）、大祥（二年）以至三周年都要作佛事。

敛、殡过程中都要作佛事。大都"人家不祠祖祢，但有丧孝，请僧诵经，喧鼓钹彻宵"。②14世纪中叶成书的高丽汉语读本《朴通事》，主要介绍大都社会各方面的生活，其中有一条讲曹大去世，"为头儿门外前放一个桌儿，上头放坐一尊佛像，明点灯烛，摆诸般茶果等味。请佛入到殡前，吹螺打钹，擂鼓撞磬，念经念佛，直念到明。供养的是豆子粥、饽子、烧饼、面茶等饭。临明吃和和饭"。③以上两条记载可以互相印证。"为老氏者"即道士亦有类似的举动。在送葬过程中，有僧尼和道士参与。宋代丧葬队伍中释、道引导已成风气。④元代晋宁路出殡队伍中"杂以僧道，间以鼓乐"，"乱动音乐，施引灵柩"。⑤送葬队伍中的"音乐"、"鼓乐"，主要就是僧、道使用乐器演奏的音乐。

七七斋就是从死者身亡时起七七四十九天之内，丧家每隔七天要作佛事，斋僧诵经。清朝著名学者赵翼指出，"《礼记》水浆不入口者七日，其后世做七之始欤？然以七七为限，经传并无明文"。也就是说，儒家经典中并无七七斋的规定。他认为，北魏时明帝为太后父举哀，"诏自始薨至七七，皆为设千僧斋，斋令七人出家"。北齐时亦有人死七日请僧设斋之事。"此则做七之明证，盖起于元魏、北齐也。按元魏时道士寇谦之教盛行，而道家炼丹拜斗，率以七七四十九日为断，遂推其法于送终，而有此七七之制耳。"⑥七七斋最早见于北魏，与佛、道二教都有关系。元代七七斋沿袭自前代，成为民间丧事固定的习俗。以山西为例，丧葬时"追斋累七，大祥少祥，祭祀之日，遇其迎灵，必须置备酒食。……又以追斋累七，食品数多，为之孝道"。⑦"累七"即七七，先后七次，故称"累七"。每七日都要作佛事，还要置备酒食。民间还以食品多少，作为孝道的表现。

元代杂剧中多次提到累七。《铁拐李》中，郑州都孔目岳寿死后，家人"与亡灵

① 史伯璇：《上宪司陈言时事书》，《青华集》卷2，《全元文》第46册，第426页。
② 《析津志辑佚·风俗》，第209页。
③ 《朴通事》，《近代汉语语法资料汇编·元代明代卷》，第336页。
④ 《宋史》卷125《礼志》，陆游：《放翁家训》，《知不足斋丛书》本。
⑤ 《大德典章》，《永乐大典》卷7385，第11页上~下。
⑥ 《陔余丛考》卷32《七七》，河北人民出版社，1990，第658~659页。
⑦ 《大德典章》，《永乐大典》卷7385，第11页下。

累七修斋"。"一七二七哭啼啼，尽七少似头七泪。""大院深宅，闲杂人赶离门外，与亡灵累七修斋。"其下属说："今天是俺哥哥的头七，请了几个和尚，买了些纸札，与哥哥看经。"① 杂剧《昊天塔孟良盗骨》中，杨令公死于对辽战争，第七子杨延嗣为奸人所害，他的第六子杨景说："到来日追斋累七，超度父亲和兄弟也。"② 杂剧《蝴蝶梦》中，母亲以为儿子被官府处死，说道："我与你收拾垒七修斋。"③ 七七时亦有请道士设坛作法事的，谢应芳《妻亡终七日设醮疏》中写道："谐和而处者阅三十余年，顷刻而亡者又四十九日。蜗居设醮，羽士真朝。诵灵宝之妙经，献斋厨之清供。"可知七七（"尽七"）又称"终七"。而谢氏"终七"请的是道士作醮。④ 淮南儒学提举戴良之姜李氏，火葬后一月，戴良之子礼"择道士之有功行者为醮以度之"⑤。可知除七七之外亦可在满月时举行宗教仪式。

七七之后，有小祥、大祥、三年除服。父母死后一周年称为小祥，二周年称为大祥。有钱人家大祥作水陆道场。⑥ "致丧三年，礼宜除服"，即不再穿丧服。要作水陆道场，又称水陆大斋三昼夜超度亡灵。"琅函翻贝叶之文，铁钵供伊蒲之馔。"这是佛教的仪式。⑦ 亦有"居丧三年，除服有日"，"欲命羽士设醮，以助冥福"。这是道教仪式。⑧

上述史伯璇认为，设斋、醮，富者"穷奢极费"，贫者"称贷举赢"。晋宁路总管府的一件文书说："作斋寺观，复用采结金桥之类，其斋食每个有近一斤者为美斋。此皆虚费于主民，其实无益于死者。"⑨ 谢应芳说："丧礼之废久矣，今流俗之弊有二。"一是铺张浪费，"其二，广集浮屠，大作佛事，甚者经旬逾月，以极斋羞布施之盛。顾其身之衰麻哭踊，反若虚文也。……若浮屠之事，习以成俗，无有贫富贵贱之间，否则人争非之"⑩。他写信给王氏兄弟，建议不要大办醮事。"诸君子居丧三年，除服有日，闻欲命羽士设醮，以助冥福。所费计统钞三百经有奇，以粟用之，几四百石。……以愚言之，用三日醮宴之费，赈一乡人户之饥，当此凶年，使数百千人得饷

① 《铁拐李》，《元曲选》，第505~508页。
② 《昊天塔孟良盗骨》，《元曲选》，第829页。
③ 关汉卿作《蝴蝶梦》，《元曲选》，第645页。
④ 谢应芳：《妻亡终七日设醮疏》，《龟巢稿》卷13，第15页下。
⑤ 戴良：《亡妾李氏墓志铭》，《戴良集》卷14，第158页。
⑥ 《大祥荐父水陆道场疏》，《龟巢稿》卷13，第14页上。
⑦ 谢应芳：《水陆道场榜》，《龟巢稿》卷13，第13页下。
⑧ 谢应芳：《与王氏诸子书》，《龟巢稿》卷12，第4页上。
⑨ 《大德典章》，《永乐大典》卷7385，第11页上。
⑩ 《辨惑编》卷2《治丧》，《文渊阁四库全书》本，第8页下。

其粟而免为沟中瘠者，其欢欣赞颂岂止百倍于黄冠师之口哉！"① 三年除服举办三日醮宴，需要四百石粮食，这是很惊人的数字。其他斋、醮亦可想知。

宋朝司马光说："世俗信浮屠诳诱，于始死及七七日、百日、期年、再期、除丧，饭僧设道场，或作水陆大会，写经造塔，修建塔庙，云为死者灭弥天罪恶，必生天堂，受种种快乐。不为者必入地狱，剉烧舂磨，受无边波叱之苦。"② 元朝社会各阶层在丧葬期间作佛事或作醮，与宋代可以说没有区别，其原因也是一样，即迷信佛教、道教在死亡问题上宣扬的轮回报应之说。作佛事是"资冥福"、"免于轮回"。史伯璇指出："佛氏却又设为天堂地狱之说，以愚弄世人而胁劫之，笼取其财，以蓄其徒而久其教，谓死者必入地狱，受剉烧舂磨之苦。子孙须与供佛饭僧供食于十王，然后得生天堂，受诸快乐。不为者永劫沈沦，终无出狱生天之期。"③ "十王"就是佛经中所说主管地狱审判的十王。道教亦有类似的说法。天堂地狱、轮回报应之说在元代已深入人心。朝廷不时举行水陆大会、罗天大醮超度亡灵，民间更是流行。举行斋醮可以保佑亡灵不受地狱之苦，进入天堂，自然被视为孝道的表现，使人们竞相效法。

亦有一些儒生反对丧葬用佛、道。如关中吕端善，是大儒许衡的学生。"将终遗命，勿用二氏。"④ 曾任国子祭酒的孛术鲁翀"遗言丧祭一本于礼，勿事夷鬼"。⑤ 陈栎的曾祖命其子丧葬"毋作佛事"。陈栎有感说："大抵此说儒者知之者多，能行之者寡，不摇于俗论则夺于妇人。"⑥ 贝琼批判轮回之说："呜呼！气之方聚则神，形之既灭则鬼，是理之常，无足怪者。而彼谓死者得以复生，恶有已熄之火而复然，已仆之木而复起邪？然其言之行于世也已久，而病之蛊于人也已深，使中国胥沦于夷狄。使圣人出而治之，亦未能回其陷溺之心，况区区举吾儒教以与之争，必不胜矣。"⑦ 贝琼自认与佛道的轮回之说相比，儒教"不胜"，难以与争，反映出在丧葬问题上佛、道影响之大。女性中亦有反对丧事用佛、道者，如新安（治今安徽歙县）吴谧母汪氏"临终戒不用缁黄"，以致儒士吴师道大为感叹"伟哉果胜大丈夫"。⑧ 但这是极个别的。

再次，死者骨灰或棺木寄存于佛寺。前已述及大都居民死后送至寺中火化，"烧

① 《龟巢稿》卷12，第4页上。
② 司马光：《书仪》卷6《丧仪二》，《文渊阁四库全书》本，第9页上。
③ 《上宪司陈言时事书》，《青华集》卷2，《全元文》第46册，第426页。
④ 苏天爵：《吕文穆公神道碑》，《滋溪文稿》卷7，第95页。
⑤ 苏天爵：《孛术鲁公神道碑》，《滋溪文稿》卷8，第117页。
⑥ 《陈氏谱略·本房先世事略》，《定宇先生集》卷15，第8页上。
⑦ 《复古堂记》，《贝琼集》卷30，第189页。
⑧ 《汪氏宜人不用缁黄颂》，《吴师道集》卷11，第226～227页。

毕，或收骨而葬于累累之侧者不一"。①《朴通事》中记，曹大死后火化，骨灰"寺里寄着里"。至元十五年（1278）礼部一件文书说："随路庙院寄顿骸骨，合无明立条教，以革火焚之弊，俾民以时安葬。"中书省准呈施行。②"明立条教"就是制定管理的制度，说明火葬后骸骨寄存于佛寺的现象各地普遍存在。延祐五年（1318），福建廉访司的文书说："矧有附廓僧寺，系焚修之地，公然顿寄灵柩，尤为非宜。"并建议"明白开谕，限以时日，使依期埋葬"。③可见福建此风之盛。前已提及，"淞"（松江）因地势低下，居民亲亡后实行火葬，或"寄诸浮图氏之室"。④辽阳行省左丞、畏兀儿人亦辇真死后，"殡于京城南佛舍"。后葬于真定栾城先茔。⑤另一个畏兀儿人野先，曾任国子司业，死后"以先茔地隘，权殡城西佛寺"。⑥密县人陈福，在战乱中到处迁徙，后定居京兆咸宁，死后"藁殡僧舍"。二十有六年，其妻任氏去世，两人才合葬。⑦杂剧《施仁义刘弘嫁婢》中，李春郎和裴兰孙的父亲死后火化，骨殖都寄存在佛寺里。⑧

最后，墓地建造佛庵道舍。这种情况在南方很普遍。"浙东西大家，至今坟墓皆有庵舍，或僧或道主之。"⑨元代著名学者吴澄说："古者居不离其乡，各姓皆族葬。……时世非古，人家守坟墓之子孙，或游宦或迁徙，不能不去其乡矣。纵使不出，而家业或不如前。则岁时展墓之礼，岂无废坠之时哉！深思远虑者谓人家之盛终不敌僧寺之久，于是托之僧寺，以冀其永存，其意不亦可悲矣。予昔在金陵同一达官游钟山寺，见荆国王丞相父子三世画像，香灯之供甚侈。达官怃然兴叹焉。盖以二百余年之久，荆国子孙衰微散处，而僧寺以祠独不泯绝，此孝子慈孙爱亲之意所以不能不然者与！"⑩"荆国王丞相"即北宋名臣王安石。吴澄所说"托之僧寺，以冀其永存"，是墓地庵舍流行的主要原因，也就是希望借佛、道的力量保护墓地的安全和家族坟墓的祭祀，使其能长久存在下去。

常熟（今属江苏）赵氏四世葬于邵家湾，赵益、赵晋兄弟"相与谋辟地筑庵于兆域之东，屋以间计者若干，中建祠堂，为岁时馈荐之所。买田若干亩以供粢盛，俾

① 《析津志辑佚·风俗》，第209～210页。
② 《元典章》卷30《礼部三·礼制三·丧礼·禁约焚尸》，第1062页。
③ 《元典章》卷30《礼部三·礼制三·葬礼·禁治停丧不葬》，第1070～1071页。
④ 杨维桢：《朱氏德厚庵记》，《东维子文集》卷16，第10页上。
⑤ 黄溍：《辽阳行省左丞亦辇真公神道碑》，《金华先生文集》卷24，《四部丛刊》本，第15页上、第18页上。
⑥ 苏天爵：《卫吾公神道碑铭》，《滋溪文稿》卷15，第239页。
⑦ 同恕：《陈君墓志铭》，《榘庵集》卷7，《文渊阁四库全书》本，第5页下～第6页上。
⑧ 《元曲选外编》，第808～833页。
⑨ 孔齐：《至正直记》卷1《僧道之患》，第56页。
⑩ 《临川饶氏先祀记》，《吴文正公集》卷25，第28页下～第29页上。

浮屠氏主之。仍用其法妥置佛像崇胜，因以资冥福。又东为两轩以备游息。摘《大雅》'永言孝思'之语，名其庵曰'孝思'"。①嘉禾（今浙江嘉兴）沈荣："即其父之墓所立屋若干楹，曰：'报本庵'。置田若干亩，命浮屠氏之徒守之，率其弟若子孙祀焉。"②束氏是丹阳（今安徽当涂）的望族，束氏家族在后彭村的墓地旁原有祠堂，但"湫隘不足以陈俎豆"。延祐丁巳（四年，1317），束德荣兄弟"乃辟新基，拓故址，建堂五楹，夹以两厦，东西为庑，十有二庭，前立山门，中构佛宇"。请僧人主祠事。"割腴田百四十亩，松山三十亩，以廪其徒。又益田若山二十亩，以给缮葺之费。"落成后，"召诸子弟谕之曰：'家之兴废靡常，子孙之贤不肖难保。今先陇旁地，吾兄弟既为寿藏，他日亦尔子孙归全之所。田若山之赡僧者，当界之常住，以永终是图。'"③"寿藏"即生茔。李印传的祖、父二代墓在"慈溪东岭杨奥之山"，建祠堂奉祠。慈溪即今浙江慈溪。李氏夫妇"闻佛氏有大报恩，而用其法，名为'福源精舍'，命僧以居。遂一以浮屠所需者咸备具，复买田若干，命僧某为首主，俾其弟子相次以继。其所度僧，非李氏不得入"。④金华（今浙江金华）张荣，在父、兄墓侧为自己夫妇预留二墓穴，又"别建菴庐，号曰慈孝，俾学佛者守之"。⑤新安（今安徽歙县）鲍周"预卜葬所于城南之叶有，筑宫其旁，居道流以守之。正一教主天师大真人曰：心田道院"。⑥这是在墓地建立道观的情况。休宁（今安徽休宁）金应凤，"二亲俱年高而终，谋窀穸惟谨。墓所一崇道观，一营佛刹，皆捐田谷其徒，俾事焚修。仁孝于亲，州里艳之"。⑦金氏墓地既有佛舍，又有道观。但相比来说，墓地营建以僧庵居多。

墓地建僧庵、道舍之风，在宋代已很流行。宋人庄绰说："浙西人家就坟多作庵舍。"⑧陆游说："葬必置庵赡僧。"⑨元代更有所发展。但此种风俗主要在南方。在墓地上，营造祠堂祭祀，又建僧舍道庵为死者祈福，三者合一。江淮以北亦有。如："前钧州刺史、权沁南军节度使兼怀州招抚使正奉康公，隐居西山，以其先茔之故，买田八百亩，水硙一，创立孝思禅院于大圣山南，疏礼邀公（僧子广——引者）。"⑩行省

①　黄溍：《永思庵记》，《金华先生文集》卷15，《四部丛刊》本，第11页上~下。
②　董复礼：《报本庵记》，《四明文献集》卷3，转引自《全元文》第49册，第14页。
③　俞希鲁：《报恩庵记》，《至顺镇江志》卷9《僧寺·庵·丹阳县》，江苏古籍出版社，1990，第399~400页。
④　袁桷：《福源精舍记》，《袁桷集》卷20，第333页。
⑤　宋濂：《慈孝菴记》，《宋文宪公全集》卷43，第8页下。
⑥　郑玉：《心田道院设醮诗序》，《师山文集》卷3，第21页下。
⑦　陈栎：《桐冈先生金公墓志铭》，《陈定宇先生集》卷9，第20页上。
⑧　《鸡肋编》卷上《各地寒食食俗》，中华书局，1983，第23页。
⑨　《放翁家训》，《知不足斋丛书》本，第5页上。
⑩　胡祗遹：《广公和尚塔铭》，《胡祗遹集》卷18，第350页。

郎中苏志道墓在真定（今河北正定），墓旁有"坟庵"，有"守墓者"。①但总的来说，北方并不多见。

第四节　厚葬和盗墓

历史上富贵之家厚葬盛行。元代不少地方仍有此风。厚葬主要表现为：丧葬仪式、坟墓建造铺张浪费，以及随葬物品奢侈。晋宁路（路治在今山西临汾）总管府的一件文书对当地厚葬的情况有详细的叙述，其中说："父母兄长初亡，殡葬之际，彩结丧车，翠排坛面，鼓乐前导，号泣后随。无论亲疏，皆验赙礼多寡，支破布帛。少不如意，临丧争竞。及追斋累七，大祥、少祥，祭祀之日，遇其迎灵，必须置备酒食，邀请店铺亲朋人等，务以奢靡相尚。遂用百色华丽采段之物，纷然陈列，装锦绣梳洗影楼，金银珍翠坛面，杂以僧道，间以鼓乐，服丧之人随之于后，迎游街市以为荣炫。既至作斋寺观，复用采结金桥之类。其斋食，每个有近一斤者为美斋。此皆虚费于生民，其实无益于死者。或有居丧，无异平日。似此之类，名色多端，不可殚举。苟不如此，上下为之悭吝，莫不鄙笑。风俗之坏，以至于此。不惟于被丧之家，生死之际，两无所益。"这件文书下达后，晋宁路下属临汾县"儒学教授会集宿儒耆老"进行讨论，认为："此端皆由无学之人，恃其豪富，凡遇丧事，不以哀戚为念，而以奢侈为务。普破布帛，岂论亲疏。彩结舆楼，宝妆坛面，布设路祭，乱动音乐，施引灵枢，远绕正街，为孝者虽有哀容，扬扬自得。又以追斋累七食品数多为之孝道，继有一等愚民，极口称羡，殊不知葬者藏也，又不问死者于礼安否，以习染为常，其来也渐。"他们建议："合无今后有丧之家管要依庶人之道，三日以里出送，不得彩结舆车、神楼路祭，及不得用大乐、坛面。亲者依轻重破服，疏者但助送死之资，不破孝服，最可止往，由当街巷出送。至于复三、头七，只合诣墓祭奠，不可设宴邀客。丧主哀哀之际，奚暇及此。其后愿作斋者，不过馒馅粉羹而已，不得用脱食油饼裹蒸之类。不惟枉费其物，即今灾余久旱，食用踊贵，治丧之家，实是生受。亲知之人，礼宜津助，又安忍以弊俗相逼破其家产哉！"路总管府批示同意，并宣布："如有违犯之人，许诸人陈告到官，丧主并奢靡行礼之人，各决三十七下。"②这件地方官府的文书讲述的是葬礼过程中大事铺张的种种表现。至于对"奢靡行礼之人"要"决"三十七

①　逎贤：《河朔访古记》卷上，《文渊阁四库全书》本，第28页下。
②　《大德典章》，见《永乐大典》卷7385，第11页上。

下，事实上未见付诸实施。这是北方的情况。南方亦是如此，谢应芳说：丧礼之弊有二，"其一，铺张祭仪，务为观美，甚者破家荡产，以侈声乐器玩之盛，视其亲之棺椁衣衾反若余事也"。①其实富裕之家在棺椁衣衾上也是很奢侈的，但相对来说在祭仪上花费更为惊人。

厚葬的另一方面，是棺木侈费和以贵重的物品甚至纸钞随葬。富家"葬时装敛帛与金"。②陕西儒士杨恭懿父丧，"棺椁皆黄肠，衣衾必褥"。③黄肠指柏木黄心，是贵重的棺椁材料。至元七年十一月，尚书省上奏："民间丧葬，多有无益破费。略举一节：纸房子等，近年起置，有每家费钞一两锭钞底，至甚无益。其余似此多端。"忽必烈下旨："纸房子无疑，禁了者。其余商量行者。"尚书省"议得：除纸钱外，据纸糊房子、金银、人马并彩帛、衣服、帐幕等物，钦依圣旨事意，截日尽行禁断。咨请照验施行"。④至大元年（1308），袁州路录事司申："切见江南流俗，以侈靡为孝。凡有丧葬，大其棺椁，厚其衣衾，广其宅兆，备存珍宝、偶人、马车之器物，亦有将宝钞藉尸敛葬，习以存风。非惟甚失古制，于法似有未应。每厚葬之家，不发掘于不孝之子孙，则开凿于强切盗贼，令死者暴骸露尸，良可痛哉。"为此建议："今后丧葬之家，除衣食、棺椁依礼举葬外，不许辄用金银宝玉器玩装敛，违者以不孝治罪。似望无起盗心，少全孝道，惜生者有用之资，免死者无益之祸。"中书省收到报告后，重申上述至元七年圣旨，要求各地施行。⑤无锡元代钱裕夫妇墓，墓主死于延祐七年（1320），是没有官职的普通地主。随葬器物154件，有金、银、玉、玛瑙、琥珀、丝织品、漆器、木器，还有纸钞一叠。⑥可知至大元年重申的禁止厚葬的法令，并无效果。特别是纸钞的出土，证明袁州路录事司所说"将宝钞"随葬确有其事。

厚葬使"富者倾资破产，贫者负债取钱，甚者不能办给，以致丧亡不能得葬"。⑦上述儒士杨恭懿便因丧葬费用"为具不足，称贷益之"。⑧厚葬在当时成为严重的社会问题。但从现有考古发掘和文献记载来看，元代厚葬之风与前代相比，是逊色的。迄今没有发现藏有大量珍宝的墓葬。这或与蒙古葬礼相对简单有关。

---

① 《辨惑编》卷2《治丧》，《文渊阁四库全书》本，第8页上～下。
② 刘嵩：《后掘冢歌》，《槎翁诗集》卷4，《文渊阁四库全书》本，第35页上。
③ 姚燧：《知太史院事杨公神道碑》，《姚燧集》卷18，第278页。
④ 《元典章》卷30《礼部三·礼制三·丧礼·禁丧葬纸房子》，第1061～1062页。
⑤ 《元典章》卷30《礼部三·礼制三·葬礼·禁约厚葬》，第1068～1069页。
⑥ 无锡市博物馆：《江苏无锡市元墓中出土一批文物》，《文物》1964年第12期。
⑦ 《大德典章》，见《永乐大典》卷7385，第11页上。
⑧ 《知太史院事杨公神道碑》，《姚燧集》卷18，第278页。

元代盗墓之风盛行，"古之葬者，藏而已矣。自有棺椁以来，一抔之土，愈富贵者愈不能保其藏"。①"钜家大室，丰敛厚葬，自以为与山川相悠远，然不一再世，而其子孙弗恤，视其木思以为薪，登其垄思发其藏者，盖比比也。"②盗掘墓葬，"子孙贫而自发者不少，为盗所发者尤多。发之必鬻之，未有不败者。败者卖者必受祸，夫始买者亦或遭诬。厚葬之不特为身祸，其贻祸于人若此，反不如裸葬之不及者为无祸也。……泥《葬书》以求福，而不顾子孙之衰微而卖之以取祸，与厚葬以自取发掘暴骨之祸者，其为愚蔽，一也"。③可见，厚葬是导致盗墓的主要原因。

盗墓有墓主后人自盗，亦有他人偷盗。

自盗。墓主子孙因贫困掘祖坟，盗取财物；有的则是为了出卖坟地。大德七年（1303）江西临江路（治今江西清江）的一件文书说，当地百姓因为"贫穷不能固守"，有的"图葬埋之金银，被祖宗之棺椁"；有的"发掘祖先坟墓，迁移骸骨，高价货卖穴地"。④皇庆二年（1313）三月十八日中书省的文书说："钦奉圣旨：百姓每的子孙每，将祖上的坟茔并树木卖与人的也有，更掘了骨殖将坟茔卖与人的也有。今后卖的买的并牙人每根底要罪过，行文书禁断者。"⑤至大三年（1310），吉州路（治今江西吉州）周九一，"先为家贫，掘伐祖妣沈氏坟墓"。后又纠众掘伐姑婆、伯祖坟墓。前后"三次盗掘祖宗坟墓，偷取祭品金银。事干恶逆，难与亲属相盗之比"。"幸遇释免……比例合同凡人强盗，刺字。既犯恶逆，难令复居故土，迁徙辽阳肇州屯种相应。"⑥

他盗。发掘他人祖坟，大多为了盗取财物，也有为了挟仇报复。元朝法律："诸发冢，已开冢者同窃盗，开棺椁者同强盗，毁尸骸者同伤人，仍于犯人家属征烧埋银。诸挟仇发冢盗弃其尸者处死。诸发冢得财不伤尸，杖一百七，刺配。"⑦盗墓根据不同情况分别处罚，最严重的可判死刑。大德六年（1302），庆元路（治今浙江宁波）贼人王季等掘墓被抓获，"追勘间，钦遇诏恩"，宽大处理。但因原有圣旨："盗贼虽会赦仍刺字。""既是例比盗贼科断，拟刺字。"⑧皇庆二年（1313），宁国路（治今安

① 方回：《晋新安太守程公碑》，《新安文献志》卷45，《文渊阁四库全书》本。
② 俞希鲁：《报亲庵记》，《至顺镇江志》卷9《僧寺·庵·丹徒县》。
③ 《青可墓表》，《陈定宇先生文集》卷9，第28页上。
④ 《元典章》卷50《刑部十二·诸盗二·禁治子孙发塚》，第1688～1689页。
⑤ 《通制条格》卷16《田令·坟茔树株》，第482页。
⑥ 《元典章》卷50《刑部十二·诸盗二·发冢·盗掘祖宗坟墓财物》，第1690页。
⑦ 《元史》卷104《刑法志三·盗贼》，第2659页。
⑧ 《元典章》卷50《刑部十二·诸盗二·发冢·发冢贼人刺断》，第1688页。

徽宣城）姚德胜与男姚富并义侄方应荣，"掘发胡州判坟墓，开棺盗讫银子等物"。姚德胜、方应荣"依例刺断居役"，姚富"罪遇原免，合同首从定论，依例刺字，收充警迹相应"。"收充警迹"即充警迹人，由地方监管。① 延祐四年（1317），庆元路吴新九等"赍器具到于史提刑坟内，开掘凿开棺木，盗到金银等物……合行人估计金银等物，该中统钞九十三定四十两"。首贼吴新九自杀。从犯"比同强盗，已断一百七下"。"为从发掘开棺盗财，既同强盗计赃断讫罪犯，例不刺字，发付肇州屯种相应。"② 至顺二年（1331），清江县建安乡四会院僧人敥本率人发附近彭氏墓，"启石椁，斫棺毁尸弃河中，盗其藏器，瘗其师于上为浮图焉，且伪树小浮图旁近以为验"。地方官府查明后，"中书下之刑部，议其罪，比强盗减死，黥僧为民，隶有司充警，复墓地彭氏"。③ 倪谦"初试吏部之狱典，有盗发大家冢。大家误逮无罪者于狱，且重赂君欲致之死。君曰：'死不死有法在，我何忍以狱市焉！'后钩钜得真盗，其人获免"。④ 这是盗墓可判死罪的具体案例。

有元一代，灾荒和战争不断。每当社会发生动乱，所在之地的坟墓必遭严重破坏。"婺寇作，台、剡邻境，民生荼毒，三尺之坟，无不椎埋暴露。"⑤ 这是忽必烈时代的事。"至正乙未以后，盗贼经过之所，凡远近墓冢，无不被其发者，丧不如速朽之为愈也。因记为戒。自天历己巳年旱歉后，诸处发冢之盗，公行不禁。"⑥ 元末诗人叹道："乱兵西来人散走，青野荒荒绝鸡狗。垝坟已见遭掘伐，棺椁还闻被椎剖。锦衾绣袂颜色新，玉珥金环光照人。千年幽鬼窖中物，去作谁家富贵春。"⑦ 元末发冢，除了"盗贼"之外，还有官府为了筑城从坟茔挖掘砖石的破坏："富田筑城令期急，创起高围防外敌。南山有石采凿难，尽掘坟茔取砖甓。千夫万卒腾山丘，大斧长镵隳墓头。子孙饮泣草间望，白骨纵横谁敢收。"⑧

元代有不少人反对厚葬，主张薄葬。元末浙东儒士叶子奇说："夫葬以安遗体，遗体既安，多赀以殉，何益！"⑨ 主张薄葬的有不少官员，如伊吾庐人塔本任行省都元

---

① 《元典章》卷50《刑部十二·诸盗二·发冢·子随父发冢刺断》，第1691页。
② 《元典章新集》，《刑部·发冢·发冢·免刺发肇州屯种》，第2189～2190页。
③ 危素：《盗发彭府君墓记》，《危太仆文集》卷2，《嘉业堂丛书》本，第5页上～下。
④ 《转运使掾倪君太亨行状》，《春草斋集》卷5，《文渊阁四库全书》本，第20页上～下。
⑤ 舒岳祥：《故孺人方氏墓志铭》，《阆风集》卷12，《文渊阁四库全书》本，第12页下。
⑥ 《至正直记》卷1《棺椁之制》，第71页。
⑦ 刘嵩：《后掘冢歌》，《槎翁诗集》卷4，第35页上。
⑧ 刘嵩：《发冢歌》，《槎翁诗集》卷4，第30页上。
⑨ 《草木子》卷3《杂制篇》，第47页。

帅，癸卯年（1243）卒，"遗命葬以纸衣瓦棺"。① 统军灭南宋的将领张弘范，"遗言无厚葬，甲一袭，刀一事足矣，明器以陶为之"。② 集贤大学士史惟良，"召子铨，教以忠君孝亲之道，勿汲汲于求进，且戒以毋厚葬，曰：'石椁虽坚，不如速朽。纸衣瓦棺，足周吾身，或违吾言，非吾子也。'言毕而逝。……子铨遵遗志，敛以时服"。③ 成都路防城总管李昱，"呼诸子付以后事，且戒之曰：'毋随俗喧哗，毋厚葬具。'……殉以瓦器，从治命也"。④ 太原盐使司提举徐德举，"当不恙时，伐石为椁，穴地倍常有半，曰：他日无厚藏，明器用陶，无法流俗侈靡，崇事浮屠"⑤ 也有儒生主张薄葬。江阴儒生吴方，"临终，顾其子曰：'……其无以侈靡之物敛。'……"⑥ 还有妇女："孺人遗命子妇，勿用簪珥金珠为饰，一用女冠衣帔为敛具，邻里人皆疑其太薄。既瘗，不为马鬣佳城之观，至今拳然块土，苍苔丛筱蔽其上，过者莫能指真处。"因而未被盗掘。⑦

① 《元史》卷 124《塔本传》，第 3044 页。按，伊吾庐应为今新疆哈密。但廉惇《塔本世系状》说他是别失八里（今新疆吉木萨）畏吾（畏兀儿）人，见《永乐大典》卷 13993。
② 李谦：《张公墓志铭》，《文物》1986 年第 2 期。
③ 黄溍：《史公神道碑》，《金华先生文集》卷 26，《四部丛刊》本，第 15 页下。
④ 赵孟頫：《李公墓志铭》，《赵孟頫文集》卷 8，第 147 页。
⑤ 姚燧：《徐君神道碑》，《姚燧集》卷 18，第 289 页。
⑥ 黄溍：《江阴吴君墓志铭》，《金华先生文集》卷 39，《四部丛刊》本，第 2 页上。
⑦ 舒岳祥：《故孺人王氏墓志铭》，《阆风集》卷 12，第 12 页下。

第三章
墓地与墓室

第一节　墓地

元代墓地有严格的等级之分。现存有两种记载。一种记："一品，四面各三百步。二品，二百五十步。三品，二百步。四品、五品，一百五十步。六品下，一百步。庶人及寺观各三十步。"[①]另有记载说："一品九十步，二品八十步，三品七十步，四品六十步，五品五十步，六品四十步，七品以下二十步，庶人九步。""庶人墓田，四面去心，各九步。即是四围相去十八步。"五尺为步，合官尺四丈五尺，营造尺五丈四小尺。[②]上述两种记载相差很大，可能先后有所变化。

文水（今山西文水）王氏墓和祥符县（今河南开封）白榆村杨氏墓，是高级官员坟墓中较有代表性的。正议大夫、晋宁路总管王国器，先墓在山西文水云周里，"墓域旧惟三亩，王氏族大且盛，葬不能容。侯买地五十亩，以二十亩为葬地，余为祭田，三亩作宅，为室四楹，令冢人居之。凿井及泉，以资溉浸"。墓地有"翁仲石仪"，因东距汾河数里之近，有时河水"衍溢于墓域"，又"筑土四围，高十有五尺，阔八尺，水害遂息。树松柏榆柳凡八百章，郁然畅茂"。[③]可知王氏墓地有祭田，有"冢人"（守坟者）居住的房舍，有翁仲石仪，四周有土筑围墙。王国器官阶三品。杨氏墓墓主杨泽有二子，长子杨敬直为太中大夫（从三品）、江西行省参知政事，次子

---

① 《至元杂令·官民坟地》，《泰定本事林广记》壬集卷1，见《事林广记》，中华书局，1999，第492页。
② 《元典章》卷30《礼部三·葬礼·墓地禁步之图》，第1066页。
③ 苏天爵：《文水王氏增修茔兆记》，《滋溪文稿》卷4，第53页。

杨元直为资德大夫（正二品）、太医院使。杨泽因子官得赠荣禄大夫、大司徒，阶从一品。杨元直"侍禁中"，受皇太后宠信，请修父墓。"乃赐楮币万五千缗，仍督行省相其役。""丞相身率僚佐共建敕赐神道碑于墓右。……改作祠堂三楹，秦国公李孟为榜曰：'致严'。圹未有铭，集贤侍讲学士赵孟頫铭之。墓前有表，参知政事贾钧书之。墓南二丈有石门，刻御史中丞郝天挺之字曰：'杨氏先茔'。茔前石人、兽如制。又南去二百五十尺，华表双高，国子祭酒刘赓题其衡颜曰：梁国公神道。有碣路左，书曰：'大司徒梁国公坟'，则鄂国公史弼书也。中以亩计者十五，垣以甓，外以丈计者六百。缭以墙，树榆柳柏松数万，郁郁如屯云，翼翼颜颜，辽辽极目。……盖是举也，金工、石工、木工、土工凡六千有奇。其费，上赐之外，竭家之有犹不足也。"① 可知此墓占地很广，墓前有神道碑、华表、石人、石兽，墓地栽植大量树木，有供祭祀的祠堂，周围有墙。杨氏为建墓地用工六千有奇，也就是一百名工人劳动两个月以上。修墓除皇家赏赐外"竭家之有犹不足也"，其费用是很可观的。修杨氏墓，朝廷不仅赐钞，而且"督行省相其役"，实际上就是官府为之提供人力、物力。成宗大德五年（1301）七月，皇帝颁布圣旨："官人每、有气力富豪与自己父、祖修理坟茔立碑石，动军夫、官司气［力］起盖修理有。今后官人每不拣是谁，与自己父、祖起盖坟茔碑石，休动摇官司、军夫者。这［般］宣谕了，动摇军夫的每，有罪过者。"② 说明官人、富豪修墓时动用军夫和"官司气力"是很普遍的现象，以致朝廷不得不颁发圣旨禁止。但祥符杨氏墓地建于仁宗皇庆元年（1312），皇帝明令行省助役，可知上述圣旨实际上是一纸空文。王氏（正三品）墓地二十亩，而杨氏（从一品）墓地十五亩，似说明有关官员的墓地并不严格执行标准。

元朝官员都以修墓为光祖耀宗的大事，见于记载者甚多。中大夫、济南路（治今山东济南）总管郭克明，"考品秩，得修翁仲羊虎及镵石，序列先世行实，如古先庙碑者"。③ 杨彦珍，副千户，子杨珪，因战功升万户。"位践三品……伐石人兽，树列神道。"④ 正议大夫、光禄卿邢某，为仁宗"掌膳羞酒醴，日承宠光。曾无数年，致位列卿。推恩之隆，延及祖考。……念先世坟墓远在辽东子孙岁时不克展省，今买地于京城之南燕台乡契丹里，作为茔垣，树列翁仲石像，以元统三年二月十九日举先考及

① 程钜夫：《杨氏先茔记》，《程钜夫集》卷13，第150页。
② 《永乐大典》引《元国朝典章》，《元典章》点校本，附录一《文书补遗》，第2271页。
③ 蔡受益：《郭克明墓碣铭》，《畿辅通志》卷169，转引自《全元文》第58册，第206页。
④ 姚燧：《戍守邓州千户杨公神道碑》，《姚燧集》卷18，第293页。

先夫人之枢葬焉"。^①吏部尚书边公佐，"先是尚书在户部，以阶三品，推恩上及其祖考，既增广茔域，设置翁仲，而碑石未建"。于是请人书写碑文（阡表）。^②忙兀的斤曾任中尚监卿。其子"买地于大兴县燕台乡艾村原，作为茔垣，树列翁仲石仪，举公及夫人之枢葬焉"。^③中尚监卿正三品。鹰坊都总管赵密"先世丘陇在〔奉圣州〕攀山者，侯复镂石表之，列树翁仲，令子孙不忘其处"。^④鹰坊都总管亦为正三品。以上记载说明三品官员家族墓地有"茔垣"，均建有翁仲石仪。

中国古代官员墓前树立石人、石兽作为身份的象征，亦有等级的区别。元代沿袭了这一制度。元代文献《品官葬仪》记载："一品以上石人四事，石柱二事，石虎二事，石羊二事。三品以上石人二事，石柱二事，石虎二事，石羊二事。五品以上石人二事，石虎二事，石羊二事。"^⑤这和金朝《泰和令》中的规定相同，应是可信的。^⑥元初不少制度来自金朝，葬仪应亦相同或相近。据此，一品至五品皆可立石人、石兽和石柱，但数量有别。上面所举三品以上官员的家族墓地，建有翁仲、石仪，是合乎制度的。元末诗人迺贤自江南北上，过真定县。"县北新城镇南二里许，墓林蓊蔚，羊、虎、翁仲皆白石镌凿，极为伟壮。是为岭北行中书省郎中苏君之墓。"^⑦这位"苏君"是元末名臣苏天爵的父亲苏志道，行省郎中从五品，故亦可有羊、虎、翁仲。章丘（今山东章丘）"程氏族大以蕃，而先兆族葬至不能序昭穆"。程恭曾任句容县尹，因其母"蒋夫人卒，始卜得吉埌，去先兆西南二里，奉迁府君之枢合葬焉。周以垣墉，树之松柏，前列石仪、翁仲"，以及墓碑。"府君"即程恭之父程璧，追赠奉训大夫（从五品）、博兴知州。^⑧可见五品官员墓地亦可建石人、石兽。现存元代墓葬中时有石人、石兽发现。内蒙古赤峰市翁牛特旗鸡冠子山东南坡张氏家族墓地，有《大元敕赐故蓟国公张氏先茔碑》，蓟国公是鲁王王傅张应瑞的封号，墓地有文官、武将石像以及狮、虎、麒麟、羊等石雕。^⑨河北满城张弘略墓神道两侧有马、羊、虎、狮、文臣、武将等8尊石像生，现多数移存县文管所院内。^⑩衢州九华乡下坦村东方氏墓，

①　苏天爵：《邢公神道碑》，《滋溪文稿》卷15，第245页。
②　黄溍：《边氏崇孝阡表》，《金华先生文集》卷30，《四部丛刊》本，第24页下。
③　马祖常：《蓟国忠简公神道碑》，《石田文集》卷13，第19页下～第20页上。
④　苏天爵：《故鹰坊都总管赵侯墓碑铭》，《滋溪文稿》卷15，第249页。
⑤　《至元杂令》，《泰定本事林广记》壬集卷1，《事林广记》，中华书局，1999，第492页。
⑥　苏天爵：《金进士盖公墓记》，《滋溪文稿》卷4，第55～56页。
⑦　迺贤：《河朔访古记》卷上，《文渊阁四库全书》本，第27页下～第28页上。
⑧　苏天爵：《程府君墓碑铭》，《滋溪文稿》卷18，第296页。
⑨　王大方、张文芳：《草原金石录》，文物出版社，2013，第118～121页。
⑩　《元代张弘略及其夫人墓清理报告》，《文物春秋》2013年第5期。

墓碑书"赠中大夫太平路总管轻车都尉荥阳侯夫人方氏墓",墓前有石人、石马、石羊等。①

总的来说,北方族葬比较普遍。上面所说官员墓葬中有不少都是族葬。著名的元初地方豪族藁城董氏、真定史氏、巩昌汪氏等都聚族而葬,至今遗址尚存。见于记载的聚族而葬如:"董氏之族居真定藁城者为最盛",董源任少中大夫、江北淮东道提刑按察使,死后"合夫人尚氏之丧葬藁城县安仁乡南董乡先茔,董氏葬是二百余年矣"。②易州(今河北易县)李英,为承德郎(正六品)、廉访司佥事。他的上几代殡于各地,"弗克族葬"。李英"买地为兆,定昭穆之次,自曾祖以下,为之具衣衾棺椁而葬。周以垣墉,树之松栢",并"得立石表于其阡"。③胶水县(今山东平度)李氏家族有数人任管军百户长和地方官府的典史、司吏等职。李氏兄弟"扪心默念,父母诸族尊卑口(骸)骨,皆安残土,不能葬之以礼,何口(以)为人之子也"。于是"就斯年通月便岁稔时丰,令术士卜择辰,大举葬礼于县东北"。④这个家族成员职级不高,但在地方上有一定势力,也要举行族葬。李用,上代山西文水人,祖迁晋宁(今山西临汾)。李用"服贾西来",在咸宁县(今陕西西安)买坟地,将原在晋宁埋葬的祖父"而下十八丧",都迁到咸宁,"与其父族葬之"。⑤这是民间商人族葬的例子。

江南族葬相对来说较少。"中原之族坟墓至今犹古也,南土之葬坟墓得聚于一处者鲜矣。盖其偏方土薄水浅之地,不得不然。虽仁人孝子之心有所甚不安,而卒亦莫能变其俗者。"⑥"盖大江以南,拘泥于堪舆家,谓其水土浅薄,无有族葬之者。他未遑深论,虽以父子至亲,其兆域相去,近或十里,所远乃至于逾百。夫以一气所生,喘息之相通,魂神之相依,乃使之旷绝疏远如此,岂人心天理之所安哉!"⑦所谓"土薄水浅"是指"江南地多沙砾水泉,藏善坏"说的。⑧大江南北地理条件不同,江南多丘陵,人口密集,加上"土薄水浅",因此不宜族葬。但这是相对而言的。理学家赵汸说:"大山长谷回溪复岭之中,岂无高平深厚之地可规以为族葬者?"⑨事实上江南各地仍不乏族葬之例。如以聚族同居著称的浦江(今浙江浦江)郑氏。又如金华(今浙

①　沈华龙:《元代荥阳侯夫人方氏墓初探》,《南方文物》2004年第2期。
②　苏天爵:《董公神道碑铭》,《滋溪文稿》卷10,第160页。
③　苏天爵:《易州李氏角山阡表》,《滋溪文稿》卷20,第341~342页。
④　郭宽:《李氏先茔碑》,《(道光)平度州志》卷24,引自《全元文》第19册,第674页。
⑤　同恕:《李君和甫墓志铭》,《榘庵集》卷9,第9页下~10页上。
⑥　吴澄:《跋陈氏丘陇图》,《吴文正公集》卷31,第18页上~下。
⑦　宋濂:《赵氏族葬兆域碑铭》,《宋文宪公全集》卷14,第8页上。
⑧　赵汸:《戴廷芳母金安人墓附葬志》,《东山存稿》卷7,第45页下。
⑨　赵汸:《葬书问对》,《东山存稿》卷5,第37页下。

江金华），"赵君古愚，嗜学而好修，以其先世遭家孔艰，殁者多涂殡于郊，乃与二弟古怡、古忱谋，黜衣杀食，历十年之久，始克族葬于县之庆云乡青冈山之原"。① 畏兀儿人偰氏，是元代一个显贵的家族，移居江南后也采用族葬。偰氏内迁第二代合剌普华任广东道都转运盐使，战死，"谥忠愍"。其子偰文质，谥忠襄。"时忠襄方买地于溧阳州永成乡沙溪之上，奉忠愍以下六丧，以昭穆序葬。"偰文质之子偰哲笃，妻月伦石护笃，死后都葬溧阳州某乡某山之麓。② 偰氏在溧阳（今江苏溧阳）聚族而居，绵延至今。上海青浦高家台发现任仁发家族墓地，占地面积近 20 亩。任仁发曾任都水少监、浙东道宣慰副使，阶四品。其家族成员墓严格按照宗法制度左昭右穆的原则有秩序地排列。③

　　南方官员和富户的墓地也有相当规模。有的豪民"用石墙围祖墓，以绝樵采"。④ "薛氏世坟，在下蔡之官塘。表以石刻，缭以周垣，攻筑坚深，规制完整，复置守冢其旁，而以垣外地给之。"⑤ 下蔡即今安徽凤台。江西诗人刘嵩写道："岘冈西北龛村路，近郭家家葬坟墓。富家尽栽松柏林，葬时装敛帛与金。……墓门碑石高峥嵘，界水连山谁敢争。枯枝堕地无人拾，牧竖驱牛山下行。"⑥ 可知南方富户墓地有围墙，栽种树木，有碑石，设有守墓人，都与北方相似。"富家"的墓地无人"敢争"，连樵夫、牧童都不敢靠近。但南方富户墓地大多有僧道寺庵，这是北方不多见的（参见第二章第三节）。江南富户的墓地甚至还有供游玩的园林："浙河以西，俗敝久矣。而丧亲之变，又君子所不忍言。其能瘗于土者，则美田庐以崇梵释，治园囿以盛游观。岁时驾大舟，领妇子，举一觞而酹焉。"⑦ 奉训大夫、延福太监之子张世华葬其母陆夫人于安吉（今浙江安吉），墓西有屋数间，"规置守者以给祀事，子孙岁时展省，得以止而休焉。……名曰：'永贞之庵'"。"墓前地可十亩，巨竹万个，即其南为亭四楹，名曰：'云亭。'"⑧ 这座云亭显然足供游观的。

　　以上所说都是官员、富户的墓地。无论南北，普通平民的墓地都很简单，仅能容

①　宋濂：《赵氏族葬兆域碑铭》，《宋文宪公全集》卷 14，第 7 页下～8 页上。
②　黄溍：《合剌普华公神道碑》，《金华先生文集》卷 25，《四部丛刊》本，第 3 页下；《魏郡夫人伟吾氏墓志铭》，《金华先生文集》卷 39，《四部丛刊》本，第 17 页上。
③　上海博物馆：《上海唐宋元墓》肆《元任仁发家族墓出土墓志反映的几个问题》，科学出版社，2014，第 210～219 页。
④　《至正直记》卷 2《乡中风俗》，第 75 页。
⑤　李祁：《薛氏世坟记》，《云阳集》卷 7，清抄本，《北图古籍珍本丛刊》第 96 册，第 252 页。
⑥　刘嵩：《后掘冢歌》，《槎翁诗集》卷 4，第 34 页下～第 35 页上。
⑦　赵汸：《水贞庵记》，《东山存稿》卷 3，第 94 页上。
⑧　赵汸：《永贞庵记》，《东山存稿》卷 3，第 93 页上。

下棺木而已。至于贫民，买不起墓地，只能安葬在义冢之内，棺木亦靠官府或富人施给（见第三章第四节）。

泰定二年（1325）闰正月，"山东廉访使许师敬请颁族葬制"。[1] 儒家提倡族葬，认为其可以加强宗族团结，有利于社会的稳定。许师敬是大理学家许衡的儿子，崇尚理学，故有此建议，意在用政府的力量，进一步推行族葬，实现儒家的理想。但朝廷对此似没有采取任何措施。

第二节 墓室的形制

就建筑材料来说，元代墓葬主要分为石墓、砖墓两类。墓室形状则有圆形、正方形、长方形、多边形等。有的除了墓室之外，还有墓门、甬道和墓道。

石墓。石墓南北均有。文献记载，武宗时和林行省丞相蒙古人哈剌哈孙薨，"敕大兴尹买葬地昌平阳山南之原……乃胥议为石冢"。[2] 大德九年（乙巳，1305）国子祭酒刘敏中为其父母迁葬，"为方圹，白石为室，且为椁"。[3] 北京元代墓葬中发现颇多石墓。北京铁可墓，为三室石椁木棺墓。墓室四壁用青石垒砌，室内用二道石板隔墙，分成三室，各置一棺。墓底用大小不等的青石板平铺，墓顶用等宽的九块青石板覆盖，每室三块。[4] 铁可之父斡脱赤墓在铁可墓东，由墓室和甬道组成。墓室四壁分别用一块大理石板构筑，石板厚25厘米。墓底平铺石板，墓顶用青石板封盖。[5] 北京石景山区刘娘府元墓用卵石和大小不等的石块加灰土浆（白灰和土的混合物）砌筑而成，墓室分东、西两室，中间以隔墙分开。[6] 山东平阴县南李山头村元墓，墓室为全石结构，所用石料皆石灰岩质。墓室有主室及东西两侧室，主室呈方形，两侧室为长方形。主室及侧室有画像多幅，分别刻在石板上。[7] 山东济南历城区埠东村石雕壁画墓，墓室平面呈圆形，墓壁由大小不等的弧形石料砌筑，计11行。[8] 山东济南郎茂山路元代家族墓三座，M1和M2均为石砌单室墓，墓室平面呈方形，用大小不一的巨

---

① 《元史》卷29《泰定帝纪一》，第654页。
② 刘敏中：《顺德忠献王碑》，《刘敏中集》卷4，第35页。
③ 《先府君迁祔表》，《刘敏中集》卷11，第100页。
④ 喻震、黄秀纯：《元铁可父子墓和张弘纲墓》，《考古学报》1986年第1期。
⑤ 北京市文物研究所：《元铁可父子墓和张弘纲墓》，《考古学报》1986年第1期。
⑥ 北京市文物研究所：《北京石景山区刘娘府元墓发掘简报》，《考古》2014年第9期。
⑦ 刘善沂：《山东长清平阴元代石刻壁画墓》，《文物》2008年第2期。
⑧ 刘善沂、王惠明：《济南市历城区宋元壁画墓》，《文物》2005年第11期。

石错缝砌筑而成，墓底用同不规格的石板铺成。M2 顶部用雕有莲花的圆形石块封盖；M1 顶部已被破坏，应与 M2 同。M3 整体呈长方形，用大型石块砌成，用石墙分成三部分。底部用石板铺地，顶部用 20 厘米厚的石板封顶。[①] 徐州大山头元墓墓室上圆下方，用大石条错缝顺砌而成。[②]

山西兴县红峪村元墓为石砌八角形单室墓，以较规整的石板砌筑墓室和墓顶，墓门外以条石砌拱券甬道，再以石板封门，分两层，内层由两块石板拼接成近方形，外层为一长方形石板。[③] 山西交城裴家山元墓、文水北峪口元墓、山西兴县红峪村元墓、以及陕西横山罗圪台村元墓，都是石砌八边形单室墓。

苏州张士诚父母墓，墓圹作正方形，无墓道和墓门。长、宽 3.79 米，比一般墓室大得多。全用大青石板构筑而成。[④] 上海青浦任氏家族墓 6 座均为石墓圹，墓壁用大石板砌成，墓圹上盖大石板（有的已散失）。[⑤]

砖墓。元代砖墓墓室以单室、双室居多，形式多样。单室常见为正方形或长方形。内蒙古赤峰沙子山先后发现两座元墓。1982 年发现的元墓墓室呈方形，每边长 2.5 米。1989 年发现的元墓，墓室平面呈正方形，边长 2.3 米。[⑥] 大同冯道真墓是砖砌单室墓，由墓室、甬道、墓道组成。墓室平面为方形，南北长 2.64 米、东西宽 2.84 米、高 3.3 米。大同王青墓墓室平面呈方形，南北长 2.5 米，宽 2.10 米，高 3.2 米。面积比冯道真墓略小。[⑦] 杭州鲜于枢墓为长方形砖室墓，长 2.6 米、宽 0.92 米。墓壁用长方形砖错缝平铺叠砌，墓底不铺砖，放置 2 块长方形石条，可能为垫棺之用。[⑧] 西安韩森寨元墓由墓道、甬道、墓门、方形穹隆顶墓室构成。墓室南北长 2.06 米、东西宽 1.95 米，四壁皆用条形单砖平砌而成。[⑨]

双室砖墓有如下几例。北京小红门张弘纲墓，墓室由主室、耳室组成，主室有石棺两具，耳室有木棺一具。[⑩] 福建将乐元墓为双室券顶砖墓，两室平面为相等的长

①　济南市考古研究所：《济南郎茂山路元代家族墓发掘简报》，《文物》2010 年第 4 期。

②　邱永生、徐旭：《江苏徐州大山头元代纪年画像石墓》，《考古》1993 年第 12 期。

③　《山西兴县红峪村元至大二年壁画墓》，《文物》2011 年第 2 期。

④　苏州市文管会、苏州博物馆：《苏州吴张士诚母曹氏墓清理简报》，《考古》1965 年第 6 期。

⑤　《上海唐宋元墓》，第 146～149 页。

⑥　项春松：《内蒙古赤峰市元宝山元代壁画墓》，《文物》1983 年第 4 期。刘冰《内蒙古赤峰沙子山元代壁画墓》，《文物》1992 年第 2 期。元宝山是公社名。据刘文，两墓均在沙子山东坡；为说明方便，下文分称元宝山元墓和沙子山元墓。

⑦　大同市文物陈列馆等：《山西省大同市元代冯道真、王青墓清理简报》，《文物》1962 年第 10 期。

⑧　张玉兰：《杭州市发现元代鲜于枢墓》，《文物》1990 年第 9 期。

⑨　西安市文物保护考古所：《西安韩森寨元代壁画墓》，文物出版社，2004，第 9～22 页。

⑩　北京市文物研究所：《元铁可父子墓和张弘纲墓》，《考古学报》1986 年第 1 期。

图3-1　陕西韩村元墓结构

资料来源：《西安韩村寨元代壁画墓》。

图3-2　韩村元墓残存墓顶

资料来源：《西安韩村寨元代壁画墓》。

方形，内长 3.9 米、宽 1.16 米，高 1.17 米。墓室用长方形青砖铺砌。① 福建南平三官堂元代刘千夫妻合葬墓，青砖砌筑，两室，形制相同，长方形，均长 3.84 米，宽 1.6 米，高 1.66 米。② 无锡钱裕墓。青灰色长条砖砌的竖穴，墓中间有墙，分两室，东室男，西室女，夫妇合葬墓。③ 江西抚州黄泥岗元代合葬墓，长方形，分两室，东为夫，西为妻，但两室间有甬道相通。两室均分前后两部分，中有封墙前部放置棺木，后部放随葬品和墓志铭。④

已发现元代砖墓中，多室很少。湖北罗田蔡家湾元至正九年墓，平面呈方形，墓圹长 310～320 厘米、宽 300～320 厘米、墓室底至墓顶高 130 厘米。墓室分北、中、南三室，均为长方形竖穴，墓墙均用石灰、糯米汁、拌沙灌注而成。⑤ 北京颐和园发现的耶律铸夫妇合葬墓，是大型多室砖墓，由墓道、墓门、前室及东西侧室、后室及两个侧室组成，后室与前室之间有甬道相通。前室 2.45 米见方，东、西侧室略小。后室南北 2.78 米，东西 2.8 米，其东侧有两个侧室，面积较小。此墓有许多珍贵的随葬品。⑥ 赛因赤答忽曾任河南行省平章政事，后升太尉、翰林学士承旨阶银青荣禄大夫（正一品）。他的儿子扩廓帖木儿是元军统帅，在朝廷中举足轻重。赛因赤答忽死于至正二十五年（1365），正逢元末动乱之时，但因扩廓帖木儿的身份特殊，所以他的墓葬仍是高规格的。全墓砖砌，由墓道、门楼、甬道、前室、过道和后室组成。其中前室为长方形，东西长 4.8 米、南北宽 2.53 米；过道近方形，东西宽 1.78 米、南北进深 1.53 米；后室近方形，南北长 3 米、东西宽 2.8 米。仅后室面积已与一般墓室相当或较之大。特别值得注意的是，此墓墓底距地面 19.8 米，其深度是罕见的，原因显然是惧怕动乱中被盗掘，但其耗费的财力无疑是很大的。⑦

砖墓也有六边形或八边形的。山西芮城潘德冲墓六角形，用砖砌成。⑧ 陕西蒲城洞耳村元墓，八边形穹隆顶，墓顶正中留小孔模仿蒙古包。⑨ 河北涿州东关村元代壁画墓呈八角八边形。⑩ 中原和北方地区发现的北宋和辽、金墓葬都有八角形和六角形

---

① 福建省博物馆等：《福建将乐元代壁画墓》，《考古》1995 年第 1 期。

② 张文崟、林蔚起：《福建南平市三官堂元代纪年墓的清理》，《考古》1996 年第 6 期。

③ 《江苏无锡氏元墓中出土一批文物》，《文物》1964 年第 12 期。

④ 《江西抚州发现元代合葬墓》，《考古》1964 年第 7 期。

⑤ 湖北省文物考古研究所等：《罗田蔡家湾元代砖室墓发掘简报》，《江汉考古》2007 年第 3 期。

⑥ 《颐和园元代耶律铸夫妇合葬墓》，《中国文物报》1999 年 1 月 31 日。

⑦ 洛阳市铁路北站编组站联合考古发掘队：《元赛因赤答忽墓的发掘》，《文物》1996 年第 2 期。

⑧ 山西省文管会等：《山西芮城永乐宫旧址宋德方、潘德冲和"吕祖"墓发掘简报》，《考古》1960 年第 8 期。

⑨ 《陕西蒲城洞耳村元代壁画墓》，《考古与文物》2000 年第 1 期。

⑩ 河北省文物研究所等：《河北涿州元代壁画墓》，《文物》2004 年第 3 期。

的砖室墓。① 元代多边形墓是对前代墓型的继承。其形制可能来源于佛塔或佛幢。

元代墓葬有单人、夫妻合葬以及多人合葬等不同形式。总的说来，单人葬和夫妻合葬居多，多人合葬较少。河北徐水西黑山墓地是金元时期平民家族墓地，已清理62座，内单人葬20座，二人合葬21座，三人葬11座，不确定10座。② 此墓地有一定的代表性。

单人墓在南北均很普遍。杭州妇女徐妙安死，其子到处寻求佳域，最后将其葬于钱塘县范村之桐树坞。其夫"卒先十二年"，"其葬徐村，距桐树坞数里而近"。③ 可知夫妻分葬两处。就考古发掘来说，浙江海宁贾椿墓葬具为一木棺，内藏贾椿遗骸（未腐）。④ 山西大同东郊元代崔莹李氏墓，墓主李氏，女性，单人葬。⑤ 河北宣化元代葛法成墓，墓主为女性，单人葬。⑥ 夫妻合葬在南北也是常见的。在元代人物传记资料（传、墓志铭、神道碑等）中，可以看到大量夫妻合葬的记载。常用词是"祔"或"合祔"。合葬的形式多种多样。临川（江西临川）胡仲才夫妇相继病故，只隔九天。于是"合葬于乡里之管城山乔岭"，即同时下葬。⑦ 常见的形式是先死的一方已葬，另一方去世后，打开先死者坟墓安葬。著名学者柳贯的夫人去世，他在墓砖上写道："兆成先窆，俟吾他日同竁。"⑧ "窆"指穿土下棺，"竁"指穿地为墓穴，柳贯的意思是夫人棺木先葬，他死后再打开合葬。浦江（今浙江浦江）戴士尧先死，其妻刘氏，后十七年去世。"刘将属纩时，命其子思恭等曰：汝父骨已朽，我即死，汝必穿父穴以合窆。"⑨ 莆田（今福建莆田）朱文霆，任泉州路同知，其妻池氏先死，"及公卒，穿夫人之墓，合葬焉"。⑩ 嘉定（今上海嘉定）邢真，"后其夫二年而卒，卒之十有五日，穿其夫之封而葬"。⑪ 有的则是一方埋葬时，为另一方留出生茔。王蕙，昆山（今江苏昆山）人。"初，府君之葬，[子]熊为夫人豫作寿藏……至是竟合祔焉。"⑫ 还有一种是夫、妻原来分葬（或殡）两处，其子、孙将两人尸骨埋在一起。魏榆人杜怀玉，

---

① 中国社会科学院考古所：《新中国的考古发现和研究》，文物出版社，1984。
② 《徐水西黑山：金元时期墓地发掘报告》，第369页。
③ 柳贯：《卢氏母碣铭》，《柳贯集》卷11，第297～298页。
④ 海宁县博物馆：《浙江海宁元代贾椿墓》，《考古》1982年第2期。
⑤ 大同市文化局文物科：《山西大同东郊元代崔莹李氏墓》，《文物》1987年第6期.
⑥ 张家口市宣化区文保所：《河北宣化元代葛法成墓发掘简报》，《文物》2008年第7期。
⑦ 李子贵：《东溪胡公墓铭》，《江西出土墓志选编》第4编，引自《全元文》第56册，第147页。
⑧ 柳贯：《亡妻墓砖志》，《柳贯集》卷12，第341～342页。
⑨ 宋濂：《戴仲积墓志铭》，《宋文宪公全集》卷50，第4页上。
⑩ 宋濂：《朱公墓志铭》，《宋文宪公全集》卷34，第10页下。
⑪ 殷奎：《殷母圹铭》，《强斋集》卷4，第30页上。
⑫ 殷奎：《故卢府君夫人王氏墓志铭》，《强斋集》卷4，第19页上。

为登封尉，卒于官。"公之卒也，羁葬他乡余五十年。至正辛巳，次子简始收取遗骸。越三年甲申五月，改葬于中杜故里先茔之侧，仍以其配赠宜人韩氏祔之，礼也。"①

从考古发掘来看，夫妻合葬墓有多种形式。第一，合葬于一棺之中。山东邹县李裕庵墓有大小石椁，大石椁内男女同棺，应是夫妻合葬。②三门峡 M38 元墓，木棺一具，棺内有人骨架两具，一男一女。③第二，男女分两棺同埋一室。山东嘉祥曹元用夫妻合葬墓，内置二套棺椁，男右女左。④第三，夫妻遗骸各居一室。江西抚州元代墓葬，东室夫，西室妇，两墓室之间有甬道相通。⑤安庆范文虎墓，墓室"全长 45 米，宽 5 米，中有界墙一道，分为东、西两室，男棺在东，女棺在西"。⑥福建将乐元墓、福建南平三官堂元刘千六夫妻墓都是相等形制的两室，但将乐墓面积较大。⑦山东济宁张营村张楷墓，是长方形土圹石椁木棺双室合葬墓，墓主张楷以朝列大夫、大司农丞致仕，双室有隔墙，中间有方形小洞使两室相通。⑧

双人墓以夫妻合葬最多。此外还有父子同穴、兄弟合葬等。理学家陈栎之姐夫吴惟深与外甥吴昌"父子同穴"，其姐"祔葬冢，相去一二尺许"。⑨也有兄弟合葬的。开化程宁，终年七十。"公与弟生同气，死不忍异穴，与弟合葬遁山之冈。"⑩元代墓葬壁画中常见夫妻并坐或对坐的场景，如赤峰元宝山元墓。⑪这是夫妻合葬的反映。

多人墓以一夫多妻合葬和妻、妾合葬居多。浦江（今浙江浦江）郑铢死后四年，其妻吴氏、姜劳氏相继去世，均"祔葬府君之穴"。⑫长安（今陕西西安）辅明之，元配于氏，继室上官氏。辅卒于至元庚辰。"君与于氏葬长安县槐衙里先茔"。上官氏"后君三十五年……卒"。其子"举其柩，合而葬焉"。这是一夫二妻同葬一墓。⑬陈福，世家郑州密县（今河南密县），织工，后居京兆咸宁（今陕西西安）。死后"藁殡僧舍"。陈福原配李氏，早卒；继室任氏，死在陈福身后二十六年。任氏死后三人

①　任璟明：《登封尉杜怀玉墓志》，《乾隆榆次县志》卷9，引自《全元文》第56册，第217页。
②　《邹县元代李裕庵墓清理简报》，《文物》1978年第4期。
③　《河南三门峡发现元代早期墓葬》，《中国文物报》2014年6月6日。
④　山东济宁地区文物局：《山东嘉祥县元代曹元用墓清理简报》，《考古》1983年第9期。
⑤　程应麟、彭适凡：《江西抚州发现元代合葬墓》，《考古》1964年第7期。
⑥　《安庆市棋盘山发现的元墓介绍》，《文物参考资料》1957年第5期。
⑦　福建省博物馆等：《福建将乐元代壁画墓》，《考古》1995年第1期；张文崟、林蔚起：《福建南平市三官堂元代纪年墓的清理》，《考古》1996年第6期。
⑧　济宁市博物馆：《山东济宁发现两座元代墓葬》，《考古》1994年第9期。
⑨　《青可墓表》，《定宇先生文集》卷9，第28页下。
⑩　鲁贞：《程道夫墓志铭》，《桐山老农集》卷3，《文渊阁四库全书》本，第9页上。
⑪　项春松：《内蒙古赤峰市元宝山元代壁画》，《文物》1983年第4期。
⑫　宋濂：《郑府君墓铭》，《宋文宪公全集》卷42，第4页上。
⑬　同恕：《辅君明之墓志铭》，《榘庵集》卷7，第7页上～下。

合葬在一起。① 梁大用为安西王掌膳局提举，"君凡五娶，无子。元配刘氏卒，继以王、李、王、任。前王及任亦先卒。今皆合葬焉"。这是一夫及三妻合葬。② 从考古发掘来看，济南郎茂山路元代家族墓 M3 为长方形石墓，用石板隔成中室和东、西二部分，中室最大，东、西略小，每室一棺，应是一夫二妻合葬。③ 陕西横山高镇罗圪台村元墓是单室墓，壁画夫妻宴饮图中共有六人（一夫五妻），墓内发现四具人骨和较多的烧骨。④

此外还有家庭或家族成员的多人墓。江苏徐州大山头元延祐七年墓发现尸骨三具，一成人二孩童，应是同一家庭成员。⑤ 山西襄汾解村元墓墓室有六具骨架，除一具侧身屈肢者外，余皆散乱堆放，显系迁葬。⑥ 山东长清王宿铺村元墓有八具骨架，五具在地面排放，头向西，仰身直肢，应同时下葬。另有三具儿童骨架。在高于棺木之上的淤土层中，未见葬具，可能是后放的。⑦ 西安小型土室墓，在一长方形木盒内盛五具人骨骼。⑧

从汉末、魏晋开始，直到南北朝，各朝代流行在墓室中设棺床，以安置棺材，或将尸体直接安置在棺床上。⑨ 元代墓葬中棺床仍相当普遍。棺床大多用砖砌成，有的呈长方形，亦有呈凹字形。赤峰元宝山元墓砌有长方形棺床，长 2.5 米，与墓室边长同；宽 1.07 米，高 24 厘米。床面铺方形青灰砖，男女尸体安放在棺床上。⑩ 大同冯道真墓墓室后部砌长方形平面棺床，长 2.84 米、宽 1.10 米、高 15 厘米，用方砖平铺。棺床上置东西横放的青石板，长 1.88 米，宽 0.95 米，厚 0.2 米，当是尸床。尸床上置木棺罩，内停放尸体。棺床上置尸床和棺罩，是此墓特殊之处。大同王青墓墓室后部倚东、北、西三壁砌长方形棺床，长 2.10 米，宽 1.80 米，高 0.16 米，占室的三分之二，用方砖平铺。⑪ 西安韩森寨元墓是墓室北部横置一砖砌棺床，东西长 1.35 米、南北宽 0.92 米、高 0.55 米，外围以砖包砌，中心填土而成。棺床与四面墙都有一定距离。棺床外表涂白灰层。⑫ 山西新绛寨里村元墓设棺床，在墓室北部，砌成束腰须弥

①　同恕：《陈君墓志铭》，《榘庵集》卷 7，第 5 页下 ~ 第 6 页上。
②　同恕：《提举梁君墓志铭》，《榘庵集》卷 7，第 18 页上。
③　济南市考古所：《济南郎茂山路元代家族墓发掘简报》，《文物》2010 年第 4 期。
④　邢福来等：《陕西横山县发现珍贵元代壁画墓》，《中国文物报》2015 年 1 月 25 日。
⑤　邱永生、徐旭：《江苏徐州大山头元代纪年画像石墓》，《考古》1993 年第 12 期。
⑥　陶富海：《山西襄汾县的四座金元时期墓葬》，《文物》1986 年第 12 期。
⑦　《山东长清、平阴元代石刻壁画墓》，《文物》2008 年第 2 期。
⑧　《西安西郊发现元代小型土室墓》，《考古通讯》1957 年第 1 期。
⑨　王仲殊：《中国古代墓葬概说》，《考古》1981 年第 5 期。
⑩　项春松：《内蒙古赤峰市元宝山元代壁画墓》，《文物》1983 年第 4 期。
⑪　大同市文物陈列馆等：《山西省大同市元代冯道真、王青墓清理简报》，《文物》1962 年第 10 期。
⑫　西安市文物保护考古所：《西安韩森寨元代壁画墓》，第 22 页。

座式，棺床宽同墓室宽度，长 1.14 米，高 0.56 米。床前嵌有狮子、花卉、侏儒等雕砖。[①]太原黄坡村元砖墓（瓷罐盖上文字"大德十年五月初一日魏四汉家记"），北壁下筑棺床，无棺。死者仰身直肢，并置于棺床上。[②]大同齿轮厂元墓，单室砖砌，后部有一用三层方砖砌出的棺床，依稀可辨成一字形横置其上的火化骨灰。其上有可能是丝织物的褐色遗痕。[③]山东临淄大武村元墓，墓内棺床呈凹字形，高 0.48 米，两具尸体陈放在棺床上。[④]以上是北方墓葬中安设棺床的一些例子。南方墓葬中亦有棺床发现。福建南平三官堂元墓为砖墓，有棺床，高 0.1 米。[⑤]福建将乐元墓两室，中部均有一长方形棺床，高 0.06 米，用长方形青砖砌成。[⑥]

第三节　墓室的壁画和砖雕

我国壁画墓出现于西汉早期，逐步发展。元代壁画墓见于内蒙古、辽宁、山西、河北、山东、陕西等地，南方的福建亦有发现。

墓中壁画分布于甬道两壁和券顶、墓门及其上部、墓室四壁及穹隆顶等处。通常是在墓壁刷一层白灰，然后在上面绘制壁画或图案。[⑦]内蒙古赤峰沙子山元墓墓室内壁抹有 1 厘米厚的白灰面，灰内掺有少量细草。[⑧]山西大同冯道真墓在砖壁上先抹 1 厘米厚的褐色黏泥，再抹 1 厘米厚的白灰，并将白灰面打抹光滑，然后在白灰面上绘制墨色及彩色壁画。[⑨]内蒙古凉城后德胜元墓墓壁及墓顶之上先抹一层 0.1～0.3 厘米薄厚不均的草拌泥，再抹 0.2～0.6 厘米厚的白灰面，抹灰技术较为粗劣。[⑩]陕西蒲洞耳村元墓，先在壁画砖面涂敷掺麻的白灰，然后抹光打匀，将画绘在白灰面上。[⑪]墓葬壁画绘制技法一般采取先用墨线勾勒，然后填色平涂的方法。

墓室壁画中常见家居生活场面。北宋中期以后，中原和华北地区不少墓葬的墓主

① 《山西新绛里寨里村元墓》，《考古》1966 年第 1 期。
② 山西文管会：《太原西南郊清理的汉至元代墓葬》，《考古》1963 年第 5 期。
③ 大同市博物馆：《大同元代壁画墓》，《文物季刊》1993 年第 2 期。
④ 山东省文物考古所、北京大学中国考古学研究中心：《山东临淄大武村元墓发掘简报》，《文物》2005 年第 11 期。
⑤ 张文especially、林蔚起：《福建南平市三官堂元代纪年墓的清理》，《考古》1996 年第 6 期。
⑥ 福建省博物馆等：《福建将乐元壁画墓》，《考古》1995 年第 1 期。
⑦ 《济南市司里街元代砖雕壁画墓》，《文物》2004 年第 3 期。
⑧ 《内蒙古赤峰沙子山元代壁画墓》，《文物》1992 年第 2 期。
⑨ 大同市文物陈列馆等：《山西省大同市元代冯道真、王青墓清理简报》，《文物》1962 年第 10 期。
⑩ 《内蒙古凉城县后德胜元墓清理简报》，《文物》1994 年第 10 期。
⑪ 陕西省考古研究所：《陕西蒲城洞耳村元代壁画墓》，《考古与文物》2000 年第 1 期。

像，明显呈现为夫妇对坐宴饮的模式，通常称为"墓主夫妇开芳宴"。蒙元时期"汉地"墓室后壁绘画常见墓主夫妇并坐模式，已经发现多处。如内蒙古赤峰元宝山（沙子山）两座元墓、赤峰三眼井元墓、凉城后德胜元墓，陕西的蒲城洞耳村元墓，山西文水北峪口元墓，山东济南埠东村元墓，河南尉氏元墓，以及陕西横山罗圪台村元墓等。一般是夫妇并坐或夫与妻妾并坐，亦有夫妇在一桌旁左右对坐。墓主夫妇旁有持各种物件的侍者、侍婢数人。夫妻并坐图在墓的北壁、面对墓门处居多，但亦有变化。赤峰元宝山元墓北壁夫妻相对坐在椅上，旁有男、女仆人各一。[1]陕西东郊元代壁画墓墓室北壁正中为砖砌假门，门西绘女主人，门东绘男主人。两人均站立。[2]山东章丘青野元代壁画墓，坐北朝南，北壁为仿木结构大门，大门两侧有砖砌小门两个。东壁是墓主人生活图画，砖砌一桌二椅，男女主人分坐两旁，身边各站一男女侍者。[3]陕西横山罗圪台村元墓为八边形，墓室后部有夫妇并坐宴饮图，男主人坐中间，五位妇女分坐两侧。前有供桌，上置盖罐、玉壶春瓶等。[4]夫妇并坐图的流行，应与夫妇

图3-3 凉城后德胜元墓壁画夫妻并坐图

① 《内蒙古赤峰市元宝元代壁画墓》，《文物》1983年第4期。
② 西安市文物保护考古所：《西安韩森寨元代壁画墓》，第29～30页。
③ 章丘市博物馆：《山东章丘青野元代壁画墓清理简报》，《华夏考古》1999年第4期。
④ 邢福来等：《陕西横山县发现珍贵元代壁画墓》，《中国文物报》2015年1月25日。

图3-4　赤峰元宝山元墓壁画夫妻对坐图

合葬墓有密切关系。有的壁画还有文字表明图中人物身份或生平。河北涿州元李仪夫
如墓东西壁绘奉侍、备宴图，东壁 7 人，西壁 4 人，人物背后绘一立屏，屏心墨书题
记墓主夫妇生平。[①] 陕西蒲城洞耳村元代壁画墓墓室北壁屏风中是墓主男女对坐图，屏
风顶部有方形顶框，上有墨书款志，顶端一横行自右至左为："大朝国至元六年岁次己
巳。"以下四列纵行从右到左分别是："娘子李氏云线系河中府人"，"张按答不花系宣
德州人"，"祭主长男闰童悉妇"，"二月清明日闭穴蹽个真"。[②] 用这种形式记录墓主
和祭主姓名的，并不多见。山西兴县红峪村至大二年元墓夫妇对坐图，夫妇二人身后
有方形座屏，屏前长条形供桌，桌上立有牌位，上题"祖父武元圭"，下并列二行，分
题"父武庆"、"母景氏"。[③] 山东临淄大武村元墓墓室采用砖雕和壁画相结合的装饰方
法表现建筑形式。东壁用砖砌出一长方形供奉龛，龛内放置砖雕的顶部为梯形的碑，碑
上墨书题记三行。中间一行为"至正贰四年二月初吉日"，右边为"长男于洹"，左边
为"于贤泣立□□□□"。这是用供奉龛代替常见的夫妻对（并）坐图，比较罕见。[④]

---

① 《河北涿州元代壁画墓》，《文物》2004 年第 3 期。
② 《陕西蒲城洞耳村元代壁画墓》，《考古与文物》2000 年第 1 期。
③ 山西大学科技哲学研究中心等：《山西兴县红峪村元至大二年壁画墓》，《文物》2011 年第 4 期。
④ 山东省文物考古研究所、北京大学中国考古学研究中心：《山东临淄大武村元墓发掘简报》，《文物》2005 年第
　　11 期。

图3-5　临淄元墓供奉龛

在夫妇并坐图左右或附近，常有备茶、备酒图。如山西大同冯道真墓、赤峰元宝山元墓、蒲城洞耳村墓、山西文水北峪口墓、交城裴家山墓等。山西兴县红峪村元至大二年墓，八角形，共 15 幅。西壁为墓主人夫妇图，面向墓门。自墓门按顺时针方向，为第 8 幅。第 4 幅为备酒图，第 12 幅为备茶图。[①] 赤峰三眼井元墓北壁正中为主人夫妇并坐图，其东一间似为厨房，有一案，上置长瓶、碗、碟、勺等，旁有男女侍者各一，显然是为主人饮食服务。其西一间门紧闭。[②] 应亦属于备茶、备酒图一类。韩森寨北壁壁画为墓主夫妇图，西壁为五女（童）侍宴图，侍女送水果、酒食侍奉北壁的主人。东壁壁画残破，由现存部分推测应是四位侍女送茶等。[③] 夫妇并坐图和备茶、备酒图实为一体，反映了死者生前的生活方式。

元墓壁画中有不少表现墓主在生前的活动的。元宝山元墓壁画有《行旅图》、《山居图》，陕西蒲城洞耳村元墓有《行别献酒图》、《醉归乐舞图》，赤峰三眼井元墓有《出猎图》等。凌源富家屯元墓 M1 墓室有多幅壁画，东壁绘《游乐图》，左侧墓主人坐椅上，旁有乐师、侍从。右侧两人牵四马。后壁绘《探病图》，通幅大画，一人卧

---

①　《山西兴县红峪村元至大二年壁画墓》，《文物》2011 年第 2 期。

②　项春松、王建国：《内蒙昭盟赤峰山三眼井元代壁画墓》，《文物》1982 年第 1 期。

③　西安市文物保护考古所：《西安韩森寨元代壁画墓》，第 26～29 页。

图3-6　大同冯道真墓壁画奉茶图

图3-7　蒲城元墓行别献酒图

图3-8　蒲城元墓醉归乐舞图

于床上，左右两侧各有女子前来探病。高1米，长2.16米。这一主题在元墓壁画中少见。[1] 赤峰元宝山元墓、赤峰三眼井元墓和凉城后德胜村元墓的壁画，墓主人都穿蒙古族服装，戴圆盔帽，有些壁画还表现了游牧生活习俗，但墓葬形制结构与汉人墓葬相同，不见蒙古族的敛葬方式。墓主人很可能是蒙古化的汉族官员。[2]

---

① 辽宁省博物馆、凌源县文化馆：《凌源富家屯元墓》，《文物》1985 年第 6 期。
② 董新林：《北方地区蒙元墓葬初探》，《考古》2015 年第 9 期。

墓室壁画中常见孝行故事图。宋、金时期，孝子故事在墓葬的雕刻和壁画中已相当流行。元代墓葬中仍时有发现。如芮城永乐宫潘德冲墓石椁左右椁壁上用阴线雕刻二十四孝人物图，左右各 12 幅，每幅图上都有题名。[①] 这可能是现存最早的元代二十四孝图。[②] 芮城永乐宫宋德方墓石椁后壁刻董永、郭巨、孟宗、王祥四幅孝子故事图。山西屯留康庄工业园区元墓 1 号和 2 号墓室有多幅人物故事图，其中可以确定的有"杨香女打虎救父"、"老莱子娱亲"、"郭巨埋儿葬父"、"孟宗哭竹生笋"、"蔡顺行孝"、"董永典妻"等。[③] 山东济南柴油机厂元墓墓室四壁上方有孝行故事图 13幅。[④] 山西兴县红峪村元至大二年墓墓室壁画 15 幅，内有四个属于二十四孝的故事："孟宗哭笋"、"蔡顺分椹"、"时礼涌泉"、"黄香扇枕"。[⑤] 河北涿州李仪夫妇墓墓门两侧东南壁和西南壁均绘孝义故事多种，每个故事均以山峦、曲线为自然相隔。[⑥]

图3-9 山东济南柴油机厂元墓壁画郭巨埋儿图

元代绘画艺术有很大发展，其中山水画的成就最为突出，花鸟画亦有不俗的表现，涌现出许多名家和优秀作品。这两种绘画形式在元墓壁画中都有所反映。元代墓

① 山西文管会、考古所：《山西芮城永乐宫旧址宋德方、潘德冲和"吕祖"墓发掘简报》，《考古》1960 年第 8 期。
② 徐苹芳：《关于宋德方和潘德冲墓的几个问题》，《考古》1960 年第 8 期。
③ 山西考古所等：《山西屯留县康庄工业区元代壁画墓》，《考古》2009 年第 12 期。
④ 济南市文化局文物处：《济南柴油机厂元代砖雕壁画墓》，《文物》1992 年第 2 期。
⑤ 山西大学科技哲学研究中心等：《山西兴县红峪村元至大二年壁画墓》，《文物》2011 年第 2 期。
⑥ 河北省文物研究所等：《河北涿州元代壁画墓》，《文物》2004 年第 3 期。

葬中有整幅壁面的水墨山水，又有山水屏风、山水挂轴等形式。大同冯道真墓北壁山水画，长270厘米、高91厘米，崇山峻岭，群峰叠翠，林木蓁蓁，烟云缥缈。远处孤舟，近处茅屋。画面右上方题"疏林晚照"。山西长治郝家庄元墓壁画中有不少山水画和花鸟画的内容。西壁左侧绘一影屏，上方中部有一幅水墨《竹雀图》。影屏右侧又绘一山水画挂轴。东壁左侧为一幅有双线边框的山水画。[①]河北涿州李仪墓北壁和东北、西北壁绘三幅一组水墨竹雀屏风画。

元墓壁画中还有伎乐图。赤峰元宝山元墓墓门东西二侧都有一幅壁画，各画三人，手持乐器演奏。[②]运城西里庄元代壁画墓，北壁是墓主人夫妇并坐，东壁绘6人，5人手持各种乐器，是乐队。西壁亦绘6人，应是演员。这为元代杂剧表演提供了很有价值的资料。[③]西安韩森寨元墓甬道西壁为一幅散乐图，绘3个乐人手持乐器向墓室行进。东壁壁画绝大部分剥落无存。[④]

北方元墓有的壁画仿木结构，用砖雕和彩绘壁画相结合的装饰方法，繁复华丽。如济南司里街元墓[⑤]、山东历城邢村元墓、[⑥]山东临淄大武村元墓[⑦]等。墓顶常见各种云鹤图和各种图案。济南司里街元墓穹隆顶壁上用墨线绘瑞云、仙鹤及花卉等图

图3-10　运城元墓伎乐图

图3-11　济南司里街元墓砖雕彩绘门楼

---

① 长治市博物馆：《山西省长治县郝家庄元墓》，《文物》1987年第7期。
② 项春松：《内蒙古赤峰市元宝山元代壁画墓》，《文物》1983年第4期。
③ 山西省考古研究所：《山西运城西里庄元代壁画墓》，《文物》1988年第4期。
④ 西安市文物保护考古所：《西安韩森寨元代壁画墓》，第24~25页。
⑤ 济南市考古研究所：《济南市司里街元代砖雕壁画墓》，《文物》2004年第3期。
⑥ 刘善圻、王惠明：《济南市历城区宋元壁画墓》，《文物》2005年第11期。
⑦ 山东省文物考古研究所、北京大学中国考古学研究中心：《山东临淄大武村元墓发掘简报》，《文物》2005年第11期。

案。① 西安东郊元墓穹隆顶为祥云仙鹤图。② 内蒙古沙子山元墓顶部以莲花为中心，环绕彩云、仙鹤，以及太阳、月亮。③ 山西蒲城元墓墓室的穹隆顶壁由四圈图案组成，由下而上分别为帘幔、梁枋彩画、戏花童子和火焰珠、如意云头。每种图案均绕墓顶一周。④

　　元墓中还有砖雕壁画和画像石。将乐舞情景制为雕砖，嵌入墓壁的不同部位，意在供墓主人死后观看。金代墓葬中砖雕乐舞壁画相当流行。元代砖雕壁画在山西侯马几处元墓中都有发现，有花卉、舞乐图。⑤ 山西新绛寨里村元墓有砖雕花卉、人物。砖雕大部分为模制，少数是雕刻的。可知当时这一地区可能仍流行砖雕。⑥ 山东平阴南李山头村元墓共有画像石刻 38 幅。每幅画像都有方形或长方形画框。画像内容除少量表现家居生活（妇女启门、男仆女侍）外，大部分是孝行故事。⑦ 徐州大山头元墓有画像石 4 块，门楣一，拱券一，墓室北壁镶嵌画像石 2 块。内容主要是花草图案，亦有人物。⑧ 但总的来说，元墓中砖雕壁画和画像石为数有限。

图3-12　山西新绛元墓砖雕人物

①　济南市考古研究所：《济南市司里街元代砖雕壁画墓》，《文物》2004 年第 3 期。
②　西安市文物保护考古所：《西安东郊元代壁画墓》，《文物》2004 年第 1 期。
③　《内蒙古赤峰沙子山元代壁画墓》，《文物》1992 年第 2 期。
④　陕西省考古研究所：《陕西蒲城洞耳村元代壁画墓》，《考古与文物》2000 年第 1 期。
⑤　山西文管会侯马工作站：《侯马元代墓葬发掘简报》，《文物》1959 年第 12 期。
⑥　山西文管会侯马工作站：《山西新绛寨里村元墓》，《考古》1966 年第 1 期。
⑦　刘善沂：《山东长清、平阴元代石刻壁画墓》，《文物》2008 年第 2 期。
⑧　邱永生、徐旭：《江苏徐州大山头元代纪年画像石墓》，《考古》1993 年第 12 期。

第四节　义冢、普济塔、生茔（寿函）和衣冠冢

　　义冢或义阡，是免费的公共墓地。有的是地方官员举办的，有的则是民间人士（主要是退休官员和富户）兴办的。元军南下，"独毗陵城守不下，死者众"。毗陵即今江苏常州。到至元十八年（1281）地方官"捐俸募力，收拾瘗藏累万计，封于东门外。好义之家实相斯役，且集道释，设斋法以荐殇亡"。这种墓地称为义冢。① 这可能是元代较早出现的义冢。高唐（今山东高唐）达鲁花赤斡杂忽都"置义阡以救丧葬无所归者"。② 王元恭为庆元路（今浙江宁波）总管，"捐俸买山表义阡以瘗"火葬者。③ 易州（今河北易县）达鲁花赤马可慕，"民有贫不能丧者，皆为买棺椁以葬之"。④ 元末松江官员谢礼作义阡，"得地五百亩，散在九龙山中，各垣其四周，以限刍牧之入，锄耰之侵，使凡孤贫无依、羁旅无归者皆得葬焉。犹惧夫葬者力有不赡，则又割田五百亩，岁征其入以助之。凡敛而棺者，予地二十尺，米二石；火而函者，地五尺，米五斗。仍深其坎，崇其封，大书居里、姓名而谨志之。他日子孙或有徙瘗者，给米如葬数之半"。⑤ 松江的义冢，规模很大，而且有一套管理制度。还有专门为西域内迁居民设置的义冢："义冢者何，西域氏旅茔也。营之者谁，吉安中宪大夫、达噜噶齐也。……又以余力买地方于水之东，西域客死于此皆葬焉。筑室三间，以享以祀。俾特穆尔布色董其后而世守之，庶无他族逼处，魂魄相安于九京也。"⑥ "达噜噶齐"即达鲁花赤的异译，元朝制度，只有蒙古、色目人可任达鲁花赤。这位吉安路达噜噶齐（达鲁花赤）无疑是色目人，很可能就是西域人的后代，故专门为"西域氏"营造义冢。江西吉安设立"西域客"的义冢，可知当地西域人不在少数。

　　但是地方官府兴办的义冢，实际上大多徒具形式。"爰及近代，民死无所于葬者，乃有义冢，然不过有司之具文而已。"⑦

　　除了地方官府，有些地方富户和退休官员以建义冢为慈善事业。大都姚仲实以

---

①　龚珤：《义冢记》，《泰定毗陵志辑佚》。见《大德毗陵志辑佚（外四种）》，凤凰出版社，2013，第107页。

②　阎复：《高唐斡朵忽都政绩碑》，《（万历）东昌府志》卷20，引自《全元文》第9册，第275页。

③　朱文刚：《王侯去思碑》，《两浙金石志》卷17，清光绪浙江书局刻本。

④　程徐：《达鲁花赤马公去思碑》，《弘治易州志》卷18，引自《全元文》第46册，第60页。

⑤　贡师泰：《义阡记》，《贡氏三家集·贡师泰集》卷7，第317~318页。

⑥　王礼：《义冢记》，《麟原前集》卷6，《文渊阁四库全书》本，第19页上~下。清朝修《四库全书》，将"达鲁花赤"改为"达噜噶齐"。

⑦　王祎：《章氏义阡记》，《王忠文公集》卷10，第24页上。

经商致富，"谓人莫悲于死无以葬，买雍庄地十余顷为义茔以藏之。岁将冬，地且冻，预为窀以备之"。① 无锡（今江苏无锡）强以惠"历官一品"，退休后设义冢于慧山之下，"使贫无葬地者咸葬焉"。② 李世安是元朝大臣李恒之子，退休后居江西。"野有莩死，捐资掩骼疗瘠。龙兴郭外买地十余亩，贫无葬地者藏焉。"③ 浦江义门郑氏，"乡邻之无后者，生有义廪以赈给之，死有义冢以安厝之"。④ 王荐，福宁（今福建福宁）人。"州禁民死不葬者，时民贫未葬者众，畏令，意焚柩，弃骨野中。荐哀之，以地为义阡收瘗之。有死不能敛者，复买棺以赠。"贾进，大同（今山西大同）人。"买地为义阡，使无墓者葬之。"⑤ 龙泉（今浙江龙泉）章珪、章溢兄弟，购得"吉埌"，"不敢私也。凡吾宗族以及里党之人死无所葬者，俾俱葬于兹焉。顾非敢谓义事，而咸请名之曰阡"。章氏义阡限于章氏宗族里党之人，与其他义冢又有区别。⑥

　　僧人火化后，盛行塔葬。如前所述，名僧有专门的埋骨之塔。一般僧人遗骨集体安葬之所，称为普同塔，又称普济塔。宋代已相当普遍，元代仍然如此。例如扬州正胜寺，宋元之际僧善德"又置塔基广七百余步于城北，以藏遗骨。塔南有屋五楹，以供祀事"。⑦ 衡州酃县（今湖南炎陵县）"有桃源山者颇险绝，邑人尝寨之以避兵"。元军"招之不服，尽歼诸。其下骸骴狼籍，自是无过之者"。铁牛禅师在当地"为大精蓝，四方禅衲踵至"，名灵云寺。又"建普济之塔，尽敛山之遗骨而瘗之，僧之终于其寺与临近之人殁而无归者皆得藏焉，其用心之慈普如此"。⑧ 奉化（今浙江奉化）僧人足翁历任各寺住持，后主镇江焦山四年，"逝既用天竺法，其徒介文自焦山捧骨东归。余尚书之夫人魏氏捐山三亩，令介文塔藏之，是为西原。既而于塔之左右续二塔，以济他比丘之不忍弃其骨与诸人亦用其法者，祔窆于其间"。⑨ 续置左右的二塔收藏他比丘和诸人的遗骨，显然是普同塔。姑苏（今江苏苏州）慧庆禅寺，"复创塔院于寺南之莲华峰，榜曰归真。中为三塔，同室异窆，僧俗皆得以藏焉"。⑩ 南昌（今

① 程钜夫：《姚长者碑》，《程钜夫集》卷7，第77~78页。
② 黄溍：《仁寿庵记》，《金华先生文集》卷15，《四部丛刊》本，第9页上~下。
③ 吴澄：《李公墓志铭》，《吴文正公集》卷42，第11页上。
④ 王礼：《郑氏孝义门表》，《麟原前集》卷8，第2页下。
⑤ 《元史》卷197《孝友传一》，第4453、4456页。
⑥ 王祎：《章氏义阡记》，《王忠文公集》卷10，第23页下。
⑦ 危素：《扬州正胜寺记》，《危太仆文集》卷5，《嘉业堂丛书》本，第4页上。
⑧ 虞集：《铁牛禅师塔铭》，《道园学古录》卷49，第8页上。
⑨ 戴表元：《西原庵记》，《戴表元集》卷4，第52页。
⑩ 惟则：《吴郡慧庆禅寺记》，引自《全元文》第51册，第549页。

江西南昌）印土寺，复增置田舍诸施者，得租五十石，作骨塔阇维之室。[①] 慧庆寺和印土寺所建藏遗骨之塔，无疑也是普济（同）塔。

道教人士亦有建普同塔者。至元二十四年（1287），三茅山宁寿观道士刘祖华"捐私泉易地十亩于西湖之赤山，为石塔曰：普同之塔。高广深各丈有二尺，界乎其内，纳凡既燎者之骨，其徒居左，余众居右。……浮图之甃而荼毗之归，自释氏始，本非中夏之令典，自老氏者亦不得已析而从之"。[②] 可知道教建普同塔，实际上是受佛教的影响。僧、道建造的普同塔大多兼收僧、道和俗人的遗体，实际上是寺院的一种慈善事业。

生茔，又称寿藏，指活着时营造的墓穴。元代营建生茔成风。元仁宗下令为侍从曲枢"治寿藏"，"即日相地，发官帑为仞窀穴，植华表，列翁仲如式。薨，遂窆焉"。[③] 可知皇帝认同这种方式。金元之际定襄（今山西定襄）军阀樊天胜修治祖茔，又"以身后为计"，"欲作寿冢，以为他日宁神之地"。[④] 丁巳（宪宗七年）东平（今山东东平）药师吴辨夫六十八岁，"预作冢墓，以寄终焉之志"，得到大文学家元好问的赞赏。[⑤] 名画家唐棣历任休宁等地官员，退休后选择风水好的"吉地"为自己营造生茔。[⑥] 金华（今浙江金华）张荣，葬父母"于家东北一里黄坞之原"。兄死，"乃于父母之侧攻位而藏之。……又于兄之侧十步预作二窆以俟"。"作二窆"是自己夫妇的生茔。[⑦] 东阳王桂迁上代两世之丧"以昭穆序葬，仍虚其左以为寿藏"。[⑧] 江阴（今江苏江阴）儒生吴方，"自治寿藏"。[⑨] 事实上，不少人在六十岁以前就着手经营。上海夏宗显。"初，君年未四十，即穿圹为冢于舍西北若干步。及年六十有六而卒，遂葬焉。"[⑩] 著名文人昆山顾瑛"简旷不羁，年五十，预营寿藏，并自志其平生立之藏旁"。顾瑛以此表示自己的豁达。[⑪] 以上是自营寿藏。还有为父母营造生茔的，被认为是孝道的表现。华亭（今上海松江）唐昱，葬在"其居之北二里佛庐，曰寿宁院。盖其生

---

① 释大䜣：《龙兴路南昌县印土寺记》，《蒲室集》，《文渊阁四库全书》本。

② 方回：《普同塔记》，《桐江续集》卷35，第21页上。

③ 黄溍：《太傅文安忠宪王家传》，《金华先生文集》卷43，《四部丛刊》本，第7页下。

④ 元好问：《樊侯寿冢记》，《元好问全集》卷34，山西人民出版社，1990，第785～786页。

⑤ 元好问：《尚药吴辨夫寿冢记》，《元好问全集》卷3、4，第784～785页。

⑥ 赵汸：《唐尹生茔记》，《东山存稿》卷3，第96页上～第99页上。

⑦ 宋濂：《慈孝庵记》，《宋文宪公全集》卷43，第8页下。

⑧ 黄溍：《外舅王公墓记》，《金华先生文集》卷40，《四部丛刊》本，第15页下。

⑨ 黄溍：《江阴吴君墓志铭》，《金华先生文集》卷39，《四部丛刊》本，第2页上。

⑩ 宋濂：《上海夏君新圹铭》，《宋文宪公全集》卷34，第6页下。

⑪ 徐一夔：《寿藏图赞》，《始丰稿》卷1，《文渊阁四库全书》本，第14页上。

时，[子]俊民预为营卜寿藏，以寓喜惧之志，亦孝道之一事也"。[1]山西屯留县康庄工业区元墓1号墨书题记，大德十年，屯留市泽村韩翌年六十七岁时，"有男韩瑁等发孝顺之心，撰吉祥之穴，于庚穴上创砌墓一所"。这就是生茔。至大二年，韩翌去世后入葬。[2]一般来说，能够经营寿藏的大多是官员、富户，至少也是中等之家。

僧人经营寿冢的亦不少。僧人塔葬，大都万寿寺主持佛心宝印大禅师，其弟子为之"凿深攻坚，豫卜藏域"。"塔成，其崇三十尺，而趾之广三分杀二，在高梁河漆园。"[3]台山洪福院"有大苾蒭曰文安"，"师春秋七十有四，神和气冲，语响步健。一日，慨然叹曰：'人生幻化，若水沤草露，何常之有！'口预建寿冢塔铭，以备归藏之所"。[4]

与寿藏相应，还有一种风气，即生前为自己备好棺木，称为寿函。元末孔齐说："近世皆预备棺木，谓之寿函，亦必年过六十然后可作，此亦无妨也。"[5]会稽东岳行祠（今浙江绍兴）有一老道士，"室横一空棺，云：'已十余年矣，未能即弃浮世而入此匣也。'"后因兵乱入城而卒，"向之棺不可得矣"。[6]

因各种原因尸体未能保存者，其亲属在棺木中放入死者衣冠或其他物件，葬入墓中，称为衣冠冢。藁城（今河北藁城）董俊归附蒙古，在归德之役战死，"殁后十有七日，以衣冠葬于先茔，礼也"。[7]济南（今山东济南）裴国佐从征日本，死于军中，"大德己亥之春，其子珪将奉公之衣冠，卜以是年某月某日，葬于历城东南三里莱氏之原"。[8]"薛氏世坟，在下蔡之西塘。"薛贵先世居襄邑，其祖父母"合葬襄邑，后沦于河"。其父薛青"从军云南，殁王事，未有以其丧归者"。薛贵"乃地于官塘之南而营焉，大其兆域，而序以昭穆。始曾祖父母……次葬其祖父母之衣冠而为昭，次葬其父之衣冠而为穆，而以母杨氏、张氏祔焉"。[9]泰安黄宝，以丹青自业，娶左氏，遇金季兵乱，俱失所在。子黄定，迁邹平，为贾贩以居，且占籍焉。孙黄晏，官至济南危山巡检。卜兆邹平黄山之南原，为新茔，奉祖考、妣衣冠，迁考、妣、兄、嫂

---

① 邵亨贞：《海隅唐氏先世事实状》，《野处集》卷3，《文渊阁四库全书》本，第10页上。
② 《山西屯留县康庄工业园区元代壁画墓》，《考古》第2009年第12期。
③ 柳贯：《万寿长老佛心宝印大禅师生塔碑铭》，《柳贯集》卷12，第329页。
④ 《安公讲主寿塔记》，牛诚修撰《定襄金石考》卷3，民国二十一年（1932）印本。
⑤ 《至正直记》卷1《棺椁之制》，第72页。
⑥ 陶宗仪：《辍耕录》卷24《道士寿函》，中华书局，1959，第294页。
⑦ 李冶：《太傅忠烈公神道碑》，《藁城县志》卷8，引自《全元文》第2卷，第39页。
⑧ 刘敏中：《裴公墓志铭》，《刘敏中集》卷4，第42～43页。
⑨ 李祁：《薛氏世坟记》，《云阳集》卷7，第252页。

之枢，以二十八年九月二十有七日，咸以礼祔葬矣。[①]尹志诚提点长春宫事，"享年八十三，门人奉其衣冠葬于五华之先茔，礼也"。[②]还有一种刻木为像代替衣冠。简州阳安县何震"以祖父之丧无所识，岁久不可知其处，七年庚申乃大为佛事以报罔极，刻木以象大父，为之衣衾棺椁，与王夫人合葬于县之东山。盖不胜哀慕，而为此变礼也"。[③]北京发现斡脱赤墓，斡脱赤是乞失迷儿（今克什米尔）人，奉蒙哥之命出使遇害。追封代国公，谥忠遂。斡脱赤墓在其子铁可墓附近，石圹，平面长方形，墓内未发现木棺和人骨，仅在北立关发现一座碑，大理石制，楷书"大元忠遂国公神道之位"，可知是斡脱赤的衣冠冢。[④]

① 刘敏中：《梁邹黄氏先茔之记》，《中庵集》卷5，第52~53页。
② 姬志真：《夏公道行碑记》，《正统道藏》，《全元文》第2卷，第98页。
③ 虞集：《何氏先茔碑》，《道园类稿》卷45，《元人文集珍本丛刊》影印明初覆刊本，台北：新文丰出版公司，1985，第16页下。
④ 北京市文物研究所：《元铁可父子墓和张弘纲墓》，《考古学报》1986年第1期。

第四章
葬具和随葬品

第一节　棺椁

棺椁之制，由来已久。椁是套在棺外的大棺。元代柳贯说："孝子之事其亲，生则有养矣，没则有丧矣。敛手足形而旋葬之，棺周于衣，椁周于棺，土周于椁，若是而已。"[1]可知棺外有椁，在当时仍是很普遍的。元末孔齐说："先人与杨亲翁杨待制尝论棺椁之制，文公《家礼》所谓'棺仅使容身，椁仅可容棺'，其言信矣。后世皆不晓此义，惟务高大，殊为不根。尝见乡中荒岁盗古冢者，得棺木改造水车、粪桶之类，不知几百年也。盖椁之巨木，状如老杉，富贵之家，半先竞价以买之，高者万贯，下者千贯，以为美饰，否则讥诮之，可谓愚惑之甚。今不若止用老杉木或楠木为之，高不过四尺，厚亦不过三寸，庶免殉埋他物之患。且不广开土穴，以泄地气。椁惟用砖或柏木足矣。此论甚善。"[2]由柳贯、孔齐所说可知棺椁以木制居多。亦有石棺、石椁。也有有棺无椁的。还有将棺、椁或直接将尸体安放在棺床上的。

木椁木棺，比较普遍。四川重庆明玉珍墓，一棺一椁，出土时完好。椁用香樟木制，椁内置柏木棺一具，其形与椁相似。[3]无锡钱裕墓，两室分葬男女，"棺外都套有木椁"，椁的外面涂一层三合土。[4]山东嘉祥曹元用墓。曹氏木椁用整块楠木合榫而成，椁盖上盖一层苇席。木棺置于椁内，棺椁距离仅0.05～0.08米。木棺盖上覆一层

---

① 柳贯：《洞山如存精舍记》，《柳贯集》卷14，第396页。
② 《至正直记》卷2《棺椁之制》，第71页。
③ 重庆市博物馆：《四川重庆明玉珍墓》，《考古》第9期。
④ 无锡市博物馆：《江苏无锡市元墓中出土一批文物》，《文物》1964年第12期。

细绢。① 甘肃漳县汪世显家族墓四座，均以木棺为葬具，棺外大都施有绘画及雕刻的木椁，均已朽蚀塌毁。②

亦有石椁木棺。永乐宫全真道上层人物宋德方和潘德方两人的墓室都是石椁一具，石椁内有木棺一具。③ 石家庄后太保村史氏家族墓群内，M2 墓中部用石板砌成石椁，石椁内置木棺。④ 山东济宁张楷夫妇合葬墓，为长方形土圹石椁木棺双室。其南有长方形土圹石椁木棺三室。⑤ 山东李裕庵墓，用整块石灰岩凿成大小不同的槽形石椁两个。大石椁内有木棺。椁盖结合处，凿成子母口的齿槽，套合非常严密。大石椁长 2.6 米，前宽 1.2 米，后宽 1.06 米。棺木用六块楠木板合榫而成。棺长 1.95 米，前宽 0.85 米，后宽 0.55 米，前高 0.55 米，后高 0.45 米，棺与椁间隙仅 0.05 米。木棺四周用九卷素绸填塞。⑥

有的石棺或木棺无椁。北京朝阳区南豆各庄耿完者秃墓，石棺用一整块岩石凿成，平面近似方形，石棺内放置骨灰和一组陶质冥器。⑦ 北京石景山金顶街元代石棺墓，石棺由 6 块大小不等的青石板组成，棺内放置骨灰。⑧ 木棺无椁者更多。

前面说过，元代墓葬中往往建棺床，上置棺木或直接安放尸体。北京张弘纲墓，主室棺床有石棺两具。石棺用整块青石凿成，棺盖为盝顶形。棺内放置骨灰。⑨ 永乐宫潘氏墓室北端砌有棺床，石椁置于棺床之上。⑩ 大同元代崔莹李氏墓，在棺床上置长方形石棺，棺内有绢裹的骨灰。⑪ 内蒙古赤峰元宝山元墓墓室中砌有棺床，男女尸体安放在棺床上。⑫

从墓葬发掘来看，当时对棺木和遗体的保护采取了多种措施。山东邹县李裕庵墓，开掘深 3.5 米、长 3.7 米、宽 3.5 米的竖穴。用石灰、米汁拌和花岗岩碎块、石英石及沙砾等浇浆填底，厚约 0.3 米，上放大小槽形石椁两个。在石椁四周，再用同样的灰浆浇灌，厚 0.4 ~ 0.6 米，把两个石椁凝成一个异常坚固的整体。椁内贮满棕红

---

① 山东济宁地区文物局：《山东嘉祥县元代曹元用墓清理简报》，《考古》1983 年第 9 期。

② 甘肃省博物馆、漳县文化馆：《甘肃漳县元代汪世显家族墓葬简报之一》，《文物》1982 年第 2 期。

③ 《山西芮城永乐宫旧址宋德方、潘德冲和"吕祖"墓发掘简报》，《考古》1960 年第 8 期。

④ 《石家庄市后太保元代史氏墓群发掘简报》，《文物》1996 年第 9 期。

⑤ 济宁市博物馆：《山东济宁发现两座元代墓葬》，《考古》1994 年第 9 期。

⑥ 《邹县元代李裕庵墓清理简报》，《考古》1978 年第 4 期。

⑦ 北京文物研究所：《北京地区发现两座元代墓葬》，《北京文物与考古》第 3 辑，北京市文物研究所，1992。

⑧ 孙勐：《北京考古史·元代卷》，上海古籍出版社，2012，第 88 页。

⑨ 《元铁可父子墓和张弘纲墓》，《考古学报》1986 年第 1 期。

⑩ 《山西芮城永乐宫旧址宋德方、潘德冲和"吕祖"墓发掘简报》，《考古》1960 年第 8 期。

⑪ 大同市文化局文物科：《山西大同东郊元代崔莹李氏墓》，《文物》1987 年第 6 期。

⑫ 项春松：《内蒙古赤峰市元宝山元代壁画墓》，《文物》1983 年第 4 期。

色液体，有浓郁的松香味。男尸保存完好穿着整齐。尸体四周填塞用黑褐色素绸包有中药材的长方形小包。木棺井启锹内亦贮满棕红色棺液，散发香味。[1] 嘉祥曹元用墓，土坑竖穴合葬墓，用石灰、糯米汁拌和细土、白砂粒及少量石块等浇灌铺底，厚 0.5 米，放置木椁木棺后用同样灰浆将木椁包起来，顶部厚一米，四周 0.4 米左右。[2] 安庆范文虎墓，东室范文虎棺"椁与棺之间、椁与墓壁之间空处，皆用松香灌实"。西室女棺，棺四周空处均用石灰、米汁混合土灌注。[3] 海宁贾椿墓，棺木外涂厚约 1 厘米的朱砂漆。棺内底部平放两根长 180 厘米、径 10 厘米左右的垫木，其上又横放 10 根长 50 厘米的小楞木，垫木和楞木之间填放木炭约 200 斤。[4] 三门峡 M36、M38 两座元墓的棺底都铺有一层木炭。[5] 西安南郊皇子坡村两座元墓，木棺下均铺有 0.2 ~ 0.5 厘米厚的白灰层。[6] 哈剌鲁人骚马葬其父按檀不花于济宁："备尽坚致，塞泉以炭。椁棺以石，砖堌于上。"[7] "塞泉以炭"应是在棺椁中或墓穴内放置木炭，起到防潮吸水的作用。

第二节　墓志铭和神道碑

死者正式埋葬时，都要有墓碑。"不得铭，无以葬。"[8] "铭"就是指墓志铭。墓志是安放在墓内刻有死者生平事迹的石刻，分上下两层，上层称为盖，下层称为底。上层刻标题，下层刻志和铭。标题是死者官衔、姓氏。志是记述死者生平（姓名、籍贯、经历、成就和家庭成员）的文字，铭是用韵文（通常四字一句）概括志文内容，对死者表示悼念和颂扬。"葬而不得铭，犹无葬也。"[9] 说明墓志是墓葬中不可缺少的随葬物品。浦江（今浙江浦江）吴直方官一品致仕，"以无大功业，不必乞铭于人，以为识者之所讪鄙。乃自序历官世第而系之以辞……人以为实录云"。[10] 自作墓志，这在当时是很少见的。

———————————

① 《邹县李裕庵墓清理简报》，《文物》1978 年第 4 期。

② 《山东嘉祥元代曹元用墓清理简报》，《考古》1983 年第 9 期。

③ 白冠西：《安庆市棋盘山发现的元墓介绍》，《文物参考资料》1957 年第 5 期。

④ 海宁县博物馆：《浙江海宁元代贾椿墓》，《文物》1982 年第 2 期。

⑤ 《河南三门峡发现元代早期墓葬》，《中国文物报》2014 年 6 月 6 日。

⑥ 陕西省考古院：《西安南郊皇子坡村元代墓葬发掘简报》，《考古与文物》2014 年第 3 期。

⑦ 苏若思：《乐善公墓碑》，《（道光）钜野县志》卷 20。

⑧ 戴良：《方大年墓志铭》，《戴良集》卷 14，第 157 页。

⑨ 柳贯：《刘彦明墓志铭》，《柳贯集》卷 11，第 306 页。

⑩ 宋濂：《吴公行状》，《宋文宪公全集》卷 41，第 8 页上。

墓志一般是以行状为据写成的。行状是记述死者生平的文字，有的由死者亲属撰写，有的则由门人撰写。前者如乡贡进士庐陵（今江西庐陵）萧济美，"自状其父俊民甫之行"。^①永丰（今江西永丰）高师文去世，"卒之三月，其孤世安撫其所见于家庭、所闻于师友者辑为行述"。^②同知宁都州（今江西宁都）事计初死，"孤恕述其父之所行，命其弟毅走京师乞铭"。^③后者如婺源（今安徽婺源）汪炎昶，其为著名儒生，死后家属请汪炎昶的门人赵汸"辑群行为状"，"赵君乃为状"。^④有了行状，再请求有名望的文人根据行状撰写墓志铭。墓志铭或称墓碣铭，如无铭则称墓志。墓志（碣）铭写成后，还要请书法家抄写，然后刻石。讲究的还要请名人题写碑盖。元代著名学者吴澄、姚燧、黄溍、虞集、苏天爵、宋濂等人的文集中都有大量此类作品。元代大儒吴澄曾任国子司业，有很高的声望，因而成为人们乞求的对象。在他现存的文集中，墓志铭、墓碣铭、墓志有150篇左右。萧济美遣人通过吴澄的亲属"请铭"。^⑤汪炎昶之子以赵汸的行状请宋濂写墓志铭。^⑥虞集在当时很有名望，"然碑板之文，未尝苟作。南昌富民有伍真父者，资产甲一方，娶诸王女为妻，充本位下都总管。既卒，其子属丰城士甘悫求集文铭父墓，奉中统钞五百定准礼物，集不许，悫愧叹而去"。^⑦可知请人作铭文要送礼物或钱钞。

在已发掘的元代墓葬中，不少墓都发现了墓志铭。较早的如大同冯道真墓出土墓志。^⑧陕西户县贺氏一号墓，出土石墓志一合，盖上阴刻隶书"大元故丞相开府仪同三司上柱国赠推忠宣力保德功臣太傅谥惠愍贺秦国公墓志铭"，底为志、铭。可知墓主为元朝名臣贺胜。二号墓出墓志一合，阴刻篆书"太元光禄大夫平章政事商议陕西等处行中书省事贺公墓铭"，底为志、铭。可知墓主为贺胜之父贺仁杰。贺氏父子是元代政坛重要人物，《元史》两人有传，墓志可作补充。^⑨山东嘉祥曹元用墓，墓志二合。方形青石，阴刻正楷书。河南焦作新李封村先后出土二合墓志。一是许衎墓志，一合两石，青石质。志盖正方形，正面阴刻楷书"有元故潜斋先生许仲和墓志"。志石楷书30行。另一是许衎之子许师义墓志，也是一合两石，青石质。志盖楷书"大

①　《故逸士庐陵萧君墓铭》，《吴文正公集》卷40，第11页上。
②　吴澄：《故逸士高周佐墓志铭》，《吴文正公集》卷40，第34页上。
③　《计府君墓志铭》，《吴文正公集》卷40，第15页下。
④　《汪先生墓铭》，《宋文宪公全集》卷31，第2页下。
⑤　《故逸士庐陵萧君墓铭》，《吴文正公集》卷40，第11页上。
⑥　《汪先生墓铭》，《宋文宪公全集》卷31，第2页下。
⑦　《元史》卷181《虞集传》，第4181页。
⑧　《山西省大同市元代冯道真、王青清理简报》，《文物》1962年第10期。
⑨　咸阳地区文管会：《陕西户县贺氏墓出土大量元代俑》，《文物》1979年第4期。

图4-1 耶律铸墓志

元故承务郎新济州脱脱禾孙副使许公墓志铭"，志石楷书20行。许衎是元代理学家许衡的兄弟。这二合墓志对研究许衡家族有帮助。[①] 河北涿州元代壁画墓出土墓志一方，大理石质，立碑式，由底座和碑身组成，碑身正背面均有楷书志文及家族世系。死者李仪，曾任大都路府判，阶承德郎。[②] 西安南郊王世英墓出土墓志一件，长方形，上端为横向隶书"元故耀州同知王公墓志铭"，下端是志铭全文。此碑"儒林郎国子司业同恕撰"，"王瓚书"。同恕是元代有名的儒生，曾任国子司业，著作有《榘庵集》。这篇墓志不见于《榘庵集》，可作补充。[③] 洛阳赛因赤答忽墓，有石墓志一合，青石质，盖内阴刻篆书"大元故太尉翰林学士承旨银青光禄大夫赛因赤答忽之墓"。志文楷书35行，前载："翰林学士承旨荣禄大夫知制诰兼修国史张翥撰"，"中奉大夫国子祭酒陈祖仁书"，"集贤大学士光禄大夫滕国公张瀳篆"。按，张翥、陈祖仁都是著名儒生，元末都任高官，两人《元史》有传。张瀳"字公弁，保定人，官至集贤大学士，封滕国公。少而岐嶷，早以才学知名，篆书亦淳古可取"。[④] 此碑由此三人合作，很有价值。张瀳传世书法作品罕见。北京颐和园发现耶律铸夫妇合葬墓，出土两块墓志。耶律铸官至左丞相，他的墓志铭汉白玉质，高1.4米、宽0.88米、厚0.195米，题"大元故光禄大夫监修国史中书左丞相耶律公墓志铭"，另一块为夫人奇渥温氏墓志，高0.83米、宽0.47米、厚0.22米。[⑤] 有的墓志没有铭，如《宜黄

① 索全星：《焦作市出土的二合元代墓志略考》，《文物》1996年第2期。
② 《河北涿州元代壁画墓》，《文物》第2004年第3期。
③ 《西安南郊元代王世英墓清理简报》，《文物》2008年第6期。
④ 陶宗仪：《书史会要》卷7《大元》，武进陶氏景刊洪武本，上海书店出版社，1984。
⑤ 《北京市颐和园元代耶律铸夫妇合葬墓》，《中国文物报》1999年1月31日。

谭遇妻夏氏墓志》。① 河南焦作出土元代怀孟路总管靳德茂的墓志，没有铭。② 此外有墓表、葬志、圹志等名称。有的墓碑很简单，只有籍贯和姓氏，如北京出土的"大元国都总金局使卢公之墓"。③

图4-2　卢公墓碑

墓志铭都用石。还有墓志砖，就是在砖上书写亡者生平，一般比较简单。学者柳贯作有《亡妻墓砖志》、《殇孙墓砖志》。"乃洒涕濡朱，识童卒葬月日于玄砖，纳之圹中。"④ 河北满城张弘略墓出土墓志砖一方，长方形，正面阴刻楷书"蔡国夫人李氏"6字。⑤ 河南郑州卷烟厂工地元墓发现墓志砖一块，青灰色，长约30厘米，宽6厘米，正面刻"晋宁路贾润僧"六字，侧面刻"至正二年四月初八日"9字。⑥ 也有一些墓志是立碑式的，碑额是标题，下面是志文。西安曲江张达夫墓志，碑额是"元故张君达夫墓铭"，下面是直行碑文。据推测，这件墓志"应是靠墓道北壁竖立放置"。⑦

前面指出，墓葬时先有行状，再请人撰墓志铭。社会地位较高的人物，还有神道碑。"公之卒，有行状，有墓志，有神道碑。"⑧ 上层人物死亡安葬，"墓路称为神道，自汉已然"。⑨ 神道立碑，须奏请，五代以后再无限制。⑩ 从元代来看，并无明确的限制。尽管如此，立神道碑的墓主一般都有较高的社会地位，作者亦有较高的名望。三品以上高官立神道碑，常需皇帝批准并指定有名望的学者型官员执笔。于九思官至湖

---

① 《吴文正公集》卷38，第25页上~下。
② 焦作市文物工作队、焦作市博物馆：《焦作中站区元代靳德茂墓道出土陶俑》，《中原文物》2008年第1期。
③ 齐心主编《北京元代史迹图志》，第211页。
④ 《柳贯集》卷12，第342页。
⑤ 河北省文物保护中心等：《元代张弘略及夫人墓清理报告》，《文物春秋》2013年第5期。
⑥ 汪旭：《郑州首次发现元代平民墓》，《中原文物》1996年第3期。
⑦ 《西安曲江元代张达夫及其夫人墓发掘简报》，《文物》2013年第8期。
⑧ 吴澄：《张武定公墓表》，《吴文正公集》卷35。
⑨ 吴曾：《能改斋漫录》卷3，《文渊阁四库全书》本，第2页上。
⑩ 《陔余丛考》卷32《碑表、志铭之别》，栾保群、吕宗力校点，河北人民出版社，1990，第654页。

南道宣慰使，其子云："先公官三品，法当定谥立传，勒铭乐石。"[①] 邓文原曾任国子祭酒，"今天子以邓公先朝旧臣，用臣僚奏请，特赐以神道之碑铭"。[②] 英宗时，监察御史锁咬儿哈的迷失因谏阻兴建佛寺被杀，泰定帝时平反，"赐其妻子钞五百贯，良田千亩，仍诏树碑神道"。[③] 在姚燧的文集中有《贺公神道碑》，是为贺胜之父贺仁杰而作。这是由武宗批准指定姚燧撰写的，武宗"仍俾胜驰十五乘传入秦，身视镌立"。可见其对树神道碑的重视。[④] 集贤大学士史惟良去世，"故事：大臣之葬，必著石章，载其世系官职，行能劳烈。于是宰相、执政以闻于上，命臣溍为之文，仍敕河南江北等处行中书省左丞王守诚、翰林学士承旨张起岩书篆，以赐其嗣子铨，俾揭于墓之原"。黄溍依据的是"河东山西道宣慰使辛钧之状"。[⑤] 也就是说，神道碑和墓志铭一样，都是以行状为基础写成的。应该提到的是，在虞集的文集中，既有《贺丞相墓志铭》（贺丞相即贺胜），又有《贺丞相神道碑》，都是为贺胜作的，墓志铭和神道碑出于同一作者之手，是很罕见的。[⑥]

神道碑执笔者大都是当时有声望并在朝中任职的文人，如元代中期的元明善、姚燧、虞集，后期的欧阳玄。姚燧的文集《牧庵集》中有神道碑四十余篇，在元人文集中居于首位。"当时孝子顺孙，欲发挥其先德，必得燧文，始可传信，其不得者，每为愧耻。故三十年间，国朝名臣世勋、显行盛德，皆燧所书。每来谒文，必其行业可嘉，然后许可，辞无溢美。又稍广置燕乐，燧则为之喜而援笔大书，否则弗易得也。"[⑦] 可见撰神道碑，即使有朝廷的诏令，家属还需盛情款待，送礼更是免不了的。欧阳玄也是神道碑的重要作者，"海内名山大川，释老之宫，王公贵人墓隧之碑铭，得玄文辞以为荣"。[⑧]

存世的元代神道碑为数不多。如杨琼神道碑。杨琼，曲阳（今河北曲阳）人，"以石工进"，官至武略将军，判大都留守司，兼少府少监，阶从五品。杨琼对大都城的修建做出了很大贡献。他的神道碑是其次子请求姚燧写的，此碑现存河北曲阳北岳庙。又有窦默神道碑（已断），在河北肥乡县城东。窦默曾任翰林侍讲学士。姚

---

① 黄溍：《于公行状》，《金华先生文集》卷 23，《四部丛刊》本，第 15 页上。

② 黄溍：《倪公墓志铭》，《金华先生文集》卷 32，《四部丛刊》本，第 27 页上。

③ 《元史》卷 124《塔本附锁咬儿哈的迷失传》，第 3044 页。

④ 《牧庵集》卷 17，第 268 ~ 272 页。

⑤ 黄溍：《史公神道碑》，《金华先生文集》卷 26，第 10 页上

⑥ 《道园学古录》卷 18，第 1 页上 ~ 第 4 页下；卷 13，第 2 页下 ~ 第 5 页上。

⑦ 《元史》卷 174《姚燧传》，第 4059 ~ 4060 页。

⑧ 《元史》卷 182《欧阳玄传》，第 4198 页。

天福神道碑，在山西稷山马村青龙寺博物馆。[1]
姚天福曾任参知政事、大都路总管。张弘略曾
任宣慰使、行省参知政事，其墓在河北满城，
墓中有墓志铭，神道碑立于神道西侧。[2]

　　以上所述，都是汉字撰写的碑铭。元朝通行
多种文字，除汉字外，还有畏兀儿字、畏兀儿字
书写的蒙古文以及八思巴字等。著名学者虞集撰
《亦都护高昌王世勋碑》，亦都护是畏兀儿人首
领的称号，元朝封亦都护为高昌王。此碑是元文
宗命虞集撰写的，记叙畏兀儿历史、历代亦都护
的功绩，树立在永昌（今甘肃永昌）亦都护纽林
的斤墓前。[3] 此碑仅存半段，刻有汉文、畏兀儿
文两种文字，畏兀儿文内容大体相同，有一些区
别。[4] 内蒙古翁牛特旗国公村有《大元敕赐故蓟
国公张氏先茔碑》，表彰张应瑞功绩。此碑是元
顺帝命奎章阁学士尚师简、翰林侍讲学士张起岩
共同撰文，奎章阁承制学士巙巙书，翰林学士许
师敬篆额的，保存完好。碑身正面为汉文，背面
为畏兀儿字蒙古文。[5]《世勋碑》、《先茔碑》记
述祖先功业，性质与《神道碑》相近。而且以上
两碑都是"奉敕"撰写的。另有《大元敕赐诸色
人匠府达鲁花赤竹公神道碑》，亦刻两种文字。汉文是揭傒斯撰，巙巙书，许师敬篆
额。原碑不存，但有拓本传世。[6]

　　元世祖忽必烈命藏传佛教领袖八思巴创造新字，指定为官方文字，主要用来拼写
蒙古语，兼用以音写汉语。元代有些墓碑，就是用八思巴字书写的。现存有一件兖州

图4-3　姚天福神道碑碑额

图4-4　张弘略神道碑

①　郑祥林：《古碑为鉴》，《中国文物报》2001年10月12日。
②　河北省文物保护中心等：《元代张弘略及夫人墓清理报告》，《文物春秋》2013年第5期。
③　《高昌王世勋之碑》，《道园类稿》卷39，第1页上～第7页下。
④　耿世民：《回鹘文亦都护高昌王世勋碑研究》，《考古学报》1980年第4期。
⑤　王大方、张文芳：《草原金石录》，文物出版社，2013，第118～142页。
⑥　王大方、张文芳：《草原金石录》，第142～152页。

达鲁花赤墓碑拓片，碑文汉译是"济宁路前兖州达鲁花赤兼管本州诸军奥鲁劝农事拜都之墓记"。"拜都之墓记"为蒙古语，前面 20 余字为汉语音译。[①]

第三节　基督教徒、伊斯兰教徒墓碑

上一节说的是元代通行的汉字和其他文字的墓碑。元代还有域外各种文字的墓碑，有拉丁文、叙利亚文、波斯文、阿拉伯文等，主要是基督教徒和伊斯兰教徒使用的。

扬州、泉州和内蒙古的很多地区都有基督教信徒的墓碑。1952 年，扬州发现两块拉丁文墓碑。第一块碑身为长方形，碑面上半为天主教中殉教者的故事图，下半为老式哥特字书写的拉丁文墓志，共 5 行。由碑文可知，墓主女性，名喀德邻，死于 1342 年。第二块碑与前碑大体相同而略小，上半为末日审判图，下半为拉丁文墓志，共 6 行。由碑文可知，墓主男性，名安东尼，死于 1340 年。喀德邻与安东尼的父亲维利翁尼，来自意大利的威尼斯或热那亚。元代扬州有来自欧洲的商人，当地有也里可温十字寺（基督教堂），可能是景教，也可能是其他教派。两碑主人同属一家，两碑应出于同一墓地。[②] 1981 年扬州又发现基督教徒墓碑一通。通高 29.3 厘米、宽 24.5 厘米，上圆下方，一面单刻。上段画面中间是双线勾成的十字，字下一朵莲花，两旁各有一天使，头戴双耳冠，冠顶立十字架，肩部、腰部有翅膀。两天使双手前伸，守护十字架。下段有 13 行文字，右为汉字 3 行："岁次丁巳，延祐四年三月初九日，三十三岁身故。五月十六日明吉。大的都忻都妻也里世八之墓。"左为古叙利亚文 12 行，其中第 1 行和第 12 行为叙利亚文记叙利亚语，其余各行为叙利亚文记突厥—回鹘语。大意亦是记死者姓名、死亡时间和一些宗教语言。[③]

泉州是海外交通的主要港口，居住着许多海外商人、教士。泉州发现了大量基督教徒的墓碑。这些墓碑一般用辉绿岩石琢成。碑上大多有十字架和莲花，花旁有密云，以及带羽翼的天使像。有些碑上书写有叙利亚文、回鹘文和拉丁文，有的同

---

① 蔡美彪：《八思巴字碑刻文物集释》(19)"兖州—达鲁花赤墓碑"，中国社会科学出版社，2011，第 257～259 页。

② 耿鉴庭：《扬州城根里的元代拉丁文墓碑》，《考古》1963 年第 8 期；夏鼐：《扬州拉丁文墓碑和广州威尼斯银币》，《考古》1979 年第 6 期；牛汝极：《十字莲花》，上海古籍出版社，2013，第 121～123 页。

③ 朱江：《扬州发现元代基督教徒墓碑》，《文物》1986 年第 3 期；耿世民：《扬州景教碑研究》，《西域文史论稿》，兰州大学出版社，2012，第 322～330 页；牛汝极：《十字莲花》，第 114～121 页。

一块碑上还有汉文。内容一般是死者生平、生卒年月，以及一些宗教语言。[①] 其中一块是叙利亚文回鹘语—汉语双语景教碑铭，汉文两行位于墓碑左边，叙利亚文两行位于墓碑右边，叙利亚文的译文是："这是马可家族的主教大人马里失里门阿必斯古八之墓，牛儿年八月十五日扫马领（队）来此并题铭。"汉文是："管领江南诸路明教秦教等也里可温马里失里门阿必斯古塔八马里哈昔牙，皇庆二年岁在癸丑八月十五日帖迷答扫马等泣血谨志。"这些碑文对研究中国基督教史有很高的价值。[②] 1984年，内蒙古赤峰松山区城子乡出土景教徒墓碑，瓷质。碑体外缘勾勒边框，框内绘十字架，将碑面分成四

图4-5　泉州基督教徒墓碑

部分。十字架中心绘有一圆环，内有一朵六瓣莲花，十字架底部绘一朵九瓣莲花。十字架上部两个空区竖写两行古叙利亚文，下部两区为八行畏兀体蒙古文。叙利亚文的译文是"仰之，信之"（出自《圣经·旧约全书》），畏兀体蒙古人的译文是："亚历山大帝王纪年一千五百六十四年，桃花石纪年牛年正月二十日，这位军帐首领药难部队的将军在他七十一岁时完成了上帝的使命。愿这位大人的灵魂永久地在天堂安息吧。"[③] "桃花石"是中亚民族对汉人的称呼。内蒙古百灵庙之敖伦苏木古城、四子王旗王墓梁耶律氏家族陵园等处都有基督教墓碑发现，碑上有十字架、莲花图案、花草缠枝纹，大多用叙利亚文，个别同一碑上有汉字题记。[④] 泉州还发现有八思巴文的基督徒墓志和墓道碑。[⑤]

　　海港城市泉州有大量伊斯兰教徒。近百年来伊斯兰教徒的墓碑不断发现。这些墓碑碑顶作尖拱形状用辉绿岩石、白花岗石琢成，碑上刻古阿拉伯文。有的正面有文字，有的正、背两面都有文字，也有的正面刻古阿拉伯文，背面刻汉文。内容大多是死者名字，来自何处，死亡年月以及宗教的语言（《古兰经》的文字）。有一块碑上

①　吴文良原著、吴幼雄增订《泉州宗教石刻》（增订本），科学出版社，2006，第365～420页。
②　夏鼐：《两种文字合璧的泉州也里可温（景教）墓碑》，《考古》1981年第1期；牛汝极：《十字莲花》，第150～152页。
③　牛汝极：《十字莲花》，第106～113页。
④　牛汝极：《十字莲花》，第67～102页。
⑤　《泉州宗教石刻》（增订本），第406～410页；《八思巴字碑刻文物集释》（20～23）"泉州基督教徒墓刻石"，第260～265页。

图4-6　赤峰出土瓷质景教徒墓碑

半部为 6 行阿拉伯文，汉译："地.'不论以前还是以后，凡事只有安拉知道.'死者阿卜杜拉阿里穆罕默德本哈桑。墓。"下有"蕃客墓"三个汉字。"蕃客"一词成为海外来客的代名词。[1]另有一碑，正面阴刻古阿拉伯文六行，译文是："'我们确属于安拉，并将回归于他.'这是祈求真主怜悯、宽恕的罪人尼纳穆罕默德本阿卜杜拉之墓，卒于（回历）704 年斋月一个星期六的白天。"碑的背面阴刻汉字五行，"先君生于戊辰十二月初九月，卒于癸卯二月初七日，享年三十六岁，安葬于此。时大德七年七月初一日，孤子吴应斗泣血谨志。"[2]墓主是来自海外的伊斯兰教徒，立碑者是采用汉名汉姓的第二代蕃客。伊斯兰教徒碑文都记录了死者的家乡。还有一块墓碑，形制与普通阿拉伯文墓碑有些不同，中间部分刻古阿拉伯文四行，下部两翼刻汉字："潘总领四月初一日身亡"。碑主的身份有待研究。[3]这些对于海上丝绸之路和民族史的研究都有很高的价值。

元代杭州是江浙行省的首府，江南最繁华的都市。许多域外人士居留之地。杭州的聚景园是回回的公共墓地。杭州伊斯兰教古寺凤凰寺迄今仍保存一批元代伊斯兰教徒的墓碑。最近问世的由中外学者协作完成的《杭州凤凰寺藏阿拉伯文、波斯文碑铭释读译注》[4]，公布了 20 方元代阿拉伯古墓碑。"铭文显示，在这些墓主中基本为波斯人，或波斯化的中亚人和突厥人；其职业，有商人、行省高官、军事官员，以及纯粹的宗教人士；从宗教派别看，有什叶派、逊尼派、苏菲派；他们多从陆路而来，有一位墓主甚至就来自汗八里，即大都（今北京）。也有个别通过海路而来。"[5]

①　《泉州宗教石刻》（增补本），第 95～97、343～344 页。
②　《泉州宗教石刻》（增补本），第 69、331 页。
③　《泉州宗教石刻》（增补本），第 111～113 页。
④　《杭州凤凰寺藏阿拉伯文、波斯文碑铭释读译注》，中华书局，2015。
⑤　刘迎胜：《序》，《杭州凤凰寺藏阿拉伯文、波斯文碑铭释读译注》，第 6 页。

图4-7　泉州出土伊斯兰教徒墓碑图　　　　图4-8　潘总领墓碑

第四节　随葬品

墓葬的随葬品，称为明器。元代墓葬大多有随葬品，种类繁多，主要有金银珠宝、陶瓷器、铁器、铜器、木器、化妆品、钱币以及买地券等。但贫富之家差别很大。

历代上层人物为了炫耀富贵，都以金银珠宝为殉，尤以帝室为甚，有的墓中珍宝之多令人咋舌。元代虽有厚葬之风，但与前代相比，大为逊色。迄今为止，在已经发掘的元代墓葬中，出土的金银珠宝为数有限，质量也不是很高。张士诚是元末地方割据政权的首领，其父母合葬墓出土物品比较丰富，有金冠两项、钗、簪、耳环、镯、戒指等金器，以及银奁、玉带等物。[①] 石家庄后太保元代史氏墓群M4系长方形多室墓，其中A室墓主是女性，应是湖广行省左丞史杠的夫人。头发尚存，上插有金簪、金钗、铜簪、玉簪、玻璃簪等计15件。尸骨腹部以上发现金镯2件、金戒指2件、金耳坠2件和铜钱50余枚。[②] 无锡钱裕夫妻墓有金器6件（杯、簪、箍形饰品各1件、带饰3件），各种银器40件。[③] 甘肃漳县汪世显家族墓四座，出土金银首饰15件，有金耳坠、戒指等。[④]

富贵人家的墓葬中大多有丝织品。四川地方割据势力首领明玉珍墓出土大量丝织品，有被褥、衣物、缎料等，其中有龙袍5件。[⑤] 张士诚父母墓男尸衣服腐烂，女尸衣服有袍、袄、裙等，质地有缎、绫、绸，还有绸料5匹。李裕庵等出土丝麻棉织品

①　苏州市文管会、苏州博物馆：《苏州张士诚母曹氏墓清理简报》，《考古》1965年第6期。
②　河北省文物研究所：《石家庄市后太保元代史氏墓群发掘简报》，《文物》1996年第9期。
③　无锡市博物馆：《江苏无锡市元墓中出土一批文物》，《文物》1964年第12期。
④　甘肃省博物馆、漳县文化馆：《甘肃漳县元代汪世显家族墓葬》，《文物》1982年第2期。
⑤　重庆市博物馆：《四川重庆明玉珍墓》，《考古》1985年第4期。

衣物共 55 件，以丝织品为主，有绸、罗、缎。[1] 无锡钱裕墓有各类丝织品 28 件。元代墓葬中有少量棉织品。海宁贾椿墓发现一块裹身用的棉布，长 182 厘米，宽 62 厘米，色白，纺织精细。[2] 山东嘉祥曹元用墓有棉布衬衣 1 件，又有棉菱形花纹织锦 2 件，织造精细，图案匀称。[3] 山东邹县李裕庵墓死者上身穿六层长袍，最内一层为素白棉布短袖夹袍。[4] 可知当时棉织品已开始应用，这是很值得重视的。

元代墓葬的随葬品以陶瓷器最多。瓷器多见于富裕人家。常见有瓶、碗、盘、杯、盅、盏、壶、匜等。北京铁可父子墓，出土瓷器 21 件，有青瓷、影青瓷、黑白花瓷和褐瓷，玉壶春瓶、罐、碗、洗、盘等。西安曲江张达夫与夫人合葬墓出土瓷器 14 件（套），有青花瓷匜，青瓷碗、碟，白瓷瓶、杯、盏等。[5] 上海青浦任仁发家族墓出土瓷器，内官窑瓷器 8 件，枢府釉瓷器 16 件，龙泉窑瓷器 7 件。[6] 高足杯是元代瓷器中流行的新品种，在墓葬中时有发现。北京耶律铸合葬墓中出土一件带"王白"铭文的卵白釉高足杯。一件枢府卵白釉高足碗出于青浦任氏家族墓。[7] 漳县元代汪氏墓区中发现有 4 件高足瓷杯和多件瓷碗。[8] 大同齿轮厂元墓出土影青连珠纹象生高足莲花杯。[9] 徐州大山头元代纪年画像石墓出土高足瓷杯 1 件，属"枢府窑类型"，胎质极薄，制作规整，质重堪称上乘。[10]

元代墓葬中随葬品中陶器所占比重很大，内蒙古、山西、河南、北京等地尤为突出。随葬的陶器有灰陶、黑陶。陶器种类繁多，可分为如下几种。一是生活用品，如罐、壶、碗、碟、盆、盏、筒、釜、灶、仓等。西安元墓带圆形陶仓，有灶一，灶上有锅，锅上有蒸笼，蒸笼上有盖。[11] 西安曲江张达夫夫妇墓有陶仓 5 件，5 号仓内有粟，3 号仓内有炭化的黑色粉末物。[12] 北京铁可父子墓和张弘纲墓出土明器多灰陶，器形有罐、盆，普遍缩小，北京元墓中，小型陶明器的组合主要是罐、盆、釜、杯、钵、

① 山东邹县文物保管所：《邹县元代李裕庵墓清理简报》，《文物》1978 年第 4 期。
② 海宁县博物馆：《浙江海宁元代贾椿墓》，《文物》1982 年第 2 期。
③ 《山东嘉祥县元代曹元用墓清理简报》，《考古》1983 年第 9 期。
④ 《邹县元代李裕庵墓清理简报》，《文物》1978 年第 4 期。
⑤ 西安市文物保护考古研究院：《西安曲江元代张达夫及其夫人墓发掘简报》，《文物》2013 年第 8 期。
⑥ 何继英主编《上海唐宋元墓》，第 149～157 页。
⑦ 《上海唐宋元墓》，第 151～152 页，图版 142。
⑧ 漳县文化馆：《甘肃漳县元代汪世显家族墓葬·简报之二》，《考古》1982 年第 2 期。
⑨ 大同市博物馆：《大同元代壁画墓》，《文物季刊》1993 年第 2 期。
⑩ 邱永生、徐旭：《江苏徐州大山头元代纪年画像石墓》，《考古》1993 年第 12 期。
⑪ 《西安玉祥门外元代砖墓清理简报》，《文物参考资料》1956 年第 1 期。
⑫ 西安市文物保护考古研究院：《西安曲江元代张达夫及其夫人墓发掘简报》，《文物》2013 年第 8 期。

图4-9　甘肃汪氏墓葬出土高足杯

图4-10　甘肃汪氏墓葬出土莲花托盘

灯。这是北京元墓的特点。[①]二是起居用品，如椅、桌、凳、架、烛台等。山西大同崔莹李氏墓随葬品40余件，主要为陶质器物（灰陶），多为明器及供器。王青墓随葬品亦多为陶质，其中太师椅、巾架、影屏、长供桌、蜡台、带座瓶、带座碗不仅形状相似，大小尺寸也极为接近。三是礼器。洛阳至正九年王述墓出土鼎、敦、罍、尊、爵等20余件仿古礼器。[②]甘肃漳县汪氏墓葬群中出现多种陶制礼器，有陶鼎、陶豆、陶尊、陶簋、陶钟等。[③]元赛因赤答忽墓有黑色陶器58件，主要是仿古礼器，有陶鼎（2件）、陶豆（10件）、陶敦（4件）、陶簋（5件）、陶壶（6件）、陶罐（4件）、陶尊（1件）、陶爵（1件）、陶案（8件）、陶熏炉（1件）、象尊（2件）、驹尊（1件）等。陶器有各种模印纹饰，制作精致，造型古朴，堪称精品。[④]赛因赤答忽官居一品，故随葬品中有成组礼器，这是其他墓葬中罕见的。四是陶俑，从汉代起，木俑、陶俑作为奴婢的替身放置在贵族官僚的墓中。从两晋南北朝时期起，墓葬中俑的数量和种类越来越多。元代陶俑主要见于陕西墓葬，四川、河南和其他地区亦有发现。陕西户县贺胜墓，出土陶俑131件（骑马俑、牵马俑、骑驼俑、牵驼俑、持盆俑、卫士俑、立俑、武士俑等），动物模型21件（骆驼、马、龙、牛、羊、狗、鸭、鸡、龟）。[⑤]西安电子城元墓出土陶俑16件，内男卫士俑8件，分4式；女侍俑2件，分2式；骆驼一，鞍马二，驮行囊马二。西安南郊王世英墓有陶俑（女骑马俑二，站立俑十，男、女各五。马六，内鞍马一，载物马二，拉车马三。牛二，羊二，鸡一，狗

①　《元铁可父子墓和张弘纲墓》，《考古学报》1986年第1期。

②　《洛阳元王述墓清理》，《考古》1979年第6期。

③　甘肃省博物馆、漳县文化馆：《甘肃漳县元代汪世显家族墓葬》，《文物》1982年第2期。

④　洛阳市铁路北站编组站联合考古发掘队：《元赛因赤答忽墓的发掘》，《文物》1996年第2期。

⑤　咸阳地区文管会：《陕西户县贺氏墓出土大量元代俑》，《文物》1979年第4期。

一，豕一，龙一）。① 王世英官忠勇校尉、同知耀州事，阶正七品。西安曲江张达夫夫妇合葬墓，男俑 2 件，女俑 2 件，陶鞍马、陶羊、陶狗、陶牛、陶豕、陶鸡、陶龙各 1 件。据墓志，张达夫没有出仕，是普通地主，亦可用俑。② 在南方，四川华阳元墓有陶俑 10 件。③ 成都郊区元墓有陶俑 8 件。④ 福建南平三官堂元代刘千六墓，有木俑两件，存 1 件，脚部残，残高 12.5 厘米。⑤ 河南焦作中站区发现元怀孟路总管靳德茂墓，出土 80 件彩绘陶车马及人物俑，组成一支庞大的车马出行方阵。两辆陶车居中，四周排列陶马、驭马俑、男女侍俑及仪仗俑。人物俑均为彩绘，高 27～36.9 厘米，规模宏大，制作精细。⑥

　　一般平民墓葬的随葬品，以瓷、陶生活用品居多。河北徐水西黑山墓地是平民家族墓地，"随葬品以民窑烧造的粗瓷器和陶器为主"，"主要随葬品是日常生活中的实用器，大多都还有铜补痕迹。……西黑山墓地所出瓷器都是出自民窑的粗瓷器"。⑦ 山西襄汾三座元代普通平民墓葬，共发现随葬品 11 件，内黑瓷罐 3 件，白瓷枕、黑瓷钵、提梁陶罐、小碗各一件，另有铜镜、铁灯和绑札竹篦 2 件。⑧ 这些陶瓷器都很简陋。

　　元墓中出土随葬物还有铜器、铁器、漆器、木器、玻璃器。铜器以铜镜居多，有多种形状。铜镜常悬挂于墓顶。甘肃漳县元代汪氏家族墓葬四座（M8、M9、M11、M13），M11 和 M13 墓室顶部施方砖一块，中间悬挂铜镜一面。M8 出土一件，M13 女尸锦囊包内有一件。⑨ 山东临淄大武村元墓，墓室穹隆顶正中悬挂铜镜，圆钮，素缘，纹饰为高逸图。⑩ 凌源富家屯元墓 M1 顶部浮雕莲花的石板中心凿一横孔，当为悬挂铜镜用。⑪ 大同王真墓，墓室中部有一件大铜镜，圆形，形体厚重，铜质较好，直径 26.3 厘米。背面镜心有半圆钮，其上穿有铁环已残缺，可能是悬挂在墓顶上的。⑫ 墓顶悬挂铜镜，是辽金墓葬风俗的延续。汪氏家族墓出土铜器，还有铜爵、铜盘、铜

---

① 《西安南郊元代王世英墓清理简报》，《文物》2008 年第 6 期。
② 《西安曲江元代张达夫及其夫人墓发掘简报》，《文物》2013 年第 8 期。
③ 张才俊等：《四川华阳县发现元代墓葬》，《考古通讯》1957 年第 5 期。
④ 匡远滢：《四川成布西郊元墓的清理》，《考古通讯》1958 年第 3 期。
⑤ 张文崟、林蔚起：《福建南平市三官堂元代纪年墓的清理》，《考古》1996 年第 6 期。
⑥ 焦作市文物工作队等：《焦作中站区元代靳德茂墓道出土陶俑》，《中原文物》2008 年第 1 期。
⑦ 《徐水西黑山：金元时期墓地发掘报告》，第 376、374 页。
⑧ 《山西襄汾县的四座金元时期墓葬》，《文物》1986 年第 12 期。
⑨ 甘肃省博物馆、漳县文化馆：《甘肃漳县元代汪世显家族墓葬》，《文物》1982 年第 2 期。
⑩ 《山东临淄大武村元墓发掘简报》，《文物》2005 年第 11 期。
⑪ 辽宁省博物馆、凌源县文化馆：《凌源富家屯元墓》，《文物》1985 年第 6 期。
⑫ 大同市文物陈列馆等：《山西省大同市元代冯道真、王真墓清理简报》，《文物》1962 年第 10 期。

鼎、铜洗等。北京张弘纲墓出土铜杯 1 件，高 3.7 厘米，底刻"子子孙孙永宝用"。[①] 石家庄史氏墓群中出土有铜香炉、铜簪等物。[②] 山西大同王青墓出土有铜镜、铜钵、铜盘、铜盅、铜簪等。[③] 出土的铁器主要是动物造型。内蒙古凉城后德胜元墓 M3 有铁犁铧。[④] 安庆范文虎墓，男棺棺底有大木板

图4-11　西安博物院藏元墓陶俑

1 块，大木下面 4 角各有铁牛 1 只，均俯足北向。前面两铁牛之间有铁豕 1 只。[⑤] 西安韩森寨元墓有铁牛 1 件，铁豕 1 件。[⑥] 西安东郊元代壁画墓有铁牛 2 件。[⑦] 山西长治捉马村元代壁画墓有铁牛 1 件，铁豕 1 件。[⑧] 山西长治郝家庄元墓有铁豕 2 件，铁牛 2 件。[⑨] 洛阳赛因赤答忽墓有铁牛 1 件，铁豕 1 件。[⑩] 铁牛、铁豕，唐宋墓中时常发现，皆为厌胜之物。元代墓葬，继续了这一习俗。[⑪] 漆器在元墓中亦有出土，但为数不多。青浦任氏墓群出土《陶渊明东篱赏菊图》漆盒 1 件，是元代漆雕中的上乘之作。又有漆奁 1 件，朱漆，木胎，通体为八瓣莲花形，分五层。通高 38.1 厘米，直径 27.2 厘米，底径 20.4 厘米，"目前所知，宋元时期同类型的漆奁，当以此最大，而底部附有圈足，是这件奁的又一特色"。另外还有 4 件圆漆盒、1 件漆瓶。[⑫] 无锡钱裕墓出土漆器 10 件，有漆奁 1 件，葵花八瓣形，分三格。通高 22.5 厘米、直径 16.5 厘米、底径 12.3 厘米。漆盒 3 什，放在奁中格。[⑬] 山东嘉祥曹元用夫妻合葬墓出土有

① 《元铁可父子墓和张弘纲墓》，《考古学报》1986 年第 1 期。

② 河北省文物研究所：《石家庄市后太保元代史氏墓群发掘简报》，《文物》1996 年第 9 期。

③ 《山西省大同市元代冯道真、王青墓清理简报》，《文物》1962 年第 10 期。

④ 内蒙文化厅文物处、乌兰察布盟文物工作站：《内蒙古凉城县后德胜元墓清理简报》，《文物》1994 年第 10 期。

⑤ 《安庆市棋盘山发现的元墓介绍》，《文物参考资料》1957 年第 5 期。

⑥ 西安市文物保护研究所：《西安韩森寨元代壁画墓》，文物出版社，2004，第 35～36 页。

⑦ 《西安东郊元代壁画墓》，《文物》2004 年第 1 期。

⑧ 王进先：《山西长治市捉马村元代壁画墓》，《文物》1987 年第 7 期。

⑨ 长治市博物馆：《山西省长治县郝家庄元墓》，《文物》1987 年第 7 期。

⑩ 洛阳市铁路北站编组站联合考古发掘队：《元赛因赤答忽墓的发掘》，《文物》1996 年第 2 期。

⑪ 徐苹芳：《唐宋墓葬中的"明器神煞"与"墓仪"制度》，《考古》1963 年第 2 期。

⑫ 《上海唐宋元墓》，科学出版社，2014，第 159～161 页。

⑬ 无锡市博物馆：《江苏无锡市元墓中出土一批文物》，《文物》1964 年第 12 期。

漆奁盒，圆桶形，盖上作描金双凤牡丹纹，内置铜镜、角梳等物。[①] 元墓随葬品中木器不多。大同冯道真墓出土木器有棺罩、房屋、牌位、影屏、巾架、盆座、蜡台、瓶等，比较丰富。[②] 甘肃漳县汪氏墓群出土有木衣架、木屋、木蜡台、木案、木奁等。[③] 漳县汪氏墓葬中发现玻璃莲花杯、托各 1 件，这在出土物中是很罕见的。

　　钱币用作随葬品由来已久。元代墓葬中时有铜钱发现，以宋钱为主，元钱少见。徐水西黑山金元墓葬 60 余座，共有铜钱 406 枚，内唐钱 32 枚，金钱 41 枚，五铢 1 枚，大泉五十 1 枚，元钱仅 1 枚（至大通宝），余均为北宋钱。[④] 邹县李裕庵有铜钱 69 枚。男尸口内含用银片加工的素面钱 4 枚。范文虎墓有宋钱，金钱 38 枚、银钱 96 枚，金十字 8 个。金钱上有"天下太平"、"金玉满堂"、"早生天界"等字。济南郎茂山路元代家族墓三座均有铜钱出土，以唐、宋钱为主，金钱 1 枚（正隆通宝），元钱 1 枚（至大通宝）。[⑤] 无锡钱裕墓出土至元宝钞五百文 15 张，至元宝钞二百文 18 张，装在胸部上绸钱袋中。以现行宝钞随葬，这在已发现的元代墓葬中是唯一的。

　　元代很多墓葬中都发现有买地券，例如西安韩森寨元代壁画墓有买地券 1 方[⑥]，为方形青砖，上以朱砂楷书。[⑦] 西安东郊元代壁画墓有买地券一方，为方形青砖，朱砂楷书 322 字。[⑧] 山西大同崔莹李氏墓有铁地券一件。河北宣化元代葛法成墓有买地券一块，板瓦，朱砂书写。13 行，满行 27 字。[⑨] 江西永丰元延祐七年墓，有地券一方，青石质，长方形，券首为半圆形，前题"故吴母孺人陈氏地券"。[⑩] 三门峡市发现的元墓 M36 墓室底部西北角有一块合同券，质地为灰砖，方形，券文乃朱砂书写，一侧书有半字"合同券"，背面正中模印一右手手印。[⑪] 值得注意的是，一般平民墓葬亦有买地券，如山西襄汾的丁村 1 号元墓和解村元墓，墓室结构简单，随葬品有限，却都有买地券。[⑫]

　　买地券是随葬明器，并非实在的土地买卖文书，它是给死者带往冥界的模仿地

① 《山东嘉祥县元代曹元用墓清理简报》，《考古》1983 年第 9 期。
② 《山西省大同市元代冯道真、王青墓清理简报》，《文物》1962 年第 10 期。
③ 《甘肃漳县元代汪世显家族墓葬》，《文物》1982 年第 2 期。
④ 《徐水西黑山金元时期墓地发掘报告》，第 364 ～ 365 页。
⑤ 《济南郎茂山路元代家族墓发掘简报》，《文物》2010 年第 4 期。
⑥ 《西安韩森寨元代壁画墓》，第 38 页。
⑦ 《西安韩森寨元代壁画墓》，第 37 页。
⑧ 《西安东郊元代壁画墓》，《文物》第 2004 年第 1 期。
⑨ 宣化区文物保护所：《河北宣化元代葛法成墓发掘简报》，《文物》2008 年第 7 期。
⑩ 杨启礼：《江西永丰县元代延祐六年墓》，《文物》1987 年第 7 期。
⑪ 《河南三门峡发现元代早期墓葬》，《中国文物报》2014 年 6 月 6 日。
⑫ 陶富海：《山西襄汾县的四座金元时期墓葬》，《文物》1986 年第 12 期。

契的物品，内容是虚拟的，旨在使死者有所凭恃，确保对墓地的所有权不受侵犯。元代买地券的格式和前代的买地券是一样的，通常先写时间、地点和死者姓名、墓地四至，然后向地下鬼神通告死者之殒亡，祈求得到他们的接纳与保佑。除时间、地点和死者姓名外，其他内容（墓地四至、买地价钱、各路神仙、知见人、代保人等）一般是虚拟的，文字充满道教的神秘色彩。元代学者周密说："今人造墓，必用买地券，以梓木为之，朱书云：'用钱九万九千九百九十九文，买到某地'云云，此村巫风俗如此，殊为可笑。"[①] 但从考古发掘来看，买地券以砖居多，亦有铁质或石质、瓦质。江西铅山八水源村元墓发现"新故明达省元赵公"墓契一方，方形，灰陶质，墨韦楷体，中有符录一行。从契文内容来看，实际上是虚拟的买地券。[②]

但是也有例外。山西大同冯道真墓内有石碑一通，正面为墓志铭，背面为买地契。契文如下：[③]

　　城西祖师坟买地契　　西京刘宣差下武官福今为要银使用，别无所得，遂将本户下宋家庄村西南地一段南北畛记地二十五亩，东至韩老地，南至官道，西至韩大地，北至小道，其地四至，立契出卖与本京龙翔观冯大师永远为主，两议定价银二十五两，立契日各交分付讫。如日后但有诸般违碍，有人争占卖，地主武官福一面代当无词。一定已后，各不番悔。如有先番悔者罚银一十两。恐人无信，故立此文字为凭。

　　乙巳年九月二十八日　　　　　卖地人武官福　押
　　同卖地母阿贾　押　　　　　　邻人韩老　　　押
　　邻人韩大　　　押　　　　　　见人王贞　　　押
　　　　西京都税使司给年月日同使　　　　　　　押

这是民间交易并得到官方批准的地契，刻在墓碑上，用来证明坟地的所有权。地契是民间土地交易的凭证，是真实的，和买地券的性质不同。但这种情况不多见。

1983 年发掘的三门峡市上村岭元墓，墓室棺床中间斜靠一块买地券，陶质，方形，正反两面都有朱书文字。反面一行，竖行，书在边沿，每字只余半截。正面文字

---

① 《癸辛杂识》别集卷下《买地券》，吴企明点校，中华书局，1988，第 277 页。
② 李育远、钟文良：《江西铅山元代纪年墓发掘简报》，《中国国家博物馆馆刊》2012 年第 4 期。
③ 大同市文物陈列馆等：《山西省大同市元代冯道真、王青墓清理简报》，《文物》1962 年第 10 期。

10 行，竖行，177 字。其文如下：

> 维大元国元贞二年岁次丙申正月庚午朔二十一日庚寅，陕州在城丰庆坊住坐祭主冯兴男冯进、冯百户男冯亨，欲葬祖父冯政，祖母吕氏、王氏，父百户冯禧，母李氏，父冯兴，母兰氏，于陕州陕县州东尚村姚四嫂处立契，用价钱中统宝钞七十五两买到坟地一所，南北长一十七步伍分，东西阔一十七步二分，计地一亩一分。又坟前赡坟地二分半，通计一亩五分。安厝宅兆。伏愿本处地祇，分掌四城诸神，共垂佑护，子孙后裔，永保宁吉。元贞二年正月日给。①

这是以地契为基础，加上买地券的内容，可以说是两者的混合。

还有一种地券是向地方神祇报告死者生卒时辰：

> 维大元后至元五年岁次己卯十一月乙卯朔越三十日甲申，抚州临川县长乐里湖南保居，孤哀子胡周孙、媳万氏、婿吴宗正、女二娘孝眷等，谨昭告于管城山后土之神而言曰：先考东溪公讳仲才，生于宋咸淳壬申年八月初三亥时，殁于是年二月二十七戌时。母静庵道姑熊氏妙寿，丁卯年五月二十四日辰时生，先翁九日卒。涓吉是日合葬于斯乔岭，龙脉坐丑向未，四水回环，藏风聚气，前塘汪洋，远山呈贵，允为幽宅。阴阳佳处，灵兮安妥。子孙昌炽，春秋祭祀，神其同与。谨券。②

元代墓葬中常见镇墓石。在墓中置镇石的习俗，应是受道教的影响，由来已久，北宋有五精石镇墓法，五精石是以五色代表五方。"镇墓古法有以竹为六尺弓度之者，亦有用尺量者。今但以五色石镇之于冢堂内，东北角安青石，东南角安赤石，西南角安白石，西北角安黑石，中央安黄石，皆须完净，大小等，不限轻重。"③1983 年发掘的三门峡上村岭元墓，墓室棺床中间有一块买地券，券前和墓室四角各放一块色泽不同的卵石。东北角为绿色，东南角为红色，西北角为黑色，西南角为白色，中间券前卵石为浅灰色。④2013 年，三门峡市发掘元墓 M36 亦有五色镇墓石，西北角为黑色，

① 洛阳地区文化局文物科：《三门峡市上村岭发现元代墓葬》，《考古》1983 年第 11 期。
② 胡周孙：《地券文》，《江西出土墓志选编》附录，《全元文》第 56 册，第 156～157 页。
③ 《重校正地理新书》卷 14，转引自《唐宋墓葬中的"明器神煞"与"墓仪"制度》，《考古》1963 年第 2 期。
④ 《三门峡市上村岭发现元代墓葬》，《考古》1983 年第 11 期。

东北角为青色卵石，东南为红色，西南为白色，北部偏中为黄色卵石，与《地理新书》相合。[①]西安东郊元代壁画墓在墓室四角及中部发现有 5 枚未经加工的天然鹅卵石。[②]西安韩森寨元墓出土 5 件镇墓石，均为天然鹅卵石，形状不甚规则，大致呈圆形或椭圆形，长 7~10 厘米。发现时分别置于墓室四角和中央。[③]西安曲江张达夫及其前三位夫人合葬墓有镇墓石 5 块，卵石，白色或青灰色，分东、西侧偏南、西侧偏北、南、北五个方向安置。张达夫第四位夫人墓亦有镇墓石 5 块，卵石，白色或青灰色，分置东、西、南、北、中部。[④]山东济宁张营村元墓 M2 中室有 5 件加工粗糙的石球，分别置放在石室的东北、西北、西南、东南角和中间部位。[⑤]此外，1983 年辽宁凌源富家屯 2、3 号元墓各出土 4 件涂色砾石。[⑥]

---

① 　《河南三门峡发现元代早期墓葬》，《中国文物报》2014 年 6 月 6 日，第 8 版。
② 　《西安东郊元代壁画墓》，《文物》2004 年第 1 期。
③ 　《西安韩森寨元代壁画墓》，第 36~37 页。
④ 　《西安曲江元代张达夫及其夫人墓发掘简报》，《文物》2013 年第 8 期。
⑤ 　济宁市博物馆：《山东济宁发现两座元代墓葬》，《考古》1994 年第 9 期。
⑥ 　辽宁博物馆、凌源县文化馆：《凌源富家屯元墓》，《文物》1985 年第 4 期。

参考文献

一　古籍文献与石刻文字

陈炳应译《西夏谚语——新集锦成对谚语》，山西人民出版社，1993。

陈述辑校《全辽文》，中华书局，1982。

贾敬颜：《五代宋金元人边疆行记十三种疏证稿》，中华书局，2004。

〔波斯〕拉施特：《史集》，余大钧、周建奇译，商务印书馆，1983。

李范文编释《西夏陵墓出土残碑粹编》，文物出版社，1984。

李焘：《续资治通鉴长编》，中华书局，2004。

李有棠：《金史纪事本末》，中华书局，1980年点校本。

刘敏中：《刘敏中集》，吉林文史出版社，2008年点校本。

刘昫等：《旧唐书》，中华书局，1975年点校本。

〔意大利〕马可·波罗：《马可波罗行记》，冯承钧译，上海书店出版社，2001。

史金波、陈育宁总主编《中国藏西夏文献》，甘肃人民出版社、敦煌文艺出版社，2007。

史金波、聂鸿音、白滨译注《西夏天盛律令》，科学出版社，1994。

史金波、聂鸿音、白滨注《天盛改旧新定律令》，法律出版社，2000。

宋大川、夏连宝、黄秀纯编《金代陵寝宗庙制度史料》，北京燕山出版社，2003。

宋濂等：《元史》，中华书局，1976年点校本。

苏天爵：《滋溪文稿》，中华书局，1997年点校本。

唐兰英、张钟权、宋英编著《榆林碑石》，三秦出版社，2003。

脱脱等:《金史》,中华书局,1975 年点校本。

脱脱等:《辽史》,中华书局,1974 年点校本。

脱脱等:《宋史》,中华书局,1977 年点校本。

王大方、张文芳:《草原金石录》,文物出版社,2013。

王巩:《闻见近录》,中华书局,1983。

王新英编《金代石刻辑校》,吉林人民出版社,2009。

王新英辑校《全金石刻文辑校》,吉林文史出版社,2012。

吴广成:《西夏书事》,道光五年刊本。

吴师道:《吴师道集》,吉林文史出版社,2008 年点校本。

向南、张国庆、李宇峰辑注《辽代石刻文续编》,辽宁人民出版社,2010。

向南辑注《辽代石刻文编》,河北教育出版社,1995。

熊梦祥:《析津志辑佚》,北京古籍出版社,1983。

徐梦莘:《三朝北盟会编》,上海古籍出版社,1987 年影印本。

许全胜:《黑鞑事略校注》,兰州大学出版社,2014。

姚燧:《牧庵集》,人民文学出版社,2011 年点校本。

叶隆礼:《契丹国志》,上海古籍出版社,1985 年点校本。

叶子奇:《草木子》,上海古籍出版社,2012 年点校本。

宇文懋昭:《大金国志》,中华书局,1986 年点校本。

《元典章》,中华书局、天津古籍出版社,2011 年点校本。

元好问:《续夷坚志》,中华书局,1986 年点校本。

张博泉:《辽东行部志注释》,黑龙江人民出版社,1984。

张金吾:《金文最》,中华书局,1990 年点校本。

赵永春编注《奉使辽金行程录》,吉林文史出版社,1995。

二 学术著作与考古文集

北京市文物研究所编《北京金代皇陵》,文物出版社,2006。

曹建华、金永田主编《临潢史迹》,内蒙古人民出版社,1999。

陈永志:《契丹史若干问题研究》,文物出版社,2011。

丁利娜:《北京考古史·金代卷》,上海古籍出版社,2012。

董新林:《中国古代陵墓考古研究》,福建人民出版社,2005。

冯永谦、温丽和:《法库县文物志》，辽宁民族出版社，1996。

盖之庸:《探寻逝去的王朝——辽耶律羽之墓》，内蒙古大学出版社，2004。

韩小忙:《西夏王陵》，甘肃文化出版社，1995。

河北省文物局等:《徐水西黑山——金元时期墓地发掘报告》，文物出版社，2007。

河北省文物研究所:《宣化辽墓》，文物出版社，2001。

雷润泽、于存海、何继英:《西夏佛塔》，文物出版社，1995。

黎大祥、张振华等:《武威地区西夏遗址调查与研究》，社会科学文献出版社，2016。

李伟敏:《北京考古志·房山卷》，上海古籍出版社，2012。

李逸友、魏坚主编《内蒙古文物考古文集》，中国大百科全书出版社，1994。

辽宁省文物考古研究所:《关山辽墓》，文物出版社，2011。

刘海文主编《宣化下八里Ⅱ区辽壁画墓考古发掘报告》，文物出版社，2008。

刘淑芬:《灭罪与度亡——佛顶尊胜陀罗尼经幢之研究》，上海古籍出版社，2008。

刘子龙主编《平泉辽文化》，辽宁民族出版社，2008。

梅宁华主编《北京辽金史迹图志》，北京燕山出版社，2004。

宁夏文物考古研究所、银川西夏陵区管理处编著《西夏六号陵》，科学出版社，2013。

宁夏文物考古研究所、银川西夏陵区管理处编著《西夏三号陵》，科学出版社，2007。

宁夏文物考古研究所编著《闽宁村西夏墓地》，科学出版社，2004。

齐心主编《北京元代史迹图志》，北京燕山出版社，2009。

上海博物馆:《上海唐宋元墓》，科学出版社，2014。

沈阳市文物管理办公室:《沈阳市文物志》，沈阳出版社，1993。

史金波:《西夏社会》，上海人民出版社，2007。

史金波:《西夏文化》，吉林教育出版社，1986。

史金波总主编，俄军主编《西夏文物·甘肃编》，中华书局、天津古籍出版社，2014。

史金波总主编，塔拉、李丽雅主编《西夏文物·内蒙古编》，中华书局、天津古籍出版社，2014。

宋大川主编《北京考古发现与研究（1949-2009）》，科学出版社，2009。

宋德金、史金波：《中国风俗通史·辽金西夏卷》，上海文艺出版社，2001。

宋德金：《金代的社会生活》，陕西人民出版社，1988。

宋晓珂：《朝阳辽代画像石刻》，学苑出版社，2008。

孙建华、杨星宇：《大辽公主——陈国公主墓发掘纪实》，内蒙古大学出版社，2008。

孙勐：《北京考古史·元代卷》，上海古籍出版社，2012。

谭英杰等：《黑龙江区域考古学》，中国社会科学出版社，1991。

田广林：《契丹礼俗考论》，哈尔滨出版社，1995。

王健群、陈相伟：《库伦辽代壁画墓》，文物出版社，1989。

王秋华：《惊世叶茂台》，百花文艺出版社，2002。

乌盟文物工作站、内蒙古文物工作队：《契丹女尸》，内蒙古人民出版社，1985。

巫鸿、李清泉：《宝山辽墓：材料与释读》，上海书画出版社，2013。

吴天墀：《西夏史稿》，四川人民出版社，1983。

西安市文物保护考古所：《西安韩森寨元代壁画墓》，文物出版社，2004。

项春松：《赤峰古代艺术》，内蒙古大学出版社，1999。

项春松：《辽代历史与考古》，内蒙古人民出版社，1996。

徐吉军：《中国丧葬史》，江西高校出版社，1998。

许成、杜玉冰：《西夏陵》，东方出版社，1995。

阎崇东：《辽夏金元陵》，中国青年出版社，2004。

杨志玖：《杨志玖文集·元代回族史稿》，中华书局，2015。

银川西夏陵区管理处编《西夏陵》，宁夏人民出版社，2013。

张国庆、朴忠国：《辽代契丹习俗史》，辽宁民族出版社，1997。

赵评春、赵鲜姬：《金代丝织艺术》，科学出版社，2001。

郑承燕：《辽代贵族丧葬制度研究》，文物出版社，2014。

郑德辉：《元曲选》，中华书局，1958。

中国社会科学院考古研究所：《新中国的考古发现和研究》，文物出版社，1984。

朱瑞熙等：《辽宋西夏金社会生活史》，中国社会科学出版社，1998。

三 学术论文与考古报告

北京市文物工作队:《北京南郊辽赵德钧墓》,《考古》1962 年第 5 期。

北京市文物事业管理局等:《北京市斋堂辽壁画墓发掘简报》,《文物》1980 年第 7 期。

北京市文物研究所:《北京石景山区刘娘府元墓发掘简报》,《考古》2014 年第 9 期。

北京市文物研究所:《海淀中国工运学院辽墓及其墓志》,北京辽金城垣博物馆编《北京辽金文物研究》,北京燕山出版社,2005。

北京市文物研究所:《元铁可父子墓和张弘纲墓》,《考古学报》1986 年第 1 期。

贲鹤龄:《科左后旗白音塔拉契丹墓葬》,《内蒙古文物考古》2002 年第 2 期。

陈炳应:《甘肃武威西郊林场西夏墓题记、葬俗略说》,《考古与文物》1980 年第 3 期。

陈述:《谈辽金元"烧饭"之俗》,《历史研究》1980 年第 5 期。

陈相伟:《试论金代壁画墓》,《辽金史论集》第 9 辑,中州古籍出版社,1996。

崔福来、辛建:《齐齐哈尔梅里斯长岗辽墓清理简报》,《北方文物》1993 年第 1 期。

崔红芬:《多元文化对西夏丧葬的影响》,《西南民族大学学报》2007 年第 6 期。

大同市博物馆:《大同元代壁画墓》,《文物季刊》1993 年第 2 期。

大同市考古研究所:《山西大同机车厂辽代壁画墓》,《文物》2006 年第 10 期。

大同市文化局文物科:《山西大同东郊元代崔莹李氏墓》,《文物》1987 年第 6 期。

大同市文物陈列馆等:《山西省大同市元代冯道真、王青墓清理简报》,《文物》1962 年第 10 期。

邓宝学等:《辽宁朝阳辽赵氏族墓》,《文物》1983 年第 9 期。

丁利娜:《北京地区金代墓葬概述》,《文物春秋》2009 年第 4 期。

董新林:《北方地区蒙元墓葬初探》,《考古》2015 年第 9 期。

杜承武:《辽代墓葬出土的铜丝网络与面具》,陈述主编《辽金史论集》第 1 辑,上海古籍出版社,1987。

冯恩学:《河北省宣化辽墓壁画特点》,《北方文物》2001 年第 1 期。

冯永谦:《辽代陶瓷的成就与特点》,《辽海文物学刊》1992 年第 2 期。

福建省博物馆等:《福建将乐元代壁画墓》,《考古》1995 年第 1 期。

耿世民:《回鹘文亦都护高昌王世勋碑研究》,《考古学报》1980 年第 4 期。

海宁县博物馆：《浙江海宁元代贾椿墓》，《文物》1982年第2期。

韩宝兴：《北票季杖子辽代壁画墓》，《辽海文物学刊》1995年第1期。

韩炳华等：《山西兴县红峪村元至大二年壁画墓》，《文物》2011年第4期。

韩仁信：《巴林右旗图木胡柱辽墓出土九脊小帐》，《辽海文物学刊》1989年第2期。

韩小忙：《〈天盛律令〉与西夏丧葬习俗》，《青海民族学院学报》1998年第2期。

韩小忙：《西夏陵在中国古代陵寝制度发展史上的地位》，《宁夏社会科学》1993年第6期。

郝思德等：《黑龙江阿城巨源金代齐国王墓发掘简报》，《文物》1989年第10期。

何继英、于存海：《一百零八塔》，《历史文物》2002年第9期。

河北省文物管理处等：《河北宣化辽壁画墓发掘简报》，《文物》1975年第8期。

河北省文物研究所等：《河北涿州元代壁画墓》，《文物》2004年第3期。

河北省文研所：《石家庄市后太保元代史氏墓群发掘简报》，《文物》1996年第9期。

河南省博物馆：《焦作金代壁画墓发掘简报》，《中原文物》1980年第4期。

侯峰：《辽代契丹族金属面具、网络等葬俗的分析》，李逸友、魏坚主编《内蒙古文物考古文集》，中国大百科全书出版社，1994。

湖北省文物考古研究所等：《罗田蔡家湾元代砖室墓发掘简报》，《江汉考古》2007年第3期。

霍杰娜：《辽墓中所见佛教因素》，《文物世界》2002年第3期。

计连成：《辽太叔祖墓主室木椁壁画及其相关问题》，《内蒙古文物考古》2001年第2期。

济南市考古研究所：《济南郎茂山路元代家族墓发掘简报》，《文物》2010年第4期。

贾鸿恩、李俊义：《辽萧孝恭萧孝资墓志铭考释》，《北方文物》2006年第1期。

贾敬颜：《"烧饭"之俗小议》，《中央民族学院学报》1982年第1期。

焦作市文物工作队、焦作市博物馆：《焦作中站区元代靳德茂墓道出土陶俑》，《中原文物》2008年第1期。

金永田：《辽弘法寺僧志柔壁画墓》，《北方文物》2008年第4期。

李大钧：《朝阳沟门子辽墓清理简报》，《辽海文物学刊》1997年第1期。

李鸿雁：《山东淄博市博山区金代壁画墓》，《考古》2012年第10期。

李健才：《金代女真墓葬的演变》，《辽金史论集》第4辑，书目文献出版社，1989。

李清泉:《真容偶像与多角形墓葬——从宣化辽墓看中古丧葬礼仪的一次转变》,《首届辽上京契丹·辽文化学术研讨会论文集》,内蒙古文化出版社,2009。

李逸友:《辽代契丹人墓葬制度概说》,内蒙古文物考古研究所编《内蒙古东部区考古学文化研究文集》,海洋出版社,1991。

李逸友:《论辽墓壁画的题材和内容》,《内蒙古文物考古》1993年第1、2期。

李逸友:《宁城县小刘杖子辽墓》,《文物》1961年第9期。

辽宁省博物馆发掘小组:《法库叶茂台辽墓记略》,《文物》1975年第12期。

辽宁省文物考古研究所、沈阳市文物考古研究所:《辽宁法库叶茂台23号辽墓发掘简报》,《考古》2010年第1期。

辽宁省文物考古研究所等:《阜新海力板辽墓》,《辽海文物学刊》1991年第1期。

辽宁省文物考古研究所等:《辽宁朝阳木头城子辽代壁画墓》,《北方文物》1995年第2期。

林茂雨、伦峻岩:《法库李贝堡辽墓》,《北方文物》2001年第3期。

林秀贞等:《黑龙江畔绥滨中兴古城和金代墓群》,《文物》1977年第4期。

刘斌:《武威发现西夏砖室火葬墓》,《丝绸之路》2000年第1期。

刘冰、赵国栋:《赤峰市阿鲁科尔沁旗温多尔敖瑞山辽墓清理简报》,《文物》1993年第3期。

刘冰:《内蒙古赤峰沙子山元代壁画墓》,《文物》1992年第2期。

刘凤翥、唐彩兰、高娃:《辽代萧乌卢本等三人的墓志铭考释》,《文史》2004年第2辑。

刘红宇:《长春市郊完颜娄室墓地考古新收获》,《北方文物》1990年第4期。

刘浦江:《契丹人殉制研究——兼论辽金元"烧饭"之俗》,《文史》2012年第2辑。

刘善沂、王惠明:《济南市历城区宋元壁画墓》,《文物》2005年第11期。

刘善沂:《山东长清平阴元代石刻壁画墓》,《文物》2008年第2期。

刘晓东等:《试论金代女真贵族墓葬的类型及演变》,《辽海文物学刊》1991年第1期。

刘晓飞:《金代墓饰中的宗教因素》,《青海民族大学学报》2011年第4期。

卢青峰、张永清:《试论燕云地区金代墓葬》,《文物世界》2008年第6期。

洛阳市铁路北站编组站联合考古发掘队:《元赛因赤答忽墓的发掘》,《文物》1996年第2期。

马洪路:《契丹葬仪中的铜丝网衣及其有关问题》,《考古》1983 年第 3 期。

木易:《辽墓出土的金属面具、网络及相关问题》,《北方文物》1993 年第 1 期。

内蒙博物馆、锡林郭勒盟文物工作站:《苏尼特左旗恩格尔河的元代墓葬》,《内蒙古文物考古》2005 年第 2 期。

内蒙古文物考古研究所、阿鲁科尔沁旗文物管理所:《内蒙古赤峰市宝山辽墓发掘简报》,《文物》1998 年第 1 期。

内蒙古文物考古研究所、吉林大学考古学系:《元上都城址东南砧子山西区墓葬发掘简报》,《文物》2001 年第 9 期。

内蒙古文物考古研究所:《科右中旗双龙岗辽墓》,《内蒙古文物考古》1997 年第 1 期。

内蒙古文物考古研究所等:《白音罕山辽代韩氏家族墓地发掘报告》,《内蒙古文物考古》2002 年第 2 期。

内蒙古文物考古研究所等:《辽耶律羽之墓发掘简报》,《文物》1996 年第 1 期。

内蒙古文物考古研究所等:《内蒙古库伦旗七、八号辽墓》,《文物》1987 年第 7 期。

聂鸿音:《迦陵频伽在西夏王陵的象征意义》,《宁夏师范学院学报》2007 年第 1 期。

宁笃学:《武威西郊发现西夏墓》,《考古与文物》1984 年第 4 期。

宁夏博物馆:《西夏八号陵发掘简报》,《文物》1978 年第 8 期。

宁夏博物馆:《西夏陵区一〇八号墓发掘简报》,《文物》1978 年第 8 期。

宁夏文物考古研究所:《西夏陵园北端建筑遗址发掘简报》,《文物》1988 年第 9 期。

牛达生:《西夏陵园》,《考古与文物》1982 年第 6 期。

彭向前:《再论西夏陵区北端建筑遗址的性质》,《宁夏师范学院学报》2007 年第 1 期。

齐晓光:《辽耶律羽之家族墓地发现殉车葬》,《内蒙古文物考古》1996 年第 1 — 2 期。

秦大树:《金墓概述》,《辽海文物学刊》1988 年第 2 期。

邱永生、徐旭:《江苏徐州大山头元代纪年画像石墓》,《考古》1993 年第 12 期。

曲守成:《辽代守制考论》,《学习与探索》1998 年第 6 期。

山东邹县文物保管所:《邹县元代李裕庵墓清理简报》,《文物》1978 年第 4 期。

上海纺织科学研究院:《西夏陵区一〇八号墓出土的丝织品》,《文物》1978 年第 8 期。

尚晓波：《辽宁省朝阳市发现辽代龚祥墓》，《北方文物》1989 年第 4 期。

邵国田：《敖汉旗英凤沟 7 号辽墓出土银质文具考》，《内蒙古文物考古》2003 年第 2 期。

邵国田：《辽代木器小考》，《内蒙古文物考古》2001 年第 2 期。

沈华龙：《元代荣阳侯夫人方氏墓初探》，《南方文物》2004 年第 2 期。

沈阳市文物考古研究所：《沈阳广宜街辽代石棺墓发掘报告》，沈阳市文物考古研究所：《沈阳考古文集》第 2 集，科学出版社，2009。

史金波：《西夏名号杂考》，《中央民族学院学报》1986 年第 4 期。

宋大川：《金陵遗址调查与研究》，《北京文物与考古》2004 年第 6 辑。

宋德金：《"烧饭"琐议》，《中国史研究》1983 年第 2 期。

苏日泰：《科右中旗巴扎拉嘎辽墓》，《内蒙古文物考古》1982 年第 2 期。

苏州市文管会、苏州博物馆：《苏州张士诚母曹氏墓清理简报》，《考古》1965 年第 6 期。

孙昌盛：《西夏六号陵陵园遗迹》，《2008 中国重要考古发现》，文物出版社，2009。

塔拉、张亚强：《内蒙古通辽市吐尔基山辽代墓葬》，《考古》2004 年第 7 期。

陶富海：《山西襄汾县的四座金元时期墓葬》，《文物》1986 年第 12 期。

万雄飞：《辽秦国太妃晋国王妃墓志考》，《文物》2005 年第 1 期。

汪一鸣、许成：《论西夏京畿的皇家陵园》，《宁夏社会科学》1987 年第 2 期。

王德恒等：《金陵通考》，《社会科学辑刊》1984 年第 3 期。

王未想：《辽上京城址周围出土的墨书铭文骨灰匣》，《北方文物》2002 年第 1 期。

王新英：《金代墓志等级制度研究——以出土墓志为中心》，《兰州学刊》2012 年第 1 期。

王旭东、张鲁、李最雄、王昌丰、郦伟堂：《银川西夏 3 号陵的现状及保护加固研究》，《敦煌研究》2002 年第 4 期。

王银田、解廷琦、周雪松：《山西大同市辽代军节度使许从赟夫妇壁画墓》，《考古》2005 年第 8 期。

温丽和：《辽宁法库叶茂台村辽萧义墓》，《考古》1989 年第 4 期。

翁牛特旗文化馆、昭乌达盟文物工作站：《内蒙古解放营子辽墓发掘简报》，《考古》1979 年第 4 期。

无锡市博物馆:《江苏无锡市元墓中出土一批文物》,《文物》1964 年第 12 期。

吴玉贵:《内蒙古赤峰宝山辽壁画墓"颂经图"略考》,《文物》1999 年第 2 期。

武家昌:《康平海州辽墓清理简报》,《辽海文物学刊》1988 年第 1 期。

咸阳地区文管会:《陕西户县贺氏墓出土大量元代俑》,《文物》1979 年第 4 期。

项春松:《克什克腾旗二八地一、二号辽墓》,《内蒙古文物考古》1984 年第 3 期。

项春松:《内蒙古赤峰市元宝山元代壁画墓》,《文物》1983 年第 4 期。

项春松:《上烧锅辽墓群》,《松州学刊》1987 年第 4、5 期。

许成、杜玉冰:《西夏陵园制度初探》,《宁夏考古史地研究论集》,宁夏人民出版社,1989。

许志国、魏春光:《法库叶茂台第 22 号辽墓清理简报》,《北方文物》2002 年第 1 期。

许子荣:《金太祖完颜阿骨打陵址》,《黑龙江文物丛刊》1983 年第 4 期。

杨宝顺:《河南焦作金墓发掘简报》,《文物》1979 年第 8 期。

杨富斗:《山西侯马金墓发掘简报》,《考古》1961 年第 12 期。

杨富斗等:《金墓砖雕丛探》,《文物季刊》1997 年第 4 期。

杨晶:《辽代火葬墓》,陈述主编《辽金史论集》第 3 辑,书目文献出版社,1987。

余军:《关于西夏陵区 3 号陵园西碑亭遗址的几个问题》,《宁夏社会科学》2000 年第 5 期。

袁海波、李宇峰:《辽代汉文〈永清公主墓志〉考释》,《中国历史文物》2004 年第 5 期。

岳键:《161 号陪葬墓应为西夏"10 号"帝陵》,《宁夏师范学院学报》2007 年第 1 期。

张邦伟:《辽、宋、西夏、金时期少数民族的丧葬习俗》,《四川大学学报》1997 年 4 期。

张国庆:《辽代丧葬礼俗补遗——皇帝为臣下遣使治丧》,《辽宁大学学报》2008 年第 6 期。

张洪波、李智:《北票泉巨涌辽墓发掘简报》,《辽海文物学刊》1990 年第 2 期。

张家口市宣化区文保所:《河北宣化元代葛法成墓发掘简报》,《文物》2008 年第 7 期。

张鹏:《勉世与娱情——从宋金墓葬壁画中的一桌二椅到夫妇共坐》,《美术史研究》2010 年第 4 期。

张守义:《平泉县马架子发现的辽代墓志》,《文物春秋》2006 年第 3 期。

张泰湘:《黑龙江下游奥里米古城及其周围的金代墓群》,《文物》1977 年第 4 期。

张文崟、林蔚起:《福建南平市三官堂元代纪年墓的清理》,《考古》1996 年第 6 期。

张先得:《北京市大兴县辽代马直温夫妻合葬墓》,《文物》1980 年第 12 期。

张英:《金代丧俗考》,《博物馆研究》1992 年第 2、3 期。

张玉兰:《杭州市发现元代鲜于枢墓》,《文物》1990 年第 9 期。

赵文刚:《天津市蓟县菅房村辽墓》,《北方文物》1992 年第 3 期。

哲里木盟博物馆:《内蒙霍林郭勒市辽墓清理简报》,《北方文物》1988 年第 2 期。

哲里木盟博物馆等:《库伦旗第五、六号辽墓》,《内蒙古文物考古》1982 年第 2 期。

郑绍宗:《宣化辽壁画墓彩绘星图之研究》,《辽海文物学刊》1996 年第 2 期。

中国科学院考古研究所内蒙古工作队:《内蒙古昭盟巴林左旗双井沟辽火葬墓》,《考古》1963 年第 10 期。

钟长发等:《甘肃武威西郊林场西夏墓清理简报》,《考古与文物》1980 年第 3 期。

朱安、钟雅萍:《武威西关西夏墓清理简报》,《陇右文博》2001 年第 2 期。

朱存世、李芳:《西夏六号陵园平面结构及其文化意义》,《固原师专学报》2001 年第 1 期。

索 引

· 531 ·

后　记

　　本书为《中国殡葬史》之辽夏金元卷，是由四位作者共同完成的。全书共四编，分工如次：辽代，张国庆；西夏，史金波；金代，宋德金；元代，陈高华。在编写过程中，我们尽量遵照《中国殡葬史》编委会制订的实施方案和编撰体例进行，以求得全书风格的统一。不过，鉴于本卷要探讨的是契丹、党项、女真和蒙古四个少数民族所建立王朝的殡葬历史，其体例结构与其他各卷难免不尽相同。不仅如此，受史料、形式等方面的限制，本卷各编之间在章节编排上也存在一定差异。而且本卷由多人合作而成，各编在撰述风格等方面也有不一致之处，尚望学界同人谅之，并欢迎批评指正！

著　者

2016 年 6 月 13 日